MANUAL DE DIREITO PREVIDENCIÁRIO

JusClass

O presente livro possui Material de Apoio para acesso gratuito na plataforma JusClass.

Para acessar o material, siga as instruções a seguir:

1. Entre no site da Editora Juspodivm https://www.editorajuspodivm.com.br/, com seu login e senha;
2. Dentro de "Minha Conta", selecione a opção "Materiais Exclusivos" e clique no ícone de identificação do JusClass;
3. Em caso de dúvidas, esclarecimentos ou sugestões, acesse nossa Central de Atendimento https://www.editorajuspodivm.com.br/central-de-relacionamento

Caso tenha adquirido o seu exemplar em uma de nossas livrarias parceiras:

1. Acesse o QRCode abaixo;
2. Preencha o formulário com os dados solicitados;
3. Localize seu Código de Verificação - PIN, logo abaixo do QR Code;
4. Aguarde o e-mail com as informações de acesso;
5. Aproveite seu material!

PIN: JUS3468

Ali Mohamad Jaha

MANUAL DE DIREITO PREVIDENCIÁRIO

4ª edição
Revista, atualizada
e ampliada

2024

EDITORA
JusPODIVM
www.editorajuspodivm.com.br

EDITORA
*Jus*PODIVM
www.editorajuspodivm.com.br

Rua Canuto Saraiva, 131 – Mooca – CEP: 03113-010 – São Paulo – São Paulo
Tel: (11) 3582.5757
• Contato: https://www.editorajuspodivm.com.br/central-de-relacionamento

Diagramação: Ana Paula Lopes Corrêa *(aninha_lopescorrea@hotmail.com)*

Capa: Maitê Coelho *(maitescoelho@yahoo.com.br)*

• A Editora *JusPODIVM* passou a publicar esta obra a partir da 4.ª edição.

J25m Jaha, Ali Mohamad.
Manual de Direito Previdenciário / Ali Mohamad Jaha – 4.ed., rev., atual. e ampl. - São Paulo: Editora JusPodivm, 2024.
784 p.

Inclui bibliografia.
ISBN 978-85-442-5141-6

1. Direito Previdenciário. 2. Seguridade Social. 3. Regime Geral de Previdência Social. 4. Contribuições. I. Jaha, Ali Mohamad. II. Título.

CDD 341.6

Bibliotecária responsável:
Ana Carolina Ribeiro Mois – Crb7 – Rj 007348/0

Dedico essa obra, de coração, a meus pais, **Sr.ª Hecheme** – *in memoriam* - e **Sr. Mohamad**, que sempre me ensinaram, em lições simples e diárias, o que era o certo e qual era o caminho a ser seguido na minha vida. Serei eternamente grato por ter os melhores pais do mundo. Amo muito vocês.

AGRADECIMENTOS

Primeiro, sempre, a **Deus**, pela vida que me proporcionou até aqui.

À minha jovem filha, **Léa Beatriz**, a eterna princesinha do papai, que me motiva, todos os dias, a me tornar um ser humano melhor. Só tenho a agradecer ao Senhor por ter tido essa dádiva, que me desarma com um simples sorriso ou com um singelo beijo ou abraço, sempre sinceros.

Agradeço também aos meus irmãos, **Fátima** e **Hussein**, que sempre foram, e sempre serão, o meu porto seguro. Pela eternidade serei agradecido por sempre estarem ao meu lado, por terem me apoiado e me dado todo o suporte de que necessitei nesta vida.

PREFÁCIO

Com grato deleite aceitei a incumbência e responsabilidade de apresentar a 4.ª e novíssima edição do "Manual de Direito Previdenciário" (Direito Previdenciário All In One, até a 3.ª edição), obra de há muito consagrada pelo público concurseiro de todo o país, assim como por estudiosos e profissionais dedicados a esta disciplina.

Não é de hoje que o "Manual" cumpre seu brilhante papel de elucidar e tornar acessíveis os emaranhados - e não raras vezes complexos - institutos deste ramo jurídico de tanta relevância no cenário dos certames públicos pátrios.

Impossível enumerar a legião daqueles já beneficiados com a excelência e completude desta Obra. Professor Ali Jaha - impecável em seus esforços didáticos - logrou condensar nestas páginas a legislação pertinente tanto à área do "Custeio", quanto à dos "Benefícios Previdenciários".

O zelo do autor em manter cada linha do "Manual de Direito Previdenciário" em perfeita harmonia com a legislação vigente confere a tranquilidade e a segurança necessárias tanto a concurseiros quanto a operadores do Direito, de fazer uso, nestas páginas, de material consistente e rigorosamente atualizado.

De parabéns está a Editora JusPodivm, por receber em seu já riquíssimo acervo, a partir de agora, mais esta verdadeira obra-prima do Direito. De parabéns está o imenso público que dela seguirá usufruindo com renovada acolhida e inevitável satisfação.

Prof. Sérgio Carvalho

APRESENTAÇÃO

Prezado(a) leitor(a),

Antes de tudo, informo que fico muito lisonjeado em ter você comigo nesta jornada, que será a leitura e o estudo deste livro, o meu **Manual de Direito Previdenciário.**

O escopo principal desta publicação é a preparação para concursos públicos e para o exame da Ordem dos Advogados do Brasil, entretanto, nos últimos anos, tem-se mostrado uma grande aliada para os acadêmicos dos cursos de Direito de nosso país.

O texto da obra é leve, direto e, principalmente, **muito didático**.

Por sua vez, não confunda leveza com falta de profundidade. A obra percorre, com detalhes e exemplos, todo o Direito Previdenciário, desde a Evolução da Seguridade Social no mundo até os Benefícios de Prestação Continuada da Assistência Social, passando por Arrecadação, Benefícios e Ações Previdenciárias.

É uma obra muito bem indicada para os concursos fiscais (auditor e analista da Receita Federal), para os concursos administrativos (técnico e analista do INSS) e, principalmente, para os concursos jurídicos (juiz, procurador, delegado da Polícia Federal, oficial de justiça e analista judiciário do TRF e do TRT).

O Manual se encontra em sua 4.ª edição, sendo que nas edições anteriores estava batizado com o título de "Direito Previdenciário All In One". Em tese, um livro de apenas quatro edições não costuma ser uma obra amadurecida, consolidada.

Entretanto, devo ressalvar que este volume foi construído sobre uma fundação composta de aproximadamente 450 cursos ministrados (presenciais e on-line) com mais de 120.000 alunos em todos os Estados do Brasil, com incontáveis aprovações nos mais concorridos certames.

Boa leitura. Bons estudos. Fique com Deus.

Grande Abraço.

Prof. Ali Mohamad Jaha

Paraná, verão de 2024.

Life is about passions.
Thank you for sharing mine.
(Michael Schumacher, 25/11/2012)

SUMÁRIO

Capítulo 9

O CÁLCULO DO VALOR DO BENEFÍCIO, A LEGISLAÇÃO DE ACIDENTE DO TRABALHO E OUTRAS DISPOSIÇÕES LEGAIS 529

Capítulo 10

OS REGIMES PRÓPRIOS DE PREVIDÊNCIA SOCIAL DOS SERVIDORES PÚBLICOS CIVIS 573

Capítulo

1

A SEGURIDADE SOCIAL E A LEGISLAÇÃO PREVIDENCIÁRIA

1. O DIREITO PREVIDENCIÁRIO

Direito Previdenciário é o ramo do **direito público** que estuda a organização e o funcionamento da Seguridade Social. Especificamente, no Brasil, a Seguridade Social é tratada na Constituição Federal de 1988 em **capítulo próprio**, entre os artigos 194 e 204, o que demonstra grande preocupação do constituinte originário quanto à Previdência Social, a Assistência Social e a Saúde.

2. A ORIGEM E A EVOLUÇÃO DA SEGURIDADE SOCIAL NO MUNDO E NO BRASIL

Ao iniciar o estudo da origem da Seguridade Social, é inevitável o conhecimento da expressão "**Proteção Social**", que assim é definida pela maioria dos doutrinadores previdenciários pátrios e por este professor:

> A **Proteção Social** é a garantia de inclusão a todos os cidadãos que se encontram em situação de vulnerabilidade ou em situação de risco. Essa proteção se exterioriza por mecanismos criados pela sociedade, ao longo do tempo, para atender aos infortúnios da vida, como **doença, idade avançada, acidente, reclusão, maternidade** entre outros, que impeçam a pessoa de obter seu sustento.

Nos primórdios da sociedade até meados do século XIX, a Proteção Social era ofertada ao desabastado por sua própria família, **sem o auxílio do Estado**.

Por exemplo, um homem com 75 anos de idade que não apresentasse mais condições físicas para o trabalho, teria seu sustento provido diretamente por sua **família** (filhos e netos, provavelmente), pelo resto da vida que lhe restasse.

Outro mecanismo protetivo rudimentar é a **assistência voluntária**, quando pessoas estranhas à família auxiliam os necessitados, como no caso das casas de assistência às pessoas idosas ou mesmo das esmolas dadas a estes nas ruas. Apesar de antigas, as proteções da família e da assistência voluntária estão presentes até os dias de hoje.

Nos primórdios da Proteção Social, os **Montepios** foram as manifestações mais antigas de Previdência Social no mundo. Eram institutos, onde, mediante pagamento de cotas por seus membros, esses adquiriam o direito, por ocasião de seu falecimento, de deixar pensão pecuniária para uma pessoa de sua escolha (esposa e/ou filhos, geralmente). Para constar, o referido instituto foi o precursor da Pensão por Morte.

Por seu turno, no Brasil, o primeiro Montepio surgiu em 1835, o Montepio Geral do Servidores do Estado (Mongeral), sendo que seu funcionamento se deu por meio de uma **sistemática mutualista**. Em outras palavras, um grupo de pessoas contribuíam com o objetivo de formar um fundo que seria utilizado na cobertura de determinado infortúnios da vida de seus associados.

Do exposto, podemos perceber que até meados do século XIX, praticamente **não existia nenhuma participação estatal** no auxílio das pessoas desabastadas por alguma vulnerabilidade que lhes impedisse de trabalhar e obter o seu sustento.

Mas esse cenário liberal, onde não existia a mão do Estado, começou a mudar no final do século XIX (entre 1880 e 1900), quando em várias partes do mundo os governos começaram a elaborar normas protetivas aos trabalhadores.

Essa proteção se deu, a princípio, de forma muito tímida e com pouca extensão de trabalhadores abarcados. Todavia, a proteção social estatal foi evoluindo com o passar das décadas em todo o mundo, ressaltando que essa evolução foi impulsionada, entre outros fatores, pela Revolução Industrial iniciada no século XVIII na Inglaterra e expandida para o resto do mundo no século seguinte.

A Proteção Social em seu contexto histórico apresenta basicamente três grandes fases:

- **Fase Inicial (Até 1920)**: Surgimento dos primeiros regimes de proteção social (ou previdência).

- **Fase Intermediária (Entre 1920 e 1945)**: Expansão da previdência por várias nações ao redor do mundo.
- **Fase Contemporânea (De 1945 até os dias atuais)**: Expansão das pessoas abarcadas pelos regimes previdenciários.

Desde o seu início até os dias atuais, é possível ver claramente a assunção da proteção social por parte do Estado, que até então apresentava um posicionamento liberal.

Essa evolução do liberalismo para o "Welfare State" (Estado do Bem-Estar Social) iniciou-se nas primeiras décadas do século XX e foi evoluindo de forma lenta e gradual, desde a ausência do Estado na proteção social até a sua participação plena como nós conhecemos hoje, inclusive em nosso país.

Na História Mundial podemos destacar os seguintes fatos marcantes da Proteção Social:

- **1601 – "Poor Relief Act" (Leis dos Pobres)**: Primeira manifestação estatal quanto à proteção social. Era um mecanismo, presente na Inglaterra, de proteção social às pessoas carentes e necessitadas. **Não era um mecanismo previdenciário**, mas sim um mecanismo assistencial. Foi o marco inicial da Assistência Social no mundo.
- **1883 – Lei de Bismark**: É o **surgimento da Previdência Social no mundo**. O Chanceler alemão Bismark instituiu para seu povo uma norma na qual rezava que seria instituído um seguro doença em favor dos trabalhadores industriais. Esse seguro seria patrocinado pelo próprio trabalhador e por seu empregador, que deveriam contribuir para o Estado.

  Por sua vez, este manteria um sistema protetivo em relação a esses trabalhadores. A Lei de Bismark foi evoluindo com os anos e abarcando novas situações de proteção como os acidentes do trabalho e os benefícios em decorrência de invalidez. O sistema previdenciário de Bismark é muito parecido com o adotado atualmente pelos países, inclusive pelo Brasil.
- **1917 – Constituição do México**: Foi a primeira constituição do mundo a adotar a expressão Previdência Social. Isso é um claro reflexo da evolução do Estado Liberal para o Estado Social ("Welfare State").
- **1919 – Constituição de Weimar**: Constituição que vigeu na curta república de Weimar da Alemanha (1919 – 1933). A Alemanha, como berço da Previdência Social, seguiu os passos da Constituição do México e abarcou o tema em seu texto constitucional.

- **1935 – "Social Security Act"**: Institui nos Estados Unidos o sistema previdenciário nacional, com uma grande margem de atuação. É uma evolução do sistema elaborado por Bismark na Alemanha cinco décadas antes.
- **1942 – Plano Beveridge (Inglaterra)**: Foi a reformulação completa do sistema previdenciário britânico. Como se falava na época, os britânicos estariam protegidos do berço ao túmulo.

  Em suma, qualquer pessoa em qualquer idade teria ampla proteção social estatal. Foi o ponto alto do "Welfare State" (Estado Social). **Esse plano serviu de base para delinear a Seguridade Social da forma que conhecemos nos dias de hoje**, como algo mais abrangente que Previdência Social e Assistência Social.

Em momento oportuno, dentro desta obra, serão apresentados de maneira precisa os conceitos de Seguridade, Previdência, Assistência e Saúde. Adianto, de plano, que são conceitos relativamente fáceis.

No Brasil, a evolução previdenciária se deu de forma análoga à mundial: um lento processo de transformação de Estado Liberal para Estado Social. Até 1923, apenas alguns servidores públicos possuíam a proteção social, e não existia uma proteção extensiva aos trabalhadores da iniciativa privada.

Devo ressaltar que em 1919, o Decreto-Legislativo n.º 3.724 criou o **Seguro de Acidente do Trabalho (SAT)**, mas esse benefício era privado, sendo pago pelo empregador ao trabalhador acidentado, sem participação do Estado. E antes disso, em 1824, a nossa Carta Magna vigente já tinha criado as Casas de Socorro Público.

Finalmente, em 24/01/1923, surge o **marco inicial da Previdência Social no Brasil: A Lei Eloy Chaves (LEC)**. O então Deputado Federal por São Paulo, Eloy Marcondes de Miranda Chaves, a pedidos dos trabalhadores ferroviários estaduais, redigiu o Decreto Legislativo n.º 4.682, que criava para esses trabalhadores a Caixa de Aposentadoria e Pensão (CAP).

Esse ato normativo foi inspirado em um projeto de lei argentino, com as devidas adaptações à realidade nacional da época, que dispunha sobre a criação das CAP.

A LEC previa que cada empresa de estradas de ferro no Brasil deveria criar e custear parcialmente a sua própria CAP em favor de seus trabalhadores.

Além disso, deveria prever quais benefícios seriam concedidos e quais seriam as contribuições da empresa e dos trabalhadores para a respectiva CAP. Como podemos perceber, a previdência nasceu no Brasil sem a participação do Estado, pois as CAP eram patrocinadas pela empresa e pelos empregados.

Após a publicação da LEC, inúmeras categorias profissionais iniciaram movimentos individuais para terem direito a uma CAP em suas empresas, pois todo trabalhador sabia o quão difícil era chegar à terceira idade naquela época.

Nos anos seguintes, a LEC foi expandida para outras categorias, sendo as primeiras: portuários, trabalhadores dos serviços telegráficos e do rádio. O Brasil chegou a ter 200 CAP em funcionamento, o que gerou motivação para uma reforma previdenciária, por basicamente dois motivos:

1. **CAP pequenas são inviáveis**: Imagine uma CAP com apenas 3 pessoas. Se 2 ficarem doentes, 67% da fonte de custeio deixa de existir e a CAP entra em colapso. Se a outra pessoa morre, não existe mais custeio! Entende-se que um sistema previdenciário estável se monta com um montante mínimo de 1.000 trabalhadores. Nos dias atuais, a maioria das empresas não conta nem com metade desse montante, imagine na década de 20 e de 30.

2. **Mudança de emprego**: Antigamente as pessoas iniciavam as suas atividades em uma determinada empresa e nela permanecia até a aposentadoria. Isso é bem observado em filmes norte-americanos que retratam a vida cotidiana no início do século XIX. Hoje em dia é normal e comum pessoas trocarem de empresas ao longo da vida laboral. Você deve se questionar se na época da LEC não existia a troca de empregos? Sim, existia! E era uma tormenta para o trabalhador, pois como se daria a transição de uma CAP para outra, em relação às parcelas por ele já pagas? Dificilmente o trabalhador teria a manutenção de seus direitos protetivos.

Já na Era Vargas (1930 em diante), em decorrência dos motivos supracitados, **o governo unificou as CAP em Institutos de Aposentadoria e Pensão (IAP), que não seriam organizadas por empresas, mas sim pela Categoria Profissional.**

Os IAP tinham natureza de autarquia e eram subordinados ao recém-criado Ministério do Trabalho (1930). Essa unificação foi lenta e durou quase três décadas, sendo o IAP dos Marítimos o primeiro a ser criado (1933) e o IAP dos Ferroviários (1960) o último.

A criação dos IAP resolveu o problema das CAP pequenas e inviáveis, mas não resolveu o problema do trabalhador que desejaria trocar de categoria profissional, de ferroviário para bancário, por exemplo.

Além desse transtorno, devo ressaltar que cada IAP tinha a sua própria lei, com regras diferenciadas. Estudar Direito Previdenciário no final da década de 50 não era uma tarefa das mais agradáveis (RS!). Para ser ter uma ideia, em 1960, o Brasil contava com os seguintes IAP:

- IAP dos Marítimos (1933);
- IAP dos Comerciários (1934);
- IAP dos Bancários (1934);
- IAP dos Industriários (1936);
- IAP dos Servidores do Estado (1938);
- IAP dos Empregados em Transportes e Cargas ou em Estiva (1945), e;
- IAP dos Ferroviários (1960).

Entre 1930 e 1960, além da criação dos IAP, tivemos três constituições federais vigentes, e sobre elas, acho importante saber:

- **CF/1934**: Pela primeira vez uma carta magna nos trouxe que o custeio da previdência ocorreria de forma tríplice, com contribuição dos empregadores, dos trabalhadores e do Estado. Apesar da participação do Estado no custeio, essa constituição adotou o termo "Previdência" sem o adjetivo "Social".
- **CF/1937**: Não traz nenhuma novidade, mas adota o termo "Seguro Social" como sinônimo de "Previdência Social", que sob a égide da Constituição atual é um erro. Conforme citado, em momento oportuno esses termos serão devidamente explanados. =)
- **CF/1946**: Foi a primeira Constituição a adotar o termo "Previdência Social" de forma expressa em substituição a expressão "Seguridade Social". Não traz nenhuma novidade relevante.

Em 1960, a Lei n.º 3.807 unificou toda a legislação securitária (7 IAP existentes) e ficou conhecida como **Lei Orgânica da Previdência Social (LOPS)**. Os IAP continuaram existindo, mas **a legislação foi unificada**, o que foi um grande avanço para os trabalhadores, além da simplificação no entendimento da legislação.

Em 1965, foi incluído um dispositivo na CF/1946 no qual se proibia a prestação de benefício sem a correspondente fonte de custeio. O legislador deu um passo a mais na evolução do sistema previdenciário pátrio.

Finalmente, em 1966, foi publicado o Decreto-Lei n.º 72 que unificava os IAP, criando o **Instituto Nacional da Previdência Social (INPS)**, órgão público de natureza autárquica.

Um ano depois, em 1967, com o advento da Lei n.º 5.316, o governo integrou o **Seguro de Acidente do Trabalho (SAT)** à Previdência Social e, finalmente, esse benefício deixou de ser uma prestação privada para se tornar um benefício público.

A partir de 1967, tanto os benefícios comuns quanto os acidentários ficaram abarcados pelo INPS, que passou a ser o órgão responsável pela concessão dos mesmos.

Dez anos depois, em 1977, com o advento da Lei n.º 6.439, o governo criou o Sistema Nacional de Previdência e Assistência Social (SINPAS), surgindo com ele duas novas autarquias: INAMPS e IAPAS. Houve, portanto, a unificação dessas duas novas entidades às outras cinco já existentes, ou seja, o SINPAS passou a agregar 7 entidades no total, a saber:

- **INPS (Instituto Nacional de Previdência Social).**
- **INAMPS (Instituto Nacional de Assistência Médica da Previdência Social).**
- **LBA (Fundação Legião Brasileira de Assistência).**
- **FUNABEM (Fundação Nacional do Bem-Estar do Menor).**
- **DATAPREV (Empresa de Processamento de Dados da Previdência Social).**
- **IAPAS (Instituto de Administração Financeira da Previdência e Assistência Social).**
- **CEME (Central de Medicamentos).**

O SINPAS era uma estrutura abrangente e ambiciosa, mas pouco funcional. Esse sistema perdurou por mais de dez anos, sendo extinto apenas sob a égide da atual Constituição.

Após um longo período de militarismo e censura pública, finalmente foi promulgada a CF/1988, conhecida também por Constituição Cidadã. Tal apelido deriva da enorme quantidade de direitos e garantias fundamentais previstas em seu texto.

Após um longo período sofrendo nas mãos dos militares, os parlamentares constituintes tentaram garantir todos os direitos e proteções possíveis aos cidadãos brasileiros (inclusive os previdenciários).

Finalmente a CF/1988, em seu Art.194, traz a atual definição de Seguridade Social, como podemos observar:

> A **Seguridade Social** compreende um conjunto integrado de ações de iniciativa dos Poderes Públicos e da sociedade, destinadas a assegurar os direitos relativos à **Saúde**, à **Previdência** e à **Assistência Social**.

Nesse momento nasceu o conceito de **Seguridade Social** que compreende as três áreas: **Previdência**, **Assistência** e **Saúde**.

Em 1990, após as definições de Seguridade, Previdência, Assistência e Saúde trazidas pela nova Constituição, o governo federal realizou uma grande e definitiva alteração no sistema previdenciário: extinguiu-se o SINPAS, bem como o INAMPS, a LBA, a FUNABEM, e a CEME.

Por sua vez, com o advento da Lei n.º 8.029/1990 foi criado o **Instituto Nacional do Seguro Social (INSS)** através da **fusão do INPS com o IAPAS**.

Com a extinção do INAMPS, foi instituído o SUS (Sistema Único de Saúde), ou seja, atualmente não existe nenhuma autarquia cuidando da saúde. Dessa forma, a Assistência Social e a Saúde têm suas ações coordenadas diretamente pelos seus respectivos ministérios.

Devo ressaltar que a DATAPREV continua em funcionamento, e atualmente é uma empresa pública ligada ao Ministério da Previdência Social.

Em suma, após a Lei n.º 8.029/1990 e todas as alterações estruturais ocorridas até hoje, o sistema securitário brasileiro ficou composto da seguinte maneira:

- **INSS (Instituto Nacional do Seguro Social) – Prestação de benefícios previdenciários aos segurados.**
- **Ministério do Desenvolvimento e Assistência Social, Família e Combate à Fome – Coordenação de ações na área de Previdência e de Assistência Social.**
- **MS (Ministério da Saúde) – Coordenação de ações na área de Saúde, entre elas o SUS.**
- **DATAPREV (Empresa de Tecnologia e Informações da Previdência) – empresa responsável pelo suporte de TI (Tecnologia da Informação) no âmbito do Ministério da Previdência Social.**

No ano seguinte, em 1991, foram publicados os **Diplomas Básicos da Seguridade Social**: a Lei n.º 8.212 (Plano de Custeio da Seguridade Social) e a Lei n.º 8.213 (Plano de Benefícios da Previdência Social).

As leis supracitadas tratam das duas áreas existentes no Direito Previdenciário: **Parte de Custeio** e **Parte de Benefícios**. Os dois diplomas substituem a antiga Lei Orgânica da Previdência Social (Lei n.º 3.807/1960).

No final da década de 90, especificamente em 1999, é editado e publicado, pelo Presidente da República, o Regulamento da Previdência Social (RPS/1999), por meio do Decreto n.º 3.048, que regulamenta os dispositivos presentes no PCSS e PBPS, compilando ambos em um único documento, com maior detalhamento e com as atualizações subsequentes.

De 2000 até os dias de hoje, a estrutura previdenciária brasileira praticamente não sofreu modificações. No entanto, a legislação previdenciária sofreu algumas alterações pontuais nesses últimos anos.

O ponto de destaque da última década ocorreu entre 2005 e 2007: em 2005, a Lei n.º 11.098 criou a Secretaria da Receita Previdenciária (SRP), transferindo toda a parte de fiscalização e controle das contribuições sociais do INSS para a SRP. Nesse momento o INSS deixou de cuidar da parte de Custeio para tratar exclusivamente da parte de Benefícios.

Porém, a vida da SRP foi muito curta, pois no início de 2007, exatamente no dia 16/03/2007, foi publicada a Lei n.º 11.457, na qual foi extinta a SRP, sendo todas as suas atribuições repassadas para a então SRF (Secretaria da Receita Federal), que a partir daquele momento passou a ser denominada **Secretaria da Receita Federal do Brasil (RFB)**.

Por acumular atribuições das extintas SRP e SRF, virou um órgão com muitos poderes e muitas atribuições, o que gerou o apelido pela mídia, de "Super Receita". Em suma, atualmente, temos a seguinte divisão previdenciária institucional:

- **RFB (Receita Federal do Brasil) – Controle, Arrecadação e Fiscalização de todas as contribuições sociais devidas à Previdência Social. – Parte de Custeio.**
- **INSS (Instituto Nacional do Seguro Social) – Controle e concessão dos benefícios previdenciários. – Parte de Benefícios.**

3. A EVOLUÇÃO LEGISLATIVA PÁTRIA

A evolução legislativa no Brasil traz incontáveis atos normativos editados nas últimas décadas, o que torna o estudo moroso e pouco eficiente.

Vamos aos principais atos da evolução legislativa brasileira:

- **1923** – O Decreto Legislativo n.º 4.682 (**Lei Eloy Chaves – LEC**) determina a criação de uma **Caixa de Aposentadoria e Pensão (CAP)** por empresa ferroviária em favor de seus trabalhadores. É considerado o **marco inicial da previdência Social no Brasil**.
- **1926** – A **criação de CAP** da LEC é estendida aos portuários e marítimos com o advento da Lei n.º 5.109.

- **1928** – A criação de CAP da LEC é estendida aos trabalhadores dos serviços telegráficos e radiotelegráficos com o advento da Lei n.º 5.485.
- **1930** – Criação do **Ministério do Trabalho, Indústria e Comércio**, que entre outras funções, supervisionava a Previdência Social. Também fazia as vezes de órgão recursal das decisões das CAP (Decreto n.º 19.433).
- **1933** – **Criação do primeiro Instituto de Aposentadoria e Pensão (IAP)**, o IAP dos Marítimos (Decreto n.º 22.872).
- **1934** – A CF/1934 inova ao estabelecer pela primeira vez a forma tríplice da fonte de custeio, com contribuições do Empregador, Trabalhador e do Estado. E utilizou a expressão "Previdência" sem o adjetivo "Social".
- **1937** – A CF/1937, conhecida como "Polaca" em alusão a Constituição Autoritária adotada pela Polônia, não trouxe nenhuma novidade, mas adota o termo "Seguro Social" como sinônimo de "Previdência Social", que sob a égide da Constituição atual é considerada um erro.
- **1946** – A CF/1946 é a primeira constituição a adotar o termo "Previdência Social" de forma expressa, em substituição à expressão "Seguridade Social". Não trouxe nenhuma novidade relevante.
- **1960** – Até esse ano cada IAP tinha a sua legislação específica, o que era muito complexo e dispendioso. Com o advento da Lei n.º 3.807, todas as legislações securitárias foram unificadas nesse diploma legal, conhecido por **Lei Orgânica da previdência Social (LOPS)**.
- **1963** – A Lei n.º 4.214 institui o **Fundo de Assistência e Previdência do Trabalhador Rural (FUNRURAL)**. Esse fundo era financiado pelos produtores rurais, que ao comercializarem sua produção eram obrigados a recolher um percentual da receita para a previdência mediante guia própria. O FUNRURAL foi extinto com o advento do SINPAS em 1977.
- **1965** – Ainda sob a égide da CF/1946, o legislador constituinte derivado evoluiu o sistema previdenciário brasileiro ao incluir o dispositivo que proibia a prestação de benefício previdenciário sem a correspondente fonte de custeio.

- **1966** – Foi publicado o Decreto-Lei n.º 72 que unificava os IAP e criava o **Instituto Nacional da Previdência Social (INPS)**, que nasceu como órgão público de natureza autárquica.
- **1967** – Com o advento da Lei n.º 5.316, o governo integrou o **Seguro de Acidente do Trabalho (SAT)** à Previdência Social e, finalmente, esse benefício deixou de ser uma prestação privada para se tornar um benefício público. A partir de 1967, tanto os benefícios comuns quanto os acidentários ficaram abarcados pelo INPS, que passou a ser o órgão responsável pela concessão desses.
- **1971** – A Lei Complementar n.º 11 instituiu o **Programa de Assistência ao Trabalhador Rural (PRORURAL)**, órgão de natureza assistencial que previa a aposentadoria por idade (aos 65 anos) com valor de 50% do maior salário mínimo vigente no Brasil (nessa época o salário mínimo não era nacional).
- **1977** – Com o advento da Lei n.º 6.439 foi criado o **Sistema Nacional de Previdência e Assistência Social (SINPAS)**, através da agregação dos seguintes órgãos: INPS, INAMPS, LBA, FUNABEM, DATAPREV, IAPAS e CEME.
- **1988** – A Constituição Cidadã trouxe o conceito de **Seguridade Social** pela primeira vez no Brasil. A carta magna definiu Seguridade Social como sendo um conjunto de ações nas áreas de **Previdência**, **Assistência** e **Saúde**.
- **1990** – O SINPAS foi extinto e com o advento da Lei n.º 8.029 foi criado o **Instituto Nacional do Seguro Social (INSS)**, entidade autárquica vinculada atualmente ao Ministério da Previdência Social, por meio da fusão dos seguintes órgãos: INPS e IAPAS.
- **1991** – Foram publicados os diplomas básicos da Seguridade Social: a Lei n.º 8.212 (**Plano de Custeio da Seguridade Social**) e a Lei n.º 8.213 (**Plano de Benefícios da Previdência Social**). As leis tratam das duas áreas básicas existentes no Direito Previdenciário: Parte de Custeio e Parte de Benefícios. Os dois diplomas supracitados substituem a antiga Lei Orgânica da Previdência Social (Lei n.º 3.807/1960).
- **1999** – Foi editado e publicado o Decreto n.º 3.048 (**Regulamento da Previdência Social, o Decretão**), que regulamenta os dispositivos presentes no PCSS e PBPS, compilando ambos em um único documento, com maior detalhamento e com as atualizações subsequentes.

4. A CONTEXTUALIZAÇÃO HISTÓRICA DAS REFORMAS DA PREVIDÊNCIA SOCIAL

Em meados da década de 1990, exatamente no ano de 1995, entrou em pauta a realização de uma **reforma no sistema previdenciário brasileiro** como parte de um conjunto de reformas estruturais para controlar os gastos públicos no país. Optou-se então por resolver a questão pelo **lado das despesas**.

Havia duas opções de reforma: uma mais radical, com a institucionalização de um regime de capitalização, a exemplo do que foi feito em outros países latino-americanos que passavam por problemas semelhantes; e outra, escolhida pelo governo brasileiro, com **mudanças de algumas regras no sistema existente**.

Após três anos de discussão, foi publicada no apagar das luzes de 1998, a primeira das três Emendas constitucionais a tratar da Reforma Previdenciária Brasileira, a famigerada **Emenda Constitucional n.º 20/1998**, que foi considerada, até 2019, a mais abrangente das Emendas, pois dela se originaram 14 artigos constitucionais cujas redações foram criadas ou alteradas pela referida Emenda.

As alterações supracitadas mais visíveis ocorreram no âmbito dos Direitos Trabalhistas (Art. 7.º), da Administração Pública (Art. 37), do Regime Próprio de Previdência Social (Art. 40), da Seguridade Social (Art. 194 e Art. 195), do Regime Geral de Previdência Social (Art. 201) e da Previdência Complementar (Art. 202).

Em suma, tal Emenda operou **inúmeras alterações profundas** nos três pilares previdenciários pátrios: Regime Geral de Previdência Social (RGPS), Regime Próprio de Previdência Social (RPPS) e Previdência Complementar.

Com isso, podemos notar que o principal intuito desse ato foi **enrijecer** a concessão de benefícios previdenciários, **postergar** o momento da aposentadoria, **acabar com a paridade** entre ativos e inativos para os novos servidores e, em última análise, equilibrar as contas públicas garantindo o equilíbrio financeiro e atuarial de todo o sistema previdenciário pátrio.

Algum tempo depois, ao final do ano de 2003 veio ao mundo a **Emenda Constitucional n.º 41/2003**, a segunda referente à Reforma Previdenciária Brasileira.

Essa, praticamente se preocupou em incluir e alterar inúmeros dispositivos ao Art. 40 da CF/1988, que trata do RPPS dos servidores.

Trouxe a previsão de um Regime de Previdência Complementar aos servidores públicos, que veio a ser instituído apenas em 2012 na esfera federal, com o advento da Lei n.º 12.618/2012, que instituiu a Fundação de Previdência Complementar do Servidor Público Federal (FUNPRESP).

Além disso, a EC n.º 41/03 impôs a **contribuição** para o sistema previdenciário por parte dos servidores públicos **inativos** (aposentados), em disparidade do que ocorre no RGPS, onde os trabalhadores inativos da iniciativa privada não contribuem para o respectivo regime.

Em outras palavras, o servidor público, quando na inatividade, terá descontado de seu benefício, valores referentes à contribuição previdenciária, o que não ocorre com inativos (aposentados) do Regime Geral de Previdência.

Em suma, essa Emenda de 2003 trabalhou com o RPPS, de forma a deixá-lo menos interessante aos futuros servidores, pois **enrijeceu** ainda mais as normas trazidas pela EC n.º 20/1998.

Além disso, foi a responsável pelo arcabouço constitucional da Previdência complementar no serviço público, o qual limita a aposentadoria ao teto do RGPS, reduzindo os valores de pensão para os dependentes dos servidores.

Em meados de 2005 foi publicada a terceira e menor Emenda da reforma, a **Emenda Constitucional n.º 47/2005**, que praticamente veio fazer alguns ajustes às mudanças operadas pela EC n.º 41/2003.

Trouxe consigo a possibilidade de concessão de uma aposentadoria diferenciada aos servidores portadores de deficiência que exerçam atividade de risco ou atividades prejudicais a saúde.

Por sua vez, além do supracitado, abrandou o valor de contribuição para os servidores aposentados e pensionistas portadores de doença incapacitante.

Quanto ao RGPS, institucionalizou o Sistema Especial de Inclusão Previdenciária (SEIP), para atender aos trabalhadores de baixa renda e àqueles sem renda própria que se dediquem exclusivamente ao trabalho doméstico.

De forma geral, essa terceira Emenda veio abrandar as rígidas regras trazidas pelas duas Emendas anteriores, às camadas mais necessitadas da sociedade: portadores de deficiência, portadores de doenças incapacitantes e pessoas de baixa renda.

Para alguns autores, temos, em tese, que estudar a Emenda Constitucional n.º 70/2012. No entanto, tal Emenda apenas inclui um novo artigo à EC n.º 41/2003, e prevê a revisão das aposentadorias e pensões concedidas a partir de 01/01/2004 para os servidores públicos (RPPS).

Como pode ser observado, não traz nenhuma alteração significativa no texto constitucional. Por essa razão, considero apenas as Emendas sobre a Reforma Previdenciária Brasileira citadas até aqui.

Não há dúvidas que o objetivo principal do Governo com essas Emendas de Reforma **foi reduzir os custos previdenciários ao menor valor possível**, diminuindo o déficit nas contas públicas.

No final da década de 10, tivemos a **Emenda Constitucional n.º 103/2019**, que instituiu a **Reforma Previdenciária 2019**, provavelmente a mais profunda de todas até aqui (alterou 18 dispositivos na CF).

Tal emenda visava, inicialmente, economizar R$ 1,3 trilhão aos cofres públicos numa janela de 10 anos (2020 - 2030), mas após a tramitação no Congresso, essa economia foi reduzida para R$ 800 bilhões.

A Reforma Previdenciária 2019 veio com intuito claro que **aumentar as alíquotas** (RGPS e RPPS), **aumentar o tempo de contribuição** e **diminuir os valores dos benefícios.**

Em suma, para o trabalhador foi o pior dos mundos. Mas, segundo estudos governamentais, era um mal necessário para que o país continuasse a crescer.

A Emenda n.º 103/2019 alterou muitas regras do Art. 40 (RPPS dos servidores, cortou a aposentadoria dos magistrados e dos membros do MP como hipótese de punição (?), alterou muitas regras do Art. 201 (RGPS), direcionou parte do PIS e do PASEP para os benefícios previdenciários, e, criou inúmeras regras de transição para aposentadorias tanto do RGPS quanto do RPPS.

Nesse novo cenário, o regime de previdência complementar ganhou muito status, uma vez que é a saída pessoal de cada contribuinte para conseguir um complemento de aposentadoria acima do Teto do RGPS vigente.

Diante do exposto acima, percebe-se que existe uma tendência de **equalização** entre a previdência dos servidores (RPPS) e a previdência da iniciativa privada (RGPS), com a perda de muitos direitos (como a paridade entre os servidores da ativa e da inativa), seguindo assim, **de forma muito polêmica**, o princípio da igualdade entre a iniciativa privada e o setor público.

Por fim, informo que todas as alterações operadas estão inseridas ao longo deste curso. =)

5. A SEGURIDADE SOCIAL

A priori, devo informar, sem dúvida alguma, que para as bancas de concursos públicos, a melhor definição de Seguridade Social é aquela presente na CF/1988, em seu Art. 194:

> A **seguridade social** compreende um conjunto integrado de ações de iniciativa dos Poderes Públicos e da sociedade, destinadas a assegurar os direitos relativos à **Saúde**, à **Previdência** e à **Assistência Social**.

Partindo da redação do artigo, podemos entender que a Seguridade Social é exercida pelo **Poder Público** e pela **Sociedade**.

Em princípio, muitos podem pensar de forma errônea, que a Seguridade é um dever exclusivo do Estado.

O Estado deve agir sim! Deve proporcional saúde, assistência e previdência à sua população, mas a **sociedade** deve conjuntamente, participar dessas ações sob forma de contribuição, ou seja, custeando as ações implementadas no âmbito da Seguridade.

Portanto, **a Seguridade Social é esse conjunto integrado de ações públicas (Estado) e privadas (Sociedade)**.

Um segundo aspecto a ser extraído do artigo, é que a Seguridade Social se desmembra em três áreas: Saúde, Previdência e Assistência Social.

De forma esquemática:

Seguridade Social = Previdência + Assistência Social + Saúde

Em resumo, **ter Seguridade Social = ter PAS (com "s" mesmo)**. =)

A organização da Seguridade Social é dever do Estado, nos termos da lei, especificamente a Lei n.º 8.212/1991, e deve obedecer aos seguintes **princípios constitucionais** (ou **objetivos**, como cita o texto da CF/1988):

5.1. Universalidade da cobertura e do atendimento (UCA)

Esse princípio garante dois aspectos da Seguridade Social: universalidade da cobertura e universalidade do atendimento.

A Universalidade da Cobertura demonstra que a Seguridade Social tem como objetivo cobrir toda e qualquer necessidade de proteção social da sociedade em geral, como a velhice, a maternidade, casos de doença, incapacidade permanente e morte.

Já a Universalidade do Atendimento demonstra que a Seguridade Social tem como objetivo atender todas as pessoas, pelo menos em regra.

Como aponta a melhor doutrina, a Universalidade de Cobertura (**aspecto objetivo**) visa cobrir todas as contingências sociais que necessitam de proteção social por parte do Estado, como a velhice, a maternidade, os acidentes e a morte. Já a Universalidade de Atendimento (**aspecto subjetivo**) diz respeito às pessoas abarcadas por essa proteção social estatal.

Deve-se ressalvar que a Saúde é direito de **todos**, a Previdência é direito apenas **das pessoas que contribuíram** por meio das contribuições sociais, e a Assistência Social é direito **de quem dela necessitar**, independentemente de contribuição à Seguridade Social.

Como pode ser observado do supracitado, a UCA tem dimensões plenas na área da Saúde e dimensões mitigadas na área da Previdência e da Assistência.

Por enquanto, não é preciso se preocupar, pois aprofundaremos esses conceitos em momento oportuno. =)

5.2. Uniformidade e equivalência dos benefícios e serviços às populações urbanas e rurais (UEBS)

Esse princípio segue o alinhamento do Direito do Trabalho, presente na CF/1988, e prevê que não deve haver diferença entre trabalhadores urbanos e rurais.

A prestação do benefício ou do serviço ao segurado deve ser o mesmo, independentemente de ser ele um trabalhador do campo ou da cidade.

O benefício de aposentadoria, por exemplo, não pode ser de valor inferior aos trabalhadores rurais, bem como o atendimento médico posto à disposição do mesmo, de qualidade inferior aos prestados aos trabalhadores urbanos.

Tal princípio assegura uma identidade nos eventos sujeitos a cobertura, não impedindo, entretanto, que sejam estabelecidas regras distintas para o custeio.

Numa interpretação mais ampla, constata-se que o princípio da Uniformidade e Equivalência dos Benefícios tem inspiração no princípio constitucional da igualdade ("**todos são iguais perante a lei, sem distinção de qualquer natureza**" - CF/1988, Art. 5.º, caput).

5.3. Seletividade e distributividade na prestação dos benefícios e serviços (SDBS)

Esse princípio traz conceitos do glorioso Direito Tributário, a saber: Seletividade e Distributividade. A prestação de benefícios e serviços à sociedade não pode ser infinita.

Convenhamos, por mais que o governo fiscalize e arrecade as contribuições sociais, nunca haverá orçamento suficiente para atender toda a sociedade.

Diante dessa constatação, deve-se lançar mão da Seletividade, que nada mais é do que fornecer benefícios e serviços em razão das condições de cada um, fazendo de certa forma uma seleção de quem será beneficiado.

Como exemplos claros, temos o Salário Família, que é devido apenas aos segurados de baixa renda. Não adianta ter 7 filhos e uma remuneração de R$ 100.000,00 por mês. Para receber Salário Família, é necessário comprovar que você é um segurado de baixa renda. Isso é Seletividade. O mesmo vale para o Auxílio Reclusão.

E Distributividade? É uma consequência da Seletividade, pois ao se selecionar os mais necessitados para receberem os benefícios da Seguridade Social, automaticamente ocorrerá uma redistribuição de renda aos mais pobres. Isso é distributividade.

Por fim, considero importante citar a seguinte passagem do ilustre autor Frederico Amado (*Curso de Direito e Processo Previdenciário*, 18.ª edição, Editora JusPodivm, 2024):

> "A seletividade deverá lastrear a escolha feita pelo legislador dos benefícios e serviços integrantes da seguridade social, bem como os requisitos para a sua concessão, **conforme as necessidades sociais e a disponibilidade de recursos orçamentários**, de acordo com o interesse público."

5.4. Irredutibilidade do valor dos benefícios (IRRVB)

Quando foi escrito esse princípio constitucional, no longínquo ano de 1988, o Brasil passava por uma década conturbada, sendo que o principal problema da época era a inflação galopante dos preços.

Um litro de leite custava 1.200,00 unidades monetárias no mês de janeiro, já no mês seguinte, 2.000,00 unidades monetárias. O constituinte originário não teve dúvidas, e decidiu proteger os usuários da Seguridade Social contra a desvalorização do benefício.

Atualmente, a irredutibilidade do valor dos benefícios é garantida por meio de **reajuste anual**, geralmente em valor igual ou superior ao da inflação do mesmo período.

Imagine o absurdo de um benefício de aposentadoria nunca ser reajustado? No primeiro ano, o benefício seria razoável, compatível com as necessidades do aposentado. No segundo ano, iria apertar um pouco o cinto. No quinto ano o aposentado já estaria mendigando no semáforo. E se esse aposentado vivesse até próximo aos 90 anos? Não gosto nem de imaginar.

Quanto a esse princípio constitucional é bom frisar que o mesmo apresenta duas vertentes a serem observadas:

- Aos benefícios da **Seguridade Social (Saúde e Assistência)** estão garantidos a preservação do **valor nominal**, que é aquele definido na concessão de determinado benefício e nunca é reajustado, mantendo sempre o mesmo valor de face. **Esse dispositivo trata de forma genérica a Seguridade Social**, e;

- Aos benefícios da **Previdência Social** estão garantidos a preservação do **valor real**, que é aquele que tem o seu valor definido na concessão do benefício, mas é reajustado anualmente (em regra), para manter o seu poder de compra atualizado.

Do supracitado, entendo que a Seguridade Social (de forma genérica) deve seguir a preservação do **valor nominal** ao passo que a Previdência Social (de forma específica) deve seguir a preservação do **valor real**.

Fazendo um contraponto, podemos afirmar que a Saúde e a Assistência Social não têm a obrigação constitucional ou legal de garantir a preservação real dos seus benefícios, garantindo somente o valor nominal dos benefícios, ao contrário do que ocorre com a Previdência Social.

Observe que apenas os benefícios da Previdência Social são assegurados a preservação do **valor real** (poder de compra).

Em suma, com o passar do tempo, os benefícios não poderão perder o seu poder de compra. Imagine que um aposentado receba R$ 3.800,00 em 2023, e que esse benefício tenha um poder de compra de 5 cestas básicas.

Passado um ano, o benefício é reajustado para R$ 3.850,00, mas o seu poder de compra cai para o equivalente a 4,8 cestas básicas. Nesse caso não houve a preservação do valor real do benefício.

Para contar, o Art. 201, § 4.º da CF/1988 é apenas mera aplicação do Princípio da Irredutibilidade:

> É assegurado o reajustamento dos benefícios (**previdenciários**) para preservar-lhes, em caráter permanente, o **valor real**, conforme critérios definidos em lei.

Não obstante, devo ressaltar que o STF, em consonância com o texto constitucional, defende a manutenção do valor real dos benefícios previdenciários. Sendo assim, não resta dúvida quanto ao posicionamento do STF:

> "Este Tribunal fixou entendimento no sentido de que o disposto no Art. 201, § 4.º, da Constituição do Brasil, assegura a revisão dos **benefícios previdenciários** conforme critérios definidos em lei, ou seja, compete ao legislador ordinário definir as diretrizes para **conservação do VALOR REAL do benefício**. Precedentes." (AI 668.444-AgR, Rel. Min. Eros Grau, julgamento em 13-11-2007, Segunda Turma, DJ de 7-12-2007.) No mesmo sentido: AI 689.077-AgR, Rel. Min. Ricardo Lewandowski, julgamento em 30-6-2009, Primeira Turma, DJE de 21-8-2009.

Outro aspecto interessante sobre o tema é possibilidade, conforme a jurisprudência do Superior Tribunal de Justiça (STJ), da aplicação de índices negativos de correção monetária (deflação) aos benefícios previdenciários, desde que preservado o valor nominal do montante principal (**valor final ser igual ou maior que o valor inicial do benefício**).

A lógica adotada pelo STJ é a de que os índices negativos acabam se compensando com índices positivos supervenientes de inflação. Para exemplificar, imagine um benefício no valor de R$ 7.000,00 e os seguintes índices fictícios de correção:

Período:	Índice
01/20X1	1%
02/20X1	-3%
03/20X1	2%
04/20X1	1,5%

Logo, temos que:

Valor Nominal:		R$ 7.000,00	Valor inicial
01/20X1	1%	R$ 7.070,00	
02/20X1	-3%	R$ 6.857,90	
03/20X1	2%	R$ 6.995,06	
04/20X1	1,5%	R$ 7.099,98	Valor Final

Historicamente, os índices de deflação são raros, ou seja, em médio e em longo prazo o valor do benefício corrigido sempre tende a superar o valor nominal do mesmo.

Por fim, apresento a redação do Recurso Especial (Resp) n.º 1.265.580/RS de 2011:

> Processual Civil e Econômico. Execução de Sentença que determinou Correção Monetária pelo IGP-M. Índices de Deflação. Aplicabilidade, preservando-se o Valor Nominal da Obrigação.
>
> 1. A correção monetária nada mais é do que um mecanismo de manutenção do poder aquisitivo da moeda, não devendo representar, consequentemente, por si só, nem um "plus" nem um "minus" em sua substância. Corrigir o valor nominal da obrigação representa, portanto, manter, no tempo, o seu poder de compra original, alterado pelas oscilações inflacionárias positivas e negativas ocorridas no período. Atualizar a obrigação levando em conta apenas oscilações positivas importaria distorcer a realidade econômica produzindo um resultado que não representa a simples manutenção do primitivo poder aquisitivo, mas um indevido acréscimo no valor real. Nessa linha, estabelece o Manual de Orientação de Procedimento de Cálculos aprovado pelo Conselho da Justiça Federal que, não havendo

> decisão judicial em contrário, "**os índices negativos de correção monetária (deflação) serão considerados no cálculo de atualização**", **com a ressalva de que, se, no cálculo final, "a atualização implicar redução do principal, deve prevalecer o valor nominal**".
>
> 2. Recurso especial provido.

5.5. Equidade na forma de participação no custeio (EFPC)

A Seguridade Social é financiada pelas contribuições sociais, isso é fato, mas como é realizada essa arrecadação? De cara, devemos ter o cuidado de não confundir equidade com igualdade (isonomia).

Equidade quer dizer que pessoas com o mesmo potencial contributivo devem contribuir de forma semelhante, enquanto pessoas com menor potencial contributivo devem contribuir com valores menores.

Estamos diante, novamente, de outro princípio do Direito Tributário, **o Princípio da Capacidade Contributiva**.

A Lei n.º 8.212/1991, além de dispor sobre a organização da Seguridade Social, instituiu o **Plano de Custeio da própria Seguridade Social**, e traz diversas formas de participação no custeio.

Com isso, o empregado e o empregado doméstico, por exemplo, contribuem com 7,5%, 9%, 12% ou 14% sobre as suas respectivas remunerações, sendo que o valor máximo de remuneração é o teto do RGPS (Regime Geral da Previdência Social).

Já as empresas, por exemplo, contribuem com 20% sobre a folha de pagamento, sem respeito a teto nenhum. Como se percebe, a empresa tem um ônus muito maior que um empregado, isso é equidade: **quem pode mais, paga mais!**

5.6. Diversidade da base de financiamento (DBF)

A base de financiamento da Seguridade Social deve ser a mais ampla e variada possível.

Atualmente, com a Emenda Constitucional n.º 103/2019 (4.ª Reforma da Previdência Social), tem-se a seguinte redação constitucional: Diversidade da base de financiamento, identificando-se, em rubricas contábeis específicas **para cada área**, as receitas e as despesas vinculadas a ações de **saúde**, **previdência** e **assistência social**, preservado o caráter contributivo da previdência social.

A Seguridade tem como base a folha de pagamento das empresas, o lucro das empresas, a remuneração dos empregados, os valores declarados pelos contribuintes facultativos, entre outras fontes de arrecadação.

Essa diversidade é necessária para que em caso de crise econômica em qualquer dos setores, que essa não venha a prejudicar a arrecadação das contribuições, e por consequência, comprometer a prestação dos benefícios à população.

A manutenção da Seguridade Social é tão importante, que a própria CF/1988 admite uma ampliação da base de financiamento, conforme podemos extrair da primeira parte do Art. 195, § 4.º:

> A lei poderá instituir outras fontes destinadas a garantir a manutenção ou expansão da seguridade social.

5.7. Caráter democrático e descentralizado da administração, mediante gestão quadripartite, com participação dos trabalhadores, dos empregadores, dos aposentados e do Governo nos órgãos colegiados (DDQ)

Esse princípio visa à participação da sociedade, em geral, na gestão da Seguridade Social. A gestão da Seguridade é **democrática** (**participa quem tem interesse**), **descentralizada** (**pessoas de vários setores diferentes podem participar**) e **quadripartite**.

E o que isso significa ser quadripartite? Quer dizer que é obrigatória a participação de **4 classes**, sendo, **trabalhadores**, **empregadores**, **aposentados** e **Governo**, nas instâncias gestoras da Seguridade Social, que são: **Conselho Nacional da Previdência Social (CNPS)** e **Conselho de Recursos da Previdência Social (CRPS)**.

5.8. Princípio da Solidariedade Social

Além dos 7 princípios supra estudados, temos o **Princípio da Solidariedade Social**, que apesar de não constar de forma expressa no texto constitucional, é defendido por boa parte da doutrina pátria e pode, eventualmente, ser objeto de prova.

Esse princípio traz que toda a sociedade contribui para a Seguridade Social, independentemente de se beneficiar, ou não, dos serviços por ela disponibilizados (Previdência Social, Assistência Social e Saúde).

Praticamente todos os produtos consumidos (alimentos, roupas, produtos eletrônicos, etc.) e todos os serviços disponibilizados apresentam em sua composição de preço as Contribuições Sociais para a Seguridade Social (Contribuição sobre Bens e Serviços - CBS).

Sendo assim, independentemente da classe econômica, **todas as pessoas contribuem para o Orçamento da Seguridade Social (OSS).**

Por outro lado, como já exposto, apesar de todos contribuírem, nem todos usufruem das benesses da Seguridade Social. Observe cada uma das vertentes existentes:

- **Previdência Social**: Como é de conhecimento, a Previdência é devida apenas para aquele que contribui. Logo, onde fica a Solidariedade? Neste caso, a Solidariedade é caracterizada pelo **financiamento de gerações**, ou seja, **o trabalhador ativo contribui para financiar o trabalhador inativo**. Passadas algumas décadas, será a vez desse trabalhador ativo ir para inativa (aposentadoria), sendo que um novo trabalhador ativo irá financiar o seu benefício previdenciário, sendo que essa sistemática se repetirá de forma contínua e sucessiva;
- **Assistência Social**: A Assistência é devida apenas para as pessoas que necessitam, ou seja, a Solidariedade está bem clara nesse ramo da Seguridade Social. Em suma, **toda a sociedade contribui e só os mais necessitados fazem jus aos benefícios assistenciais**, e;
- **Saúde**: A Saúde é direito de todos e dever do Estado. Esse é o teor do texto constitucional, entretanto, na prática, as camadas mais altas da sociedade não utilizam o sistema público de saúde (SUS). Sendo assim, o financiamento da Seguridade Social por toda a sociedade acaba gerando fundos para o financiamento da Saúde Pública (SUS), que, **na prática, é utilizada apenas pelas camadas mais baixas da sociedade**. Novamente a Solidariedade está clara e presente.

Conforme a melhor doutrina, o princípio previdenciário que representa o sistema de repartição da seguridade social e garante a prestação de benefícios e serviços independentemente do aporte individual das contribuições sociais é o **princípio da solidariedade**.

Diante de todo o exposto, fica clara a presença do Princípio da Solidariedade Social no financiamento e na própria existência do sistema pátrio de Seguridade Social.

Por seu turno, trago as palavras do Professor Sergio Pinto Martins (Direito da Seguridade Social, 42.ª Edição, 2024, Editora Saraiva):

> "A Solidariedade pode ser considerada um **postulado fundamental do Direito da Seguridade Social**, previsto **implicitamente** inclusive na Constituição. Sua origem é encontrada na Assistência Social, em que as

pessoas faziam uma assistência mútua para alguma finalidade e também com base no mutualismo, de se fazer um empréstimo ao necessitado. É uma característica humana, que se verifica no decorrer dos séculos, em que havia uma ajuda genérica ao próximo, ao necessitado.

(...)

Ocorre Solidariedade na Seguridade Social quando várias pessoas economizam em conjunto para assegurar benefícios quando as pessoas do grupo necessitarem. **As contingências são distribuídas igualmente a todas as pessoas do grupo**. Quando uma pessoa é atingida pela contingência, todas as outras continuam contribuindo para a cobertura do benefício do necessitado."

Resumindo tudo num quadrinho para você não esquecer:

Princípios Constitucionais da Seguridade Social		
1	UCA	Universalidade da Cobertura e do Atendimento
2	UEBS	Uniformidade e Equivalência dos Benefícios e Serviços às populações urbanas e rurais
3	SDBS	Seletividade e Distributividade na prestação dos Benefícios e Serviços.
4	IRRVB	Irredutibilidade do Valor dos Benefícios.
5	EFPC	Equidade na Forma de Participação no Custeio.
6	DBF	Diversidade da Base de Financiamento.
7	DDQ	Caráter Democrático e Descentralizado da administração, mediante gestão Quadripartite, com participação dos trabalhadores, dos empregadores, dos aposentados e do Governo nos órgãos colegiados.

(Autoria: Ali Mohamad Jaha)

O mais importante aqui, além de internalizar os conceitos que representam esses princípios, é realmente **DECORÁ-LOS** ou **MEMORIZÁ-LOS** (chame como quiser!), pois as bancas adoram misturá-los.

Quer um exemplo? Em vez de trazer o princípio da **Universalidade da cobertura e do atendimento** e **Uniformidade e equivalência dos benefícios**, invertem-se os conceitos reescrevendo-os:

- Uniformidade da cobertura e do atendimento, e;
- Universalidade de equivalência dos benefícios;

... o que muitas vezes passa despercebido pelo candidato que precisa resolver a prova dentro do tempo determinado. Então, muito cuidado! O que parece simples pode ser na verdade uma pegadinha de mau gosto!

Por fim, vamos comentar brevemente o Princípio "**Lex Tempus Regit Actum**", que em latim significa "O Tempo rege o Ato". Em outras palavras, **os atos jurídicos são regidos pela lei vigente da época em que ocorreram**.

Não obstante, para tal princípio cabem duas exceções:

- **Retroatividade**: aplicação de determinado ato normativo para fatos ocorridos **anteriormente a sua vigência**, e;
- **Ultratividade**: aplicação de determinado ato normativo para fatos ocorridos **posteriormente a sua revogação.**

Diante do exposto, temos que, em regra, o ato normativo a ser aplicado é aquele que está em vigor na data da prática do fato. Não obstante, caso o fato produza **efeitos jurídicos que se prolongam no tempo**, existe a possibilidade de aplicar o disposto em novo ato normativo, sem que isso afete as expectativas dos interessados.

6. O FINANCIAMENTO DA SEGURIDADE SOCIAL EM LINHAS GERAIS (CF/1988)

Adentrando à parte constitucional relativa ao Financiamento da Seguridade Social, vamos continuar nossa explanação com base especificamente no caput do Art. 195:

> A Seguridade Social será financiada por toda a sociedade, de forma **direta (contribuições sociais)** e **indireta**, nos termos da lei, mediante **recursos provenientes dos orçamentos** da União, dos Estados, do Distrito Federal e dos Municípios, e das **contribuições sociais**.

Como se pode observar, o dispositivo constitucional dividiu o dever de contribuir para a Seguridade Social entre o Estado (União, Estados, Distrito Federal e Municípios) e a Sociedade (Contribuições Sociais).

Imaginou o Estado tendo que arcar com todo o ônus? Não existiria nenhum serviço público além da Seguridade Social, seria um caos total.

Conforme entendimento majoritário da doutrina, o **financiamento direto** é aquele consubstanciado pelo produto da arrecadação das contribuições sociais, ao passo que o **financiamento indireto** é aquele oriundo dos recursos provenientes dos orçamentos dos entes políticos.

E as receitas do Estado? Como estarão dispostas? De que forma? Em qual orçamento? A resposta está no Art. 195, § 1.º:

> As receitas dos Estados, do Distrito Federal e dos Municípios destinadas à seguridade social constarão dos respectivos orçamentos, **não integrando** o orçamento da União.

Como se depreende da literalidade do dispositivo, no orçamento da União, constará apenas receitas da União destinadas a Seguridade Social.

Não haverá captura das receitas estaduais, distritais e municipais, em prol da Seguridade Social. Em resumo, todo ente político (União, Estados, Distrito Federal e Municípios) deve contribuir com a Seguridade, mas com **orçamentos separados**. Nada de juntar tudo no caixa da União!

Como será elaborado esse orçamento para a seguridade? A resposta vem do Art. 195, § 2.º:

> A proposta de orçamento da seguridade social será elaborada de forma **integrada** pelos órgãos responsáveis pela **saúde**, **previdência social** e **assistência social**, tendo em vista as **metas** e **prioridades** estabelecidas na **Lei de Diretrizes Orçamentárias (LDO)**, assegurada a cada área a gestão de seus recursos.

Como se extrai, a elaboração do orçamento, por qualquer ente político, ocorrerá de forma integrada pelos órgãos responsáveis das três áreas da Seguridade Social: Saúde, Previdência Social e Assistência Social.

Invadindo um pouco a disciplina de Administração Financeira e Orçamentária (AFO), observa-se que o orçamento deve obedecer às **metas** e **prioridades** estabelecidas na Lei de Diretrizes Orçamentárias (**LDO**) do respectivo ente.

Nesse ponto deve-se ter cuidado, pois a prova pode tentar confundir o candidato, trocando a frase "metas e prioridades" por "diretrizes, objetivos e metas". Por que essa precaução? Porque temos na CF/1988 que:

Plano Plurianual (PPA) – estabelece Diretrizes, Objetivos e Metas (**DOM**) da Administração Pública.

Lei de Diretrizes Orçamentárias (LDO) – estabelece Metas e Prioridades (**MP**) da Administração Pública.

Entendeu a maldade? =)

Agora que falamos do financiamento por parte do Estado, vamos falar sobre o financiamento por parte da Sociedade, o que inclui eu e você, meu caro aluno. Recuperando o Art. 195, e seus incisos, temos que:

> Art. 195. A Seguridade Social será financiada por toda a sociedade, de forma direta e indireta, **nos termos da lei**, mediante recursos provenientes dos orçamentos da União, dos Estados, do Distrito Federal e dos Municípios, e das seguintes contribuições sociais:
>
> I – Do **empregador**, da empresa e da entidade a ela equiparada na forma da lei, incidentes sobre:

a) A **folha de salários** e demais rendimentos do trabalho pagos ou creditados, a qualquer título, à pessoa física que lhe preste serviço, mesmo sem vínculo empregatício;

b) A **receita** ou o **faturamento**, e;

→ O dispositivo será revogado em 2027.

c) O **lucro**;

II – Do **trabalhador** e dos demais segurados da previdência social, podendo ser adotadas alíquotas progressivas de acordo com o valor do salário de contribuição, não incidindo contribuição sobre aposentadoria e pensão concedidas pelo Regime Geral de Previdência Social;

III – Sobre a **receita de concursos de prognósticos**;

IV – Do **importador** de bens ou serviços do exterior, ou de quem a lei a ele equiparar, e;

→ O dispositivo será revogado em 2027.

V – Sobre bens e serviços, nos termos de lei complementar.

O Art. 195 traz as linhas gerais sobre as contribuições sociais, sendo que o detalhamento será dado pela Lei n.º 8.212/1991 (Plano de Custeio da Seguridade Social) e, de forma mais detalhada em alguns tópicos, pelo Decreto n.º 3.048/1999 (Regulamento da Previdência Social).

Essas contribuições por já estarem previstas na CF/1988 não necessitam de lei complementar para serem instituídas, necessitando apenas de lei ordinária. Essas normas serão tratadas em momento oportuno do curso. Por enquanto, vamos detalhar as disposições constitucionais sobre financiamento da Seguridade Social acima expostas.

6.1. Empregador

A CF/1988 alarga o conceito de empregador, ao citar os termos "empresa" ou "entidade a ela equiparada". O conceito previdenciário de empregador é bem amplo. As contribuições dos empregadores e seus equiparados incidem sobre três bases diferentes:

6.1.1. Folha de Salário

O empregador, a empresa ou seu equiparado recolhe suas contribuições sociais aplicando um percentual, em regra, 20%, sobre o total da folha de salários dos seus empregados ou pessoas que prestem serviço sem vínculo empregatício (trabalhador avulso, por exemplo), sem limite algum!

Como assim? Se a folha for de R$ 10 milhões, o empregador vai ter que recolher R$ 2 milhões em Contribuição Social. Essa contribuição recebe o nome popular de **Cota Patronal**.

6.1.2. Receita ou Faturamento

Nesse caso, o empregador recolhe suas contribuições sociais aplicando um percentual sobre a receita (empresas comerciais) ou sobre o faturamento (empresas industriais).

Essas contribuições são a contribuição para o Programa de Integração Social (**PIS**) e Contribuição para o Financiamento da Seguridade Social (**COFINS**).

Conforme dispõe a Reforma Tributária de 2023 (Emenda Constitucional n.º 132/2023), em 2027 ocorrerá a extinção da PIS e da COFINS, restando em seu lugar a Contribuição sobre Bens e Serviços (CBS).

6.1.3. Lucro

Por fim, nessa situação, o empregador recolhe suas contribuições sociais aplicando um percentual sobre o lucro da empresa. Essa contribuição é a Contribuição Social Sobre o Lucro Líquido (**CSLL**).

Num primeiro momento, nos enganamos ao achar que o PIS/COFINS e a CSLL possuem a mesma base de cálculo. Deve-se ter em mente que são conceitos **distintos** da Contabilidade Geral:

> **Receita** = Receita Bruta de Vendas (RBV) = primeira linha da Demonstração do Resultado do Exercício (DRE). É o total de receitas obtidas pela empresa. **É um valor maior que o lucro**.
>
> **Lucro** = Lucro antes do IR/CSLL = linha intermediária da DRE. É o total de receitas obtidas pela empresa com descontos de várias despesas. **É um valor menor que a Receita**.

Entendeu a diferença? Eu sei que é Contabilidade, mas entender esse conceito é de grande relevo nesta parte da nossa disciplina! =)

Antes de concluirmos esse tópico sobre as contribuições sociais do Empregador, é importante mostrar uma jurisprudência do STF, a saber:

> Súmula STF n.º 688/2003: É legítima a incidência da contribuição previdenciária sobre o 13.º salário

É isso mesmo! Nem a gratificação natalina (ou 13.º salário) está livre da obrigação de contribuir para o financiamento da Seguridade Social. Como podemos notar, amigo, a preocupação do Poder Público em manter a Seguridade Social em plena forma financeira é enorme.

6.2. Trabalhador

O conceito de trabalhador também é amplo. Não abrange apenas o **Empregado** em si, como também o **Contribuinte Individual**, o **Trabalhador Avulso**, o **Empregado Doméstico**, o **Segurado Especial** e o **Contribuinte Facultativo**.

A contribuição do trabalhador, em regra, incide sobre os valores pagos pelo seu empregador, mas veremos durante o curso que o Segurado especial, por exemplo, tem uma forma peculiar de contribuir.

A CF/1988 deixou claro que **NÃO HAVERÁ INCIDÊNCIA de contribuição social para o trabalhador sobre a sua aposentadoria ou sua pensão, concedida pelo Regime Geral da Previdência Social (RGPS).**

O constituinte, de forma correta, afastou a incidência das contribuições sociais nos períodos em que o cidadão se encontra debilitado ou mais precisa de recursos: na aposentadoria ou na viuvez.

Antes de continuarmos, considero importante conhecermos os dizeres do Art. 167, inciso XI da CF/1988, que traz:

> É **vedada (proibida)** a utilização dos recursos provenientes das contribuições sociais de que trata o Art. 195, inciso I, "a" (**Cota Patronal sobre a Folha de Salários**), e inciso II (**Contribuição do Trabalhador**), para a realização de despesas **distintas** do pagamento de benefícios do Regime Geral de Previdência Social (RGPS) de que trata o Art. 201 (**Benefícios da Previdência Social: Aposentadoria, Auxílio por Incapacidade Temporária, Salário Família, etc.**).

Como podemos observar, as contribuições sobre **Folha de Salário** do Empregador e as contribuições do trabalhador só podem ser utilizadas para o **pagamento dos benefícios do RGPS.**

6.3. Concursos de prognósticos

Sem dúvidas, esse é o concurso mais fácil de fazer e o mais difícil de passar!!! É quase um paradoxo. Brincadeiras à parte, as receitas obtidas em concursos de prognósticos, como a Mega Sena da Caixa Econômica Federal, sofrem desconto em prol da Seguridade Social.

6.4. Importador de bens ou serviços do exterior

Após a Emenda Constitucional n.º 42/2003, o importador foi obrigado a contribuir para a Seguridade Social através do **PIS-Importação** e da **COFINS-Importação.**

Estamos diante de uma nova base de financiamento, conforme preceitua o **Princípio da Diversidade da Base de Financiamento (DBF).**

Esse alargamento garantiu novos e importantes recursos para a Seguridade Social, e garantiu ainda mais segurança contra possíveis quebras econômicas em alguns setores do mercado. Esse é o governo sendo precavido.

Conforme dispõe a Reforma Tributária de 2023 (Emenda Constitucional n.º 132/2023), em 2027 ocorrerá a extinção da PIS e da COFINS, restando em seu lugar a Contribuição sobre Bens e Serviços (CBS).

6.5. Bens e Serviços

Com a Reforma Tributária, aprovada no apagar das luzes de 2023, foi criada a Contribuição sobre Bens e Serviços (CBS) em substituição as contribuições do PIS e do COFINS.

Essa nova contribuição incidirá sobre operações com bens materiais e imateriais (incluindo os direitos) ou com serviços, bem como incidirá sobre a importação de bens (materiais e imateriais) e serviços, a exemplo do que ocorria com a PIS-Importação e a COFINS-Importação.

Por sua vez, há imunidade nas exportações, com direito ao aproveitamento de créditos ao exportador.

Agora vamos analisar **os demais parágrafos do Art. 195**! Esses dispositivos trazem alguns preceitos interessantes sobre a questão do financiamento da Seguridade Social. Tome nota:

> § 3.º A pessoa jurídica em débito com o sistema da Seguridade Social, como estabelecido em lei, **NÃO PODERÁ** contratar com o Poder Público nem dele receber benefícios ou incentivos fiscais ou creditícios.

O dispositivo supracitado afirma que a pessoa jurídica em débito com a Seguridade Social não pode realizar qualquer tipo de negociação com o Estado, muito menos dele receber benefícios.

Exemplo clássico seria uma empresa com débitos patronais querendo participar de licitação pública. Isso seria inadmissível. Outro exemplo seria uma empresa com os mesmos débitos, quererem gozar de um regime tributário mais privilegiado. Novamente, outra situação inadmissível.

> § 4.º A lei (**COMPLEMENTAR**) poderá instituir outras fontes destinadas a garantir a manutenção ou expansão da Seguridade Social, obedecido ao disposto no Art. 154, I.

O dispositivo permite que o Estado institua outras fontes para garantir a manutenção ou expansão do sistema de Seguridade Social. Essas novas fontes são as denominadas **Contribuições Sociais Residuais**.

As contribuições, conforme o Direito Tributário, são apenas uma espécie do gênero tributo, e o dispositivo acima deixa claro esse entendimento, ao aplicar às Contribuições Sociais Residuais o mesmo tratamento constitucional dado aos impostos residuais (Art. 154, inciso I).

E afinal, para se instituir novas fontes, quais são os requisitos necessários? São os seguintes:

1. A criação das Contribuições Sociais Residuais se dará por meio de **Lei Complementar**;

2. As contribuições deverão ser **não cumulativas**;

3. O **fato gerador (FG)** ou a **base de cálculo (BC)** dessas novas contribuições deverão ser **DIFERENTES** do FG e da BC das contribuições sociais existentes, e;

4. O Supremo Tribunal Federal (STF) tem o entendimento que as contribuições sociais residuais podem ter o mesmo FG ou a mesma BC dos impostos existentes. **Esse entendimento é importante**!

> § 5.º Nenhum benefício ou serviço da seguridade Social poderá ser criado, majorado ou estendido sem a correspondente **FONTE DE CUSTEIO TOTAL**.

Estamos diante do famoso **Princípio da Preexistência do Custeio em Relação aos Benefícios e serviços**! Com certeza, esse princípio demonstra uma atitude prudente do constituinte originário.

Imagine o Estado criando novos benefícios sem uma fonte para custeá-los. A fonte de custeio dos benefícios já existentes seria prejudicada, implicando prejuízo consequente a seus beneficiários.

Por sua vez, a CF/1988 é clara ao afirmar que para criação ou majoração de benefícios ou serviços da Seguridade Social, deve-se apresentar a Fonte de Custeio Total que irá financiar essa expansão. Fique atento à palavra "total", não caia na conversa de que pode ser fonte de custeio parcial, está errado! A fonte de custeio deve ser TOTAL.

Sobre o princípio, considero importante destacar que esse não se aplica às Entidades de Previdência Complementar (Previdência Privada), conforme dispõe a jurisprudência consolidada do Supremo Tribunal Federal (STF), **esse princípio é aplicado somente à Seguridade Social financiada por toda a sociedade**, qual seja, às ações promovidas pelo Poder Público (Recurso Extraordinário 596637 AgR, de 08/09/2009).

> § 6.º As contribuições sociais de que trata este artigo (**Contribuições Sociais para a Seguridade Social**) só poderão ser exigidas **APÓS DECORRIDOS 90 DIAS** da data da publicação da lei que as houver instituído ou modificado, não se lhes aplicando o disposto no Art. 150, inciso III, alínea "b" (**Anterioridade Anual**).

Estamos diante de uma regra de produção de efeitos financeiros. Em outras palavras, após a publicação da lei que criou a contribuição social, a partir de quando ela poderá ser exigida pelo Estado?

No caso das contribuições sociais, o Estado, por meio da Receita Federal do Brasil, deve aguardar **90 dias** para iniciar a exigência dessa nova contribuição (**Anterioridade Nonagesimal ou Mitigada**).

Como se extrai da norma constitucional, **o dispositivo afastou a Anterioridade Anual** (CF/1988, Art. 150, inciso III, alínea "b"), cuja essência diz que o tributo só será exigido no exercício financeiro seguinte ao daquele em que a lei de instituição (ou de majoração) do tributo foi publicada.

Em suma, **as contribuições sociais podem ser exigidas em 90 dias, após a publicação da lei instituidora, sem a necessidade de aguardar o início do exercício financeiro seguinte ao da publicação da referida lei.**

A Anterioridade Anual e a Anterioridade Nonagesimal são corolários (decorrências) do **Princípio Constitucional da Não surpresa** (CF/1988, Art. 150, inciso III, alíneas "a", "b" e "c"). Esse princípio, presente no Direito Tributário, visa garantir a **segurança jurídica do contribuinte** perante a sede arrecadatória do Estado.

Sem o referido princípio, o Governo poderia instituir e cobrar tributos do cidadão de forma imediata, surpreendendo os contribuintes de tal forma que esses, não teriam tempo para se programar quanto ao aumento de despesas tributárias, sendo apanhados desprevenidos.

Por isso, a Carta Magna prevê de forma expressa os períodos da anterioridade, protegendo o cidadão pagador de tributos de surpresas repentinas em seus orçamentos mensais.

Outro ponto importante é a jurisprudência do STF aplicável ao dispositivo:

> Súmula STF n.º 669/2003: Norma legal que altera o prazo de recolhimento da obrigação tributária **não se sujeita ao princípio da anterioridade.**

Para constar, em 2015, esse famoso enunciado foi utilizado para dar vida a seguinte Súmula Vinculante pelo STF:

> Súmula Vinculante n.º 50/2015: Norma legal que altera o prazo de recolhimento de obrigação tributária **não se sujeita ao princípio da anterioridade.**

Diante de tal entendimento, fica claro que **norma que altera prazo de recolhimento de contribuição social tem aplicação imediata**, não precisando aguardar 90 dias (Anterioridade Nonagesimal ou Mitigada) e nem o início do exercício financeiro seguinte (Anterioridade Anual), sendo aplicada de imediato a partir da data da publicação do ato normativo.

Esse entendimento é aplicável também às normas que reduzem as contribuições sociais, que entram em vigor na data de sua publicação.

> § 7.º São isentas (**IMUNES**) de contribuição para a Seguridade Social as Entidades Beneficentes de Assistência Social (EBAS) que atendam às exigências estabelecidas em lei.

Esse dispositivo trata de caso de imunidade! A CF/1988 usa a palavra "isentas", mas isso foi falta de técnica do constituinte originário, pois quando a própria Constituição impede que o Estado tribute pessoas, bens, operações e serviços, estar-se-á diante de uma **imunidade**, e não de uma isenção, como traz a íntegra do parágrafo.

Em contrapartida, quando nasce uma obrigação tributária, o Auditor-Fiscal constitui o crédito tributário e mediante **lei, o Estado dispensa o pagamento desse crédito em favor dele próprio**.

Estamos então diante de uma **isenção**. Apesar desse erro de redação, **fique atento ao comando da questão**! Se ela "copiar e colar" o texto constitucional marque como certa! Se a questão for mais elaborada e conceitual, tenha em mente estar diante de uma imunidade e não de uma isenção.

Do texto, podemos inferir que nem todas as Entidade Beneficentes de Assistência Social (EBAS) são imunes de contribuição para seguridade social, mas apenas aquelas que atendam aos requisitos estabelecidos em lei.

Que requisitos são esses? Bem, esses requisitos estavam previstos na Lei n.º 8.212/1991, posteriormente na Lei n.º 12.101/2009 e, atualmente, na Lei Complementar n.º 187/2021, que dispõe sobre a certificação das EBAS e regula os procedimentos de imunidade de contribuições para a seguridade social.

A Lei Complementar n.º 187/2021 traz a seguinte redação, a saber:

> Art. 3.º Farão jus à **IMUNIDADE** de que trata o § 7.º do Art. 195 da Constituição Federal as entidades beneficentes que atuem nas áreas da saúde, da educação e da assistência social, certificadas nos termos desta Lei Complementar, e que atendam, **cumulativamente**, aos **seguintes requisitos**:
>
> I – Não percebam seus dirigentes estatutários, conselheiros, associados, instituidores ou benfeitores remuneração, vantagens ou benefícios, direta ou indiretamente, por qualquer forma ou título, em razão das competências, das funções ou das atividades que lhes sejam atribuídas pelos respectivos atos constitutivos;
>
> II – Apliquem suas rendas, seus recursos e eventual superávit integralmente no território nacional, na manutenção e no desenvolvimento de seus objetivos institucionais;
>
> III – Apresentem certidão negativa ou certidão positiva com efeito de negativa de débitos relativos aos tributos administrados pela Secretaria Especial da Receita Federal do Brasil e pela Procuradoria-Geral da Fazenda Nacional, bem como comprovação de regularidade do Fundo de Garantia do Tempo de Serviço (FGTS);
>
> IV – Mantenham escrituração contábil regular que registre as receitas e as despesas, bem como o registro em gratuidade, de forma segregada, em consonância com as normas do Conselho Federal de Contabilidade e com a legislação fiscal em vigor;
>
> V – Não distribuam a seus conselheiros, associados, instituidores ou benfeitores seus resultados, dividendos, bonificações, participações ou

> parcelas do seu patrimônio, sob qualquer forma ou pretexto, e, na hipótese de prestação de serviços a terceiros, públicos ou privados, com ou sem cessão de mão de obra, não transfiram a esses terceiros os benefícios relativos à imunidade prevista no § 7.º do Art. 195 da Constituição Federal;
>
> VI – Conservem, pelo prazo de 10 anos, contado da data de emissão, os documentos que comprovem a origem e o registro de seus recursos e os relativos a atos ou a operações realizadas que impliquem modificação da situação patrimonial;
>
> VII – Apresentem as demonstrações contábeis e financeiras devidamente auditadas por auditor independente legalmente habilitado nos Conselhos Regionais de Contabilidade, quando a receita bruta anual auferida for superior ao limite fixado pelo inciso II do caput do Art. 3.º da Lei Complementar n.º 123/2006 (R$ 4.800.000,00), e;
>
> VIII – Prevejam, em seus atos constitutivos, em caso de dissolução ou extinção, a destinação do eventual patrimônio remanescente a entidades beneficentes certificadas ou a entidades públicas.

Tudo certo? Antes de continuar, devo ressaltar que a jurisprudência do STF em 2012 considerou **constitucional** a exigência de **renovação periódica** do Certificado de Entidade Beneficente de Assistência Social. (CEBAS).

Vamos continuar analisando os parágrafos do Art. 195? Vamos lá!

> § 8.º O produtor, o parceiro, o meeiro e o arrendatário rurais e o pescador artesanal, bem como os respectivos cônjuges, que exerçam suas atividades em **regime de economia familiar, sem empregados permanentes**, contribuirão para a Seguridade Social mediante a **aplicação de uma alíquota sobre o resultado da comercialização da produção** e farão jus aos benefícios nos termos da lei.

O dispositivo introduz a figura do contribuinte **Segurado Especial**. Esses contribuintes têm uma forma singular de contribuição. Por exercerem atividades que não geram pagamentos periódicos, a exemplo dos empregados, eles contribuem com um percentual sobre a receita bruta de comercialização de sua produção.

Esse dispositivo retorna dois princípios constitucionais da Seguridade Social:

- **Equidade na forma de participação no custeio (EFPC)**: Não seria justo o segurado especial contribuir de forma mensal, sendo que o seu ganho acontece de forma esporádica, apenas em algumas épocas do ano (período de safra ou colheita), e;
- **Diversidade da base de financiamento (DBF)**: Ao se diferenciar a forma de tributação, estará automaticamente diversificando a base de financiamento e, consequentemente, tornando a Seguridade Social mais resistente a crises econômicas setoriais.

> § 9.º As contribuições sociais previstas no inciso I do caput (**Contribuição Social do Empregador**) deste artigo **poderão** ter **alíquotas diferenciadas** em razão da atividade econômica, da utilização intensiva de mão de obra, do porte da empresa ou da condição estrutural do mercado de trabalho, sendo também autorizada a adoção de **bases de cálculo diferenciadas** apenas no caso das alíneas "b" e "c" do inciso I do caput (**contribuição sobre receita, faturamento e lucro**).

De certa forma, esse dispositivo introduzido pela Emenda Constitucional n.º 47/2005, busca beneficiar alguns setores econômicos, pois permite que a **alíquota (em todos os casos)** ou a **base de cálculo (somente nas contribuições sobre receita, faturamento e lucro)** das contribuições sociais dos Empregadores sejam **diferenciadas em razão de 4 fatores**:

1. **Atividade Econômica**: A depender do tipo de atividade exercida pela empresa, o governo pode instituir um regime mais benéfico de contribuição. Como nos casos das empresas de TI (Tecnologia da Informação);
2. **Utilização intensiva de mão de obra**: Existem setores que utilizam maciçamente a mão de obra (como na construção civil, e outros nem tanto, como no desenvolvimento de novas tecnologias da informação. O governo, diante de tal discrepância, pode conceder diferenciações benéficas aos setores que mais utilizam a mão de obra, garantindo a manutenção da empresa e dos empregos de seus funcionários;
3. **Porte da Empresa**: Microempresas (ME) e Empresas de Pequeno Porte (EPP) já fazem jus de um regime diferenciado e mais benéfico (Simples Nacional – Lei Complementar n.º 123/2006), mas nada impede que sejam criados novos regimes, e;
4. **Condição Estrutural do Mercado de Trabalho**: O governo pode utilizar esse fator para desonerar a folha de salários de setores que estiverem em crise.

Atentem para o seguinte esquema! =)

Perceberam as letras em negrito? É um mnemônico! **A+U+P+M**, ou reordenando, **PUMA**! =)

> § 10. A **lei** definirá os critérios de transferência de recursos para o Sistema Único de Saúde (SUS) e ações de Assistência Social da União para os Estados, o Distrito Federal e os Municípios, e dos Estados para os Municípios, observada a respectiva contrapartida de recursos.

Dispositivo voltado para a parte orçamentária, não cabe nenhum comentário.

> § 11. São **vedados** a moratória e o parcelamento em prazo superior a 60 meses e, na forma de **lei complementar**, a remissão e a anistia das contribuições sociais de que tratam a alínea "a" do inciso I (**Cota patronal sobre folha de salários**) e o inciso II do caput (**Contribuição do trabalhador**).
>
> → O disposto no § 11 do Art. 195 da Constituição Federal não se aplica aos parcelamentos previstos na legislação vigente até a data de entrada em vigor da Emenda Constitucional n.º 103/2019, sendo vedadas a reabertura ou a prorrogação de prazo para adesão.

Agora, desde 2019, é regra constitucional: não existe moratória e parcelamento em prazo superior a 60 parcelas.

Existe a possibilidade de **remissão** (extinção do crédito tributário) ou **anistia** (exclusão de crédito tributário) para a Contribuição do Empregador sobre Folha de Salário e para Contribuição do Trabalhador.

A única ressalva é que o montante dos débitos objeto de remissão ou de anistia seja inferior ao limite fixado em **lei complementar**. Por favor, na hora da prova não confunda Remissão (extinção) com Remição (resgate/quitação), ok?! Fica a dica!

> § 12. A lei definirá os setores de atividade econômica para os quais as contribuições incidentes na forma dos incisos I, alínea "b" (**Contribuição do Empregador sobre a Receita ou Faturamento**), e IV (**Contribuição do Importador**) do caput, **serão não cumulativas**.
>
> → O dispositivo será revogado em 2027.

A lei definirá os setores econômicos em que a Contribuição do Empregador sobre Receita ou Faturamento (PIS e COFINS) e a Contribuição do Importador (PIS-Importação e COFINS-Importação) serão não cumulativas, ou seja, serão recuperáveis.

Uma contribuição não cumulativa, ou recuperável, é aquela que pode ser compensada em vendas futuras.

Exemplo: Um importador compra uma máquina na China por R$ 10.000,00, com COFINS de R$ 760,00 (7,6%). Nessa operação o importador ganhou um **crédito de R$ 760,00**!

No mês seguinte, vende a referida máquina no mercado interno por R$ 25.000,00. Essa operação de venda constituiu uma COFINS de R$ 1.900 (7,6%) para o importador pagar, mas como ele já possuía um **crédito de R$ 760,00**, só recolherá R$ 1.140,00 (R$ 1.900,00 – R$ 760,00).

Esse é o **conceito de não cumulatividade**. =)

Não obstante, conforme dispõe a Reforma Tributária de 2023 (Emenda Constitucional n.º 132/2023), em 2027 ocorrerá a extinção da PIS e da COFINS, restando em seu lugar a Contribuição sobre Bens e Serviços (CBS).

§ 14. O segurado somente terá reconhecida como tempo de contribuição ao Regime Geral de Previdência Social a competência cuja contribuição **seja igual ou superior à contribuição mínima mensal exigida para sua categoria, assegurado o agrupamento de contribuições.**

→ Até que entre em vigor **LEI** que disponha sobre o § 14 do Art. 195 da Constituição Federal, o segurado que, no somatório de remunerações auferidas no período de 1 mês receber remuneração inferior ao limite mínimo mensal do salário de contribuição, poderá:

1. Complementar a sua contribuição, de forma a alcançar o limite mínimo exigido;
2. Utilizar o valor da contribuição que exceder o limite mínimo de contribuição de uma competência em outra, ou;
3. Agrupar contribuições inferiores ao limite mínimo de diferentes competências, para aproveitamento em contribuições mínimas mensais.

Os ajustes de complementação ou agrupamento de contribuições previstos nos itens 1, 2 e 3 somente poderão ser feitos **ao longo do mesmo ano civil.**

Agora, nos meses em que não se alcançar o valor mínimo do salário de contribuição (1 salário mínimo), base de cálculo das contribuições previdenciárias, o contribuinte pode:

1. Complementar essa contribuição do seu próprio bolso;
2. Usar o valor de contribuição acima do mínimo de outro mês para completar o mês que está abaixo (sistema de compensação), ou;
3. Agrupar diversas contribuições abaixo do mínimo para contar como uma contribuição válida (no mínimo 1 salário mínimo).

§ 15. A contribuição prevista no inciso V (**Contribuição sobre Bens e Serviços - CBS**) do caput poderá ter sua alíquota fixada em lei ordinária.

A Contribuição sobre Bens e Serviços (**CBS**) foi criada pela Emenda Constitucional n.º 132/2023, que trouxe a Reforma Tributária.

Essa nova contribuição irá substituir, **em 2027**, as contribuições para o PIS e para a COFINS.

Quanto a fixação das alíquotas da CBS, essa poderá ser feita por uma simples **lei ordinária.**

§ 16. Aplica-se à contribuição prevista no inciso V (**CBS**) do caput o disposto no Art. 156-A, § 1.º, I a VI, VIII, X a XIII, § 3.º, § 5.º, II a VI e IX, e §§ 6.º a 11 e 13.

A Reforma Tributária de 2023 aplicou à CBS vários dispositivos tratados no capítulo do Sistema Tributário Nacional da CF/1988.

Considero importante ressaltar os que estão presentes no Art. 156-A, que trata do novo Imposto sobre Bens e Serviços (**IBS**), de competência compartilhada entre Estados, Distrito Federal e Municípios.

Conforme dispõe o artigo supra, a CBS será informada pelo **princípio da neutralidade** e atenderá ao seguinte:

1. **Incidirá** sobre **operações** com bens materiais ou imateriais, inclusive direitos, ou com serviços;
2. **Incidirá** também sobre a **importação** de bens materiais ou imateriais, inclusive direitos, ou de serviços realizada por pessoa física ou jurídica, ainda que não seja sujeito passivo habitual da contribuição, qualquer que seja a sua finalidade;
3. **Não incidirá** sobre as **exportações**, assegurados ao exportador a manutenção e o aproveitamento dos créditos relativos às operações nas quais seja adquirente de bem material ou imaterial, inclusive direitos, ou serviço; → **Imunidade.**
4. Terá legislação única e uniforme em todo o território nacional, ressalvado o disposto no item 5;
5. Cada ente federativo fixará sua alíquota própria por lei específica;
6. A alíquota fixada pelo ente federativo na forma do item 5 será **a mesma para todas as operações** com bens materiais ou imateriais, inclusive direitos, ou com serviços, ressalvadas as hipóteses previstas nesta Constituição;
7. Será **NÃO CUMULATIVO**, compensando-se a contribuição devida pelo contribuinte com o montante cobrado sobre todas as operações nas quais seja adquirente de bem material ou imaterial, inclusive direito, ou de serviço, excetuadas exclusivamente as consideradas de uso ou consumo pessoal especificadas em lei complementar e as hipóteses previstas nesta Constituição;
8. **Não será objeto de concessão de incentivos e benefícios financeiros ou fiscais relativos à contribuição** ou de regimes específicos, diferenciados ou favorecidos de tributação, excetuadas as hipóteses previstas nesta Constituição;
9. **Não incidirá** nas prestações de serviço de comunicação nas modalidades de radiodifusão sonora e de sons e imagens de recepção livre e gratuita; **Imunidade.**
10. Resolução do Senado Federal fixará alíquota de referência da contribuição para cada esfera federativa, nos termos de lei complementar, que será aplicada se outra não houver sido estabelecida pelo próprio ente federativo, e;

11. Sempre que possível, terá seu valor informado, de forma específica, no respectivo documento fiscal.

> § 17. A contribuição prevista no inciso V (**CBS**) do caput **não integrará** sua própria base de cálculo nem a dos tributos previstos nos Arts. 153, VIII, 156-A e 195, inciso I, alínea "b", e inciso IV, e da contribuição para o Programa de Integração Social (PIS) de que trata o Art. 239.

O valor pago de Contribuição sobre Bens e Serviços (CBS) **NÃO INTEGRARÁ** a base de cálculo dos seguintes tributos:

- Contribuição sobre Bens e Serviços (**CBS**);
- Imposto da União sobre produção, extração, comercialização ou importação de bens e serviços prejudiciais à saúde ou ao meio ambiente, nos termos de lei complementar - **Imposto Seletivo Federal - ISF** ou "Imposto do Pecado" (Art. 153, inciso VIII);
- Imposto de competência compartilhada entre Estados, Distrito Federal e Municípios - **Imposto sobre Bens e Serviços - IBS** (Art. 156-A);
- **PIS e COFINS sobre a receita ou o faturamento, a serem revogadas em 2027** (Art. 195, inciso I, alínea "b" e Art. 239), e;
- **PIS-Importação e COFINS-Importação, a serem revogadas em 2027** (Art. 195, inciso IV e Art. 239).

> § 18. Lei estabelecerá as hipóteses de devolução da contribuição prevista no inciso V (**CBS**) do caput a pessoas físicas, inclusive em relação a limites e beneficiários, com o objetivo de **reduzir as desigualdades de renda**.

A lei irá definir em quais situações a CBS paga será devolvida, na forma de crédito, para o contribuinte pessoa física, com vistas a reduzir as desigualdades de renda.

Compreendo que essa previsão introduzida pela Emenda Constitucional n.º 132/2023 guarde correlação com o princípio da **Equidade na Forma de Participação no Custeio (EFPC)**.

O crédito gerado (ou "cashback" - dinheiro de volta) diminui a CBS efetivamente paga, seguindo a retórica de "quem pode mais, paga mais".

> § 19. A **devolução** de que trata o § 18 **não será computada na receita corrente líquida da União** para os fins do disposto nos Arts. 100, § 15, 166, §§ 9º, 12 e 17, e 198, § 2º.

O "cashback" da CBS não será computado na receita corrente líquida da União para os fins dispostos na CF/1988.

Para constar, a receita corrente líquida da União tem como destinação:

- Pagamento de Precatórios (CF/1988, Art. 100, § 15), e;
- Aplicação em ações e serviços públicos de saúde (CF/1988, Art. 198, § 2.º).

7. A SAÚDE

Continuando em nossos estudos, vamos agora apresentar cada uma das áreas da Seguridade Social, a saber: **Saúde, Previdência** e **Assistência Social**. Vamos iniciar pela Saúde!

Adianto de plano que esse assunto, em regra, não é essencial para as provas de concursos públicos, mas irei apresentar todas as disposições constitucionais, com os devidos comentários. Vamos começar? =)

Na CF/1988, o Art. 196 traz as linhas gerais sobre a Saúde:

> A **Saúde é direito de todos e dever do Estado**, garantido mediante políticas sociais e econômicas que visem à redução do risco de doença e de outros agravos e ao **acesso universal e igualitário** às ações e serviços para sua promoção, proteção e recuperação.

Do artigo acima conseguimos vislumbrar que a saúde é um direito de todos, **não se exigindo nenhuma contribuição por parte da pessoa usuária**.

Qualquer pessoa, pobre ou rica, nova ou velha, tem direito de ser atendido nos postos públicos de saúde, sem distinção.

Podemos perceber claramente isso nas campanhas de vacinação para a população. Nada é cobrado ou previamente exigido daqueles que se dirigem aos postos de vacinação.

> Art. 197. São de relevância pública as ações e serviços de saúde, cabendo ao Poder Público dispor, nos termos da lei, sobre sua regulamentação, fiscalização e controle, devendo sua execução ser feita diretamente ou através de terceiros e, também, por pessoa física ou jurídica de direito privado.

A Saúde é de extrema relevância ao Estado, provavelmente seja o setor mais sensível do governo. A regulamentação, fiscalização e controle da Saúde cabem ao Estado.

Por sua vez, a **execução** de ações e serviços de saúde cabem tanto ao **Estado** quanto à **Iniciativa Privada** (Pessoas Jurídicas – Hospitais e Pessoas Físicas – Médicos).

O artigo seguinte trata do famigerado Sistema Único de Saúde (SUS):

> Art. 198. As ações e serviços públicos de saúde integram uma rede regionalizada e hierarquizada e constituem um Sistema Único (**SUS**), organizado de acordo com as seguintes diretrizes:

> I - **Descentralização**, com direção única em cada esfera de governo;
>
> II - Atendimento integral, com prioridade para as atividades preventivas, sem prejuízo dos serviços assistenciais, e;
>
> III - Participação da comunidade.

O artigo informa que a saúde será tratada de forma regionalizada e hierarquizada, constituindo o Sistema Único de Saúde (SUS), sendo os incisos I, II e III as diretrizes do SUS.

O SUS será financiado com recursos do **Orçamento da Seguridade Social (OSS)** de cada um dos entes políticos, além de outras fontes.

Essas disposições se encontram no § 1.º do Art. 198 e fazem correlação ao Art. 195 que define que a Seguridade Social será financiada por todos os entes políticos.

Correlação lógica! Se os entes políticos irão financiar a Seguridade Social, também irão automaticamente financiar a Saúde, pois a Saúde é apenas uma área da Seguridade Social, ou seja, a Saúde está inserida dentro da Seguridade Social. Vejamos o dispositivo:

> § 1.º O Sistema Único de Saúde (SUS) será financiado, nos termos do art. 195, **com recursos do Orçamento da Seguridade Social (OSS)**, da União, dos Estados, do Distrito Federal e dos Municípios, além de outras fontes.

Existe a obrigação constitucional dos entes políticos aplicarem um valor mínimo de recursos na Saúde. Tal obrigação se encontra no Art. 198, § 2.º:

> § 2.º A União, os Estados, o Distrito Federal e os Municípios aplicarão, anualmente, em ações e serviços públicos de saúde **recursos mínimos** derivados da aplicação de **percentuais calculados sobre**:
>
> I - No caso **da União**, a Receita Corrente Líquida (RCL) do respectivo exercício financeiro, não podendo ser inferior a 15% (15% x RCL);
>
> II - No caso dos Estados e do Distrito Federal, o produto da arrecadação dos impostos a que se referem os Arts. 155 (**ITCMD, ICMS e IPVA**) e 156-A (**IBS**) e dos recursos de que tratam os Arts. 157 (**IR repassado pela União**) e 159, inciso I, "a" (**21,5% do IR, do IPI e do ISF repassados pela União para o Fundo de Participação dos Estados e do DF**) e inciso II (**10% do IPI e do ISF repassado pela União para os Estados e o DF, proporcionalmente ao valor das respectivas exportações de produtos industrializados**), deduzidas as parcelas que forem transferidas aos respectivos Municípios, e;
>
> III - No caso dos Municípios e do Distrito Federal, o produto da arrecadação dos impostos a que se referem os Arts. 156 (**IPTU, ITBI e ISS**) e 156-A (**IBS**) e dos recursos de que tratam os Arts. 158 (**IR repassado pela Uniao, 50% ou 100% do ITR repassado pela Uniao, 50% do IPVA repassado**

> **pelo Estado e 25% do ICMS e do IBS repassado pelo Estado**) e 159, inciso I, alínea "b" (**22,5% do IR e do IPI repassados pela União para o Fundo de Participação dos Municípios**) e § 3.º (**Dos 10% repassado pela União para os Estados e DF, 25% será repassado aos municípios**).

Dando continuidade, conforme as disposições constitucionais seguintes, a lei complementar que regula o tema deve ser reavaliada periodicamente, conforme dispõe a nossa Carta Magna:

> § 3.º Lei complementar, que será reavaliada pelo menos a cada 5 anos, estabelecerá:
>
> I – Os percentuais de que tratam os incisos II e III do § 2.º (**recursos mínimos do Estados, do Distrito Federal e dos Municípios**);
>
> II – Os critérios de rateio dos recursos da União vinculados à saúde destinados aos Estados, ao Distrito Federal e aos Municípios, e dos Estados destinados a seus respectivos Municípios, objetivando a progressiva redução das disparidades regionais, e;
>
> III – As normas de fiscalização, avaliação e controle das despesas com saúde nas esferas federal, estadual, distrital e municipal.

Como já citei anteriormente, provavelmente, a Saúde seja o setor mais sensível do Estado.

A demanda por agentes comunitários de saúde é tão grande e tão rápida em algumas áreas específicas, que, se o governo fosse seguir os trâmites normais de contratação (Concurso Público), dispenderia muito tempo!

E em se tratando de saúde pública, muitas vezes o tempo é fator decisivo, podendo dessa forma ser poupado por vínculos menos burocráticos.

Assim, os agentes comunitários de saúde seguem uma sistemática muito particular, sendo essa elencada na própria CF/1988, a saber:

> § 4.º Os gestores locais do Sistema Único de Saúde (SUS) poderão admitir agentes comunitários de saúde e agentes de combate às endemias por meio de **processo seletivo público**, de acordo com a natureza e complexidade de suas atribuições e requisitos específicos para sua atuação.
>
> § 5.º **Lei federal disporá sobre o regime jurídico**, o piso salarial profissional nacional, as diretrizes para os Planos de Carreira e a regulamentação das atividades de agente comunitário de saúde e agente de combate às endemias, competindo à União, nos termos da lei, prestar assistência financeira complementar aos Estados, ao Distrito Federal e aos Municípios, para o cumprimento do referido piso salarial.
>
> § 6.º Além das hipóteses previstas no § 1.º do Art. 41 e no § 4.º do Art. 169 da Constituição Federal, o servidor que exerça funções equivalentes

> às de agente comunitário de saúde ou de agente de combate às endemias **poderá perder o cargo em caso de descumprimento dos requisitos específicos, fixados em lei, para o seu exercício.**
>
> § 7.º O **vencimento** dos agentes comunitários de saúde e dos agentes de combate às endemias fica sob responsabilidade da **União**, e cabe aos Estados, ao Distrito Federal e aos Municípios estabelecer, além de outros consectários e vantagens, incentivos, auxílios, gratificações e indenizações, a fim de valorizar o trabalho desses profissionais.
>
> § 8.º Os recursos destinados ao pagamento do vencimento dos agentes comunitários de saúde e dos agentes de combate às endemias serão consignados no **orçamento geral da União** com dotação própria e exclusiva.
>
> § 9.º O **vencimento** dos agentes comunitários de saúde e dos agentes de combate às endemias **não será inferior a 2 salários mínimos**, repassados pela União aos Municípios, aos Estados e ao Distrito Federal.
>
> § 10. Os agentes comunitários de saúde e os agentes de combate às endemias terão também, em razão dos riscos inerentes às funções desempenhadas, **aposentadoria especial** e, somado aos seus vencimentos, adicional de insalubridade.

Podemos extrair que a contratação de agentes comunitários de saúde se dará por meio de processo seletivo, que é um método bem mais célere que o concurso público.

Observamos também que esses funcionários não seguem o Regime Estatutário (Lei n.º 8.112/1990), muito menos o Regime da Consolidação das Leis do Trabalho (CLT), prevista no antigo Decreto-Lei n.º 5.452/1943. Eles seguem um regime próprio, diferenciado, e instituído por lei federal, no caso, a Lei n.º 11.350/2006.

Por seu turno, foi criada uma nova possibilidade de perda de cargo, exclusiva aos agentes comunitários de saúde, diferente daquelas previstas na própria CF/1988.

Os parágrafos 7.º, 8.º, 9.º e 10 supra são frutos da **Emenda Constitucional n.º 120/2022**, que trouxeram inúmeras garantias para os agentes comunitários de saúde, a saber:

- Vencimentos pagos pela União;
- Demais entes políticos (E, DF e M) deverão criar outras gratificações que valorizem esse profissional;
- Os vencimentos desses agentes, bem como dos agentes de combate às endemias, terão seus recursos previsto diretamente no orçamento geral da União;
- Os referidos vencimentos serão de **no mínimo 2 salários mínimos**, e;
- Em razão do risco inerente da atividade, esses agentes terão direito à **aposentadoria especial**.

Com o advento da Emenda Constitucional n.º 124/2022, tivemos as seguintes inclusões no Art. 198 da nossa Carta Magna:

> § 12. Lei federal instituirá pisos salariais profissionais nacionais para o enfermeiro, o técnico de enfermagem, o auxiliar de enfermagem e a parteira, a serem observados por pessoas jurídicas de direito público e de direito privado.
>
> § 13. A União, os Estados, o Distrito Federal e os Municípios, até o final do exercício financeiro em que for publicada a lei de que trata o § 12 deste artigo, adequarão a remuneração dos cargos ou dos respectivos planos de carreiras, quando houver, de modo a atender aos pisos estabelecidos para cada categoria profissional.

Com o advento da Emenda Constitucional n.º 127/2022, tivemos a seguintes inclusões no Art. 198 em questão:

> § 14. Compete à União, nos termos da lei, prestar assistência financeira complementar aos Estados, ao Distrito Federal e aos Municípios e às entidades filantrópicas, bem como aos prestadores de serviços contratualizados que atendam, no mínimo, 60% de seus pacientes pelo sistema único de saúde, para o cumprimento dos pisos salariais de que trata o § 12 deste artigo.
>
> § 15. Os recursos federais destinados aos pagamentos da assistência financeira complementar aos Estados, ao Distrito Federal e aos Municípios e às entidades filantrópicas, bem como aos prestadores de serviços contratualizados que atendam, no mínimo, 60% de seus pacientes pelo sistema único de saúde, para o cumprimento dos pisos salariais de que trata o § 12 deste artigo serão consignados no orçamento geral da União com dotação própria e exclusiva.

A CF/1988 define que a assistência à saúde é livre à iniciativa privada. Nada mais lógico! Já vimos lá no Art. 197 que a execução de ações e serviços de saúde pode ser realizada pela iniciativa privada (pessoas jurídicas e pessoas físicas).

Vamos aos dispositivos constitucionais:

> Art. 199. A assistência à saúde é livre à iniciativa privada.
>
> § 1.º As instituições privadas poderão participar de **forma COMPLEMENTAR (não é suplementar!)** do Sistema Único de Saúde (SUS), segundo diretrizes deste, mediante contrato de direito público ou convênio, tendo preferência às entidades filantrópicas e as sem fins lucrativos.
>
> § 2.º É **vedada** a destinação de recursos públicos para auxílios ou subvenções às instituições privadas **com fins lucrativos**.
>
> § 3.º É **vedada** a participação direta ou indireta de empresas ou **capitais estrangeiros** na assistência à saúde no País, salvo nos casos previstos em lei.

> § 4.º A lei disporá sobre as condições e os requisitos que facilitem a remoção de órgãos, tecidos e substâncias humanas para fins de transplante, pesquisa e tratamento, bem como a coleta, processamento e transfusão de sangue e seus derivados, sendo **vedado todo tipo de comercialização.**

O Art. 199 e seus parágrafos são autoexplicativos e não merecem maiores comentários.

Para encerrar o tópico sobre Saúde, citarei apenas as competências constitucionais dos SUS, presentes no Art. 200. Para constar, meu amigo concurseiro, existe a Lei n.º 8.080/1990 (Lei Orgânica da Saúde – LOS), que melhor detalha as competências e o funcionamento do SUS, entretanto, esta não será objeto de nossos estudos.

Vamos aos dispositivos constitucionais:

> Art. 200. Ao Sistema Único de Saúde (SUS) compete, além de outras atribuições, nos termos da lei:
>
> I – **Controlar e fiscalizar** procedimentos, produtos e substâncias de interesse para a saúde e participar da produção de medicamentos, equipamentos, imunobiológicos, hemoderivados e outros insumos;
>
> II – **Executar** as ações de vigilância sanitária e epidemiológica, bem como as de **saúde do trabalhador**;
>
> III – **Ordenar** a formação de recursos humanos na área de saúde;
>
> IV – **Participar** da formulação da política e da execução das ações de **saneamento básico**;
>
> V – **Incrementar** em sua área de atuação o desenvolvimento científico e tecnológico e a inovação;
>
> VI – **Fiscalizar e inspecionar alimentos**, compreendido o controle de seu teor nutricional, bem como **bebidas e águas para consumo humano**;
>
> VII – Participar do controle e fiscalização da produção, transporte, guarda e utilização de substâncias e produtos psicoativos, tóxicos e radioativos, e;
>
> VIII – Colaborar na proteção do meio ambiente, nele compreendido o do trabalho.

8. A PREVIDÊNCIA SOCIAL

Vamos abordar a segunda área da Seguridade Social, e a mais importante para os nossos estudos, a **Previdência Social**. Recorremos mais uma vez aos dispositivos constitucionais:

> Art. 201. A previdência social será organizada sob a forma do **Regime Geral de Previdência Social**, de **caráter contributivo** e de **filiação**

> **obrigatória**, observados critérios que preservem o equilíbrio financeiro e atuarial, e atenderá, **na forma da lei**, a:
>
> I – Cobertura dos eventos de incapacidade temporária ou permanente para o trabalho e idade avançada;
>
> II – Proteção à maternidade, especialmente à gestante;
>
> III – Proteção ao trabalhador em situação de desemprego involuntário;
>
> IV – **Salário Família** e **Auxílio Reclusão** para os dependentes dos segurados de **baixa renda**, e;
>
> V – **Pensão por morte** do segurado, homem ou mulher, ao cônjuge ou ao companheiro e aos seus dependentes, observado o disposto no § 2.º quando se tratar da **única fonte de renda formal auferida** pelo dependente (valor mínimo de 1 salário mínimo).

Do caput do artigo exprime-se que a **Previdência Social é contributiva**!

Ao contrário da Saúde, onde qualquer pessoa pode dela usufruir, na Previdência, para o cidadão gozar dos benefícios previdenciários, o mesmo deverá estar **obrigatoriamente filiado e contribuindo regularmente** para o Regime Geral da Previdência Social (RGPS).

Não existe, em regra, benefício sem custeio.

A ideia da Previdência Social é equivalente à de uma contratação de seguro comum, como o de veículos, por exemplo. Você compra um veículo e faz o seguro! Você paga um valor estipulado por ano, e caso sofra algum sinistro, o seguro "cobre" essa ocorrência.

Quando o segurado contribui para a Previdência, ele está contratando um seguro. Logo, quando ocorrer algum **sinistro** (idade avançada, incapacidade permanente ou morte, por exemplo), estará coberto pelos benefícios previdenciários. Essa é a ideia! Para constar, os sinistros supracitados também recebem o nome de **riscos** ou **riscos sociais**. =)

Os incisos tratam dos benefícios previdenciários de forma geral, sem entrar nas nuances previstas na legislação infralegal. Por enquanto, farei breves comentários:

> I – Cobertura dos eventos de incapacidade temporária ou permanente para o trabalho e idade avançada;

A cobertura dos eventos será realizada por meio das seguintes **formas de proteção** previstas na Previdência Social:

Cobertura de Eventos de:	Benefício:
1. Incapacidade Temporária:	Auxílio por Incapacidade Temporária e Auxílio Acidente

Cobertura de Eventos de:	Benefício:
2. Incapacidade Permanente:	Aposentadoria por Incapacidade Permanente
3. Idade Avançada:	Aposentadoria Programada Aposentadoria por Idade do Trabalhador Rural

(Autoria: Ali Mohamad Jaha)

II – Proteção à maternidade, especialmente à gestante;

A **proteção à maternidade**, principalmente à gestante, se dá através do **Salário Maternidade**, que passa a ter o direito com nascimento da criança, ou mesmo por meio de adoção, conforme disposições legais.

III – Proteção ao trabalhador em situação de desemprego involuntário;

Nesse ponto da disciplina, muitos bons alunos se confundem! **O Seguro Desemprego é apenas um benefício de NATUREZA PREVIDENCIÁRIA.**

Entretanto esse benefício é administrado e concedido pelo Ministério do Trabalho e Emprego (MTE) e não pelo INSS.

Por sua vez, o Seguro Desemprego **NÃO** é a proteção ao trabalhador em situação de desemprego involuntário assegurada pelo texto constitucional!

Muito bem, então qual é a manutenção garantida pela Previdência Social aos seus beneficiários nesses casos? É o **Período de Graça (PG)**, que nada mais é do que um **prazo no qual o desempregado não contribui para a previdência Social, mas mantém a sua qualidade de segurado, inclusive podendo gozar dos benefícios previdenciários.**

Diante do exposto, o segurado, quando desempregado de forma **involuntária**, tem direito as seguintes proteções:

- **Previdenciária**: O **Período de Graça (PG)**, que é o prazo em que o cidadão não contribui para o RGPS, mas **mantem a sua condição de segurado**, inclusive podendo usufruir de todos os benefícios previdenciários por um determinado período de tempo previsto em legislação, e;
- **Trabalhista**: O cidadão tem direito a receber algumas parcelas de **Seguro Desemprego**, com o valor definido em função do salário que recebia enquanto trabalhava. É um benefício pago pelo Ministério do Trabalho e Emprego. Apesar de estar na órbita trabalhista,

o benefício tem natureza previdenciária, como já foi exposto anteriormente.

Sendo assim, não confunda! São proteções sociais distintas (previdenciária e trabalhista). =)

> IV – **Salário Família** e **Auxílio Reclusão** para os dependentes dos segurados de **baixa renda**;

O **Salário família** e o **Auxílio Reclusão** são devidos somente para o segurado baixa renda, conforme disposições legais.

Não adianta ir ao INSS reclamar que a vida está difícil, pois o critério é objetivo! É baixa renda, tem direito! Não é baixa renda, sinto muito!

> V – **Pensão por morte** do segurado, homem ou mulher, ao cônjuge ou ao companheiro e aos seus dependentes, observado o disposto no § 2.º quando se tratar da **única fonte de renda formal auferida** pelo dependente (valor mínimo de 1 salário mínimo).

A Pensão por Morte não exige nenhum comentário adicional. O segurado morre e deixa pensão para a esposa, marido, companheiro ou equiparado, filhos.

Enfim, o beneficiário não será o próprio segurado, mas seus dependentes. Sendo que a Pensão por Morte será de no mínimo um salário mínimo mensal.

Continuando nossa análise, especificamente sobre o benefício Aposentadoria, temos o seguinte dispositivo pertencente ao Art. 201:

> § 1.º É **vedada** a adoção de requisitos ou critérios diferenciados para concessão de benefícios, **RESSALVADA**, nos termos de **lei complementar**, a possibilidade de previsão de idade e tempo de contribuição distintos da regra geral para concessão de aposentadoria exclusivamente em favor dos segurados:
>
> I – Com **deficiência**, previamente submetidos à avaliação biopsicossocial realizada por equipe multiprofissional e interdisciplinar, e;
>
> II – Cujas **atividades sejam exercidas com efetiva exposição a agentes nocivos químicos, físicos e biológicos prejudiciais à saúde**, ou associação destes agentes, vedados a caracterização por categoria profissional ou ocupação. → **Condições especiais**.
>
> → Até que **LEI COMPLEMENTAR** disponha sobre a redução de idade mínima ou tempo de contribuição prevista nos §§ 1.º e 8.º do Art. 201 da Constituição Federal, será concedida aposentadoria:
>
> 1. Aos segurados que comprovem o exercício de atividades com efetiva exposição a agentes nocivos químicos, físicos e biológicos prejudiciais à saúde, ou associação desses agentes, vedados a caracterização por categoria profissional

ou ocupação, durante, **NO MÍNIMO**, 15, 20 ou 25 anos, nos termos do disposto nos Arts. 57 e 58 da Lei n.º 8.213/1991, quando cumpridos:

a) 55 anos de idade, quando se tratar de atividade especial de 15 anos de contribuição;

b) 58 anos de idade, quando se tratar de atividade especial de 20 anos de contribuição, ou;

c) 60 anos de idade, quando se tratar de atividade especial de 25 anos de contribuição.

2. Ao professor que comprove 25 anos de contribuição exclusivamente em efetivo exercício das funções de magistério na educação infantil e no ensino fundamental e médio e possua 57 anos de idade, se mulher, e 60 anos de idade, se homem.

Sobre a aposentadoria, a CF/1988 é clara: os requisitos e critérios adotados para a sua concessão **serão sempre os mesmos**, não sendo aceitos critérios diferenciados, em regra.

Uma das ressalvas fica por conta da **Aposentadoria Especial** que trata dos segurados que trabalham em condições extremamente prejudiciais à saúde (**condições especiais**), sendo que, esses trabalhadores têm o direito a se aposentar com 15, 20 ou 25 anos, a depender da atividade laboral.

A outra ressalva trata da **Aposentadoria do Deficiente**, que veio a ser tratada em lei complementar, especificamente a Lei Complementar n.º 142/2013, que foi regulamentada pelo Decreto n.º 8.145/2013, que alterou o Regulamento da Previdência Social.

§ 2.º Nenhum **benefício que SUBSTITUA o Salário de Contribuição** ou o rendimento do trabalho do segurado terá valor mensal inferior ao salário mínimo.

Pela primeira vez o termo "**Salário de Contribuição**" aparece na CF/1988! O que significa isso? Salário de contribuição (SC) é a parte do rendimento do segurado que servirá de **base de cálculo** para as Contribuições Sociais.

Nem tudo que o trabalhador recebe pode ser considerado SC!

Podemos citar o exemplo do empregado de uma metalúrgica que recebe R$ 4.000,00 por mês em dinheiro mais R$ 1.000,00 em auxílio alimentação (disponibilizado em cartão magnético), totalizando R$ 5.000,00.

Qual o SC dele? R$ 4.000,00! Conforme prevê a legislação, existem parcelas que integram o SC e outras que não integram o SC do segurado (essa diferenciação não será objeto desta parte do nosso curso).

Por sua vez, quando o assunto está no edital e é cobrado em prova, conhecer se determinada parcela da remuneração é integrante ou não do SC é fundamental para o bom desempenho no concurso. =)

Voltando ao dispositivo constitucional, nenhum benefício do segurado que substitua o seu SC (parte do rendimento ou o rendimento inteiro) ou o seu rendimento poderá ser inferior ao salário mínimo nacional.

É claramente uma norma protetiva! Imagine um trabalhador contribuinte em idade avançada, que ao entrar com pedido de aposentadoria no INSS, é informado após os cálculos previdenciários que sua aposentadoria terá valor inferior a um salário mínimo! =/

No mesmo momento ele decide deixar de viver, alegando que a vida não compensa, que trabalhou a vida toda, e outras coisas do gênero que você pode imaginar!

A situação acima é extremamente dramática e triste. Entretanto, tal cenário se torna impraticável graças a esse dispositivo! O benefício do cidadão será de no mínimo **um salário mínimo**! Esse é o limite mínimo dos benefícios da Previdência Social que **SUBSTITUA** o Salário de Contribuição (rendimento) do cidadão.

Aproveito para informar que os benefícios que não substituem o Salário de Contribuição do cidadão podem sim apresentar um valor inferior ao salário mínimo vigente, como é o caso do Salário Família que é pago na forma de cota por filho.

> § 3.º Todos os Salários de Contribuição considerados para o cálculo de benefício serão devidamente **atualizados**, na forma da lei.

Continuamos com o exemplo da pessoa idosa acima. Quando ele der entrada no pedido do benefício da aposentadoria no INSS, todos os SC (Base de Cálculo das Contribuições Sociais) da sua vida laboral serão atualizados até o dia do pedido do benefício!

Imagine você, ter um SC de R$ 750,00 em 2000, e 20 anos depois, em 2020, o INSS considerar esse mesmo SC sem qualquer atualização monetária? Não seria justo, não é mesmo?

Em resumo, acontece assim: o segurado entra com o pedido do benefício, o INSS consulta todos os SC do segurado e os atualiza monetariamente até a data do pedido. Realiza-se a média dos SC atualizados, conforme disposições legais, e, com base nesse SC médio, será composto o valor do benefício devido ao segurado.

> § 4.º É assegurado o **reajustamento** dos benefícios (**previdenciários**) para preservar-lhes, em caráter permanente, o **valor real**, conforme critérios definidos em lei.

Lembra-se desse princípio da Seguridade Social? Sim... É o **Princípio da Irredutibilidade do Valor dos Benefícios**. Com esse dispositivo, o constituinte quis assegurar o valor real dos benefícios **previdenciários**.

Imagine se um de seus pais recebesse uma aposentadoria de R$ 1.500,00 em 2010, de R$ 1.500,00 em 2016 e, anos depois, em 2023, uma aposentadoria de R$ 1.500,00???

Nessa altura dos acontecimentos, **ele já teria perdido quase todo poder de compra frente a uma inflação de, pelo menos, 115% entre 2010 e 2023**! Pela importância do assunto, ele foi elencado no texto constitucional pela Emenda Constitucional n.º 20/1998.

> § 5.º É **vedada** a filiação ao Regime Geral de Previdência Social (RGPS), na qualidade de segurado **facultativo**, de pessoa participante de Regime Próprio de Previdência (RPPS).

Esse é exatamente o meu caso! Sou servidor público federal e participante do RPPS. Posso participar do RGPS? Sim! Na condição de empregado, por exemplo, caso fosse professor de Direito Previdenciário em alguma universidade particular, ou na condição de contribuinte individual, caso trabalhasse por conta própria como engenheiro consultor, aos finais de semana.

O que **não pode** é pessoa participante do RPPS, filiar-se no RGPS na condição de segurado **facultativo**, só porque está sobrando uma graninha no final do mês!

Por sua vez, a legislação infralegal previdenciária informa que nos casos de **afastamento** do cargo, **sem remuneração** e **sem estar contribuindo para o seu RPPS**, o **servidor pode**, nessa situação, se filiar como facultativo perante o RGPS.

Esquematizando:

- **Regra**: o servidor estatutário (RPPS) **não pode se filiar na condição de facultativo perante o RGPS.**
- **Exceção**: o servidor estatutário (RPPS) que se encontra **afastado, sem receber remuneração e sem contribuir para o seu RPPS pode se filiar como facultativo perante o RGPS.**

Leve o quadrinho acima para a sua prova. Esse é o melhor entendimento! =)

Dando continuidade:

> § 6.º A gratificação natalina dos aposentados e pensionistas terá por base o valor dos proventos do mês de dezembro de cada ano.

Supomos que uma senhora idosa se aposente no início de 2023, e receba seu primeiro provento em fevereiro/2023 no valor de R$ 6.000,00.

Em seguida, no mês de maio, o Governo Federal reajusta os benefícios da previdência em 5% a contar de junho/2023. Finalmente em dezembro/2023, qual será o valor de gratificação natalina da senhora em questão?

Primeiro, a citada senhora recebeu 11 meses de provento durante o ano. Logo a gratificação dela será no valor de **11/12 do provento do mês de dezembro**.

Qual o provento de dezembro? É de R$ 6.300,00 (R$ 6.000,00 + 5% = R$ 6.300,00). Concluindo a continha: 11/12 x R$ 6.300,00 = R$ 5.775,00.

Como podemos perceber, não importa quantos meses de proventos foram pagos, muito menos se houve reajuste dos proventos durante o ano, **a gratificação natalina sempre terá como base o provento do mês de dezembro**!

> § 7.º É assegurada aposentadoria no Regime Geral de Previdência Social (RGPS), nos termos da lei, obedecidas as seguintes condições:
>
> I – **65 anos de idade, se homem**, e **62 anos de idade**, se mulher, observado tempo mínimo de contribuição, ou;
>
> → Até que LEI disponha sobre o tempo de contribuição a que se refere o inciso I do § 7.º do Art. 201 da Constituição Federal, o segurado filiado ao Regime Geral de Previdência Social após a data de entrada em vigor desta Emenda Constitucional será aposentado aos 62 anos de idade, se mulher, 65 anos de idade, se homem, 15 anos de tempo de contribuição, se mulher, e 20 anos de tempo de contribuição, se homem.
>
> II – **60 anos de idade, se homem**, e **55 anos de idade, se mulher**, para os trabalhadores rurais e para os que exerçam suas atividades em regime de economia familiar, nestes incluídos o produtor rural, o **garimpeiro** e o pescador artesanal.
>
> § 8º O requisito de idade a que se refere o inciso I do § 7.º **será reduzido em 5 anos**, para o **professor** que comprove tempo de efetivo exercício das funções de **magistério na educação infantil e no ensino fundamental e médio fixado EM LEI COMPLEMENTAR.**
>
> → Até que LEI COMPLEMENTAR disponha sobre a redução de idade mínima ou tempo de contribuição prevista nos §§ 1.º e 8.º do Art. 201 da Constituição Federal, será concedida aposentadoria:
>
> 1. Aos segurados que comprovem o exercício de atividades com efetiva exposição a agentes nocivos químicos, físicos e biológicos prejudiciais à saúde, ou associação desses agentes, vedados a caracterização por categoria profissional ou ocupação, durante, NO MÍNIMO, 15, 20 ou 25 anos, nos termos do disposto nos Arts. 57 e 58 da Lei n.º 8.213/1991, quando cumpridos:
>
> a) 55 anos de idade, quando se tratar de atividade especial de 15 anos de contribuição;
>
> b) 58 anos de idade, quando se tratar de atividade especial de 20 anos de contribuição, ou;
>
> c) 60 anos de idade, quando se tratar de atividade especial de 25 anos de contribuição.
>
> 2. Ao professor que comprove 25 anos de contribuição exclusivamente em efetivo exercício das funções de magistério na educação infantil e no

> ensino fundamental e médio e possua 57 anos de idade, se mulher, e 60 anos de idade, se homem.

Os parágrafos supracitados tratam das condições de aposentadoria no RGPS.

Até que lei disponha sobre o tempo de contribuição, o segurado filiado ao Regime Geral de Previdência Social após a data de entrada em vigor da Emenda Constitucional n.º 103/2019 será aposentado: → **Aposentadoria Programada e Aposentadoria por Idade do Trabalhador Rural.**

- Aos 62 anos de idade, se mulher, 65 anos de idade, se homem, e;
- 15 anos de tempo de contribuição, se mulher, e 20 anos de tempo de contribuição, se homem.

Por sua vez, até que **lei complementar** disponha sobre a redução de idade mínima ou tempo de contribuição, será concedida aposentadoria:

1. Aos segurados que comprovem o exercício de atividades com efetiva **exposição a agentes nocivos químicos, físicos e biológicos prejudiciais à saúde**, ou associação desses agentes, vedados a caracterização por categoria profissional ou ocupação, durante, **NO MÍNIMO, 15, 20 ou 25 anos**, nos termos do disposto nos Arts. 57 e 58 da Lei n.º 8.213/1991, quando cumpridos: → **Aposentadoria Especial.**
   - 55 anos de idade, quando se tratar de atividade especial de 15 anos de contribuição;
   - 58 anos de idade, quando se tratar de atividade especial de 20 anos de contribuição, ou;
   - 60 anos de idade, quando se tratar de atividade especial de 25 anos de contribuição.
2. Ao professor que comprove: → **Aposentadoria do professor.**
   - 25 anos de contribuição exclusivamente em efetivo exercício das **funções de magistério na educação infantil e no ensino fundamental e médio**, e;
   - Possua 57 anos de idade, se mulher, e 60 anos de idade, se homem.

O valor das aposentadorias supra corresponderá ao valor apurado **na forma da lei**.

Para constar, essa redução de 5 anos para os professores **não alcança os professores universitários**.

Entretanto, desde o advento da Lei n.º 11.301/2006 que incluiu um importante dispositivo na Lei n.º 9.394/1996 (Lei de Diretrizes e Bases da Educação

Nacional – LDB), outras atividades escolares também se beneficiaram dessa redução, como podemos observar no texto da própria LDB:

> Art. 67, § 2.º Para os efeitos do disposto no § 5.º do Art. 40 e no § 8.º do Art. 201 da Constituição Federal, **são consideradas funções de magistério** as exercidas por professores e especialistas em educação no desempenho de atividades educativas, quando exercidas em estabelecimento de educação básica em seus diversos níveis e modalidades, incluídas, além do **exercício da docência**, as de **direção de unidade escolar** e as de **coordenação e assessoramento pedagógico**.

Dando continuidade no texto constitucional. =)

> § 9.º Para fins de aposentadoria, será assegurada a **contagem recíproca do tempo de contribuição** entre o Regime Geral de Previdência Social e os regimes próprios de previdência social, e destes entre si, observada a **compensação financeira**, de acordo com os critérios **estabelecidos EM LEI**.
>
> § 9.º-A O tempo de serviço militar exercido nas atividades de que tratam os Arts. 42, 142 e 143 e o tempo de contribuição ao Regime Geral de Previdência Social ou a regime próprio de previdência social terão **contagem recíproca** para fins de inativação militar ou aposentadoria e a compensação financeira será devida entre as receitas de contribuição referentes aos militares e as receitas de contribuição aos demais regimes.

Para o cálculo da aposentadoria, todo o tempo que você trabalhou (e contribuiu) deve ser levado em consideração, independentemente de ser na iniciativa privada ou na administração pública (civil ou militar), na cidade ou no campo, realmente não importa!

Todo o tempo de contribuição do segurado será compensado financeiramente, conforme critérios estabelecidos em lei, para a concessão de aposentadoria. **Não existe tempo de trabalho, e por consequência de contribuição, perdidos**.

> § 10. **LEI COMPLEMENTAR** poderá disciplinar a cobertura de benefícios não programados, inclusive os decorrentes de acidente do trabalho, a ser atendida concorrentemente pelo Regime Geral de Previdência Social e pelo setor privado.

Sem comentários adicionais.

> § 11. Os **ganhos habituais** do empregado, a qualquer título, **serão incorporados ao salário para efeito de contribuição previdenciária** e consequente repercussão em benefícios, nos casos e na forma da lei.

Novamente a CF/1988 trata do assunto Salário de Contribuição (SC). A Constituição reza que os ganhos recebidos com **habitualidade** pelo empregado, a qualquer título, integrarão o **SC do empregado**, com consequente repercussão financeira em seus benefícios.

> § 12. Lei instituirá **Sistema Especial de Inclusão Previdenciária**, com **alíquotas diferenciadas**, para atender aos trabalhadores de **baixa renda**, inclusive os que se encontram em situação de **informalidade**, e àqueles **sem renda própria** que se dediquem **exclusivamente ao trabalho doméstico** no âmbito de sua residência, desde que pertencentes a **famílias de baixa renda**.
>
> § 13. A aposentadoria concedida ao segurado de que trata o § 12 **terá valor de um salário mínimo**.

Os dispositivos tratam do **Sistema Especial de Inclusão Previdenciária (SEIP)**, que visa proteger a camada mais baixa da sociedade, que são os trabalhadores de baixa renda e os trabalhadores sem renda que se dediquem exclusivamente ao trabalho doméstico em sua residência.

Com a adoção de alíquotas inferiores, a Previdência começou a abarcar um número maior de segurados, pois até então, esses trabalhadores de baixa renda não tinham condições de contribuir com o RGPS.

A Lei n.º 8.212/1991 (Plano de Custeio da Seguridade Social) foi alterada pela Lei n.º 12.470/2011 que implantou a inédita alíquota de 5% para o Microempreendedor Individual (MEI) e o Segurado Facultativo doméstico de baixa renda. Sem dúvida, foi uma grande vitória para a sociedade.

> § 14. É **vedada** a contagem de tempo de contribuição **fictício** para efeito de concessão dos benefícios previdenciários e de contagem recíproca.
>
> § 15. **LEI COMPLEMENTAR** estabelecerá vedações, regras e condições para a acumulação de benefícios previdenciários.
>
> § 16. Os empregados dos **consórcios públicos**, das **empresas públicas**, das **sociedades de economia mista** e das **suas subsidiárias** serão aposentados compulsoriamente, observado o cumprimento do tempo mínimo de contribuição, **ao atingir a idade máxima de 75 anos**.

A **Emenda Constitucional n.º 103/2019** incluiu ainda três parágrafos ao famigerado Art. 195 da nossa Carta Magna.

Primeiramente, reforça-se a ideia de que não devemos contar o tempo fictício para efeitos de aposentadoria e demais benefícios previdenciários.

A acumulação dos benefícios previdenciários depende, atualmente, de lei complementar que a regulamente.

Os empregados públicos (empresas públicas e sociedades de economia mista), bem como os empregados de consórcios públicos devem obedecer ao limite de 75 anos da aposentadoria compulsória do RPPS e não os limites (menores) impostos pelo RGPS.

Para concluir o tópico sobre Previdência, vou transcrever o Art. 202 e seus parágrafos referentes à Previdência Complementar. Não tecerei maiores comentários, pois basta conhecer a literalidade da CF/1988, ou seja, a mera leitura é suficiente. =)

> Art. 202. O **regime de previdência privada**, de caráter **complementar** e organizado de forma **autônoma** em relação ao Regime Geral de previdência Social (RGPS), será **facultativo**, baseado na constituição de reservas que garantam o benefício contratado, e regulado por lei complementar (Lei Complementar n.º 109/2001).
>
> § 1.º A lei complementar de que trata este artigo assegurará ao participante de planos de benefícios de entidades de previdência privada o pleno acesso às informações relativas à gestão de seus respectivos planos.
>
> § 2.º As contribuições do empregador, os benefícios e as condições contratuais previstas nos estatutos, regulamentos e planos de benefícios das entidades de previdência privada não integram o contrato de trabalho dos participantes, assim como, à exceção dos benefícios concedidos, não integram a remuneração dos participantes, nos termos da lei.
>
> § 3.º É **vedado** o aporte de recursos à entidade de previdência privada pela União, Estados, Distrito Federal e Municípios, suas autarquias, fundações, empresas públicas, sociedades de economia mista e outras entidades públicas, **salvo na qualidade de patrocinador**, situação na qual, em hipótese alguma, sua contribuição normal poderá exceder a do segurado.
>
> § 4.º **LEI COMPLEMENTAR** disciplinará a relação entre a União, Estados, Distrito Federal ou Municípios, inclusive suas autarquias, fundações, sociedades de economia mista e empresas controladas direta ou indiretamente, enquanto patrocinadores de planos de benefícios previdenciários, e as entidades de previdência complementar.
>
> § 5.º **A LEI COMPLEMENTAR** de que trata o parágrafo anterior aplicar-se-á, no que couber, às empresas privadas permissionárias ou concessionárias de prestação de serviços públicos, quando patrocinadoras de planos de benefícios em entidades de previdência complementar.
>
> § 6.º **LEI COMPLEMENTAR** estabelecerá os requisitos para a designação dos membros das diretorias das entidades fechadas de previdência complementar instituídas pelos patrocinadores de que trata o § 4.º e disciplinará a inserção dos participantes nos colegiados e instâncias de decisão em que seus interesses sejam objeto de discussão e deliberação.
>
> → Até que seja disciplinada a relação entre a União, os Estados, o Distrito Federal e os Municípios e entidades abertas de previdência complementar na forma do disposto nos §§ 4.º e 5.º do Art. 202 da Constituição Federal, **somente entidades fechadas de previdência complementar** estão autorizadas a administrar planos de benefícios patrocinados pela União, Estados, Distrito Federal ou Municípios, inclusive suas autarquias, fundações, sociedades de economia mista e empresas controladas direta ou indiretamente.

Vale ressaltar que para a previdência dos servidores públicos, atualmente, podem ofertar planos de benefícios tanto as entidades **fechadas** quanto as **abertas**, sendo que anteriormente eram somente as fechadas. Atenção!

9. A ASSISTÊNCIA SOCIAL

Vamos iniciar agora o estudo na terceira área da Seguridade Social, a **Assistência Social**. =)

Esse campo, ao contrário da Previdência que é contributiva (só usufrui dos benefícios quem contribui ou contribuiu), e da Saúde que é disponibilizada a qualquer pessoa (pobre ou rico, independentemente de contribuição), é uma área que somente os **necessitados** podem utilizar!

Sim, a Assistência Social é somente aos necessitados, independentemente de contribuições à Seguridade Social.

Em última instância, é uma forma de o governo tentar reduzir o sofrimento das camadas mais pobres da sociedade. O Art. 203 da CF/1988 define Assistência Social, bem como cita seus objetivos:

> Art. 203. A Assistência Social será prestada a **quem dela necessitar, independentemente** de contribuição à Seguridade Social, e tem por objetivos:
>
> I - A proteção à família, à maternidade, à infância, à adolescência e à velhice;
>
> II - O amparo às crianças e adolescentes carentes;
>
> III - A promoção da integração ao mercado de trabalho;
>
> IV - A **habilitação** e **reabilitação** das pessoas portadoras de deficiência e a promoção de sua integração à vida comunitária, e;
>
> V - **A garantia de um salário mínimo de benefício mensal à pessoa portadora de deficiência e à pessoa idosa** que comprovem não possuir meios de prover à própria manutenção ou de tê-la provida por sua família, conforme dispuser a lei.

O inciso IV referente à habilitação e reabilitação das pessoas portadoras de deficiência, trata de **um serviço da Assistência Social e não da Previdência Social**, como as provas tentam enganar o candidato. Preste atenção a esse detalhe!

Da mesma forma, o inciso V que versa sobre garantia de um salário mínimo de benefício mensal à pessoa portadora de deficiência e à pessoa idosa, trata de **um benefício da Assistência Social e não da Previdência Social**. Tome cuidado também com essa diferença!

A Assistência Social é tratada apenas na CF/1988? Não, ela é tratada em lei própria, a Lei n.º 8.742/1993, conhecida como **Lei Orgânica da Assistência Social (LOAS)**.

Essa lei traz critérios que definem quais portadores de deficiência e pessoas idosas terão direito ao benefício da Assistência Social. A norma é objetiva, e reza que fará jus ao benefício mensal de um salário mínimo:

- **Pessoa Idosa**: com idade superior a **65 anos**, cuja família tenha uma renda mensal de no máximo 1/4 (25%) de salário mínimo por pessoa, e;
- **Pessoa portadora de deficiência**: Deverá comprovar que a deficiência obstrui a sua participação plena e efetiva na sociedade em igualdade de condições com as demais pessoas e, assim como as pessoas idosas, que sua família não perceba renda mensal superior a 1/4 (25%) de salário mínimo por pessoa.

São critérios objetivos e bem rígidos! A intenção realmente é ajudar a camada mais pobre e necessitada da sociedade.

E quem financia a Assistência? A Seguridade Social, conforme CF/1988, Art. 195, será financiada pelos orçamentos dos entes políticos e pelas contribuições sociais.

Afinal, a Assistência é mais uma subdivisão da Seguridade, assim como a Previdência e a Saúde.

O Art. 204 trata do financiamento e das diretrizes da Assistência Social:

> Art. 204. As ações governamentais na área da Assistência Social serão realizadas com recursos do Orçamento da Seguridade Social (OSS), previstos no Art. 195, além de outras fontes, e organizadas com base nas seguintes **diretrizes**:
>
> I – **Descentralização** político-administrativa, cabendo a coordenação e as normas gerais à esfera federal e a coordenação e a execução dos respectivos programas às esferas estadual e municipal, bem como a Entidades Beneficentes e de Assistência Social (EBAS), e;
>
> II – **Participação da população**, por meio de organizações representativas, na formulação das políticas e no controle das ações em todos os níveis.

Como se pode extrair dos incisos acima, a **coordenação geral** da Assistência Social pertence à **esfera federal**, enquanto a execução das ações concernentes a ela cabe à esfera estadual, municipal e às EBAS.

Por isso podemos classificar a Assistência Social como **descentralizada**. E a população não fica de fora! Participa da formulação das políticas e no controle das ações realizadas.

O constituinte derivado (aquele que altera a CF por meio de Emendas Constitucionais) ainda criou a **faculdade** para que os Estados e o Distrito Federal vinculassem **até 0,5% da Receita Tributária Líquida de sua arrecadação a programas de apoio, inclusão e promoção social**.

E não é só isso! Proibiu os governantes de utilizarem esse dinheiro para outras finalidades que não sejam essas, ou seja, não podem empregar esse dinheiro para pagar servidores públicos ou amortizar a dívida pública.

Essas disposições estão no parágrafo único do Art. 204, e são obras da Emenda Constitucional n.º 42/2003, como disposto abaixo:

Parágrafo único. É **facultado** aos Estados e ao Distrito Federal **vincular a programa de apoio à inclusão e promoção social até 0,5% de sua receita tributária líquida**, **vedada** a aplicação desses recursos no pagamento de:

I - Despesas com pessoal e encargos sociais;

II - Serviço da dívida, e;

III - Qualquer outra despesa corrente não vinculada diretamente aos investimentos ou ações apoiados.

10. A COMPETÊNCIA LEGISLATIVA DA SEGURIDADE SOCIAL E DA PREVIDÊNCIA SOCIAL

Para iniciar este tópico, considero importante apresentar uma breve noção dos tipos de competências existentes no Direito:

10.1. Competência Privativa

A Competência Privativa é aquela específica de um ente político, mas que **admite delegação** para outro ente político. No caso, a competência privativa foi entregue à **União**, conforme dispõe o Art. 22 da Constituição Federal de 1988.

Não obstante, o parágrafo único do referido Art. 22 autoriza a União, por meio de Lei Complementar, delegar aos Estados o condão (poder) de legislar sobre **questões especificas** presentes nos incisos do Art. 22.

10.2. Competência Comum

A Competência Comum é aquela que pode ser exercida por todos os entes políticos da federação, podendo, portanto, ser **simultaneamente exercida**, desde que respeitados os limites constitucionais.

As competências comuns administrativas se encontram explanadas nos incisos do Art. 23 da CF/1988.

Por sua vez, vale ressaltar que existe a possibilidade de competência comum legislativa, que é aquela presente no Art. 145, inciso II, da CF/1988, onde o legislador constituinte prevê que a instituição de taxas pode ser feita por qualquer ente político de nossa federação (União, Estados, Distrito Federal ou Municípios).

10.3. Competência Concorrente

No caso da Competência Concorrente, cabe a União determinar as **normas gerais** a serem observadas pelos outros entes políticos.

Uma vez dispostas as normas gerais, os Estados poderão **suplementar** essas normas gerais, por meio de edição de atos normativos estaduais.

Por seu turno, caso a União não tenha editado lei sobre normas gerais de determinado assunto, cabe aos Estados exercerem a **competência legislativa plena**, ou seja, neste caso, o Estados poderão editar lei que trate de normas gerais de determinado assunto.

Não obstante, em caso de superveniência de lei federal (da União) sobre normas gerais, a lei estadual editada por meio da competência legislativa plena terá sua **eficácia suspensa**, no que for contrária a nova lei federal.

10.4. Competência Legislativa da Seguridade Social e da Previdência Social (CF/1988)

Dando continuidade, uma vez observado os conceitos de competências supracitados, vamos observar o que dispõe a Carta Magna em relação à Seguridade Social e à Previdência Social:

> Art. 22. Compete **privativamente** à União legislar sobre:
>
> XXI – Normas gerais de organização, efetivos, material bélico, garantias, convocação, mobilização, **inatividades e pensões das polícias militares e dos corpos de bombeiros militares (Emenda Constitucional n.º 103/2019)**.
>
> XXIII – **Seguridade Social**;
>
> Parágrafo único. Lei complementar poderá autorizar os Estados a legislar sobre **questões específicas** das matérias relacionadas neste artigo.

Como podemos observar, a União é o ente político responsável por legislar privativamente sobre a Seguridade Social, lembrando que essa é composta por 3 ramos: Previdência Social, Assistência Social e Saúde.

Sendo assim, a União é responsável pelas normas básicas e pelas regras gerais da Seguridade Social em seus 3 ramos, bem como pela estrutura da Seguridade Social no país.

O parágrafo único é bem claro ao afirmar que, por meio de Lei Complementar, a União poderá autorizar os Estados a legislar **apenas** sobre questões específicas de Seguridade Social.

> Art. 24. Compete à União, aos Estados e ao Distrito Federal legislar **concorrentemente** sobre:
>
> XII – **Previdência Social**, Proteção e Defesa da Saúde;
>
> § 1.º No âmbito da legislação concorrente, a competência da União limitar-se-á a estabelecer **normas gerais**.
>
> § 2.º A competência da União para legislar sobre normas gerais não exclui a **competência suplementar dos Estados**.

> § 3.º Inexistindo lei federal sobre normas gerais, os Estados exercerão a **competência legislativa plena**, para atender a suas peculiaridades.
>
> § 4.º A superveniência de lei federal sobre normas gerais **suspende a eficácia** da lei estadual, no que lhe for contrário.

Conforme dispõe o Art. 24 da CF/1988, compete à União, aos Estados e ao Distrito Federal legislar concorrentemente sobre a Previdência Social. Sendo assim, cabe à união editar as **normas gerais** sobre a Previdência Social.

A edição de normas gerais de Previdência Social pela união não afasta a **competência suplementar dos Estados**, de editar normas que tratem de assuntos não presentes nas normas gerais federais.

Por seu turno, a falta de normas gerais por parte da união, autoriza os Estados a exercerem a sua **competência legislativa plena**, ou seja, os Estados poderão editar normas gerais sobre Previdência Social.

Por fim, caso a União venha, **supervenientemente**, editar lei que trate de normas gerais de Previdência Social, as normas gerais editadas pelos Estados terão sua **eficácia suspensa** imediatamente, no que for contrário a nova lei federal.

11. LEGISLAÇÃO PREVIDENCIÁRIA E SUAS CARACTERÍSTICAS

11.1. Conteúdo

A Legislação Previdenciária é composta de todos os atos legais, atos com força de lei e atos infralegais que tratam, no todo ou em parte, de assuntos correlatos ao Direito Previdenciário.

Para os concursos da área previdenciária, 95% do conteúdo da Legislação Previdenciária pátria encontra-se nos seguintes documentos normativos:

- Constituição Federal de 1988 (Art. 194 ao Art. 204);
- Parte autônoma da Emenda Constitucional n.º 103/2019;
- Lei n.º 8.212/1991 (Plano de Custeio da Seguridade Social - PCSS);
- Lei n.º 8.213/1991 (Planos de Benefícios da Previdência Social - PBPS), e;
- Decreto n.º 3.048/1999 (Regulamento da Previdência Social - RPS).

Além desses atos normativos, eventualmente o edital pode vir a cobrar conhecimentos específicos referente à Saúde e a Assistência Social, que ao lado da Previdência Social formam a Seguridade Social.

Nesse caso, as seguintes leis devem ser estudadas:

- Lei n.º 8.080/1990 (Lei Orgânica da Saúde - LOS), e;
- Lei n.º 8.742/1993 (Lei Orgânica da Assistência Social - LOAS).

11.2. Fontes

O Direito apresenta várias classificações para as **Fontes do Direito**, que nada mais é que uma expressão jurídica utilizada para descrever a origem e o processo de formação das normas jurídicas presentes no ordenamento pátrio.

No Brasil, as classificações mais importantes são as seguintes:

- Fontes Materiais x Fontes Formais;
- Fontes Diretas x Fontes Indiretas, e;
- Fontes Principais x Fontes Secundárias.

Sendo assim, vamos explanar brevemente sobre cada uma delas.

11.2.1. Fontes Materiais x Fontes Formais

Fontes **Materiais** do Direito são todos os atos e fatos humanos que inspiram a criação e o conteúdo dos atos normativos (Fontes Formais de Direito).

Temos que as Fontes Materiais são os fatores que condicionam e influenciam o processo legislativo de formação de normas jurídicas. Em outras palavras, os atos e fatos sociais econômicos, sociológicos ou políticos, influenciam a criação de novas normas.

Como exemplo, temos a lei do Bolsa Família, que foi fruto do seguinte fato humano: a necessidade das camadas menos abastadas da sociedade.

Neste caso concreto, fica claro que os fatores sociais influenciam a ordem jurídica pátria, inspirando a criação (ou a revogação) de determinados atos normativos.

Já as Fontes **Formais** do Direito fazem menção aos atos e fatos humanos devidamente criados e incorporados ao ordenamento jurídico.

Assim, os atos normativos e as jurisprudências produzidos pelo Poder Público, em razão das Fontes Materiais, consubstanciam as Fontes Formais do Direito.

Estamos falando da Lei do Bolsa Família, por exemplo, que teve como fator motivador para sua criação a necessidade das camadas mais pobres da sociedade brasileira.

Em resumo:

- **Fontes Materiais**: Atos e fatos sociais que inspiram a criação de novos atos normativos.
- **Fontes Formais**: Atos normativos criados em função dos atos e fatos sociais.

11.2.2. Fontes Diretas x Fontes Indiretas

Fontes **Diretas ou Imediatas**, conforme dispõe a melhor doutrina, são aquelas que pela sua força jurídica, são suficientes para gerar a regra jurídica, e são divididas em:

- **Lei**: Normas gerais escritas, com validade por tempo indeterminado (até que venha ser alterada ou revogada), com validade e aplicação a toda sociedade pátria, e;
- **Costumes**: Normas gerais não escritas que, pelo uso continuado, consagra determinados comportamentos respeitados pela sociedade, que os obedecem como se possuíssem força de lei. Em suma, o costume nasce de uma convicção da sociedade, que o cumpre com todo rigor.

Por sua vez, as **Fontes Indiretas ou Mediatas**, são aquelas que não criam regra jurídica, mas lançam as sementes para que no futuro possam ser elaboradas normas nesse sentido, e são divididas em:

- **Doutrina**: Produção intelectual dos estudiosos do Direto, que visa a interpretação dos atos normativos e dos princípios jurídicos presentes no ordenamento pátrio, e;
- **Jurisprudência**: Conjunto de decisões reiteradas sobre determinada situação concreta e recorrente, proferidas pelos Tribunais Judiciários. Em suma, a jurisprudência reflete a forma de pensar e os conceitos adotados pelo Poder Judiciário (determinado Tribunal) sobre determinados assuntos não pacificados pela simples aplicação da legislação pátria.

Conforme dispõe a doutrina, a jurisprudência é considerada fonte não formal do direito e, por isso, não poderá, por si só, justificar uma sentença ou decisão judicial. Entretanto, poderá reforçar a conclusão do julgador.

Por seu turno, atualmente, a jurisprudência poderá ter força equiparada à das normas jurídicas, tornando-se fonte formal, nos casos das **Súmulas Vinculantes** exaradas pelo Supremo Tribunal Federal (STF), conforme dispõe o Art. 103-A da Constituição Federal, a saber:

> Art. 103-A. O Supremo Tribunal Federal (STF) poderá, de ofício ou por provocação, mediante decisão de **2/3 (67% - 8 ministros)** dos seus membros, após reiteradas decisões sobre matéria constitucional, aprovar súmula que, a partir de sua publicação na imprensa oficial, terá **efeito vinculante** em relação aos demais órgãos do **Poder Judiciário** e à administração pública direta e indireta, nas esferas federal, estadual e municipal (**Poder Executivo**), bem como proceder à sua revisão ou cancelamento, na forma estabelecida em lei.

11.2.3. Fontes Principais x Fontes Secundárias

A principal fonte do Direito é a lei, em sentido estrito, entendida como ato normativo emanado do Poder Legislativo, além de outros atos normativos com força de lei emanados pelo Poder Executivo e pelo Poder Judiciário. Sob esse corolário, temos a seguinte divisão:

- **Fontes Principais do Direito:**

- **Constituição Federal**: É a lei maior de um ordenamento jurídico, ou seja, todos os atos normativos devem respeitá-la;
- **Emendas Constitucionais**: São adaptações realizadas na Constituição Federal para que essa se adapte às novas realidades e necessidades da sociedade. As Emendas estão no mesmo patamar de superioridade da Constituição;
- **Leis Complementares**: São leis que apresentam um processo de elaboração mais solene, uma vez que são aprovadas por **maioria absoluta dos parlamentares**. Em suma, necessita de mais de 50% dos votos de todos os parlamentares existentes, **presentes ou ausentes**. A própria Constituição informa em quais casos será necessário o uso desse tipo de ato normativo;
- **Leis Ordinárias**: São leis que apresentam um processo de elaboração ordinário (comum), uma vez que são aprovadas por **maioria relativa dos parlamentares**. Em suma, necessita de mais de 50% dos votos dos parlamentares **presentes** na sessão;
- **Leis Delegadas**: São leis elaboradas pelo Presidente da República, após a devida autorização pelo Congresso Nacional;
- **Medidas Provisórias**: São atos normativos elaborados pelo Presidente da República, em caso de **relevância e urgência**, com força de lei, devendo submeter esse ato de imediato ao Congresso Nacional para apreciação, uma vez que as medidas provisórias têm vigência e validade por apenas 60 dias, prorrogáveis por igual período;
- **Decretos Legislativos**: São atos normativos elaborados pelo Congresso Nacional com força de lei. Ressalto que o Congresso é bicameral, ou seja, é composto de duas câmaras independentes entre si: o Senado Federal e a Câmara dos Deputados;
- **Resoluções da Câmara dos Deputados**: São atos normativos elaborados pela Câmara dos Deputados com força de lei;
- **Resoluções da Senado Federal**: São atos normativos elaborados pelo Senado Federal com força de lei;

- **Tratados Internacionais: Em regra**, os Tratados Internacionais são recepcionados com força de **Lei Ordinária**. Entretanto, o Supremo Tribunal Federal (STF) prevê **duas exceções**:

  a) Os **Tratados Internacionais sobre Direitos Humanos** votados pelo **rito de Emenda Constitucional** (3/5 – 60% – dos votos para aprovação, em 2 turnos de votação, tanto na Câmara dos Deputados quanto no Senado Federal), conforme dispôs a Emenda Constitucional n.º 45/2004, são recepcionados com **Status Constitucional**.

  b) Os **Tratados Internacionais sobre Direitos Humanos** votados pelo **rito de Lei Ordinária**, são recepcionados com **Status Supralegal**, ou seja, estará acima de todas as leis e abaixo da Constituição e suas emendas.

- **Fontes Secundárias:**
  - **Decretos**: São os instrumentos infralegais utilizados pelo Presidente da República (Chefe do Poder Executivo) para regulamentar uma lei, ou seja, para detalhar melhor determinado tema. Como exemplo, o Decreto n.º 3.049/1999, em tese, veio detalhar o exposto na Lei n.º 8.212/1991 e Lei n.º 8.213/1991;
  - **Portarias, Instruções Normativas e outros atos infralegais**: São os demais instrumentos utilizados pela administração direta e indireta para regulamentar e melhor detalhar os Decretos e as Leis. Geralmente, as Portarias são de competência dos Ministérios enquanto as Instruções Normativas, dos órgãos ou entidades.

11.3. Autonomia

Do ponto de vista acadêmico, não devemos falar em divisão e em autonomia de determinado ramo do Direito, uma vez que o Direito é uno. Mas didaticamente, dividimos o Direito em ramos para facilitar seu estudo.

Há muitas décadas, vigia a **Teoria Monista**, que considerava o Direito Previdenciário como mero desdobramento do Direito do Trabalho, uma vez que historicamente, esses dois ramos do Direito surgiram no mesmo momento histórico, precisamente no processo de intervenção do Estado no mercado de trabalho europeu no período pós-Revolução Industrial, já no século XIX.

Atualmente, não resta dúvidas que está em vigência a **Teoria Dualista,** que defende a independência e a autonomia do Direito Previdenciário frente ao Direito do Trabalho.

Após décadas de celeuma no ordenamento pátrio, a Constituição Federal de 1988 pacificou a problemática ao separar as disposições trabalhistas (Art.

6.º e seguintes) das disposições previdenciárias (Art. 201 e seguintes), **desvinculando de vez o Direito do Trabalho do Direito Previdenciário.**

Resumindo:

- **Teoria Monista**: Direito Previdenciário como mero ramo do Direito do Trabalho.
- **Teoria Dualista**: Direito Previdenciário é **autônomo**, e não se confunde com o Direito do Trabalho.

11.4. Aplicação das Normas Previdenciárias

Aplicar a lei significa enquadrar determinada situação concreta (evento real) à uma situação abstrata (prevista em lei) e aplicar o que prevê a lei.

Em tese, tal procedimento seria suficiente para se ter a efetiva aplicação da lei aos casos concretos. Entretanto, às vezes, a legislação não é sobremaneira clara ou ainda, deixa margens para interpretações, sendo necessário nesses casos lançar mão da hermenêutica jurídica (interpretação da essência da lei) para entender o real e único sentido da lei.

A interpretação das normas previdenciárias será abordada nos próximos tópicos. =)

Além do exposto, podemos nos deparar com **conflito** entre duas ou mais normas tratando do mesmo tema. Nesses casos utilizamos os seguintes artifícios para resolver a lide normativa:

1. **Hierarquia**: A norma superior sempre prevalece sobre a norma inferior. Imagine que determinado Decreto traga uma disposição contrária a determinada Lei. Caso isso ocorra, não tenha dúvida, o Decreto é ilegal e inaplicável;
2. **Especialidade**: A norma específica sempre prevalece sobre a norma genérica. Se tivermos duas leis tratando o mesmo tema, sendo uma de forma genérica e outra de maneira específica e detalhada, adota-se o sentido expresso na lei específica em detrimento a lei genérica, e;
3. **Cronologia**: A norma posterior prevalece sobre a norma anterior. Em regra, uma norma nova revoga a norma antiga quando as duas tratarem do mesmo assunto. Entretanto, caso isso não ocorra e as duas estiverem em vigência, adotar-se-á o entendimento presente na norma mais recente.

11.5. Vigência

Conforme dispõe a doutrina majoritária, **vigência** é o período que se inicia com a entrada em vigor de determinada norma e se encerra com a revogação dessa norma. Em suma, Vigência é o período de vida da norma.

Em regra, as leis ou atos normativos com força de lei, ao serem publicadas contam com um último artigo com a seguinte redação: **Esta Lei entrará em vigor na data de sua publicação.**

Caso essa norma ao ser publicada não informe em qual momento ela começará a vigorar, aplicar-se-á o disposto no Art. 1.º da Lei de Introdução às Normas do Direito Brasileiro (Decreto-Lei n.º 4.657/1942), a saber:

> Art. 1.º Salvo disposição contrária, a lei começa a vigorar em todo o país **45 dias depois de oficialmente publicada.**

Ainda existe a possibilidade de a lei, ao ser publicada, trazer a seguinte redação em seu último artigo: **Esta lei entrará em vigor dentro de 180 dias a contar de sua publicação.**

Nesse caso, estamos diante do **"Vacatio Legis" (Vacância da Lei)**, que nada mais é que o período existente entre o dia da publicação da lei e o dia em que ela entrará em vigor.

Durante o "Vacatio Legis" a lei é válida, uma vez que está devidamente publicada e inserida no ordenamento jurídico pátrio. Entretanto ela não é vigente, ou seja, **a sociedade não tem obrigação de respeitá-la e cumpri-la.**

Dessa lição podemos extrair que **Validade e Vigência são conceitos distintos e independentes**, ou seja, podemos ter uma lei válida e não vigente.

Por fim, além da Validade e da Vigência, temos a Eficácia, que é geralmente ligada à produção de efeitos financeiros das normas tributárias, uma vez que os tributos ao serem instituídos devem respeitar, em regra, a Anterioridade Anual e a Anterioridade Nonagesimal.

Recorremos a um caso prático:

Suponha que em 17/11/2022 seja publicada uma lei instituindo determinado tributo, com vigência na data da publicação.

Nesse caso, o Estado só poderia exigir tal exação dos cidadãos após o cumprimento da Anterioridade Anual (aguardar o início do exercício seguinte - 01/01/2023) e da Anterioridade Nonagesimal (90 dias após a publicação da lei instituidora - 15/02/2023), ou seja, o tributo seria exigido a partir de 15/02/2023.

Nesse caso apresentado, a lei tem a sua validade e vigência a partir de 17/11/2022, mas por sua vez, sua eficácia se iniciou apenas em 15/02/2023.

No Direito Previdenciário, as Contribuições Sociais, que são espécie do gênero tributo, respeitam **apenas a Anterioridade Nonagesimal**, como podemos extrair do texto constitucional.

> Art. 195, § 6.º As contribuições sociais de que trata este artigo só poderão ser exigidas depois de **decorridos 90 dias** da data da publicação da lei

> que as houver instituído ou modificado, não se lhes aplicando o disposto no Art. 150, inciso III, alínea "b" (Anterioridade Anual).

Por fim, assim podemos resumir:

> - **Validade**: A lei válida é aquela que foi publicada em diário oficial e encontra-se inserida no ordenamento jurídico.
> - **Vigência**: A lei vigente é aquela que deve ser observada, cumprida e respeitada por toda a sociedade.
> - **Eficácia**: A lei eficaz é aquela que produz todos os seus efeitos financeiros.

11.6. Hierarquia

As normas que compõem o ordenamento jurídico pátrio guardam hierarquia entre si, ou seja, existem normas superiores que devem ser respeitadas pelas normas inferiores.

Em suma, a norma superior sempre prevalece sobre a norma inferior. Nesse sentido, podemos dividir as normas em 4 níveis decrescentes de hierarquia:

1. **Normas Constitucionais**: Estamos falando da **Constituição Federal** e de suas **Emendas Constitucionais.**

   → Devo ressaltar que também recebem **status constitucional** os **Tratados Internacionais sobre Direitos Humanos** votados pelo **rito de Emenda Constitucional** (3/5 – 60% – dos votos para aprovação, em 2 turnos de votação, tanto na Câmara dos Deputados quanto no Senado Federal). Essas normas estão no topo da hierarquia devendo ser respeitadas por todos os outros atos normativos presentes no ordenamento jurídico, sob pena de serem julgadas inconstitucionais.

2. **Normas Supralegais**: São os **Tratados Internacionais sobre Direitos Humanos** incorporados ao ordenamento jurídico pátrio por meio do **mesmo processo legislativo das Leis Ordinárias**. Esses Tratados, conforme dispõe o STF, estão acima de todas as leis e a abaixo da Constituição e suas emendas;

3. **Normas Legais**: São as Leis Complementares, Leis Ordinárias, Leis Delegadas, Medidas Provisórias, Decretos Legislativos, Resoluções da Câmara dos Deputados, Resoluções do Senado Federal e os Tratados Internacionais recepcionados com força de Lei Ordinária. Nesse ponto considero importante citar que não existe hierarquia entre as Normas Legais, ou seja, ao contrário de que muitos pensam, as Leis Complementares não são superiores as Leis Ordinárias. As normas Legais devem respeitar a Constituição, as Emendas

Constitucionais, bem como as Normas Supralegais, sob pena de serem declaradas inconstitucionais ou ilegais, e;

4. **Normas Infralegais**: Decretos, Portarias, Instruções Normativas e outros atos infralegais. Esses atos estão no patamar mais baixo, devendo respeitar as Normas Constitucionais, Normas Supralegais e as Normas Legais, sob pena de serem considerados inconstitucionais ou ilegais.

Com base nos 4 níveis apresentados, podemos montar a famosa Pirâmide de Kelsen, que nada mais é do que a representação gráfica da Teoria da Hierarquia das Normas Jurídicas proposta pelo notório jurista austríaco Hans Kelsen (1881-1973). Observe:

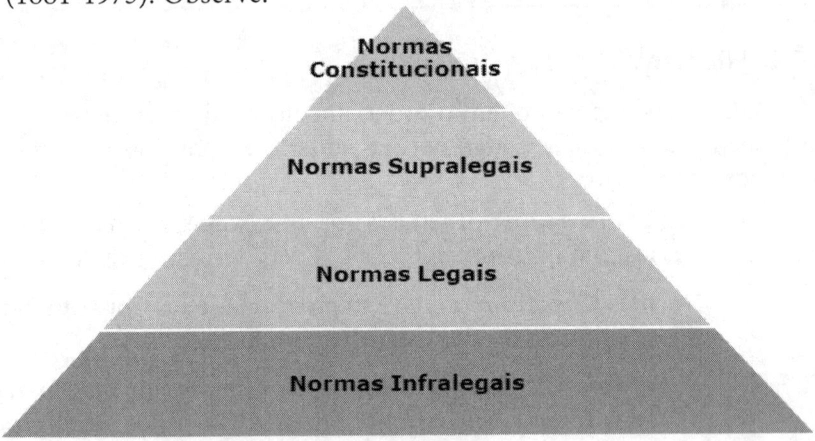

(Autoria: Ali Mohamad Jaha)

11.7. Interpretação e Integração

A priori, não devemos confundir os institutos da **Interpretação** e da **Integração**.

A **Interpretação** se faz presente quando a norma apresenta **dois ou mais sentidos** em relação ao mesmo tema, sendo necessário interpretar o real sentido do dispositivo por meio de vários métodos de interpretação existentes no Direito pátrio.

Por sua vez, a **Integração** se faz presente quando **existem lacunas na lei**, não sendo possível aplicar a norma ao caso concreto, sendo necessário utilizar de artifícios de integração.

11.7.1. Interpretação

A ciência jurídica que interpreta as normas do Direito é a **Hermenêutica Jurídica**. Para se extrair a essência da lei, utilizamos os seguintes métodos de interpretação:

1. **Gramatical**: É a interpretação do texto legal apenas pelo exame linguístico, ou seja, analisa-se apenas a linguagem e a gramática adotada pelo texto (sujeito, verbo, pontuação, etc.);
2. **Lógico**: É a interpretação que considera não apenas as palavras do texto legal, mas as proposições lógicas anunciadas, para descobrir o real sentido da norma;
3. **Teleológico**: É o método que tenta descobrir qual foi o desejo do legislador ao elaborar o texto normativo. Em suma, busca a finalidade pela qual a norma foi criada;
4. **Histórico**: É o método pelo qual se investiga os antecedentes da norma ou do seu processo legislativo para se extrair o real sentido exposto no texto legislativo. Os **antecedentes da norma** são os motivos que levaram à criação de tal norma. Por sua vez, os **antecedentes do processo legislativo** são todas as etapas de criação da lei, desde a apresentação do projeto de lei, passando pelas exposições de motivos, discussões, emendas, aprovação e concluindo com a promulgação e publicação do ato normativo;
5. **Sistemático**: É o método de interpretação que considera que norma não deve ser interpretada de maneira isolada, mas em consonância com as demais normas do ordenamento jurídico. Conforme esse método, ao se examinar as normas de forma conjunta, é possível extrair o real sentido de cada uma delas, e;
6. **Sociológico**: é a interpretação da norma em função do da realidade social. Nesse sentido, o jurista deverá considerar o contexto social como um elemento necessário para extrair o verdadeiro sentido da norma em relação ao caso concreto estudado.

11.7.2. Integração

Em muitos casos a lei apresenta **lacunas** que impossibilitam a aplicação dessa norma ao caso concreto. Nesses casos é preciso suprimir a omissão e promover a integração da norma ao caso em estudo.

A integração encontra amparo no Art. 4.º Lei de Introdução às Normas do Direito Brasileiro (Decreto-Lei n.º 4.657/1942) e no Art. 140, parágrafo único do Código de Processo Civil (Lei n.º 13.105/2015), a saber:

> LINDB:
>
> Art. 4.º Quando a lei for omissa, o juiz decidirá o caso de acordo com a **analogia**, os **costumes** e os **princípios gerais de direito**.

> CPC:
>
> Art. 140. Parágrafo único. O juiz só decidirá por **equidade** nos casos previstos em lei.

Com base no exposto, temos os seguintes artifícios de integração:

1. **Analogia**: É o quando se estende a interpretação de determinado dispositivo da norma para um caso não previsto, mas semelhante em sua essência;
2. **Costumes**: O costume é a repetição habitual de um comportamento por um período de tempo, o que gera a consciência social da obrigatoriedade da regra costumeira. No caso da integração, o costume é uma fonte supletiva, uma vez só será utilizada quando o operador do Direito não conseguir aplicar outro artifício de integração;
3. **Princípios Gerais do Direito**: nesse caso, o jurista deve aplicar os princípios gerais do Direito para preencher a lacuna legal. Esses princípios encontram-se dispersados, explicitamente ou implicitamente, em todo o ordenamento jurídico pátrio. Podemos citar alguns princípios:
   - Todos devem ser tratados como iguais perante a lei, sem distinção de qualquer natureza;
   - Todos são inocentes até prova em contrário;
   - Ninguém deverá ser obrigado a fazer ou deixar de fazer alguma coisa senão em virtude de lei;
   - Ninguém deve descumprir a lei alegando que não a conhece;
   - Deve ser preservada a autonomia da instituição familiar;
   - As obrigações contraídas devem ser cumpridas ("pacta sunt servanda"), e;
   - A pessoa deve responder pelos próprios atos e não pelos atos alheios.
4. **Equidade**: a equidade está ligada ao sentimento de justeza. Nos casos previstos em lei, o Juiz deliberará por equidade, suprimindo as lacunas do texto legal, sempre buscando a justiça para o caso concreto.

Capítulo

2

A PREVIDÊNCIA SOCIAL E SEUS BENEFICIÁRIOS

1. O CONCEITO DE PREVIDÊNCIA SOCIAL

A Previdência Social é um dos três ramos que compõe a Seguridade Social, e deve ser tratada como um **seguro** que garanta a renda do contribuinte e de sua família em casos de doença, acidente, gravidez, prisão, morte e velhice.

Esse ramo da Seguridade oferece vários benefícios, comprometendo-se com a tranquilidade do segurado no presente e no futuro, e pelo menos em tese, com a sua proteção perante os infortúnios da vida.

Porém, para ter essa proteção, é necessário se inscrever e **contribuir** constantemente para a Previdência Social.

Em suma, a Previdência Social apresenta **caráter contributivo**, ou seja, só usufrui dela aquele que contribui, ao contrário dos outros dois ramos da Seguridade Social: a **Saúde** (que é direito de todos) e a **Assistência Social** (que é devida apenas a quem dela necessitar).

Para facilitar, não esqueça o seguinte mnemônico:

Seguridade Social = Previdência + Assistência Social + Saúde

Ter Seguridade Social = ter PAS (com "s" mesmo). =)

Memorize:

Seguridade Social	P	Previdência Social
	A	Assistência Social
	S	Saúde

(Autoria: Ali Mohamad Jaha)

2. OS PRINCÍPIOS LEGAIS DA PREVIDÊNCIA SOCIAL

Após essa breve conceituação e introdução sobre Direito Previdenciário e a Seguridade Social (**Previdência**, Assistência e Saúde), devemos observar que a legislação previdenciária traz os **Princípios que regem a Previdência Social**, a saber:

1. Universalidade de participação nos planos previdenciários;
2. Uniformidade e equivalência dos benefícios e serviços às populações urbanas e rurais;
3. Seletividade e distributividade na prestação dos benefícios;
4. Cálculo dos benefícios considerando-se os salários de contribuição corrigidos monetariamente;
5. Irredutibilidade do valor dos benefícios, de forma a preservar-lhe o poder aquisitivo;
6. Valor da renda mensal dos benefícios substitutos do salário de contribuição ou do rendimento do trabalho do segurado não inferior ao do salário mínimo, e;
7. Caráter democrático e descentralizado da administração, mediante gestão quadripartite, com participação dos trabalhadores, dos empregadores, dos aposentados e do governo nos órgãos colegiados.

Analisando princípio por princípio, temos:

2.1. Universalidade de participação nos planos previdenciários (UPPP)

Esse princípio assegura que, todos os cidadãos que exercem atividades abrangidas pelo Regime Geral da Previdência Social (RGPS), e têm como gestor o Instituto Nacional do Seguro Social (INSS), serão filiados obrigatórios da Previdência Social.

Essa universalidade é um tanto mitigada (restrita), pois a Previdência Social apresenta caráter contributivo, ou seja, os benefícios e serviços previdenciários serão fornecidos apenas às pessoas que com a Previdência contribuem.

Cabe relembrar que a Saúde é direito de todos e que a Assistência Social é prestada somente às pessoas que dela necessitam.

2.2. Uniformidade e equivalência dos benefícios e serviços às populações urbanas e rurais (UEBS)

Esse princípio segue o alinhamento do Direito do Trabalho, presente na CF/1988, e prevê que não deve haver diferença entre trabalhadores urbanos e rurais.

A prestação do benefício ou do serviço previdenciário aos segurados deve ser o mesmo, independentemente de se tratar um trabalhador do campo ou da cidade.

O benefício aposentadoria, por exemplo, não pode possuir valor inferior para os trabalhadores rurais, bem como o atendimento médico posto à disposição dos mesmos, ter qualidade inferior aos prestados aos trabalhadores urbanos.

Numa interpretação mais ampla, constata-se que o princípio da Uniformidade e equivalência dos benefícios tem inspiração no princípio constitucional da igualdade (“**todos são iguais perante a lei, sem distinção de qualquer natureza**” - CF/1988, Art. 5.º, caput).

2.3. Seletividade e distributividade na prestação dos benefícios (SDBS)

Esse princípio traz conceitos do glorioso Direito Tributário, a saber: Seletividade e Distributividade. A prestação de benefícios e serviços à sociedade não pode ser infinita.

Convenhamos, por mais que o governo fiscalize e arrecade as contribuições sociais, nunca haverá orçamento suficiente para atender toda a sociedade.

Diante dessa constatação, deve-se lançar mão da Seletividade, que nada mais é do que fornecer benefícios e serviços em razão das condições de cada um, fazendo de certa forma, uma seleção de quem será beneficiado.

Como exemplos claros, temos o Salário Família, que é devido apenas aos segurados de baixa renda. Não adianta ter 7 filhos e uma remuneração de R$ 100.000,00 por mês. Para receber Salário Família, é necessário comprovar que você é um segurado de baixa renda. Isso é Seletividade. O mesmo vale para o Auxílio Reclusão.

E Distributividade? É uma consequência da Seletividade, pois ao selecionar os mais necessitados para receber os benefícios da Seguridade Social, automaticamente ocorrerá uma redistribuição de renda aos mais pobres. Isso é distributividade.

Por fim, considero importante citar a seguinte passagem do ilustre autor Frederico Amado (Curso de Direito e Processo Previdenciário, Editora JusPodivm, 18.ª Edição, 2024):

> "A seletividade deverá lastrear a escolha feita pelo legislador dos benefícios e serviços integrantes da seguridade social, bem como os requisitos para a sua concessão, **conforme as necessidades sociais e a disponibilidade de recursos orçamentários**, de acordo com o interesse público."

2.4. Cálculo dos benefícios considerando-se os salários de contribuição corrigidos monetariamente (BSCC)

Esse princípio tem por objetivo afastar a corrosão da inflação no momento da obtenção do benefício previdenciário. No Brasil a sistemática do cálculo do benefício funciona da seguinte forma: Todos os meses, o cidadão recolhe a sua contribuição social, calculada através da aplicação de uma alíquota sobre o seu Salário de Contribuição (SC), sendo que esse, geralmente coincide com o seu salário mensal.

Após muitos anos contribuindo para o RGPS, o cidadão terá direito a gozar do benefício, que será calculado através da média de todos os salários de contribuição (SC) do cidadão.

Imagine que Charles requeira benefício junto ao INSS em 05/2023, tendo contribuído regularmente para o RGPS desde 05/1987.

Nesse caso, se a média dos valores contribuídos fosse calculada sem a devida correção, sem dúvida, os SC mais antigos (1987, 1988, 1989...) estariam todos totalmente defasados e corroídos pela inflação, o que jogaria o benefício previdenciário de Charles lá para baixo. =(

Para evitar esse tipo de situação, a legislação previdenciária elencou esse princípio, que garante que no momento do cálculo do benefício previdenciário, todos os SC serão corrigidos monetariamente, mês a mês, pelos índices oficiais, até a data do requerimento do benefício, garantindo assim, o valor real e atualizado desse.

2.5. Irredutibilidade do valor dos benefícios, de forma a preservar-lhe o poder aquisitivo (IRRVB)

Quando foi escrito esse princípio legal, no longínquo ano de 1991, o Brasil tinha acabado de passar por uma década conturbada, sendo que o principal problema da época era a **inflação galopante** dos preços.

Um litro de leite custava 1.200,00 unidades monetárias no mês de janeiro, já no mês seguinte, 2.000,00 unidades monetárias. O legislador originário não teve dúvidas, e decidiu proteger os trabalhadores pertencentes ao RGPS.

Atualmente, a irredutibilidade do valor dos benefícios é garantida por meio de **reajuste anual**, geralmente em valor igual ou superior ao da inflação do mesmo período.

Imagine o absurdo de um benefício de aposentadoria nunca ser reajustado? No primeiro ano, o benefício seria razoável, compatível com as necessidades do aposentado. No segundo ano, iria apertar um pouco o cinto. No quinto ano o aposentado já estaria mendigando no semáforo. E se esse aposentado vivesse até próximo aos 90 anos? Não gosto nem de imaginar. =/

Quanto a esse princípio constitucional é bom frisar que o mesmo apresenta duas vertentes a serem observadas:

- Aos benefícios da **Seguridade Social (Saúde e Assistência)** estão garantidos a preservação do **valor nominal**, que é aquele definido na concessão de determinado benefício e nunca é reajustado, mantendo sempre o mesmo valor de face. **Esse dispositivo trata de forma genérica a Seguridade Social**, e;
- Aos benefícios da **Previdência Social** estão garantidos a preservação do **valor real**, que é aquele que tem o seu valor definido na concessão do benefício, mas é reajustado anualmente (em regra), para manter o seu poder de compra atualizado.

Observe que apenas os benefícios da Previdência Social são assegurados a preservação do **valor real (poder de compra)**.

Em suma, com o passar do tempo, os benefícios não poderão perder o seu poder de compra. Imagine que um aposentado receba R$ 3.800,00 em 2023, e que esse benefício tenha um poder de compra de 5 cestas básicas.

Passado um ano, o benefício é reajustado para R$ 3.850,00, mas o seu poder de compra cai para o equivalente a 4,8 cestas básicas. Nesse caso não houve a preservação do valor real do benefício.

Para contar, o Art. 201, § 4.º da CF/1988 é apenas mera aplicação do Princípio da Irredutibilidade:

> É assegurado o reajustamento dos benefícios (**previdenciários**) para preservar-lhes, em caráter permanente, o **valor real**, conforme critérios definidos em lei.

Não obstante, devo ressaltar que o STF, em consonância com o texto constitucional, defende a manutenção do valor real dos benefícios previdenciários. Sendo assim, não resta dúvida quanto ao posicionamento do STF:

> "Este Tribunal fixou entendimento no sentido de que o disposto no Art. 201, § 4.º, da Constituição do Brasil, assegura a revisão dos **benefícios previdenciários** conforme critérios definidos em lei, ou seja, compete ao legislador ordinário definir as diretrizes para **conservação do VALOR REAL do benefício**. Precedentes." (AI 668.444-AgR, Rel. Min. Eros Grau, julgamento em 13-11-2007, Segunda Turma, DJ de 7-12-2007.) No mesmo sentido: AI 689.077-AgR, Rel. Min. Ricardo Lewandowski, julgamento em 30-6-2009, Primeira Turma, DJE de 21-8-2009.

Outro aspecto interessante sobre o tema é possibilidade, conforme a jurisprudência do Superior Tribunal de Justiça (STJ), da aplicação de índices negativos de correção monetária (deflação) aos benefícios previdenciários, desde que preservado o valor nominal do montante principal (**valor final ser igual ou maior que o valor inicial do benefício**).

A lógica adotada pelo STJ é a de que os índices negativos acabam se compensando com índices positivos supervenientes de inflação. Para exemplificar, imagine um benefício no valor de R$ 7.000,00 e os seguintes índices fictícios de correção:

Período:	Índice
01/20X1	1%
02/20X1	-3%
03/20X1	2%
04/20X1	1,5%

Logo, temos que:

Valor Nominal:		R$ 7.000,00	Valor inicial
01/20X1	1%	R$ 7.070,00	
02/20X1	-3%	R$ 6.857,90	
03/20X1	2%	R$ 6.995,06	
04/20X1	1,5%	R$ 7.099,98	Valor Final

Historicamente, os índices de deflação são raros, ou seja, em médio e em longo prazo o valor do benefício corrigido sempre tende a superar o valor nominal do mesmo.

Por fim, apresento a redação do Recurso Especial (Resp) n.º 1.265.580/RS de 2011:

> Processual Civil e Econômico. Execução de Sentença que determinou Correção Monetária pelo IGP-M. Índices de Deflação. Aplicabilidade, preservando-se o Valor Nominal da Obrigação.
>
> 1. A correção monetária nada mais é do que um mecanismo de manutenção do poder aquisitivo da moeda, não devendo representar, consequentemente, por si só, nem um "plus" nem um "minus" em sua substância. Corrigir o valor nominal da obrigação representa, portanto, manter, no tempo, o seu poder de compra original, alterado pelas oscilações inflacionárias positivas e negativas ocorridas no período. Atualizar a obrigação levando em conta apenas oscilações positivas importaria distorcer a realidade econômica produzindo um resultado que não representa a simples manutenção do primitivo poder aquisitivo, mas um indevido acréscimo no valor real. Nessa linha, estabelece o Manual de Orientação de Procedimento de Cálculos aprovado pelo Conselho da Justiça Federal que, não havendo decisão judicial em contrário, **"os índices negativos de correção monetária (deflação) serão considerados no cálculo de atualização"**, **com a ressalva de que, se, no cálculo final, "a atualização implicar redução do principal, deve prevalecer o valor nominal"**.
>
> 2. Recurso especial provido.

2.6. Valor da Renda Mensal dos Benefícios (RMB) substitutos do salário de contribuição ou do rendimento do trabalho do segurado não inferior ao do salário mínimo (RMBSM)

O legislador infraconstitucional, seguindo a linha adotada pela CF/1988, garantiu ao trabalhador que todo benefício que venha a substituir o Salário de Contribuição ou a renda mensal do trabalhador, terá como menor valor o salário mínimo.

Observe que a regra **não abrange todos os benefícios previdenciários**, mas somente aqueles que venham a substituir o rendimento mensal do trabalhador.

Diante dessa constatação, podemos afirmar que **existirão alguns benefícios com valor inferior ao salário mínimo**, como o Auxílio Acidente e o Salário Família, pois nenhum deles substitui o rendimento do segurado, apenas o complementa.

2.7. Caráter democrático e descentralizado da administração, mediante gestão quadripartite, com participação dos trabalhadores, dos empregadores, dos aposentados e do Governo nos órgãos colegiados (DDQ)

Esse princípio visa à participação da sociedade, em geral, na gestão da Seguridade Social. A gestão da Seguridade é **democrática (participa quem**

tem interesse), **descentralizada (pessoas de vários setores diferentes podem participar)** e **quadripartite**.

E o que isso significa ser quadripartite? Quer dizer que é obrigatória a participação de **4 classes**, sendo, **trabalhadores**, **empregadores**, **aposentados** e **Governo**, nas instâncias gestoras da Seguridade Social, que são: **Conselho Nacional da Previdência Social (CNPS)** e **Conselho de Recursos da Previdência Social (CRPS)**.

Após a explanação detalhada dos **Princípios da Previdência Social**, devo chamar a sua atenção para que **não os confunda** com os elencados no Art. 194 da CF/1988, que são os **Princípios Constitucionais da Seguridade Social**.

Devo relembrar que a Seguridade Social apresenta um conceito mais amplo que a Previdência Social, que abarca a Saúde, a Assistência Social e a própria Previdência.

Observe o estudo em paralelo e, por favor, não erre na prova:

Princípios Constitucionais da Seguridade Social:	**Princípios da Previdência Social (Legislação Previdenciária):**
1. Universalidade da cobertura e do atendimento (**UCA**).	1. Universalidade de participação nos planos previdenciários (**UPPP**).
2. Uniformidade e equivalência dos benefícios e serviços às populações urbanas e rurais (**UEBS**).	2. Uniformidade e equivalência dos benefícios e serviços às populações urbanas e rurais (**UEBS**).
3. Seletividade e distributividade na prestação dos benefícios e serviços (**SDBS**).	3. Seletividade e distributividade na prestação dos benefícios (**SDBS**).
4. Equidade na forma de participação no custeio (**EFPC**).	4. Cálculo dos benefícios considerando-se os salários de contribuição corrigidos monetariamente (**BSCC**).
5. Irredutibilidade do valor dos benefícios (IRRVB).	5. Irredutibilidade do valor dos benefícios, de forma a preservar-lhe o poder aquisitivo (**IRRVB**).
6. Diversidade da base de financiamento (**DBF**).	6. Valor da Renda Mensal dos Benefícios substitutos do salário de contribuição ou do rendimento do trabalho do segurado não inferior ao do salário mínimo (**RMBSM**).

Princípios Constitucionais da Seguridade Social:	Princípios da Previdência Social (Legislação Previdenciária):
7. Caráter democrático e descentralizado da administração, mediante gestão quadripartite, com participação dos trabalhadores, dos empregadores, dos aposentados e do Governo nos órgãos colegiados (**DDQ**).	7. Caráter democrático e descentralizado da administração, mediante gestão quadripartite, com participação dos trabalhadores, dos empregadores, dos aposentados e do governo nos órgãos colegiados (**DDQ**).

(Autoria: Ali Mohamad Jaha)

Para não errar:

Princípios da:	
Seguridade:	**Previdência:**
UCA	**UPP**
EFPC	**BSCC**
DBF	**RMBSM**
UEBS	
SDBS	
IRRVB	
DDQ	

(Autoria: Ali Mohamad Jaha)

3. O REGIME GERAL DE PREVIDÊNCIA SOCIAL (RGPS)

Nos dias de hoje, são duas as formas existentes para gerar os recursos que se transformarão em benefícios no sistema previdenciário: o **Regime de Repartição** e o **Regime de Capitalização**.

O **Regime de Repartição**, adotado pela Previdência Social pátria, é aquele em que as pessoas que estão na ativa (trabalhando) contribuem para o sistema, ou seja, são essas pessoas que custeiam os benefícios de quem já os recebe (inativos).

Também classificado como **Pacto de Gerações**, tal regime não apresenta grandes problemas quando é alto o número de quem trabalha e contribui para assegurar pagamento aos beneficiários.

A situação se complica, porém, nas economias com queda nas taxas de natalidade e mortalidade, nos quais há redução no número de trabalhadores contribuintes e aumento da faixa etária dos segurados.

Outro agravante é a queda nas contribuições motivadas pelo **desemprego** ou pela sua **informalidade**, os quais reduzem a entrada de recursos ao sistema sem reduzir a saída, haja vista os casos de não contribuinte receberem benefícios.

Por sua vez, no **Regime de Capitalização**, seus participantes são responsáveis pela formação do saldo que no futuro será vertido em benefício, por meio de um fundo individual ou coletivo.

Em termos de equilíbrio financeiro, é bastante seguro, já que é o beneficiário quem **paga no presente sua futura aposentadoria**.

Como representantes deste regime no Brasil estão as Entidades de Previdência Complementar, abertas ou fechadas, indicadas a quem quer e ou precisa complementar o benefício oferecido pela Previdência Social (RGPS).

Após essa breve explanação, vamos aprofundar nossos estudos na área de **Previdência Social**? Sem preguiça! =)

Atualmente, conforme dispõe a Constituição Federal, a Previdência Social no Brasil é composta por **TRÊS REGIMES**:

a) **Regime Geral de Previdência Social (RGPS)**: Operado pelo INSS, uma autarquia pública, e de **filiação obrigatória** para os trabalhadores regidos pela CLT (iniciativa privada e algumas instituições públicas) - CF/1988, Art. 201;

b) **Regime Próprio de Previdência Social (RPPS)**: Instituído por entes políticos (União, Estados, Distrito Federal e Municípios), de **observância obrigatória** aos servidores públicos titulares de cargos efetivos (os "estatutários", que se regem por um Estatuto e não pela CLT) - CF/1988, Art. 40, e;

c) **Regime de Previdência Complementar (RPC)**: Operado por Entidades Abertas e Fechadas de Previdência Complementar, regime privado, com **filiação facultativa**, criado com a finalidade de proporcionar uma renda adicional ao trabalhador, para que complemente a sua previdência oficial (RGPS ou RPPS) - CF/1988, Art. 202.

<table>
<tr><td rowspan="3">Previdência:</td><td>RGPS</td></tr>
<tr><td>RPPS</td></tr>
<tr><td>RPC</td></tr>
</table>

(Autoria: Ali Mohamad Jaha)

O objeto dos nossos estudos para as provas de concursos é o RGPS. E afinal de contas, o que vem a ser o RGPS?

O RGPS é a **forma como a Previdência é organizada**. Essa organização prevê um regime de caráter contributivo e de filiação obrigatória (Previdência = contribuições, lembra?).

A filiação ao RGPS é obrigatória pelo simples exercício de atividade remunerada. O sujeito que exerce, concomitantemente (ao mesmo tempo), mais de uma atividade remunerada sujeita ao Regime Geral de Previdência Social (RGPS) é **obrigatoriamente filiado em relação a cada uma dessas atividades**, observado o limite mínimo (salário mínimo) e máximo (teto do RGPS) para o Salário de Contribuição (SC).

Como podemos perceber, o exercício de atividade remunerada já enseja a filiação obrigatória ao RGPS, e não é só isso!

Se o sujeito exercer três atividades diferentes, deverá ser filiado ao RGPS em relação a cada uma delas. Se o fulano ganha R$ 6.000,00 no emprego A, R$ 6.000,00 no emprego B e R$ 6.000,00 no emprego C, qual será seu SC?

O SC sempre deverá respeitar o teto do RGPS, não podendo ele recolher contribuições sobre um SC maior.

No caso acima, a remuneração A já irá suprir quase que completamente o referido teto. Assim, provavelmente incidirá pouco ou não incidirá nada sobre a remuneração B e, com certeza, não incidirá nada sobre a remuneração C.

E no caso do aposentado pelo RGPS que voltar a exercer atividade abrangida por este regime? Esse aposentado também será considerado segurado obrigatório em relação a essa atividade! Isso mesmo, ele terá que recolher as contribuições devidas em função dessa nova atividade remunerada.

O que o RGPS faz pelo segurado que com ele contribui? O RGPS garante a cobertura das seguintes situações, expressas no Art. 5.º do RPS/1999:

1. Cobertura de eventos de incapacidade temporária ou permanente para trabalho e idade avançada;
2. Proteção à maternidade, especialmente à gestante;
3. Proteção ao trabalhador em situação de desemprego involuntário;
4. Salário Família e Auxílio Reclusão para os dependentes dos segurados de baixa renda, e;
5. Pensão por morte do segurado, homem ou mulher, ao cônjuge ou companheiro e dependentes.

Por sua vez, o Seguro Desemprego, apesar de ter caráter previdenciário, é administrado e concedido **diretamente** pelo Ministério do Trabalho e Emprego e não pelo INSS, que é a autarquia ligada ao Ministério da Previdência Social, que administra o RGPS, como podemos extrair do RPS/1999 (com adaptações):

> Art. 7.º A **administração** do Regime Geral de Previdência Social (**RGPS**) é atribuída ao Ministério da Previdência Social (**MPS**), sendo exercida pelos órgãos e entidades a ele vinculados (**no caso, pelo INSS**).

E para concluir a nossa explanação sobre o RGPS, quem são as pessoas beneficiárias do RGPS?

São as **pessoas físicas** classificadas como **Segurados** e **Dependentes**. Classificando de forma mais detalhada:

<table>
<tr><td rowspan="6">1. Segurados</td><td rowspan="5">1.1. Obrigatórios:</td><td>Contribuinte Individual</td></tr>
<tr><td>Trabalhador Avulso</td></tr>
<tr><td>Empregado Doméstico</td></tr>
<tr><td>Empregado</td></tr>
<tr><td>Segurado Especial</td></tr>
<tr><td colspan="2">1.2. Facultativos</td></tr>
<tr><td colspan="3">2. Dependentes</td></tr>
</table>

(Autoria: Ali Mohamad Jaha)

Percebeu que existem 5 segurados obrigatórios e 1 segurado facultativo? Reparou nas letras que estão em vermelho? Elas formam o seguinte mnemônico, muito importante para as provas de concurso:

CADES F

Pronto! Nunca mais você vai esquecer quais são os segurados obrigatórios e facultativo do RGPS! =)

4. OS SEGURADOS OBRIGATÓRIOS DO RGPS

Essa parte é essencial para as provas de Direito Previdenciário! É muito comum a questão contar um pouco da história do trabalhador, contar o que ele faz, de que forma faz, e ao final questionar em qual classe de segurado, obrigatório ou facultativo, ele se classifica.

Quer um exemplo para ficar claro?

Muitas pessoas moram em condomínios de edifício, e nesse tipo de local sempre existe a figura do síndico! Agora questiono: em qual classe de segurado é classificado o síndico?

Depende! Se o síndico receber remuneração para exercer as atividades administrativas inerentes a sua função, ele se enquadra como **Contribuinte Individual**.

Por outro lado, se o síndico não receber nada, será **Segurado Facultativo**. Aqui a seguinte informação se faz necessária: a isenção da taxa de condomínio, compensada ao síndico e/ou subsíndico em exercício, configura meio de remuneração pelo trabalho mensal, transformando-o em Contribuinte Individual.

Em outras palavras, a isenção da taxa de condomínio tem natureza de **remuneração indireta**! Anote isso amigo!

O enquadramento da atividade dentro das classes de segurados é realizado pela própria lei previdenciária e regulamentado pelo RPS/1999.

Vou apresentar para você, meu caro aluno, todos os enquadramentos com os respectivos comentários, observações e dicas! Sem preguiça, hein! =)

4.1. O Empregado

São enquadrados como **Empregados**, as seguintes pessoas físicas:

E01. Aquele que presta serviço de natureza urbana ou rural a empresa, em caráter **não eventual**, sob sua **subordinação (jurídica)** e mediante remuneração, inclusive como **diretor empregado**.

Esse é o conceito de Empregado conforme o Direito do Trabalho. Nesse ramo do Direito podemos observar que o empregado apresenta os seguintes requisitos:

- **Pessoa Física**: Não existe empregado Pessoa Jurídica.
- **Não Eventualidade**: O empregado deve exercer suas funções de modo permanente e constante. A legislação previdenciária entende que serviço prestado em **caráter não eventual** é aquele relacionado direta ou indiretamente às **atividades normais da empresa**.
- **Pessoalidade**: O empregado deve prestar os serviços contratados. Não havendo pessoalidade, será descaracterizada a relação de emprego.
- **Subordinação Jurídica**: O empregado deve obedecer às ordens lícitas de seu empregador. Subordinação jurídica pressupõe que o empregado deve obedecer às ordens de seu empregador, mediante retribuição econômica (salário).

Porém, essas ordens **não devem adentrar no mérito da parte técnica da execução do serviço contratado**, pois se assim fosse, estaríamos diante de uma subordinação técnica.

Em outras palavras, o empregador pode mandar em seu empregado em relação a vários aspectos (cumprimento de horário, forma de atendimento de cliente, utilização de equipamentos de proteção individual, etc.), mas jamais o empregador poderá mandar ou desmandar na parte técnica do trabalho.

Como assim? Imagine um eletricista contratado por um lojista para ampliar a rede de energia de sua loja. Nesse caso, o eletricista tem subordinação jurídica em relação ao lojista, mas não tem subordinação técnica, pois o lojista não pode dizer de que forma ele realizará o serviço de eletricidade.

- **Onerosidade**: Toda relação de emprego é remunerada (onerosa), ou seja, se não rolar dinheiro, não é emprego.

Como vimos, a legislação previdenciária adotou como primeiro enquadramento, de forma coerente e oriunda do Direito do Trabalho, o conceito exato de empregado.

E para concluir os comentários sobre esse enquadramento, o que seria o diretor empregado? Conforme a legislação previdenciária é aquele que, participando ou não do risco econômico do empreendimento, seja **contratado** ou **promovido** para cargo de direção das sociedades anônimas (S/A), mantém as características inerentes à **relação de emprego**.

Em suma, é o indivíduo promovido ou contratado como empregado para cargo de direção em S/A, a fim de comandar a empresa, mantendo inclusive a subordinação.

E02. Aquele que, contratado por **empresa de trabalho temporário (ETT)**, na forma prevista em legislação específica, **por prazo não superior a 180 dias**, consecutivos ou não, **prorrogável por até 90 dias**, presta serviço para atender à necessidade transitória de substituição de pessoal regular e permanente ou a acréscimo extraordinário de serviço de outras empresas.

A **ETT** é uma empresa que coloca mão de obra à disposição de outra empresa, a **empresa contratante**, em duas situações:

- **Atender necessidade transitória de substituição de pessoal regular e permanente**: Quando a **empresa contratante** precisa repor, de forma rápida e temporária, as baixas de seus empregados.
- **Acréscimo extraordinário de serviço**: Imagine uma fábrica de chocolates na época da Páscoa (Hummm...). Imaginou? Há certamente um grande aumento na demanda em decorrência da data, e para dar conta do recado, e o que fazer? Contratar pessoal temporário via ETT.

Até bem pouco tempo atrás, o prazo máximo que podia se trabalhar em ETT era de 3 meses, prorrogáveis por igual período. Entretanto a Lei n.º

13.429/2017 alterou a Lei n.º 6.019/1974 (Lei do Trabalho Temporário), que ficou com a seguinte redação:

> Art. 10. Qualquer que seja o ramo da empresa tomadora de serviços, não existe vínculo de emprego entre ela e os trabalhadores contratados pelas empresas de trabalho temporário.
>
> § 1.º O contrato de trabalho temporário, com relação ao mesmo empregador, **não poderá exceder ao prazo de 180 dias, consecutivos ou não.**
>
> § 2.º O contrato **poderá ser prorrogado por até 90 dias**, consecutivos ou não, além do prazo estabelecido no § 1.º deste artigo, quando comprovada a manutenção das condições que o ensejaram.

Tal alteração foi refletida no Regulamento da Previdência Social por meio do Decreto n.º 10.410/2020.

E03. O brasileiro ou o estrangeiro domiciliado e contratado no Brasil para trabalhar como empregado **no exterior**, em sucursal ou agência de empresa constituída sob as leis brasileiras e que tenha sede e administração no País.

Tanto o **brasileiro** quanto o **estrangeiro domiciliado no Brasil** que for contratado para serviço no **exterior**, em **sucursal (filial ou agência)**, será considerado empregado, desde que a empresa:

- Seja constituída sob as leis brasileiras, e;
- Tenha sede e administração no Brasil.

Quer um exemplo? Um vendedor (empregado) de uma empresa do ramo do vestuário, constituída sob as leis brasileiras, com sede e administração em Cianorte/PR, transferido para a filial em Milão (Itália), continuará sendo enquadrado como Empregado.

E caso seja o empregado argentino? Depende! Ele é domiciliado e contratado no Brasil? Se sim, será enquadrado como Empregado.

E04. O brasileiro ou o estrangeiro domiciliado e contratado no Brasil para trabalhar como empregado em **empresa domiciliada no exterior** com maioria do capital votante pertencente à empresa constituída sob as leis brasileiras, que tenha sede e administração no País e cujo controle efetivo esteja em caráter permanente sob a titularidade direta ou indireta de pessoas físicas domiciliadas e residentes no País ou de entidade de direito público interno.

Esse enquadramento é uma variação complexa do outro. Vamos à análise!

Tanto o **brasileiro** quanto o **estrangeiro domiciliado no Brasil** que for trabalhar como empregado em **empresa domiciliada no exterior** é considerado empregado, desde que a empresa **concomitantemente**:

- Tenha a **maioria do capital votante** (maioria das ações ordinárias – Contabilidade) pertencente à **empresa constituída pelas leis brasileiras**, e;
- Que a empresa constituída pelas leis brasileiras tenha sede e administração no Brasil e que o **controle efetivo** esteja nas mãos de pessoas físicas (nacionais ou estrangeiras) **domiciliadas e residentes no Brasil**.

Conforme dispõe o Código Civil de 2002, são pessoas jurídicas de direito público interno ou **entidades de direito público interno**, a União, os Estados Membros, o Distrito Federal, os Territórios, os Municípios, as Autarquias (inclusive as Associações Públicas) e as demais entidades de caráter público criadas por lei.

Esse exemplo vai ser um pouco mais complexo. =)

Um paraguaio, domiciliado e contratado no Brasil (situação comum nas fronteiras), é contratado para trabalhar na NY Beach, empresa norte-americana, localizada em Nova York (EUA).

A NY Beach tem a maioria de suas ações ordinárias (capital votante) pertencentes a MS Praia, empresa brasileira, constituída sob as leis brasileiras, com sede e administração em Dourados/MS.

Cabe ainda ressaltar que a MS Praia está sob o controle efetivo de empresários (pessoas físicas) da cidade de Campo Grande/MS. Sem dúvida, o paraguaio é segurado **empregado**.

Devemos prestar atenção que mesmo em se tratando de empresa estrangeira, ela se encontra sob domínio de empresa brasileira (maioria do capital votante), e a empresa brasileira, por sua vez, se encontra sob domínio de residentes nacionais (controle efetivo por pessoas físicas ou jurídicas). Essa é a regra.

E05. Aquele que presta serviço no Brasil à missão diplomática ou a repartição consular de carreira estrangeira e a órgãos a elas subordinados, ou a membros dessas missões e repartições, excluídos o não brasileiro sem residência permanente no Brasil e o brasileiro amparado pela legislação previdenciária do país da respectiva missão diplomática ou repartição consular.

A **missão diplomática** ou **repartição consular** se equipara, para fins previdenciários, a uma **empresa**. Quando a missão contrata um brasileiro residente, em regra, esse indivíduo é enquadrado como empregado. Mas temos **exceções**. **NÃO** se enquadram como empregado as seguintes contratações:

1. Não brasileiro sem residência permanente no Brasil;
2. Brasileiro residente, mas amparado por legislação previdenciária do país da missão diplomática ou da repartição consular.

E06. O brasileiro civil que trabalha **para a União no exterior**, em organismos oficiais internacionais dos quais o Brasil seja membro efetivo, ainda que lá domiciliado e contratado, salvo se amparado por regime próprio de previdência social (RPPS).

Brasileiro que trabalha **no exterior para a União é empregado**! É regra!

O sujeito deve trabalhar em organismo oficial do qual o Brasil seja membro efetivo. Mesmo que ele seja domiciliado e contratado no exterior ele será segurado empregado. Só não será empregado se for amparado por RPPS (da União ou do Organismo Internacional).

E07. O brasileiro civil que **presta serviços à União no exterior**, em repartições governamentais brasileiras, lá domiciliado e contratado, inclusive o auxiliar local de que tratam os Arts. 56 e 57 da Lei n.º 11.440/2006, este desde que, em razão de proibição legal, não possa filiar-se ao sistema previdenciário local.

Brasileiro civil (não militar), que trabalha no exterior para a União? Empregado! Essa foi a regra apresentada no enquadramento anterior.

Esse enquadramento reza que o brasileiro que prestar serviço para à União, no exterior, em repartições governamentais brasileiras, será considerado empregado, inclusive na condição de Auxiliar Local.

O que seria isso? Conforme Art. 56, Lei n.º 11.440/2006:

> Auxiliar Local é o brasileiro ou o estrangeiro admitido para prestar serviços ou desempenhar atividades de apoio que exijam familiaridade com as condições de vida, os usos e os costumes do país onde esteja sediado o posto.

Em resumo, é o cara que conhece bem a região e os costumes locais!

O enquadramento faz uma ressalva quanto ao auxiliar local! Em regra, ele deve ser filiado ao sistema previdenciário local. Caso haja proibição legal, ele será enquadrado como empregado.

Logo, **o enquadramento de empregado para o Auxiliar Local é residual**, ou seja, só ocorrerá se ele não for filiado ao sistema previdenciário local.

E08. O bolsista e o estagiário que prestam serviços à empresa, em **desacordo** com a Lei n.º 11.788/2008 (Lei do Estágio).

Quando um bolsista ou estagiário presta serviço à empresa em desacordo com a Lei do Estágio, na verdade ele está trabalhando como um empregado! **O enquadramento priorizou a essência da relação**! O estágio não gera vínculo empregatício.

Não é difícil encontrarmos empresas que explorem seus estagiários, fazendo-os trabalhar em condições de igualdade com seus empregados.

Se esse for o caso, não estaremos diante de uma relação de estágio, mas sim de uma relação de emprego indevidamente constituída, na forma de contrato por prazo indeterminado, segundo o direito do trabalho.

Por fim, caso a questão citar o enquadramento supracitado, mas apresentar a antiga e revogada Lei do Estágio, a Lei n.º 6.494/1976, considere o enunciado correto! Por que professor?

Porque a legislação previdenciária ainda não foi atualizada, logo, a banca pode considerar o enunciado como correto. =/

E09. O servidor da União, Estado, Distrito Federal ou Município, incluídas suas autarquias e fundações, **ocupante, exclusivamente, de cargo em comissão** declarado em lei de livre nomeação e exoneração.

Esse enquadramento é direcionado aos cargos comissionados dos entes políticos, de livre nomeação e livre exoneração, ou como tratamos no Direito Administrativo, os chamados cargos "ad nutum".

Quando, por exemplo, um prefeito nomeia o irmão não servidor para cargo em comissão, e este exercerá **exclusivamente o cargo comissionado**, a Previdência o enquadrará como segurado empregado.

A legislação previdenciária estende esse enquadramento ao ocupante de cargo de **Ministro de Estado**, de **Secretário Estadual, Distrital ou Municipal**, **sem vínculo efetivo** com a União, Estados, Distrito Federal e Municípios, suas autarquias, ainda que em regime especial, e fundações.

E10. O servidor do Estado, Distrito Federal ou Município, bem como o das respectivas autarquias e fundações, ocupante de **cargo efetivo**, desde que, nessa qualidade, **não esteja amparado por Regime Próprio de Previdência Social (RPPS)**.

Esse enquadramento ampara, na esfera estadual e principalmente na esfera municipal, uma **situação intermediária**.

Nos pequenos municípios, os concursos são realizados para a contratação de servidores estatutários (detentores de cargos efetivos), mas, geralmente por razões econômicas e financeiras, o referido ente não possui condições de criar um RPPS específico para seus funcionários.

Dessa forma, os servidores públicos são enquadrados, para fins previdenciários, como contribuinte Empregado, regido pela Consolidação das Leis do Trabalho (CLT).

E11. O servidor **contratado** pela União, Estado, Distrito Federal ou Município, bem como pelas respectivas autarquias e fundações, **por tempo determinado**, para atender à necessidade temporária de excepcional interesse público, nos termos do inciso IX do Art. 37 da Constituição Federal.

Os contratados temporariamente por **necessidade temporária de excepcional interesse público** são enquadrados como empregados, para fins previdenciários.

Um caso clássico? Os recenseadores. =)

E12. O servidor da União, Estado, Distrito Federal ou Município, incluídas suas autarquias e fundações, ocupante de **emprego público.**

Empregado público é aquele sujeito contratado por concurso público regido pelo regime CLT (Consolidação das Leis do Trabalho).

Esse também é enquadrado para fins previdenciários como empregado. No âmbito da União, podemos citar os Conselhos de Fiscalização de Profissões Regulamentadas (CRM, CRA, CRC, etc.).

Os empregados dessas autarquias federais pertencem ao regime celetista, contratados por meio de concurso público, mas enquadrados no RGPS na condição de **empregado**.

Em resumo, por estar abarcado pelo RGPS, possui seu SC limitado ao teto do RGPS, ainda que este empregado público perceba mensalmente um valor bem acima.

Assim sendo, no futuro, seus benefícios (aposentadorias e pensões) também **estarão limitados ao mesmo teto.**

E13. O **escrevente** e o **auxiliar** contratados por titular de serviços notariais e de registro **a partir de 21/11/1994**, bem como aquele que optou pelo Regime Geral de Previdência Social (RGPS), em conformidade com a Lei n.º 8.935/1994 (Lei dos Cartórios).

Em regra, o **escrevente** e o **auxiliar** de cartório (de serviços notariais e de registro), são enquadrados como empregados. Essa regra é válida a partir de 21/11/1994 até os dias atuais.

O escrevente e o auxiliar contratado em **data anterior** a 21/11/1994, deve ter feito a **opção** pelo RGPS para ser enquadrado como segurado Empregado, e gozar de seus benefícios.

Os escreventes e auxiliares de investidura estatutária ou em regime especial, contratados por titular de serviços notariais e de registro antes da vigência da Lei n.º 8.935/1994 (21/11/1994) que fizeram opção, expressa, pela transformação do seu regime jurídico para o da Consolidação das Leis do Trabalho (CLT), serão segurados obrigatórios do Regime Geral de Previdência Social como empregados e terão o tempo de serviço prestado no regime anterior integralmente considerado para todos os efeitos de direito.

Por fim, não tendo havido a opção supracitada, os escreventes e auxiliares de investidura estatutária ou em regime especial continuarão vinculados à legislação previdenciária que anteriormente os regia, desde que mantenham as contribuições nela estipuladas até a data do deferimento de sua aposentadoria, ficando, consequentemente, excluídos do RGPS conforme dispõe a legislação previdenciária.

E14. Aquele em exercício de mandato eletivo federal, estadual, distrital ou municipal, desde que **não seja vinculado a regime próprio de previdência social (RPPS)**.

Essa regra vale para o político que não era servidor antes de virar político, ou seja, não era vinculado a nenhum RPPS.

Um Auditor-Fiscal eleito deputado federal será enquadrado como empregado no RGPS? Não! Pois ele já está vinculado ao RPPS da União.

E15. O empregado de organismo oficial internacional ou estrangeiro em funcionamento no Brasil, **salvo** quando coberto por Regime Próprio de Previdência Social (RPPS).

Essa é a situação do indivíduo que trabalha em um organismo oficial internacional (ou estrangeiro) em funcionamento no território nacional.

Em regra, esse indivíduo é coberto pelo RPPS (do organismo ou de alguns dos entes políticos), mas **caso não seja coberto, ele será enquadrado como segurado empregado do RGPS**.

E16. O **trabalhador rural contratado por Produtor Rural Pessoa Física (PRPF)**, na forma do Art. 14-A da Lei n.º 5.889/1973 (Lei do Trabalho Rural), para o exercício de atividades de natureza temporária **por prazo não superior a 2 meses dentro do período de 1 ano**.

Nesse ponto analisaremos o **trabalhador rural empregado**, que **não pode ser confundido com o trabalhador rural segurado especial**, que é aquele que trabalha em regime de economia familiar, como veremos no decorrer de nosso curso.

Além dessas espécies supracitadas, **ainda temos a figura do trabalhador rural autônomo**, que recebe a classificação de **contribuinte individual**, que nada mais é, conforme já apresentado neste curso, a pessoa que presta serviço de natureza urbana ou **rural**, em caráter eventual, a uma ou mais empresas, **sem relação de emprego**.

Conforme observamos no dispositivo legal citado, o trabalhador rural contratado por Produtor Rural Pessoa Física (PRPF) para realizar atividades temporárias será enquadrado como **segurado empregado**.

Devo ressaltar que, como dispõe o § 4.º do Art. 14-A da Lei n.º 5.889/1973, a contratação de trabalhador rural por pequeno prazo **só poderá ser realizada por PRPF**, proprietário ou não, que explore diretamente atividade agroeconômica.

Por sua vez, se a contratação de trabalhador rural ultrapassar 2 meses dentro do período de 1 ano, fica descaracterizada a condição de trabalho temporária, sendo convertida a relação trabalhista em contrato de trabalho por prazo indeterminado.

Entretanto, essa alteração no âmbito trabalhista não respinga no âmbito previdenciário, uma vez que fica mantido o enquadramento como **segurado empregado**.

E17. O **aprendiz, maior de 14 e menor de 24 anos**, ressalvado o portador de deficiência, ao qual não se aplica o limite máximo de idade, sujeito à **formação técnico-profissional metódica**, sob a orientação de entidade qualificada, conforme disposto na Consolidação das Leis do Trabalho (CLT).

Esse dispositivo prevê que o aprendiz, a partir dos 14 anos, é segurado empregado. Essa condição, em regra, perdura até os 24 anos exceto se o aprendiz for portador de deficiência, que nesse caso, não observará o referido limite.

Além da limitação de idade, a empresa deve fornecer **formação técnico-profissional** ao aprendiz.

E18. Aquele contratado como **trabalhador intermitente** para a prestação de serviços, com subordinação, de **forma não contínua**, com alternância de períodos de prestação de serviços e de inatividade, em conformidade com o disposto no § 3.º do Art. 443 da Consolidação das Leis do Trabalho (CLT).

Conforme determina o dispositivo citado da CLT, considera-se como intermitente o contrato de trabalho no qual a prestação de serviços, com subordinação, **não é contínua**, ocorrendo com alternância de períodos de prestação de serviços e de inatividade, determinados em horas, dias ou meses, independentemente do tipo de atividade do empregado e do empregador, **exceto** para os aeronautas, regidos por legislação própria.

Para constar, essa inclusão expressa no rol de empregados do Regulamento da Previdência Social ocorreu por meio do Decreto n.º 10.410/2020.

4.2. O Empregado Doméstico

A legislação previdenciária delimita da seguinte forma esse enquadramento:

> Aquele que presta serviço de forma contínua, subordinada, onerosa e pessoal a pessoa ou família, no **âmbito residencial desta**, em **atividade sem fins lucrativos**, **por mais de 2 dias por semana**.

A redação supra, atualizada pelo Decreto n.º 10.410/2020, advém da Lei das Empregadas (Lei Complementar n.º 150/2015) também traz um conceito muito próximo, a saber:

> Art. 1.º Ao empregado doméstico, assim considerado aquele que presta serviços de **forma contínua**, subordinada, onerosa e pessoal e de **finalidade não lucrativa** à pessoa ou à família, no **âmbito residencial destas**, **por mais de 2 dias por semana**, aplica-se o disposto nesta Lei.

Um exemplo clássico é a empregada doméstica, mas não é o único caso. Imagine um rico fazendeiro que contrata um motorista para ficar à disposição de sua esposa e filhos para levá-los à cidade.

O motorista presta serviço de natureza contínua, mediante **remuneração**, para **família** (esposa e filhos do fazendeiro) no **âmbito residencial** (ele não trabalha com as atividades da fazenda) e realiza uma atividade sem fins lucrativos (levar a madame para passear, as crianças para a escola, para o Mcdonalds, etc.).

Sem dúvida, o motorista em questão também é enquadrado como empregado doméstico. =)

Quanto à idade mínima para o exercício do ofício, a legislação previdenciária é omissa, entretanto, observe o que dispõe a Lei Complementar n.º 150/2015:

> Art. 1.º, Parágrafo único. É **vedada (proibida)** a contratação de **menor de 18 anos para desempenho de trabalho doméstico**, de acordo com a Convenção OIT n.º 182/1999 e com o Decreto n.º 6.481/2008 (regulamenta a referida convenção).

4.3. O Contribuinte Individual

A classificação de segurado como Contribuinte Individual nasceu em 1999, quando o governo federal unificou as seguintes classes de segurados: Trabalhador Autônomo e Empresário.

O Contribuinte Individual tem como característica a prestação de serviço em **caráter eventual a várias empresas, SEM relação de emprego**. Também é característica marcante o **exercício de atividade econômica por conta própria.**

São enquadrados como **Contribuintes Individuais**, as seguintes pessoas físicas:

C01. Quem presta serviço de natureza urbana ou rural, em **caráter eventual, a uma ou mais empresas, sem relação de emprego.**

Esse é um dos **conceitos previdenciários de contribuinte individual.**

Se a prova der um exemplo prático a ser analisado, e durante a análise você constatar que:

1. A prestação do serviço ocorre em **caráter eventual.**
2. A prestação é realizada a **várias empresas.**
3. **Não existe vínculo do trabalhador com as empresas** onde exerce suas atividades.

Não tenha dúvida! Você está diante de um contribuinte individual! Pode marcar o gabarito! =)

C02. A pessoa física que exerce, **por conta própria, atividade econômica de natureza urbana, com fins lucrativos ou não.**

Esse é outro **conceito previdenciário de contribuinte individual**. Novamente analise a questão e observe os seguintes requisitos:

1. Prestação de serviço **por conta própria.**
2. **Atividade econômica de natureza urbana (NÃO pode ser rural).**
3. **Com ou SEM lucro.**

Houve preenchimento dos requisitos? Perfeito! É Contribuinte Individual!

C03. A pessoa física, proprietária ou não, que **explora atividade agropecuária**, a qualquer título, em caráter permanente ou temporário, em área, contínua ou descontínua, **superior a 4 módulos fiscais**; **ou**, quando em **área igual ou inferior a 4 módulos fiscais** ou **atividade pesqueira** ou **extrativista, com auxílio de empregados ou por intermédio de prepostos.**

O enquadramento apresenta uma redação truncada e difícil, não é? Antes de iniciar a explanação, o que vem a ser um **módulo fiscal**? O módulo fiscal representa uma unidade de medida expressa em hectares (ha), fixada para cada município do Brasil, em função das características locais.

O módulo fiscal tem um valor para cada cidade!

Em Paranavaí-PR, por exemplo, o módulo fiscal equivale a 20 ha. Por sua vez, em Ponta Porã-MS, o módulo fiscal equivale a 35 ha, em Corumbá-MS equivale a 110 ha, em Maringá-PR a 14 ha, e em Cascavel-PR a 18 ha.

Voltando ao enquadramento, consideramos Contribuinte Individual:

Pessoa física, proprietária ou não da terra, que explore:

1. Atividade **Agropecuária**, em **área superior a 4 módulos fiscais, com ou sem** auxílio de empregados ou prepostos.
2. Atividade **Agropecuária**, em **área igual ou inferior a 4 módulos fiscais**, desde que, **com auxílio** de empregados ou prepostos.
3. Atividade **Pesqueira** ou **Extrativista**, desde que, **com auxílio** de empregados ou prepostos.

Como podemos perceber, a redação truncada e difícil do enquadramento na verdade estava abarcando os **três tipos de situações** acima citados. Observe que a referência aos módulos fiscais só é realizada quando da exploração da atividade agropecuária.

Para constar, o disposto neste enquadramento se aplica ao cônjuge ou companheiro do produtor que participe da atividade rural por este explorada.

C04. A pessoa física, proprietária ou não, que explora atividade de extração mineral (**garimpo**), em caráter permanente ou temporário, diretamente ou por intermédio de prepostos, com ou sem o auxílio de empregados, utilizados a qualquer título, ainda que de forma não contínua.

Esse é o enquadramento do **garimpeiro**: **Contribuinte Individual**! **Garimpeiro não é empregado**! Entretanto, o que poucos estudantes sabem, é que o garimpeiro já teve um enquadramento distinto.

Até 1998 o garimpeiro era considerado Segurado Especial. Entretanto, a Emenda Constitucional n.º 20/1998 (Primeira Emenda de Reforma da Previdência) alterou a redação do § 8.º do Art. 195 da CF/1988, excluindo o garimpeiro dessa condição.

Com isso, a partir dessa emenda, em 1998, esse segurado passou a ser classificado como Contribuinte Individual.

Não se esqueça, atualmente, **garimpeiro é contribuinte individual**! Essa é questão manjada em concurso, não perca ponto com esse tipo de problema! =)

C05. O ministro de confissão religiosa e o membro de instituto de vida consagrada, de congregação ou de ordem religiosa.

Padre não é empregado da igreja! **É contribuinte individual.**

Os representantes religiosos sempre serão contribuintes individuais, independentemente da religião e de suas denominações: padre, pastor, rabino, etc.

C06. O brasileiro civil que **trabalha no exterior para organismo oficial internacional do qual o Brasil é membro efetivo**, ainda que lá domiciliado e contratado, salvo quando coberto por regime próprio de previdência social.

O brasileiro civil (não militar) que trabalhar para organismo oficial internacional (que o Brasil seja membro efetivo), residindo no país do organismo, **em regra**, será coberto por RPPS (do organismo ou de algum ente político). **Caso não seja, será enquadrado como Contribuinte Individual no RGPS.**

Para visualizar melhor a condição citada, supomos que um brasileiro vá trabalhar na ONU (Organização das Nações Unidas), em Nova York (EUA) e que ele não seja coberto pelo RPPS da ONU ou de qualquer ente político.

Sabemos que o Brasil é membro da ONU, logo, o brasileiro em questão é enquadrado como Contribuinte Individual.

Já observou que esse enquadramento é quase igual ao outro que nós vimos acima, lembra? Observe:

É enquadrado como Empregado:

> O brasileiro civil que trabalha para a União no exterior, em organismos oficiais internacionais dos quais o Brasil seja membro efetivo, ainda que lá domiciliado e contratado, salvo se amparado por regime próprio de previdência social (RPPS).

Percebeu a diferença entre os enquadramentos?

> Brasileiro Civil que trabalha, no exterior, **para a União**, em organismo internacional que o Brasil seja membro. → **Empregado.**
>
> Brasileiro Civil que trabalha, no exterior, **para organismo internacional que o Brasil seja membro.** → **Contribuinte Individual.**

Agora ficou mais fácil, não é mesmo? Analisando a fundo a situação, observamos que ao trabalhar no exterior estará diante de duas situações possíveis:

- Trabalhar para a União: **Empregado**

- Trabalhar para o organismo internacional: **Contribuinte Individual**

Agora ficou bem clara a diferença entre os enquadramentos, certo? Vamos continuar! =)

C07. Desde que **receba remuneração** decorrente de trabalho na empresa:

1. O empresário individual e o titular de sociedade limitada unipessoal, urbana ou rural (**adaptado**);

2. O diretor não empregado e o membro de conselho de administração de sociedade anônima;

3. O sócio de sociedade em nome coletivo, e;

4. O sócio solidário, o sócio gerente, o sócio cotista e o administrador, quanto a este último, quando não for empregado em sociedade limitada, urbana ou rural.

O dispositivo supra foi completamente reformado pelo Decreto n.º 10.410/2020 que atualizou e modernizou a antiga e anacrônica definição de titular de firma individual. Agora, finalmente, o Direito Previdenciário está em consonância com o Direito Civil e o Direito Empresarial.

Assim, **desde que recebe remuneração** em decorrência do trabalho, são contribuintes individuais:

- O empresário individual;
- O titular de sociedade limitada unipessoal (SLU);
- O diretor não empregado (se for diretor empregado, por óbvio é empregado);
- O membro de conselho de administração de sociedade anônima (S.A.);
- O sócio de sociedade coletiva;
- O sócio solidário de empresa limitada (Ltda.);
- O sócio gerente de empresa limitada (Ltda.);
- O sócio cotista de empresa limitada (Ltda.), e;
- O administrador de empresa limitada (Ltda.), desde que não seja empregado.

Em suma, no momento, considera-se contribuinte individual qualquer empresário individual ou sócio de empresa/sociedade.

C08. O diretor **não empregado** e o membro de conselho de administração na sociedade anônima.

O diretor empregado, como já foi visto, é enquadrado como Empregado. O diretor não empregado, por sua vez, é enquadrado como Contribuinte Individual. E o que vem a ser o diretor não empregado?

É aquele que, participando ou não do risco econômico do empreendimento, seja **eleito**, por assembleia geral dos acionistas, para **cargo de direção** das sociedades anônimas (S/A), **não mantendo** as características inerentes à relação de emprego.

Nesse caso, não existe o vínculo empregatício! O sujeito é investido no cargo de direção da S/A e pronto! Vamos fazer um paralelo? Observe:

Diretor empregado: **contratado** ou **promovido** para cargo de direção na S/A, desde que observadas as exigências características inerentes da relação de emprego. → **Empregado.**

Diretor não empregado: é **investido** no cargo de direção na S/A, sem a existência da relação de emprego. **Contribuinte Individual.**

Muita atenção! Não é porque não existe o vínculo empregatício que não existe remuneração. **Ninguém trabalha de graça**!

Da mesma forma que a empresa pode contratar um consultor financeiro (contribuinte individual), para eventuais consultas ou serviços, ela também possui autonomia para contratar um Diretor (Contribuinte Individual) não empregado. Ficou claro?

C09. Todos os sócios, nas sociedades em nome coletivo e de capital e indústria.

Nesse enquadramento encaixam-se duas vertentes:

- **Sócios em Sociedade em Nome Coletivo (SNC)**: esse tipo de sociedade é, conforme o Código Civil de 2002, **composto exclusivamente por pessoas físicas**, sendo que esses indivíduos são enquadrados como Contribuintes Individuais perante a Previdência Social.
- **Sócios em Sociedade de Capital e Indústria (SCI)**: Esse outro estava presente no secular Código Comercial (Lei n.º 556/1850), mas os artigos que dispunham desse tipo de sociedade **foram revogados** pelo Código Civil de 2002.

Em suma, a legislação previdenciária está desatualizadíssima, mas se cair na sua prova, marque que o sócio em SCI é enquadrado como Contribuinte Individual!

Não estamos nos preparando para um debate acadêmico e sim para uma prova de alto nível, e muitas vezes o que vale é a letra da lei, ainda que não atualizada!

C10. O sócio gerente e o sócio cotista que recebam remuneração decorrente de seu trabalho e o administrador não empregado na sociedade por cotas de responsabilidade limitada, urbana ou rural.

Esse enquadramento engloba três classes diferentes de contribuintes individuais, a saber:

- Sócio Gerente: é o sócio da sociedade limitada que realiza funções de gestor.
- Sócio Cotista: é o sócio da sociedade limitada que não realiza funções de gestor.
- Administrador não empregado da sociedade limitada: é aquele que presta consultoria gerencial junto à sociedade. Ele não faz parte dos quadros da sociedade (não é empregado), mas trabalha para ela.

Como percebemos, as três classes estão relacionadas à figura da sociedade limitada. E se, por exemplo, a questão citar qualquer uma das classes vinculadas a uma sociedade por ações (S/A), a questão estará errada! Fique atento!

Com a atualização do enquadramento C07, acima, esse enquadramento ficou um pouco sem sentido, uma vez que aquele abarca este (C10). =)

C11. O associado **eleito para cargo de direção** em cooperativa, associação ou entidade de qualquer natureza ou finalidade, bem como o **síndico ou administrador eleito** para exercer atividade de direção condominial, **desde que recebam remuneração.**

Esse dispositivo abarca duas classes diferentes de contribuintes individuais, a saber:

- **Diretor Associado de Cooperativa ou Associação**: é aquele associado que por eleição é nomeado para cargo de diretor de sua associação ou agropecuária, **desde que receba remuneração.**
- **Síndico de condomínio remunerado**: esse dispositivo faz referência a uma das mais célebres figuras da vida urbana cotidiana: O síndico! RS! Quem já morou em condomínio sabe do que estou falando!

O síndico, **quando remunerado, é classificado como contribuinte individual**. E o síndico **não remunerado? Esse é segurado facultativo. Preste atenção nessa diferença**!

No entanto, enfatizo novamente a informação introduzida no início do material: **a isenção da taxa de condomínio, compensada ao síndico e/ou subsíndico em exercício, configura meio de remuneração indireta pelo trabalho mensal**, transformando-o em Contribuinte Individual. OK? Prosseguimos!

C12. O **aposentado** de qualquer regime previdenciário **nomeado magistrado classista temporário da Justiça do Trabalho**, ou **nomeado magistrado da Justiça Eleitoral**, conforme previsões constantes na Constituição Federal.

Esse enquadramento de contribuinte individual **reúne duas hipóteses**:

- Aposentado nomeado magistrado classista temporário da Justiça do Trabalho, e;
- Aposentado nomeado magistrado da Justiça Eleitoral.

Atualmente, **não existe mais a figura do Juiz Classista do Trabalho**! A Justiça do Trabalho passou por duas reformas profundas: Emenda Constitucional n.º 24/1999 (Disposições sobre a representação classista) e Emenda Constitucional n.º 45/2004 (Reforma do Poder Judiciário).

Essas reformas **extinguiram** a representação classista e modernizaram a justiça trabalhista. Como você pode perceber, amigo, a legislação previdenciária também está desatualizada nesse ponto, mas não podemos desprezá-lo, pois o mesmo pode ser objeto de nossa prova.

Por sua vez, quanto ao aposentado nomeado magistrado na Justiça Eleitoral, esse dispositivo faz referência ao **advogado aposentado**, escolhido para atuar como Juiz do Tribunal Superior Eleitoral (**TSE**) ou do Tribunal Regional Eleitoral (**TRE**).

Em relação a esse advogado, a legislação previdenciária pontua uma ressalva: **o magistrado nomeado manterá o mesmo enquadramento no RGPS de antes de sua investidura no cargo de Juiz da Justiça Eleitoral**.

C13. O **cooperado de cooperativa de produção** que, nesta condição, presta serviço à sociedade cooperativa mediante remuneração ajustada ao trabalho executado.

Essa é uma disposição muito importante!

Funciona assim: Uma sociedade cooperativa contrata uma cooperativa de produção para a realização de um serviço qualquer. Essa cooperativa de produção disponibiliza seu cooperado para a realização do trabalho contratado.

Como você percebeu, **não existe vínculo entre o cooperado e a sociedade cooperativa (contratante)**. Essa prestação ocorre em **caráter eventual** e pode ser prestada a **várias sociedades cooperativas** distintas.

Lembrando-se do **conceito previdenciário de contribuinte**, não temos dúvida que esse cooperado pertencente à cooperativa de produção (contratada) é enquadrado como contribuinte individual.

C14. O **Microempreendedor Individual (MEI)** de que tratam os Arts. 18-A, 18-B e 18-C da Lei Complementar n.º 123/2006 (Simples Nacional), que **opte pelo recolhimento dos impostos e contribuições abrangidos pelo Simples Nacional em valores fixos mensais.**

Antes de iniciar essa explanação, já adianto que vou me alongar um pouco mais nesse enquadramento, pois se trata de um assunto complexo e com algumas peculiaridades importantes.

A priori, o que vem a ser o MEI? A legislação do Simples Nacional considera MEI o Empresário Individual, que:

- Exerce profissionalmente a **atividade econômica organizada para a produção ou a circulação de bens ou de serviços**, adotando o conceito legal de Empresário previsto no Art. 966 do Código Civil;
- Que tenha auferido **receita bruta no ano-calendário anterior de no máximo R$ 81.000,00**, e;
- Seja **optante pelo Simples Nacional**.

O Simples Nacional nada mais é do que um regime tributário diferenciado, simplificado e favorecido, previsto na Lei Complementar n.º 123/2006, aplicável às Microempresas (ME) e às Empresas de Pequeno Porte (EPP).

Para o MEI que está iniciando a sua atividade, a Lei do Simples Nacional considera para cálculo da renda auferida no ano-calendário, o importe de R$ 6.750,00 multiplicado pelo número de meses compreendido entre o início da atividade e o final do respectivo ano-calendário, **consideradas as frações de meses como um mês inteiro**.

Por exemplo, se um Microempresário Individual iniciou suas atividades em 20/04/2023, o Simples Nacional considerará como renda auferida por ele no ano calendário de 2023 o valor R$ 60.750,00, referentes a 9 meses multiplicados por R$ 6.750,00, ou seja, de abril a dezembro. Simples mesmo, não é? =)

Conforme dispõe a legislação tributária, a opção pelo enquadramento como MEI implica que o empresário, nessa condição (Contribuinte Individual), deverá recolher a sua contribuição social na forma prevista pela legislação previdenciária, ou seja, com a aplicação da **alíquota de 5% sobre o limite mínimo mensal do salário de contribuição**, que nada mais é do que o salário mínimo (Lei n.º 8.212/1991, Art. 21, § 2.º, inciso II, alínea "a").

No atual ordenamento jurídico, profundamente reformado pela **Emenda Constitucional n.º 103/2019**, não existe mais a possibilidade do MEI, ao contribuir conforme exposto acima, ser excluído do direito de se aposentar por tempo de contribuição e se aposentar somente por idade.

Por quê? Porque não existem mais essas modalidades de aposentadoria (por tempo de contribuição e por idade). Agora, **o MEI segue as regras gerais da nova Aposentadoria Programada, que utiliza critérios combinados** (idade, tempo de contribuição, etc.).

A legislação tributária ainda traz que a **empresa contratante de serviços executados por intermédio do MEI** mantém, em relação a essa contratação, a obrigatoriedade de recolhimento de sua **Cota Patronal no valor de 20% sobre o total da remuneração paga ao MEI**.

Se a empresa contratante for uma instituição financeira (bancos, caixas econômicas, sociedades de crédito, etc.), a Cota Patronal será de **22,5%**. Porém, essa obrigatoriedade de recolhimento de Cota Patronal, por parte da empresa contratante do MEI, ocorre somente na prestação dos seguintes serviços:

1. Hidráulica;
2. Eletricidade;
3. Pintura;
4. Alvenaria;
5. Carpintaria, e;
6. Manutenção de Veículos.

Por sua vez, o empresário individual que **possua apenas um único empregado que receba 1 salário mínimo ou o piso salarial da categoria**, poderá ser enquadrado como MEI (Contribuinte Individual).

Nesse caso, o MEI deverá recolher a **Cota Patronal de 3%** sobre o salário de contribuição do seu empregado contratado, devendo reter e recolher esse valor, obedecendo às previsões previstas na legislação tributária e previdenciária.

Para finalizar o nosso longo tópico sobre MEI, guarde as seguintes informações para a sua prova:

MEI que trabalha **por conta própria**	O MEI recolhe a **Contribuição Social de 5% sobre o salário mínimo.**
MEI contratado **por empresa**	A **empresa recolhe a Cota Patronal de 20% ou 22,5%** (instituições financeiras) sobre a remuneração do MEI.
MEI **que contrata 01 empregado**	O **MEI recolhe a Cota Patronal de 3% sobre a remuneração** do seu empregado.

(Autoria: Ali Mohamad Jaha)

C15. Aquele que trabalha como **condutor autônomo** de veículo rodoviário, inclusive como taxista ou motorista de transporte remunerado privado individual de passageiros, ou como operador de trator, máquina de terraplenagem, colheitadeira e assemelhados, **sem vínculo empregatício**.

Condutor autônomo nada mais é do que o **taxista autônomo** ou o **motorista de aplicativo**. Esse indivíduo é um contribuinte individual, uma vez que **não apresenta vínculo** como nenhuma empresa de transporte de passageiros e exerce a profissão de **forma autônoma**.

Desde o advento do Decreto n.º 10.410/2020, **não existe mais** a obrigação de ser proprietário, coproprietário ou promitente comprador de um só veículo para classificar o motorista como contribuinte individual

C16. Aquele que exerce atividade de **auxiliar de condutor autônomo** de veículo rodoviário, em automóvel cedido em regime de colaboração, nos termos da Lei n.º 6.094/1974 (Lei do Auxiliar de Condutor Autônomo).

Essa figura é o motorista auxiliar. É o cara que se senta ao lado do condutor e o auxilia em seu trabalho (problemas mecânicos, revezamento de motoristas, entre outras atividades auxiliares).

Qualquer Auxiliar de Condutor Autônomo é enquadrado como contribuinte individual? Não! **Esse enquadramento só é realizado quando o veículo utilizado se encontra em regime de colaboração**, conforme legislação.

C17. Aquele que, **pessoalmente**, **por conta própria e a seu risco**, exerce pequena **atividade comercial em via pública** ou **de porta em porta**, como comerciante ambulante, nos termos da Lei n.º 6.586/1978 (Lei do Comerciante Ambulante).

Esse dispositivo refere-se ao **comerciante ambulante** e ao **camelô**. Esses dois sujeitos, muito comuns na Rua 25 de Março em São Paulo e nas proximidades dos terminais rodoviários Brasil afora, são enquadrados pela previdência como contribuintes individuais.

É muito comum esse tipo de comerciante se autodenominar Empresário, pois cada qual, à sua maneira, não possui vínculo empregatício, não são empregados de ninguém.

C18. O trabalhador associado à cooperativa que, nessa qualidade, presta serviços a terceiros.

Nas condições apresentadas, o trabalhador associado à cooperativa executará tarefas a terceiros, sem vínculo empregatício e de forma eventual. Esse tipo de operação também classifica o trabalhador cooperado como contribuinte individual.

C19. O membro de conselho fiscal de sociedade por ações (S/A).

O que é **Conselho Fiscal**? É um colegiado composto por membros, acionistas ou não, da sociedade por ações (S/A).

Esse Conselho examina a prestação de contas do exercício, emitindo pareceres sobre as demonstrações contábeis do exercício social, além de fiscalizar os atos dos administradores e verificar o cumprimento de seus deveres legais e estatutários.

O **Conselho Fiscal** é obrigatório? Para as S/A com certeza! A Lei n.º 6.404/1976 (Lei das S/A) em seu Art. 161 deixa bem claro:

> **A companhia terá um Conselho Fiscal** e o estatuto disporá sobre seu funcionamento, de modo permanente ou nos exercícios sociais em que for instalado a pedido de acionistas.

Agora que já verificamos a questão do Conselho Fiscal, ressaltamos que o membro do Conselho Fiscal, **acionista ou não**, é enquadrado como **Contribuinte Individual.**

C20. Aquele que presta serviço de natureza **não contínua, por conta própria, a pessoa ou família, no âmbito residencial desta, em atividade sem fins lucrativos, até 2 dias por semana.**

Prezado aluno, você prestou atenção nesse enquadramento? Leu algo parecido? Lembra-se do enquadramento do empregado doméstico? Vamos relembrar juntos:

> Aquele que presta serviço de forma **CONTÍNUA**, subordinada, onerosa e pessoal a pessoa ou família, **no âmbito residencial desta**, em **atividade sem fins lucrativos, POR MAIS de 2 dias por semana.**

Conseguiu observar a diferença? Pessoa física que presta serviço no âmbito residencial à pessoa ou família, sem fins lucrativos, pode ser enquadrada de duas formas:

- Se o serviço **for contínuo**: O trabalhador é um **empregado doméstico (3 ou mais dias por semana)**.
- Se o serviço **NÃO for contínuo**: O trabalhador é um **contribuinte individual (1 ou 2 dias por semana).**

A diferença entre um enquadramento e outro reside exatamente na **continuidade**, ou não, da atividade realizada. Atenção com as pegadinhas!

Quer um exemplo bem prático desse dispositivo? Sabe aquela diarista que muitas vezes você contrata uma vez por semana ou quinzenalmente para ajudar nos serviços domésticos mais difíceis da casa?

Você não a registra em carteira, certo? Isso porque a periodicidade com que ela frequenta sua casa para a realização desses afazeres não configura natureza contínua, ou seja, é um trabalho eventual. Nos dizeres do Decreto n.º 10.410/2020: "até 2 dias por semana".

Dessa forma, se não há registro em CTPS (ou seja, não se trata de um empregado doméstico), ela deverá particularmente, contribuir para com a previdência para ter assegurados seus direitos e benefícios, se tratando, portanto, de uma segurada Contribuinte Individual.

Para constar, a Lei Complementar n.º 150/2015 (Lei das Domésticas) assim dispõe:

> Art. 1.º Ao empregado doméstico, assim considerado aquele que presta serviços de **forma contínua**, subordinada, onerosa e pessoal e de **finalidade não lucrativa** à pessoa ou à família, no âmbito residencial destas, **por mais de 2 dias por semana**, aplica-se o disposto nesta Lei.

Dando continuidade ao nosso curso. =)

C21. O **notário** ou **tabelião** e o oficial de registros ou registrador, titular de cartório, que **detêm a delegação do exercício da atividade** notarial e de registro, **não remunerados pelos cofres públicos, admitidos a partir de 21/11/1994**.

O enunciado nos dá a falsa impressão de que estamos diante de quatro enquadramentos distintos: **notário**, **tabelião**, **oficial de registros** e **titular de cartório**. Mas na prática, os quatro exercem quase as mesmas funções.

A pessoa que detém a delegação do exercício de atividades notariais e registro é um profissional do Direito, dotado de fé pública, ao qual compete por delegação do Poder Público, formalizar juridicamente a vontade das partes.

Apesar do exercício dessa delegação ser uma atividade privada, ela está sujeita à fiscalização do Poder Judiciário.

Assim, o detentor da referida delegação será enquadrado como contribuinte individual, desde que atenda dois requisitos:

1. Não seja remunerado pelo Estado, e;
2. Que tenha iniciado o exercício da função **após 21/11/1994**.

Você deve estar pensando: Caramba, já li algo semelhante! Realmente, você leu, colega! Era o enquadramento do escrevente e do auxiliar contratados pelo detentor da delegação de exercício da atividade notarial e de registro. Vamos refrescar a memória:

> O **escrevente** e o **auxiliar** contratados por titular de serviços notariais e de registro **A PARTIR DE 21/11/1994**, bem como aquele que optou pelo Regime Geral de Previdência Social (RGPS), em conformidade com a Lei nº 8.935/1994 (Lei dos Cartórios).

Em regra, o **escrevente** e o **auxiliar de cartório** (de serviços notariais e de registro) são enquadrados como **empregados**. Essa regra é válida a partir de 21/11/1994 até os dias atuais.

O escrevente e o auxiliar contratados em **data anterior**, devem ter feito opção pelo RGPS para serem considerados Segurado Empregado.

Vamos tecer um breve paralelo:

> Detentor da delegação de exercício da atividade notarial e de registro → **Contribuinte Individual**.
>
> Escrevente e Auxiliar contratado pelo Detentor da delegação → **Empregado**.

C22. Aquele que, na condição de **pequeno feirante**, compra para revenda produtos hortifrutigranjeiros ou assemelhados.

Pequeno feirante é contribuinte individual. Pronto! Simples! Só isso! =)

C23. A **pessoa física** que edifica obra de construção civil.

A pessoa física que edifica obra de construção civil não é o pedreiro! É aquele que detém a posse da obra. Este é classificado como contribuinte individual. Só isso?

Em tese sim, mas a RFB tem um entendimento um pouco mais restrito, que é o seguinte, conforme dispõe a Instrução Normativa RFB n.º 2.110/2022:

> Art. 8.º, XXVIII – A pessoa física que **habitualmente** edifica obra de construção civil **com fins lucrativos**.

Nesses casos, para ser considerado contribuinte individual segundo a RFB, o sujeito pessoa física deverá apresentar **habitualidade** e **lucratividade** na atividade de construção civil.

Guarde esses dois entendimentos para a prova. A construção daquela casa na praia para uso próprio não constitui habitualidade ou finalidade lucrativa. OK?

C24. O médico residente de que trata a Lei n.º 6.932/1981 (Lei do Médico Residente).

O médico residente é contribuinte individual, definido pela Lei n.º 6.932/1981. E o que é médico residente?

Segundo o Art. 1º da referida Lei, que dispõe sobre as atividades do médico residente:

> A **Residência Médica constitui modalidade de ensino de pós-graduação**, destinada a médicos, sob a forma de cursos de especialização, caracterizada por treinamento em serviço, funcionando sob a responsabilidade de instituições de saúde, universitárias ou não, sob a orientação de profissionais médicos de elevada qualificação ética e profissional.

Como você pode ver, **trata-se de modalidade de pós-graduação, e não de vínculo empregatício**. Por isso, sem dúvida, ele é Contribuinte Individual. E quanto ao médico plantonista? Esse é segurado empregado. Não confunda! =)

Médico Residente → **Contribuinte Individual**.

Médico Plantonista → **Empregado**.

C25. O pescador que trabalha em regime de parceria, meação ou arrendamento, **em embarcação de médio ou grande porte**, nos termos da Lei n.º 11.959/2009.

Por seu turno, conforme dispõe a Lei supracitada, tem-se a seguinte classificação de embarcações:

Porte	Arqueação Bruta (AB)	
Pequeno Porte	Igual ou menor que 20	AB ≤ 20
Médio Porte	Maior que 20 e menor que 100	20 < AB < 100
Grande Porte	Igual ou maior que 100	AB ≥ 100

(Autoria: Ali Mohamad Jaha)

Para constar, a arqueação bruta é um **parâmetro adimensional (sem unidade de medida)** que expressa o **tamanho total da embarcação**, sendo função do volume de todos os espaços fechados.

Sendo assim, o pescador (parceiro, meeiro, arrendatário) em embarcação de médio (AB entre 20 e 100) ou de grande porte (AB superiora a 100) é **contribuinte individual**.

Diante de todo o exposto, atualmente temos os seguintes enquadramentos na legislação previdenciária para o pescador:

Pescador:	Enquadramento:
Sem Embarcação:	Segurado Especial
Embarcação de Pequeno Porte:	Segurado Especial
Embarcação de Médio Porte:	Contribuinte Individual
Embarcação de Grande Porte:	Contribuinte Individual

(Autoria: Ali Mohamad Jaha)

C26. O **incorporador** de que trata o Art. 29 da Lei n.º 4.591/1964 (Lei do Condomínio em Edificações e Incorporações Imobiliárias).

O **incorporador imobiliário** é contribuinte individual. E qual a definição de incorporador imobiliário? Art. 29 da Lei n.º 4.591/1964:

> Considera-se **incorporador** a **pessoa física ou jurídica**, comerciante ou não, que embora não efetuando a construção, compromisse ou efetive a venda de frações ideais de terreno objetivando a vinculação de tais frações a unidades autônomas, em edificações a serem construídas ou em construção sob regime condominial, ou que meramente aceite propostas para efetivação de tais transações, coordenando e levando a termo a incorporação e responsabilizando-se, conforme o caso, pela entrega, a certo prazo, preço e determinadas condições, das obras concluídas.

Não obstante, no Art. 28, parágrafo único da referida Lei, tem-se a seguinte definição:

> Para efeito desta Lei, considera-se incorporação imobiliária a atividade exercida com o intuito de **promover e realizar a construção, para alienação (venda) total ou parcial, de edificações ou conjunto de edificações compostas de unidades autônomas.**

C27. O bolsista da Fundação Habitacional do Exército (FHE) contratado em conformidade com a Lei n.º 6.855/1980.

É um enquadramento bem específico, mas é bom tê-lo em mente.

C28. O árbitro e seus auxiliares que atuam em conformidade com a Lei n.º 9.615/1998 (Normas Gerais sobre Desporto ou Lei Pelé).

O árbitro ("juiz") de futebol e os auxiliares ("bandeirinhas") são contribuintes individuais, desde que atuem em conformidade com as normas gerais do desporto. E não adianta xingar da mãe do juiz! =)

C29. O membro de conselho tutelar de que trata o Art. 132 da Lei n.º 8.069/1990 (Estatuto da Criança e do Adolescente - ECA), **quando remunerado.**

O membro de conselho tutelar do seu município é um contribuinte individual, desde que exerça a função de **forma remunerada.**

C30. O **interventor**, o **liquidante**, o **administrador especial** e o **diretor fiscal** de instituição financeira, empresa ou entidade de previdência privada (aberta ou fechada).

Esses cargos são todos enquadrados como contribuintes individuais. Sem comentários adicionais.

C31. O **transportador autônomo** de cargas e o **transportador autônomo de cargas auxiliar**, nos termos do disposto na Lei n.º 11.442/2007

Assim como os motoristas autônomos (taxistas ou motoristas de aplicativo), os transportadores autônomos de carga também são contribuintes individuais (Decreto n.º 10.410/2020).

C32. O **repentista** de que trata a Lei n.º 12.198/2010, **desde que não se enquadre na condição de empregado** em relação à referida atividade.

Nos dizeres da Lei n.º 12.198/2010, repentista é o profissional que utiliza o **improviso rimado** como meio de expressão artística cantada, falada ou escrita, compondo de imediato ou recolhendo composições de origem anônima ou da tradição popular.

Esse profissional, desde que não apresenta relação de emprego formalizada, é considerado contribuinte individual (Decreto n.º 10.410/2020).

C33. O **artesão** de que trata a Lei n.º 13.180/2015, desde que não se enquadre em outras categorias de segurado obrigatório do RGPS em relação à referida atividade.

Em consonância com a Lei n.º 13.180/2015, artesão é toda pessoa física que desempenha suas atividades profissionais de forma individual, associada ou cooperativada.

Se esse indivíduo não se classificar em nenhuma outra categoria de segurado, será contribuinte individual. Assim, a classificação de contribuinte individual é residual (Decreto n.º 10.410/2020).

C34. O **médico participante do Projeto Mais Médicos para o Brasil**, instituído pela Lei n.º 12.871/2013, **exceto** na hipótese de cobertura securitária específica estabelecida por organismo internacional ou filiação a regime de seguridade social em seu país de origem, com o qual a República Federativa do Brasil mantenha acordo de seguridade social.

Os médicos participante do Projeto Mais Médicos para o Brasil, desde que já não estejam segurados por outro regime estrangeiro, são contribuintes individuais perante o Regime Geral de Previdência Social pátrio. É o que trouxe o Decreto n.º 10.410/2020.

C35. O **médico em curso de formação no âmbito do Programa Médicos pelo Brasil**, instituído pela Lei n.º 13.958/2019.

Durante o curso de formação para ingresso no Programa Médicos pelo Brasil, esses profissionais são classificados como contribuintes individuais (Decreto n.º 10.410/2020).

Ufa! Acabamos! Respire fundo, beba uma água (ou um café!) e vamos ao próximo tópico!

4.4. O Trabalhador Avulso

O Decreto n.º 10.410/2020 melhorou e detalhou deveras o conceito de trabalhador avulso para o Direito Previdenciário. Atualmente, não há dúvidas, **neste ponto o melhor é seguirmos o Regulamento da Previdência atualizado**, a saber:

Conforme dispõe o Regulamento da Previdência Social, classifica-se como **trabalhador avulso**, aquele que:

a) **Sindicalizado ou não**, preste serviço de natureza urbana ou rural a diversas empresas, ou equiparados, **sem vínculo empregatício, com intermediação obrigatória do órgão gestor de mão de obra (OGMO)**, nos termos do disposto na Lei n.º 12.815/2013 (Lei dos Portos), ou **do sindicato da categoria**, assim considerados:

1. O trabalhador que exerça atividade portuária de capatazia, estiva, conferência e conserto de carga e vigilância de embarcação e bloco;
2. O trabalhador de estiva de mercadorias de qualquer natureza, inclusive carvão e minério;
3. O trabalhador em alvarenga (embarcação para carga e descarga de navios);
4. O amarrador de embarcação;
5. O ensacador de café, cacau, sal e similares;

6. O trabalhador na indústria de extração de sal;
7. O carregador de bagagem em porto;
8. O prático de barra em porto;
9. O guindasteiro, e;
10. O classificador, o movimentador e o empacotador de mercadorias em portos.

b) Exerça **atividade de movimentação de mercadorias em geral**, nos termos do disposto na Lei n.º 12.023/2009, em áreas urbanas ou rurais, **sem vínculo empregatício**, **com intermediação obrigatória do sindicato da categoria**, por meio de acordo ou convenção coletiva de trabalho, nas atividades de:

1. Cargas e descargas de mercadorias a granel e ensacados, costura, pesagem, embalagem, enlonamento, ensaque, arrasto, posicionamento, acomodação, reordenamento, reparação de carga, amostragem, arrumação, remoção, classificação, empilhamento, transporte com empilhadeiras, paletização, ova e desova de vagões, carga e descarga em feiras livres e abastecimento de lenha em secadores e caldeiras;
2. Operação de equipamentos de carga e descarga, e;
3. Pré-limpeza e limpeza em locais necessários às operações ou à sua continuidade.

Apesar de estarmos diante de um rol extensivo de atividades que se classificam como trabalhador avulso, acredito que o exemplo mais claro que temos é o **trabalhador portuário**, pelo contexto histórico nacional.

Sobre o enquadramento em questão, por ser extremamente específico, devemos sempre observar os seguintes requisitos necessários:

1. O trabalhador pode ser sindicalizado ou não.
2. Serviço de natureza urbana ou rural.
3. Serviço prestado a diversas empresas (imagine um porto com diversos navios e diversos despachantes aduaneiros).
4. Ausência de vínculo empregatício.
5. **Intermediação obrigatória do OGMO (Órgão Gestor de mão de obra) ou do Sindicato (Característica essencial do Trabalhador Avulso. Leve isso para a prova)**.

Para elucidar um pouco, vamos apresentar algumas definições constantes da legislação previdenciária:

- Capatazia: A atividade de movimentação de mercadorias nas instalações dentro do porto, compreendidos o recebimento, a conferência, o transporte interno, a abertura de volumes para a conferência aduaneira, a manipulação, a arrumação e a entrega e o carregamento e a descarga de embarcações, quando efetuados por aparelhamento portuário.
- Estiva: A atividade de movimentação de mercadorias nos conveses ou nos porões das embarcações principais ou auxiliares, incluindo transbordo, arrumação, peação e despeação, bem como o carregamento e a descarga das mesmas, quando realizados com equipamentos de bordo.
- Conferência de carga: A contagem de volumes, anotação de suas características, procedência ou destino, verificação do estado das mercadorias, assistência à pesagem, conferência do manifesto e demais serviços correlatos, nas operações de carregamento e descarga de embarcações.
- Conserto de carga: O reparo e a restauração das embalagens de mercadoria, nas operações de carregamento e descarga de embarcações, reembalagem, marcação, remarcação, carimbagem, etiquetagem, abertura de volumes para vistoria e posterior recomposição.
- Vigilância de embarcações: A atividade de fiscalização da entrada e saída de pessoas a bordo das embarcações atracadas ou fundeadas ao largo, bem como da movimentação de mercadorias nos portalós, rampas, porões, conveses, plataformas e em outros locais da embarcação.
- Bloco: A atividade de limpeza e conservação de embarcações mercantes e de seus tanques, incluindo batimento de ferrugem, pintura, reparo de pequena monta e serviços correlatos.

Por fim, considero que com que foi apresentado neste tópico, consegue-se responder com previsão qualquer questão que envolva o tema trabalhador avulso, não havendo necessidade de entramos em conceitos doutrinários. =)

4.5. O Segurado Especial

Prezado aluno! Sem dúvida, essa é a classe de **segurado especial** mais complexa de todas, e também a de maior quantidade de dispositivos legais correlatos. Diante da situação, eu peço sua total atenção para esse tópico.

A princípio, considero importante apresentar o conceito de segurado especial presente na doutrina previdenciária pátria:

> Segurado Especial é o produtor, o parceiro, o meeiro, o arrendatário rural, o comodatário, o usufrutuário, os assentados, os acampados, os posseiros, os extrativistas, os foreiros, os ribeirinhos, os remanescentes de quilombos, o índio, o pescador artesanal e o assemelhado, que exerçam suas atividades, individualmente ou em regime de economia familiar, ainda que com o auxílio de terceiros, bem como seus respectivos cônjuges ou companheiros e filhos. (Cláudia Salles Vilela Vianna, Previdência Social: Custeio e Benefícios, 3.ª Edição, 2014, Editora LTr).

Além do conceito doutrinário, considero interessante termos a noção de cada uma das atividades supra descritas:

1. **Produtor**: é o produtor rural, **proprietário ou não da propriedade rural**, que desenvolve atividades agrícolas, pastoris ou hortifrutigranjeiras;

2. **Parceiro**: é o que tem **contrato de parceria**, escrito ou verbal, com o proprietário da terra. O parceiro desenvolve atividades agrícolas, pastoris ou hortifrutigranjeiras, sendo que o lucro (ou prejuízo) da produção será repartido entre as partes (proprietário e parceiro);

3. **Meeiro**: é o que tem **contrato, escrito ou verbal, com o proprietário da terra**. O meeiro desenvolve atividades agrícolas, pastoris ou hortifrutigranjeiras, sendo que os rendimentos e os custos da produção serão repartidos entres as partes (proprietário e meeiro);

4. **Arrendatário Rural**: é o que **utiliza a terra de outrem para desenvolver atividades agrícolas**, pastoris ou hortifrutigranjeiras. Nesse caso, o arrendatário rural paga aluguel ao proprietário da terra, podendo esse aluguel ser pago em pecúnia (dinheiro) ou com parte da produção (produtos "in natura");

5. **Comodatário**: é o que, **por meio de contrato, escrito ou verbal, empresta a propriedade rural de outrem**, por tempo determinado ou não, para exercer atividades agrícolas, pastoris ou hortifrutigranjeiras;

6. **Usufrutuário**: é aquele que **não detém a propriedade sobre o imóvel rural, entretanto, detém posse, uso, administração ou direito a receber os ganhos da produção**, desde que exerça atividades agrícolas, pastoris ou hortifrutigranjeiras;

7. **Assentado**: é o que foi **beneficiado por projeto de incentivo à reforma agrária** e que recebeu imóvel rural, onde exerce atividades agrícolas, pastoris ou hortifrutigranjeiras;

8. **Acampado**: é o **que se encontra organizado coletivamente no campo, pleiteando sua inclusão como beneficiário de programa de reforma agrária**, desenvolvendo atividades rurais em terras pertencentes a terceiros;

9. **Posseiro**: é o que **não é proprietário, mas possui a posse da propriedade rural**, onde a explora como se dele fosse;

10. **Extrativista**: é o que tem como principal fonte de renda a atividade de extração da natureza de produtos "in natura". Como exemplo, tem-se o seringueiro;

11. **Foreiro**: é o que explora a atividade rural em terra cedida por terceiro, firmando **contrato escrito de caráter perpétuo e mediante pagamento anual**;

12. **Ribeirinho**: é o que **vive às margens dos rios, lagos ou lagos, e explora a terra**. Geralmente, essa exploração acontece por meio do extrativismo e da pesca artesanal;

13. **Remanescente de Quilombo**: Quilombola era o escravo que se refugiava nos quilombos. A Constituição Federal de 1988, no Título X – Ato das Disposições Constitucionais Transitórias (ADCT), **garantiu a propriedade definitiva aos remanescentes das comunidades dos quilombos que estejam ocupando suas terras**, devendo o Estado lhes emitir os títulos respectivos. Logo, a todos os descendentes dos quilombolas, que em suas terras permaneceram, foi reconhecida a propriedade definitiva, inclusive com emissão do título de posse por parte do Estado;

14. **Índio**: é **índio reconhecido pela Fundação Nacional do Índio (FUNAI)**, inclusive o artesão que utilize matéria-prima proveniente de extrativismo vegetal, independentemente do local onde resida ou exerça suas atividades, sendo irrelevante a definição de indígena aldeado, não-aldeado, em vias de integração, isolado ou integrado, **desde que exerça a atividade rural individualmente ou em regime de economia familiar e faça dessas atividades o principal meio de vida e de sustento**, e;

15. **Pescador Artesanal e Assemelhado**: é o que faz da **pesca seu principal meio de vida ou sua profissão**, exercendo-a de maneira indi-

vidual ou em regime de economia familiar, dentro das limitações e imposições previstas na legislação previdenciária.

O conceito doutrinário de segurado especial e a descrição das 15 atividades supracitadas não serão objeto de cobrança nas provas concursos.

Por essa razão, não precisa sair decorando tudo! Basta ter o conceito básico para melhor compreender as disposições legais referentes ao tema, que serão apresentadas a seguir. =)

Dando continuidade, essa é a definição legal para **Segurado Especial**:

> São segurados obrigatórios da previdência social classificados na qualidade de **segurado especial**, a **pessoa física** residente no imóvel rural ou em aglomerado urbano ou rural próximo que, individualmente ou em **regime de economia familiar**, ainda que **com o auxílio eventual de terceiros**, na condição de:
>
> a) **Produtor**, seja ele proprietário, usufrutuário, possuidor, assentado, parceiro ou meeiro outorgados, comodatário ou arrendatário rurais, que explore atividade:
>
> 1. **Agropecuária** em área contínua ou não de **até 4 módulos fiscais** ou;
>
> 2. De **seringueiro** ou **extrativista** vegetal na coleta e extração, de modo sustentável, de recursos naturais renováveis, e faça dessas atividades o principal meio de vida.
>
> b) **Pescador artesanal** ou a este assemelhado, que faça da pesca profissão habitual ou principal meio de vida, e;
>
> c) **Cônjuge ou companheiro**, bem como **filho maior de 16 anos** de idade ou a este equiparado, do segurado de que tratam as alíneas "a" e "b" deste inciso, que, comprovadamente, tenham **participação ativa nas atividades rurais ou pesqueiras artesanais**, respectivamente, do **grupo familiar**.

Como podemos perceber, a definição legal de Segurado Especial não é a mais simples de todas, mas vou tentar tornar isso mais claro!

Em sua essência, o Segurado especial necessariamente:

1. É **pessoa física**.
2. Reside em **imóvel** rural ou em **aglomerado** urbano/rural.
3. Trabalha **sozinho**, com a **família (regime de economia familiar)** e **às vezes, conta com auxílio de terceiros**.

O **Segurado Especial**, conforme a legislação previdenciária, pode ser classificado em **4 subclasses**:

a) **Produtor Agropecuário**: Trabalha em área de **no máximo 4 módulos fiscais**. E se for superior a 4 módulos fiscais? Nesse caso, o trabalhador será enquadrado como Contribuinte Individual. Não faça essa cara de espanto, você já viu isso neste curso! =)

b) **Produtor Extrativista Vegetal**: É o **seringueiro (borracha)** e **assemelhados** (castanha, madeira, etc.). Não existe limite máximo de área a ser explorada, como na subclasse anterior. Para ser considerado segurado especial a atividade deve ser exercida de forma sustentável, e constituir a principal fonte de renda do trabalhador.

c) **Pescador Artesanal**: Aquele que, individualmente ou em regime de economia familiar, faz da pesca sua profissão habitual ou meio **principal de vida (principal atividade)**, desde que:

c.1) **Não utilize embarcação**, ou;

c.2.) Utilize **embarcação de pequeno porte**, ou seja, que apresente arqueação bruta igual ou menor que 20, conforme dispõe a Lei n.º 11.959/2009.

→ Para constar, e relembrar, a **arqueação bruta é um parâmetro adimensional** (sem unidade de medida) que expressa o tamanho total da embarcação, sendo função do volume de todos os espaços fechados.

→ Devo ressalta que, conforme dispôs o Decreto n.º 8.499/2015, considera-se **assemelhado** ao pescador artesanal aquele que realiza **atividade de apoio à pesca artesanal**, exercendo trabalhos de confecção e de reparos de artes e petrechos de pesca e de reparos em embarcações de pequeno porte ou atuando no processamento do produto da pesca artesanal.

d) **Cônjuge, Companheiro, Filho maior de 16 anos**: Essas pessoas, quando comprovadamente participarem das atividades das subclasses acima apresentadas, também serão consideradas seguradas especiais. Nada mais justo! A esposa do produtor agropecuário que o auxilia no campo, sem dúvida, é segurada especial. E por que somente filho(a) maior de 16 anos? Porque para a Previdência Social, a idade mínima para filiação como segurado facultativo é de 16 anos completos, salvo no caso do menor aprendiz, a partir dos 14 anos como segurado empregado, que não vem ao caso (aprendiz), em se tratando de atividades rurais. Com isso, o legislador intentou evitar a evasão escolar, muito característico entre famílias rurais que dependem da mão de obra dos filhos para auxiliar no trabalho no campo.

A partir de 2008, quando a legislação previdenciária foi alterada, para ser considerado segurado especial o trabalhador deve possuir alguns requisitos de moradia. Veja a disposição legal:

> Considera-se que o segurado especial reside em **aglomerado urbano ou rural próximo ao imóvel rural onde desenvolve a atividade** quando resida no **mesmo município** de situação do imóvel onde desenvolve a atividade rural, ou em **município contíguo ao em que desenvolve a atividade rural**.

Como você pode perceber, o trabalhador deve morar em **aglomerado urbano/rural** próximo ao **imóvel objeto da atividade trabalhista**, não importando esse imóvel estar localizado no **mesmo município** ou em **município contíguo (que faz limite como munícipio do aglomerado)**.

O Segurado Especial poderá trabalhar com a família (Regime de Economia Familiar). Mas qual o conceito de **Regime de Economia Familiar**? A própria legislação previdenciária tem a resposta:

> Entende-se como **regime de economia familiar** a atividade em que **o trabalho dos membros da família é indispensável** à própria subsistência e ao desenvolvimento socioeconômico do núcleo familiar e é exercido em condições de **mútua dependência e colaboração**, sem a utilização de empregados permanentes.

O conceito deixa claro que a participação dos familiares no trabalho deve ser **indispensável, com mútua dependência e colaboração**, e com uso de empregados eventualmente. E aquele cunhado imprestável? Não, esse é totalmente dispensável! RS!

O Segurado Especial pode trabalhar **com auxílio eventual de terceiros**. A caracterização desse auxílio encontra-se na legislação previdenciária, a saber:

> Entende-se como **auxílio eventual de terceiros** o que é exercido **ocasionalmente**, em condições de mútua colaboração, **NÃO existindo subordinação NEM remuneração**.

A caracterização é bem clara! O auxílio para ser eventual, tem que ser ocasional, em condição de mútua colaboração, **sem subordinação** e atenção: **sem remuneração.**

A legislação, com intuito de beneficiar o segurado especial, criou ainda uma hipótese específica de auxílio eventual a ser utilizada pelo **grupo familiar (regime de economia familiar)**:

O **grupo familiar (em regime de economia familiar)** poderá utilizar-se de **empregado** contratado por prazo determinado (inclusive de trabalhador rural temporário) ou de **contribuinte individual**, à razão de, **no máximo, 120 pessoas por dia no mesmo ano civil**, em períodos corridos ou intercalados, ou, ainda, por tempo equivalente em horas de trabalho, à razão de 8 horas por dia e 44 horas por semana, **hipóteses em que períodos de afastamento em decorrência de percepção de auxílio por incapacidade temporária não serão computados** (**Decreto n.º 10.410/2020**).

A redação supra, agora atualizada pelo Decreto n.º 10.410/2020, foi inspirada pela Medida Provisória n.º 619, de 07/06/2013, posteriormente convertida na Lei n.º 13.873/2013.

Atualmente, o grupo familiar está autorizado a utilizar empregado contratado por prazo determinado (inclusive trabalhador rural temporário) ou contribuinte individual, na razão de no máximo 120 pessoas por dia dentro do ano civil, sem que os integrantes do grupo percam a qualidade de segurado especial, **independentemente de se tratar de época de safra ou não**.

Além disso, desde 2013, o período de afastamento por motivo por motivo de gozo de Auxílio por Incapacidade Temporária **não é computado no prazo supracitado**.

Mas o que vem a ser essa razão de 120 pessoas/dia? Por favor, não escorregue no Raciocínio Lógico! RS! =)

Imagine uma plantação de uvas na cidade de Marialva-PR. Essa plantação pertence a um grupo familiar de segurados especiais.

Nessas condições, eles podem contratar, sem perder a referida condição de contribuinte, a seguinte quantidade de empregados (ou contribuintes individuais) para auxiliarem no serviço, das seguintes maneiras:

A	B	Razão A x B
Empregados e/ou CI:	Por "x" dias:	
1	120	120
2	60	120
3	40	120
4	30	120
5	24	120
6	20	120

30	4	120
60	2	120
120	1	120

(Autoria: Ali Mohamad Jaha)

Observe a última coluna da tabela acima. Observou? Verificou que o número de empregados (A) multiplicado pelo número de dias de trabalho (B) sempre resulta no mesmo número? Esse número é a razão de 120 pessoas/dia de trabalho. Simples, não é? =)

Eu avisei que a classe de segurado especial era trabalhosa! E não vá achando que acabou. Temos mais alguns assuntos sobre o segurado especial.

4.5.1. Segurado Especial com Outras Fontes de Rendimentos

O membro de grupo familiar que possuir **outra fonte de rendimentos** não é enquadrado como Segurado Especial, e sim como Contribuinte Individual. **Essa é a regra.**

No entanto, a legislação previdenciária autorizou que o membro de grupo familiar possuísse **algumas outras fontes de rendimentos sem necessariamente perder a qualidade de segurado especial**. São os casos previstos:

Caso 01. **Benefício** de pensão por morte, auxílio acidente ou auxílio reclusão, **cujo valor não supere o do menor benefício da previdência social**.

No caso supracitado, o membro de grupo familiar pode receber, concomitantemente aos seus rendimentos, os seguintes benefícios:

- Pensão por Morte;
- Auxílio Acidente, e;
- Auxílio Reclusão.

A disposição legal deixa claro que o benefício terá o valor máximo de 1 salário mínimo (menor benefício da previdência social). Nessas condições, **não haverá perda da qualidade de segurado especial**.

Caso 02. Benefício concedido ao segurado qualificado como **segurado especial, independentemente do valor**.

Desde o advento do Decreto n.º 10.410/2020, o benefício recebido pelo segurado especial, independentemente do valor, **não descaracteriza** sua classificação perante o Regime Geral de Previdência Social.

Caso 03. **Benefício** previdenciário pela participação em plano de **Previdência Complementar instituído por Entidade Classista Rural** (RPS/1999, Art. 9.º, § 8.º, inciso II c/c § 18.º, inciso III).

O recebimento de benefício de previdência complementar de entidade de classe rural **não descaracteriza a qualidade de segurado especial do membro familiar**.

Observe que deve ser previdência complementar **instituída por entidade classista rural**. Não é qualquer previdência complementar! Atenção.

Caso 04. Exercício de **atividade remunerada em período não superior a 120 dias, corridos ou intercalados, no ano civil**, observado o disposto na legislação previdenciária.

O membro de família produtora rural que trabalhe fora campo, por no máximo 120 dias/ano, não perderá a qualidade de segurado especial.

Para constar, o dispositivo foi atualizado pelo Decreto n.º 10.410/2020, que informa que a atividade remunerada em questão **não dispensará o recolhimento da contribuição devida**.

Como exemplo, podemos imaginar o filho de uma família de sitiantes que no período de entressafra, por exemplo, vá trabalhar na cidade, como entregador em uma grande pizzaria!

Se essa atividade durar no máximo 120 dias/ano, não haverá perda da condição de segurado especial. Deve-se, porém, ressaltar que a legislação previdenciária obriga o trabalhador nessa condição a recolher as contribuições devidas em relação ao exercício da atividade prestada na entressafra.

No nosso exemplo, deve recolher a contribuição social como empregado (entregador de pizza).

Caso 05. Exercício de **mandato eletivo de dirigente sindical** de organização da categoria de trabalhadores rurais.

O exercício do cargo de dirigente sindical dos trabalhadores rurais não descaracteriza o enquadramento de segurado especial.

A legislação previdenciária é clara ao afirmar que o dirigente sindical mantém, **durante o exercício do mandato, o mesmo enquadramento no RGPS anterior à investidura no cargo**.

Logo, se o membro da família era segurado especial, ele continuará sendo segurado especial.

Caso 06. Exercício de **mandato de vereador** do município onde desenvolve a atividade rural, ou de dirigente de cooperativa rural constituída **exclusivamente por segurados especiais.**

O trabalhador rural segurado especial, eleito para o cargo de vereador no município onde exerce suas atividades agrícolas, e receba remuneração pelo cargo mencionado, continua enquadrado como segurado especial.

O mesmo ocorre para dirigente de cooperativa rural. Peço sua atenção para notar que o único cargo político autorizado pela legislação previdenciária é o de **vereador.**

Sendo assim, o trabalhador que receba remuneração pelo cargo de deputado ou senador **perderá a condição de segurado especial.**

Deve-se enfatizar que a legislação previdenciária também obriga esse trabalhador a recolher as contribuições devidas em relação ao exercício da atividade exercida (vereador ou dirigente de cooperativa rural).

Caso 07. Parceria ou meação outorgada na forma e condições estabelecidas na legislação previdenciária.

A atividade de parceria ou meação outorgada não descaracteriza a condição de segurado especial do trabalhador, desde que na forma da legislação previdenciária. A legislação prevê que essa outorga:

1. Será realizada por meio de **contrato escrito**;
2. O imóvel rural terá **no máximo 4 módulos fiscais**, sendo **no máximo 50% do imóvel** cedido para a parceria ou meação, e;
3. O outorgante e outorgado devem continuar exercendo as suas respectivas atividades, individualmente ou em regime de economia familiar.

Caso 08. Atividade **artesanal** desenvolvida com matéria-prima produzida pelo respectivo grupo familiar, podendo ser utilizada matéria-prima de outra origem, desde que, nesse caso, a renda mensal obtida na atividade não exceda ao menor benefício de prestação continuada da previdência social.

O **artesanato rural não descaracteriza o enquadramento do trabalhador segurado especial.** A única observação fica por conta da origem da matéria prima utilizada:

1. Matéria prima produzida pelo próprio grupo familiar: nesse caso **não há limite mensal de rendimentos em função do artesanato**, e;
2. Matéria prima não produzida pelo grupo familiar: nesse caso, a renda mensal obtida em função do artesanato **deverá ser de no máximo um salário mínimo (valor do menor benefício de prestação continuada da Previdência Social)**.

Caso 09. Atividade **artística**, desde que em valor mensal inferior ao menor benefício de prestação continuada da previdência social.

A atividade artística, **desde que não gere um rendimento igual ou maior de um salário mínimo mensal (menor benefício de prestação continuada da Previdência Social), não descaracteriza o enquadramento de segurado especial do trabalhador**.

E se um rapaz do campo até então segurado especial ganhar destaque na música sertaneja, passando a auferir mensalmente R$ 15.000,00 com apresentações noturnas?

Nesse caso, ele deixará de ser segurado especial e se tornará um segurado empregado ou contribuinte individual, a depender da existência, ou não, do vínculo empregatício com as casas noturnas.

4.5.2. Manutenção da qualidade de Segurado Especial

A legislação previdenciária, com intuito de proteger ainda mais o trabalhador rural, previu **algumas situações em que esse trabalhador manterá a sua condição de Segurado Especial**.

Vamos ver essas situações? São as seguintes:

Situação 01. A **outorga**, por meio de contrato escrito de parceria, meação ou comodato, **de até 50% de imóvel rural cuja área total, contínua ou descontínua, não seja superior a 4 módulos fiscais**, desde que outorgante e outorgado continuem a exercer a respectiva atividade, individualmente ou em regime de economia familiar.

Essa hipótese já foi vista neste curso! A outorga (parceria, meação ou comodato) não descaracteriza a qualidade de segurado especial, desde que siga as seguintes condições:

1. Será realizada por meio de **contrato escrito**;
2. O imóvel rural terá n**o máximo 4 módulos fiscais, sendo no máximo 50% do imóvel cedido para a parceria ou meação**, e;

3. O outorgante e outorgado devem continuar exercendo as suas respectivas atividades, individualmente ou em regime de economia familiar.

Situação 02. A exploração da **atividade turística** da propriedade rural, inclusive com hospedagem, **por não mais de 120 ao ano**.

Isso é o que conhecemos por turismo rural! Hoje em dia está na moda a chamada "Pousada & Resort Rural". Esse tipo de atividade turística é bem comum no interior dos estados do Paraná e do Mato Grosso do Sul.

Nada mais justo o trabalhador rural usar sua bela propriedade como objeto de **turismo rural**. Mas ele pode fazer isso o ano inteiro? Não. O turismo deverá ser explorado **no máximo por 120 dias/ano**.

Situação 03. A participação em **plano de previdência complementar instituído por entidade classista** a que seja associado, em razão da condição de trabalhador rural ou de produtor rural em regime de economia familiar.

A participação em plano de previdência complementar classista rural não retira o enquadramento de segurado especial do trabalhador rural.

Situação 04. A participação como beneficiário ou integrante de grupo familiar que tem algum componente que seja **beneficiário de programa assistencial oficial de governo**.

O trabalhador rural que goza de algum benefício assistencial do governo não será desenquadrado da qualidade de segurado especial.

Inclusive, o recebimento do Auxílio Emergencial, em função da pandemia de Corona Vírus entre 2020 e 2022, está nessa situação, ou seja, o seu recebimento **não descaracteriza a condição de segurado especial** (Lei n.º 14.048/2020).

Essa prerrogativa estende-se inclusive aos membros do grupo familiar desse trabalhador, que poderão usufruir de benefícios assistenciais oficiais.

Situação 05. A utilização pelo próprio grupo familiar de **processo de beneficiamento ou industrialização artesanal**, na exploração da atividade.

A modernização do campo não pode ser encarada como uma descaracterização da qualidade de segurado especial. E qual o conceito de processo de beneficiamento ou industrialização artesanal?

É o processo cujo trabalho é realizado **diretamente** pelo próprio Produtor Rural Pessoa Física (PRPF) e que não esteja sujeito à incidência do Imposto sobre Produtos Industrializados (IPI).

Como exemplos, podemos lembrar os processos de lavagem, limpeza, descaroçamento, pilagem, descascamento, lenhamento, pasteurização, resfriamento, secagem, socagem, fermentação, embalagem, cristalização, fundição, carvoejamento, cozimento, destilação, moagem e torrefação.

Não é para decorar, hein! É só para você ter uma ideia! =)

Situação 06. A associação em cooperativa agropecuária ou de crédito rural.

Estar associado a uma cooperativa agropecuária ou de crédito rural não retira do trabalhador rural a sua qualidade de segurado especial.

Situação 07. A incidência do Imposto Sobre Produtos Industrializados (IPI) sobre o produto das atividades desenvolvidas nos termos da legislação previdenciária.

Com o advento da Medida Provisório n.º 619/2013 (atual Lei n.º 12.873/2013), **a incidência do IPI sobre o produto das atividades desenvolvidas não retira do trabalhador rural a sua qualidade de segurado especial, desde que a participação do segurado especial ocorra**:

1. Em Sociedade Empresária;
2. Em Sociedade Simples;
3. Como Empresário Individual, ou;
4. Como Titular de Sociedade Limitada Unipessoal (SLU) de objeto ou âmbito agrícola, agroindustrial ou agroturístico, considerada microempresa nos termos da Lei Complementar n.º 123/2006 (Simples Nacional).

Além disso, deve ser mantido o exercício da atividade rural, em consonância com a legislação previdenciária. Por sua vez, a pessoa jurídica deve ser composta apenas de segurados de igual natureza (**segurados especiais**) com sede no mesmo Município ou em Município limítrofe àquele em que eles desenvolvam suas atividades.

Situação 08. A participação do segurado especial em sociedade empresária ou em sociedade simples ou a sua atuação como empresário individual ou como titular de empresa individual de responsabilidade limitada de objeto ou âmbito agrícola, agroindustrial ou agroturístico, considerada microempresa nos termos do disposto na Lei Complementar n.º 123/2006, desde que, mantido o exercício da sua atividade rural na forma prevista no item 07, a pessoa jurídica seja composta apenas por segurados especiais e sediada no mesmo Município ou em Município limítrofe àquele em que ao menos um deles desenvolva as suas atividades.

No diapasão da situação 07, o Decreto n.º 10.410/2020, que atualizou e harmonizou a legislação previdenciária, acrescentou o seguinte a situação 08 ao Regulamento da Previdência Social (Decreto n.º 3.048/1999).

Situação 09. A participação em programas e ações de pagamento por serviços ambientais

Por fim, com o advento da Lei n.º 14.119/2021, foi incluída a hipótese acima. Assim, mantém a qualidade de segurado especial aquele que participa de programas e ações de pagamento por serviços ambientais prestados.

4.5.3. Perda da qualidade de Segurado Especial

No subtópico anterior verificamos as situações em que há a manutenção na qualidade de segurado especial. Nesse subtópico verificaremos **as situações que ensejam a perda da qualidade de Segurado Especial por parte do trabalhador**.

A perda da qualidade de segurado especial pode ocorrer nas seguintes ocasiões:

1. A contar do primeiro dia do mês em que:

a) **deixar de satisfazer as condições estabelecidas** no Art. 9.º, inciso VII do RPS/1999 (características de enquadramento do segurado especial), ou exceder qualquer dos limites estabelecidos no Art. 9.º, inciso I, § 18.º do RPS/1999 (características da outorga de parceria, meação ou comodato - imóvel de no máximo 4 módulos fiscais e no máximo 50% da propriedade pode ser outorgada).

b) **Se enquadrar em qualquer outra categoria de segurado obrigatório** do Regulamento da Previdência Social, exceto nas hipóteses previstas nos incisos III, V, VII e VIII do § 8.º e no inciso VIII do § 18, sem prejuízo do disposto no Art. 13 (os incisos se referem aos casos em que o trabalhador rural possui outra fonte de rendimentos, mas mantém a qualidade de segurado especial).

c) **Se tornar segurado obrigatório de outro regime previdenciário** (quando o trabalhador se torna servidor público, por exemplo, tornando-se segurado obrigatório do RPPS).

d) Na hipótese de descumprimento do disposto no inciso VIII do § 18:

1. Participar de sociedade empresária ou de sociedade simples; ou

2. Atuar como empresário individual ou como titular de empresa individual de responsabilidade limitada.

→ § 18, inciso VIII – A participação do segurado especial em sociedade empresária ou em sociedade simples ou a sua atuação como empresário individual ou como titular de empresa individual de responsabilidade limitada de objeto ou âmbito agrícola, agroindustrial ou agroturístico, considerada microempresa nos termos do disposto na Lei Complementar n.º 123/2006, desde que, mantido o exercício da sua atividade rural, a pessoa jurídica seja composta apenas por segurados especiais e sediada no mesmo Município ou em Município limítrofe àquele em que ao menos um deles desenvolva as suas atividades.

2. A contar do primeiro dia do mês subsequente ao da ocorrência, quando o grupo familiar a que pertence EXCEDER o limite de:

a) utilização de trabalhadores nos termos do Art. 9.º, § 21 do RPS/1999 (extrapolar a razão 120 pessoas/dia no ano civil, nos casos de contratação para trabalho em época de safra).

b) dias em atividade remunerada estabelecidos no Art. 9.º, § 8.º, inciso III do RPS/1999 (exercício de atividade remunerada em período de entressafra de no máximo 120 dias por ano civil).

c) dias de hospedagem a que se refere o Art. 9.º, § 18.º, inciso II do RPS/1999 (explorar a atividade turística rural por no máximo 120 dias por ano civil).

Para constar, o vínculo empregatício mantido entre cônjuges ou companheiros não impede o reconhecimento da qualidade de segurado do empregado, **excluído o doméstico**.

Atenção aos grifos acima! Não dá para errar, não é mesmo?!

Não falei que era muita matéria sobre o segurado especial? =)

5. A SITUAÇÃO DO SERVIDOR PÚBLICO PERANTE O RGPS

Nesse tópico será visto brevemente o conceito de servidor público pertencente ao RPPS e a sua relação com o RGPS.

Afinal de contas, qual a definição de RPPS? Essa definição está presente na própria legislação previdenciária:

> Entende-se por Regime Próprio de Previdência Social (RPPS) o que assegura **pelo menos** as **Aposentadorias** e **Pensão por Morte** previstas no Art. 40 da Constituição Federal.

Conforme dispõe a legislação previdenciária, os servidores públicos, desde que amparados pelo RPPS são **automaticamente excluídos** do RGPS. Esses sãos os dizeres legislativos do RPS/1999:

> Art. 10. O servidor civil ocupante de cargo efetivo ou o militar da União, Estado, Distrito Federal ou Município, bem como o das respectivas autarquias e fundações, são **excluídos** do Regime Geral de Previdência Social (RGPS) consubstanciado neste Regulamento, **desde que amparados** por Regime Próprio de Previdência Social (RPPS).

O servidor (civil ou militar), amparado por RPPS nunca poderá ser amparado pelo RGPS? Nunca? Claro que poderá! Ele poderá filiar-se ao RGPS quando exercer, concomitantemente às atividades de servidor, uma atividade abrangida pelo RGPS.

É o exemplo do Auditor-Fiscal (Servidor Civil) que leciona Direito Previdenciário em uma faculdade particular. Nesse caso, o Auditor-Fiscal será enquadrado como segurado empregado perante o RGPS. A legislação previdenciária traz:

> Caso o servidor ou o militar venham a exercer, concomitantemente, uma ou mais atividades abrangidas pelo Regime Geral de Previdência Social, tornar-se-ão **segurados obrigatórios** em relação a essas atividades.

Para encerrar esse tópico, quero que você se lembre das disposições constitucionais que **vedam (proíbem)** a filiação ao RGPS, na qualidade de **segurado facultativo**, pessoa participante de RPPS. Não esqueça isso! =)

Observe as disposições constitucionais:

> Art. 201, § 5.º É **vedada** a filiação ao Regime Geral de Previdência Social (RGPS), **na qualidade de segurado facultativo, de pessoa participante de Regime Próprio de Previdência (RPPS).**

Esse é exatamente o meu caso! Sou servidor público federal e participante do RPPS. Posso participar do RGPS? Sim! Na condição de empregado, por exemplo, caso fosse professor de Direito Previdenciário em alguma universidade, ou na condição de contribuinte individual, caso trabalhasse por conta própria como engenheiro, nos finais de semana.

O que não pode é pessoa participante do RPPS, filiar-se no RGPS na condição de segurado facultativo, só porque está sobrando uma graninha no final do mês!

Por sua vez, a legislação infralegal previdenciária autoriza a participação, como facultativo no RGPS, o servidor – de qualquer esfera – que esteja afastado e não contribuindo com seu regime de origem (RPPS).

Assim, tem-se:

> O servidor (U, E, DF, M) ativo **não pode se filiar como segurado facultativo perante o RGPS**. → **Regra**.
>
> Entretanto, o servidor (U, E, DF, M) afastado (licenciado) que não esteja recebendo remuneração e, principalmente, não esteja contribuindo para o seu regime de origem (RPPS) **pode se filiar como segurado facultativo perante o RGPS**. Compreendo que se trata do princípio da proteção previdenciária. O indivíduo não pode ficar à margem dos dois regimes. → **Exceção.**

Leve o quadrinho acima para a sua prova. Esse é o melhor entendimento! =)

Por fim, ainda visitando a legislação infralegal previdenciária, vale ressaltar que é **vedada (proibida)** a filiação ao RGPS, na qualidade de **segurado facultativo**, para o **servidor público aposentado**, qualquer que seja o regime de previdência social a que esteja vinculado.

6. O SEGURADO FACULTATIVO DO RGPS

O segurado facultativo, **atualmente**, é a pessoa **maior de 16 anos** que não possui renda própria, mas deseja contribuir para o RGPS com intuito de usufruir dos benefícios previdenciários.

Muitos concurseiros erroneamente acreditam que para filiar-se ao RGPS, o indivíduo deve ter no mínimo 16 anos. Esse raciocínio é falso!

O **menor aprendiz filiado pode ser segurado empregado a partir dos 14 anos de idade**. O **limite de 16 anos deve ser observado para contribuição ao RGPS na condição de facultativo**. Não confunda:

- Limite mínimo para **contribuir para o RGPS**: **14 anos** (menor aprendiz, na condição de segurado empregado).
- Limite mínimo para contribuir para o RGPS na condição de **facultativo**: **16 anos**.

A definição legal de segurado facultativo é a seguinte:

> É segurado **facultativo** o **maior de 16 anos** de idade que se filiar ao Regime Geral de Previdência Social (RGPS), mediante contribuição, na forma do art. 199 do RPS/1999 (**20% sobre o salário de contribuição por ele**

> **declarado**), desde que **não esteja exercendo atividade remunerada** que o enquadre como segurado obrigatório da previdência social.

Antes de continuar, devo fazer ressalva a uma **grande divergência** existente na legislação previdenciária.

Enquanto o Regulamento da Previdência Social (Decreto n.º 3.048/1999) traz que a idade mínima do segurado facultativo é **16 anos**, a Lei n.º 8.212/1991 e a Lei n.º 8.213/1991 trazem que a idade mínima do segurado facultativo é **14 anos**, como podemos observar:

> Lei n.º 8.212/1991, Art. 14. É segurado facultativo o maior de **14 anos** de idade que se filiar ao Regime Geral de Previdência Social, mediante contribuição, na forma do Art. 21 (20%), desde que não incluído nas disposições do Art. 12 (rol dos segurados obrigatórios).
>
> Lei n.º 8.213/1991, Art. 13. É segurado facultativo o maior de **14 anos** que se filiar ao Regime Geral de Previdência Social, mediante contribuição, desde que não incluído nas disposições do Art. 11 (rol dos segurados obrigatórios).

Essa discrepância acontece pelo fato de que a Lei n.º 8.212/1991 e a Lei n.º 8.213/1991, ao definirem a idade mínima de 14 anos para o segurado facultativo, foram ao encontro da **redação original** do Art. 7.º, inciso XXXIII da Constituição Federal de 1988, que previa a proibição de qualquer trabalho aos menores de 14 anos.

Entretanto, a Emenda Constitucional n.º 20/1998 alterou a redação do referido dispositivo constitucional, que passou a vigorar da seguinte maneira:

> CF/1988, Art. 7.º São direitos dos trabalhadores urbanos e rurais, além de outros que visem à melhoria de sua condição social:
>
> XXXIII – **Proibição** de trabalho noturno, perigoso ou insalubre a menores de 18 e de **qualquer trabalho a menores de 16 anos**, salvo na condição de aprendiz, a partir de 14 anos.

Sendo assim, o Decreto n.º 3.048/1999 foi redigido, **corretamente**, em consonância com nova redação constitucional (idade mínima de 16 anos para o segurado facultativo), mas, por inércia da Presidência da República e do Congresso Nacional, as Leis n.º 8.212/1991 e n.º 8.213/1991 nunca foram atualizadas. =/

Como encarar essa discrepância nas provas? Da seguinte maneira:

1. Em regra, se a pergunta questionar a idade mínima do segurado facultativo, **seja direto e responda 16 anos**;

2. Por outro lado, como ocorre em todos os certames para magistrados e membros do Ministério Público, se o comando questionar a idade mínima do segurado facultativo **conforme a Lei n.º 8.212/1991 ou a Lei n.º 8.213/1991, responda 14 anos.**

Após essa breve explanação sobre a discrepância da idade mínima do segurado facultativo, vamos continuar o rumo do nosso curso. =)

Qualquer pessoa que se encontre nas condições mencionadas anteriormente, será enquadrada como segurado facultativo.

Mas a legislação previdenciária foi além do conceito e trouxe em seu texto um **rol exemplificativo** de enquadramentos. Rol exemplificativo?

Sim. Os enquadramentos apresentados pela legislação são **meros exemplos**. Em outras palavras, quer dizer que existem outras formas de se enquadrar como segurado facultativo.

Vamos conhecer esse rol exemplificativo? =)

F01. Aquele que se dedique **exclusivamente ao trabalho doméstico no âmbito de sua residência.**

Sem dúvida, esse é caso clássico de segurado facultativo: **a dona de casa.** Em regra, a dona de casa é maior de 16 anos e não tem renda própria.

F02. O síndico de condomínio, **quando não remunerado.**

Lembra-se do famoso síndico! Como nós já vimos, o síndico **remunerado (de forma direta ou indireta – isenção da taxa de condomínio)** é enquadrado como **Contribuinte Individual.**

Por sua vez, quando o síndico **não é remunerado**, ele é enquadrado como **Segurado Facultativo.** Não se esqueça dessa diferença!

F03. O estudante.

Esse é o caso de muitos concurseiros, que estão estudando exclusivamente para concursos e não estão trabalhando.

Caso você ache oportuno, poderá contribuir para o RGPS durante a sua preparação, na condição de segurado facultativo.

F04. O brasileiro que acompanha cônjuge que presta serviço no exterior.

Imagine uma mulher de negócios! Uma diretora financeira de uma empresa multinacional de telecomunicações.

Certo dia, essa mulher precisa ir para a Bordeaux (França) a serviço da empresa. Nesse caso, o marido dela, que irá acompanhá-la até a França, poderá contribuir para o RGPS na condição de facultativo.

F05. Aquele que deixou de ser segurado obrigatório da previdência social.

O contribuinte que deixa de ser segurado obrigatório do RGPS pode ser enquadrado como segurado facultativo.

É o exemplo do empregado de montadora automobilística dispensado da empresa. Nesse caso, ele poderá continuar contribuindo para o RGPS, não mais na condição de empregado, mas na condição de segurado facultativo.

Deve-se tomar certo cuidado com esse enquadramento. Pense em um engenheiro que deixou de ser segurado obrigatório do RGPS (empregado) para ser servidor público federal (RPPS), nesse caso ele não poderá ser enquadrado como segurado facultativo, **pois o servidor ativo abrangido por RPPS nunca será segurado facultativo**. Mas acho que isso você já aprendeu, certo?

F06. O membro de conselho tutelar de que trata o Art. 132 da Lei n.º 8.069/1990 (Estatuto da Criança e do Adolescente – ECA), **quando não esteja vinculado a qualquer regime de previdência social**.

O membro de conselho tutelar do seu município **quando remunerado**, é classificado como **contribuinte individual**. E quando ele for não remunerado? Depende! Nesse caso, podemos ter as seguintes situações:

- **Remunerado por ser Conselheiro: Contribuinte Individual**.
- **Não** remunerado por ser Conselheiro e **tem outra atividade remunerada na iniciativa privada: Enquadra-se conforme a outra atividade (Contribuinte Individual, Empregado, Doméstico, etc.)**.
- **Não** remunerado por ser Conselheiro e **não** tem outra atividade remunerada na iniciativa privada: **Segurado Facultativo**.
- **Não** remunerado por ser Conselheiro e **exerce cargo público (RPPS): Não é segurado do RGPS**.

F07. O estagiário que preste serviços a empresa **nos termos** do disposto na Lei n.º 11.788/2008 (Lei do Estágio).

Quando o estágio é realizado **em consonância** com a Lei do Estágio, estamos diante de um **segurado facultativo**, pois o estágio não gera vínculo empregatício.

No Brasil é muito comum encontrarmos empresas que explorem seus estagiários, fazendo-os trabalhar em condições de igualdade com os funcionários empregados.

Nesse caso, o enquadramento prioriza a essência da relação, e caso isso ocorra, não estaremos diante de uma relação de estágio (segurado facultativo), mas sim de uma relação de emprego (segurado empregado). Lembrou?

F08. O bolsista que se dedique em **tempo integral** a pesquisa, curso de especialização, pós-graduação, mestrado ou doutorado, no Brasil ou no exterior, desde que não esteja vinculado a qualquer regime de previdência social.

É o estudante profissional que se dedica aos estudos de **pós-graduação** (pesquisa, especialização, mestrado ou doutorado).

Esse indivíduo que dispende tempo integral aos estudos e **não esteja vinculado a nenhum regime previdenciário (segurado obrigatório do RGPS ou servidor abrangido por RPPS)**, será enquadrado como segurado facultativo.

F09. O presidiário que **não exerce atividade remunerada nem esteja vinculado a qualquer regime de previdência social.**

Estamos diante da figura do **presidiário não produtivo**. Se ele não estiver vinculado a algum regime previdenciário (**segurado obrigatório do RGPS ou servidor abrangido por RPPS**), será enquadrado como segurado facultativo.

F10. O segurado recolhido à prisão sob regime **fechado** ou **semiaberto**, que, nesta condição, **preste serviço**, dentro ou fora da unidade penal, a uma ou mais empresas, com ou sem intermediação da organização carcerária ou entidade afim, ou que **exerce atividade artesanal por conta própria**.

Estamos diante da figura do **presidiário produtivo**. Esse, no exercício de atividade remunerada dentro ou fora do presídio, observado o regime em que cumpre sua pena, será também enquadrado como segurado facultativo, inclusive no exercício de atividades artesanais.

> Resumindo:
>
> Atualmente é correto afirmar que tanto o **Presidiário Produtivo** quanto o **Presidiário Não Produtivo** são classificados, perante o RGPS, como **Segurados Facultativos**, conforme prevê a legislação previdenciária.

Sobre o tema **Presidiário Produtivo**, observamos que estão presentes os requisitos típicos de uma relação de emprego. Entretanto, desde 2009, os presidiários produtivos foram classificados como Segurados Facultativos (F).

Acredito, que essa alteração de status de Contribuinte Individual (CI) para Segurado Facultativo (F) teve o intuito de desonerar a parte contratante, que não mais arcará a contribuição social patronal, haja vista estar diante do segurado facultativo, estimulando consequentemente a captação desses indivíduos pelo mercado de trabalho.

O preso que está em regime aberto (ou prisão domiciliar) passa o dia livre e à noite em casa ou albergado, ou seja, pode levar normalmente sua vida profissional.

Sendo assim, considero que esse indivíduo pode se enquadrar em qualquer uma das classes de segurados (CADES F), a depender do vínculo existente ou não, no caso do contribuinte Facultativo. =)

F11. O brasileiro residente ou domiciliado no exterior.

O brasileiro que se encontre no exterior de forma definitiva (residente ou domiciliado), em regra, pode ser enquadrado como segurado facultativo.

Atualmente, mesmo que o brasileiro seja segurado de regime previdenciário do país onde está residindo, esse poderá ser facultativo no RGPS (Decreto n.º 10.410/2020).

F12. o servidor (U, E, DF, M) **afastado (licenciado)** que **não esteja recebendo remuneração** e, principalmente, **não esteja contribuindo para o seu regime de origem (RPPS).**

Em regra, o servidor não pode ser facultativo no RGPS. Por exceção, nos moldes acima, pode se filiar como segurado facultativo perante o RGPS.

Compreendo que se trata do princípio da proteção previdenciária. O indivíduo não pode ficar à margem dos dois regimes.

F13. O atleta beneficiário da Bolsa-Atleta não filiado a regime próprio de previdência social ou não enquadrado como segurado obrigatório do regime geral de previdência social.

O atleta que recebe Bolsa-Atleta, **se não for filiado ao RGPS ou a um RPPS, será classificado como segurado facultativo** no regime geral de previdência social (Decreto n.º 10.410/2020).

7. A MANUTENÇÃO E A PERDA DA QUALIDADE DE SEGURADO DO RGPS

Após longas páginas explanando sobre o tema Segurados e seus detalhes, vou apresentar a você, caro concurseiro, os casos de manutenção e perda da qualidade de segurado, pois o indivíduo não pode manter a condição de segurado "ad aeternum" (eternamente), salvo quando em gozo de algum benefício previdenciário.

Sobre o tema, a legislação previdenciária é clara ao proferir que **mantém a qualidade de segurado, independentemente de contribuições:**

1. **Sem limite de prazo**, quem está em **gozo de benefício, exceto do auxílio acidente** (Lei n.º 13.846/2019).

Quem está em gozo de algum benefício previdenciário não perde a condição de segurado, independentemente de estar contribuindo ou não para a Previdência Social.

É uma norma protetiva em favor da pessoa que está passando por momentos difíceis em sua vida, como por exemplo, o indivíduo que sofreu um acidente e está percebendo o benefício do Auxílio por Incapacidade Temporária.

2. Até **12 meses** após a cessação de benefício por incapacidade ou das contribuições.

Em outras palavras, por até **12 meses após parar de contribuir para a Previdência Social** o segurado que não exerce mais atividade remunerada ou estiver suspenso/licenciado sem remuneração manterá a condição de segurado perante o RGPS.

Imagine que Valéria, secretária de uma construtora, foi demitida. Nessa situação, Valéria terá 12 meses para procurar uma nova colocação no mercado de trabalho sem perder a qualidade de segurada, mesmo sem contribuir nesse período.

O **prazo de até 12 meses poderá ser prorrogado para até 24 meses caso o segurado já tiver pagado mais de 120 contribuições mensais à Previdência Social**, **sem interrupção que acarrete a perda da qualidade de segurado**.

O indivíduo que já tiver pagado 121 ou mais contribuições para a Previdência Social poderá permanecer na qualidade de segurado por até 24 meses, independentemente de contribuições. Essa norma estendeu o Período de Graça do trabalhador que já contribuiu por mais de 10 anos para a Previdência Social.

Cessou as contribuições. Tinha recolhido **até 120** contribuições mensais → **Período de Graça de 12 meses.** Cessou as contribuições. Tinha recolhido **mais de 12**0 contribuições mensais → **Período de Graça de 24 meses.**

E afinal, o que é Período de Graça?

O **Período de Graça** é aquele em que o indivíduo **não contribui** para o sistema previdenciário, **mas mantém a sua qualidade de segurado**. =)

Os Períodos de graça de 12 meses ou 24 meses, anteriormente expostos, **podem ser prorrogados novamente por mais 12 meses para o segurado desempregado INVOLUNTARIAMENTE**, desde que comprovada essa situação no Ministério do Trabalho e Emprego.

Sobre essa comprovação de desemprego junto ao Ministério do Trabalho e Emprego, existe divergência entre o exposto na Lei e na jurisprudência, como pode ser visto:

1. Conforme o Art. 15, § 2.º da Lei n.º 8.213/1991, o acréscimo de 12 meses para o segurado desempregado é devido desde que **comprovada** essa situação pelo registro no órgão próprio do Ministério do Trabalho e Emprego.

2. Por seu turno, a jurisprudência do Superior Tribunal de Justiça (STJ) e da Turma Nacional de Uniformização dos Juizados Especiais Federais (TNUJEF) **é diametralmente contrária ao exposto na lei**, como pode ser observado na Súmula TNUJEF n.º 27/2005:

> A ausência de registro em órgão do Ministério do Trabalho e Emprego **não impede** a comprovação do desemprego por outros meios admitidos em Direito.

Dando continuidade, observe:

> Cessou as contribuições. Tinha recolhido **até 120** contribuições mensais → **Período de Graça de 12 meses → Desemprego involuntário → PG de 24 meses.**
> Cessou as contribuições. Tinha recolhido **mais de 120** contribuições mensais → **Período de Graça de 24 meses → Desemprego involuntário → PG de 36 meses.**

Esquematicamente, tem-se:

Cessadas as contribuições		
Condição	PG normal	PG Des. Involuntário
Até 120 contribuições	12 m	24 m
Mais de 120 contribuições	24 m	36 m

(Autoria: Ali Mohamad Jaha)

O exposto sobre o dispositivo é aplicado tanto para os trabalhadores da iniciativa privada quanto para os servidores que se desvincularem do seu respectivo Regime Próprio de Previdência Social (RPPS).

Para exemplificar, imagine que Alexander seja Auditor-Fiscal da Receita Federal e peça exoneração para trabalhar como advogado em um grande escritório de advocacia. Nessa situação, tendo Alexander se desvinculado do seu RPPS, terá direito ao PG (Período de Graça) de 12 ou 24 meses. Entendido? =)

3. Até **12 meses** após cessar a segregação, o segurado acometido de doença de segregação compulsória.

O segurado que estava doente, sofrendo de alguma doença de **segregação compulsória (afastamento obrigatório da pessoa do convívio social comum)**, tem direito a um PG de até 12 meses após a extinção dessa segregação.

Curiosidade: o que é doença de segregação compulsória? É aquela que exige um afastamento obrigatório do enfermo do convívio social, como tuberculose, hanseníase, entre outras, tratadas pelo art. 151 da Lei n.º 8.213/1991 (Benefícios da Previdência Social).

4. Até **12 meses** após o livramento, o segurado detido ou recluso.

O segurado que estava detido ou recluso terá direito a um PG de 12 meses após sua soltura. Esse período pode parecer exagerado na visão de algumas pessoas, mas é um período relativamente curto, pois atualmente é muito complicado um ex-detento conseguir um emprego formal.

5. Até **3 meses** após o licenciamento, o segurado incorporado às Forças Armadas para prestar serviço militar.

O segurado que prestou serviço militar às Forças Armadas (Exército, Marinha ou Aeronáutica), terá direito a um PG de 3 meses após o seu desligamento. Ressalto que o licenciamento é apenas umas das hipóteses de desligamento das Forças Armadas.

6. Até **6 meses** após a cessação das contribuições, o segurado facultativo.

O segurado facultativo que deixar de contribuir para a Previdência Social, gozará de um PG de até 6 meses após a cessação das contribuições.

Sobre os 6 casos de manutenção da qualidade de segurado apresentados, é importante ressaltar que durante o PG, **o segurado conserva todos os seus direitos perante a Previdência Social.**

A perda da qualidade de segurado com o fim do Período de Graça, não será considerada para a concessão da Aposentadoria Programada e da Aposentadoria Especial. Como assim?

Para a concessão dos referidos benefícios o segurado deverá apresentar o número de contribuições mensais exigidas para efeito de carência (nesse caso, no mínimo 180 contribuições).

Em suma, se o segurado já tiver preenchido todos os requisitos para se aposentar em uma das 3 espécies de aposentadoria supracitadas, **a perda da qualidade de segurado NÃO impedirá a concessão da aposentadoria**.

Para arrematar o assunto, observe dois parágrafos interessantíssimos do Art. 180 do Decreto n.º 3.048/1999:

> § 1.º A perda da qualidade de segurado **não prejudica** o direito à aposentadoria para cuja concessão **tenham sido preenchidos todos os requisitos**, segundo a legislação em vigor à época em que estes requisitos foram atendidos.
>
> § 2.º Não será concedida pensão por morte aos dependentes do segurado que falecer após a **perda desta qualidade**, salvo se preenchidos os requisitos para obtenção de aposentadoria na forma do parágrafo anterior.

O **reconhecimento da perda da qualidade** de segurado no termo final dos prazos fixados nos 6 casos estudados, conforme dispõe o RPS/1999, ocorrerá no dia seguinte ao do vencimento da contribuição do Contribuinte Individual (CI) relativa ao mês imediatamente posterior ao término daqueles prazos.

Entendeu?

Pois é, nem eu! Essa é a redação truncada e confusa presente na legislação previdenciária. Para facilitar a sua vida, vou esquematizar o entendimento do dispositivo:

Mês N	Final do PG
Mês N+1	Mês Posterior
Mês N+2	Dia 15 (Vencimento da contribuição referente ao mês N+1 (p/ CI)
Mês N+2	Dia 16 (Reconhecimento da perda da qualidade de segurado)

(Autoria: Ali Mohamad Jaha)

Agora ficou mais fácil? =)

Para concluir o assunto, imagine que em 06/2023 tenha terminado o PG do indivíduo. Quando ocorrerá o reconhecimento da perda da qualidade de segurado? Em **16/08/2023**! Observe:

Mês N	06/2023
Mês N+1	07/2023
Mês N+2	15/08/2023
Mês N+2	16/08/2023

(Autoria: Ali Mohamad Jaha)

Vamos esquematizar todos os PG estudados. =)

Situação	PG
Em gozo de benefício (**exceto Auxílio Acidente**)	Sem limite de prazo
Cessação de benefício por incapacidade ou **de contribuições**	12 m, **24 m, 36 m**
Cessação da segregação compulsória	12 m
Livramento da prisão	12 m
Licenciamento das Forças Armadas	3 m
Cessação de contribuições (segurado facultativo)	6 m

(Autoria: Ali Mohamad Jaha)

Para o contribuinte individual, o período de manutenção da qualidade de segurado inicia-se no primeiro dia do mês subsequente ao da última contribuição com valor igual ou superior ao salário mínimo (Decreto n.º 10.410/2020).

O segurado que receber remuneração inferior ao limite mínimo mensal do salário de contribuição somente manterá a qualidade de segurado se efetuar os ajustes de **complementação**, **utilização** e **agrupamento**, a saber (Decreto n.º 10.410/2020):

1. **Complementação**: Complementar a contribuição das competências, de forma a alcançar o limite mínimo do salário de contribuição exigido.
2. **Utilização**: Utilizar o excedente do salário de contribuição superior ao limite mínimo de uma competência para completar o salário de contribuição de outra competência até atingir o limite mínimo.
3. **Agrupamento**: Agrupar os salários de contribuição inferiores ao limite mínimo de diferentes competências para aproveitamento em uma ou mais competências até que estas atinjam o limite mínimo.

Não poderia de trazer essa parte do Decreto n.º 3.048/1999 com alteração operada pelo Decreto n.º 10.410/2020:

> Art. 19-E. A partir de 13/11/2019, para fins de aquisição e manutenção da qualidade de segurado, de carência, de tempo de contribuição e de cálculo do salário de benefício exigidos para o reconhecimento do direito aos benefícios do RGPS e para fins de contagem recíproca, somente **serão consideradas as competências cujo salário de contribuição seja igual ou superior ao limite mínimo mensal do salário de contribuição.**

> § 1.º Para fins do disposto no caput, ao segurado que, no somatório de remunerações auferidas no período de um mês, receber remuneração inferior ao limite mínimo mensal do salário de contribuição será assegurado:
>
> I – **Complementar** a contribuição das competências, de forma a alcançar o limite mínimo do salário de contribuição exigido;
>
> II – Utilizar o **excedente** do salário de contribuição superior ao limite mínimo de uma competência para completar o salário de contribuição de outra competência até atingir o limite mínimo, ou;
>
> III – **Agrupar** os salários de contribuição inferiores ao limite mínimo de diferentes competências para aproveitamento em uma ou mais competências até que estas atinjam o limite mínimo.

8. OS DEPENDENTES DOS SEGURADOS DO RGPS

8.1. Regras Gerais

A legislação previdenciária define que existem dois tipos de beneficiários do RGPS (Regime Geral da Previdência Social): as pessoas físicas classificadas como **Segurados** e como **Dependentes**. Como podemos observar, não existe beneficiário Pessoa Jurídica (uma empresa, por exemplo).

Conforme dispõe a Lei n.º 8.213/1991, existem três classes de beneficiários do RGPS na condição de dependentes do segurado, a saber:

> **1.ª classe**: O **cônjuge**, a **companheira**, o **companheiro** e o **filho** não emancipado, de qualquer condição, menor de 21 anos ou inválido ou que tenha deficiência intelectual ou mental ou deficiência grave;
>
> **2.ª classe**: Os **pais**.
>
> **3.ª classe**: O **irmão** não emancipado, de qualquer condição, menor de 21 anos ou inválido ou que tenha deficiência intelectual ou mental ou deficiência grave.

De forma esquematizada:

1.ª Classe	Cônjuge ou Companheiro(a)
	Filho não emancipado, de qualquer condição
	Filho menor de 21 anos
	Filho inválido
	Filho com deficiência intelectual/mental
	Filho com deficiência grave

2.ª Classe	Pais
3.ª Classe	Irmão não emancipado, de qualquer condição
	Irmão menor de 21 anos
	Irmão inválido
	Irmão com deficiência intelectual/mental
	Irmão com deficiência grave

(Autoria: Ali Mohamad Jaha)

A legislação previdenciária define que a dependência econômica das pessoas da 1.ª classe é **presumida**, enquanto das pessoas da 2.ª e 3.ª classes deve ser **comprovada**. Em outras palavras, a **prova da condição de dependente** só ocorre com os dependentes da 2.ª classe e da 3.ª classe.

As provas de união estável e de dependência econômica exigem **início de prova material contemporânea dos fatos**, produzido em período não superior a 24 meses anterior à data do óbito ou do recolhimento à prisão do segurado, não admitida a prova exclusivamente testemunhal, exceto na ocorrência de motivo de força maior ou caso fortuito, conforme disposto no regulamento (Lei n.º 13.846/2019).

Será excluído definitivamente da condição de dependente quem tiver sido condenado criminalmente por sentença com trânsito em julgado, como autor, coautor ou partícipe de homicídio doloso, ou de tentativa desse crime, cometido contra a pessoa do segurado, ressalvados os absolutamente incapazes e os inimputáveis (Lei n.º 13.846/2019).

Para constar, o Supremo Tribunal Federal (STF) considerou **ilegítima** a existência paralela de duas uniões estáveis, ou de um casamento e uma união estável, inclusive para efeitos previdenciários.

No apagar das luzes de 2020, a tese de repercussão geral fixada pelo Supremo foi a seguinte: "A preexistência de casamento ou de união estável de um dos conviventes, ressalvada o caso de a pessoa estar separada de fato ou judicialmente, impede o reconhecimento de novo vínculo referente ao mesmo período, inclusive para fins previdenciários, em virtude da consagração do dever de fidelidade e da monogamia pelo ordenamento jurídico-constitucional brasileiro".

Para efeitos legais, **equiparam-se a filho**, na condição de dependente de 1.ª classe, exclusivamente o **enteado** e o **menor tutelado**, desde que comprovada a dependência econômica na forma estabelecida no Regulamento da Previdência Social.

No RPS/1999, para a comprovação do vínculo e da dependência econômica, conforme o caso, deverão ser apresentados, no mínimo, 2 documentos, dentre outros (Decreto n.º 3.048/1999, Art. 22, § 3º):

- Certidão de nascimento de filho havido em comum.
- Certidão de casamento religioso.
- Declaração do imposto de renda do segurado, em que conste o interessado como seu dependente.
- Disposições testamentárias.
- Declaração especial feita perante tabelião.
- Prova de mesmo domicílio.
- Prova de encargos domésticos evidentes e existência de sociedade ou comunhão nos atos da vida civil.
- Procuração ou fiança reciprocamente outorgada.
- Conta bancária conjunta.
- Registro em associação de qualquer natureza, onde conste o interessado como dependente do segurado.
- Anotação constante de ficha ou livro de registro de empregados.
- Apólice de seguro da qual conste o segurado como instituidor do seguro e a pessoa interessada como sua beneficiária.
- Ficha de tratamento em instituição de assistência médica, da qual conste o segurado como responsável.
- Escritura de compra e venda de imóvel pelo segurado em nome de dependente.
- Declaração de não emancipação do dependente menor de 21 anos.
- Quaisquer outros que possam levar à convicção do fato a comprovar.

Para o **menor sob guarda de um adulto**, temos que **conhecer um pouco da história**! Observe a cronologia dos fatos:

Observe a cronologia dos fatos:

1990:

Lei n.º 8.069/1990: Art. 33, § 3.º A **guarda** confere à criança ou adolescente a condição de **dependente**, para todos os fins e efeitos de direito, **inclusive previdenciários**.

→ O menor sob guarda é dependente para efeitos previdenciários, conforme o Estatuto da Criança e do Adolescente (ECA).

1991:

Lei n.º 8.213/1991, Art. 16, § 2.º Equiparam-se a filho, nas condições do inciso I (1.ª classe de dependentes), mediante declaração do segurado: o enteado; o **MENOR QUE, POR DETERMINAÇÃO JUDICIAL, ESTEJA SOB A SUA GUARDA**; e o menor que esteja sob sua tutela e não possua condições suficientes para o próprio sustento e educação.

→ A Lei n.º 8.213/1991 estava em consonância com o ECA, ou seja, era garantida a qualidade de dependente ao menor sob guarda.

1997:

A Lei n.º 9.528/1997 alterou a redação da Lei n.º 8.213/1991 da seguinte forma:

§ 2.º O enteado e o menor tutelado equiparam-se a filho mediante declaração do segurado e desde que comprovada a dependência econômica na forma estabelecida no Regulamento.

→ A partir de então, o menor sob guarda **deixa de ser dependente**.

2015:

No Resp. n.º 148.239/PR, o Superior Tribunal de Justiça (STJ) decide que "o entendimento desta Corte se encontra uniformizado no sentido de que a Lei n.º 9.528/1997, norma previdenciária específica, prevalece em relação ao Art. 33, § 3.º, do Estatuto da Criança e do Adolescente, sendo aplicável às hipóteses em que o óbito ocorreu a partir de sua vigência".

→ O STJ corrobora o entendimento dado pela Lei n.º 9.528/1997 de que o menor sob guarda **não é dependente**.

2016:

O STJ no fim do ano de 2016, por meio do Resp n.º 1.141.788/RS, **MUDA DE POSICIONAMENTO**, e considera que "ao menor sob guarda deve ser assegurado o direito ao benefício da pensão por morte mesmo se o falecimento se deu após a modificação legislativa promovida pela Lei n.º 9.528/1997 na Lei n.º 8.213/1991".

→ O STJ muda de posição e afirma, com base no Princípio da Proteção Integral e Preferencial da Criança e do Adolescente, que o menor sob guarda é dependente para todos os efeitos previdenciários.

Essa cronologia foi válida até meados de 2021, quando o STF se posicionou, como veremos a seguir.

A doutrina da proteção integral, consagrada no Art. 227 da Constituição Federal de 1988 e nos tratados internacionais vigentes sobre o tema, dos quais sobressai a Convenção dos Direitos das Crianças (Decreto n.º 99.710/1990), estabelece o estatuto protetivo de crianças e adolescentes, conferindo-lhes status de **sujeitos de direito**. Seus direitos e garantias devem ser universalmente reconhecidos, diante de sua especial condição de pessoas em desenvolvimento.

Nos termos do texto constitucional, assegurar à criança e ao adolescente, com absoluta prioridade, seus direitos fundamentais é **dever** que se impõe não apenas à família e à sociedade, **mas também ao Estado**.

Não obstante, o Art. 33, § 3.º, do Estatuto da Criança e do Adolescente (ECA), ao tratar do "menor sob guarda", confere a ele condição de dependente, para todos os efeitos jurídicos, **abrangendo, também, a esfera previdenciária**.

Nesse sentido, **a interpretação que assegura ao "menor sob guarda" o direito à proteção previdenciária deve prevalecer**, não apenas porque assim dispõem a CF e o ECA, mas porque direitos fundamentais devem observar o princípio da máxima eficácia.

Dessa forma, a alteração operada, pela Lei n.º 9.528/1997, no Art. 16, § 2.º, da Lei n.º 8.213/1990, excluindo o menor sob guarda no rol de equiparados a filhos, **não é correta, muito menos justa**.

Assim, desde que **comprovada a dependência econômica**, nos termos da legislação previdenciária, assegura-se a prevalência do compromisso constitucional, ou seja, **o menor sob guarda é equiparado a filho para fins previdenciários**.

O Supremo Tribunal Federal (STF), guardião da nossa Constituição, tem o condão de dar a "**INTERPRETAÇÃO CONFORME A CONSTITUIÇÃO**" para as nossas leis.

Para constar, a "Interpretação Conforme a Constituição" é um método de salvamento da norma infraconstitucional, pela qual o intérprete alarga ou restringe o sentido dela, para colocá-la em consonância com a Constituição, evitando o descompasso com os preceitos da Carta Maior e a sua consequente decretação de nulidade.

O STF, assim, garantiu o **Princípio da Máxima Eficácia e Proteção Integral a Crianças e Adolescentes**, quando deu a seguinte decisão, nas Ações Diretas de Inconstitucionalidade (ADI) n.º 4.878-DF e n.º 5.083-DF, em 06/2021:

> A "Interpretação Conforme" a ser conferida ao Art. 16, § 2.º da Lei n.º 8.213/1991 **deve contemplar os "menores sob guarda"** na categoria de dependentes do Regime Geral de Previdência Social, em consonância com o **princípio da proteção integral e da prioridade absoluta**, desde que comprovada a dependência econômica, nos termos da legislação previdenciária.

Para constar, conforme dispõe o Direito Previdenciário, os equiparados ao filho também recebem a nomenclatura de **agregados** do segurado.

Para efeitos previdenciários, considera-se companheira ou companheiro a pessoa que mantenha união estável com o segurado ou segurada.

Por sua vez, considera-se união estável aquela configurada na convivência pública, contínua e duradoura entre o homem e a mulher, estabelecida com intenção de constituição de família.

No âmbito da união estável, apesar da legislação silenciar-se a respeito do tema, também é considerada a **união homoafetiva** (pessoas do mesmo sexo).

Em suma, os homossexuais que vivem em uma união estável têm os mesmos direitos dos heterossexuais em condições análogas, ou seja, o direito de serem classificados como dependentes de 1.ª classe.

Esse entendimento é adotado pelo INSS há muito tempo. A RFB também autorizou a inclusão de parceiro homossexual como dependente na Declaração de Imposto de Renda Pessoa Física (DIRPF DIRPF) e o STJ têm decidido sempre de forma favorável às relações homoafetivas, como podemos observar:

> REsp 932653 / RS
>
> RECURSO ESPECIAL 2007/0055656-0
>
> **16/08/2011**
>
> (...)
>
> - Além do mais, o próprio **INSS**, gestor do Regime Geral de Previdência Social, há mais de dez anos, **vêm reconhecendo os parceiros homossexuais como beneficiários da Previdência**, pelo que não há como negar o mesmo direito aos companheiros homossexuais de servidor público, equiparando-os à tradicional União Estável formada por homem e mulher.
>
> (...)
>
> - Acrescento, ainda, que a mais recente norma editada pela Receita Federal (agosto de 2010) garantiu o direito de Contribuintes do Imposto de Renda de Pessoa Física incluírem **parceiros homossexuais como seus dependentes na Declaração**, o que revela não haver mais espaço para renegar os direitos provenientes das relações homoafetivas, e que só contribuirá para tornar a nossa Sociedade mais justa, humana e democrática, ideal tão presente na Constituição Federal.
>
> REsp 395904 / RS
>
> RECURSO ESPECIAL 2001/0189742-2
>
> **13/12/2005**
>
> (...)
>
> 5 – Diante do § 3º do art. 16 da Lei n. 8.213/1991, verifica-se que o que o legislador pretendeu foi, em verdade, ali gizar o **conceito de entidade familiar**, a partir do modelo da união estável, com vista ao direito previdenciário, **sem exclusão, porém, da relação homoafetiva**.

Observe que os avós não aparecem em nenhuma das classes de dependentes do Regime Geral de Previdência Social (RGPS). Sendo assim, em consonância com a Lei, os avós **nunca** seriam abarcados na condição de dependentes.

Entretanto, com uma decisão por parte do STJ, em 2017, a jurisprudência reconheceu "**aos avós de segurado falecido o direito ao recebimento de pensão por morte em razão de terem sido os responsáveis pela criação do neto, ocupando verdadeiro papel de genitores**". Em suma, classificou os avós como dependentes de 2.ª Classe.

Dando continuidade, o concurseiro deve ter em mente que a legislação não separou os dependentes em três classes por acaso! Estamos diante do instituto da **Ordem de Vocação Previdenciária**.

Assim sendo, a 1.ª classe tem **precedência** sobre a 2.ª e a 3.ª classe, e por sua vez, a 2.ª classe tem **precedência** sobre a 3.ª.

Suponha que Gustavo tenha falecido e deixado uma pensão por morte para os seus dependentes. Para quem será destinado esse benefício?

Aos dependentes da 1.ª classe. Caso não exista ninguém, para os da 2.ª classe, caso novamente não exista ninguém, para os da 3.ª classe. Como pode ver, a existência de dependente de qualquer das classes exclui do direito às prestações aos das classes seguintes.

Supondo que Gustavo, ao falecer, tenha deixado como dependentes o pai, a esposa, um filho com deficiência intelectual e um irmão com deficiência mental. Quem terá direito a receber o benefício de pensão por morte?

Observe a divisão por classe dos dependentes de Gustavo:

1.ª classe: A Esposa e o filho com deficiência intelectual.

2.ª classe: O pai.

3.ª classe: O irmão com deficiência mental.

Nesse caso, o benefício será dividido entre a esposa e o filho com deficiência intelectual, pois são dependentes de 1.ª classe e têm precedência sobre as demais classes. E como será feita a divisão do benefício? 50% para cada parte, pois são apenas dois dependentes na classe predominante.

Se houvesse 8 dependentes, por exemplo, na classe predominante, cada um receberia 12,5% (1/8) do benefício mensalmente. Sintetizando, **os dependentes de uma mesma classe concorrem em igualdade de condições**.

Por fim, cabe ressaltar que com a perda de dependência de todos os indivíduos constantes na classe ensejadora do benefício, este será extinto e não será repassado para a classe seguinte.

8.2. Vínculos Conjugais Múltiplos

Os vínculos conjugais múltiplos são aqueles que ocorrem quando o homem ou a mulher mantém **um relacionamento estável e legal simultaneamente com outro relacionamento paralelo com um(a) amante.**

Estamos diante da figura do **concubinato**, que juridicamente é entendido como **relações eventuais entre pessoas impedidas de se casarem**, ou seja, de pessoas que já são casadas civilmente. Em suma, os concubinos são, em linguajar popular, os amantes.

No caso de ocorrência de vínculos conjugais múltiplos, **o concubino (amante), em regra, NÃO tem os mesmos direitos previdenciários do cônjuge**, sendo que esse tem sido o entendimento dos acórdãos do Superior Tribunal de Justiça (STJ), como pode ser observado:

> RMS 30414 / PB
>
> RECURSO ORDINÁRIO EM MANDADO DE SEGURANÇA
>
> 2009/0173443-9
>
> 24/02/2012
>
> ADMINISTRATIVO. PROCESSUAL CIVIL. AÇÃO DE RECONHECIMENTO DE CONCUBINATO. EXTENSÃO DA RES JUDICATA À ADMISSÃO DE UNIÃO ESTÁVEL. IMPOSSIBILIDADE. LIMITES OBJETIVOS DA COISA JULGADA. PEDIDO E CAUSA DE PEDIR. SERVIDOR PÚBLICO ESTADUAL FALECIDO. PENSÃO POR MORTE. RATEIO ENTRE VIÚVA E CONCUBINA. IMPOSSIBILIDADE. PRECEDENTES.
>
> (...)
>
> 7. O **concubinato não pode ser erigido ao mesmo patamar jurídico da união estável**, sendo certo que o reconhecimento dessa última é condição imprescindível à garantia dos direitos previstos na Constituição Federal e na legislação pátria aos companheiros, **inclusive para fins previdenciários.**

Além da decisão supracitada, temos outras decisões no mesmo sentido:

> AgRg no REsp 1359304 / PE
>
> AGRAVO REGIMENTAL NO RECURSO ESPECIAL
>
> 2011/0266830-0
>
> 21/03/2013
>
> PREVIDENCIÁRIO. PENSÃO POR MORTE. RELAÇÃO DE CONCUBINATO. CAUSA IMPEDITIVA DE UNIÃO ESTÁVEL.
>
> (...)

> 2. O simples fato de a agravante exercer uma relação de concubinato com o falecido, por si só, constitui fundamento suficiente para o **indeferimento de pensão por morte, haja vista ser causa impeditiva para o recebimento do benefício.**
>
> AgRg no REsp 1267832 / RS
>
> AGRAVO REGIMENTAL NO RECURSO ESPECIAL
>
> 2011/0172703-6
>
> 13/12/2011
>
> PREVIDENCIÁRIO. CONCUBINATO ADULTERINO. RELAÇÃO CONCORRENTE COM O CASAMENTO. EMBARAÇO À CONSTITUIÇÃO DE UNIÃO ESTÁVEL APLICAÇÃO. IMPEDIMENTO.
>
> 1. A jurisprudência desta Corte prestigia o entendimento de que a **existência de impedimento para o matrimônio, por parte de um dos componentes do casal, embaraça a constituição da união estável.**

Como pode ser observado, **em regra**, o entendimento firmado pelo STJ é de que a proteção conferida pelo Estado (Governo Federal) à união estável **não alcança as situações ilegítimas**, como no caso do concubinato.

Diante desta regra, na visão do STJ, não é devida Pensão por Morte à concubina em concorrência com a viúva na hipótese em que o falecido, ao tempo do óbito, permanecia casado, pois, ainda que os requisitos configuradores da união estável se apliquem para fins previdenciários, conforme dispõe o Art. 16, § 3.º, da Lei n.º 8.213/1991, **a existência de impedimento para o matrimônio, por parte de um dos companheiros, embaraça a constituição da união estável**, o que impede que os efeitos jurídicos que dela irradiam alcancem a concubina.

Para constar, observe o disposto na legislação previdenciária citada:

> Lei n.º 8.213/1991, Art. 16, § 3.º Considera-se companheira ou companheiro a pessoa que, sem ser casada, mantém união estável com o segurado ou com a segurada, de acordo com o § 3.º do Art. 226 da Constituição Federal.
>
> CF/1988, Art. 226, § 3.º Para efeito da proteção do Estado, é reconhecida a união estável entre o homem e a mulher como entidade familiar, devendo a lei facilitar sua conversão em casamento.

Por seu turno, temos a **exceção à regra supracitada**. Conforme dispõe o próprio STJ, é assente o entendimento no qual se reconhece à companheira (concubina) de homem casado, mas **separado de fato ou de direito, divorciado ou viúvo**, o direito na participação nos benefícios previdenciários e patrimoniais decorrentes de seu falecimento, concorrendo com a esposa, ou até mesmo excluindo-a da participação.

Atualmente, os vínculos conjugais múltiplos podem apresentar duas situações distintas perante a Previdência Social:

1. Pessoa casada (de fato e de direito) + concubinato = concubino não tem os mesmos direitos previdenciários do cônjuge, e;
2. Pessoa casada (de direito), **mas separada, divorciada ou viúva** + concubinato = concubino tem os mesmos direitos previdenciários do "ex-cônjuge", com possibilidade de exclusão dos direitos dos "ex-cônjuge".

Para corroborar, o Supremo Tribunal Federal (STF) considerou **ilegítima** a existência paralela de duas uniões estáveis, ou de um casamento e uma união estável, inclusive para efeitos previdenciários.

No apagar das luzes de 2020, a tese de repercussão geral fixada pelo Supremo foi a seguinte: "A **preexistência de casamento ou de união estável de um dos conviventes**, ressalvada o caso de a pessoa estar separada de fato ou judicialmente, **impede** o reconhecimento de novo vínculo referente ao mesmo período, inclusive para fins previdenciários, em virtude da consagração do dever de **fidelidade** e da **monogamia** pelo ordenamento jurídico-constitucional brasileiro".

Não obstante, em 2021, O RE n.º 883168/SC fixou a seguinte tese:

> É **incompatível** com a Constituição Federal o reconhecimento de direitos previdenciários (pensão por morte) à pessoa que manteve, durante longo período e com aparência familiar, união com outra casada, porquanto **o concubinato não se equipara, para fins de proteção estatal, às uniões afetivas resultantes do casamento e da união estável**.

É **inconstitucional** o reconhecimento de direitos previdenciários nas relações que se amoldam ao instituto do concubinato, mesmo que a união tenha sido mantida durante longo período e com aparência familiar.

O microssistema jurídico que rege a família como base da sociedade, orienta-se pelos **princípios da monogamia, da exclusividade e da boa-fé**, bem como pelos deveres de lealdade e fidelidade que visam a conferir maior estabilidade e segurança às relações familiares.

8.3. A Manutenção e a Perda da Qualidade de Dependente

A perda da qualidade de dependente, conforme o RPS/1999, ocorre:

1. Para o **cônjuge**, pelo **divórcio** ou pela **separação judicial** ou **DE FATO**, enquanto **não lhe for assegurada a prestação de alimentos**, pela anulação do

casamento, pelo óbito ou por sentença judicial transitada em julgado (Decreto n.º 10.410/2020).

O cônjuge (marido ou esposa) perde a qualidade de dependente do segurado no caso de **separação sem prestação de alimentos**, com a anulação de casamento e pelo óbito. Se o cônjuge ao se separar conseguir a prestação de alimentos, não perderá a condição de dependente do segurado.

Em suma, ex-mulher com pensão de alimentos é dependente para efeitos previdenciários. Para constar, conforme dispõe o Direito Previdenciário, os ex-cônjuges com prestação de alimentos também recebem a nomenclatura de **agregados** do segurado.

Por sua vez, a ex-mulher que **renunciou** aos alimentos durante o processo de separação judicial tem direito à **Pensão por Morte do ex-marido**, desde que comprovada a **necessidade econômica superveniente**. Esse é a jurisprudência do Superior Tribunal de Justiça (STJ) sobre o tema. Observe:

> Súmula STJ n.º 336/2007: A mulher que renunciou aos alimentos na separação judicial tem direito à pensão previdenciária por morte do ex-marido, comprovada a necessidade econômica superveniente.

2. Para a **companheira** ou **companheiro**, pela **cessação da união estável** com o segurado ou segurada, **enquanto não lhe for garantida a prestação de alimentos**.

O companheiro que extingue a sua união estável poderá ter dois status: **dependente**, caso obtenha pensão de alimentos ou **não dependente**, caso não obtenha pensão de alimentos.

3. Ao **completar 21 anos** de idade, para o **filho**, o **irmão**, o **enteado** ou o **menor tutelado**, ou nas seguintes hipóteses, se ocorridas **ANTERIORMENTE** a essa idade:

a) Casamento.

b) Início do exercício de emprego público efetivo.

c) Constituição de estabelecimento civil ou comercial ou pela existência de relação de emprego, desde que, em função deles, o menor com 16 anos completos tenha economia própria.

d) Concessão de emancipação, pelos pais, ou por um deles na falta do outro, por meio de instrumento público, independentemente de homologação judicial, ou por sentença judicial, ouvido o tutor, se o menor tiver 16 anos completos.

→ O **filho**, o **irmão**, o **enteado** e o **menor tutelado**, desde que comprovada a dependência econômica dos 3 últimos, se inválidos ou se tiverem deficiência intelectual, mental ou grave, não perderão a qualidade de dependentes desde que a invalidez ou a deficiência intelectual, mental ou grave tenha ocorrido antes de uma das hipóteses supra (Decreto n.º 10.410/2020).

→ Para fins do disposto acima, a data de início da invalidez ou da deficiência intelectual, mental ou grave será estabelecida pela Perícia Médica Federal (Decreto n.º 10.410/2020).

Como você pode perceber o irmão inválido mantém a condição de dependente se a invalidez o tiver atingido antes de 1 das 5 hipóteses abarcadas pelo legislador. Quer um exemplo?

Imagine que João Paulo, 19 anos, com casamento marcado, sofre um sinistro e torna-se inválido, nesse caso ele permanecerá para sempre na condição de dependente de seus pais, pois a invalidez ocorreu antes de contrair núpcias.

Por seu turno, não podemos deixar de tratar dos **casos de emancipação**, previstos no Art. 5.º da Lei n.º 10.406/2002, o Código Civil Brasileiro. Sendo assim, o jovem será emancipado:

> I – Pela concessão dos pais, ou de um deles na falta do outro, mediante instrumento público, independente de homologação judicial ou por sentença de juiz, ouvido o tutor, **se o menor tiver 16 anos completos**;
>
> II – Pelo casamento;
>
> III – Pelo exercício de emprego público efetivo;
>
> IV – Pela colação de grau em ensino de curso superior, e;
>
> V – Pelo estabelecimento civil ou comercial ou pela existência de relação de emprego, desde que, em função deles, **o menor com 16 anos completos tenha economia própria**.

Diante do exposto, o filho ou o irmão que não forem inválidos, serão emancipados por qualquer uma das hipóteses supracitadas. Por sua vez, se o filho ou o irmão forem **inválidos**, serão emancipados por qualquer uma das hipóteses supracitadas, **exceto** pela colação de grau em ensino de curso superior.

Desta forma, o filho ou o irmão inválidos e maiores de 21 anos, manterão sua qualidade de dependente perante o RGPS, mesmo que se emanciparem em decorrência, unicamente, de colação de grau científico em curso de ensino superior.

Suponha, por exemplo, que o filho colou grau em curso superior com 18 anos de idade e ficou inválido com 19 anos, neste caso, manterá a qualidade dependente mesmo após completar 21 anos.

Por fim, analisando na seara previdenciária, a regra é clara, **a emancipação provoca a perda da qualidade de dependente.**

4. Para os dependentes em geral:

a) Pela cessação da invalidez ou da deficiência intelectual, mental ou grave.

b) Pelo falecimento.

Perda da Qualidade de Dependente:

- Cônjuge: anulação do casamento, separação judicial **sem o direito a prestação de alimentos e óbito.**
- Companheiro: cessação da união estável **sem o direito a prestação de alimentos.**
- Filho ou irmão: ao completar 21 anos (regra), salvo se inválido (sem limite de idade).
- Dependentes em geral: cessação da invalidez e o óbito.

9. O CONCEITO DE EMPRESA E DE EMPREGADOR DOMÉSTICO

Essa parte da disciplina é extremamente interligada ao Direito do Trabalho, pois a legislação previdenciária extraiu da legislação trabalhista as definições de Empresa e Empregador. A saber:

> **Empresa** é o **empresário** ou a **sociedade** que assume o **risco de atividade econômica** urbana ou rural, **com fins lucrativos ou não**, bem como os órgãos e entidades da Administração Pública Direta ou Indireta.

A empresa pode ser classificada como empresário (antiga firma individual, até entrar em vigor o Código Civil de 2002) ou sociedade.

Além disso, a empresa sempre assume o risco da atividade econômica, pois esse risco não poderá ser repassado aos empregados.

Faça de conta que uma empresa em falência exija que seus funcionários arquem com parte das dívidas. Isso seria correto? Claro que não! O empregador sempre assume os riscos da atividade econômica.

Ainda, a empresa **pode ter fins lucrativos ou não**. Cuidado com isso!

Ressalto que a **Administração Pública**, para fins previdenciários, pode ser enquadrada como **empresa.**

É importante observar que a jurisprudência do Superior Tribunal de Justiça (STJ), no ano de 2011, enquadrou as Sociedades de Advogados no conceito de empresa, para fins de recolhimento das contribuições previdenciárias devidas aos empregadores (Cota Patronal).

Para a legislação previdenciária, **equiparam-se a empresa**, para efeitos previdenciários, as seguintes situações:

Situação 01. O contribuinte individual, em relação a segurado que lhe presta serviço.

O dentista que presta serviços em consultório próprio está enquadrado como contribuinte individual. E a secretária que atende todos os telefonemas e faz os agendamentos do dentista? Ela é empregada. Empregada de quem? Do dentista!

Nesse caso, o dentista (contribuinte individual) é equiparado à empresa, e deverá fazer os devidos recolhimentos previdenciários em relação à secretária contratada, como se empresa fosse.

Situação 02. A cooperativa, a associação ou a entidade de qualquer natureza ou finalidade, inclusive o condomínio, a missão diplomática e a repartição consular de carreiras estrangeiras.

Todas as pessoas citadas nesse enquadramento são equiparadas a empresa, e devem realizar os recolhimentos previdenciários em relação aos seus contratados. Para ilustrar, pense em um condomínio que contrata um eletricista para a manutenção da rede elétrica do prédio.

Nessa situação, o eletricista é contribuinte individual contratado pelo condomínio, que para fins previdenciários, é equiparado à empresa, devendo realizar todos os recolhimentos previdenciários relativos aos seus contratados.

Situação 03. O operador portuário e o órgão gestor de mão de obra (OGMO) de que trata a Lei n.º 12.815/2013 (Lei dos Portos).

A equiparação à empresa acontece inclusive nos trabalhos portuários, como podemos observar no enquadramento legal.

Situação 04. O proprietário do imóvel, o incorporador ou o dono de obra de construção civil, quando **pessoa física**, em relação a segurado que lhe presta serviços.

A pessoa física que realiza atividade de construção civil é equiparada a empresa em relação aos seus empregados (mestre de obras, pedreiros, serventes, encanadores, eletricistas, azulejistas, etc.).

Por fim, a legislação previdenciária traz a seguinte disposição referente ao empregador doméstico:

> **Empregador doméstico** é a pessoa, a família ou a entidade familiar que admite empregado doméstico a seu serviço, mediante remuneração e **sem finalidade lucrativa.**

O empregador doméstico é a pessoa (ou família) que contrata empregado(a) doméstico(a) para prestar serviço em âmbito familiar, **mediante remuneração e sempre SEM finalidade lucrativa**. É aquela querida empregada doméstica que trabalha na casa da mamãe, mas também pode ser o jardineiro, o motorista, a cozinheira...=)

10. O CONSELHO NACIONAL DE PREVIDÊNCIA SOCIAL (CNPS)

Agora, vamos abordar as disposições legais que tratam sobre o **Conselho Nacional de Previdência Social (CNPS)**.

O CNPS, **órgão superior de deliberação colegiada**, tem como principal objetivo estabelecer o caráter **democrático** e **descentralizado** da administração, em cumprimento ao seguinte princípio Constitucional (Art. 194, inciso VII):

> Caráter **democrático** e **descentralizado** da administração, mediante gestão quadripartite, com participação dos trabalhadores, dos empregadores, dos aposentados e do Governo nos **órgãos colegiados.**

O CNPS é fruto da Lei n.º 8.213/1991 (PBPS) e foi corroborado pelo Decreto n.º 3.048/1999 (RPS).

Ao longo do tempo, o Conselho vem aperfeiçoando sua atuação no acompanhamento e na avaliação dos planos e programas que são realizados pela administração previdenciária, na busca de melhor desempenho dos serviços prestados aos segurados do RGPS.

Em outras palavras, o CNPS é um órgão de deliberação democrático, que conta com a participação das 4 classes presentes na CF/1988: **Trabalhadores, Empregadores, Aposentados** e **Governo**, que debatem e deliberam sobre os rumos da Previdência Social e, por consequência, do RGPS.

Quanto a sua composição, o CNPS terá como membros:

1. 6 representantes do Governo Federal.
2. 9 representantes da sociedade civil, sendo:
   a) 3 representantes dos aposentados e pensionistas.
   b) 3 representantes dos trabalhadores em atividade.
   c) 3 representantes dos empregadores.

Esquematicamente, os 15 membros do CNPS, são assim dispostos:

<table>
<tr><td colspan="2">Governo Federal</td><td>6</td><td colspan="2">40%</td></tr>
<tr><td rowspan="3">Soc. Civil</td><td>Aposentados e Pensionistas</td><td>3</td><td>20%</td><td rowspan="3">60%</td></tr>
<tr><td>Trabalhadores</td><td>3</td><td>20%</td></tr>
<tr><td>Empregadores</td><td>3</td><td>20%</td></tr>
<tr><td colspan="2">Conselho:</td><td>15</td><td colspan="2">100%</td></tr>
</table>

(Autoria: Ali Mohamad Jaha)

Como você pode observar, o Governo Federal detém a maior parcela de membros, mas não tem o poder decisório em suas mãos, pois a Sociedade Civil, dividida em 3 classes, detém 60% dos votos do CNPS. Essa composição equilibrada garante que o interesse público sempre estará acima dos interesses particulares do Governo ou da Sociedade Civil.

Os 6 membros do Governo Federal, e seus respectivos suplentes, são por ele escolhidos, já os 9 membros da Sociedade Civil (Trabalhadores, Aposentados, Empregadores), e seus respectivos suplentes, serão indicados pelas **Centrais Sindicais** (associações de sindicatos de trabalhadores) e pelas **Confederações Nacionais**.

Por sua vez, todos os 15 membros do CNPS, e seus respectivos suplentes, serão nomeados pelo Presidente da República, sendo que para os representantes titulares da Sociedade Civil são garantidos um **mandato de 2 anos, com apenas uma recondução consecutiva por igual período**.

O Conselho Nacional de Previdência Social será presidido pelo Ministro de Estado da Previdência Social.

As **reuniões ordinárias** do CNPS ocorrerão **1 (uma) vez por mês**, por **convocação de seu presidente**, podendo ser adiada em no máximo 15 dias, se houver requerimento da maioria dos conselheiros (8 membros) nesse sentido.

Por seu turno, as **reuniões extraordinárias** poderão ser convocadas pelo presidente ou por **requerimento de 1/3 dos conselheiros (5 membros)**, conforme disposições específicas presentes no Regimento Interno do CNPS.

Ainda devo ressaltar, que as reuniões do Conselho serão iniciadas com a presença da maioria absoluta de seus conselheiros (8 membros), sendo exigida a deliberação pela maioria simples dos membros presentes.

De forma esquematizada:

Reunião Ordinária:

- 1x/mês OU por convocação do presidente.

- A data da reunião pode ser adiada em até 15 dias por requerimento da maioria dos conselheiros (8 membros).
- Quórum para início da sessão: maioria absoluta dos conselheiros (8 membros).
- Quórum para deliberação (votação): maioria simples dos membros presentes.

Reunião Extraordinária:

- Por convocação do presidente OU por requerimento de 1/3 dos conselheiros (5 membros).
- Quórum para início da sessão: maioria absoluta dos conselheiros (8 membros).
- Quórum para deliberação (votação): maioria simples dos membros presentes.

As **ausências** ao trabalho dos **membros representantes dos Trabalhadores** (1/3 dos representantes da Sociedade Civil) em função de atividades prestadas ao CNPS serão **abonadas**, computando o tempo a serviço do Conselho como jornada efetivamente trabalhada para todos os fins e efeitos legais.

A esses membros, e seus suplentes, é assegurada a **estabilidade provisória no emprego**, da data da nomeação até 1 ano após o término do mandato no CNPS, somente podendo ser dispensado por motivo de **falta grave**, regularmente comprovada mediante processo judicial.

O Curso é de Direito Previdenciário, mas essa parte tem correlação direta com o Direito do Trabalho, ou seja, estamos diante de mais um caso de estabilidade provisória de emprego. =)

Conforme dispõe a legislação previdenciária, ao CNPS são reservadas algumas competências, sendo que para a sua prova basta uma leitura atenta desse rol, que não exige maiores explanações.

Sendo assim, compete ao CNPS:

1. **Estabelecer** diretrizes gerais e **apreciar** as decisões de políticas aplicáveis à Previdência Social.
2. Participar, acompanhar e avaliar, sistematicamente, a **gestão previdenciária**.
3. Apreciar e aprovar os **Planos** e **Programas** da Previdência Social.
4. Apreciar e aprovar as **propostas orçamentárias** da Previdência Social, antes de sua consolidação na proposta orçamentária da seguridade social.

5. Acompanhar e apreciar, mediante relatórios gerenciais por ele definidos, a execução dos planos, programas e orçamentos no âmbito da previdência social.
6. Acompanhar a **aplicação da legislação** pertinente à Previdência Social.
7. Apreciar a **prestação de contas anual** a ser remetida ao Tribunal de Contas da União (TCU), podendo, se for necessário, contratar auditoria externa.
8. **Estabelecer os valores mínimos em litígio**, acima dos quais será exigida a anuência prévia do Procurador-Chefe Nacional da Procuradoria Federal Especializada/INSS ou do Presidente do INSS para formalização de desistência ou de transigência judiciais. Atualmente, o valor mínimo é de R$ 50.000,00 (Resolução MPS/CNPS n.º 1.303/2008, Art. 1.º).
9. Elaborar e aprovar seu **regimento interno**.
10. Aprovar os critérios de arrecadação e de pagamento dos benefícios por intermédio da **rede bancária** ou por outras formas.
11. Acompanhar e avaliar os trabalhos de **implantação** e **manutenção** do Cadastro Nacional de Informações Sociais (**CNIS**).

Por fim, compete aos Órgãos Governamentais:

1. Prestar toda e qualquer informação necessária ao adequado cumprimento das competências do CNPS, fornecendo inclusive estudos técnicos. Em outras palavras, cabe ao Governo, por meio de seus órgãos e entidades, subsidiar o CNPS com todos os dados necessários para o cumprimento de seus trabalhos.
2. Encaminhar ao CNPS, com antecedência mínima de 2 (dois) meses do seu envio ao Congresso Nacional, a proposta orçamentária da Previdência Social, devidamente detalhada. O governo deve enviar a proposta orçamentária justamente para que essa seja apreciada e aprovada pelo CNPS, sendo que essa é uma das competências supracitadas que pertencem ao Conselho.

Capítulo

3

O FINANCIAMENTO DA SEGURIDADE SOCIAL

1. O FINANCIAMENTO DA SEGURIDADE SOCIAL EM DETALHES

Como já é de seu conhecimento a Seguridade Social é composta de 3 áreas de atuação (**Previdência**, **Assistência** e **Saúde**) e é regida por Princípios Constitucionais que norteiam a legislação infraconstitucional sobre o tema.

Não obstante, também já faz parte do repertório do leitor que a Previdência é estruturada na forma do Regime Geral da Previdência Social (RGPS), abarcando todos os segurados, obrigatórios (CADES) e facultativos (F).

Sendo assim, iniciaremos o assunto **Financiamento da Seguridade Social**. Afinal de contas, a Seguridade deve ser custeada de alguma maneira. Como ocorre esse financiamento? Essa definição se encontra presente no Regulamento da Previdência Social:

> Art. 195. A seguridade social será financiada por toda a sociedade, de **forma direta** e **indireta**, nos termos da lei, mediante **recursos provenientes dos orçamentos** da União, dos Estados, do Distrito Federal e dos Municípios, e das seguintes **contribuições sociais** (...).

O dispositivo supracitado é (relativamente) claro e define, em outras palavras, que a Seguridade Social será financiada:

- De forma **direta** pela sociedade, por meio das **contribuições** sociais devidas pelas empresas, pelos empregadores, pelos trabalhadores, as incidentes sobre os concursos de prognósticos e sobre a importação de bens ou serviços do exterior, entre outras, ou;

- De forma **indireta** pelo governo, com a utilização de **recursos orçamentários** da União, dos Estados, do Distrito Federal e dos Municípios.

No âmbito federal, que é o objeto do nosso estudo, o Orçamento da Seguridade Social (OSS) é composto de:

1. Receitas da União.
2. Receitas das Contribuições Sociais.
3. Receitas de Outras Fontes (multas, juros moratórios, doações, legados, subvenções, etc.).

Orçamento da Seguridade Social (OSS)? O que é isso? Vamos por partes!

Nos dias atuais o Orçamento Público (ou Lei Orçamentária Anual – **LOA**) é o **instrumento** de planejamento e execução dos gastos públicos. Esse conceito está intimamente ligado à **previsão das Receitas Públicas** e **fixação das Despesas Públicas**.

Em resumo, na esfera federal, o Orçamento Público contém a **previsão** de todas as receitas que vão entrar no caixa da União durante o exercício financeiro (ano civil) e a **fixação** de todas as despesas que serão realizadas pela União durante o exercício financeiro (ano civil).

E não é só isso! Com o advento da Constituição de 1988, o orçamento público ficou segregado em três:

1. Orçamento Fiscal.
2. Orçamento de Investimentos das empresas em que a União, direta ou indiretamente, detenha a maioria do capital social com direito a voto (ações ordinárias).
3. **Orçamento da Seguridade Social (OSS)**, abrangendo todas as entidades e órgãos a ela vinculados, da administração direta ou indireta, bem como os fundos e fundações instituídos e mantidos pelo Poder Público.

Observe que o Orçamento da Seguridade Social (OSS) está dentro do Orçamento Público, sendo direcionado às ações na área da Seguridade Social.

Essa introdução inicial é necessária! Eu sei que se trata da disciplina de Administração Financeira e Orçamentária (AFO), mas é importante o leitor/estudante ter essa visão integrada (Direito Previdenciário x outras disciplinas) do assunto!

Agora que já demos uma leve passeada pela disciplina de AFO, vamos voltar ao financiamento da Seguridade Social.

O OSS é financiado basicamente pelas Receitas da União e pelas Receitas das Contribuições Sociais. De forma genérica, sem muitos detalhes, quais são essas Contribuições Sociais?

Conforme a legislação previdenciária, constituem **contribuições sociais**:

01. As das **empresas**, incidentes sobre a **remuneração** paga, devida ou creditada aos segurados e demais pessoas físicas a seu serviço, mesmo sem vínculo empregatício;

02. As dos **empregadores** domésticos, incidentes sobre o **salário de contribuição (SC)** dos empregados domésticos a seu serviço;

03. As dos **trabalhadores**, incidentes sobre seu **salário de contribuição (SC)**;

04. As das **associações desportivas** que mantêm equipe de futebol profissional, incidentes sobre:

  04.01. A receita bruta decorrente dos **espetáculos desportivos** de que participem em todo território nacional em qualquer modalidade desportiva, inclusive jogos internacionais;

  04.02. Qualquer forma de **patrocínio**, licenciamento de uso de marcas e símbolos, publicidade, **propaganda** e transmissão de espetáculos desportivos;

05. As incidentes sobre a **receita bruta proveniente da comercialização da produção rural**;

06. As das **empresas**, incidentes sobre a **receita** ou o **faturamento** e o **lucro**;

07. As incidentes sobre a receita **de concursos de prognósticos**, e;

08. As incidentes sobre **bens ou serviços importados do exterior**, a cargo do importador ou de quem a lei a ele equiparar (Emenda Constitucional n.º 42/2003).

De forma esquematizada:

Contribuições Sociais	Empresas (remuneração paga)
	Empresas (faturamento e lucro)
	Empregadores Domésticos (remuneração paga)
	Trabalhadores (E, D, A) (remuneração recebida)

Contribuições Sociais	Associações Desportivas (espetáculos)
	Associações Desportivas (patrocínio e propaganda)
	Receita de Venda de Produção Rural
	Concursos de Prognósticos
	Importação (bens e serviços)

(Autoria: Ali Mohamad Jaha)

2. AS RECEITAS DA UNIÃO

As Receitas da União, ao lado das Receitas das Contribuições Sociais, compõem praticamente todo o Orçamento da Seguridade Social (OSS). E como é composta essa contribuição da União?

Conforme a legislação previdenciária (RPS/1999):

> Art. 196. A contribuição da União é constituída de **recursos adicionais do Orçamento** Fiscal, fixados obrigatoriamente na Lei Orçamentária anual (LOA).

As receitas da União são originadas de **recursos adicionais do Orçamento Fiscal**. Lembre-se que o Orçamento Fiscal é só um dos três orçamentos que compõem o Orçamento Público (LOA).

Logo, a contribuição da União para o Orçamento da Seguridade Social (OSS) consiste em separar recursos adicionais do Orçamento Fiscal e encaminhá-los, com a devida fixação e autorização na LOA, para o OSS.

E se as Receitas da União e das Contribuições Sociais não forem suficientes para financiar de forma plena a Seguridade Social? O próprio RPS/1999 prevê essa situação:

> Art. 196, Parágrafo único. A **União** é **responsável pela cobertura de eventuais insuficiências financeiras da seguridade social**, quando decorrentes do pagamento de **benefícios de prestação continuada da previdência social**, na forma da Lei Orçamentária anual.

A União faz às vezes do **fiador** da Seguridade Social! Você conhece o fiador do contrato de locação? Aquele pobre coitado que paga o aluguel quando o locatário dá o calote no locador! RS!

Aqui é quase a mesma coisa! Porém, a União só vai cobrir essa insuficiência se ela for decorrente do pagamento de **benefícios de prestação continuada**

da Previdência Social (Atenção: Previdência Social é diferente de Assistência Social).

Enquadram-se nesta categoria as **aposentadorias**, **pensões por morte**, **auxílios**, os **salários família** e os **salários maternidade**, entre outros benefícios.

Para encerrar o tópico, temos ainda o seguinte dispositivo legal no RPS/1999:

> Art. 197. Para pagamento dos **Encargos Previdenciários da União** poderão contribuir os recursos da Seguridade Social referidos no Art. 195, parágrafo único, inciso VI do RPS/1999 (**Contribuição das Empresas sobre a Receita, o Faturamento e o Lucro**), na **forma da Lei Orçamentária Anual (LOA)**, assegurada a destinação de recursos para as ações de Saúde e Assistência Social.

O que são os Encargos Previdenciários da União? Segundo a Secretaria do Tesouro Nacional (STN), os **Encargos Previdenciários da União** são recursos destinados ao pagamento dos proventos de aposentadoria e pensões dos servidores civis e militares da administração direta da União.

A legislação previdenciária **faculta** à União a utilização da Contribuição Social das Empresas sobre a Receita, o Faturamento e o Lucro para o pagamento de seus Encargos Previdenciários.

Mas a União pode usufruir dessa faculdade em qualquer situação? Não! **Somente na forma prevista na LOA** e desde que seja assegurada a destinação de recursos para ações de Saúde e de Assistência Social (as duas áreas não contributivas da Previdência Social).

3. AS RECEITAS DAS CONTRIBUIÇÕES SOCIAIS

Nesse tópico você estudará cada uma das espécies de contribuições sociais definidas pela legislação previdenciária. Sem dúvida, é um tema muito importante!! =)

Desde 2007 cabe à Receita Federal do Brasil (RFB) o controle da arrecadação dessas contribuições, mas nem sempre foi assim!

Até 2004, o Instituto Nacional do Seguro Social (INSS) era divido em dois: Setor de Custeio e Setor de Benefícios, sendo que a parte referente ao custeio era responsável pela arrecadação das contribuições sociais.

Em 2004, a Medida Provisória n.º 222 criou a Secretaria da Receita Previdenciária (SRP), órgão ligado diretamente ao Ministério da Previdência Social, que ficou incumbido da arrecadação das contribuições sociais.

Nesse momento, o INSS passou a cuidar exclusivamente dos benefícios previdenciários. Entretanto, a vida da SRP foi curtíssima, pois em 2007, ela foi extinta com a criação da RFB pela Lei n.º 11.457, e todas as atribuições da SRP foram incorporadas pela nova e poderosa Receita Federal do Brasil.

Após essa introdução, vamos partir para o nosso curso! =)

3.1. Do Empregado, do Empregado Doméstico e do Trabalhador Avulso

As primeiras receitas de contribuições sociais a serem estudadas serão aquelas referentes aos seguintes segurados: Empregado (E), Empregado Doméstico (D) e Trabalhador Avulso (A).

Conforme dispõe a Emenda Constitucional n.º 103/2019, até que **lei** altere as alíquotas da contribuição de que trata a Lei n.º 8.212/1991, devidas pelo segurado **empregado**, inclusive o **doméstico**, e pelo **trabalhador avulso**, estas serão de:

Salário de Contribuição	CS (%)
Até R$ 1.412,00 (**1 SM**)	7,5
De R$ 1.412,01 até R$ 2.666,68	9
De R$ 2.666,69 até R$ 4.000,03	12
De R$ 4.000,04 até R$ 7.786,02 (**Teto**)	14

(Autoria: Ali Mohamad Jaha)

Não obstante, os valores serão **reajustados**, na mesma data e com o mesmo índice em que se der o reajuste dos benefícios do Regime Geral de Previdência Social, ressalvados aqueles vinculados ao salário mínimo, aos quais se aplica a legislação específica.

Provavelmente, tal atualização ocorrerá por meio de portaria ministerial ou interministerial.

As alíquotas acima serão aplicadas de **FORMA PROGRESSIVA** sobre o salário de contribuição do segurado, incidindo cada alíquota sobre a **FAIXA** de valores compreendida nos respectivos limites.

Exemplo: Qual seria a contribuição de um empregado que recebesse R$ 7.000,00 (remuneração, que, em regra, equivale ao próprio salário de contribuição)?

Basta multiplicar a alíquota pelo valor da remuneração em cada faixa. =)

De:	Até:	Faixa:	Alíq. (%)	Por faixa:
R$ 0,01	R$ 1.412,00	**R$ 1.412,00**	7,5	R$ 105,90

De:	Até:	Faixa:	Alíq. (%)	Por faixa:
R$ 1.412,01	R$ 2.666,68	**R$ 1.254,68**	9	R$ 112,92
R$ 2.666,69	R$ 4.000,03	**R$ 1.333,35**	12	R$ 160,00
R$ 4.000,04	R$ 7.000,00	**R$ 2.999,97**	14	R$ 420,00
Contribuição devida:				**R$ 798,82**

(Autoria: Ali Mohamad Jaha)

Sim, seriam exatos R$ 798,82 devidos pelo empregado à RFB. Essa é a nova forma de realizar cálculos de contribuição previdenciária. =)

E o que é mesmo o salário de contribuição (SC)? É a parte da remuneração do segurado que servirá de base de cálculo das contribuições previdenciárias, geralmente, quase toda a remuneração serve de SC.

Em momento futuro e oportuno estudaremos as parcelas integrantes e as não integrantes do salário de contribuição. Não precisa se afobar por enquanto! =)

Para concluir esse tópico, devemos fazer uma ressalva prevista na legislação previdenciária:

> Art. 198, Parágrafo Único. A contribuição do segurado **trabalhador rural** a que se refere à alínea "r" do inciso I do Art. 9.º do RPS/1999 **é de 8% sobre o respectivo salário de contribuição** definido no inciso I do Art. 214. do RPS/1999 (**aqui, o salário de contribuição é o total de rendimentos por ele recebido**).

A legislação previdenciária, ao criar essa ressalva, **foi benevolente com o trabalhador rural que exerce atividade temporária ao Produtor Rural Pessoa Física – PRPF** (RPS/1999, Art. 9.º, inciso I, alínea "r").

Sendo assim, independente do rendimento recebido por sua atividade, ele **sempre contribuirá com 8% do seu SC**, não precisando seguir a regra geral dos Segurados Empregados, ou seja, a tabela de 7,5%, 9%, 12% ou 14% sobre o SC.

3.2. Do Contribuinte Individual e do Segurado Facultativo

Atualmente, o Regulamento da Previdência Social (RPS/1999) se encontra desatualizado quanto as últimas alterações realizadas na Lei n.º 8.212/1991 (Plano de Custeio da Seguridade Social – PCSS) em relação às contribuições do segurado Contribuinte Individual e do Segurado Facultativo.

Assim, o PCSS/1991 é claro em seus dizeres:

> Art. 21. A alíquota de contribuição dos segurados **contribuinte individual** e **facultativo** será de **20% sobre o respectivo salário de contribuição** (SC).

O dispositivo apresenta a alíquota aplicável, **em regra**, ao Contribuinte Facultativo (F) e a alíquota geral do contribuinte Individual (C). É "em regra" porque existem exceções!

A própria legislação prevê alíquotas diferenciadas aos contribuintes individuais que prestam serviços a empresas (Decreto n.º 3.048/1999):

> Art. 216, § 26. A alíquota de contribuição a ser descontada pela empresa da remuneração paga, devida ou creditada ao **contribuinte individual a seu serviço**, observado o limite máximo do salário de contribuição (SC), **é de 11% no caso das empresas em geral** e de **20% quando se tratar de Entidade Beneficente de Assistência Social (EBAS) isenta (imune) das contribuições sociais patronais.**

Como você observou, em regra, o contribuinte individual recolhe sua contribuição social com a incidência de uma alíquota de 20% sobre seu SC, (observado o teto da legislação previdenciária) **quando trabalhar por conta própria** ou, até mesmo, para uma EBAS.

Contudo, caso trabalhe para uma empresa, essa irá descontar **apenas 11%** do pagamento dos serviços por ele prestado para a respectiva contribuição.

Os valores do salário de contribuição serão reajustados anualmente por portaria ministerial ou interministerial, como a citada anteriormente, com o mesmo índice utilizado para o reajustamento dos benefícios de prestação continuada da Previdência Social.

Vale ressaltar que nenhum segurado, em regra, poderá contribuir acima do Teto do RGPS. Por consequência, nenhum benefício previdenciário poderá ser concedido com valor superior a esse teto.

Existem algumas situações de **inclusão previdenciária** na nossa legislação, na qual podemos citar o Art. 21, § 2.º da Lei n.º 8.212/1991 (com adaptações), que prevê situações em que o cidadão contribuirá com valores menores mensais e poderá solicitar, no futuro, sua **aposentadoria programada**.

Essas são as situações abarcadas na lei:

1. CI e F contribuir com 11% x 1 salário mínimo. CI que trabalhe por conta própria, sem relação de trabalho com empresa ou equiparado e o Segurado Facultativo;

2. CI MEI contribuir com 5% x 1 salário mínimo. O MEI deve auferir no máximo R$ 81.000,00 por ano e ser optante do Simples Nacional (Lei Complementar n.º 123/2006, Art. 18-A), e;

3. F contribuir com 5% x 1 salário mínimo. O Segurado Facultativo sem renda própria que se dedique exclusivamente ao trabalho doméstico no âmbito de sua residência, desde que pertencente à família de baixa renda (família de baixa renda é aquela inscrita no Cadastro Único para Programas Sociais do Governo Federal – CADÚNICO e cuja renda mensal seja de no máximo 2 salários mínimos).

As situações supra são verdadeiros casos concretos do **Sistema Especial de Inclusão Previdenciária (SEIP)**, constante de nossa Carta Magna.

Por fim, não podemos nos esquecer que a legislação previdenciária pode criar **OUTRAS alíquotas diferenciadas (mais benéficas)** para incluir o maior número de pessoas dentro da proteção previdenciária. Observe o texto constitucional, reformado pela Emenda Constitucional n.º 103/2019:

> Art. 201, § 12. Lei instituirá **Sistema Especial de Inclusão Previdenciária (SEIP)**, com **alíquotas diferenciadas**, para atender aos **trabalhadores de baixa renda**, inclusive os que se encontram em situação de **informalidade**, e àqueles sem renda própria que se dediquem exclusivamente ao **trabalho doméstico** no âmbito de sua residência, desde que pertencentes a famílias de baixa renda.
>
> → A aposentadoria concedida ao segurado nos termos acima terá valor de 1 salário mínimo.

3.3. Do Produtor Rural Pessoa Física (PRPF) e do Segurado Especial

A legislação previdenciária trata da Contribuição Social do Produtor Rural Pessoa Física (PRPF) e do Segurado Especial (S) no Art. 25 da Lei n.º 8.212/1991:

> Art. 25. A contribuição do **empregador rural pessoa física**, em **substituição** à contribuição de que tratam os incisos I (Cota Patronal da Empresa de 20% sobre a folha de salários) e II (GILRAT da Empresa de 1%, 2% ou 3%) do Art. 22 e a do **segurado especial**, referidos, respectivamente, na alínea "a" do inciso V e no inciso VII do Art. 12 desta Lei, destinada à Seguridade Social, é de:
>
> I – **1,2%** da receita bruta proveniente da comercialização da sua produção, e;
>
> II – **0,1%** da receita bruta proveniente da comercialização da sua produção para financiamento das prestações por acidente do trabalho.

Para constar, informo que com o advento da Lei n.º 13.606/2018, **a contribuição foi reduzida de 2% para 1,2%.**

A legislação previdenciária **substituiu** o recolhimento mensal exigido das empresas e adotou, para os PRPF e para os Segurados Especiais, a **contribuição total de 1,3% (1,2% + 0,1%)** sobre a Receita Bruta de Comercialização (RBC).

Uma vez que esses segurados não auferem rendimento de forma periódica, fica difícil estabelecer um salário de contribuição mensal e, por consequência, difícil apurar e cobrar contribuições sociais dessas pessoas.

Diante de tal entrave, a legislação previdenciária adotou uma forma diferenciada de contribuição: a simples aplicação de uma alíquota única de 1,3% sobre a RBC.

Por sua vez, a RBC é composta pelos valores auferidos com produção, processo de beneficiamento ou industrialização artesanal, comercialização de produtos de origem animal ou vegetal em estado natural ou submetidos a processos de beneficiamento ou industrialização rudimentar, bem como por subprodutos e os resíduos obtidos por meio desses processos.

Tudo isso é RBC? Não. Tem mais um pouco, amigo! A legislação previdenciária ampliou o conceito de Receita Bruta! Para fins previdenciários, é considerada como RBC a receita proveniente:

01. Da comercialização da **produção** obtida em razão de contrato de parceria ou meação de parte do imóvel rural;
02. Da comercialização de artigos oriundos da **atividade artesanal** desenvolvida por membro de grupo familiar de segurados especiais;
03. De **serviços prestados**, de equipamentos utilizados e de produtos comercializados no imóvel rural, desde que em atividades turística e de entretenimento desenvolvidas no próprio imóvel, inclusive hospedagem, alimentação, recepção, recreação e atividades pedagógicas, bem como taxa de visitação e serviços especiais;
04. Do valor de mercado da produção rural dada em pagamento ou que tiver sido trocada por outra, qualquer que seja o motivo ou finalidade, e;
05. De **atividade artística** desenvolvida por membro de grupo familiar de segurados especiais.

Como você percebeu a base de cálculo para esses segurados é bem ampla! Ela abarca praticamente todas as atividades realizadas no campo.

Uma vez que a alíquota é extremamente pequena e não existe a periodicidade mensal de recolhimentos, não faz sentido restringir a base de cálculo dos produtores rurais Pessoa Física e dos Segurados Especiais.

De certa forma, essa base de cálculo ampliada respeita o **princípio da isonomia**, pois tenta captar recursos das contribuições sociais para o RGPS de forma equilibrada entre os seus segurados obrigatórios.

Vamos estudar agora o **recolhimento dessa contribuição social (1,3% x RBC)**! Conforme a legislação, essa contribuição será recolhida:

R01. Pela **empresa** (pessoa jurídica) **adquirente**, **consumidora** ou **consignatária** ou a cooperativa, que ficam **sub-rogadas** no cumprimento das obrigações do **Produtor Rural Pessoa Física - PRPF** (segurado contribuinte individual, que explora atividade agropecuária, pesqueira ou extrativista) e do **Segurado Especial**, independentemente de as operações de venda ou consignação terem sido realizadas diretamente com estes ou com intermediário pessoa física.

Quando o PRPF ou o Segurado Especial vende ou consigna sua produção para uma **empresa** (pessoa jurídica), esta fica **sub-rogada** na obrigação de recolher a contribuição social devida pelo PRPF ou pelo Segurado Especial.

O que seria essa **sub-rogação**? Nesse caso, a empresa compradora da produção irá **recolher** para os cofres públicos a contribuição devida pelo PRPF (ou Segurado Especial) e **descontar esse recolhimento do valor a ser pago para o próprio PRPF**.

Imagine o seguinte caso prático: O PRPF Caio vendeu sua produção de milho para a empresa Pamonha da Hora Ltda. (pessoa jurídica) por R$ 10.000,00. Nesse caso, conforme legislação previdenciária, a empresa fica sub-rogada na obrigação de recolher R$ 130,00 (1,3% x R$ 10.000,00) aos cofres públicos a título de contribuição social do PRPF Caio.

Em suma, a empresa recolherá R$ 130,00 para a Receita Federal do Brasil (RFB) e pagará R$ 9.870,00 para o PRPF Caio. Esse irá receber R$ 9.870,00 da empresa compradora e **não recolherá nada a Previdência (RFB)**, pois essa obrigação ficou sub-rogada à Pamonha da Hora Ltda.

Essa sub-rogação **facilita muito a fiscalização**, pois a RFB não precisa fiscalizar milhares de PRPF (ou Segurados Especiais) como Caio, e sim as empresas adquirentes, num quantitativo bem menor. O mesmo ocorre com fornecedores de leite para cooperativa de laticínios, entre outros.

R02. Pela **pessoa física não produtor rural**, que fica **sub-rogada** no cumprimento das obrigações do **Produtor Rural Pessoa Física - PRPF** (segurado contribuinte individual, que explora atividade agropecuária, pesqueira ou extrativista) e do **Segurado Especial**, quando adquire produção para **venda no varejo a consumidor pessoa física**.

A **pessoa física não produtor rural** que compra a produção de PRPF (ou Segurado Especial) para **revendê-la**, no **varejo**, para **consumidor pessoa física** também fica **sub-rogada** pelo recolhimento da contribuição social.

Exemplo: O PRPF Caio vende sua pequena produção de milho para o Sr. Luigi (que não é produtor rural) por R$ 10.000,00, e esse por sua vez, irá revender em sua mercearia para consumidores finais (pessoas físicas).

Nesse caso, o Sr. Luigi irá recolher R$ 130,00 (1,3% x R$ 10.000,00) para a Previdência Social e pagará ao PRPF Caio a quantia de R$ 9.870,00.

Por sua vez, Caio receberá R$ 9.870,00 e **não precisará recolher nada para a Previdência (RFB)**, pois a sua contribuição já foi recolhida através da sub-rogação ao comprador pessoa física não produtor.

R03. Pelo **Produtor Rural Pessoa Física – PRPF** (segurado contribuinte individual, que explora atividade agropecuária, pesqueira ou extrativista) e pelo **Segurado Especial**, caso comercializem sua produção com **adquirente domiciliado no exterior** ou, **diretamente no varejo a consumidor pessoa física** ou, a **outro produtor rural pessoa física ou segurado especial**.

Nesse caso, o **recolhimento é feito diretamente pelo PRPF (ou pelo Segurado Especial)**. Ou seja, **não existe a figura da sub-rogação do recolhimento à pessoa adquirente, desde que venda sua produção**:

- Para o adquirente no Exterior;
- Para o consumidor final pessoa física, de forma direta, no varejo, e;
- Para outro PRPF ou Segurado Especial.

Imagine o PRPF Caio (novamente!) vendendo diretamente sua produção de milho para vários consumidores (pessoas físicas) diferentes, como estamos acostumados a ver nas ruas por aí.

Nesse caso, ele vendeu sua produção por R$ 10.000,00. Como será realizado o recolhimento à Previdência Social? Dessa vez, o PRPF Caio terá que recolher sua própria contribuição social de R$ 130,00 (1,3% x R$ 10.000,00).

Além desse caso de **recolhimento direto**, a legislação previdenciária prevê mais 3 casos em que o Produtor Rural Pessoa Física (PRPF) e o Segurado Especial são obrigados a recolher diretamente a própria contribuição social.

Esses casos são referentes às contribuições incidentes sobre a receita bruta proveniente:

01. Da comercialização de artigos de **artesanato** elaborados com matéria-prima produzida pelo respectivo grupo familiar;

02. De comercialização de **artesanato** ou do exercício de **atividade artística** de membro de grupo familiar de segurados especiais, e;

03. De serviços prestados, de equipamentos utilizados e de produtos comercializados no imóvel rural, desde que em **atividades turística** e de entretenimento desenvolvidas no próprio imóvel, inclusive hospedagem, alimentação, recepção, recreação e atividades pedagógicas, bem como taxa de visitação e serviços especiais.

Como você já percebeu, amigo, existe situações em que há **sub-rogação da contribuição social do PRPF (ou do Segurado Especial)** e existe situações em que o **recolhimento deve ser feito diretamente pelo PRPF (ou Segurado Especial)**. Vamos esquematizar essas situações!

Situações de Sub-rogação da Contribuição Social:
Venda de produção para Empresa Adquirente.
Venda de produção para Empresa Consumidora.
Venda de produção para Empresa Consignatária.
Venda de produção para Cooperativa.
Venda de produção para pessoa física não produtor rural para revenda, no varejo, para consumidor final (pessoa física).
Situações de Recolhimento Direto da Contribuição Social:
Venda de produção para o adquirente no Exterior.
Venda de produção, de forma direta, no varejo, para consumidor final (pessoa física).
Venda de produção para outro PRPF ou Segurado Especial.
Venda de artesanato.
Exercício de atividade artística.
Exercício de atividade turística (inclusive com hospedagem).

(Autoria: Ali Mohamad Jaha)

Não obstante, o RPS/1999 traz o seguinte para nossos estudos:

> Art. 200, § 2.º O **Segurado Especial** referido neste artigo, além da contribuição obrigatória de **1,3% x RBC, poderá contribuir, facultativamente**, na forma do Art. 199 do RPS/1999 (**contribuir facultativamente nas mesmas condições do contribuinte individual, ou seja, 20% x SC por ele declarado**).

O Segurado Especial, além da contribuição obrigatória, poderá usar da **faculdade** de contribuir individualmente, **mantendo a qualidade de segurado especial no RGPS.**

Neste caso, **contribuirá com 20% x SC, onde o SC será o valor por ele declarado**, respeitados os limites mínimo e máximo do SC, com o objetivo de obter benefícios previdenciários de valor maior.

Ainda no Decreto n.º 3.048/1999:

> Art. 200, § 10. O segurado especial é obrigado a arrecadar a contribuição de trabalhadores a seu serviço e a recolhê-la no prazo estabelecido pela legislação previdenciária.

A legislação previdenciária a partir do ano de 2001 **equiparou o Consórcio Simplificado de Produtores Rurais ao Produtor Rural Pessoa Física (PRPF) para todos os efeitos previdenciários**, como você pode observar no RPS/1999:

> Art. 200-A. **Equipara-se ao Produtor Rural Pessoa Física (PRPF) o Consórcio Simplificado de Produtores Rurais**, formado pela união de produtores rurais pessoas físicas, que outorgar a um deles poderes para contratar, gerir e demitir trabalhadores rurais, na condição de empregados, para prestação de serviços, exclusivamente, aos seus integrantes, mediante documento registrado em cartório de títulos e documentos.
>
> § 1.º O documento de que trata o caput deverá conter a identificação de cada produtor, seu endereço pessoal e o de sua propriedade rural, bem como o respectivo registro no Instituto Nacional de Colonização e Reforma Agrária (INCRA) ou informações relativas à parceria, arrendamento ou equivalente e à matrícula na RFB de cada um dos produtores rurais.
>
> § 2.º O consórcio deverá ser matriculado na RFB, na forma por este estabelecida, em nome do empregador a quem hajam sido outorgados os mencionados poderes.
>
> Art. 200-B. As contribuições de que tratam o inciso I do Art. 201 (Cota Patronal da Empresa de 20% sobre a folha de salários) e o Art. 202 (GILRAT da Empresa de 1%, 2% ou 3%), bem como a devida ao Serviço Nacional Rural, são **substituídas**, em relação à remuneração paga, devida ou creditada ao trabalhador rural contratado pelo consórcio simplificado de produtores rurais de que trata o Art. 200-A, pela **contribuição dos respectivos produtores rurais.**

Considero interessante inserir um dispositivo presente na Lei n.º 8.212/1991, a saber:

> Art. 25, § 3.º Os produtores rurais integrantes do consórcio de que trata o caput serão **responsáveis solidários em relação às obrigações previdenciárias.**

Como a equiparação com o PRPF na esfera previdenciária é total, todos os comentários relacionados ao PRPF são válidos ao Consórcio Simplificado de Produtores Rurais.

Neste tópico da disciplina, vale contar um pouco de história! =)

A Lei n.º 10.256/2001 inseriu na Lei n.º 8.212/1991 a contribuição de 2,1% (a Lei n.º 13.606/2018 reduziu de 2,1% para 1,3%) sobre a receita bruta de comercialização para o empregador rural pessoa física em substituição a tradicional contribuição patronal.

Tal exação tem uma mensuração mais simplificada em função da atividade exercida de pelo rural, onde este mensura a produção rural mensal e multiplica por 1,3% para encontrar o valor da contribuição previdenciária devida.

Entretanto, com o passar dos anos, diversos produtores rurais e sociedade agropecuárias questionaram a legitimidade (leia-se constitucionalidade) do instituto que ganhou repercussão geral e parou no STF em 2012.

Após alguns anos, o STF, em 2017, decidiu pela **constitucionalidade total** (**formal** – não houve vícios em seu processo legislativo da Lei n.º 10.256/2001 e **material** – o conteúdo tratado pela lei não era inconstitucional) da exação tributária supramencionada.

3.4. Da Empresa em Geral

Prezado estudante/leitor, este será o maior tópico deste capítulo. É um assunto bem extenso, com muitos detalhes e com grande incidência nas provas de Direito Previdenciário.

Logo, vamos estudá-lo com muito carinho! =)

3.4.1. Da Empresa sobre a Folha de Salários

As **contribuições a cargo da empresa** serão as seguintes, conforme legislação previdenciária (Decreto n.º 3.048/1999, Art. 201 e incisos):

- **20%** sobre o total das **remunerações** pagas, devidas ou creditadas, a qualquer título, no decorrer do mês, aos segurados **empregado** e **trabalhador avulso**, além das contribuições previstas nos Arts. 202 (GILRAT e Adicional GILRAT – a ser visto nesse tópico) e 204 (contribuição sobre o faturamento e o lucro) do RPS/1999.

É a contribuição da empresa sobre a folha de salários dos empregados e trabalhadores avulsos. E qual seria o conceito de remuneração?

A **remuneração** do trabalhador é a importância auferida em uma ou mais empresas, assim entendida a totalidade dos rendimentos pagos, devidos ou creditados a qualquer título, durante o mês, destinados a lhe retribuir pelo trabalho.

Entram no conceito de remuneração os ganhos habituais sob forma de utilidades. Foi isso mesmo que você entendeu! Os ganhos pagos com habitualidade fazem parte da remuneração, como as gorjetas, por exemplo!

Não obstante, a Medida Provisória n.º 680/2015, posteriormente convertida na Lei n.º 13.189/2015, instituiu o Programa Seguro Emprego (PSE). No caso de redução da jornada de trabalho e do salário em até 30%, o empregado terá direito a receber uma compensação pecuniária de 50% do valor desta redução. Neste caso, essa compensação também se enquadra como remuneração.

Para constar, essa compensação pecuniária do PSE é custeada pelo Fundo de Amparo ao Trabalhador (FAT).

E o lucro distribuído pelo empresário? Não, isso não é remuneração, pois a distribuição de lucro é eventual, não periódico, não habitual.

- **20%** sobre o total das **remunerações** ou retribuições pagas ou creditadas no decorrer do mês ao segurado **contribuinte individual**.

O conceito de remuneração do contribuinte individual é o mesmo exposto anteriormente, mas em relação a este segurado temos algumas peculiaridades:

a) A **bolsa de estudos** paga ao Médico-residente (médico residente é contribuinte individual, não se esqueça disso!) em razão de participação em programa de residência médica é considerada **remuneração** para fins previdenciários.

b) O salário de contribuição do condutor autônomo de veículo rodoviário (contribuinte individual), inclusive o taxista e o motorista de transporte remunerado privado individual de passageiros (contribuintes individuais), do auxiliar de condutor autônomo e do operador de trator, máquina de terraplanagem, colheitadeira e assemelhados, sem vínculo empregatício e do cooperado filiado a cooperativa de transportadores autônomos corresponde a **20% do valor bruto auferido pelo frete**, carreto ou transporte e não se admite a dedução de qualquer valor relativo aos dispêndios com combustível e manutenção do veículo. Este autor chama esse valor de Base de Cálculo Reduzida, onde **BCR = 20% x valor do serviço de transporte**.

c) Quando não há comprovação dos valores pagos ou creditados ao segurado contribuinte individual, em razão de **sonegação** de qualquer documento ou informação, ou ainda, sua apresentação deficiente, a empresa é obrigada a recolher a seguinte contribuição referente a esses contribuintes individuais:

c.1.) 20% x Salário de Contribuição do segurado nessa condição (em condição semelhante), **OU**;

c.2.) 20% x Maior remuneração paga a empregados da empresa, **OU;**

c.3.) 20% x Salário Mínimo, caso não ocorra nenhuma das hipóteses anteriores.

d) No caso de **sociedade civil de prestação de serviços profissionais relativos ao exercício de profissões legalmente regulamentadas**, a contribuição da empresa referente aos segurados contribuintes individuais ligados à sociedade, observado a legislação específica, será de:

d.1.) 20% x remuneração paga ou creditada aos sócios em decorrência de seu trabalho, de acordo com a escrituração contábil da empresa, **OU**;

d.2.) 20% x os valores totais pagos ou creditados aos sócios, ainda que a título de antecipação de lucro da pessoa jurídica, quando não houver discriminação entre a remuneração decorrente do trabalho e a proveniente do capital social ou tratar-se de adiantamento de resultado ainda não apurado por meio de Demonstração de Resultado do Exercício (DRE).

e) Quando um trabalhador (pessoa física) presta serviço a uma empresa, sem características de segurado empregado, as contribuições dessa empresa serão calculadas de forma equivalente à de um segurado contribuinte individual, independentemente desse trabalhador estar inscrito no RGPS.

São muitas peculiaridades e é interessante termos todas elas em mente! =)

3.4.2. Da Empresa sobre o Faturamento e o Lucro

Dando continuidade, tem-se o seguinte:

- As contribuições a cargo da empresa, provenientes do **faturamento** (PIS e COFINS) e do **lucro** (CSLL), destinadas à seguridade social.

Sobre o **faturamento**, conforme dispõe o Art. 204 do RPS/1999 c/c a Lei n.º 10.637/2002 c/c a Lei n.º 10.833/2003, a empresa irá contribuir, em regra, com as seguintes alíquotas de PIS e de COFINS:

Tributação no regime cumulativo:

- PIS: 0,65%.
- COFINS: 3%

Tributação no regime não cumulativo:

- PIS: 1,65%.
- COFINS: 7,6%

Sobre o **lucro**, conforme dispõe o Art. 204 do RPS/1999 c/c a Lei n.º 7.689/1988, a empresa irá contribuir, em regra, com a alíquota de 15% de CSLL.

O que vem a ser o PIS, a COFINS e a CSLL? Observe:

- Programa de Integração Social (PIS): Foi criado pelo governo federal na década de 70 juntamente com o Programa de Formação do Patrimônio do Servidor (PASEP). Ambos os programas têm como objetivo promover integração dos trabalhadores na vida e no desenvolvimento das empresas, viabilizando melhor distribuição da renda por meio de benefícios como o Abono Salarial e o Seguro Desemprego. O PIS é destinado aos que atuam no setor privado e o PASEP aos empregados e servidores públicos.
- Contribuição Social para Financiamento da Seguridade Social (COFINS): Criada pela Lei Complementar n.º 70/1991, é uma contribuição social devida pelas pessoas jurídicas (incluindo as equiparadas por meio da legislação do imposto de renda), destinada exclusivamente ao financiamento das despesas com atividades-fim das áreas de saúde, previdência e assistência social.
- Contribuição Social sobre o Lucro Líquido (CSLL): Contribuição que incide sobre as pessoas jurídicas e entes equiparados pela legislação do Imposto de Renda e se destina ao financiamento da Seguridade Social, estando disciplinado pela Lei n.º 7.689/1988.

Vale a pena ressaltar o disposto na Emenda Constitucional n.º 103/2019 que traz que até que entre em vigor **lei** que disponha sobre a alíquota da contribuição de que trata a Lei n.º 7.689/1988 (**CSLL**), esta será de **20%** no caso das pessoas jurídicas referidas no inciso I do § 1.º do Art. 1.º da Lei Complementar n.º 105/2001 (**bancos de qualquer espécie**).

Por fim, com a Reforma Tributária (Emenda Constitucional n.º 132/2023), as contribuições para o PIS e para a COFINS serão substituídas, em 2027, pela **Contribuição sobre Bens e Serviços (CBS)**.

3.4.3. Da Empresa sobre os Serviços prestados por Cooperativa de Trabalho

Não obstante, existe a seguinte passagem na legislação previdenciária pátria:

- **15% sobre o valor bruto da nota fiscal ou fatura de prestação de serviços**, relativamente a serviços que lhes são prestados por cooperados por intermédio de **cooperativas de trabalho**.

→ **Decreto n.º 10.410/2020 REVOGOU tal disposição do RPS/1999**.

Esta contribuição, prevista no Art. 22, inciso IV da Lei n.º 8.212/1991 se encontra com **execução suspensa** desde o advento da Resolução do Senado Federal n.º 10/2016. No caso, o Supremo Tribunal Federal (STF) declarou, em decisão definitiva, a **inconstitucionalidade** dessa exação no Recurso Extraordinário (RE) n.º 595.838.

E, nessa mesma toada, o Decreto n.º 10.410/2020 **extirpou tal contribuição** do texto do Decreto n.º 3.048/1999 (Regulamento da Previdência Social).

Com isso, vou apresentar esse tributo apenas para fins didáticos. Acredito que não seja objeto de cobrança em certames.

Dando continuidade, a legislação previdenciária foi favorável às cooperativas de trabalho, pois essas **não estão sujeitas** à contribuição de 20% sobre os valores pagos, distribuídos ou creditados aos seus cooperados (contribuintes individuais), a título de remuneração ou retribuição pelos serviços prestados às empresas.

Em outras palavras, a cooperativa de trabalho **não precisa (precisava) recolher 20% sobre a folha de seus cooperados (cota patronal)**. E ainda tem mais! **A contribuição de 15% sobre o valor bruto da nota fiscal é de responsabilidade da empresa contratante, ou seja, não se trata de retenção**.

Um exemplo deixa tudo mais claro: imagine que a empresa Fronteira contrate a cooperativa de trabalho Mãos à obra para lhe prestar serviços técnicos, sendo que o total do serviço foi de R$ 100.000,00.

Nesse caso, a empresa Fronteira irá recolher R$ 15.000,00 para a Previdência Social (15% x Valor Bruto da Nota Fiscal de Serviço) e irá pagar R$ 100.000,00 para a cooperativa de trabalho.

É isso mesmo, a cooperativa de trabalho não recolhe nada e a empresa contratante **arca (arcava) com 115% do valor Bruto da Nota Fiscal de Serviço** (15% para a Previdência e 100% para a Cooperativa de Trabalho pelos serviços prestados).

Temos ainda outra peculiaridade em relação às cooperativas de trabalho que exercem atividades de **transporte rodoviário** (cargas ou passageiros).

Quando uma empresa contrata esse tipo de cooperativa, deverá (deveria) recolher 15% sobre a parcela correspondente aos serviços prestados pelos cooperados, mas esse valor será equivalente a **no mínimo 20% do total da nota fiscal de fatura**. Como assim?

Recorremos a outro exemplo: Imagine uma cooperativa de trabalho no ramo de transporte de passageiros que preste serviço a uma empresa qualquer. Findado o contratado, o valor do serviço prestado pelos cooperados foi de R$ 2.500,00 e o valor total da nota fiscal do serviço foi de R$ 10.000,00.

Nesse caso, o serviço dos cooperados equivale a 25% do valor total da nota fiscal, e sendo assim, a empresa contratante deverá contribuir para a Previdência com 15% x R$ 2.500,00 (pois este montante **supera** os 20% mínimo exigidos do total da nota fiscal faturada).

Agora imagine a mesma situação, porém, com o importe da nota fiscal no valor de R$ 100.000,00. Nesse caso, o valor dos serviços prestados pelos cooperados (R$ 2.000,00) equivale a apenas 2% do valor total da nota fiscal.

Como o limite mínimo para incidência é de 20% sobre o total da NF, devemos adotar como base de cálculo previdenciário a quantia de R$ 20.000,00 (20% x R$ 100.000,00). Logo a empresa deverá contribuir com 15% x R$ 20.000,00. Ficou claro?

3.4.4. Do Produtor Rural Pessoa Física (PRPJ)

Conforme traz o Regulamento da Previdência Social (Decreto n.º 3.048/1999, Art. 201, inciso IV):

- **1,7%** sobre o total da Receita Bruta proveniente da Comercialização da produção rural (RBC), em **substituição** às contribuições previstas no Art. 201, inciso I (Cota Patronal da empresa sobre folha de salários) e no Art. 202 (GILRAT de 0,1%) do RPS/1999, quando se tratar de pessoa jurídica que tenha como fim apenas a atividade de produção rural (**Produtor Rural Pessoa Jurídica - PRPJ**).

Para constar, a contribuição social do Produtor Rural Pessoa Jurídica (PRPJ) tem as seguintes características:

a) Considera-se **Receita Bruta de Comercialização (RBC)** o valor recebido ou creditado pela comercialização da produção, assim entendida a operação de venda ou consignação. Conforme legislação previdenciária, integram a produção (não é para decorar!): os produtos de origem animal ou vegetal, em estado natural ou submetidos a processos de beneficiamento ou industrialização rudimentar, assim compreendidos, entre outros, os processos de lavagem, limpeza, descaroçamento, pilagem, descascamento, lenhamento, pasteurização, resfriamento, secagem, socagem, fermentação, embalagem, cristalização, fundição, carvoejamento, cozimento, destilação, moagem e torrefação, bem como os subprodutos e os resíduos obtidos por meio desses processos.

b) A contribuição de 1,7% x RBC deverá ser recolhida pelo próprio PRPJ, **não se admitindo a sub-rogação.**

c) O PRPJ continua obrigado a arrecadar e recolher à Receita Federal do Brasil a contribuição do segurado **empregado** e do **trabalhador avulso** a seu serviço, descontando-a da respectiva remuneração, nos mesmos prazos e segundo as mesmas normas aplicadas às empresas em geral.

d) No caso de o PRPJ prestar serviços a terceiros, as contribuições referentes a esses serviços serão recolhidas pelo contratante de forma equivalente às empresas em geral (20% x folha de salários);

e) O PRPJ (exceto a agroindústria – que será estuda em tópico próprio) que além de sua atividade rural **exerça outra atividade econômica autônoma** (comercial, industrial ou serviços) no mesmo estabelecimento ou em estabelecimento distinto, independentemente da atividade preponderante, deverá recolher contribuições sociais de 20% sobre folha de salários (empregados, avulsos e contribuintes individuais) e contribuição de GILRAT.

Para constar, conforme trouxe a Lei n.º 13.606/2018, que alterou a Lei n.º 8.870/1994, o empregador pessoa jurídica (PRPJ) poderá optar por contribuir de forma tradicional (Contribuição sobre folha + GILRAT), manifestando sua opção mediante o pagamento da contribuição incidente sobre a folha de salários relativa a janeiro de cada ano, ou à primeira competência subsequente ao início da atividade rural, e **será irretratável para todo o ano-calendário.**

3.4.5. Da Agroindústria e da Cooperativa de Produção Rural

A Agroindústria é uma espécie do gênero PRPJ, recolhendo inclusive, suas contribuições sociais de forma equivalente, como podemos extrair da legislação previdenciária (Lei n.º 8.212/1991):

> Art. 22-A. A **contribuição** devida pela agroindústria, definida, para os efeitos desta Lei, como sendo o produtor rural pessoa jurídica cuja atividade econômica seja a **industrialização** de produção própria ou de produção própria e adquirida de terceiros, incidente sobre o valor da receita bruta proveniente da comercialização da produção, em substituição às previstas nos incisos I (contribuição patronal de 20% sobrea a folha) e II (GILRAT de 1%, 2% ou 3%) do Art. 22 desta Lei, é de:
>
> I – **2,5%** destinados à Seguridade Social, e;

> II – **0,1%** para o financiamento do benefício previsto nos Arts. 57 e 58 da Lei n.º 8.213/1991 (Aposentadoria Especial), e daqueles concedidos em razão do grau de incidência de incapacidade para o trabalho decorrente dos riscos ambientais da atividade (GILRAT).

Aqui cabe uma **ressalva**! Atualmente, existe divergência entre a contribuição do PRPJ (1,7% conforme Lei n.º 8.870/1994) e Agroindústria (2,5% conforme Lei n.º 8.212/1991).

Aplica-se o disposto acima, ainda que a agroindústria explore, também, **outra atividade econômica autônoma**, no mesmo ou em estabelecimento distinto, hipótese em que a contribuição incidirá sobre o valor da receita bruta dela decorrente.

Para a Agroindústria, a **RBC**, por definição legal, equivale ao valor total da receita de comercialização da:

a) Produção Própria, e;

b) Produção adquirida de Terceiros, industrializada ou não.

A Agroindústria que **presta serviços a terceiros** contribui para a Seguridade Social de forma **equiparada às empresas** (contribuição sobre folha de salários e GILRAT), existindo inclusive a obrigação da elaboração de folha de salários e de registros contábeis.

Uma vez que esse tipo de Agroindústria contribui de forma equiparada às empresas, a RBC não é utilizada como base de cálculo para a contribuição de 2,5% x RBC, como acontece em regra nas outras agroindústrias e nos PRPJ (acrescido da contribuição de GILRAT de 0,1%).

Além do disposto no parágrafo anterior, existem algumas outras entidades que são **excluídas** da forma de arrecadação das agroindústrias (2,5% x RBC + GILRAT de 0,1%), a saber:

a) As Sociedades Cooperativas;

b) As Agroindústrias de Piscicultura (criação de peixes de água doce), de Carcinicultura (criação de camarões), de Suinocultura (criação de porcos) e de Avicultura (criação de aves), e;

c) As Pessoas Jurídicas que se dediquem **exclusivamente** ao florestamento e reflorestamento como fonte de matéria-prima para industrialização própria, com uso de processo industrial que **modifique a natureza química da madeira** ou a **transforme em pasta celulósica (para fabricação de papel)**. Essas PJ podem ainda comercializar resíduos vegetais (sobras de produção), desde que a receita dessa comercialização represente no máximo 1% de sua receita bruta proveniente da comercialização da produção.

A exclusão supracitada indica que tais empresas devem arrecadar de forma análoga a uma empresa normal.

Dando continuidade, agora que já tratamos da Agroindústria, vamos observar o que a legislação previdenciária traz sobre a **Cooperativa de Produção Rural** (Decreto n.º 3.048/1999):

> Art. 201-C. Quando a cooperativa de produção rural contratar empregados para realizarem, exclusivamente, a colheita da produção de seus cooperados, as contribuições de que tratam o Art. 201, inciso I (cota patronal de 20% sobre folha), e o Art. 202 (GILRAT de 1%, 2% ou 3%), relativas à folha de salário destes segurados, serão **substituídas pela contribuição devida pelos cooperados**, cujas colheitas sejam por eles realizadas, incidentes sobre a receita bruta da comercialização da produção rural, na forma prevista no Art. 200 (**1,2% + 0,1% GILRAT**), se pessoa física, no inciso IV do caput do Art. 201 e no § 8º do Art. 202 (**1,7% + 0,1% GILRAT**), se pessoa jurídica.

A CPR quando contrata empregados para a colheita da produção de seus cooperados **não recolhe contribuição social sobre a folha de salários como numa empresa normal**. Nesse caso cabem aos cooperados substituírem essa contribuição pela contribuição sobre a Receita Bruta de Comercialização (RBC), como acontece com os Produtores Rurais Pessoa Física (PRPF) e os Produtores Rurais Pessoa Jurídica (PRPJ).

A responsabilidade pela arrecadação e recolhimento da contribuição previdenciária desses empregados contratados exclusivamente para colheita de produção dos cooperados é da própria CPR.

Quer um exemplo? Imagine que você é um fazendeiro (ou fazendeira), participante de uma Cooperativa de Produção Rural. Neste ano, você e os demais cooperados obtiveram uma safra recorde com o plantio de café e em decorrência disso, necessitam contratar mão de obra extra para auxiliar na colheita.

Nesse caso, ao invés de contribuir sobre a folha de salários desses trabalhadores contratados temporariamente, contribuirão com uma alíquota sobre a Receita Bruta de Comercialização. Essa alíquota variará se você, Fulano de Tal, Pessoa Física, for o responsável pela contratação (**1,2% x RBC + GILRAT de 0,1% = 1,3%**), ou se, a Fazenda Três Irmãos, Pessoa Jurídica, realizar o contrato (**1,7% x RBC + GILRAT de 0,1% = 1,8%**).

Como você pode ver claramente, a Pessoa Jurídica, ainda que integrante de Cooperativa de Produção Rural suporta um ônus maior na contratação de pessoal para execução do trabalho do que a pessoa física.

Além dessa responsabilidade de arrecadação e recolhimento, cabe a CPR elaborar folha de salários distinta desses empregados em relação aos empregados regulares e apurar os encargos decorrentes dessas contratações de forma discriminada por cooperado, na forma definida pela Receita Federal do Brasil.

3.4.6. Da Contribuição GILRAT e do Adicional GILRAT

Esse tópico irá abordar o famoso "**GILRAT**" e o incompreendido "**Adicional GILRAT**", termos que apareceram e aparecerão em várias oportunidades em nosso curso e na legislação previdenciária pátria.

Afinal, o que vem ser o **GILRAT**? E o **Adicional GILRAT**? A legislação previdenciária traz a seguinte definição (Lei n.º 8.212/1991):

> Art. 22, II – Para o **financiamento** do benefício previsto nos Arts. 57 e 58 da Lei n.º 8.213/1991 (**Aposentadoria Especial**), e daqueles concedidos em razão do grau de incidência de incapacidade laborativa decorrente dos **riscos ambientais do trabalho** (GILRAT), sobre o total das remunerações pagas ou creditadas, no decorrer do mês, aos segurados **empregados** e **trabalhadores avulsos**:
>
> a) **1%** para as empresas em cuja atividade preponderante o risco de acidentes do trabalho seja considerado **leve**;
>
> b) **2%** para as empresas em cuja atividade preponderante esse risco seja considerado **médio**, e;
>
> c) **3%** para as empresas em cuja atividade preponderante esse risco seja considerado **grave**.

Como se percebe, a contribuição para o **GILRAT** é uma exação **autônoma**. Recolhida juntamente com a cota patronal da empresa (20% sobre a folha de salários).

→ **É uma contribuição devida em função dos riscos do ambiente de trabalho da empresa.**

O GILRAT financia a Aposentadoria Especial e os benefícios decorrentes dos riscos ambientais de trabalho: Auxílio por incapacidade temporária e Aposentadoria por incapacidade permanente.

O enquadramento do GILRAT é realizado considerando **todos os empregados e avulsos presentes na empresa**.

Considero importante citar a jurisprudência do Superior Tribunal de Justiça (STJ) a respeito do tema:

> Súmula STJ n.º 351/2008: A alíquota de contribuição para o Seguro de Acidente do Trabalho (SAT) é aferida pelo grau de risco desenvolvido **em**

> **cada empresa, individualizada pelo seu CNPJ**, ou pelo grau de risco da atividade preponderante quando houver apenas um registro.

Para constar, o antigo SAT citado na súmula é o atual GILRAT! Algumas bancas, principalmente aquelas ligadas aos certames de magistratura, ainda utilizam essa nomenclatura arcaica! =)

Em relação ao GILRAT, considera-se **preponderante** a atividade que ocupa, em cada estabelecimento da empresa, **o maior número de segurados empregados e de trabalhadores avulsos** (Decreto n.º 10.410/2020).

Considera-se estabelecimento da empresa a dependência, matriz ou filial, que tenha número de Cadastro Nacional da Pessoa Jurídica (CNPJ) próprio e a obra de construção civil executada sob sua responsabilidade. (Decreto n.º 10.410/2020).

Por seu turno, temos o seguinte trecho no Regulamento da Previdência Social – RPS (Decreto n.º 3.048/1999):

> Art. 202. § 1º A cota patronal será acrescida de **12%**, **9%** ou **6%** (**Adicional GILRAT**), respectivamente, **se a atividade exercida pelo segurado a serviço da empresa ensejar a concessão de aposentadoria especial após 15, 20 ou 25 anos de contribuição** (adaptado).

Aqui, tem-se a contribuição denominada, por mim, como **Adicional GILRAT**. Essa exação é um **acréscimo a cota patronal da empresa** (20% sobre a folha de salários), não é uma exação autônoma.

→ É uma contribuição devida somente nos casos em que o trabalhador exerça atividade especial. É em função do colaborador e não em função do ambiente de trabalho.

Dando continuidade, do que se trata a Aposentadoria Especial? Conforme legislação (Decreto n.º 3.048/1999):

> Art. 64. A **aposentadoria especial**, uma vez cumprido o período de carência exigido, será devida ao segurado **empregado**, **trabalhador avulso** e **contribuinte individual**, este último somente quando **cooperado filiado a cooperativa de trabalho ou de produção**, que comprove o **exercício de atividades com efetiva exposição a agentes químicos, físicos e biológicos prejudiciais à saúde, ou a associação desses agentes, de forma permanente, não ocasional nem intermitente**, vedada a caracterização por categoria profissional ou ocupação, durante, no mínimo, **15, 20 ou 25 anos**, e que cumprir os seguintes requisitos:
>
> I – **55 anos de idade**, quando se tratar de atividade especial de **15 anos de contribuição**;

II – **58 anos de idade**, quando se tratar de atividade especial de **20 anos de contribuição**, ou;

III – **60 anos de idade**, quando se tratar de atividade especial de **25 anos de contribuição**.

Como já vimos, Aposentadoria Especial é devida ao trabalhador que trabalha em **condições prejudiciais extremas**. Dependendo do quão degradante é a atividade, o trabalhador poderá aposentar-se com, no mínimo, 15, 20 ou 25 anos de trabalho.

Em princípio parece ser uma benesse muito grande, mas as atividades realmente são de extrema exaustão e essa redução no tempo de serviço é justa.

Retomando, ao contrário do GILRAT, que é uma alíquota única (1%, 2% ou 3%) para toda a empresa, o Adicional GILRAT é pago por trabalhador. Cada trabalhador deverá ser enquadrado em uma classe de risco e a empresa deverá recolher o respectivo Adicional (12%, 9% ou 6%).

Afinal, como funciona o **GILRAT** e o **Adicional GILRAT**? É bastante simples!

Para o cálculo de **GILRAT** devemos avaliar qual a classificação de risco de acidente da atividade **preponderante** da empresa. Risco médio? GILRAT de 2%! Nesse caso, a empresa irá recolher 22% (20% + **GILRAT de 2%**) sobre a folha de salários de seus empregados e avulsos.

Para o cálculo do **Adicional GILRAT** dessa mesma empresa, em relação ao empregado Marcos, que realiza atividades que ensejam Aposentadoria Especial após 15 anos de trabalho, a empresa deverá recolher, especificamente em relação a esse trabalhador, 34% (**32%** + GILRAT de 2%). → **Nova cota patronal: 20% + 12% = 32%. =)**

Por favor, estudante/leitor, não confunda:

GILRAT:

- É uma contribuição devida em função dos **riscos do ambiente de trabalho** da empresa.
- É uma **contribuição autônoma** fixa para toda a empresa, incide sobre a folha de salários **de todos os trabalhadores**.

Adicional GILRAT:

- É uma contribuição devida somente nos casos em que o **trabalhador exerça atividade especial**. É em **função do colaborador** e não em função do ambiente de trabalho.
- É um **adicional à cota patronal**, incide somente sobre a folha do trabalhador que realmente exerça atividade especial.

Dando andamento, a relação entre o grau de risco de acidente e o tipo de atividade exercida se encontra presente nos anexos do RPS/1999 (não precisa nem perder tempo olhando!).

Quem faz o enquadramento do risco? É a própria empresa que realiza o enquadramento do grau de risco de acidente de sua atividade preponderante, cabendo a RFB revê-lo a qualquer tempo.

Esse enquadramento gera à empresa a responsabilidade de informar mensalmente, por meio de Declaração de Débitos e Créditos Tributários Federais Previdenciários e de Outras Entidades e Fundos (**DCTFWeb**), a alíquota correspondente ao grau de risco e a respectiva atividade preponderante.

Par constar, a Declaração de Débitos e Créditos Tributários Federais Previdenciários e de Outras Entidades e Fundos (**DCTFWeb**) **substituiu** a Guia de Recolhimento do Fundo de Garantia do Tempo de Serviço e Informações à Previdência Social (**GFIP**) como instrumento de confissão de dívida e de constituição do crédito previdenciário (IN RFB n.º 2.005/2021, Art. 19).

OK, e se a empresa errar (ou errar propositalmente) o seu autoenquadramento? Verificado erro no enquadramento realizado pela empresa, a RFB adotará as medidas necessárias à sua correção, orientará o responsável pela empresa em caso de recolhimento indevido e procederá à notificação dos valores devidos.

Sobre as especificidades do Adicional GILRAT vale trazer (Decreto n.º 3.048/1999):

> Art. 202, § 10. Será devida contribuição **Adicional GILRAT** de **12%**, **9%** ou **6%**, a cargo da **cooperativa de produção**, incidente sobre a **remuneração** paga, devida ou creditada ao **cooperado filiado (contribuinte individual)**, na hipótese de exercício de atividade que autorize a concessão de aposentadoria especial após **15, 20 ou 25 anos de contribuição**, respectivamente (adaptado).

Em regra, o GILRAT e o Adicional GILRAT são devidos **apenas** aos empregados (E) e trabalhadores avulsos (A).

Por seu turno, para efeitos previdenciários, a cooperativa de produção é equiparada a empresa. E nessa situação específica temos **uma exceção um tanto estranha**.

A cooperativa de produção não recolhe GILRAT, entretanto, em relação aos seu cooperado filiado (contribuinte individual) recolhe o Adicional GILRAT. Sim, **a cooperativa de produção recolhe apenas o Adicional GILRAT** (exceção um tanto estranha).

Não obstante, com o advento da Lei Complementar n.º 150/2015 (Lei das Domésticas), ficou instituído o Simples Doméstico, que é um regime unificado, onde o empregador doméstico recolhe diversos tributos em uma única guia, entre eles, os seguintes (Art. 34):

- 7,5%, 9%, 12% ou 14%, a cargo do segurado empregado doméstico;
- 8% de contribuição patronal previdenciária para a seguridade social, a cargo do empregador doméstico, e;
- **0,8% de contribuição social para financiamento do seguro contra acidentes do trabalho.**

Compreendo que a alínea destacada acima seja equivalente ao GILRAT. Sendo assim, desde 2015, o empregador doméstico também está obrigado a recolher uma parcela de GILRAT junto a sua cota patronal em relação ao seu empregado doméstico (D).

Após inúmeras informações, vamos compilar o que foi visto, até o momento, sobre GILRAT e Adicional GILRAT. =)

01. Empresa: Em relação à folha de pagamento de seus empregados e avulsos:

- GILRAT: 1% (risco leve), 2% (risco médio) e 3% (risco grave).
- Adicional GILRAT: 12% (15 anos), 9% (20 anos) e 6% (25 anos)

02. Produtor Rural Pessoa Física ou Jurídica e Agroindústria: Não recolhe Adicional GILRAT, recolhe apenas GILRAT de 0,1% x RBC.

03. Cooperativa de Produção: Equiparada a empresa, não recolhe GILRAT e recolhe apenas Adicional GILRAT em relação aos seus cooperados (contribuintes individuais):

- Adicional GILRAT: 12% (15 anos), 9% (20 anos) e 6% (25 anos)

04. Empregador Doméstico: Em adição a cota patronal de 8% deve recolher GILRAT de 0,8% (Lei Complementar n.º 150/2015, Art. 34).

Ainda sobre o assunto GILRAT, você acha que os valores do GILRAT para empresas **sempre serão enquadrados em 1%, 2% ou 3%**? A resposta é **NÃO**!

Desde 2003, a legislação previdenciária vislumbra a possibilidade de **reduzir** ou **aumentar** a alíquota do GILRAT da empresa em função do grau de segurança presente na empresa. Observe o disposto na Lei n.º 10.666/2003:

> Art. 10. A **alíquota** de contribuição de **1%, 2%** ou **3% (GILRAT)**, destinada ao financiamento do benefício de aposentadoria especial ou daqueles concedidos em razão do grau de incidência de incapacidade laborativa decorrente dos riscos ambientais do trabalho, **poderá ser reduzida, em**

> **até 50%**, ou **aumentada, em até 100%**, conforme dispuser o regulamento, em razão do **desempenho da empresa** em relação à respectiva atividade econômica, apurado em conformidade com os resultados obtidos a partir dos **índices de frequência, gravidade e custo**, calculados segundo metodologia aprovada pelo Conselho Nacional de Previdência Social.

Essa disposição foi incorporada ao Regulamento da Previdência Social (RPS) somente em 2007, com redação reformulada em 2020, da seguinte forma:

> Art. 202-A. As alíquotas a que se refere o caput do art. 202 (**GILRAT**) serão **reduzidas em até 50%** ou **aumentadas em até 100%** em **razão do desempenho da empresa**, **individualizada pelo seu CNPJ** em relação à sua atividade econômica, **aferido pelo Fator Acidentário de Prevenção (FAP)**.
>
> § 1.º O FAP consiste em multiplicador variável em um intervalo contínuo de 0,5000 a 2,0000 aplicado à respectiva alíquota, considerado o critério de truncamento na 4.ª casa decimal.
>
> § 2.º Para fins da redução ou da majoração a que se refere o caput, o desempenho da empresa, individualizada pelo seu CNPJ será discriminado em relação à sua atividade econômica, a partir da criação de índice composto pelos índices de gravidade, de frequência e de custo que pondera os respectivos percentis.
>
> (...)
>
> § 4.º Os índices de frequência, gravidade e custo serão calculados segundo metodologia aprovada pelo Conselho Nacional de Previdência Social (...)

O **FAP** é um multiplicador que varia entre **0,5000 (redução de 50%)** e **2,0000 (aumento de 100%)**, com precisão de 4 casas decimais.

Para fins da redução ou da majoração da alíquota do GILRAT, o desempenho da empresa, **individualizada pelo seu CNPJ** será discriminado em relação à sua atividade econômica, a partir da criação de índice composto pelos índices de gravidade, de frequência e de custo que pondera os respectivos percentis (Decreto n.º 10.410/2020).

O Ministério do Trabalho e Emprego divulga na internet o FAP de cada empresa, sendo que qualquer uma pode contestar o FAP atribuído a ela no prazo de 30 dias da divulgação oficial.

Com intuito de estimular investimentos destinados a diminuir os riscos ambientais no trabalho, o Ministério poderá alterar o enquadramento da empresa que demonstre a melhoria das condições do trabalho, com redução dos agravos à saúde do trabalhador, obtida por meio de investimentos em prevenção e em sistemas gerências de risco.

Em suma, podemos definir o FAP assim: **a empresa terá o FAP baixo se for uma empresa segura**, e **terá o FAP alto se a empresa não for segura**. De forma numérica:

Empresa Muito Segura Ltda.

GILRAT de enquadramento – 3%

FAP – 0,4500 (**muito baixo! Empresa que investe em segurança**)

GILRAT devido pela empresa: 3% x 0,4500 = 1,35%

Empresa Acidentes Ltda.

GILRAT de enquadramento – 3%

FAP – 1,6667 (**muito alto! Empresa nada segura!**)

GILRAT devido pela empresa: 3% x 1,6667 = 5,00%

Para finalizar este tópico, vou deixar uma tabela esquemática para auxiliar seus estudos:

	Empresa	Cooperativa de Produção	PRPF, PRPJ e Agroindústria	Empregador Doméstico
GILRAT	1%, 2%, 3%	Nada!	0,1% x RBC	0,8% x SC
Adicional GILRAT	12%, 9%, 6%	12%, 9%, 6%	Nada!	Nada!

(Autoria: Ali Mohamad Jaha)

3.4.7. Da Instituição Financeira, da Microempresa (ME) e da Empresa de Pequeno Porte (EPP)

As instituições financeiras em geral (bancos e seus equiparados financeiros), sem dúvida alguma, são as **empresas mais lucrativas em âmbito nacional**.

Diante dessa constatação, o governo decidiu instituir uma **contribuição adicional sobre a folha de salários** desses estabelecimentos de crédito. Essa contribuição adicional corresponde a **2,5%**, conforme podemos extrair da legislação previdenciária (Decreto n.º 3.048/1999):

> Art. 201, § 6.º No caso de banco comercial, banco de investimento, banco de desenvolvimento, caixa econômica, sociedade de crédito, financiamento e investimento, sociedade de crédito imobiliário, inclusive associação de poupança e empréstimo, sociedade corretora, distribuidora de títulos e valores mobiliários, inclusive bolsa de mercadorias e de valores, empresa de arrendamento mercantil, cooperativa de crédito, empresa de seguros

> privados e de capitalização, agente autônomo de seguros privados e de crédito e entidade de previdência privada, aberta e fechada, **além das contribuições de 20% x Folha de Salários** (empregados, avulsos e contribuintes individuais), da **contribuição adicional de GILRAT**, **é devida a contribuição adicional de 2,5% sobre a folha de salários (empregados, avulsos e contribuintes individuais)**.

Por outro lado, o legislador previdenciário foi benévolo às microempresas (ME) e empresas de pequeno porte (EPP) ao definir que:

> Art. 201, § 7.º A pessoa jurídica enquadrada na condição de microempresa (**ME**) ou de empresa de pequeno porte (**EPP**), na forma da Lei Complementar n.º 123/2006, que optar pela inscrição no **Simples Nacional** (Regime Especial Unificado de Arrecadação de Tributos e Contribuições devidos pelas ME e EPP), contribuirá na forma estabelecida no Art. 13 da referida Lei, **em substituição as seguintes contribuições: CSLL, COFINS, PIS e CPP (Contribuição Patronal Previdenciária)**.

Como funciona a contribuição das ME e das EPP? A Lei do Simples Nacional (Lei Complementar n.º 123/2006) traz em seus anexos uma planilha que para cada **faixa** de Receita Bruta (RB) da empresa tem-se **uma alíquota única correspondente**.

Quanto maior a RB, maior a alíquota aplicada. Uma vez encontrada a alíquota correspondente, aplica-se a mesma sobre a RB da empresa, recolhendo o referido valor aos cofres públicos. **Essa arrecadação única substitui os seguintes tributos** (6 federais, 1 estadual e 1 municipal):

01. Imposto sobre a Renda da Pessoa Jurídica (IRPJ);

02. Imposto sobre Produtos Industrializados (IPI);

03. Contribuição Social sobre o Lucro Líquido (CSLL);

04. Contribuição para o Financiamento da Seguridade Social (COFINS);

05. Contribuição para o PIS;

06. Contribuição Patronal Previdenciária (CPP) para a Seguridade Social, a cargo da pessoa jurídica;

07. Imposto sobre Operações Relativas à Circulação de Mercadorias e Sobre Prestações de Serviços de Transporte Interestadual e Intermunicipal e de Comunicação (ICMS), e;

08. Imposto sobre Serviços de Qualquer Natureza (ISS).

A arrecadação única foi uma excelente iniciativa do poder público, pois desonerou as ME e as EPP ao passo que facilitou a fiscalização da arrecadação por parte da RFB.

No âmbito previdenciário, essa simplificação foi muito bem-vinda, pois **dos 8 tributos substituídos, 4 eram contribuições previdenciárias**. =)

3.4.8. Do Setor de Tecnologia da Informação

Em 2009 o governo prestigiou o setor de **Tecnologia da Informação (TI)** e de **Tecnologia da Informação e Comunicação (TIC)**, incentivando a exportação dos respectivos serviços da seguinte forma: quanto mais a empresa exportasse serviços dessa natureza, menor seria a cota patronal devida pela empresa. Foi um verdadeiro incentivo fiscal!

Para efeitos previdenciários são considerados serviços de TI e de TIC:

01. Análise e desenvolvimento de **sistemas**;
02. **Programação**;
03. **Processamento** de dados e congêneres;
04. Elaboração de programas de computadores, **inclusive de jogos eletrônicos**;
05. Licenciamento ou cessão de direito de uso de programas de computação;
06. Assessoria e consultoria em informática;
07. **Suporte técnico** em informática, inclusive instalação, configuração e manutenção de programas de computação e bancos de dados;
08. Planejamento, confecção, manutenção e atualização de **páginas eletrônicas**, e;
09. Prestação de serviços de "**Call Center**".

O incentivo fiscal se dá com a redução da contribuição social da empresa sobre folha de salários de empregados, trabalhadores avulsos e contribuintes individuais. E como é feita essa redução? Da seguinte forma (passo a passo num caso prático):

1. Calcular a receita bruta total de vendas da empresa nos 12 meses anteriores ao trimestre-calendário. Desse valor, subtrair os impostos e contribuições incidentes sobre venda:

Receita Bruta Total de Vendas:	R$ 12.000.000,00

(-) Impostos/Contribuições sobre as Vendas:	-R$ 2.000.000,00
(=) Receita Bruta sem Impostos/Contribuições:	R$ 10.000.000,00

2. Identificar o total de Receita Bruta sem Impostos/Contribuições decorrente de exportação de bens e serviços de TI/TIC:

Receita de exportação de TI/TIC:	R$ 5.000.000,00

3. Dividir a Receita de exportação de TI/TIC pelo valor de Receita Bruta sem Impostos/Contribuições e multiplicar por 10 (dez):

A	Receita de exportação de TI/TIC:	R$ 5.000.000,00
B	Receita Bruta sem Impostos/Contribuições:	R$ 10.000.000,00
	Razão entre A e B	0,5
	Razão entre A e B x 10 (Benefício Fiscal)	5,00

4. Esse valor encontrado será o benefício fiscal! Basta subtrair da alíquota de 20% da contribuição social sobre folha para encontrar a nova alíquota a ser aplicada para essa empresa de TI/TIC:

Alíquota da contribuição social sobre folha:	20,00
(Benefício Fiscal)	-5,00
Alíquota a ser adotada pela empresa:	**15,00**

Pronto! Essa empresa de TI/TIC, no trimestre-calendário, contribuirá para a Previdência Social com 15% sobre folha de salários ao invés de 20%.

Esse benefício fiscal não é dado apenas em função da exportação de produtos de TI/TIC. Ele está vinculado ao atendimento de outros requisitos legais, listados abaixo:

1. As reduções da contribuição social sobre folha de salários pressupõem que a empresa deverá comprovar a eficácia do respectivo Programa de Prevenção de Riscos Ambientais e de Doenças Ocupacionais (**PPRA-DO**), por meio de relatórios que atestem o atendimento da meta de redução de sinistralidade nele estabelecida.

2. As empresas de TI/TIC só farão jus às reduções se **aplicarem montante mínimo de 10% do benefício auferido** de forma alternativa ou cumulativa em despesas:

a) Para **capacitação de pessoal**, inclusive com capacitação em temas diretamente relacionados com qualidade de produtos, processos ou sistemas, bem como a proficiência em línguas estrangeiras;

b) Relacionadas ao desenvolvimento de atividades de avaliação de conformidade, incluindo certificação de produtos, serviços e sistemas, realizados com entidades ou especialistas do País ou do exterior;

c) Realizadas com desenvolvimento tecnológico de produtos, processos e serviços, e;

d) Realizadas no apoio a projetos de desenvolvimento científico ou tecnológico, por instituições de pesquisa e desenvolvimento, devidamente credenciadas pelo Comitê da Área de Tecnologia da Informação (CATI) ou pelo Comitê das Atividades de Pesquisa e Desenvolvimento da Amazônia (CAPDA).

O não cumprimento dos requisitos supracitados implica a perda do benefício fiscal, inclusive ensejando o recolhimento da diferença entre a contribuição original (20%) e a contribuição reduzida (no nosso exemplo: 15%) **com os acréscimos legais cabíveis**.

Como fica a questão da renúncia fiscal? O que seria Renúncia Fiscal? **Renúncia fiscal** ocorre quando o governo desiste de recolher alguma receita de tributo de forma total ou parcial para estimular algum tipo de comportamento na sociedade (estimular o desenvolvimento de alguma área específica, por exemplo), ou beneficiar um setor específico da economia (setor de TI/TIC, como foi o caso).

No caso em tela, a renúncia parcial da Contribuição Social foi proveniente da União, que deverá por consequência, compensar mensalmente, o Fundo do Regime Geral de Previdência Social (FRGPS).

Segundo a Lei Complementar n.º 101/2000 (Lei de Responsabilidade Fiscal), essa compensação deve ter o valor correspondente à renúncia previdenciária decorrente do benefício fiscal cedido às empresas de TI/TIC.

No exemplo apresentado, o valor da renúncia fiscal equivale à diferença entre a contribuição original (20%) e a contribuição reduzida (15%), ou seja, 5%.

3.5. Do Empregador Doméstico

A contribuição do empregador doméstico – patrão ou patroa – está prevista expressamente na legislação previdenciária (Lei n.º 8.212/1991):

> Art. 24. A **contribuição do empregador doméstico** incidente sobre o salário de contribuição do empregado doméstico a seu serviço é de:
>
> I – **8%**, e;
>
> II – **0,8%** para o financiamento do seguro contra acidentes de trabalho.

A definição da contribuição social do empregador doméstico é simples, mas devemos ficar atentos às seguintes peculiaridades:

a) A contribuição de 8% do empregador é a **única cota patronal que respeita o teto do RGPS**. Em outras palavras, se o empregado doméstico receber uma remuneração altíssima, a contribuição de seu empregador continuará a ser 8% + 0,8% x Teto do RGPS;

b) A contribuição do empregador, atualmente, está sujeita a GILRAT (Seguro contra Acidentes do Trabalho de 0,8%), e;

c) Presentes os **elementos da relação de emprego doméstico**, o **empregador doméstico não poderá contratar MEI** (Microempreendedor Individual – Lei Complementar n.º 123/2006), sob pena de ficar sujeito a todas as obrigações decorrentes dessa relação, inclusive trabalhistas, tributárias e previdenciárias.

Em suma, o empregador doméstico caracterizado pelas exigências da lei (que emprega pessoa física que presta serviço de natureza contínua, mediante remuneração, a pessoa ou família, no âmbito residencial, em atividades sem fins lucrativos), não poderá contratar trabalhador filiado ao INSS como Microempreendedor Individual para serviços de âmbito doméstico. Caso contrate, deverá arcar com todas as obrigações trabalhistas, tributárias e previdenciárias que a situação exige.

Para **relembrar**, em geral, o Microempreendedor Individual (aquele que aufere no máximo R$ 81.000,00/ano, optante pelo Simples Nacional), contribui com 20% do seu salário de contribuição.

Pode também contribuir com apenas 5% sobre o limite mínimo mensal do salário de contribuição (1 salário mínimo). Sendo assim, se ele for contratado por Empregador doméstico, não lhe restarão obrigações com a Previdência, pois esta será arcada por seu Empregador (empregador doméstico).

Por fim, vale falar do eSocial Doméstico (sistema on-line da RFB), instituído pela Lei Complementar n.º 150/2015 (Lei das Domésticas), que assegura o recolhimento mensal por meio de documento único de arrecadação (Documento de Arrecadação do eSocial – DAE) dos seguintes valores:

1. 7,5 a 14% de contribuição previdenciária, a cargo do segurado empregado doméstico;

2. 8% de contribuição patronal previdenciária, a cargo do empregador doméstico;
3. 0,8% de contribuição social para financiamento do seguro contra acidentes do trabalho;
4. 8% de contribuição para o FGTS;
5. 3,2% de contribuição de indenização compensatória da perda do emprego, sem justa causa ou por culpa do empregador), e;
6. Quando couber, percentual referente ao imposto sobre a renda retido na fonte (IRRF).

3.6. A Retenção Previdenciária

A **retenção previdenciária** é um tema **interessantíssimo** da parte de arrecadação e recolhimento das contribuições sociais.

Apesar do seu fundamento se encontrar presente no Art. 31 da Lei n.º 8.212/1991, o tema é mais bem detalhado no Decreto n.º 3.048/1999, o nosso Regulamento da Previdência Social, e na IN RFB n.º 2.110/2022.

O Decreto, infelizmente, apresenta muitas disposições não atualizadas e, por sua vez, a IN da RFB traz o tema de maneira cristalina, consolidando e detalhando o que está na Lei e no Decreto.

Com isso, neste cursos, adotaremos a IN RFB n.º 2.110/2022 (Art. 108 ao Art. 115, Art. 123 e Art. 124, Art. 130 ao Art. 133) como **texto base normativo**. =)

3.6.1. O Conceito de Cessão de Mão de Obra e de Empreitada de Mão de Obra

Antes de adentrarmos à retenção previdenciária propriamente dita, vamos conceituar os institutos de cessão de mão de obra (**CMO**) e de empreitada de mão de obra (**EMO**).

Ao adentrar na IN RFB n.º 2.110/2022, tem-se:

> Art. 108. Cessão de mão de obra (**CMO**) é a **colocação**:
>
> - À disposição da empresa contratante;
>
> - Em suas dependências ou nas de terceiros;
>
> - De trabalhadores que realizem serviços contínuos, relacionados ou não com sua atividade fim, e;
>
> - Quaisquer que sejam a natureza e a forma de contratação, inclusive por meio de trabalho temporário.

A **CMO** é a colocação de mão de obra à disposição da empresa contratante (tomador do serviço) nos moldes acima.

Conforme determina a IN, entende-se por:

1. **Dependências de terceiros**, aquelas indicadas pela empresa contratante, que não sejam as suas próprias e que não pertençam à empresa prestadora dos serviços;
2. **Serviços contínuos**, aqueles que constituem necessidade permanente da contratante, que se repetem periódica ou sistematicamente, ligados ou não a sua atividade fim, ainda que sua execução seja realizada de forma intermitente ou por diferentes trabalhadores, e;
3. **Colocação à disposição da empresa contratante**, a cessão do trabalhador, em caráter não eventual, respeitados os limites do contrato.

A caracterização da cessão de mão de obra (CMO) **independe** da existência de poder de gerência ou direção do tomador do serviço sobre os trabalhadores colocados à sua disposição.

Ainda na IN da RFB, tem-se:

> Art. 109. Empreitada de mão de obra (**EMO**) é a **execução**:
>
> - Contratualmente estabelecida, de tarefa, de obra ou de serviço;
>
> - Por preço ajustado;
>
> - Com ou sem fornecimento de material ou uso de equipamentos que podem ou não ser utilizados;
>
> - Realizada nas dependências da empresa contratante, nas de terceiros ou nas da empresa contratada, e;
>
> - Tendo como objeto um resultado pretendido.

A **CMO** coloca mão de obra a disposição da empresa contratante (tomadora do serviço), já a **EMO** executa o serviço com objetivo de chegar num resultado final pretendido.

Por óbvio, a retenção previdenciária – que será detalhada no próximo tópico – ocorre, nas situações de CMO de EMO.

Entretanto, **quando a EMO é realizada nas dependências da contratada, não se aplica a retenção previdenciária**.

3.6.2. A Retenção na CMO e na EMO

O instituto da retenção previdenciária na CMO e na EMO está presente, de maneira detalhada, na IN da RFB:

> Art. 110. A **empresa contratante** de serviços prestados mediante cessão de mão de obra (**CMO**) ou empreitada de mão de obra (**EMO**), inclusive em regime de trabalho temporário, deverá **reter 11% do valor bruto da nota fiscal ou fatura** e recolher à Previdência Social a importância retida, em documento de arrecadação identificado com a denominação social e o CNPJ da empresa contratada.

Com isso, a tomadora do serviço contrata determinada empresa que irá prestar determinada serviço por meio de CMO ou de EMO.

Nessa situação, de CMO ou de EMO, a empresa contratante deverá reter 11% do valor total constante de nota fiscal e recolher para a RFB em nome da empresa contratada.

A empresa contratada receberá 89% do valor total. =)

Para elucidar, pense que a empresa Lindo Pato (LP) contrata determina empresa de vigilância para executar, por meio de CMO, serviços de vigilância e segurança da tomadora por prazo certo.

A contratada emite a nota fiscal e entrega a contratante, totalizando R$ 100.000,00.

Nessa situação, a contratante **deve reter e recolher à RFB, no nome da contratada**, o valor de R$ 11.000,00 (11%) e pagar a contratada o valor de R$ 89.000,00 (89%).

Como ocorre no Direito Previdenciário, a retenção previdenciária também goza de **presunção de recolhimento**, observe o disposto na própria IN da RFB:

> Art. 50. A **retenção previdenciária**, por parte do responsável pelo recolhimento, **sempre se presumirá feita, oportuna e regular**, não lhe sendo lícito alegar qualquer omissão para se eximir da obrigação, permanecendo responsável pelo recolhimento das importâncias que deixar de descontar ou de reter.

Dando continuidade, a empresa contratada deverá emitir nota fiscal ou fatura **específica** para os serviços prestados em **condições especiais** pelos segurados ou **discriminar** o valor desses serviços na nota fiscal ou fatura.

Relembrando, condições especiais são aquelas que por exposição a agentes nocivos podem prejudicar a saúde ou a integridade física do trabalhador.

A retenção previdenciária de 11% **também se aplica** ao serviço ou à obra de **construção civil** executado por **empresas em consórcio** constituído na forma dos Arts. 278 e 279 da Lei n.º 6.404/1976, a saber:

> Art. 278. As companhias e quaisquer outras sociedades, sob o mesmo controle ou não, podem constituir consórcio para executar determinado empreendimento.
>
> § 1.º O **consórcio não tem personalidade jurídica** e as consorciadas somente se obrigam nas condições previstas no respectivo contrato, respondendo cada uma por suas obrigações, **sem presunção de solidariedade**.
>
> § 2.º A **falência de uma consorciada não se estende às demais**, subsistindo o consórcio com as outras contratantes; os créditos que porventura tiver a falida serão apurados e pagos na forma prevista no contrato de consórcio.
>
> Art. 279. O consórcio será constituído mediante **contrato** aprovado pelo órgão da sociedade competente para autorizar a alienação de bens do ativo não circulante (...)
>
> Parágrafo único. O contrato de consórcio e suas alterações serão arquivados no registro do comércio do lugar da sua sede, devendo a certidão do arquivamento ser publicada.

No caso, as **empresas em consórcio** devem observar os seguintes procedimentos (IN RFB n.º 2.110/2022, Art. 110, § 2.º):

> I – O contratante do serviço ou da obra deve fazer a retenção e recolher o respectivo valor em nome e no CNPJ do emitente da nota fiscal ou fatura, ressalvado o disposto nos incisos II e III;
>
> II – Se a nota fiscal ou fatura for emitida pelo consórcio, ele poderá informar a participação individualizada de cada consorciada que atuou na obra ou no serviço e o valor da respectiva retenção proporcionalmente a sua participação;
>
> III – Na hipótese do inciso II, o contratante poderá recolher os valores retidos no CNPJ de cada consorciada, de acordo com as informações prestadas pelo consórcio;
>
> IV – O valor recolhido na forma do inciso III poderá ser compensado pela empresa consorciada com os valores das contribuições devidas à Previdência Social, vedada a compensação com as contribuições devidas a terceiros, e o saldo remanescente, se houver, poderá ser compensado nas competências subsequentes ou ser objeto de pedido de restituição;
>
> V – As informações sobre a mão de obra empregada no serviço ou na obra de construção civil executados em consórcio serão prestadas pelo contratante dos trabalhadores, de forma individualizada por tomador, com o CNPJ identificador do tomador do serviço ou a matrícula da obra, conforme o caso, e;
>
> VI – Se a retenção e o recolhimento forem feitos no CNPJ do consórcio, somente ele poderá realizar a compensação ou apresentar pedido de restituição.

Para constar, o valor retido poderá ser objeto de **dedução, restituição** ou **compensação.**

3.6.3. Os Serviços sujeitos à Retenção

Estão sujeitos à **retenção previdenciária**, se contratados mediantes **CMO** ou **EMO**, os serviços de:

ESSA LISTA TEM QUE DECORAR! =)

1. **Limpeza, conservação ou zeladoria**, que se constituam em varrição, lavagem, enceramento ou em outros serviços destinados a manter a higiene, o asseio ou a conservação de praias, jardins, rodovias, monumentos, edificações, instalações, dependências, logradouros, vias públicas, pátios ou de áreas de uso comum;
2. **Vigilância ou segurança**, que tenham por finalidade a garantia da integridade física de pessoas ou a preservação de bens patrimoniais;
3. **Construção civil**, que envolvam a construção, a demolição, a reforma ou o acréscimo de edificações ou de qualquer benfeitoria agregada ao solo ou ao subsolo ou obras complementares que se integrem a esse conjunto, tais como a reparação de jardins ou de passeios, a colocação de grades ou de instrumentos de recreação, de urbanização ou de sinalização de rodovias ou de vias públicas;
4. **Natureza rural**, que se constituam em desmatamento, lenhamento, aração ou gradeamento, capina, colocação ou reparação de cercas, irrigação, adubação, controle de pragas ou de ervas daninhas, plantio, colheita, lavagem, limpeza, manejo de animais, tosquia, inseminação, castração, marcação, ordenhamento e embalagem ou extração de produtos de origem animal ou vegetal;
5. **Digitação**, que compreendam a inserção de dados em meio informatizado por operação de teclados ou de similares, e;
6. **Preparação de dados para processamento**, executados com vistas a viabilizar ou a facilitar o processamento de informações, tais como o escaneamento manual ou a leitura ótica.

Ressalva importantíssima: os serviços de vigilância ou segurança prestados por meio de monitoramento eletrônico **não estão sujeitos à retenção**.

Por sua vez, estão sujeitos à **retenção previdenciária**, se contratados mediantes **CMO**, os serviços de:

Essa lista não precisa decorar. =)

1. Acabamento, que envolvam a conclusão, o preparo final ou a incorporação das últimas partes ou dos componentes de produtos, para o fim de colocá-los em condição de uso;
2. Embalagem, relacionados com o preparo de produtos ou de mercadorias, com vistas à preservação ou à conservação de suas características para transporte ou guarda;
3. Acondicionamento, que compreendam os serviços envolvidos no processo de colocação ordenada dos produtos para seu armazenamento ou transporte, a exemplo de sua colocação em paletes, empilhamento, amarração, dentre outros;
4. Cobrança, que objetivem o recebimento de quaisquer valores devidos à empresa contratante, ainda que executados periodicamente;
5. Coleta ou reciclagem de lixo ou de resíduos, que envolvam a busca, o transporte, a separação, o tratamento ou a transformação de materiais inservíveis ou resultantes de processos produtivos, exceto quando realizados com a utilização de equipamentos tipo contêineres ou caçambas estacionárias;
6. Copa, que envolvam a preparação, o manuseio e a distribuição de todo ou de qualquer produto alimentício;
7. Hotelaria, que concorram para o atendimento ao hóspede em hotel, pousada, paciente em hospital, clínica ou em outros estabelecimentos do gênero;
8. Corte ou ligação de serviços públicos, que tenham como objetivo a interrupção ou a conexão do fornecimento de água, de esgoto, de energia elétrica, de gás ou de telecomunicações;
9. Distribuição, que se constituam em entrega, em locais predeterminados, ainda que em via pública, de bebidas, de alimentos, de discos, de panfletos, de periódicos, de jornais, de revistas ou de amostras, dentre outros produtos, mesmo que distribuídos no mesmo período a vários contratantes;
10. Treinamento e ensino, assim considerados como o conjunto de serviços envolvidos na transmissão de conhecimentos para a instrução ou para a capacitação de pessoas;
11. Entrega de contas e de documentos, que tenham como finalidade fazer chegar ao destinatário documentos diversos tais como, conta de água, conta de energia elétrica, conta de telefone, boleto de cobrança, cartão de crédito, mala direta ou similares;

12. Ligação de medidores, que tenham por objeto a instalação de equipamentos destinados a aferir o consumo ou a utilização de determinado produto ou serviço;
13. Leitura de medidores, aqueles executados, periodicamente, para a coleta das informações aferidas por esses equipamentos, tais como a velocidade (radar), o consumo de água, de gás ou de energia elétrica;
14. Manutenção de instalações, de máquinas ou de equipamentos, quando indispensáveis ao seu funcionamento regular e permanente e desde que mantida equipe à disposição da contratante;
15. Montagem, que envolvam a reunião sistemática, conforme disposição predeterminada em processo industrial ou artesanal, das peças de um dispositivo, de um mecanismo ou de qualquer objeto, de modo que possa funcionar ou atingir o fim a que se destina;
16. Operação de máquinas, de equipamentos e de veículos relacionados com a sua movimentação ou funcionamento, que envolvam serviços do tipo manobra de veículo, operação de guindaste, painel eletroeletrônico, trator, colheitadeira, moenda, empilhadeira ou caminhão fora de estrada;
17. Operação de pedágio ou de terminal de transporte, que envolvam a manutenção, a conservação, a limpeza ou o aparelhamento de terminal de passageiros terrestre, aéreo ou aquático, de rodovia, de via pública, e que envolvam serviços prestados diretamente aos usuários;
18. Operação de transporte de passageiros, inclusive nos casos de concessão ou de subconcessão, que envolvam o deslocamento de pessoas por meio terrestre, aquático ou aéreo;
19. Portaria, recepção ou ascensorista, realizados com vistas ao ordenamento ou ao controle do trânsito de pessoas em locais de acesso público ou à distribuição de encomendas ou de documentos;
20. Recepção, triagem ou movimentação, relacionados ao recebimento, à contagem, à conferência, à seleção ou ao remanejamento de materiais;
21. Promoção de vendas ou de eventos, que tenham por finalidade colocar em evidência as qualidades de produtos ou a realização de shows, de feiras, de convenções, de rodeios, de festas ou de jogos;

22. Secretaria e expediente, quando relacionados com o desempenho de rotinas administrativas;

23. Saúde, quando prestados por empresas da área da saúde e direcionados ao atendimento de pacientes, com o objetivo de avaliar, recuperar, manter ou melhorar o estado físico, mental ou emocional desses pacientes, e;

24. Telefonia ou de telemarketing, que envolvam a operação de centrais ou de aparelhos telefônicos ou de teleatendimento.

Como pode ser observado, nesta parte da disciplina apresentamos **duas listas**:

- Lista de serviços sujeitos à retenção, se contratados mediante CMO ou EMO (**6 serviços**) – **DECORAR**, e;

- Lista de serviços sujeitos à retenção, se contratados somente por EMO (**24 serviços**).

Essas duas listas são **exaustivas**, ou seja, são listas fechadas, não cabem ampliação de serviços ou interpretações dúbias.

Em provas, o importante é saber quais em serviços ocorre a **retenção por CMO ou EMO** e em quais ocorre **a retenção somente por CMO.**

Por se tratar de uma lista bem menor, devemos **decorar a lista de serviços que sofrem retenção por CMO e EMO** e, acertar **por exclusão** quais são os serviços que sofrem retenção somente por EMO. A tabela a seguir salvará você de uma possível questão sobre o tema. =)

	Serviço de:	**Retenção quando:**	
1	**Limpeza, conservação ou zeladoria**	**CMO**	**EMO**
2	**Vigilância ou segurança**	**CMO**	**EMO**
3	**Construção civil**	**CMO**	**EMO**
4	**Natureza rural**	**CMO**	**EMO**
5	**Digitação**	**CMO**	**EMO**
6	**Preparação de dados para processamento**	**CMO**	**EMO**
1	Acabamento	CMO	
2	Embalagem	CMO	
3	Acondicionamento	CMO	
4	Cobrança	CMO	

	Serviço de:	Retenção quando:	
5	Coleta ou reciclagem de lixo ou de resíduos	CMO	
6	Copa	CMO	
7	Hotelaria	CMO	
8	Corte ou ligação de serviços públicos	CMO	
9	Distribuição	CMO	
10	Treinamento e ensino	CMO	
11	Entrega de contas e de documentos	CMO	
12	Ligação de medidores	CMO	
13	Leitura de medidores	CMO	
14	Manutenção de instalações	CMO	
15	Montagem	CMO	
16	Operação de máquinas	CMO	
17	Operação de pedágio ou de terminal de transporte	CMO	
18	Operação de transporte de passageiros	CMO	
19	Portaria	CMO	
20	Recepção, triagem ou movimentação	CMO	
21	Promoção de vendas ou de eventos	CMO	
22	Secretaria e expediente	CMO	
23	Saúde	CMO	
24	Telefonia ou de telemarketing	CMO	

(Autoria: Ali Mohamad Jaha)

3.6.4. Os Serviços Não sujeitos à Retenção

Conforme dispõe a legislação previdenciária, **não se aplica a retenção previdenciária** à contratação de serviços:

1. Prestados por trabalhadores avulsos por intermédio de sindicato da categoria ou de OGMO;

2. Mediante contrato de empreitada total;

3. De entidade beneficente de assistência social "isenta" (imune) de contribuições sociais;
4. Prestados por contribuinte individual, ainda que equiparado a empresa;
5. De transporte de cargas;
6. Por meio de empreitada realizada nas dependências da contratada, e;
7. Por órgãos públicos da administração direta, autarquias e fundações de direito público, quando contratantes de obra de construção civil, reforma ou acréscimo.

Para constar, o **contrato de empreitada total** é aquele celebrado entre o **proprietário do imóvel, o dono da obra, o incorporador ou o condômino** e uma **empresa exclusivamente construtora**, que assume a **responsabilidade direta pela execução de todos os serviços necessários** à realização de obra de construção civil, compreendidos em todos os projetos a ela inerentes, **com ou sem fornecimento de material.**

Na hipótese de contratação mediante empreitada total, será aplicada a **solidariedade.**

3.6.5. A Dispensa da Retenção

A **contratante fica dispensada de efetuar a retenção previdenciária**, e a **contratada, de registrar o destaque da retenção na nota fiscal ou fatura**, quando:

1. O **valor correspondente a 11%** dos serviços contidos em cada nota fiscal ou fatura de prestação de serviços **for inferior ao limite mínimo estabelecido pela RFB para recolhimento em documento de arrecadação**;
2. A **contratada não possuir empregados**, o **serviço for prestado pessoalmente pelo titular ou sócio** e o **seu faturamento do mês anterior for igual ou inferior a 2 vezes o limite máximo do salário de contribuição, cumulativamente**, ou;
3. A contratação envolver somente serviços profissionais relativos ao exercício de profissão regulamentada por legislação federal (engenheiro, médico, advogado, etc.), ou serviços de treinamento e ensino, desde que **prestados pessoalmente pelos sócios**, sem o concurso de empregados ou de outros contribuintes individuais.

3.6.6. A Retenção na Construção Civil

Conforme dispõe a legislação de regência, na construção civil, sujeitam-se à **retenção previdenciária**:

1. A contratação de obra de construção civil mediante **empreitada parcial**;
2. A contratação de obra de construção civil mediante **subempreitada**, e;
3. A prestação de **serviços** tais como:
   a) Instalação de estrutura de concreto armado (pré-moldada);
   b) Serviços complementares na construção civil, tais como o ajardinamento, a colocação de gradis, dentre outros;
   c) Execução de lajes de fundação radiers;
   d) Montagem de torres;
   e) Locação de equipamentos com operador, e;
   f) Impermeabilização contratada com empresa especializada.
4. A **reforma de pequeno valor**.

Aqui, vamos apresentar alguns conceitos legais ligados à construção civil:

- A **empreitada parcial** é aquela realizada por empresa construtora em que tenha ocorrido faturamento de subempreiteira diretamente para o proprietário do imóvel, o dono da obra, o incorporador ou o condômino, ainda que a subempreiteira tenha sido contratada pela construtora.
- O **contrato de subempreitada** é aquele celebrado entre a empreiteira ou qualquer empresa subcontratada e outra empresa, designada subempreiteira, para executar obra ou serviço de construção civil, no todo ou em parte, com ou sem fornecimento de material.
- A **reforma de pequeno** valor é aquela de responsabilidade de pessoa jurídica que tenha escrituração contábil regular, em que não há alteração de área construída e cujo custo estimado total, incluídos material e mão de obra, não ultrapasse o valor de 20 vezes o limite máximo do salário de contribuição vigente na data de início da obra.

Por óbvio, os serviços não arrolados no tópico 3 supra **não** estão sujeitos à retenção previdenciária de 11%. Vamos adentrar nessa parte? Não. Não vejo motivos para isso. =)

3.6.7. A Retenção na Prestação de Serviços em Condições Especiais

Ao consultar a IN RFB n.º 2.110/2022, tem-se:

> Art. 131. Nos casos em que a atividade dos segurados na empresa contratante for exercida em condições especiais que prejudiquem a saúde ou a integridade física destes, de forma a possibilitar a concessão de **aposentadoria especial** após 15, 20 ou 25 anos de trabalho, o **percentual da retenção (11%)** aplicado sobre o valor dos serviços prestados por estes segurados deve ser acrescido de **4%, 3% ou 2%**, respectivamente, perfazendo o total de **15%, 14% ou 13%**.

Estamos, obviamente, tratando da contribuição **GILRAT**, que majora o percentual da retenção com objetivo de financiar a aposentadoria especial dos trabalhadores em condições especiais.

→ **É uma contribuição devida em função dos riscos do ambiente de trabalho da empresa.**

O **GILRAT**, conforme visto no curso, incide em diversas outras ocasiões! Vamos relembrar essa tabela esquemática:

	Empresa	Cooperativa de Produção	PRPF, PRPJ e Agroindústria	Empregador Doméstico
GILRAT	1%, 2%, 3%	Nada!	0,1% x RBC	0,8% x SC
Adicional GILRAT	12%, 9%, 6%	12%, 9%, 6%	Nada!	Nada!

(Autoria: Ali Mohamad Jaha)

Voltando ao **GILRAT nos casos de retenção previdenciária**, a empresa contratada deverá emitir nota fiscal ou fatura **específica** para os serviços prestados em condições especiais pelos segurados ou **discriminar** o valor desses na nota fiscal ou fatura.

As empresas **contratada** e **contratante**, no que se refere às obrigações relacionadas aos agentes nocivos a que os trabalhadores estiverem expostos, devem observar as disposições legais que tratam dos riscos ocupacionais no ambiente de trabalho.

A contratada deve elaborar o Perfil Profissiográfico Previdenciário (**PPP**) dos trabalhadores expostos a agentes nocivos com base, dentre outras informações, nas demonstrações ambientais da contratante ou do local da efetiva prestação de serviços.

Por fim, esquematizando o disposto no tópico:

Aposentadoria Especial após	Retenção	GILRAT	Total
15 anos	11%	4%	**15%**
20 anos	11%	3%	**14%**
25 anos	11%	2%	**13%**

(Autoria: Ali Mohamad Jaha)

3.6.8. As Disposições Especiais para a Retenção

Ao consultar a IN RFB n.º 2.110/2022, tem-se:

> Art. 133. A entidade beneficente de assistência social em gozo de "isenção" (imunidade), a empresa optante pelo Simples Nacional, o sindicato da categoria de trabalhadores avulsos, o OGMO, o operador portuário e a cooperativa, quando forem **contratantes** de serviços mediante cessão de mão de obra (**CMO**) ou empreitada de mão de obra (**EMO**), estão obrigados a efetuar a **retenção previdenciária** sobre o valor da nota fiscal ou fatura e o recolhimento da importância retida em nome da empresa contratada.

As seguinte empresas contratantes são **obrigadas** a efetuar a retenção previdenciária quando contratarem serviços mediante **CMO** ou **EMO**:

- A entidade beneficente de assistência social em gozo de "isenção" (imunidade). São as **EBAS imunes**;
- A empresa **optante pelo Simples Nacional**;
- O **sindicato da categoria de trabalhadores avulsos**;
- O **OGMO**;
- O **operador portuário**, e;
- A **cooperativa**.

3.7. Do Clube de Futebol Profissional

Em princípio, você leitor/estudante, pode pensar: "Poxa, o Clube de Futebol Profissional é uma empresa, por que não contribui com 20% sobre folha de salários?".

Apesar de, contabilmente, se tratar de uma empresa como outra qualquer, os Clubes de Futebol Profissional apresentam algumas peculiaridades interessantes:

- Altíssimas folhas de salário com jogadores. Os grandes times nacionais beiram ou ultrapassam os R$ 30 milhões por mês, como é o caso dos "ricos" do futebol brasileiro: Flamengo (RJ), Palmeiras (SP) e Atlético Mineiro (MG);
- Os jogadores em destaque recebem altíssimos salários (R$ 1,5 milhão por mês ou mais), e;
- O Clube, ao contrário da empresa e da indústria, **não produz nada**, sendo que a sua receita advém toda praticamente dos **espetáculos desportivos** (bilheteria dos jogos do clube no meio e no fim de semana) e de outras **atividades secundárias** (patrocínio, licenciamento de marcas, publicidade, propaganda e direitos de transmissão televisivos).

Diante dessas peculiaridades, o legislador decidiu tratar os Clubes de Futebol Profissional de maneira **diferenciada**, tributando diretamente o centro de suas receitas, ou seja, os **espetáculos desportivos** e as **atividades secundárias** (supra apresentadas).

Observe o disposto na legislação de regência (Regulamento da Previdência Social):

> Art. 205. A **contribuição** empresarial da **associação desportiva que mantém equipe de futebol profissional**, destinada à seguridade social, em **substituição** às previstas no inciso I do caput do Art. 201 (cota patronal de 20% sobre folha de salários) e no Art. 202 (GILRAT), corresponde a **5% da receita bruta decorrente dos espetáculos desportivos de que participe em todo território nacional**, em qualquer modalidade desportiva, inclusive jogos internacionais, e de qualquer forma de patrocínio, licenciamento de uso de marcas e símbolos, publicidade, propaganda e transmissão de espetáculos desportivos.
>
> § 1.º Cabe à entidade promotora do espetáculo a responsabilidade de efetuar o desconto de 5% da receita bruta decorrente dos espetáculos desportivos e o respectivo recolhimento à Receita Federal do Brasil, no prazo de até 2 dias úteis após a realização do evento.
>
> § 2.º Cabe à associação desportiva que mantém equipe de futebol profissional informar à entidade promotora do espetáculo desportivo todas as receitas auferidas no evento, discriminando-as detalhadamente.
>
> § 3.º Cabe à empresa ou entidade que repassar recursos a associação desportiva que mantém equipe de futebol profissional, a título de patrocínio,

> licenciamento de uso de marcas e símbolos, publicidade, propaganda e transmissão de espetáculos, a responsabilidade de reter e recolher, no prazo estabelecido na alínea "b" do inciso I do Art. 216 (até o dia 20 do mês seguintes), o percentual de 5% da receita bruta, inadmitida qualquer dedução.

Do disposto acima se pode observar que estamos diante de duas contribuições sociais distintas dos clubes de futebol profissional:

a) **5% sobre receita de espetáculos desportivos**: Nesse caso, cabe à **entidade promotora** do espetáculo a responsabilidade por efetuar o desconto dessa contribuição e o respectivo recolhimento à Receita Federal do Brasil, **no prazo de até 2 dias úteis após o evento**. Nessa situação, cabe à associação desportiva (clube de futebol profissional) informar à entidade promotora do evento desportivo todas as receitas auferidas no evento, e;

b) **5% sobre patrocínio e propaganda**: Nesse caso cabe à empresa que repassa recurso à associação desportiva (clube de futebol profissional) a **responsabilidade de reter e recolher até o dia 20 do mês seguint**e, de forma antecipada, 5% da receita bruta, sem qualquer dedução. De forma antecipada quer dizer que, se o vencimento cair no domingo, a referida contribuição deverá ser recolhida na sexta-feira. Essa contribuição incide, conforme RPS/1999, sobre patrocínio, licenciamento de uso de marcas e símbolos, publicidade, propaganda e transmissão de espetáculos.

Essas contribuições são aplicáveis às associações desportivas (clubes de futebol profissional) que se organizam na forma da Lei n.º 9.615/1998 (Normas Gerais sobre Desporto ou Lei Pelé).

Porém, essas contribuições **não são aplicáveis** às demais entidades desportivas (entidades desprovidas de clube de futebol profissional), que deverão recolher suas contribuições de forma equiparada a uma empresa, ou seja, com contribuições sobre folha de salários, GILRAT, Adicional GILRAT, PIS, COFINS e CSLL.

Vale ressaltar que, em 2012, a jurisprudência do STJ foi assente ao afirmar que **não existe responsabilidade subsidiária da Confederação Brasileira de Futebol (CBF)** em relação às contribuições incidentes sobre receitas de bilheteria de jogos.

Vamos pensar na parte operacional? Como será que a RFB fica sabendo de todos os eventos de clubes de futebol profissional no Brasil?

Existe uma equipe de Auditores-Fiscais acompanhando todos os canais de esporte? Não! Se assim fosse, 90% dos Auditores estariam brigando para fazer parte dessa equipe! =)

Observe a legislação previdenciária (Decreto n.º 3.048/1999):

> Art. 205, § 4º O Conselho Deliberativo do Instituto Nacional de Desenvolvimento do Desporto informará à Receita Federal do Brasil, com a antecedência necessária, a realização de todo espetáculo esportivo de que a associação desportiva referida no caput participe no território nacional.

Devemos ressaltar que o **não recolhimento** dessas contribuições sociais (5% x renda do espetáculo ou 5% x patrocínio e propaganda) nos prazos estabelecidos sujeitará os responsáveis pelo pagamento de atualização monetária, juros moratórios e multas.

E não é só isso! O **não desconto** ou a **não retenção** dessas contribuições sujeitará a empresa a penalidades previstas na legislação previdenciária.

3.8. Do Concurso de Prognósticos

Esse é o concurso mais fácil de participar e o mais difícil de obter sucesso! Brincadeiras à parte, qual a definição legal de Concurso de Prognóstico?

É aquela exposta no Regulamento da Previdência Social (Decreto n.º 3.048/1999):

> Art. 212, § 1.º Consideram-se concurso de prognósticos todo e qualquer concurso de sorteio de números ou quaisquer outros símbolos, loterias e apostas de qualquer natureza no âmbito federal, estadual, do Distrito Federal ou municipal, promovidos por órgãos do Poder Público ou por sociedades comerciais ou civis.

A legislação define que a renda líquida dos concursos de prognósticos, **exceto** os valores destinados ao Fundo de Financiamento Estudantil (FIES), são receitas da Seguridade Social.

E como são constituídas essas receitas? Através de 3 contribuições distintas:

a) **100% da Renda Líquida dos concursos de prognósticos realizados pelos órgãos do Poder Público**. Sendo que esse valor é destinado à Seguridade Social da respectiva esfera de governo (federal, estadual, distrital ou municipal).

   → E o que vem a ser Renda Líquida? É o total da arrecadação, deduzidos os valores destinados ao pagamento de prêmios, de impostos e de despesas com administração

b) **5% sobre o movimento global de apostas em prado de corridas.**

→ Esse movimento equivale ao total das importâncias relativas às várias modalidades de jogos, inclusive o de acumulada, apregoadas para o público no prado de corrida, subsede ou outra dependência da entidade.

c) **5% sobre o movimento global de sorteio de números ou de quaisquer modalidades de símbolos.**

→ Esse movimento equivale ao total da receita bruta, apurada com a venda de cartelas, cartões ou quaisquer outras modalidades, para sorteio realizado em qualquer condição. (Exemplos: Tele-Sena; antigo Papa-tudo; Bingo da Sorte, entre outros Brasil a fora!)

3.9. Outras Fontes

Estamos quase chegando ao final desta parte, e como é um assunto que não exige maiores explicações, a simples apresentação da lei seca é suficiente para gabaritar as questões de provas.

Mas, **não deixe de ler, e reler se for possível**! Esses são os dizeres da legislação previdenciária:

Constituem **outras receitas da seguridade social**:

1. As multas, a atualização monetária e os juros moratórios.
2. A remuneração recebida pela prestação de serviços de arrecadação, fiscalização e cobrança prestados a terceiros.
3. As receitas provenientes de prestação de outros serviços e de fornecimento ou arrendamento de bens.
4. As demais receitas patrimoniais, industriais e financeiras.
5. As doações, legados, subvenções e outras receitas eventuais.
6. **50%** da receita obtida na forma do Art. 243, parágrafo único da CF/1988, repassados pelo Instituto Nacional do Seguro Social (INSS) aos órgãos responsáveis pelas ações de proteção à saúde e a ser aplicada no tratamento e recuperação de viciados em entorpecentes e drogas afins. Observe a redação atual, dada pela Emenda Constitucional n.º 81/2014:

   → CF/1988, Art. 243, parágrafo único. Todo e qualquer bem de valor econômico apreendido em decorrência do tráfico ilícito de entorpecentes e drogas afins e da exploração de trabalho escravo será confiscado e reverterá a fundo especial com destinação específica, na forma da lei.

7. **40%** do resultado dos leilões dos bens apreendidos pela Secretaria da Receita Federal do Brasil.

→ Decreto-Lei n.º 1.455/1976:

- 60% ao Fundo Especial de Desenvolvimento e Aperfeiçoamento das Atividades de Fiscalização (FUNDAF) – RFB, e;
- 40% à Seguridade Social – INSS.

8. Outras receitas previstas em legislação específica.
9. As **companhias seguradoras** que mantém seguro obrigatório de Danos Pessoais causados por Veículos Automotores de Vias Terrestres (DPVAT), de que trata a Lei n.º 6.194/1974 (Lei do DPVAT), deverão repassar à Seguridade Social **50% do valor total do prêmio recolhido, destinados ao Sistema Único de Saúde (SUS)**, para custeio da assistência médico-hospitalar dos segurados vitimados em acidentes de trânsito.

4. DISPOSIÇÕES CONSTITUCIONAIS DIFUSAS SOBRE AS CONTRIBUIÇÕES SOCIAIS

Para concluir a parte teórica sobre o Financiamento da Seguridade Social, trataremos das disposições constitucionais difusas referentes às contribuições sociais.

Essas disposições nada mais são que os dispositivos que tratam das referidas contribuições, mas não se encontram diretamente localizados no Capítulo II (Da Seguridade Social) do Título VIII (Da Ordem Social), ou seja, não estão entre o Art. 194 e o Art. 204 de nossa carta magna.

Devo ressaltar que é interessante o aluno estudar esse tópico para não ser surpreendido pela banca examinadora que pode tratar de um assunto relativamente fácil, mas que não foi seu objeto de estudo.

Em 2012, por exemplo, na prova de Analista-Tributário da Receita Federal do Brasil (ATRFB), a banca (ESAF) fez isso: cobrou um dispositivo constitucional sobre contribuições sociais que não se encontrava dentro da faixa tradicional de estudos, entre o Art. 194 e o Art. 204. **E, o futuro costuma repetir o passado.**

Sem mais delongas, vamos à letra da lei e aos nossos comentários. =)

> Art. 114. Compete à **Justiça do Trabalho** processar e julgar:

> VIII – A **execução, de ofício, das contribuições sociais** previstas no Art. 195, inciso I, alínea "a" (cota patronal da empresa sobre a folha de salários), e inciso II (contribuição social do trabalhador), e seus acréscimos legais, decorrentes das sentenças que proferir.

Apesar de a execução de tributos federais ser uma função **privativa** da Receita Federal do Brasil (RFB), as Emendas Constitucionais n.º 20/1998 e n.º 45/2004 criaram a **exceção** acima exposta.

Por seu turno, em 2015, o Supremo Tribunal Federal (STF) publicou a seguinte Súmula Vinculante defendendo a execução de ofício pelo Juiz do Trabalho das Contribuições Previdenciárias em processos submetidos ao crivo da Justiça do Trabalho:

> Súmula Vinculante n.º 53: A competência da Justiça do Trabalho prevista no Art. 114, inciso VIII, da Constituição Federal alcança a execução de ofício das contribuições previdenciárias relativas ao objeto da condenação constante das sentenças que proferir e acordos por ela homologados.

Logo, desde 1998 os Tribunais Trabalhistas realizam a execução fiscal referente às contribuições sociais patronais (sobre folha de salários) e as contribuições sociais dos trabalhadores de ofício, sem a participação da RFB.

> Art. 149. Compete exclusivamente à União instituir **Contribuições Sociais**, de Intervenção no Domínio Econômico (CIDE) e de Interesse das Categorias Profissionais ou Econômicas (CRC, CRO, CRM, etc.), como instrumento de sua atuação nas respectivas áreas, observado o disposto nos Arts. 146, inciso III (Lei Complementar definirá normas gerais sobre Direito Tributário, no caso, o CTN/1966), e 150, inciso I (Princípio da Legalidade) e inciso III (Princípios da Irretroatividade, Anterioridade e Anterioridade Nonagesimal), e sem prejuízo do previsto no Art. 195, § 6.º (Contribuições Sociais seguem **apenas** a Anterioridade Nonagesimal), relativamente às contribuições a que alude o dispositivo.
>
> § 2.º As **Contribuições Sociais** e de Intervenção no Domínio Econômico de que trata o caput deste artigo:
>
> I – Não incidirão sobre as receitas decorrentes de exportação (**imunidade**);
>
> II – Incidirão também sobre a importação de produtos estrangeiros ou serviços, e;
>
> III – Poderão ter alíquotas:
>
> a) "Ad valorem", tendo por base o faturamento, a receita bruta ou o valor da operação e, no caso de importação, o valor aduaneiro, e;
>
> b) Específica, tendo por base a unidade de medida adotada.

O dispositivo informa que as Contribuições Sociais são instituídas **exclusivamente** pela União, sendo que essas deverão manter respeito:

- **Às normais gerais aplicáveis ao Direito Tributário (previstas no CTN/1966)**: O Código Tributário Nacional, apesar de ser publicado como lei ordinária, apresenta status e poder de lei complementar;
- **Ao Princípio Constitucional da Legalidade**: não haverá instituição de contribuição social que não seja realizada por lei ou ato normativo de mesma hierarquia (Medida Provisória);
- **Ao Princípio da Irretroatividade**: O governo não poderá cobrar contribuições sociais em relação aos fatos geradores ocorridos em momento anterior ao do início da vigência da lei criadora dessas contribuições, e;
- **Ao Princípio da Anterioridade Nonagesimal**: As contribuições sociais não respeitam a Anterioridade Anual, ou seja, não precisam aguardar o início do exercício seguinte para que se inicie a produção de efeitos da lei instituidora. Por sua vez, essas contribuições devem respeitar a Anterioridade Nonagesimal, ou seja, após a publicação da lei, o governo federal deverá aguardar 90 dias para iniciar a cobrança dessas.

Quanto às operações de comércio exterior, a própria Constituição informa que as Contribuições Sociais não serão devidas nas operações de exportação, ou seja, as exportações serão **imunes** a essa tributação. E por fim, essas contribuições incidem normalmente nas operações de importação.

> Art. 211, § 4.º Os **programas suplementares de alimentação** e assistência à saúde previstos no Art. 208, inciso VII, serão financiados com recursos provenientes de **Contribuições Sociais** e outros recursos orçamentários.

Conforme dispõe a Constituição Federal de 1988, a Educação é direito de todos e dever do Estado e da família.

Especificamente no Art. 208, inciso VII, a Carta Magna informa que o dever do Estado com a Educação será efetivado mediante a garantia de atendimento ao educando, em todas as etapas da Educação Básica, por meio de programas suplementares de material didático-escolar, transporte, alimentação e assistência à saúde.

Em relação aos programas suplementares de alimentação e assistência à saúde, fica claro, conforme exposto no dispositivo em destaque, que esses programas são financiados com os recursos provenientes das Contribuições Sociais, além de outros advindos de recursos orçamentários diversos.

> Art. 212.
>
> § 5.º A Educação Básica pública terá como fonte adicional de financiamento a contribuição social do **Salário Educação**, recolhida pelas empresas na forma da lei.
>
> § 6.º As cotas estaduais e municipais da arrecadação da contribuição social do Salário Educação serão distribuídas **proporcionalmente** ao número de alunos matriculados na educação básica nas respectivas redes públicas de ensino.

O **Salário Educação não foi instituído para financiar a Seguridade Social**. A Contribuição Social do Salário Educação prevista no Art. 212, § 5.º, da CF/1988, foi regulamentada pela Lei n.º 9.424/1996 e é calculada pela aplicação da alíquota de **2,5%** sobre o valor total das remunerações pagas ou creditadas pelas empresas, a qualquer título, aos segurados empregados, ressalvadas as exceções legais.

Tal contribuição é arrecadada, fiscalizada e cobrada pela Secretaria da Receita Federal do Brasil. Essa contribuição é destinada ao financiamento de programas, projetos e ações voltados para o financiamento da educação básica pública. Também pode ser aplicada na educação especial, desde que vinculada à educação básica.

> ADCT, Art. 76. São **desvinculados** de órgão, fundo ou despesa, **até 31/12/2024, 30% da arrecadação da União relativa às contribuições sociais**, sem prejuízo do pagamento das despesas do Regime Geral de Previdência Social, às contribuições de intervenção no domínio econômico e às taxas, já instituídas ou que vierem a ser criadas até a referida data.
>
> (...)
>
> § 2.º **Excetua-se** da desvinculação de que trata o caput a arrecadação da contribuição social do **Salário Educação** a que se refere o § 5.º do Art. 212 da Constituição Federal.
>
> (...)
>
> § 4.º A desvinculação de que trata o caput **não se aplica** às receitas das contribuições sociais destinadas ao custeio da seguridade social.

Até o final de 2024, 30% das receitas oriundas de Contribuições Sociais e de CIDEs serão desvinculadas, ou seja, serão utilizadas para cobrir despesas distintas as quais estão previstas.

Em resumo, **é correto afirmar que as Contribuições Sociais não financiarão integralmente a Seguridade Social até 2024**.

Entre as Contribuições Sociais, existe uma exceção, o Salário Educação, que não sofrerá desvinculação. Em uma última análise, esse dispositivo, alterado pela Emenda Constitucional n.º 126/2022, **mitiga (abranda)** o disposto na CF/1988:

> Art. 167. São vedados (**proibidos**):
>
> XI – A **utilização** dos recursos provenientes das contribuições sociais de que trata o Art. 195, inciso I, alínea "a" (Cota Patronal Da Empresa Sobre A Folha De Salários) e inciso II (contribuição social do trabalhador), para a realização de **despesas distintas** do pagamento de benefícios do Regime Geral de Previdência Social (RGPS) de que trata o Art. 201.

5. RESUMO DAS CONTRIBUIÇÕES SOCIAIS

Neste tópico, apresento um resumo das contribuições explanadas anteriormente, excelente para a sedimentação do conhecimento e, claro, para a revisão antes da prova.

Empregado, Empregado Doméstico e Trabalhador Avulso: 7,5%, 9%, 12% ou 14% do SC, a depender do valor do SC.

Contribuinte Individual: 20% (autônomo ou EBAS) ou 11% (Empresa) do SC.

Contribuinte Individual Condutor Autônomo e situações assemelhadas: 20% x BCR, onde BCR = 20% do valor do serviço de transporte.

Contribuinte Individual – contribuição mínima: 11% x salário mínimo.

Segurado Facultativo: 20% do SC.

Contribuinte Individual MEI ou Segurado Facultativo (sem renda, de âmbito residencial, com trabalho doméstico e de família de baixa renda) – contribuição mínima: 5% x salário mínimo.

Empresa: 20% x remuneração do empregado, do trabalhador avulso, do contribuinte individual (sem teto do RGPS), em regra.

Empresa (Instituição Financeira): 20% + 2,5% x remuneração do empregado, do trabalhador avulso, do contribuinte individual (sem teto do RGPS), **em regra**.

Empresa (ME ou EPP): alíquota única, prevista em Lei complementar que substitui 8 tributos federais, sendo 4 contribuições sociais: CSLL, PIS, COFINS e CPP (Cota Patronal).

Empresa: 15% x valor bruto da nota fiscal do serviço prestado por Cooperativa de Trabalho. (**Execução suspensa pela RSF n.º 10/2016**).

Empresa: COFINS: 7,6% (em regra). PIS: 1,65% (em regra). CSLL: 15% (em regra).

Empresa de TI: 20%, com redução advinda do índice de receitas de exportação, ou seja, quanto mais exportações realizadas, menor será a alíquota da contribuição social devida.

Empregador Doméstico: 8% + 0,8% (GILRAT) x remuneração (com observância ao teto do RGPS).

PRPF e Segurado Especial: 1,2% + 0,1% (GILRAT) x RBC.

Consórcio Simplificado de Produtores Rurais = PRPF: 1,2% + 0,1% (GILRAT) x RBC.

PRPJ: 1,7% + 0,1% (GILRAT) x RBC.

Agroindústria: 2,5% + 0,1% (GILRAT) x RBC.

Cooperativa de Produção Rural (CPR): quando contrata empregados exclusivamente para colheita da produção, a CPR arcará com a contribuição de 1,7% + 0,1% (GILRAT), no caso em que a contratação for realizada por PJ ou com a contribuição de 1,2% + 0,1% (GILRAT), no caso em que a contratação for realizada por PF.

Clube de Futebol Profissional: 5% da receita dos jogos, dos patrocínios e das propagandas.

Concursos de Prognósticos: 100% Renda Líquida dos concursos de prognósticos, 5% dos Prados de corridas e 5% dos sorteios de números (loterias).

Capítulo

4

O SALÁRIO DE CONTRIBUIÇÃO

1. O CONCEITO DE SALÁRIO DE CONTRIBUIÇÃO

Neste momento, estudaremos, com profundidade, o **Salário de Contribuição** em todas as suas **nuances**. Lembrando que esse tema é muito recorrente em provas de concurso, ou seja, estude com muito carinho essa parte da disciplina. =)

O conceito de salário de contribuição é uniforme entre os doutrinadores do Direito Previdenciário e a jurisprudência dos Tribunais Superiores (STF, STJ e TST).

Em poucas palavras, **o salário de contribuição é a base de cálculo tributável das contribuições sociais devidas pelo segurado à Seguridade Social**.

Do Direito Tributário, sabemos que o crédito tributário é calculado através da multiplicação da alíquota do tributo pelo valor da base de cálculo tributável. Com as contribuições sociais (mera espécie do gênero tributo), o procedimento adotado será o mesmo!

Para clarear um pouco, conceba que Leonardo, empregado, receba R$ 7.000,00 por mês. Considere que a totalidade do seu rendimento seja o seu salário de contribuição.

Atualmente, o cálculo é um pouco mais complicado do que era antigamente, uma vez que as alíquotas de contribuição dos empregados, domésticos e avulsos são aplicadas de **forma progressiva**, incidindo uma alíquota **por faixa de valor**. Mas vamos lá! =)

De:	Até:	Faixa:	Alíq. (%)	Por faixa:
R$ 0,01	R$ 1.412,00	**R$ 1.412,00**	7,5	R$ 105,90
R$ 1.412,01	R$ 2.666,68	**R$ 1.254,68**	9	R$ 112,92
R$ 2.666,69	R$ 4.000,03	**R$ 1.333,35**	12	R$ 160,00
R$ 4.000,04	R$ 7.000,00	**R$ 2.999,97**	14	R$ 420,00
Contribuição devida:				**R$ 798,82**

(Autoria: Ali Mohamad Jaha)

Você percebeu que no exemplo dado eu considerei que a totalidade da remuneração era igual ao salário de contribuição? Fiz isso para simplificar o exercício e introduzir o tópico.

A parte mais importante desse assunto é exatamente identificar quais parcelas são **integrantes** e quais parcelas são **não integrantes** do salário de contribuição (SC).

Em suma, existem ganhos do trabalhador que são classificados como SC e outros não, existindo, portanto, ganhos que **sofrem desconto previdenciário (quando considerados SC)** e **outros não (quando não considerados SC)**.

2. AS ESPÉCIES DE SALÁRIO DE CONTRIBUIÇÃO

A legislação previdenciária definiu **um salário de contribuição específico para cada tipo de segurado (CADES F)**.

A única exceção ficou por conta do Segurado Especial que não realiza sua contribuição com base no SC e sim na sua Renda Bruta de Comercialização (RBC).

Assim sendo, o segurado especial, **em regra, não tem SC**, salvo quando optar por contribuir facultativamente nas mesmas condições do contribuinte individual (20% x SC), com intuito de obter um benefício com valor superior. Nesta situação, **o SC será o valor por ele declarado**.

Conforme dispõe o Regulamento da Previdência Social (Decreto n.º 3.048/1999):

> Art. 214. Entende-se por salário de contribuição:
>
> I – Para o **empregado** e o **trabalhador avulso**: A **remuneração auferida** em uma ou mais empresas, assim entendida a **totalidade dos rendimentos** pagos, devidos ou creditados a qualquer título, durante o mês, destinados a retribuir o trabalho, qualquer que seja a sua forma, inclusive as **gorjetas**, os **ganhos habituais** sob a forma de utilidades e os **adiantamentos** de-

correntes de reajuste salarial, quer pelos serviços efetivamente prestados, quer pelo tempo à disposição do empregador ou tomador de serviços, nos termos da lei ou do contrato ou, ainda, de convenção ou acordo coletivo de trabalho ou sentença normativa;

→ Além das gorjetas e dos ganhos habituais, também se classificam como rendimentos o valor da **compensação pecuniária a ser paga no âmbito do Programa Seguro Emprego (PSE)** – Lei n.º 13.189/2015.

II – Para o **empregado doméstico**: A remuneração **registrada** na Carteira Profissional e/ou na **Carteira de Trabalho e Previdência Social (CTPS)**, observados os limites mínimo (1 salário mínimo) e máximo (Teto do RGPS);

III – Para o **contribuinte individual**: A **remuneração auferida** em uma ou mais empresas ou pelo exercício de sua atividade por conta própria, durante o mês, observados os limites mínimo (1 salário mínimo) e máximo (Teto do RGPS);

IV – Para o dirigente sindical na qualidade de **empregado**: A **remuneração** paga, devida ou creditada pela entidade sindical, pela empresa ou por ambas;

V – Para o dirigente sindical na qualidade de **trabalhador avulso**: A **remuneração** paga, devida ou creditada pela entidade sindical, e;

VI – Para o segurado **facultativo**: O **valor por ele declarado**, observados os limites mínimo (1 salário mínimo) e máximo (Teto do RGPS).

Não devemos nos esquecer que o **Segurado Especial, em regra, não tem Salário de Contribuição**, uma vez que essa espécie de segurado contribui com uma alíquota reduzida aplicada sobre a RBC.

Entretanto, o Segurado Especial pode optar por contribuir facultativamente nas mesmas condições do contribuinte individual (20% x SC por ele declarado) para obter um benefício de valor superior.

Continuando, vamos analisar separadamente cada uma das espécies de SC:

2.1. O Salário de Contribuição do Empregado e do Trabalhador Avulso

A legislação foi ampla! Para os **empregados** e os **avulsos**, o SC corresponde ao **total de rendimentos recebidos** durante o mês, em todas as empresas trabalhadas ou que tenha prestado serviços.

Nesses rendimentos ainda são contabilizados as gorjetas, o **valor da compensação pecuniária a ser paga no âmbito do Programa Seguro Emprego (PSE)**, os **ganhos habituais** e os **adiantamentos salariais** decorrentes de reajuste salarial.

O que significam essas parcelas? Observe:

a) Gorjetas: A definição de gorjeta se encontra presente na Consolidação das Leis do Trabalho de 1943 (CLT/1943):

> Art. 457, § 3.º Considera-se gorjeta não só a importância espontaneamente dada pelo cliente ao empregado, como também o valor cobrado pela empresa, como serviço ou adicional, a qualquer título, e destinado à distribuição aos empregados.

Como podemos extrair, **a gorjeta é uma parcela da remuneração que não é paga pelo empregador**. Pode ser dada pelo cliente de forma espontânea em retribuição a um bom serviço prestado ou pode ser fruto de valoração adicional quando do fechamento de uma conta.

Em suma são aqueles famosos "10% do garçom" que são cobrados nas faturas dos restaurantes. Agora você sabe, que quando pagar a "caixinha" no restaurante, sobre esse valor, incidirá contribuição previdenciária, pois compõe o SC!

b) Compensação Pecuniária a ser paga no âmbito do Programa Seguro Emprego (PSE): A Medida Provisória n.º 680/2015, posteriormente convertida na Lei n.º 13.189/2015, instituiu o Programa Seguro Emprego (PSE) com o objetivo de **preservar o emprego dos trabalhadores em tempos de dificuldade financeira**.

No caso, a empresa poderá reduzir em até 30% a jornada de trabalho com redução proporcional do salário dos seus trabalhadores, sendo que tal diminuição terá duração de 6 meses, em regra, podendo ser prorrogada por mais 6 meses, fechando 12 meses no total.

Durante o período de redução salarial, o empregado terá direito a receber uma compensação pecuniária (em dinheiro) de até 50% do valor da redução, sendo que tal parcela será custeada pelo Fundo de Amparo ao Trabalhador (FAT).

c) Ganhos Habituais: Essas parcelas são entendidas como **contraprestações** do empregador, fornecidas ao empregado de maneira habitual (reiterada, duradoura, frequente), decorrentes de contrato de trabalho.

Os ganhos habituais podem ser recebidos em **dinheiro** ou em **fornecimento de utilidades**. A **habitualidade** é o aspecto principal desse ganho, pois os ganhos recebidos de forma esporádica ou eventual, não são considerados habituais, e por consequência, não contabilizados junto à remuneração.

A legislação previdenciária é clara ao afirmar que os ganhos habituais em forma de utilidade são considerados remuneração.

Nesta parte da disciplina vale a pena falar um pouco sobre a Emenda Constitucional n.º 20/1998, que inseriu o seguinte dispositivo na CF/1998:

> Art. 201, § 11. Os ganhos habituais do empregado, a qualquer título, **serão incorporados ao salário para efeito de contribuição previdenciária** e consequente repercussão em benefícios, nos casos e na forma da lei.

Como pode ser observado, apenas se constitucionalizou algo que já estava previsto na Lei n.º 8.212/1991, com redação dada pela Lei n.º 9.528/1997.

O STF, em 2017, reconheceu que os ganhos habituais são parcelas integrantes do salário de contribuição do indivíduo, seja antes ou depois da publicação da Emenda Constitucional n.º 20/1998, e sobre elas o empregador deve recolher a sua exação patronal devida.

A CLT, por sua vez, apresenta a seguinte passagem de interesse:

> Art. 458. Além do pagamento em dinheiro, compreende-se no salário, para todos os efeitos legais, a alimentação, habitação, vestuário ou outras prestações "in natura" que a empresa, por força do contrato ou do costume, fornecer habitualmente ao empregado. Em caso algum será permitido o pagamento com bebidas alcoólicas ou drogas nocivas.
>
> § 1.º Os valores atribuídos às prestações "in natura" deverão ser justos e razoáveis, não podendo exceder, em cada caso, os dos percentuais das parcelas componentes do salário mínimo.

d) Adiantamentos salariais decorrentes de reajuste salarial: Acho que é autoexplicativo. O funcionário recebe o aumento salarial e, em função disso, recebe o adiantamento salarial. Esse adiantamento também é SC.

Neste tópico não posso deixar de comentar sobre a pessoa do dirigente sindical. Existem dois tipos de **dirigentes sindicais**:

1. **Dirigente Sindical Empregado**: Tem como SC a remuneração recebida da entidade sindical, da empresa (a qual está vinculado) ou o somatório de ambos os valores, isto é, seu SC pode ser de 3 formas distintas: (1) Remuneração do Sindicato, (2) Remuneração da Empresa ou (3) Remuneração de ambas.

2. **Dirigente Sindical Trabalhador Avulso**: Tem como SC a remuneração recebida da entidade sindical. Na qualidade de avulso, por não possuir vinculação a empresa alguma, esse Dirigente só tem uma opção por SC: Remuneração do Sindicato. Não confunda com o caso anterior! =)

Por fim, devo ressaltar que o SC do empregado e do avulso deve observar os limites mínimo (1 salário mínimo) e máximo (Teto do RGPS).

2.2. O Salário de Contribuição do Empregado Doméstico

A legislação prevê que o SC do **empregado doméstico** é o **valor registrado em sua carteira profissional ou Carteira de Trabalho e Previdência Social (CTPS).**

Novamente, devo ressaltar que o SC do empregado doméstico deve observar os limites mínimo (1 salário mínimo) e máximo (Teto do RGPS).

2.3. O Salário de Contribuição do Contribuinte Individual

Semelhante aos empregados e avulsos, a lei previdenciária foi ampla com o **contribuinte individual**, pois considerou como SC o **total de rendimentos auferidos** durante o mês, por conta própria ou a serviço de uma ou mais empresas.

Aqui, vale um ponto interessante, que é o caso do **ministro de confissão religiosa** (contribuinte individual):

a) **Não se considera remuneração direta ou indireta** os valores despendidos pelas entidades religiosas e instituições de ensino vocacional com ministro de confissão religiosa, membros de instituto de vida consagrada, de congregação ou de ordem religiosa em face do seu mister (ofício) religioso ou para sua subsistência, desde que fornecidos **em condições que independam da natureza e da quantidade do trabalho executado.**

a.1.) Os critérios informadores dos valores despendidos pelas entidades religiosas e instituições de ensino vocacional aos ministros de confissão religiosa, membros de vida consagrada, de congregação ou de ordem religiosa **não são taxativos e sim exemplificativos.**

a.2.) Os valores despendidos, ainda que pagos de forma e montante diferenciados, em pecúnia ou a título de ajuda de custo de moradia, transporte, formação educacional, vinculados exclusivamente à atividade religiosa **não configuram remuneração direta ou indireta.**

b) No sentido contrário, **quando o valor pago depender da natureza e da quantidade de trabalho executado pelo membro, considera-**

-se remuneração para os devidos efeitos previdenciários e trabalhistas.

Por fim, devo ressaltar que o SC do contribuinte individual deve observar os limites mínimo (1 salário mínimo) e máximo (Teto do RGPS).

2.4. O Salário de Contribuição do Segurado Facultativo

O SC do **facultativo** é o **valor por ele declarado**. Ele escolhe um valor entre o limite mínimo e o máximo do RGPS, aplica a alíquota de 20% e recolhe a contribuição social devida.

Os estudantes-profissionais (concurseiros, mestrandos e doutorandos), quando estiverem se dedicando exclusivamente aos estudos sem exercer atividade remunerada, podem contribuir como Facultativo. E afinal, qual o limite mínimo e o máximo?

Devo ressaltar que o SC do facultativo deve observar os limites mínimo (1 salário mínimo) e máximo (Teto do RGPS).

3. A PROPORCIONALIDADE NO SALÁRIO DE CONTRIBUIÇÃO

Agora que apresentamos os tipos de SC, eu questiono: como é mensurado o SC quando um empregado falta ao serviço? E quando ele é admitido no 20.º dia do mês?

A legislação previdenciária prevê que na **admissão, dispensa, afastamento** ou **falta** do Empregado (E) ou do Empregado Doméstico (D) durante o curso do mês, o contribuinte terá **SC proporcional ao número de dias efetivamente trabalhados.**

Dessa forma, podemos concluir que a contribuição previdenciária **pode incidir sobre SC inferior ao Salário Mínimo**.

Devo ainda ressaltar que além desse, existe mais um caso de SC Proporcional. No caso dos Empregados (E), Empregados Domésticos (D) e Trabalhadores Avulsos (A) **que prestam serviço por hora, dia, ou semana, terão SC proporcional à quantidade de horas, dias ou semanas trabalhadas no mês**.

Como assim?

Imagine uma doméstica que trabalhou 18 dias no mês de 09/2023 e tem como remuneração o salário mínimo. Qual foi a remuneração (SC) da referida contribuinte?

Observe:

18/31 = 0,581

0,581 x R$ 1.320,00 = R$ 766,45.

Escolhi a remuneração de R$ 1.320,00 para demonstrar o SC com valor inferior ao Salário Mínimo.

Como se vê acima, nos casos de SC proporcional apresentados, **é possível que o trabalhador tenha um SC inferior ao salário mínimo**. Não esqueça!

Agora, guarde com carinho essa tabela para sua prova. =)

Segurado:	Salário de Contribuição:	Limite Mínimo:	Limite Máximo:
Empregado:	Remuneração total auferida	Piso ou Sal. Mínimo.	Teto do RGPS
Trabalhador Avulso:	Remuneração total auferida	Piso ou Sal. Mínimo.	Teto do RGPS
Empregado Doméstico:	Registrado em CTPS	Piso ou Sal. Mínimo.	Teto do RGPS
Contribuinte Individual:	Remuneração total auferida	Sal. Mínimo.	Teto do RGPS
Segurado Especial:	Em regra, não tem SC (% x RBC).	RBC	
Facultativo:	Valor autodeclarado	Sal. Mínimo.	Teto do RGPS

(Autoria: Ali Mohamad Jaha)

4. O REAJUSTAMENTO DO SALÁRIO DE CONTRIBUIÇÃO

Quanto ao reajustamento, a legislação previdenciária é bem direta e clara quanto ao tema (Decreto n.º 3.048/1999):

> Art. 33. Todos os salários de contribuição utilizados no cálculo do salário de benefício serão **corrigidos**, **mês a mês**, de acordo com a **variação integral do Índice Nacional de Preço ao Consumidor (INPC)**, referente ao período decorrido a partir da primeira competência do salário de contribuição que compõe o período básico de cálculo até o mês anterior ao do início do benefício, de modo a **preservar o seu valor real**.

O cálculo do valor dos benefícios previdenciários é tratado em outra parte da legislação. Entretanto é interessante ressaltar que todos os SC utilizados nesse cálculo serão **devidamente atualizados pelo INPC até o mês anterior ao início do recebimento do benefício**.

Por fim, lembre-se que – em consonância com o texto constitucional – esse reajustamento busca preservar o **valor real** da benesse previdenciária. =)

5. AS PARCELAS INTEGRANTES DO SALÁRIO DE CONTRIBUIÇÃO

Além da **remuneração** (incluindo as gorjetas, o valor da compensação pecuniária a ser paga no âmbito do Programa Seguro Emprego (PSE), os ganhos habituais e os adiantamentos salariais em razão de aumento) e do valor declarado no caso do segurado facultativo, existem outras **parcelas integrantes do SC** definidas na legislação previdenciária.

As parcelas integrantes são as quantias sobre as quais incide contribuição previdenciária, ou seja, são parcelas tributáveis.

Sem delongas, vamos ver cada uma delas com os seus devidos comentários.

PI01. O **Salário Maternidade** é considerado salário de contribuição.

O Salário Maternidade é o **único benefício** previdenciário considerado SC.

O Salário Maternidade é devido às seguradas empregadas (E), trabalhadoras avulsas (A), empregadas domésticas (D), contribuintes individuais (C), facultativas (F) e seguradas especiais (E), por ocasião do parto, inclusive o natimorto, aborto não criminoso, adoção ou guarda judicial para fins de adoção.

Aqui vale uma ressalva interessante!

O Supremo Tribunal Federal (STF), por maioria, apreciando o Tema n.º 72 da repercussão geral, deu provimento ao RE 576.967, para declarar, incidentalmente, a **inconstitucionalidade** da incidência de contribuição previdenciária sobre o salário maternidade, prevista no Art. 28, § 2.º, da Lei n.º 8.212/1991, e a parte final do seu § 9.º, alínea "a", em que se lê "salvo o salário maternidade".

Foi fixada a seguinte tese: "**É inconstitucional a incidência da contribuição previdenciária a cargo do empregador sobre o salário maternidade**".

O que levar para a prova?

Como sempre, adote a lei quando a questão cobrar a legislação ou nada falar e adote a jurisprudência somente quando a questão for expressa ("conforme entendimento do STF", "de acordo com a posição do supremo", etc.).

Para constar, a previsão legal do Salário Maternidade está na Lei n.º 8.213/1991 (Plano de Benefícios da Previdência Social):

> Art. 71. O salário maternidade é devido à segurada da Previdência Social, **durante 120 dias**, com início no período entre 28 dias antes do parto e a data de ocorrência deste, observadas as situações e condições previstas na legislação no que concerne à proteção à maternidade.

Sendo assim, a segurada fica em casa cuidando do seu filho recém-nascido ou recém-adotado por 120 dias e recebe o Salário Maternidade como benefício previdenciário. Esse benefício é considerado SC, ou seja, sobre ele incide a contribuição social devida pela segurada.

O STJ, após trocar de posição mais de uma vez, decidiu em 05/2022, por meio do Agravo em Recurso Especial n.º 684226/RN, que "**não incide contribuição previdenciária sobre verbas pagas a título de salário maternidade no RGPS**". **Neste momento, temos STF e STJ alinhados (graças a Deus!)**.

Em suma, atualmente a questão está mais do que pacificada:

Salário Maternidade	
Legislação:	É SC!
Jurisprudência do STJ:	Não é SC!
Jurisprudência do STF:	Não é SC!

(Autoria: Ali Mohamad Jaha)

Vamos aproveitar o tópico para falar um pouco sobre o **salário paternidade**.

O salário paternidade é um direito previsto na Constituição Federal (CF) e na Consolidação das Leis do Trabalho (CLT), tendo por objetivo garantir ao pai 5 dias de afastamento, **sem perda de salário**, a fim de acompanhar o nascimento e os primeiros dias de vida do filho.

Durante o afastamento, o pagamento é suportado exclusivamente pelo empregador, o qual fica **sujeito ao recolhimento de contribuição previdenciária** no entender da Receita Federal do Brasil (RFB).

Por seu turno, o Superior Tribunal de Justiça (STJ), **em consonância com a RFB**, firmou, por meio do Tema n.º 740, a seguinte tese em: "**o salário paternidade deve ser tributado, por se tratar de licença remunerada prevista constitucionalmente, não se incluindo no rol dos benefícios previdenciários**".

PI02. A remuneração **adicional de férias de 1/3 (33%)** a mais do que o salário normal, que trata a CF/1988, integra o salário de contribuição.

O legislador **não perdoou nem o Terço Constitucional de Férias (TCF)**! O TCF equivale a 1/3 (33%) a mais na remuneração do trabalhador no mês de suas férias.

Como exemplo, imagine que Carlos receba R$ 3.000,00 por mês. No mês de suas férias ele receberá 1/3 a mais (+R$ 1.000,00), totalizando R$ 4.000,00. Nesse caso, o SC será todo o montante, pois o **TCF é SC**!

Conforme a legislação previdenciária, **a incidência da contribuição ocorre no mês de gozo das férias**, inclusive se as férias forem pagas antecipadamente. Logo, a contribuição social somente será descontada no mês do gozo e não no mês do recebimento antecipado.

Voltando ao nosso exemplo, imagine que Carlos irá gozar suas férias em 06/2023, mas irá receber de forma antecipada o TCF (de R$ 1.000,00, conforme exemplo) em 03/2023. Nesse caso, a contribuição social devida referente ao TCF será paga somente em 06/2023, o mês de gozo das férias.

No passado, tanto o Superior Tribunal de Justiça (STJ) quanto o Supremo Tribunal Federal (STF) defenderam, em inúmeras ações a natureza indenizatória do TCF e, por consequência, a não incidência de contribuição social sobre esta verba.

Entretanto, em 2020, por meio do Tema n.º 985, o **STF** reformou sua posição, decidiu – em plenário – pela natureza remuneratória do TCF e firmou a tese de que "**é legítima a incidência de contribuição social sobre o valor satisfeito a título de Terço Constitucional de Férias**".

Com isso, atualmente a legislação previdenciária e a jurisprudência do STF caminham no mesmo sentido, **não havendo mais divergência**.

PI03. A **gratificação natalina (13.º salário)** integra o salário de contribuição, **exceto** para o cálculo do salário de benefício, sendo devida a contribuição quando do pagamento ou crédito da última parcela ou na rescisão do contrato de trabalho.

O **13.º salário**, a exemplo do TCF e conforme o entendimento da legislação previdenciária, **também é SC**.

Vamos ao exemplo: Fernando trabalhou entre janeiro e dezembro na empresa Calculus Ltda., auferindo rendimentos mensais integrais. Considerando que sua remuneração, em dezembro, seja de R$ 5.000,00, qual será o valor da sua gratificação natalina? Observe o cálculo:

12/12 = 1,0

1,0 x R$ 6.000,00 = R$ 6.000,00.

Como podemos concluir, Fernando **receberá 13.º integral**, pois trabalhou durante o ano todo na mesma empresa, e perceberá em dezembro gratificação integral correspondente a todo o período, com base no salário de dezembro.

O 13.º salário também pode ser calculado de **forma proporcional**, também tendo por base, a remuneração do trabalhador no mês de dezembro.

Essa proporcionalidade é assim entendida, observe: Fernando trabalhou entre setembro e dezembro, ou seja, ele trabalhou 4 meses durante o ano.

Considerando que sua remuneração, em dezembro, seja de R$ 6.000,00, qual será o valor da sua gratificação natalina?

4 / 12 = 0,3333.

0,3333 x R$ 6.000,00 = R$ 2.000,00.

Compreendido o conceito de proporcionalidade, devemos entender que o 13.º salário, integral ou proporcional, é considerado salário de contribuição, **mas não é contabilizado como salário de benefício.**

Em outras palavras, a gratificação natalina é alvo da incidência das contribuições sociais, mas não é contada para o cálculo de concessão de benefícios da Previdência Social.

O segurado recolhe as contribuições sociais sobre o 13.º salário, mas essas contribuições não são consideradas para obtenção do salário de benefício, que será a base monetária sobre a qual será calculado o valor do benefício devido ao segurado.

Singelamente, o cidadão paga 13 contribuições anuais, mas somente 12 entram nas contas para a concessão dos benefícios previdenciários.

Em princípio pode parecer uma atitude ilegal e contra a isonomia por parte da Receita Federal do Brasil, mas esse assunto já foi bastante discutido, e atualmente o Supremo Tribunal Federal (STF) possui publicada súmula sobre o assunto:

> Súmula STF n.º 688/2003: É **legítima** a incidência da contribuição previdenciária sobre o 13.º salário.

Para encerrar o assunto sobre gratificação natalina, é preciso saber que a contribuição social incidirá sobre o **valor bruto** da gratificação, independente de adiantamentos ou parcelamentos realizados.

Além de incidir sobre o **valor bruto**, a contribuição devida deverá ser recolhida no momento do pagamento da última parcela da gratificação ou, no caso de rescisão de contrato, por ocasião desta.

Para exemplificar o parcelamento da gratificação natalina: eu trabalhei durante alguns anos em uma empresa antes de entrar na RFB, e nela o 13.º salário era parcelado em duas vezes, sendo que a primeira parcela era paga em junho e a segunda em dezembro.

No meu caso, **a contribuição previdenciária era descontada do meu contracheque em dezembro (mês do pagamento da última parcela) pelo seu valor total (somatório das duas parcelas).**

PI04. O valor pago à **empregada gestante**, inclusive à doméstica, durante o seu período de **estabilidade provisória**, que se inicia com a **confirmação da**

gravidez até 5 meses após o parto, conforme a CF/1988, integra o salário de contribuição, **excluídos os casos de conversão em indenização** previstos nos Arts. 496 e 497 da Consolidação das Leis do Trabalho de 1943 (CLT/1943).

Essa parte, novamente, tem grande correlação com o Direito do Trabalho. A empregada grávida tem direito a estabilidade provisória prevista no Ato das Disposições Constitucionais Transitórias (ADCT) da CF/1988.

No ADCT, o legislador constituinte originário (os deputados que escreveram a CF entre 1985 e 1988) **garantiu que a empregada não pode ser dispensada sem justa causa entre a confirmação de sua gravidez, até 5 meses após o parto**. Esses valores recebidos **são considerados SC**. Dessa forma, incide contribuição social sobre esses valores.

Ao final, **a CLT prevê dois casos de conversão em indenização, sendo que a indenização nesses dois casos, não são consideradas SC**! Observe:

> Art. 496. Quando a reintegração do empregado **estável** for **desaconselhável**, dado o grau de incompatibilidade resultante do dissídio, especialmente quando for o empregador pessoa física, o tribunal do trabalho poderá converter aquela obrigação em **indenização** devida nos termos do artigo seguinte.
>
> Art. 497. **Extinguindo-se a empresa, sem a ocorrência de motivo de força maior**, ao empregado estável despedido é garantida a **indenização por rescisão do contrato por prazo indeterminado, paga em dobro**.

No Art. 496, tem-se a **estabilidade decenal**, aquela que existia antes da CF/1988, na qual o trabalhador laborava por 10 anos na mesma empresa e adquiria **estabilidade**.

Nessa época, o trabalhador optava pela estabilidade decenal ou pelo recolhimento por parte do seu empregador de valores mensais ao seu Fundo de Garantia do Tempo de Serviço (FGTS), que funciona como uma poupança para o empregado, que no futuro, poderia levantar (sacar) a totalidade depositada com as devidas correções.

Após a CF/1988, essa possibilidade de estabilidade foi **vetada completamente**, restando apenas a opção pelo depósito em FGTS.

Voltando a questão, quando o empregado estável (por meio da estabilidade decenal) é dispensado, ele impetra uma ação na Justiça do Trabalho.

Vencida a lide, ele adquire o direito à reintegração, mas nem sempre o ex-funcionário será reintegrado. Muitas vezes, esses dissídios trabalhistas são desgastantes para ambos os lados (empregador e trabalhador), sendo que ao final desses, estão dizimadas todas as possibilidades de que o trabalhador volte a trabalhar para o seu antigo empregador.

E nesse caso o trabalhador sai no prejuízo? Não! A Justiça do Trabalho poderá converter a obrigação de reintegração em **indenização por rescisão do contrato por prazo indeterminado**, sendo essa indenização calculada e **paga em dobro**!

Saindo do mundo trabalhista e voltando para o mundo previdenciário, **essa indenização resultante de conversão não é considerada SC**, ou seja, sobre essa grande indenização **não incide contribuição social**.

> → **Tome nota: Verba indenizatória, em regra, não é SC, logo, não incide contribuição social sobre ela. =)**

O Art. 497 também trata da **estabilidade decenal**. Nesse caso, se a **empresa for extinta, sem a ocorrência de força maior**, o empregado estável terá direito à **indenização por rescisão do contrato por prazo indeterminado**, mas com valores calculados e pagos **em dobro**.

Para constar, a definição de força maior para o Direito do Trabalho se encontra prevista na CLT/1943, em seu Art. 501:

> Art. 501. Entende-se como **força maior** todo acontecimento **inevitável**, em relação à vontade do empregador, e para a realização do qual este não concorreu, direta ou indiretamente.
>
> § 1.º A imprevidência (**o descuido**) do empregador **exclui** a razão de força maior.

Logo, a extinção da empresa, quando não motivada pela força maior, está ligada à má administração da empresa por seu empregador, o que não deve onerar o empregado.

Diante de tal lógica, o legislador conferiu indenização por quebra de contrato em favor do empregado, com valor dobrado. **Essa verba indenizatória não constitui SC, portanto, não incide contribuição social sobre ela**.

PI05. O valor mensal do Auxílio Acidente integra o Salário de Contribuição, para fins de cálculo do Salário de Benefício de qualquer aposentadoria.

O legislador só quis dizer o seguinte: o auxílio acidente entra nas contas para concessão de benefício. Somente isso.

O auxílio acidente é concedido, como **indenização**, ao segurado empregado, ao trabalhador avulso e ao segurado especial, quando, **após a consolidação de lesões decorrentes de acidente de qualquer natureza, resulte sequela definitiva. Tem natureza indenizatória, motivo pelo qual não constitui hipótese de incidência das contribuições sociais previdenciárias** (Solução de Consulta RFB n.º 24/2022).

Por incrível que possa parecer, é uma parcela integrante que não integra o SC. Não, não estou louco. É isso mesmo. Não incide contribuição. =)

PI06. As **parcelas não integrantes** do Salário de Contribuição, quando pagas ou creditadas **em desacordo com a legislação** pertinente, integram o Salário de Contribuição para todos os fins e efeitos, sem prejuízo da aplicação das cominações legais cabíveis.

As Parcelas Não Integrantes do SC serão vistas no próximo tópico, mas eu já posso lhe adiantar que essas parcelas, **quando pagas em desacordo com a legislação pertinente, serão automaticamente convertidas em parcelas integrantes**. Essa é a regra! Observe:

- Parcela Não integrante de SC: **Não incide contribuição social**.
- Parcela Não integrante de SC, **paga em desacordo**: Converte-se automaticamente em Parcela integrante de SC, logo, **incide contribuição social previdenciária**.

PI07. **Horas Extras**, **Adicional Noturno** e **Adicional de Periculosidade**.

Desde 2014, o Superior Tribunal de Justiça (STJ) tem entendido que os ganhos percebidos em função de **horas extras**, **adicional noturno** e **adicional de periculosidade** são parcelas de natureza **remuneratória**, logo, são parcelas integrantes do SC e sobre elas **incidem as contribuições sociais**.

Não obstante, compreendo que afastar a incidência previdenciária iria, invariavelmente, reduzir os benefícios previdenciários futuros, o que seria muito negativo.

Para encerrar esse tópico, temos que somente as seguintes rubricas são consideradas **parcelas integrantes do SC**:

- A **remuneração do trabalhador** (incluindo as gorjetas, a compensação do Programa Seguro Emprego (PSE), os ganhos habituais e os adiantamentos salariais em razão de aumento);
- PI01. O **salário maternidade**. A legislação informa que é SC. A jurisprudência do STF informa que não é SC;
- PI02. **Adicional Constitucional de Férias de 1/3**;
- PI03. **Gratificação Natalina (13.º Salário)**;
- PI04. **Valores pagos à gestante durante a sua estabilidade provisória**;
- PI05. Auxílio Acidente. Parcela integrante, mas sem incidência de contribuição (bizarrices da legislação previdenciária);

- PI06. **Parcelas não integrantes de SC pagas em desacordo com a legislação pertinente**, e;
- PI07. **Horas Extras, Adicional Noturno** e **Adicional de Periculosidade.**

6. AS PARCELAS NÃO INTEGRANTES DO SALÁRIO DE CONTRIBUIÇÃO

As parcelas não integrantes são as quantias sobre as quais não incide contribuição previdenciária, ou seja, são parcelas isentas.

Vamos apresentar cada parcela não integrante com os seus respectivos comentários.

Esse assunto recorrente em provas e, considero um assunto com excelente custo x benefício, pois após estudar este curso, você nunca mais confundirá uma **parcela integrante (PI)** com uma **parcela não integrante (PNI)**.

Sem mais delongas, vamos começar. =)

PNI01. Os **benefícios da previdência social**, nos termos e limites legais, **ressalvado o Salário Maternidade, que é considerado Salário de Contribuição.**

Os **benefícios da previdência social, em regra, não são SC**!

A única exceção fica por conta do Salário Maternidade, que como já foi visto no tópico anterior, em regra – conforme legislação -, é SC!

PNI02. A **ajuda de custo e o adicional mensal, recebidos pelo aeronauta**, nos termos da Lei n.º 5.929/1973 que altera o Decreto-Lei n.º 18/1966 (Regulamenta o exercício da Profissão de Aeronauta).

É um caso extremamente específico! Os aeronautas têm o direito de receber **ajuda de custo e adicional mensal**, nos moldes da Lei regulamentadora de sua profissão, sem a incidência das contribuições sociais sobre essas verbas. Em outras palavras, essas verbas são parcelas não integrantes do SC.

Como exemplo, imagine que Ricardo, piloto de uma companhia aérea nacional, receba R$ 7.000,00 por mês de salário e, além disso, receba uma ajuda de custo de R$ 2.000,00 e um adicional mensal de R$ 3.000,00, totalizando R$ 5.000,00.

Qual será o seu SC? R$ 7.000,00 apenas, pois as duas parcelas restantes que compõem sua remuneração, por força de legislação previdenciária, **não são consideradas SC.**

Devo fazer a ressalva quanto a esse dispositivo legal: na prática não há aplicação! O SC encontra como limite máximo o teto do RGPS. Por sua vez, um aeronauta de voos domésticos ou internacionais percebe mensalmente, pelo menos, o dobro do valor do teto do RGPS.

Dessa forma, pouco importa os valores recebidos a título de ajuda de custo e de adicional mensal, pois apenas o salário do piloto já constitui importância superior ao limite máximo do SC, limite este que será o valor de seu SC!

PNI03. A **parcela "in natura" recebida** de acordo com programa de alimentação aprovado pelo Ministério do Trabalho e Emprego, nos termos da Lei n.º 6.321/1976 (Lei do **Programa de Alimentação do Trabalhador - PAT**).

O salário "in natura", também conhecido por salário utilidade, é entendido como sendo toda parcela, bem ou vantagem fornecida pelo empregador como gratificação pelo trabalho desenvolvido ou pelo cargo ocupado.

Estamos diante do vale alimentação ou vale refeição. Quem trabalha na iniciativa privada sabe o que eu estou falando. O vale alimentação é aquele valor pago mensalmente pelo empregador para auxiliar nas despesas com alimentação do trabalhador e sua família.

Antigamente, esse vale era em papel, sendo que o trabalhador recebia um bloquinho no começo de cada mês com, por exemplo, 20 folhinhas de R$ 50,00 cada uma. Aí era só o trabalhador ir até o supermercado e fazer suas compras!

Atualmente, com a modernização e implantação de novas tecnologias, o vale alimentação apresenta formato de cartão magnético ou app de celular, sendo que o empregador credita, mensalmente, em favor de seu trabalhador o valor devido pela empresa, para que este realize suas compras.

Esses valores são **parcelas não integrantes do SC**, não incidindo contribuição social sobre elas.

Por qual motivo o empregador paga seu trabalhador em vale alimentação ao invés de optar pelo pagamento em dinheiro (ou mesmo não pagar nada)? Será que ele se preocupa com a alimentação dos empregados?

Meu amigo concurseiro, não existe empregador benevolente. A lei do PAT definiu que a empresa que adotasse o vale alimentação obteria automaticamente deduções da base de cálculo do seu imposto de renda.

Em resumo, o empregador não paga vale alimentação em cartão magnético ou app de celular porque ele está preocupado com o seu bem-estar, mas sim, preocupado em obter alguns benefícios fiscais para a empresa (o que também não está errado!).

No entanto, é importante lembrar que a participação no Programa de Alimentação do Trabalhador (PAT), não é obrigatória. Segundo a cartilha do referido programa, a adesão ao PAT é voluntária e as empresas participam pela consciência de sua responsabilidade social.

Porém, caso a empresa conceda benefício alimentação aos seus trabalhadores e não participe do Programa, deverá fazer o recolhimento do FGTS e do INSS sobre o valor do benefício concedido ao trabalhador (salário "in natura" – Art. 458 da CLT) e não terá direito a qualquer incentivo fiscal previsto no PAT.

Fica claro, portanto, **que o auxílio alimentação pago em pecúnia, transforma o benefício dado ao trabalhador em parcela integrante do SC**, ampliando a base de cálculo para o depósito do FGTS depositado pelo empregador. Esse é o entendimento da legislação previdenciária.

A Reforma Trabalhista (Lei n.º 13.467/2017) deu a seguinte redação para a CLT/1943:

> Art. 457, § 2.º As importâncias, ainda que habituais, pagas a título de ajuda de custo, auxílio alimentação, **vedado seu pagamento em dinheiro**, diárias para viagem, prêmios e abonos não integram a remuneração do empregado, não se incorporam ao contrato de trabalho e não constituem base de incidência de qualquer encargo trabalhista e previdenciário.

Nessa esteira, a Turma Nacional de Uniformização dos Juizados Especiais Federais (TNU) firmou, em 04/2022, a seguinte tese:

> Tema TNU n.º 244: II – A partir de 11/11/2017, com a vigência da Lei n.º 13.416/2017, que conferiu nova redação ao § 2.º do Art. 457 da CLT, **somente o pagamento do auxílio alimentação em dinheiro integra a remuneração, constitui base de incidência da contribuição previdenciária patronal e do segurado**, refletindo no cálculo da renda mensal inicial do benefício, esteja a empresa inscrita ou não no Programa de Alimentação do Trabalhador.

Por sua vez, o poder executivo federal se posicionou da seguinte maneira:

> Parecer Vinculativo AGU/BBL n.º 004/2022: 40. Ante o exposto, concluiu-se que o **auxílio alimentação na forma de tíquetes ou congêneres**, mesmo antes do advento do § 2.º do Art. 457 da CLT, **já não integrava a base de cálculo da contribuição previdenciária**, nos termos do caput do Art. 28 da Lei n.º 8.212/1991.

Do exposto, não restam dúvidas:

> **- Auxílio alimentação pago em dinheiro → É SC.**
>
> **- Auxílio alimentação pago em cartão, em ticket ou em app de celular → Não é SC.**

PNI04. A **Hora Repouso e Alimentação (HRA)** do trabalhador que labora em atividades petrolíferas (exploração, perfuração, produção ou refinação).

Vamos falar um pouco sobre o regime de trabalho dos empregados nas atividades de exploração, perfuração, produção e refinação de **petróleo**, industrialização do xisto, indústria petroquímica e transporte de petróleo e seus derivados por meio de dutos.

A **Hora Repouso Alimentação (HRA)** constitui verba paga ao trabalhador pela **disponibilidade** do empregado no local de trabalho, ou nas suas proximidades, durante o intervalo destinado a repouso e alimentação, conforme o Art. 2.º, § 2.º, da Lei n.º 5.811/1972.

Por não exercer atividade, compreendo que não tenha natureza salarial.

Em 2021, o STJ se posicionou pela **não incidência de contribuição previdenciária** patronal sobre os valores pagos pela empresa a título de Hora Repouso Alimentação (HRA).

PNI05. As importâncias recebidas a título de **férias indenizadas** e do respectivo adicional constitucional, inclusive o valor correspondente à **dobra da remuneração de férias**, no caso de as férias serem concedidas **após o fim do período concessivo**, conforme dispõe o Art. 137 da CLT/1943.

O dispositivo legal trata de duas verbas: **Férias Indenizadas (Férias Vencidas)** e **Dobra das Férias**.

As **férias indenizadas** são aquelas devidas ao trabalhador no momento da **rescisão contratual**, ou seja, ele está se desligando da empresa, mas não gozou as férias das quais tinha direito.

Diante de tal situação, ele tem direito a receber essas férias em dinheiro e seu respectivo adicional constitucional de 1/3 (33%), como **forma de indenização. → Verba Indenizatória.**

Ainda sobre rescisão contratual, considero importante ressaltar que o **Saldo de Salário** tem natureza de remuneração, ou seja, é tratado como salário. Logo, sobre essa verba, incide salário de contribuição normalmente.

Sobre férias, devemos fazer uma pequena incursão no Direito do Trabalho. =)

Para ter direito as sonhadas férias, o trabalhador deve primeiramente trabalhar por um tempo (**período aquisitivo**) para depois ter outro tempo para usufruir suas férias (**período concessivo**).

A legislação do trabalho define que **período aquisitivo** é o período de 12 meses em que o trabalhador permanece em exercício para adquirir o direito às férias.

Por sua vez, o **período concessivo** são os 12 meses subsequentes ao aquisitivo em que o empregador deverá conceder o gozo das férias ao seu trabalhador.

Se o trabalhador gozar suas férias dentro do período concessivo, o que deveria ser o esperado, temos a figura das **férias gozadas**. As férias gozadas têm natureza de remuneração (legislação, STJ – Resp n.º 1.517.633-PR 2015 – e STF – Tema n.º 985/2020).

Se o trabalhador **não gozar suas férias dentro do período concessivo**, cabe ao empregador, como punição, pagar as férias com valor dobrado. Aqui, tem-se a verba **dobra de férias. → Verba indenizatória**.

Diante de todo exposto, fica claro classificar:

- **Férias gozadas → É SC.**
- **Férias indenizadas → Não é SC.**
- **Dobra de Férias → Não é SC.**

PNI06. A **indenização compensatória de 40% do montante depositado** no Fundo de Garantia do Tempo de Serviço (**FGTS**), como proteção à relação de emprego contra **despedida arbitrária** ou **sem justa causa**, conforme disposto no Ato das Disposições Constitucionais Transitórias (ADCT) da CF/1988.

Novamente estamos diante de uma situação albergada pelo Direito do Trabalho!

A proteção do empregado contra a dispensa arbitrária e sem justa causa deveria ser regulamentada em **Lei Complementar**, como define ADCT da CF/1988.

Porém, como essa norma nunca foi criada, a legislação do trabalho está seguindo uma regra transitória (de algumas décadas) presente no ADCT, a saber:

> Art. 10. Até que seja promulgada a lei complementar a que se refere o Art. 7º, I, da Constituição:
>
> I – Fica limitada a proteção nele referida ao aumento, **para 4 vezes**, da porcentagem prevista no Art. 6.º, "caput" e § 1.º da Lei n.º 5.107/1966 (**10%**).

Assim, na demissão sem justa causa, o empregador deverá depositar na conta vinculada do seu empregado uma **indenização de 40% sobre o total dos depósitos realizados na conta do FGTS durante o contrato de trabalho, devidamente corrigida**.

Essa verba indenizatória não é parcela integrante do SC, logo, sobre esse depósito indenizatório **não incidem contribuições sociais**.

O que é muito justo! O trabalhador acaba de ser desligado da empresa, recebe uma indenização relativamente baixa e ainda tem que recolher contribuição social sobre esse valor? Não faz sentido.

PNI07. A **indenização por tempo de serviço, anterior a 05/10/1988** (promulgação da CF/1988), do empregado **não optante pelo Fundo de Garantia do Tempo de Serviço (FGTS)**.

Como já vimos, até a CF/1988 os trabalhadores tinham duas opções: **Estabilidade Decenal** ou **FGTS**. Com a promulgação da CF em 05/10/1988, a única opção restante foi o **FGTS**.

Para os trabalhadores que até a promulgação da CF/1988 tinham optado pela Estabilidade Decenal, foi instituída uma **indenização por tempo de serviço relativo ao período pré-CF/1988**. Essa indenização, conforme legislação previdenciária **não é parte integrante do SC**!

PNI08. A **indenização por despedida sem justa causa** do empregado nos **contratos por prazo determinado**, conforme estabelecido no Art. 479 da CLT/1943.

A regra dos contratos de trabalho no Direito do Trabalho é o contrato por **prazo indeterminado**, mas existem algumas situações e que são admitidas contrato por prazo determinado.

Caso o empregador dispense sem justa causa o empregado contratado por prazo determinado, este estará sujeito à seguinte indenização prevista na CLT:

> Art. 479. Nos contratos que tenham termo estipulado (**prazo determinado**), o empregador que, sem justa causa, despedir o empregado será obrigado a pagar-lhe, a título de **indenização**, e por metade (**50%**), a remuneração a que teria direito até o termo do contrato (**fim do contrato**).

Imagine que Walquíria foi contratada pelo escritório de contabilidade Lucro Presumido Ltda., por meio de um contrato de experiência (espécie do gênero contrato por prazo determinado) com duração de 90 dias e remuneração mensal de R$ 3.000,00.

No início do 60.º dia ela foi dispensada sem justa causa. Nesse caso, a indenização devida a Walquíria é metade (50%) da remuneração que ela teria direito até o fim do contrato. No nosso caso:

Dias já trabalhados: 60 dias.

Dias até o fim do contrato: + 30 dias.

Remuneração devida até o fim do contrato:

30 / 90 = 0,333 x R$ 9.000,00 (R$ 3.000,00 x 3 meses) = R$ 3.000,00

Metade da Remuneração devida até o fim do contrato:

R$ 3.000,00 / 2 = **R$ 1.500,00**

Portanto, Walquíria terá direito a uma indenização de R$ 1.500,00, e esse valor não será parcela integrante do SC. Assim sendo, **não incidirá contribuição social sobre essa verba indenizatória**.

PNI09. A **indenização do tempo de serviço do safrista**, quando da expiração normal do contrato, conforme disposto no Art. 14 da Lei n.º 5.889/1973 (Normas Reguladoras do Trabalho Rural).

Mais um caso específico da legislação trabalhista. A priori, é interessante saber que o **contrato de safra é aquele que tem a sua duração dependente de variações estacionais da atividade agrária, isto é, não existe um tempo padrão para os contratos de safra**.

A indenização está prevista na Lei n.º 5.889/1973:

> Art. 14. Expirado normalmente o contrato, a empresa **pagará ao safrista**, a título de **indenização** do tempo de serviço, importância correspondente a **1/12 (8,33%) do salário mensal**, por mês de serviço ou fração superior a 14 dias.

A mera expiração do contrato de safra dá direito ao trabalhador de receber indenização de 1/12 do seu salário mensal por mês de serviço (ou fração superior a 14 dias, ou seja, **15 dias ou mais**).

Essa benevolência existe em função do contrato de safra não apresentar período certo em seu início e ser facilmente encurtado em razão de fatos da natureza (tempestades, geadas, secas, inundações, etc.). O legislador agiu bem ao proteger o trabalhador safrista de tantas incertezas.

Para exemplificar, imagine que Vicente, contratado para trabalhar na colheita da safra de milho, receba R$ 3.000,00 por mês. Nesse caso, ele trabalhou entre o período de 15/01/2023 e 30/03/2023, quando expirou o seu contrato. Qual será o valor de sua indenização?

Vejamos: Vicente trabalhou no total 2 meses e 15 dias. Como essa fração é superior a 14 dias, conta-se como mês inteiro para efeitos de indenização, ou seja, **3 meses**.

A indenização será calculada da seguinte forma:

1/12 x R$ 3.000,00 = R$ 250,00.

R$ 250,00 x 3 meses = R$ 750,00.

Vicente receberá uma indenização de R$ 750,00, sendo que essa verba indenizatória não será considerada SC, e por consequência, **não incidirá contribuição previdenciária sobre ela**.

PNI10. O **incentivo à demissão.**

Estamos diante do famoso Plano de Demissão Voluntária (PDV), situação marcante no final da década de 90.

O PDV é um instrumento utilizado tanto pelas empresas privadas quanto pelas estatais (autarquias celetistas, empresas públicas e sociedades de economia mista) como uma forma de **redução do quadro de pessoal**, visando, em tese, a racionalização na gestão de pessoas.

Geralmente, o PDV é uma forma mais amigável da empresa tirar o trabalhador de seus quadros, além de proporcionar alguns benefícios extras aos que o aderirem, **como indenização de um salário mensal por ano de trabalho.**

Todas as parcelas indenizatórias pagas ao trabalhador em razão de ter aceitado o PDV da empresa são parcelas não integrantes do SC, logo, **não incide contribuição social sobre elas.**

Por fim, vale ressaltar que não há controvérsia nos Tribunais Superiores (TST, STJ e STF) quanto ao fato de essa verba ser uma parcela não integrante do SC.

PNI11. A **indenização por dispensa sem justa causa no período de 30 dias que antecede a correção salarial** a que se refere à Lei n.º 7.238/1984.

Dispositivo muito específico. Vamos observar o disposto na Lei n.º 7.238/1984:

> Art. 9.º O **empregado dispensado, sem justa causa, no período de 30 dias que antecede a data de sua correção salarial**, terá direito à **indenização adicional equivalente a 1 salário mensal**, seja ele optante ou não pelo Fundo de Garantia do Tempo de Serviço (FGTS).

Observe que a lei é de 1984, anterior a CF/1988, por isso o dispositivo supracitado apresenta os dizeres "seja ele optante ou não pelo FGTS".

Da forma como o dispositivo é mencionado, o trabalhador que for dispensado 30 dias antes da sua correção salarial terá direito a indenização de 1 salário mensal.

Hoje em dia pode parecer estranho e até exagerado um dispositivo desses, pois, a nossa inflação anual está **relativamente** controlada há décadas, o que não causa grande corrosão no valor de compra dos nossos rendimentos.

Entretanto, em 1984, a inflação acumulada anual foi de 210%! Enfim, **essa indenização não é SC**!

PNI12. As **indenizações** previstas nos **Arts. 496 e 497 da CLT/1943**.

Essas duas indenizações já foram vistas anteriormente! As duas não são SC, e sobre elas não incidem as contribuições sociais. Só para você relembrar quais são elas:

> Art. 496. Quando a reintegração do empregado **estável** for **desaconselhável**, dado o grau de incompatibilidade resultante do dissídio, especialmente quando for o empregador pessoa física, o tribunal do trabalho poderá converter aquela obrigação (de reintegração) em **indenização** devida nos termos do artigo seguinte.
>
> Art. 497. **Extinguindo-se a empresa, sem a ocorrência de motivo de força maior**, ao empregado estável despedido é garantida a **indenização por rescisão do contrato por prazo indeterminado**, **paga em dobro** (para os estáveis decenais).

Se estiver com alguma dúvida, volte alguns tópicos atrás! =)

PNI13. O **abono de férias** na forma dos Arts. 143 e 144 da CLT/1943.

O **abono de férias é a venda de 10 dias de férias**, ou seja, 1/3 (33%) das férias anuais. Isso é comum na iniciativa privada e nas empresas estatais.

O abono é assim definido na CLT/1943:

> Art. 143. É facultado ao empregado converter 1/3 (33%) do período de férias a que tiver direito em **abono pecuniário (abono de férias)**, no valor da remuneração que lhe seria devida nos dias correspondentes.

Imagine que Claudio trabalhe em uma empresa estatal e perceba mensalmente R$ 4.500,00. Quando chega o mês correspondente a suas férias anuais, ele decide vender 1/3 (33%) dessas para pagamento de dívidas pessoais

Isso significa que Claudio solicita o Abono de Férias à empresa. Qual será o valor desse abono?

Remuneração no período de Férias:

R$ 4.500,00 (remuneração mensal) + R$ 1.500,00 (TCF) = R$ 6.000,00.

Abono de Férias:

R$ 6.000,00 / 3 = R$ 2.000,00.

O Abono de Férias de Claudio será de R$ 2.000,00, e sobre esse montante não incidirá contribuição social. Em outras palavras, **o Abono de Férias é parcela não integrante do SC**.

Porém, não se esqueça: como já vimos há alguns tópicos acima, a remuneração mensal mais o terço constitucional de férias (R$ 6.000,00) compõe o SC do segurado Claudio. Somente o Abono de férias (R$ 2.000,00) é isento da incidência das contribuições previdenciárias.

Por fim, informo, conforme a CLT, que o abono de férias **não integra a remuneração** do trabalhado. Observe:

> Art. 144. O abono de férias, bem como o concedido em virtude de cláusula do contrato de trabalho, do regulamento da empresa, de convenção ou acordo coletivo, **desde que não excedente de 20 dias do salário, não integrarão a remuneração do empregado para os efeitos da legislação do trabalho.**

PNI14. Os **ganhos eventuais expressamente desvinculados do salário por força de lei.**

Com o advento do Decreto n.º 10.410/2020, não existe mais a parte "abonos expressamente desvinculados do salário", sendo que o dispositivo agora só fala em **ganhos eventuais.**

Como exemplo de ganho eventual desvinculado, temos os valores pagos pelo empregador aos seus trabalhadores a título de incentivo por sugestões utilizadas na realização da atividade empresária (plano de sugestões).

PNI15. A **Licença Prêmio indenizada.**

A Licença Prêmio é comum no setor público e muito rara na iniciativa privada. Eu, particularmente, desconheço qualquer empresa privada que pague Licença Prêmio para seus funcionários.

Essa licença geralmente funciona assim: **a cada 5 anos de trabalho, o trabalhador tem 3 meses de repouso remunerado.**

Caso a Licença Prêmio **não seja gozada**, ela será paga pelo empregador ao trabalhador (Licença Prêmio indenizada). Nesse caso, essa verba indenizatória será uma parcela não integrante do SC, **não incidindo nenhuma contribuição social sobre ela.**

Para constar, no setor público federal, essa licença não existe há décadas e nas demais esferas (estaduais, distrital e municipais), a tendência é sua extinção também, infelizmente.

PNI16. **Outras indenizações**, desde que expressamente **previstas em lei.**

Vou aproveita este momento do curso e introduzir uma **regra muito importante** no Direito Previdenciário.

- **Verbas indenizatórias, em regra, não são SC. Não incide contribuição social sobre elas.**

Peço, encarecidamente, não se esqueça dessa regra. =)

PNI17. Importâncias, ainda que habituais, pagas a título de ajuda de custo, **auxílio alimentação, vedado o seu pagamento em dinheiro**, e **diárias para viagem** (Decreto n.º 10.410, de 2020).

Sobre essa parcela não integrante (PNI), observa-se que foram retomados alguns tópicos já apresentados. Só corrobora e resume o que foi apresentado até o momento e o que será apresentado em breve. =)

PNI18. A parcela recebida a título de **vale transporte, ainda que paga em dinheiro,** na forma da legislação própria (Decreto n.º 10.410/2020).

A priori, vamos adentrar na Lei de regência do Vale Transporte (Lei n.º 7.418/1985):

> Art. 1.º Fica instituído o **vale transporte**, que o empregador, pessoa física ou jurídica, antecipará ao empregado para utilização efetiva em despesas de deslocamento residência-trabalho e vice-versa, através do sistema de transporte coletivo público, urbano ou intermunicipal e/ou interestadual com características semelhantes aos urbanos, geridos diretamente ou mediante concessão ou permissão de linhas regulares e com tarifas fixadas pela autoridade competente, excluídos os serviços seletivos e os especiais.
>
> Art. 2.º O **vale transporte**, concedido nas condições e limites definidos, nesta Lei, no que se refere à contribuição do empregador:
>
> a) **Não tem natureza salarial**, nem se incorpora à remuneração para quaisquer efeitos;
>
> b) **Não constitui base de incidência de contribuição previdenciária** ou de Fundo de Garantia por Tempo de Serviço, e;
>
> c) Não se configura como rendimento tributável do trabalhador.

O legislador foi claro logo no início da lei: **vale transporte não tem natureza salarial e não é SC**, pois sobre ele não incide contribuição social.

Imagine que Débora trabalhe em uma empresa de Engenharia e receba R$ 7.000,00 por mês, adicionados de um vale transporte de R$ 300,00. Qual será o seu SC?! Sem dúvida, R$ 7.000,00, OK? =)

O Superior Tribunal de Justiça (STJ) corroborou o entendimento do Supremo Tribunal Federal (STF), e deixou claro que o **vale transporte sempre será uma parcela não integrante do SC, independentemente de ser fornecido em pecúnia (dinheiro) ou em ticket (vale ou cartão magnético)**.

Observe trecho do REsp 816.829-RJ, Rel. Min. Castro Meira, julgados em 14/03/2011. 1ª Seção:

> Não incide contribuição previdenciária sobre o vale transporte pago em pecúnia por se tratar de benefício de natureza indenizatória.

Com o advento do Decreto n.º 10.410/2020 não restou dúvida, que tanto para a legislação quanto para os tribunais superiores, **o vale transporte será sempre uma parcela não integrante do SC.**

PNI19. A **ajuda de custo**, em parcela única, recebida exclusivamente em decorrência de **mudança de local de trabalho do empregado**, na forma do Art. 470 da CLT/1943.

Essa ajuda de custo é paga pelo empregador quando o seu empregado sofre mudança de local de trabalho.

Esse auxílio pecuniário (em dinheiro) deve ser pago em **parcela única** e deverá cobrir todas as despesas resultantes da transferência do trabalhador.

Observe o disposto na CLT:

> Art. 470. As despesas resultantes da transferência correrão por conta do empregador.

Diante o exposto, podemos extrair que essa verba **não possui natureza de SC** e, por consequência, **não incidirá contribuição social sobre essa ajuda de custo**.

Não obstante, considero importante ressaltar o conceito de ajuda de custo previsto na legislação tributária federal (Lei n.º 7.713/1988):

> Art. 6.º, XX – Ajuda de custo destinada a atender às despesas com transporte, frete e locomoção do beneficiado e seus familiares, em caso de remoção de um município para outro, sujeita à comprovação posterior pelo contribuinte.

PNI20. As **diárias para viagens**.

Com o advento da Lei n.º 13.467/2017, **qualquer diária recebida pelo trabalhador será considerada parcela não integrante do salário de contribuição**, ou seja, não incide contribuição previdenciária.

Atualmente, pouco importa se o valor das diárias excede ou não a 50% da remuneração original do trabalhador. Essa foi uma alteração importantíssima operada em 2017.

Aproveito o momento para acrescentar uma informação interessante: **não podemos confundir diárias com despesas de viagem**.

Segundo a melhor doutrina, as despesas de viagem, desde que **devidamente comprovadas**, são livres de tributação. As diárias, no entanto, **independem de comprovação** e são livres de tributação.

Para ficar bem claro, não podemos confundir os seguintes institutos:

- **Despesas de viagem: É um reembolso exato para o trabalhador dos gastos que este teve com uma viagem, e;**

- **Diárias: São pagas ao trabalhador em VALOR FIXO para cobrir a despesa específica, não levando em conta o gasto total que o empregado teve com a viagem.**

PNI21. A importância recebida a título de **bolsa de complementação educacional de estagiário**, quando paga nos termos da Lei n.º 11.788/2008 (Lei do Estágio).

A bolsa de estágio paga em conformidade com a Lei n.º 11.788/2008 (Lei do Estágio) não é considerada SC! Entre o 2.º e o 4.º ano de graduação em Engenharia Civil (UEM), fui aluno bolsista com projeto de iniciação científica.

Como minhas bolsas foram todas pagas em acordo com a antiga Lei do Estágio (Lei n.º 6.494/1977 – vigente até 2008), não foram consideradas SC e sobre elas **não incidiram nenhuma contribuição social**.

Claro que essa informação só fiquei sabendo alguns anos depois, em meados de 2008, quando iniciei minha preparação para concurso da RFB. =)

PNI22. A **participação** do empregado **nos lucros ou resultados da empresa**, quando paga ou creditada **de acordo com lei específica**.

Algumas empresas, as grandes principalmente, distribuem parte dos seus lucros para seus empregados. São as conhecidas Participações no Lucro da Empresa (**PLE**).

Essas PLE, **desde que pagas de acordo com lei específica, não são consideradas SC**.

No caso, a lei específica é a Lei n.º 10.101/2000 (Participação dos trabalhadores nos lucros da empresa), que assim define:

> Art. 3.º A **participação não substitui ou complementa a remuneração devida a qualquer empregado**, nem constitui base de incidência de qualquer encargo trabalhista, não se lhe aplicando o princípio da habitualidade.
>
> § 2.º É **vedado (proibido) o pagamento** de qualquer antecipação ou distribuição de valores a título de participação nos lucros ou resultados da empresa **em mais de 2 vezes no mesmo ano civil e em periodicidade inferior a 1 trimestre civil.**

A lei específica criou um **limite de periodicidade**, ou seja, a **PLE poderá ser paga em no máximo 2 vezes no mesmo ano, sendo que entre um pagamento e outro deve ter um intervalo mínimo de 1 trimestre**.

Quando uma empresa paga as PLE dentro desse limite de periodicidade, os referidos valores **não são considerados SC**.

Porém, caso **não sejam respeitadas as devidas limitações, as PLE serão automaticamente classificadas como parcelas integrantes de SC**.

Imagine que as seguintes empresas paguem suas PLE da seguinte forma:

- Empresa Alfa: 2 PLE por ano, uma em maio e outra em dezembro. Respeita o limite de periodicidade, logo, **não é parcela integrante do SC**.
- Empresa Gama: 3 PLE por ano. Desrespeita o limite de periodicidade, logo, **é parcela do SC**.

Em suma:

PLE paga **de acordo com a Lei n.º 10.101/2000: Parcela Não Integrante de SC**.

PLE paga **em desacordo com a Lei n.º 10.101/2000: Parcela Integrante de SC**.

PNI23. O **abono do PIS e do PASEP.**

Estamos diante do pouco conhecido Abono Salarial do PIS e do PASEP.

Esse abono consiste no pagamento anual de um salário mínimo ao trabalhador de empresas, entidades privadas e órgãos públicos contribuintes do Programa de Integração Social (PIS) ou do Programa de Formação do Patrimônio do Servidor Público (PASEP).

Para constar, todo estabelecimento que possuir Cadastro Nacional da Pessoa Jurídica (CNPJ) é contribuinte do PIS (iniciativa privada) ou do PASEP (setor público).

Legal! Mas quem tem direito ao abono? O trabalhador ou o servidor público que, no ano anterior ao início do calendário de pagamento:

a) Esteja cadastrado há pelo menos 5 anos no PIS/PASEP;

b) Tenha recebido, em média, até 2 salários mínimos mensais. Essa média leva em conta apenas os meses trabalhados;

c) Tenha trabalhado, no mínimo, 30 dias para empregadores contribuintes do PIS/PASEP com carteira de trabalho assinada, e;

d) Tenha seus dados informados corretamente na Relação Anual de Informações Sociais (RAIS).

Muitos trabalhadores têm direito a esse abono e não sabem! Voltando à esfera previdenciária, o **abono do PIS e do PASEP é parcela não integrante de SC**. Logo, sobre esse abono não incide contribuições sociais.

PNI24. Os **valores** correspondentes a **transporte, alimentação** e **habitação** fornecidos pela empresa ao **empregado contratado para trabalhar em localidade distante da de sua residência, em canteiro de obras ou local que, por força da atividade, exija deslocamento e estada**, observadas as normas de proteção estabelecidas pelo Ministério do Trabalho e Emprego.

Um exemplo deixa esse dispositivo mais amigável! Imagine que os pedreiros de uma construtora são obrigados a trabalhar, durante o período da obra, em um canteiro bem distante de suas residências.

Nesse caso, todas as despesas com transporte, alimentação e, eventualmente, habitação serão pagas pela empresa. Essas verbas **adicionais são consideradas parcelas não integrantes de SC** e, por sua vez, não incide contribuição social sobre elas.

PNI25. A importância paga ao empregado a título de **complementação ao valor do Auxílio por Incapacidade Temporária desde que este direito seja extensivo à totalidade dos empregados da empresa**.

Esse dispositivo faz menção a um benefício dado pela empresa, voluntariamente, a seus empregados. No caso, quando um empregado sofre um acidente de trabalho e é afastado, ele faz jus ao benefício do **Auxílio por Incapacidade Temporária**.

Porém, esse ganho é inferior à remuneração do empregado e a empresa poderá pagar uma **complementação** ao valor do Auxílio por Incapacidade Temporária para não o deixar desguarnecido quando ele mais precisa (acidentado, inativo e sem receber remuneração integral a que está mensalmente habituado).

Essa complementação, **desde que fornecida a todos os empregados da empresa** quando de suas necessidades, é considerada **parcela não integrante do SC**, e, sobre essa complementação, não incide contribuição social previdenciária.

Nesta altura do curso, vamos introduzir outra **regra importantíssima no Direito Previdenciário**:

- Benefício pago por empresa, **desde que extensível a TODOS os empregados, não é considerado SC**, logo, sobre essa vantagem não incide contribuição social (**Parcela Não Integrante do SC**).
- Benefício pago por empresa, exte**nsível somente para ALGUNS cargos ou setores da empresa, ele é classificado como SC** e sujeito a incidência da contribuição social (**Parcela Integrante do SC**).

Guarde com muito carinho essa regra de ouro. =)

PNI26. O **valor das contribuições efetivamente pago pela pessoa jurídica**, relativo a programa de **previdência complementar privada**, aberta ou fechada, **desde que disponível à totalidade de seus empregados e dirigentes**.

Como já é de seu conhecimento, as aposentadorias dos segurados do RGPS está **limitada ao Teto do RGPS**, que, em regra, é atualizado anualmente por meio de portaria ministerial ou interministerial.

Imagine a situação de Rui, médico e empregado de um grande hospital em Vitória-ES. Rui recebe mensalmente a remuneração de R$ 30.000,00.

Nesse caso, as contribuições sociais referentes ao seu pagamento mensal incidem sobre o teto do RGPS, valor muito inferior ao que ele efetivamente recebe, e, por consequência, sua aposentadoria também **estará limitada a esse teto**.

Pensando no bem-estar de seus colaboradores, as empresas podem contribuir para um **plano de previdência complementar**.

Como o próprio nome indica, esse plano tem como objetivo **complementar** o teto do RGPS para que a aposentadoria tenha um valor mais próximo do que o colaborador recebia enquanto estava na ativa.

Esse benefício dado pela empresa, **desde que fornecido a todos os seus funcionários**, será considerado **parcela não integrante do SC**! Logo, não há contribuição previdenciária sobre as contribuições da empresa para a previdência complementar de seus empregados.

Lembre-se da regra:

- Benefício pago por empresa, **desde que extensível a TODOS os empregados, não é considerado SC**, logo, sobre essa vantagem não incide contribuição social (**Parcela Não Integrante do SC**).
- Benefício pago por empresa, exte**nsível somente para ALGUNS cargos ou setores da empresa, ele é classificado como SC** e sujeito a incidência da contribuição social (**Parcela Integrante do SC**).

PNI27. O **valor das contribuições efetivamente paga pela pessoa jurídica**, relativo a **prêmio de seguro de vida em grupo**, desde que previsto em acordo ou convenção coletiva de trabalho e **disponível à totalidade de seus empregados e dirigentes**.

Imagine que a empresa Acidentes Constantes Ltda. preveja em seu Acordo Coletivo de Trabalho (ACT) a **contratação de seguro de vida para todos os empregados da empresa**, nesse caso, essas contribuições pagas pela empresa, relativas ao prêmio de seguro de vida, **são consideradas parcelas não integrantes do SC**.

Para melhorar o entendimento, o que vem a ser o prêmio de seguro?

Prêmio de seguro é um contrato feito entre uma pessoa (segurado) e uma empresa seguradora, no qual ambas as partes formalizam um documento resguardando financeiramente o segurado em casos de danos. Em suma, é uma proteção contra riscos onde o contratante recebe uma indenização.

Para não esquecer a regra:

- Benefício pago por empresa, **desde que extensível a TODOS os empregados, não é considerado SC**, logo, sobre essa vantagem não incide contribuição social (**Parcela Não Integrante do SC**).

- Benefício pago por empresa, exte**nsível somente para ALGUNS cargos ou setores da empresa, ele é classificado como SC** e sujeito a incidência da contribuição social (**Parcela Integrante do SC**).

PNI28. O **valor relativo à assistência prestada por serviço médico ou odontológico**, próprio ou não, inclusive o reembolso de despesas com medicamentos, óculos, aparelhos ortopédicos, próteses, órteses, despesas médico-hospitalares e outras similares, mesmo quando concedido em diferentes modalidades de planos e coberturas.

Dispositivo autoexplicativo. =)

PNI29. As **parcelas destinadas à assistência ao trabalhador da agroindústria canavieira** de que trata a Lei n.º 4.870/1965 (Lei da Produção Açucareira).

Esse é mais um **caso específico da legislação do trabalho**. Observe o disposto na Lei n.º 4.870/1965:

> Art. 35. A parcela definida previamente na legislação será aplicada em **programas de assistência social aos trabalhadores da agroindústria canavieira**, tendo por objeto:
>
> a) **Higiene e saúde**, por meio de assistência médica, hospitalar e farmacêutica, bem como à maternidade e à infância, complementando a assistência prestada pelas usinas e fornecedores de cana;
>
> b) Complementação dos programas de **educação profissional** e de tipo médio gratuitas;
>
> c) Estímulo e financiamento a cooperativas de consumo;
>
> d) Financiamento de culturas de subsistência, nas áreas de terras utilizadas pelos trabalhadores rurais, e;
>
> e) Promoção e estímulo de programas educativos, culturais e de recreação.

Essa parcela não tem natureza salarial, uma vez que se trata de programa de assistência social (aquela que é devida somente para quem dela necessitar). Logo, **não é SC**.

PNI30. O **valor correspondente a vestuários, equipamentos e outros acessórios** fornecidos ao empregado e **utilizados no local do trabalho para prestação dos respectivos serviços.**

Esse dispositivo está ligado aos **Equipamentos de Proteção Individual (EPI)**. O **fornecimento de EPI aos empregados é obrigação da empresa**, conforme dispõe a CLT:

> Art. 166. A **empresa é obrigada a fornecer aos empregados, gratuitamente, equipamento de proteção individual (EPI)** adequado ao risco e em perfeito estado de conservação e funcionamento, sempre que as medidas de ordem geral não ofereçam completa proteção contra os riscos de acidentes e danos à saúde dos empregados.
>
> Art. 167. O equipamento de proteção só poderá ser posto à venda ou utilizado com a indicação do Certificado de Aprovação do Ministério do Trabalho e Emprego.

Para constar, os artigos supra são regulamentados, em detalhes, pela Norma Regulamentadora n.º 06/1978 do Ministério do Trabalho e Emprego.

Para exemplificar, imagine que Gilmar seja empregado da Pedreira Bredock, trabalhando diretamente no desmonte de bancadas (fragmentação de grandes áreas de rochedo com utilização de elemento explosivo – já fiz isso em estágio, é algo fascinante e extremamente perigoso).

No caso de Gilmar, a empresa deverá fornecer vestimentas especiais, óculos de alta resistência, capacete, luvas, botas com ponteira metálica entre outros equipamentos e **acessórios PARA a execução do trabalho**.

Nessa esteira, temos também **as verbas PELA execução do trabalho, ou seja, em função do seu CARGO NA EMPRESA**.

Por exemplo, o aluguel do apartamento do diretor financeiro pago pela empresa, a mensalidade do colégio dos filhos do vice-presidente paga pela empresa ou ainda um valor pecuniário exclusivo, como um "auxílio paletó", comum em diversas empresas multinacionais.

Todas essas verbas PELA execução do trabalho, em função do CARGO na empresa, **são consideradas SC**!

Com isso, aproveito esse momento do curso para introduzir outra regra de suma importância para o Direito Previdenciário.

> - Verbas recebidas **PARA a execução do trabalho** (ex.: EPI): **Parcela Não Integrante do SC.**
> - Verbas recebidas **PELA execução do trabalho**, em função do **CARGO** na empresa (benefícios do alto escalão, em regra): Parcela Integrante do SC.

Observe que os vestuários, equipamentos e acessórios devem ser fornecidos **para a execução do trabalho**. Logo, o trabalho não poderá ser executado de forma satisfatória e segura.

Diante de tal constatação, a legislação previdenciária considerou que os vestuários, equipamentos e acessórios utilizados **para a execução do trabalho são considerados parcelas não integrantes de SC**, e sobre eles não incide contribuição social.

Ao passo que, **as verbas pela execução do trabalho, em função do cargo na empresa, apresentam natureza remuneratória e, por consequência, são parcelas integrantes do SC.**

PNI31. O **ressarcimento de despesas pelo uso de veículo do empregado**, quando devidamente **comprovadas.**

Imagine que João seja representante comercial de uma famosa marca de camisas e que viaje com seu veículo particular por 25 cidades de sua região todos os meses.

João roda em média 2.500 km por mês, o que equivale em média o importe de R$ 5.000,00 em despesas com combustível, troca de óleo, pneus e demais manutenções.

Esse valor, **devidamente comprovado**, será ressarcido pela empresa.

Esse ressarcimento, conforme previsão legal previdenciária, **não tem natureza de SC**, o que significa que **não incide contribuição social sobre esse valor.**

Podemos extrair mais uma regra desse dispositivo:

- **Valor pago a título de ressarcimento tem natureza de parcela não integrante de SC.**

PNI32. O **valor relativo a plano educacional ou bolsa de estudo** que vise à **educação básica de empregados e de seus dependentes** e, desde que **vinculada às atividades desenvolvidas pela empresa, à educação profissional e tecnológica de empregados**, nos termos do disposto na Lei n.º 9.394/1996 (Lei de Diretrizes e Bases da Educação Nacional - LDB), observados os seguintes **requisitos**:

a) O valor **não ser utilizado em substituição de parcela salarial**, e;

b) O valor mensal do plano educacional ou da bolsa de estudo, considerado individualmente, não ultrapassar **5% do valor da remuneração do segurado** a que se destina ou o valor correspondente a **150% do valor do limite mínimo mensal do salário de contribuição, o que for maior.**

Essa parcela foi inserida na Lei n.º 8.212/1991 pela Lei n.º 12.513/2011. Posteriormente, o Decreto n.º 10.410/2020 atualizou o Regulamento da Previdência Social (Decreto n.º 3.048/1999).

A verba trata de **plano educacional** ou **bolsa de estudo**, devido pela empresa aos seus **empregados** ou aos **dependentes deste.**

O plano ou a bolsa devem estar alinhados com as atividades desenvolvidas pela empresa. Tem que ter **caráter profissionalizante necessariamente**.

Essa verba, como demonstra a legislação, não pode ser utilizada como substituição de parcela salarial, ou seja, **não tem natureza jurídica de remuneração.**

Ao mensurar essa parcela individualmente, **a mesma não pode ser superior a 5% da remuneração do trabalhador e nem superior a 150% do Teto do RGPS. Entre esses dois valores, o maior**.

Cumprindo todos os requisitos expostos acima, não resta dúvida que se trata de uma **parcela não integrante do Salário de Contribuição** e sobre ela **não incide contribuição previdenciária**.

PNI33. A importância recebida a título de **bolsa de aprendizagem garantida ao adolescente até 14 anos de idade**, de acordo com o disposto na Lei n.º 8.069/1990 (Estatuto da Criança e do Adolescente – ECA).

No longínquo ano de 1990, quando foi publicada a Lei n.º 8.069, sob a alcunha de **Estatuto da Criança e do Adolescente (ECA)**, esse ato normativo trouxe o seguinte dispositivo para proteger e garantir o aprendizado digno aos menores de 14 anos:

> Art. 64. Ao adolescente até 14 anos de idade é assegurada **bolsa de aprendizagem**.

Com isso, **ERA** garantindo uma bolsa pecuniária até que o jovem complete 14 anos de idade.

Por sua vez, ao completar 14 anos, ao adolescente aprendiz são assegurados os direitos trabalhistas e previdenciários inerentes a um **segurado empregado**.

Entretanto, apesar de não constar revogação expressa do artigo supracitado, esse já não apresenta valor jurídico, uma vez que a Lei n.º 10.097/2000 alterou a redação do Art. 403 da CLT, que passou a vigorar com o seguinte teor:

> Art. 403. É proibido qualquer trabalho a menores de 16 anos de idade, **salvo na condição de aprendiz, a partir dos 14 anos**.

Com isso, atualmente, **não existe mais a bolsa de aprendizagem ao menor de 14 anos**, haja vista o trabalho de aprendiz só ser autorizado a partir dos 14 anos de idade.

Apesar de o dispositivo da legislação previdenciária estar defasado, ele se encontra em plena vigência para efeitos de provas.

Com isso, para efeitos de provas, a bolsa de aprendizagem, recebida até os 14 anos, é considerada **parcela não integrante do SC**, ou seja, sobre esse valor **não incide contribuição social**.

PNI34. Os **valores recebidos** em decorrência da **cessão de direitos autorais**.

Esse dispositivo foi um incentivo do legislador à **criação intelectual**, pois os valores recebidos em decorrência de cessão de direitos autorais referentes a livros, músicas, filmes, entre outras produções, são considerados **parcelas não integrantes de SC**.

A cessão de direitos autorais está prevista na Lei n.º 9.610/1998 (Legislação sobre Direitos Autorais), que assim define:

> Art. 49. Os **direitos de autor** poderão ser total ou parcialmente transferidos a terceiros, por ele ou por seus sucessores, a título universal ou singular, pessoalmente ou por meio de representantes com poderes especiais, por meio de licenciamento, concessão, **cessão** ou por outros meios admitidos em Direito.
>
> Art. 50. A **cessão** total ou parcial dos direitos de autor, que se fará sempre por escrito, **presume-se onerosa**.

Conforme a Lei supra, a cessão de direitos autorais sempre será **onerosa** (**deve ser remunerada**). Não existe a cessão de direitos autorais gratuita.

E sobre essa parcela **não incide contribuição previdenciária**.

PNI35. O **valor da multa paga ao empregado em decorrência da mora no pagamento das parcelas constantes do instrumento de rescisão do contrato de trabalho**, conforme previsto no Art. 477, § 8.º da CLT/1943.

A priori, acredito ser salutar adentrarmos no texto da CLT:

> Art. 477, § 6.º A entrega ao empregado de documentos que comprovem a comunicação da extinção contratual aos órgãos competentes bem como o pagamento dos valores constantes do instrumento de rescisão ou recibo de quitação deverão ser efetuados **até 10 dias contados a partir do término do contrato**.

Dentro do mesmo artigo, tem-se:

> Art. 477. § 8.º A inobservância do disposto no § 6.º deste artigo sujeitará o infrator à **multa de R$ 170,26, por trabalhador**, bem assim ao pagamento da **multa a favor do empregado, em valor equivalente ao**

> **seu salário**, devidamente corrigido, salvo quando, comprovadamente, o trabalhador der causa à mora.

A inobservância do § 6.º do Art. 477 da CLT obriga o empregador a arcar com duas multas distintas: a **multa de R$ 170,26, por trabalhador** e a **multa a favor do empregado, em valor equivalente ao seu salário**.

Essas duas multas pagas ao trabalhador são parcelas não integrantes do salário de contribuição, ou seja, sobre elas não **incide contribuição previdenciária**.

PNI36. O **Reembolso Creche** pago em conformidade com a legislação, observado o **limite máximo de 5 anos e 11 meses de idade da criança**, quando devidamente **comprovadas as despesas**.

Atualmente, o reembolso creche encontra amparo na Lei n.º 14.457/2022, que assim dispõe:

> Art. 2.º Ficam os **empregadores** autorizados a adotar o benefício de **reembolso creche**, desde que cumpridos os **seguintes requisitos**:
>
> I – Ser o benefício destinado ao pagamento de creche ou de pré-escola de livre escolha da empregada ou do empregado, bem como ao ressarcimento de gastos com outra modalidade de prestação de serviços de mesma natureza, **comprovadas as despesas realizadas**, e;
>
> II – Ser o benefício concedido à empregada ou ao empregado que possua **filhos com até 5 anos e 11 meses de idade**, sem prejuízo dos demais preceitos de proteção à maternidade.

Com isso, tem-se que o benefício carece de **comprovação de despesas** e que é devido às crianças de **até 5 anos e 11 meses de idade**.

Ainda dentro da lei supramencionada, tem-se:

> Art. 4.º Os valores pagos a título de **reembolso creche**:
>
> I – **Não possuem natureza salarial**;
>
> II – **Não se incorporam à remuneração para quaisquer efeitos**;
>
> III – Não constituem base de incidência de contribuição previdenciária ou do Fundo de Garantia do Tempo de Serviço (FGTS), e;
>
> IV – Não configuram rendimento tributável da empregada ou do empregado.

A lei é clara ao informar que o reembolso creche **não tem natureza de remuneração**. Logo, é uma **parcela não integrante do salário de contribuição**.

PNI37. O **auxílio creche** desde o nascimento até os 5 anos de idade (Constituição Federal de 1988).

O **reembolso creche**, visto anteriormente, é garantido pela **empresa**. Por sua vez, o **auxílio creche**, que erige do texto constitucional, trata-se de verdadeira **proteção social por parte do Estado**.

Ao adentrar no texto constitucional, tem-se:

> Art. 7.º São direitos dos trabalhadores urbanos e rurais, além de outros que visem à melhoria de sua condição social:
>
> XXV – **Assistência gratuita aos filhos e dependentes desde o nascimento até 5 anos de idade em creches e pré-escolas.**

Esse dispositivo tem o objetivo de amenizar os gastos dos pais com a creche de seus filhos de até 5 anos. **Não integrando o salário dos pais.**

O Superior Tribunal de Justiça (STJ) assim se pronunciou sobre o tema:

> Súmula STJ n.º 310/2005: O Auxílio Creche **não integra o Salário de Contribuição.**

Na esfera do poder executivo federal, considero importante apresentar um entendimento do Conselho Administrativo de Recursos Fiscais (CARF), que corrobora o entendimento da Receita Federal do Brasil (RFB) e da Procuradoria Geral da Fazenda Nacional (PGFN), a saber:

> Súmula CARF n.º 64/2010: **Não incidem contribuições previdenciárias** sobre as verbas concedidas aos segurados empregados a título de **Auxílio Creche**, na forma do Artigo 7.º, inciso XXV, da Constituição Federal, em face de sua **natureza indenizatória.**

Diante de todo o exposto, não resta dúvida, o auxílio creche é uma parcela não integrante do salário de contribuição e sobre ela **não incide contribuição previdenciária**.

PNI38. O **Reembolso Babá**, limitado ao **menor salário de contribuição mensal** e condicionado à comprovação do registro na Carteira de Trabalho e Previdência Social (**CTPS**) da empregada, do pagamento da remuneração e do recolhimento da contribuição previdenciária, pago em conformidade com a legislação trabalhista, observado o **limite máximo de 6 anos de idade da criança.**

O Reembolso Babá é um benefício pago para auxiliar com os gastos dos pais com a babá, contratada para cuidar **das crianças até 6 anos de idade**.

Em regra, o Reembolso Babá é uma parcela não integrante do SC, mas para ser classificada dessa maneira, a relação de trabalho com a babá deverá seguir as seguintes condições:

1. O benefício terá como valor máximo o salário mínimo (menor salário de contribuição);
2. Comprovação do registro da empregada (a babá) em sua Carteira de Trabalho e Previdência Social (CTPS);
3. Comprovação do pagamento da remuneração da babá, e;
4. Comprovação do recolhimento da contribuição social da babá.

Verificada todas essas condições, o Reembolso Babá será considerado uma parcela não integrante do SC e sobre ele **não incidirá contribuição social**.

PNI39. O valor correspondente ao **Vale Cultura**.

No final de 2012 foi publicada a Lei n.º 12.761 que criou o Vale Cultura (VC).

Essa benesse é de caráter pessoal e intransferível, válida em todo o território nacional, para acesso e fruição de produtos e serviços culturais, no âmbito do Programa de Cultura do Trabalhador (PCT).

As empresas optantes do PCT distribuirão o VC aos seus trabalhadores com vínculo empregatício e tinham o direito de deduzir do Imposto de Renda Pessoa Jurídica, até o ano de 2016, os valores despendidos com esse benefício cultural.

O VC terá o valor mensal de R$ 50,00 e deverá ser fornecido aos trabalhadores que percebam até 5 salários mínimos. Devo informar que o valor do VC nunca foi atualizado.

Por fim, para efeitos previdenciários, o VC é **parcela não integrante do Salário de Contribuição do trabalhador**, ou seja, sobre esse valor **não incide contribuições sociais**.

PNI40. Os **prêmios** e os **abonos**.

Com o advento da Lei n.º 13.467/2017, todos os prêmios e abonos pagos ao trabalhador pelo patrão são considerados **parcelas não integrantes do seu salário de contribuição**, ou seja, são parcelas isentas de contribuição previdenciária.

PNI41. Os valores recebidos a título de **bolsa atleta**, em conformidade com a Lei n.º 10.891/2004.

Desde a publicação da Lei n.º 13.756/2018, os valores recebidos a título de bolsa atleta estão **isentas das contribuições previdenciárias**.

PNI42. O **Aviso Prévio Indenizado**.

Para encerrar as parcelas não integrantes (PNI), decidi fechar com o **Aviso Prévio Indenizado**. =)

Como de costume, a priori, vamos recorrer ao Direito do Trabalho para buscarmos alguns fundamentos.

O **aviso prévio**, por definição, é a **comunicação** prévia que uma parte faz a outra, empregador e trabalhador, da intenção de **rescindir** o contrato de trabalho sem justa causa.

Por sua vez, o aviso prévio se divide em **dois tipos**: **aviso prévio trabalhado** e **aviso prévio indenizado**.

O **aviso prévio trabalhado** é aquele em que o empregado continua exercendo seu serviço normalmente na empresa por mais um tempo (30 dias ou mais) e ao final desse período ocorre o desligamento.

Já o **aviso prévio indenizado** é aquele em que não há cumprimento de período de trabalho posterior ao aviso, e, a parte que recebeu o aviso, tem direito a uma **indenização variável entre 1 e 3 salários do trabalhador** (Lei n.º 12.506/2011).

Dando continuidade, no Direito Previdenciário, a figura do aviso prévio indenizado não encontra mais amparo na Lei n.º 8.212/1991 ou no Decreto n.º 3.048/1999. Atualmente, tem-se apenas a IN RFB n.º 925/2009, com redação atualizada pela IN RFB n.º 1.730/2017, que assim trata o tema:

> Art. 7º Para fins de cálculo das contribuições e de enquadramento na Tabela de Salário de Contribuição, o **valor do aviso prévio indenizado**:
>
> II – **Não deverá ser computado na base de cálculo das contribuições previdenciárias**, exceto na base de cálculo das contribuições incidentes sobre o 13.º salário, pelo valor correspondente a 1/12 (8,33%) do valor do aviso prévio indenizado.

O STJ também tomou o mesmo posicionamento em 2017, quando publicou a tese de que **não é possível a incidência de contribuição previdenciária sobre o aviso prévio indenizado** (REsp n.º 1.230.957/RS).

Com isso, tem-se que o aviso prévio indenizado é uma parcela não integrante do SC, logo, sobre ele **não incide contribuição previdenciária**.

Capítulo

5

A ARRECADAÇÃO E O RECOLHIMENTO DAS CONTRIBUIÇÕES DESTINADAS À SEGURIDADE SOCIAL

1. INTRODUÇÃO

Nesta parte do curso iremos estudar a parte de **Arrecadação e Recolhimento das Contribuições Sociais**. Em princípio, temos que diferenciar esses dois conceitos:

- **Arrecadação**: Ocorre quando o contribuinte (segurado) **liquida** a contribuição social devida junto ao Estado (por meio da RFB), ou seja, é quando o contribuinte **paga** a guia de recolhimento no banco, na lotérica ou no homebank (internet), e;
- **Recolhimento**: É um momento posterior, ocorre quando o agente arrecadador (o banco) **repassa** o dinheiro arrecadado para o Tesouro Nacional.

Entretanto, no decorrer do curso, utilizar-se-á o termo "recolhimento" como sinônimo de "pagamento". Inclusive, as questões de provas também se comportam dessa maneira. =)

Após essa breve explanação, tem-se que essa parte da disciplina é basicamente constituído de:

1. **Responsabilidade pelo recolhimento**: Quem será a pessoa, física ou jurídica, responsável pelo recolhimento de determinada contribuição social;

2. **Prazo de recolhimento**: Qual o prazo que a legislação prevê para que o responsável recolha o valor das contribuições sociais aos cofres públicos;
3. **Peculiaridades**: Vamos ver algumas peculiaridades interessantes da legislação previdenciária, e;
4. **Recolhimento fora do prazo**: Quando o responsável pelo recolhimento não realiza o devido pagamento dentro do prazo estipulado pela legislação deverá arcar com algumas penalidades (juros, multas e atualização monetária).

Quanto a questão de **competência legal**, desde o ano de 2007, toda a **parte de custeio** da seguridade social está no âmbito da **Receita Federal do Brasil (RFB)**, enquanto toda a **parte de benefícios** está no âmbito do **Instituto Nacional do Seguro Social (INSS)**.

2. A ARRECADAÇÃO E O RECOLHIMENTO DAS CONTRIBUIÇÕES SOCIAIS

Devo ressaltar que todos os dispositivos legais citados estão **automaticamente adaptados ao ordenamento jurídico pátrio**. Infelizmente, a legislação previdenciária - nas últimas décadas - tem se tornado uma verdadeira colcha de retalhos.

2.1. Da Empesa

Ao adentrar na legislação previdenciária (Regulamento da Previdência Social - Decreto n.º 3.048/1999), tem-se:

> Art. 216. A **arrecadação e o recolhimento** das contribuições e de outras importâncias devidas à seguridade social, observado o que a respeito dispuser a Secretaria da Receita Federal do Brasil (**RFB**), obedecem às seguintes normas gerais:
>
> I - A **empresa** é obrigada a:
>
> a) Arrecadar a contribuição do segurado **empregado**, do **trabalhador avulso** e do **contribuinte individual a seu serviço, descontando-a da respectiva remuneração**;
>
> b) Recolher:
>
> b.1) O **produto arrecadado na forma da alínea "a"** e as **contribuições a seu cargo** incidentes sobre as remunerações pagas, devidas ou creditadas, a qualquer título, inclusive adiantamentos decorrentes de reajuste salarial, acordo ou convenção coletiva, aos segurados empregado, contribuinte individual e trabalhador avulso a seu serviço, **até o dia 20 do mês**

seguinte àquele a que se referirem as remunerações, **antecipando-se o vencimento** para o dia útil imediatamente anterior quando não houver expediente bancário no dia 20;

b.2.) A contribuição **sobre o valor bruto da nota fiscal ou fatura de serviço, relativo a serviços que lhe tenham sido prestados por cooperados, por intermédio de cooperativas de trabalho, até o dia 20 do mês seguinte** àquele da emissão da nota fiscal ou fatura, **antecipando-se o vencimento** para o dia útil imediatamente anterior quando não houver expediente bancário no dia 20, e;

b.3.) As importâncias retidas na forma do Art. 219 (**retenção previdenciária**).

c) Recolher as contribuições de que trata o Art. 204 (**PIS, COFINS** e **CSLL**), na forma e prazos definidos pela legislação tributária federal.

Vamos estratificar o dispositivo legal. =)

Art. 216, inciso I, alínea "a".

A alínea "a" prevê que o empregador (patrão) é obrigado a **descontar na fonte** e **arrecadar** a contribuição devida pelo **empregado**, pelo **trabalhador avulso** e pelo **contribuinte individual** a seu serviço.

Descontar na fonte? Sim, o empregador faz as contas e desconta esse valor antes de pagar a remuneração devida ao trabalhador. Por isso existe a **remuneração bruta** e a **remuneração líquida**, que consiste na remuneração bruta **descontados** o imposto de renda devido (quando for o caso) e as contribuições sociais devidas.

Esse desconto recebe a alcunha de "**desconto do segurado (DS)**", pelo menos, esse autor tem utilizado tal termo nas últimas décadas.

Para elucidar, imagine que Silvana, vendedora de uma grande rede de eletrodomésticos, recebe mensalmente R$ 6.000,00. Nesse caso, a rede deverá **descontar (reter)** um percentual da remuneração da empregada a título de contribuição (que deverá constar expressamente no holerite de Silvana), e **recolhê-lo aos cofres públicos**.

Em suma, o ato de **descontar/reter** e de **recolher** consiste na própria arrecadação tributária federal. =)

Art. 216, inciso I, alínea "b".

A alínea "b", por seu turno tratou de **várias obrigações tributárias para a empresa**. Em princípio, subdividi a alínea em três sub-alíneas, mas, acredito que podemos **dividir em quatro tópicos para deixar o tema didático**.

Art. 216, inciso I, alínea "b.1".

1. Descontar na fonte (no holerite) e recolher as contribuições sociais devidas pelos empregados, trabalhadores avulsos e contribuintes individuais a seu serviço. Atualmente, o **desconto do segurado** é de:

- Para os empregados e os trabalhadores avulsos: 7,5%, 9%, 12% ou 14%, e;
- Para o contribuinte individual: Em regra, 11%. Podendo ser 20% quando se tratar de Empresa Beneficente de Assistência Social (EBAS) imune de contribuições sociais.

2. Recolher a contribuição social **devida pela empresa** incidente sobre a folha de salário de seus funcionários e colaboradores. Na doutrina, tal contribuição recebe o nome de "**cota patronal (CP)**". Em regra, a empresa recolhe 20% sobre a totalidade da folha de salários.

Na alínea "b.1", o valor deve ser recolhido **até o dia 20 do mês seguinte** àquele a que se referirem as remunerações, **antecipando-se o vencimento para o dia útil imediatamente anterior** quando não houver expediente bancário no dia 20.

Se o dia 20 caiu num domingo, por exemplo. Tem que pagar no dia 18 (sexta), dia útil imediatamente anterior. =)

Art. 216, inciso I, alínea "b.2".

3. Ao contratar serviços prestados por uma cooperativa de trabalho, a empresa se torna contribuinte da contribuição devida pela referida cooperativa. Sim, parece algo insano, mas é assim mesmo, ou melhor, **foi um dia**. A empresa pagava 100% do valor da nota fiscal para a cooperativa e mais 15% de contribuição para a RFB. A cooperativa? Nada pagava. Observe:

- Esta contribuição, prevista no Art. 22, inciso IV da Lei n.º 8.212/1991 se encontra com **execução suspensa** desde o advento da Resolução do Senado Federal n.º 10/2016. No caso, o Supremo Tribunal Federal (STF) declarou, em decisão definitiva, a **inconstitucionalidade** dessa exação no Recurso Extraordinário (RE) n.º 595.838.
- E, nessa mesma toada, o Decreto n.º 10.410/2020 **extirpou tal contribuição** do texto do Decreto n.º 3.048/1999 (Regulamento da Previdência Social).
- **Com isso, vou apresentar esse tributo apenas para fins didáticos. Acredito que não seja objeto de cobrança em certames.**

Na alínea "b.2", o valor **deveria ser recolhido até o dia 20 do mês seguinte** àquele a que se referirem as remunerações, **antecipando-se o vencimento para o dia útil imediatamente anterior** quando não houver expediente bancário no dia 20.

Art. 216, inciso I, alínea "b.3".

4. A empresa também tem o dever de recolher as importâncias retidas a título de **retenção previdenciária**. Sobre o tema, considero importante apresentar o disposto no Decreto n.º 3.048/1999:

> Art. 219. A **empresa contratante** de serviços executados mediante **cessão ou empreitada de mão de obra**, inclusive em regime de trabalho temporário, **deverá reter 11% do valor bruto da nota fiscal**, fatura ou recibo de prestação de serviços e recolher a importância retida em **nome da empresa contratada**.

Assim, cabe a empresa, quando contratar serviços executados por **cessão ou por empreitada de mão de obra**, recolher **11% do valor total (no nome da empresa contratada, prestadora do serviço)** à RFB e pagar o valor líquido de 89% à contratada.

Art. 216, inciso I, alínea "c".

O Regulamento (Decreto n.º 3.048/1999) assim prevê:

> Art. 204. As **contribuições** a cargo da empresa, provenientes do **faturamento** e do **lucro**, destinadas à seguridade social, são arrecadadas, normatizadas, fiscalizadas e cobradas pela Secretaria da Receita Federal do Brasil (**RFB**).

Assim, cabe a empresa recolher as contribuições sociais incidentes sobre o faturamento (**PIS** e **COFINS**) e sobre o lucro (**CSLL**), na forma e nos prazos previstos na legislação tributária federal (o que não será objeto de nossos estudos).

Cabe ressaltar que as contribuições sobre a receita e o faturamento, PIS e COFINS, serão extintas em 2027 em função da Reforma Tributária de 2023 (EC n.º 132/2023).

Após essa longa estratificação, vamos dar continuidade. =)

A legislação previdenciária ainda traz algumas peculiaridades interessantes para os nossos estudos! Observe o Decreto n.º 3.048/1999:

> Art. 216, IX – A empresa que remunera **empregado licenciado** para exercer mandato de dirigente sindical é **obrigada a recolher a contribuição deste, bem como as parcelas a seu cargo**.

Estamos diante da figura da **licença remunerada para exercer cargo sindical**.

É uma regra bem intuitiva! Imagine que a empresa Fazendas remunere o empregado Pedro enquanto esse exercer a atividade de dirigente sindical.

Se a empresa está remunerando seu funcionário, **é como se ele estivesse em exercício**, logo, ela deverá **reter** e **recolher** a contribuição social do empregado (**DS**) e **recolher** sua própria contribuição sobre a remuneração do empregado – sobre folha (**CP**).

Observe o disposto no RPS/1999:

> Art. 216, XII – A empresa que remunera **contribuinte individual** é obrigada a fornecer a este **comprovante do pagamento** do serviço prestado consignando, além dos **valores da remuneração** e do **desconto feito**, o número da inscrição do segurado no Instituto Nacional do Seguro Social (INSS).

O contribuinte individual, ao contrário do empregado e do trabalhador avulso, não faz parte do quadro fixo da empresa. Por esse motivo esse segurado não tem um holerite (contracheque) propriamente dito.

Diante de tal situação, a legislação previdenciária obrigou a empresa, que contrata e remunera contribuinte individual, a fornecer-lhe **comprovante de pagamento dos serviços prestados**, com todos os **valores de remuneração**, **descontos realizados** e o número de inscrição do segurado junto ao cadastro do INSS, certificando o empregador da sua real retenção e depósito dos valores correspondentes.

Observe o disposto no RPS/1999:

> Art. 216, X – A entidade sindical que remunera **dirigente que mantém a qualidade de segurado empregado, licenciado da empresa**, ou **trabalhador avulso** é obrigada a **recolher a contribuição destes, bem como as parcelas a seu cargo.**

A entidade sindical, ao pagar a remuneração do **empregado licenciado (afastado)** e do **trabalhador avulso**, **equipara-se a uma empresa**, e deve, portanto, **reter** e **recolher** as contribuições devidas por esses segurados (**DS**), bem como recolher as respectivas contribuições patronais (**CP**) cabíveis.

Decreto n.º 3.048/1999:

> Art. 216, XI – A entidade sindical que remunera **dirigente que mantém a qualidade de segurado contribuinte individual** é obrigada a recolher a **contribuição** prevista no inciso II do caput do Art. 201 (**cota patronal de 20%**), observado o disposto no § 26;
>
> § 26. A alíquota de contribuição a ser descontada (**desconto do segurado**) pela empresa da remuneração paga, devida ou creditada ao **contribuinte**

> **individual** a seu serviço, observado o limite máximo do salário de contribuição, **é de 11% no caso das empresas em geral** e **de 20% quando se tratar de entidade beneficente de assistência social isenta (imune) das contribuições sociais patronais.**

Em mais uma oportunidade, a legislação equipara a entidade sindical a uma empresa.

Assim, como ocorre nas empresas em geral, cabe a entidade sindical recolher a **cota patronal de 20%** incidente sobre a remuneração do trabalhador, bem como descontar, em regra, **11% devido pelo segurado (desconto do segurado)**.

Aproveito o momento para informar que o desconto do segurado, tanto para empresa quanto para entidade sindical, em regra será de 11%, mas temos **uma exceção**!

Caso a empresa contratante seja uma entidade beneficente de assistência social (**EBAS**) isenta (**imune**) das contribuições sociais patronais, o **desconto do segurado será de 20%**.

A não obrigação de determinadas EBAS de recolherem suas cotas patronais nasce do **texto constitucional**, logo, estamos diante de um **caso de imunidade** e não de isenção, conforme dispõe a legislação.

Do Direito Tributário, em breves palavras:

- A imunidade nasce da Constituição, e;
- A isenção nasce da lei.

Por seu turno, as EBAS são **imunes** quando **cumprem determinados requisitos previstos na legislação previdenciária**.

Assim, as EBAS imunes **não recolhem** cota patronal de 20% sobre remuneração de seus trabalhadores (folha de salário).

Diante dessa renúncia de receita, o governo decidiu "**compensar**" essa perda **aumentando** o desconto do trabalhador autônomo (contribuinte individual) que presta serviço para a EBAS **de 11% para 20%**.

Por fim, os recolhimentos supra devem ser realizados **até o dia 20 do mês seguinte**, de **forma antecipada**, se o dia 20 cair em dia não útil.

Conforme dispõe o Regulamento da Previdência Social:

> Art. 216, XIII – Cabe ao **empregador**, durante o período de **licença maternidade** da empregada, recolher **apenas a parcela da contribuição a seu cargo.**

A **licença maternidade** é o período em que a mulher fica afastada da empresa e recebendo o benefício do **salário maternidade**.

Neste período de afastamento cabe ao empregador recolher **somente a cota patronal (20%) sobre a remuneração** de sua empregada, **não devendo realizar o desconto da segurada**, lembrando que, por força de lei, o salário maternidade é o único benefício que incide contribuição (o STF defende o contrário: é uma parcela isenta).

Em regra, os benefícios previdenciários são pagos diretamente pelo INSS. Entretanto, estamos diante de uma **exceção. O salário maternidade será pago diretamente pela empresa**. É o que dispõe a Lei n.º 8.213/1991:

> Art. 72. O salário maternidade para a segurada **empregada** ou **trabalhadora avulsa** consistirá numa **renda mensal igual a sua remuneração integral** (**ultrapassando inclusive o Teto do RGPS**).
>
> § 1.º Cabe à **empresa pagar o salário maternidade devido à respectiva empregada gestante, efetivando-se a compensação**, observado o disposto no Art. 248 da Constituição Federal, quando do recolhimento das contribuições incidentes sobre a folha de salários e demais rendimentos pagos ou creditados, a qualquer título, à pessoa física que lhe preste serviço.

Como pode ser observado, o empregador paga o salário maternidade integralmente e recolhe somente a sua cota patronal.

O salário maternidade, para empregada e para a trabalhadora avulsa, consiste na sua própria remuneração, inclusive ultrapassando o Teto do RGPS, entretanto, o Art. 248 da Constituição Federal limita o benefício ao subsídio dos ministros do STF.

Uma vez pago o salário maternidade, o empregador poderá compensar esse valor no momento em que for pagar a sua cota patronal para a RFB.

Em suma, o **salário maternidade**, assim como o **salário família**, é uma **parcela dedutível**, uma **parcela reembolsável**. Observe o disposto no Decreto n.º 3.048/1999:

> Art. 255. A **dedução** e o **reembolso** relativos a quotas do **salário família** e do **salário maternidade** observarão os termos e as condições estabelecidos pela Secretaria Especial da Receita Federal do Brasil (**RFB**).

Assim, de forma simplificada, a **empresa** ao calcular as contribuições devidas por ela para a RFB, poderá abater o valor pago de salário maternidade. Num balancete simplificado, seria mais ou menos assim:

Contribuições devidas pela empresa (cota patronal, PIS, COFINS e CSLL).
(+) Contribuições retidas dos trabalhadores (desconto do segurado).

(+) Outras Contribuições (aquisição de produção rural, retenção previdenciária, etc.).
(-) Reembolso (**salário maternidade** e salário família).
(-) Compensações previstas na lei.
(=) Valor efetivamente devido à RFB.

(Autoria: Ali Mohamad Jaha)

Dando continuidade, observe o disposto no RPS/1999:

> Art. 216, § 4.º A pessoa jurídica de direito privado enquadrada como **entidade beneficente de assistência social imune** é **obrigada a arrecadar a contribuição do segurado empregado e do trabalhador avulso a seu serviço, descontando-a da respectiva remuneração**, e **recolhê-la até o dia 20 do mês subsequente, de forma antecipada**.

A priori, devo informar que a **imunidade** da EBAS diz respeito somente as contribuições devidas pela **empresa**, ou seja, sua cota patronal, sua PIS, sua COFINS e sua CSLL. Não alcança as contribuições devidas pelos seus trabalhadores.

Com isso, continua a existir a obrigação **reter** e **recolher** a contribuição devida pelo seu empregado ou pelo seu trabalhador avulso (**desconto do segurado**).

E, novamente, tal recolhimento deve ser realizado **até o dia 20 do mês seguinte, de forma antecipada**.

Nessa esteira, vamos retomar a legislação de regência (Decreto n.º 3.048/1999):

> Art. 216, § 26. A alíquota de contribuição a ser descontada (**desconto do segurado**) pela empresa da remuneração paga, devida ou creditada ao **contribuinte individual** a seu serviço, observado o limite máximo do salário de contribuição, **é de 11% no caso das empresas em geral** e **de 20% quando se tratar de entidade beneficente de assistência social isenta (imune) das contribuições sociais patronais.**

Aqui retomamos um ponto importante. O **contribuinte individual** pode trabalhar para uma empresa "normal" ou para uma empresa enquadrada como EBAS imune. Nessas situações, observa-se o seguinte:

1. Contribuinte Individual trabalhando em uma empresa "normal":

    a) Empresa recolhe cota patronal de **20%**, e;

    b) Empresa retém e recolhe a contribuição social do trabalhador de **11%**.

2. Contribuinte Individual trabalhando em uma EBAS imune:

a) EBAS **NÃO recolhe cota patronal**, e;

b) EBAS retém e recolhe a contribuição social do trabalhador de **20%**.

Assim, as EBAS imunes **não recolhem** cota patronal de 20% sobre remuneração de seus trabalhadores (folha de salário).

Diante dessa renúncia de receita, o governo decidiu "**compensar**" essa perda **aumentando** o desconto do trabalhador autônomo (contribuinte individual) que presta serviço para a EBAS **de 11% para 20%**.

Conforme dispõe o Decreto n.º 3.048/1999:

> Art. 216, § 27. O **contribuinte individual contratado por pessoa jurídica** obrigada a proceder à arrecadação e ao recolhimento da contribuição por ele devida, cuja **remuneração** recebida ou creditada no mês, por serviços prestados a ela, for **inferior ao limite mínimo do salário de contribuição**, é obrigado a **complementar sua contribuição mensal, diretamente**, mediante a aplicação da alíquota estabelecida no Art. 199 (**20%**) sobre o valor resultante da subtração do valor das remunerações recebidas das pessoas jurídicas do valor mínimo do salário de contribuição mensal.

Por diversas razões, pode ser que a remuneração recebida pelo autônomo (contribuinte individual) contratado por uma empresa seja inferior ao limite mínimo do salário de contribuição (salário mínimo).

O que fazer nessa situação? O autônomo deverá recolher diretamente a sua **contribuição complementar**.

Como? Fazendo uma conta bem simples:

Salário mínimo 2024	R$ 1.412,00
(-) Remuneração do mês	-R$ 1.000,00
(=) BC complementar	R$ 412,00
(x) Alíquota Art. 199	20%
(=) Contribuição complementar	**R$ 82,40**

(Autoria: Ali Mohamad Jaha)

No caso em tela, o autônomo deverá recolher esse valor do seu próprio bolso!

Aqui vale ressaltar que o Decreto n.º 10.410/2020 introduziu **novas regras** no Decreto n.º 3.048/1999 para o **segurado (não somente o contribuinte**

individual) que, no somatório de remunerações auferidas no mês não tenha alcançado o limite mínimo (salário mínimo).

Observe o disposto no RPS/1999 após as novas regras:

> Art. 216.
>
> § 27-A. O **segurado** que, no somatório de remunerações auferidas no período de um mês, receber **remuneração inferior ao limite mínimo mensal** do salário de contribuição poderá solicitar o **ajuste das competências pertencentes ao mesmo ano civil**, na forma por ele indicada, ou autorizar que os ajustes sejam feitos automaticamente, **para que o limite mínimo mensal do salário de contribuição seja alcançado, por meio da opção por**:
>
> I – **Complementar** a sua contribuição, observado que:
>
> a) O recolhimento da complementação deverá ser efetuado pelo próprio segurado **até o dia 15 do mês seguinte ao da competência de referência** e, após essa data, com incidência dos acréscimos legais;
>
> b) Para o **empregado**, o **empregado doméstico** e o **trabalhador avulso**, a complementação será efetuada por meio da aplicação da **alíquota de 7,5%**, inclusive para o mês em que exista contribuição concomitante na condição de contribuinte individual, e;
>
> c) Para o **contribuinte individual que preste serviço a empresa** e que contribua exclusivamente nessa condição, a complementação será efetuada por meio da aplicação da **alíquota de 20%**.
>
> II – Utilizar o **valor da contribuição que exceder o limite mínimo de uma competência em outra**, observado que:
>
> a) Para efeito de utilização da contribuição, serão considerados os salários de contribuição apurados por categoria, consolidados na competência de origem;
>
> b) O salário de contribuição poderá ser utilizado para complementar uma ou mais competências com valor inferior ao limite mínimo, mesmo que em categoria distinta;
>
> c) Poderão ser utilizados valores excedentes ao limite mínimo do salário de contribuição de mais de uma competência para compor o salário de contribuição de apenas uma competência, e;
>
> d) Utilizado o valor excedente, caso o salário de contribuição da competência favorecida ainda permaneça inferior ao limite mínimo, esse valor poderá ser complementado nos termos do disposto no inciso I.
>
> III – **Agrupar contribuições inferiores ao limite mínimo de diferentes competências**, para aproveitamento em contribuições mínimas mensais, observado que:
>
> a) As competências que não atingirem o valor mínimo do salário de contribuição poderão ser agrupadas desde que o resultado do agrupamento não ultrapasse o valor mínimo do salário de contribuição;

> b) Na hipótese de o resultado do agrupamento ser inferior ao limite mínimo do salário de contribuição, o segurado poderá complementar na forma prevista no inciso I ou utilizar valores excedentes na forma prevista no inciso II, e;
>
> c) As competências em que tenha havido exercício de atividade e tenham sido zeradas em decorrência do agrupamento poderão ser objeto de recolhimento pelo segurado, respeitado o limite mínimo.
>
> § 27-B. Para fins do disposto no § 27-A, o valor da contribuição referente ao 13.º terceiro salário **não poderá ser utilizado**.
>
> § 27-C. É **vedada a reversão da utilização e do agrupamento de que trata o § 27-A**.
>
> § 27-D. Caso ocorram eventos posteriores que gerem inconsistências no cálculo da contribuição na competência favorecida por complementação, utilização ou agrupamento, essa competência **ficará pendente de regularização**.

Dando continuidade, não podemos encerrar o tópico do curso sem citar a **Contribuição Previdenciária sobre a Receita Bruta (CPRB)**, que é a contribuição criada para colocar em prática a **desoneração da folha de pagamento**, prevista na Lei n.º 12.546/2011.

Em suma, é uma contribuição sobre a receita bruta **substitui** a cota patronal de 20% sobre a folha de salários. Entretanto, isso vale somente para as empresas que se enquadram dentro dos parâmetros legais.

O tema, atualmente, é regido - em detalhes - pela Instrução Normativa (IN) RFB n.º 2.053/2021.

As empresas que cumprirem os requisitos da IN **poderão optar** por recolher a CPRB em detrimento a tradicional cota patronal.

Para constar, para a determinação da base de cálculo da CPRB existem algumas **exclusões** (receitas de exportações, vendas canceladas, IPI, etc.).

As alíquotas variam entre 1% e 4,5% sobre a receita bruta ajustada.

A CPRB é recolhida por meio de Documento de Arrecadação de Receitas Federais (**DARF**) até o **dia 20 do mês seguinte, de forma antecipada**.

2.2. Do Contribuinte Individual e do Segurado Facultativo

Ao adentrar na legislação previdenciária (Regulamento da Previdência Social - Decreto n.º 3.048/1999), tem-se:

> Art. 216. A **arrecadação** e o **recolhimento** das contribuições e de outras importâncias devidas à seguridade social, observado o que a respeito

> dispuser a Secretaria da Receita Federal do Brasil (**RFB**), obedecem às seguintes normas gerais:
>
> II – Os segurados **contribuinte individual, quando**:
>
> a) Exercer atividade econômica por conta própria, ou;
>
> b) Prestar serviço a:
>
> b.1) Pessoa física;
>
> b.2.) Outro contribuinte individual;
>
> b.3.) Produtor rural pessoa física;
>
> b.4) Missão diplomática, ou;
>
> b.5.) Repartição consular de carreira estrangeiras.
>
> c) Quando tratar-se de brasileiro civil que trabalha no exterior para organismo oficial internacional do qual o Brasil seja membro efetivo.
>
> → E o **facultativo**, estão **obrigados** a recolher sua contribuição, **por iniciativa própria, até o dia 15 do mês seguinte** àquele a que as contribuições se referirem, **prorrogando-se o vencimento para o dia útil subsequente quando não houver expediente bancário no dia 15**, facultada a opção prevista no § 15.
>
> § 15. É **facultado** aos segurados **contribuinte individual** e **facultativo**, cujos salários de contribuição sejam iguais ao valor de **1 salário mínimo**, optarem pelo **recolhimento trimestral das contribuições previdenciárias, com vencimento no dia 15 do mês seguinte ao de cada trimestre civil, prorrogando-se o vencimento para o dia útil subsequente quando não houver expediente bancário no dia 15.**

Ao "abrir" o dispositivo legal supra, observa-se que a legislação previdenciária, **em algumas situações bem específicas**, traz que o **contribuinte individual** é **obrigado a recolher a sua contribuição social por iniciativa própria (de ofício)**.

Por sua vez, por razoes óbvias, o **segurado facultativo sempre é obrigado a recolher a sua contribuição por iniciativa própria**.

O **contribuinte individual** deve recolher suas contribuições por conta própria quando:

a) Exercer atividade econômica por conta própria.

É o caso do profissional autônomo e do profissional liberal!

Nesse caso, o trabalhador (engenheiro, advogado, dentista, eletricista, marceneiro, etc.) exerce sua atividade de forma **independente**, sem vínculo empregatício com nenhuma pessoa física ou jurídica.

Como exemplo, podemos citar o contador, que pode exercer sua atividade por conta própria ao calcular e elaborar as declarações de IRPF de alguns clientes ou o encanador, que atende diariamente vários serviços em residências distintas.

b) Prestar serviço a:

b.1) Pessoa física.

Exemplo clássico disso é o pedreiro!

Ele presta serviço a outra pessoa física (dono da obra). Ainda temos outros exemplos como pintor, marceneiro, gesseiro, artesão, etc.

b.2.) Outro contribuinte individual.

Aqui gosto de citar a secretária do dentista autônomo (contribuinte individual). Aqui, o contribuinte individual é **equiparado à empresa** para fins previdenciários.

Não consigo enxergar exemplo melhor. =)

b.3.) Produtor rural pessoa física.

É o trabalhador rural autônomo, sem vínculo empregatício, que trabalha para um pequeno produtor rural, o produtor rural pessoa física (PRPF).

b.4) Missão diplomática.

A missão diplomática em território nacional pode contar com os préstimos de diversos autônomos (encanador, motorista, secretária, etc.).

b.5.) Repartição consular de carreira estrangeiras.

Aqui vale a mesma situação supra. A repartição consular em território aduaneiro pode contar com os préstimos de diversos autônomos (encanador, motorista, secretária, etc.).

Para constar, o território aduaneiro compreende todo o território nacional, conforme dispõe o Regulamento Aduaneiro (Decreto n.º 6.759/2009). =)

c) Quando tratar-se de brasileiro civil que trabalha no exterior para organismo oficial internacional do qual o Brasil seja membro efetivo.

Aqui está um enquadramento de contribuinte individual previsto na legislação previdenciária:

- O brasileiro civil que **trabalha no exterior para organismo oficial internacional do qual o Brasil é membro efetivo**, ainda que lá domiciliado e contratado, salvo quando coberto por regime próprio de previdência social.

O brasileiro civil (não militar) que trabalhar para organismo oficial internacional (que o Brasil seja membro efetivo), residindo no país do organismo, **em regra**, será coberto por RPPS (do organismo ou de algum ente político). **Caso não seja, será enquadrado como Contribuinte Individual no RGPS.**

Apresentada todas as situações supra e pensando pela ótica do **contratante**, observamos que a legislação **excluiu** a obrigação de **reter** e **recolher** a contribuição do contribuinte individual que lhe preste serviço para as pessoas físicas ou jurídicas:

1. A pessoa física contratante (proprietário de obra, por exemplo);
2. O contribuinte individual (autônomo) equiparado à empresa;
3. O produtor rural pessoa física (PRPF);
4. A missão diplomática (MD), e;
5. A repartição consular (RC).

Dando continuidade, o **contribuinte individual nas situações supracitadas** e o **segurado facultativo deverão recolher suas contribuições sociais até o dia 15 do mês subsequente (seguinte) de forma postecipada.**

Se o dia 15 de determinado mês for um belo domingo de sol, o recolhimento por iniciativa própria deve ser realizado na segunda-feira, dia 16, primeiro dia útil seguinte, sem acréscimos.

O pagamento postecipado é válido para todos os dias no qual não houver expediente bancário.

Conforme apresentado, tem-se ainda que é facultado aos **segurados contribuinte individual** e **facultativo**, cujos **salários de contribuição sejam iguais ao valor de 1 salário mínimo**, optarem pelo **recolhimento trimestral** das contribuições previdenciárias. **É o trabalhador que recebe salário mínimo.**

Nessa situação, **o vencimento do recolhimento por iniciativa própria ocorrera até o dia 15 do mês seguinte ao de cada trimestre civil, prorrogando-se o vencimento para o dia útil subsequente quando não houver expediente bancário no dia 15.**

Como fica isso na prática? Das seguinte maneira:

	Trimestre Civil:	Vence dia:
T01	01, 02 e 03	15/04
T02	04, 05 e 06	15/07
T03	07, 08 e 09	15/10
T04	10, 11 e 12	15/01

(Autoria: Ali Mohamad Jaha)

O vencimento do 3.º trimestre civil, 15/10, caiu num sábado! Ok, basta realizar o recolhimento por iniciativa própria no dia 17, segunda-feira, sem acréscimos legais. =)

Para constar, a inscrição do segurado no segundo ou terceiro mês do trimestre civil **não altera as datas de vencimento previstas acima**, no caso de opção pelo recolhimento trimestral (Decreto n.º 3.048/1999, Art. 216, § 17).

Ao consultar o Regulamento da Previdência Social de 1999, tem-se:

> Art. 216, § 20. Na hipótese de **o contribuinte individual prestar serviço a outro contribuinte individual equiparado a empresa ou a produtor rural pessoa física ou a missão diplomática e repartição consular de carreira estrangeiras**, poderá **deduzir**, da sua contribuição mensal, **45%** da contribuição patronal do contratante, efetivamente recolhida ou declarada, incidente sobre a remuneração que este lhe tenha pago ou creditado, no respectivo mês, limitada a **9%** do respectivo salário de contribuição.

Em regra, o **contribuinte individual** e o **segurado facultativo** contribuem com **20%** sobre o seu salário de contribuição.

Aqui estamos falando do contribuinte individual clássico, **que trabalha por conta própria** ou **presta serviço para outra pessoa física**.

O **contribuinte individual**, quando presta serviço para empresa, a **empresa retem e recolhe 11% de contribuição.**

Com o disposto no § 20 do Art. 216 do Decreto n.º 3.048/1999, tem-se que o contribuinte individual que preste serviço para **outro contribuinte individual (autônomo) equiparado a empresa, produtor rural pessoa física (PRPF), missão diplomática (MD)** e **repartição consular (RC)** irá recolher sua **contribuição por iniciativa própria com redução.**

Qual seria essa redução? Seria de 45% da cota patronal devida pelo contratante. A cota patronal é de 20%. Logo:

- Redução: 20% x 45% = 9%.

Por sua vez, a contribuição patronal do contribuinte individual, em regra, é de 20%. Com isso:

- Contribuição devida – redução = 20% – 9% = 11%.

Com isso, nessas situações de recolhimento por iniciativa própria, **o contribuinte individual irá recolher apenas 11%.**

Esquematizando

CI presta serviço para:	CI recolhe por iniciativa própria:

1. A pessoa física contratante (dono de obra, por exemplo)	20%
2. O contribuinte individual (autônomo) equiparado à empresa	11%
3. O produtor rural pessoa física (PRPF)	11%
4. A missão diplomática (MD)	11%
5. A repartição consular (RC)	11%

(Autoria: Ali Mohamad Jaha)

Ainda sobre o tema, observe o disposto na legislação previdenciária (Decreto n.º 3.048/1999):

> Art. 216, § 21. Para **efeito de dedução (de 9%)**, considera-se contribuição **declarada** a informação prestada na Declaração de Débitos e Créditos Tributários Federais Previdenciários e de Outras Entidades e Fundos (**DCTFWeb**), onde conste, além de sua **identificação completa**, inclusive com o número no **Cadastro Nacional de Pessoas Jurídicas (CNPJ)**, o **nome** e o **número da inscrição do contribuinte individual**, o **valor da retribuição paga e efetuado o recolhimento da correspondente contribuição** (**Documento de Arrecadação de Receitas Federais – DARF**).

Par constar, a Declaração de Débitos e Créditos Tributários Federais Previdenciários e de Outras Entidades e Fundos (**DCTFWeb**) **substituiu** a Guia de Recolhimento do Fundo de Garantia do Tempo de Serviço e Informações à Previdência Social (**GFIP**) como instrumento de confissão de dívida e de constituição do crédito previdenciário (IN RFB n.º 2.005/2021, Art. 19).

Vale ressaltar que as contribuições sociais previdenciárias administradas pela RFB e as destinadas a outras entidades e fundos deverão ser **recolhidas**, para cada grupo de obrigados, por meio de **DARF**, em **substituição** à anacrônica Guia da Previdência Social (**GPS**).

O dispositivo apresentado é bem operacional, trata-se de uma **obrigação** para o contratante de contribuinte individual. **Preencher a DCTFWeb e recolher por meio de DARF**.

Por óbvio, o contribuinte individual que **não comprovar** a regularidade da dedução de 9% terá **glosado (rejeitado) o valor indevidamente deduzido**, devendo complementar as contribuições com os acréscimos legais devidos (Decreto n.º 3.048/1999, Art. 216, § 23).

Dando continuidade, conforme dispõe o Decreto n.º 3.048/1999:

> Art. 216.
>
> § 28. Cabe **ao próprio contribuinte individual que prestar serviços**, no mesmo mês, a mais de uma empresa, cuja soma das remunerações

> **superar o limite mensal do salário de contribuição (Teto do RGPS), comprovar** às que sucederem à primeira o valor ou valores sobre os quais já tenha incidido o desconto da contribuição, **de forma a se observar o limite máximo do salário de contribuição.**
>
> § 29. Na hipótese do § 28, a **Secretaria da Receita Federal do Brasil (RFB)** poderá facultar ao **contribuinte individual** que prestar, regularmente, serviços a uma ou mais empresas, cuja soma das remunerações seja igual ou superior ao limite mensal do salário de contribuição, **indicar qual ou quais empresas e sobre qual valor deverá proceder o desconto da contribuição, de forma a respeitar o limite máximo**, e **dispensar as demais dessa providência**, bem como atribuir ao próprio contribuinte individual a responsabilidade de complementar a respectiva contribuição até o limite máximo (Teto do RGPS), na hipótese de, por qualquer razão, deixar de receber remuneração ou receber remuneração inferior às indicadas para o desconto.

Os dispositivos supra tratam do **contribuinte individual que presta serviço a diversas empresas**. Sabemos que o salário de contribuição (SC) do autônomo é a **soma das remunerações recebidas dentro do mês**. Sabemos também que o **SC deve respeitar um limite máximo, o Teto do RGPS**, que é atualizado anualmente.

Assim, a contribuição do contribuinte individual deve incidir sobre a soma de suas remunerações, mas somente até o Teto do RGPS. Vamos elucidar o caso.

Considere Caio, reconhecido desenhista da cidade de Concórdia-SC, contribuinte individual que exerce seu ofício de maneira autônoma, prestando serviços de excelência em "Computer Aided Design" (CAD) para 4 empresas de engenharia e construção civil. Sendo 3 em Concórdia-SC e 1 em Chapecó-SC, a 80 km de distância.

No mês 09/2023, ele recebeu os seguintes valores de retribuição por seus serviços:

Empresa:	**Cidade:**	**Retribuição:**
Construtora Alfa	Concórdia-SC	R$ 3.000,00
Escritório de Design Beta	Concórdia-SC	R$ 3.000,00
Gama Interiores	Concórdia-SC	R$ 2.500,00
Delta Empreendimentos	Chapecó-SC	R$ 6.500,00
Total recebido em 09/2023:		R$ 15.000,00

(Autoria: Ali Mohamad Jaha)

Para efeitos didáticos, vamos considerar que o Teto do RGPS vigente é de R$ 10.000,00. Com isso, a soma de retribuições recebidas ultrapassa o Teto do RGPS.

Logo, a contribuição de Caio não incidirá sobre R$ 15.000,00, mas, somente sobre R$ 10.000,00.

No caso, Caio terá incidência de contribuição sobre os valores integralmente recebidos da Construtora Alfa, do Escritório de Design Beta e da Gama Interiores, que somam R$ 8.500,00.

Sobre o valor recebido da Delta Empreendimentos, a incidência ocorrerá somente sobre o valor de R$ 1.500,00, que é justamente a parcela que falta para Caio atingir o Teto do RGPS.

Em suma, a retribuição não coincide com o salário de contribuição. Observe:

Empresa:	Cidade:	Retribuição:	SC:
Construtora Alfa	Concórdia-SC	R$ 3.000,00	R$ 3.000,00
Escritório de Design Beta	Concórdia-SC	R$ 3.000,00	R$ 3.000,00
Gama Interiores	Concórdia-SC	R$ 2.500,00	R$ 2.500,00
Delta Empreendimentos	Chapecó-SC	R$ 6.500,00	R$ 1.500,00
Total recebido em 09/2023:		R$ 15.000,00	R$ 10.000,00

(Autoria: Ali Mohamad Jaha)

No caso em tela, cabe ao próprio Caio informar as empresas que sua retribuição total ultrapassou o Teto do RGPS, sob o risco de contribuir, indevidamente, acima deste limite.

Pode ocorrer situações concretas em que o segurado acabe pagando mais do que deveria? Sim, pode ocorrer. Nessas situações, o contribuinte pode **restituir** ou **compensar** o **pagamento indevido** ou **a maior**, conforme dispõe a Lei n.º 8.212/1991:

> Art. 89. As **contribuições** sociais das empresas, dos empregadores domésticos e dos **trabalhadores** poderão ser **restituídas** ou **compensadas** nas hipóteses de **pagamento ou recolhimento indevido ou maior** que o devido, nos termos e condições estabelecidos pela Secretaria da Receita Federal do Brasil (RFB).
>
> § 4.º O valor a ser **restituído** ou **compensado** será acrescido de juros obtidos pela aplicação da taxa referencial do Sistema Especial de Liquidação e de Custódia (**SELIC**) para títulos federais, acumulada mensalmente, a partir do mês subsequente ao do **pagamento indevido ou a maior** que o devido até o mês anterior ao da compensação ou restituição e de 1% relativamente ao mês em que estiver sendo efetuada.

Sobre o tema, tem-se que o governo federal, a Uniao, quando contrata contribuinte individual autônomo, **equipara-se a empresa para fins previdenciários**, como pode ser observado no Decreto n.º 3.048/1999:

> Art. 216-A. Os **órgãos da administração pública direta, indireta e fundações públicas da União**, bem como as demais entidades integrantes do Sistema Integrado de Administração Financeira do Governo Federal ao **contratarem pessoa física para prestação de serviços eventuais, sem vínculo empregatício**, inclusive como integrante de grupo-tarefa, deverão obter dela a respectiva inscrição no Instituto Nacional do Seguro Social, como contribuinte individual, ou providenciá-la em nome dela, caso não seja inscrita, e proceder ao **desconto e recolhimento da respectiva contribuição.**
>
> § 1.º Aplica-se o disposto neste artigo mesmo que o contratado exerça concomitantemente uma ou mais atividades abrangidas pelo Regime Geral de Previdência Social ou por qualquer outro regime de previdência social ou seja aposentado por qualquer regime previdenciário.
>
> § 2.º O contratado que já estiver contribuindo para o Regime Geral de Previdência Social na condição de empregado ou trabalhador avulso sobre o limite máximo do salário de contribuição deverá comprovar esse fato e, se a sua contribuição nessa condição for inferior ao limite máximo, a contribuição como contribuinte individual deverá ser complementar, respeitando, no conjunto, aquele limite.
>
> (...)
>
> § 4º Aplica-se o disposto neste artigo às contratações feitas por organismos internacionais, em programas de cooperação e operações de mútua conveniência entre estes e o governo brasileiro.

Diante de todo o exposto neste tópico, cheio de nuances, acho salutar apresentar esse quadro-resumo:

Situação:	CI presta serviço:	Regras Legais:
S01	Por Conta Própria	O próprio CI deverá recolher sua contribuição de 20%.
		Prazo: dia 15 do mês subsequente (postecipado).
S02	Para Empresa	A empresa recolhe a sua Cota Patronal de 20%.
		A empresa retém e recolhe a contribuição do CI de 11%.
		Prazo: dia 20 do mês subsequente (antecipado).
S03	Para o governo federal (União)	Governo Federal se equipara a empresa (seguir as regras acima).

Situação:	CI presta serviço:	Regras Legais:
S04	Para EBAS imune	A EBAS NÃO recolhe Cota Patronal.
		A EBAS retém e recolhe a contribuição do CI de 20%.
		Prazo: dia 20 do mês subsequente (antecipado).
S05	Para outro CI	Não haverá retenção.
	Para PRPF	O próprio CI deverá recolher sua contribuição de 11%.
	Para Missão Diplomática (MD)	Prazo: dia 15 do mês subsequente (postecipado).
	Para Repartição Consular (RC)	
S06	Para Pessoa Física (proprietário de obra)	Não haverá retenção.
	Para Organismo oficial no exterior	O próprio CI deverá recolher sua contribuição de 20%.
		Prazo: dia 15 do mês subsequente (postecipado).

(Autoria: Ali Mohamad Jaha)

2.3. Do Adquirente de Produção de PRPF

Ao adentrar na legislação previdenciária (Regulamento da Previdência Social - Decreto n.º 3.048/1999), tem-se:

> Art. 216. A **arrecadação e o recolhimento** das contribuições e de outras importâncias devidas à seguridade social, observado o que a respeito dispuser a Secretaria da Receita Federal do Brasil (**RFB**), obedecem às seguintes normas gerais:
>
> III – A **empresa adquirente, consumidora ou consignatária ou a cooperativa** são obrigadas a **recolher** a contribuição de que trata o Art. 200 **(1,2% + 0,1%) até o dia 20 do mês subsequente ao da operação de venda ou consignação da produção rural, de forma antecipada**, independentemente de estas operações terem sido realizadas diretamente com o produtor (**PRPF**) ou com o intermediário pessoa física.
>
> Art. 200. A contribuição do **empregador rural pessoa física (PRPF)**, em substituição à contribuição patronal sobre a folha (20%), e a do **segurado**

> **especial**, incidente sobre a receita bruta da comercialização da produção rural, é de:
>
> I - **1,2%**, e;
>
> II - **0,1%** para o financiamento dos benefícios concedidos em razão do grau de incidência de incapacidade laborativa decorrente dos riscos ambientais do trabalho (GILRAT).

Trata-se de um dispositivo relativamente simples. A **empresa adquirente**, a **empresa consumidora**, a **empresa consignatária (que vende mercadoria em consignação)** e a **cooperativa** são **obrigadas**, por força de lei, a **reter** e **recolher** a **contribuição previdenciária devida pelo produtor rural pessoa física (PRPF)**.

O vendedor (PRPF) deve valores de contribuição para o Estado. Entretanto quem deve fazer essa retenção e esse recolhimento, em nome do vendedor, junto à Receita Federal do Brasil (RFB) é o comprador (empresa adquirente, empresa consumidora, empresa consignatária ou cooperativa).

O disposto acima é instituto conhecido como **sub-rogação**.

Vale contar que a contribuição sobre a receita bruta de comercialização, no passado, era de 2%, sendo reduzida para 1,2% com o advento da Lei n.º 13.606/2018.

Para exemplificar, suponha que a Empresa Parcelada adquira toda a produção do PRPF Luiz por R$ 10.000,00, nesse caso, a empresa (compradora) reterá e recolherá, no nome do vendedor, R$ 130,00 (1,3% x RBC) para à RFB e pagará efetivamente R$ 9.870,00 a Luiz (100% - 1,3% = 98,7%).

Esse recolhimento deverá ser feito até o dia 20 do mês subsequente ao da operação de venda ou consignação da produção adquirida, de forma antecipada (se o dia 20 for domingo, o recolhimento deverá ocorrer no dia 18, sexta-feira).

Cabe ressaltar que a sistemática da **sub-rogação** foi criada justamente para **melhorar** e **facilitar** o trabalho da fiscalização da RFB.

É muito mais eficiente fiscalizar algumas empresas adquirentes do que dezenas ou centenas de milhares de pequenos produtores rurais.

2.4. Do PRPF e do Segurado

Ao adentrar na legislação previdenciária (Regulamento da Previdência Social - Decreto n.º 3.048/1999), tem-se:

> Art. 216. A **arrecadação e o recolhimento** das contribuições e de outras importâncias devidas à seguridade social, observado o que a respeito

> dispuser a Secretaria da Receita Federal do Brasil (**RFB**), obedecem às seguintes normas gerais:
>
> IV – O **produtor rural pessoa física (PRPF)** e o **segurado especial** são obrigados a recolher a contribuição de que trata o Art. 200 **(1,2% + 0,1%) até o dia 20 do mês subsequente ao da operação de venda, de forma antecipada**, caso **comercializem** a sua produção com **adquirente domiciliado no exterior, diretamente, no varejo, a consumidor pessoa física, a outro produtor rural pessoa física ou a outro segurado especial.**

Nas situações expostas **não ocorre sub-rogação**, ou seja, **cabe ao próprio vendedor (PRPF ou segurado especial) realizar o recolhimento da contribuição sobre a receita bruta de comercialização.**

Assim, o **PRPF** e o **segurado especial** devem **recolher diretamente a contribuição devida** (1,3% x receita bruta de comercialização) quando venderem sua produção para:

- Adquirente domiciliado no exterior;
- Diretamente, no varejo, a consumidor pessoa física (consumidor final);
- Outro produtor rural pessoa física (PRPF), e;
- Outro segurado especial.

Considero importante apresentar o seguinte dispositivo constante da Lei n.º 8.212/1991:

> Art. 32-C. O **segurado especial responsável pelo grupo familiar que contratar na forma do § 8.º do Art. 12** apresentará as **informações** relacionadas ao registro de trabalhadores, aos fatos geradores, à base de cálculo e aos valores das contribuições devidas à Secretaria da Receita Federal do Brasil (RFB) e ao Fundo de Garantia do Tempo de Serviço (FGTS) e outras informações de interesse da RFB, do Ministério do Trabalho e Emprego e do Conselho Curador do FGTS, por meio de sistema eletrônico com entrada única de dados, e **efetuará os recolhimentos por meio de documento único de arrecadação.**
>
> Art. 12, § 8.º O **grupo familiar** poderá utilizar-se de **empregados contratados por prazo determinado** ou de **autônomo rural (contribuinte individual)**, à **razão de no máximo 120 pessoas por dia no ano civil**, em períodos **corridos** ou **intercalados** ou, ainda, por **tempo equivalente em horas de trabalho, não sendo computado** nesse prazo o período de afastamento em decorrência da percepção de auxílio por incapacidade temporária.

Feita a apresentação do dispositivo, quanto a **prestação de informação** e **recolhimento tributário**, tem-se as seguintes disposições na Lei n.º 8.212/1991:

> Art. 32-C.
>
> § 2.º As informações prestadas no sistema eletrônico têm caráter declaratório, constituem **instrumento hábil e suficiente para a exigência dos tributos** e encargos apurados e substituirão a obrigatoriedade de entrega de todas as informações, formulários e declarações a que está sujeito o grupo familiar, inclusive as relativas ao recolhimento do FGTS.
>
> § 3.º O **segurado especial** fica obrigado a **arrecadar**, **até o 20.º dia do mês seguinte ao da competência**:
>
> I – As contribuições sobre a comercialização de produção (**1,2% + 0,1% x RBC**) e a contribuição do trabalhador a seu serviço (**empregado: 7,5%, 9%, 12% ou 14%. Contribuinte individual: 20%**).
>
> II – Os valores referentes ao FGTS, e;
>
> III – Os encargos trabalhistas sob a sua responsabilidade.
>
> § 4.º Os recolhimentos devidos, nos termos do § 3.º, deverão ser pagos por meio de documento único de arrecadação.
>
> § 5.º Se não houver expediente bancário na data indicada no § 3.º, **o recolhimento deverá ser antecipado para o dia útil imediatamente anterior.**

2.5. Do Adquirente PF Não Produtor Rural

Ao adentrar na legislação previdenciária (Regulamento da Previdência Social – Decreto n.º 3.048/1999), tem-se:

> Art. 216. A **arrecadação e o recolhimento** das contribuições e de outras importâncias devidas à seguridade social, observado o que a respeito dispuser a Secretaria da Receita Federal do Brasil (**RFB**), obedecem às seguintes normas gerais:
>
> VI – A **pessoa física não produtor rural** que adquire produção **para venda, no varejo, a consumidor pessoa física** é **obrigada** a recolher a contribuição de que trata o Art. 200 (**1,2% + 0,1%**) **até o dia 20 do mês subsequente ao da operação de venda, de forma antecipada.**

O vendedor (produtor rural) deve valores de contribuição para o Estado. Entretanto quem deve fazer essa retenção e esse recolhimento, em nome do vendedor, junto à Receita Federal do Brasil (RFB) é o comprador (pessoa física não produtor rural que adquire produção para venda, no varejo, a consumidor pessoa física).

O disposto acima também é uma situação de **sub-rogação.**

2.6. Do PRPJ

Ao adentrar na legislação previdenciária (Regulamento da Previdência Social – Decreto n.º 3.048/1999), tem-se:

> Art. 216. A **arrecadação e o recolhimento** das contribuições e de outras importâncias devidas à seguridade social, observado o que a respeito dispuser a Secretaria da Receita Federal do Brasil (**RFB**), obedecem às seguintes normas gerais:
>
> VII – O **produtor rural pessoa jurídica (PRPJ)** é obrigado a recolher a contribuição de que trata o inciso IV do caput do Art. 201 (**1,7%**) e o § 8.º do Art. 202 (**0,1%**) **até o dia 20 do mês subsequente ao da operação de venda, de forma antecipada.**

O produtor rural pessoa jurídica (PRPJ), em apertada síntese, **é equiparado a uma empresa para efeitos previdenciários**. Com isso, **não faz sentido em se falar em sub-rogação** para o comprador de sua produção rural.

Assim, atualmente, o próprio PRPJ deve recolher **1,8% x RBC.**

2.7. Da Associação com Clube de Futebol Profissional

Ao adentrar na legislação previdenciária (Regulamento da Previdência Social – Decreto n.º 3.048/1999), tem-se:

> Art. 205. A **contribuição empresarial da associação desportiva que mantém equipe de futebol profissional**, destinada à seguridade social, em **substituição** a cota patronal sobre a folha de salários (20%) e ao GILRAT (1%, 2% ou 3%), corresponde a **5% da receita bruta decorrente dos espetáculos desportivos** de que participe em todo território nacional, em qualquer modalidade desportiva, inclusive jogos internacionais, e de qualquer forma de patrocínio, licenciamento de uso de marcas e símbolos, publicidade, propaganda e transmissão de espetáculos desportivos.

A associação com clube de futebol profissional tem natureza de empresa, mas, em função de suas peculiaridades – uma extensa e cara folha de salários e o fato de nada produzir – foi agraciada com uma tribulação previdenciária diferenciada e favorecida pelo legislador previdenciário.

Ao invés de recolher contribuição patronal sobre folha de salários (20%), a associação com clube de futebol profissional irá **recolher 5%** sobre:

- A receita bruta decorrente dos espetáculos desportivos de que participe em todo território nacional, em qualquer modalidade desportiva, inclusive jogos internacionais;

- Qualquer forma de patrocínio, licenciamento de uso de marcas e símbolos;
- A Publicidade e a propaganda, e;
- A transmissão de espetáculos desportivos.

Para constar, o disposto neste tópico **se aplica** se à associação desportiva que mantém equipe de futebol profissional e que se organize **na forma da Lei n.º 9.615/1998** - Normas Gerais sobre desporto, a Lei Pelé (Decreto n.º 3.048/1999, Art. 205, § 8.º).

Por sua vez, o disposto neste tópico **não se aplica** às demais entidades desportivas (sem clube de futebol profissional, que continuam a contribuir normalmente sobre a folha de salários (Decreto n.º 3.048/1999, Art. 205, § 7.º).

Ainda no Regulamento da Previdência, tem-se as seguintes **normas de recolhimento**:

> Art. 205.
>
> § 1º Cabe à **entidade promotora do espetáculo** a responsabilidade de efetuar o **desconto de 5% da receita bruta decorrente dos espetáculos desportivos e o respectivo recolhimento à Secretaria da Receita Federal do Brasil (RFB), no prazo de até 2 dias úteis após a realização do evento.**
>
> § 2º Cabe à **associação desportiva que mantém equipe de futebol profissional informar** à entidade promotora do espetáculo desportivo **todas as receitas auferidas no evento**, discriminando-as detalhadamente.
>
> § 3º Cabe à **empresa ou entidade que repassar recursos a associação desportiva que mantém equipe de futebol profissional, a título de patrocínio, licenciamento de uso de marcas e símbolos, publicidade, propaganda e transmissão de espetáculos**, a responsabilidade de **reter** e **recolher, até o dia 20 do mês subsequente, de forma antecipada**, o **valor de 5% da receita bruta**, inadmitida qualquer dedução.

Em resumo, o recolhimento ocorre da seguinte maneira:

Espetáculos Desportivos:

- Responsável pelo recolhimento: Entidade Promotora.
- Contribuição: 5%.
- Prazo: Até 2 dias após o evento.

Patrocínio, licenciamento de uso de marcas e símbolos.

Publicidade e propaganda.

Transmissão de espetáculos desportivos.

- Responsável pelo recolhimento: Empresa responsável.
- Contribuição: 5%.
- Prazo: Até o dia 20 do mês seguinte (de forma antecipada).

2.8. Do Empregador Doméstico

Ao adentrar na legislação previdenciária (Regulamento da Previdência Social – Decreto n.º 3.048/1999), tem-se:

> Art. 216. A **arrecadação e o recolhimento** das contribuições e de outras importâncias devidas à seguridade social, observado o que a respeito dispuser a Secretaria da Receita Federal do Brasil (**RFB**), obedecem às seguintes normas gerais:
>
> VIII – O **empregador doméstico** fica obrigado a **arrecadar** a contribuição do segurado empregado doméstico a seu serviço e **recolhê-la**, além dos demais valores de que trata o caput do Art. 211-B (**Simples Doméstica, o eSocial Doméstica**), **até o dia 20 do mês seguinte ao da competência, de forma antecipada** (**Lei n.º 14.438/2022**).
>
> Art. 211-B. O **Simples Doméstico (eSocial Doméstica)**, instituído pela Lei Complementar n.º 150/2015, assegurará o recolhimento mensal por meio de documento único de arrecadação dos seguintes **valores**:
>
> I – **7,5% a 14% de contribuição previdenciária**, a cargo do segurado empregado doméstico (**desconto do segurado**);
>
> II – **8% de contribuição patronal previdenciária**, a cargo do empregador doméstico;
>
> III – **0,8%** de contribuição social para financiamento do seguro contra acidentes do trabalho (**SAT = GILRAT**).
>
> (...)
>
> § 1º As contribuições incidem sobre a remuneração paga ou devida no mês anterior a cada empregado doméstico, incluída na remuneração a gratificação de natal.
>
> § 2º A contribuição do inciso I será descontada da remuneração do empregado doméstico pelo empregador doméstico, que é responsável por seu recolhimento.

Do exposto, tem-se que o empregador doméstico deve **realizar dois recolhimentos distintos**. A sua **parte patronal** e a **parte a ser descontada em folha do seu empregado doméstico**. Da seguinte maneira:

1. Parte patronal:

Cabe ao empregador recolher **8% + 0,8%** sobre o salário do seu empregado.

Em regra, a cota patronal sempre incide integralmente sobre a folha de salário. Entretanto, temos uma exceção!

A única cota patronal que incide até o Teto do RGPS é a do Empregador Doméstico. O que faz sentido, uma vez que o empregador é uma pessoa comum, em regra, e não uma grande corporação.

Em suma, mesmo que o empregado doméstico receba acima do Teto do RGPS, a cota patronal incidirá apenas até o Teto do RGPS.

2. Desconto da folha do empregado doméstico:

Aqui, o empregador deve realizar a **retenção** e o **recolhimento** dos valores devidos pelo seu empregado (**desconto do segurado**).

No caso, deve-se aplicar as alíquotas de **7,5%, 9%, 12% e 14%** em cada uma das faixas que compõem o salário do empregado doméstico.

Dando continuidade, **ambos os recolhimentos** devem ser realizados eletronicamente pelo sistema on-line eSocial Doméstica **até o dia 20 do mês seguinte, de maneira antecipada**, conforme bem definiu a **Lei n.º 14.438/2022**, que assim alterou a Lei n.º 8.212/1991:

> Art. 30. A arrecadação e o recolhimento das contribuições ou de outras importâncias devidas à Seguridade Social obedecem às **seguintes normas**:
>
> V – O empregador doméstico fica obrigado a arrecadar e a recolher a contribuição do segurado empregado a seu serviço e a parcela a seu cargo, até o 20.º dia do mês seguinte ao da competência.
>
> § 2.º Se não houver expediente bancário nas datas indicadas:
>
> II – No incido V, até o dia **útil imediatamente anterior**.

Para constar, o recolhimento é realizado por meio do Documento de Arrecadação do eSocial (**DAE**), emitido automaticamente pelo eSocial Doméstica.

Novamente, adentrando no Regulamento da Previdência Social de 1999, tem-se:

> Art. 216.
>
> VIII-A – Durante o período da **licença maternidade** da empregada doméstica, o **empregador doméstico** fica obrigado a **recolher apenas a cota patronal (8% + 0,8%)**.

A licença maternidade é o período em que a empregada doméstica fica **afastada** de suas funções enquanto recebe o **benefício salário maternidade**.

Conforme dispõe a legislação, também é o **único benefício que incide contribuição previdenciária**. Apesar de que o STF tem se posicionando por isentar essa benesse.

Em regra, o salário maternidade é pago diretamente pelo INSS. E aqui, segue-se a regra.

Com isso, o INSS ao realizar o pagamento do benefício (que tem o mesmo valor da sua remuneração normal) já realiza a retenção do valor devido pela empregada doméstica (7,5% a 14%) e credita o valor líquido em favor da doméstica afastada.

Para finalizar, vale destacar que a **opção de retenção e recolhimento trimestral das contribuições devidas pelos empregados domésticos está revogada tacitamente desde o advento da Lei das Domésticas (Lei Complementar n.º 150/2015)** e, atualmente, a legislação previdenciária já se encontra atualizada nesta parte.

2.9. Da Cooperativa de Trabalho

Ao adentrar na legislação previdenciária (Regulamento da Previdência Social – Decreto n.º 3.048/1999), tem-se:

> Art. 216. A **arrecadação e o recolhimento** das contribuições e de outras importâncias devidas à seguridade social, observado o que a respeito dispuser a Secretaria da Receita Federal do Brasil (**RFB**), obedecem às seguintes normas gerais:
>
> § 31. A **cooperativa de trabalho** fica obrigada a **descontar 20% do valor da quota distribuída ao cooperado contribuinte individual** por serviços por ele prestados por seu intermédio a empresas, a pessoas físicas e a entidades em gozo de isenção e **recolher** o produto dessa arrecadação **até o dia 20 do mês subsequente ao da competência a que se referir ou até o dia útil imediatamente anterior, se não houver expediente bancário naquele dia.**

A **cooperativa de trabalho** é a sociedade constituída por **trabalhadores** para o exercício de suas atividades laborativas ou profissionais com proveito comum, autonomia e autogestão para obterem melhor qualificação, renda, situação socioeconômica e condições gerais de trabalho.

Assim, o trabalhador, no caso o **cooperado contribuinte individual**, irá prestar seus serviços, **por intermédio da cooperativa de trabalho**, para:

- Empresas;
- Pessoas físicas, ou;

- Entidades em gozo de **isenção** (ou **imunidade**) → EBAS imune, por exemplo.

Esse serviço prestado gera uma **retribuição** para a cooperativa de trabalho. Parte dessa retribuição consiste na **quota** a ser paga ao cooperado que prestou o serviço. Em resumo, é uma espécie de remuneração pelo serviço prestado.

Conforme determina a legislação, cabe a **cooperativa de trabalho reter e recolher 20% sobre a quota devida ao cooperado contribuinte individual**, repassando ao mesmo os 80% restantes (valor líquido).

O recolhimento deve ser realizado **até o dia 20 do mês seguinte da prestação, de forma antecipada.**

2.10. Da Gratificação Natalina do Trabalhador

Ao adentrar na legislação previdenciária (Regulamento da Previdência Social - Decreto n.º 3.048/1999), tem-se:

> Art. 216. A **arrecadação e o recolhimento** das contribuições e de outras importâncias devidas à seguridade social, observado o que a respeito dispuser a Secretaria da Receita Federal do Brasil (**RFB**), obedecem às seguintes normas gerais:
>
> § 1.º O **desconto da contribuição do segurado** (7,5%, 9%, 12% ou 14%) incidente sobre o valor bruto da **gratificação natalina (13.º salário)** é devido quando **do pagamento ou crédito da última parcela e deverá ser calculado em separado** e **recolhida**, juntamente com a contribuição a cargo da empresa (20% sobre a folha), **até o dia 20 do mês de dezembro, antecipando-se o vencimento para o dia útil imediatamente anterior se não houver expediente bancário no dia 20/12.**

O **cálculo**, a **retenção** e o **recolhimento** da contribuição social referente à gratificação natalina são realizados de **forma isolada** das outras contribuições da empresa.

A contribuição sobre o 13.º salário é devida s**omente no pagamento da última parcela recebida pelo empregado**.

Se a empresa dividir a gratificação em duas vezes, por exemplo, o desconto da contribuição social será efetivado **somente no pagamento da segunda parcela**.

Suponha que determinado empregado receba o 13.º em duas parcelas, uma em junho e outra em dezembro. Ficaria da seguinte forma:

P01: junho.

Valor: 50% da remuneração.

Desconto previdenciário: nenhum.

P02: dezembro.

Valor: 50% da remuneração.

Desconto previdenciário: 7,5% a 14% sobre 100% da remuneração.

No mês de dezembro, o trabalhador recebe seu **salário normal** e a **gratificação natalina (ou apenas a última parcela dela)**.

Entretanto, **não devemos** somar as duas parcelas supra para calcular o montante da contribuição social devida por ele naquele mês.

O cálculo deve ser apartado. O salário normal tem recolhimento previdenciário no dia 20/01 do ano seguinte. Ao passo que o 23.º salário tem recolhimento previdenciário no dia 20/12. =)

Aproveitando o tópico, vamos consultar novamente a legislação previdenciária (Decreto n.º 3.048/1999):

> Art. 216.
>
> § 1.º-A. O **empregador doméstico pode** recolher a **contribuição do segurado empregado a seu serviço** e a **parcela a seu cargo** relativas à **competência novembro até o dia 20 de dezembro**, juntamente com a contribuição referente à **gratificação natalina (13.º salário)** se utilizando de um único documento de arrecadação.

Para a empresa (e seus empregados), o contribuinte individual (autônomo), o segurado facultativo e o segurado especial, o documento de arrecadação a ser utilizado é o Documento de Arrecadação de Receitas Federais (**DARF**).

Para o empregador doméstico (e seu empregado doméstico), o documento hábil é o Documento de Arrecadação do eSocial (**DAE**).

Atualmente, tanto DARF quanto DAE são gerados automaticamente pelos sistemas on-line da Receita Federal do Brasil. =)

2.11. Na Rescisão do Contrato de Trabalho

Ao adentrar na legislação previdenciária (Regulamento da Previdência Social – Decreto n.º 3.048/1999), tem-se:

> Art. 216. A **arrecadação e o recolhimento** das contribuições e de outras importâncias devidas à seguridade social, observado o que a respeito dispuser a Secretaria da Receita Federal do Brasil (**RFB**), obedecem às seguintes normas gerais:

> § 3.º No caso de **rescisão de contrato de trabalho**, as contribuições devidas serão recolhidas **até o dia 20 do mês seguinte ao da rescisão, de forma antecipada**, computando-se **em separado** a parcela referente à gratificação natalina (13.º salário).

A rescisão é um evento que traz a **ruptura** na relação de trabalho, é algo atípico, por isso, deve ter tratamento tributário apartado.

O disposto é claríssimo. Em situação de rescisão de contrato de trabalho, as contribuições serão recolhidas até o dia 20 do mês seguinte ao da referida rescisão.

E se a rescisão ocorrer em 11/2023 e as contribuições devidas (cota patronal e desconto do segurado) devam ser recolhidas na mesma data das contribuições incidentes sobre o 13.º salário em 20/12/2023?

O final do dispositivo é claro, nessa situação, computam-se **separadas**.

2.12. Na Retenção Previdenciária

Ao consultar a IN RFB n.º 2.110/2022, tem-se:

> Art. 123. As **contribuições retidas deverão ser recolhidas pela empresa contratante até o dia 20 do mês seguinte ao da emissão da nota fiscal ou fatura**, **antecipando-se** esse prazo para o dia útil imediatamente anterior quando não houver expediente bancário na referida data.

A empresa contratante deve recolher as contribuições retidas **até o dia 20 do mês seguinte** ao da emissão da nota fiscal, de **forma antecipada**.

Nos casos em que um mesmo estabelecimento da contratada emitir mais de uma nota fiscal ou fatura para um mesmo estabelecimento da contratante, na mesma competência, sobre as quais houve retenção, a contratante deverá efetuar o recolhimento dos valores retidos, em nome da contratada, **num único documento de arrecadação**.

A falta de recolhimento, no prazo legal, das importâncias retidas enseja a formalização de **Representação Fiscal para Fins Penais (RFFP)**, por configurar, em tese, crime contra a Previdência Social previsto no Art. 168-A do Código Penal (**apropriação indébita previdenciária**).

A empresa contratada poderá **consolidar** num único documento de arrecadação, por competência e por estabelecimento, as contribuições incidentes sobre a remuneração de todos os trabalhadores segurados envolvidos na prestação de serviços, inclusive os alocados no setor administrativo, e compensar os valores retidos com as contribuições previdenciárias devidas por quaisquer de seus estabelecimentos.

2.13. Resumo da Arrecadação e do Recolhimento

Após muitas e muitas páginas de curso nesta parte, considero salutar apresentar o seguinte quadro resumo, essencial para os seus estudos. =)

Responsável:	Contribuição devida:	Recolher até:	De forma:
Empresa	Cota Patronal (20%, em regra)	dia 20 do mês seguinte	antecipada
	Desconto do empregado (7,5% a 14%)		
	Desconto do trabalhador avulso (7,5% a 14%)		
	Desconto do contribuinte individual (11%)		
	Aquisição de Produção de PRPF (1,2% + 0,1%)		
	Contratar Cooperativa de Trabalho (15%) – **revogada**		
	Retenção Previdenciária (11%) – assunto futuro		
EBAS imune	Desconto do empregado (7,5% a 14%)	dia 20 do mês seguinte	antecipada
	Desconto do trabalhador avulso (7,5% a 14%)		
	Desconto do contribuinte individual (20%)		
Empregador Doméstico	Cota Patronal (8% + 0,8%)	dia 20 do mês seguinte	antecipada
	Desconto do empregado doméstico (7,5% a 14%)		
Associação com Clube Profissional	Espetáculo Desportivo – Entidade Promotora (5%)	2 dias úteis	
	Patrocínio, Publicidade, Transmissão – Empresa (5%)	dia 20 do mês seguinte	antecipada
Cooperativa de Trabalho	Desconto de 20% da quota paga ao cooperado (CI)	dia 20 do mês seguinte	antecipada

<table>
<tr><th>Responsável:</th><th>Contribuição devida:</th><th>Recolher até:</th><th>De forma:</th></tr>
<tr><td rowspan="5">Contribuinte Individual</td><td>Por conta própria (20%)</td><td rowspan="5">dia 15 do mês seguinte</td><td rowspan="5">postecipada</td></tr>
<tr><td>Trabalha para CI equiparado a empresa (11%)</td></tr>
<tr><td>Trabalhar para PRPF (11%)</td></tr>
<tr><td>Trabalhar para Missão Diplomática (11%)</td></tr>
<tr><td>Trabalha para Repartição Consular (11%)</td></tr>
<tr><td rowspan="2">Situações Especiais</td><td>13.º salário (CP: 20% e DS: 7,5% a 14%)</td><td>dia 20/12</td><td rowspan="2">antecipada</td></tr>
<tr><td>Rescisão contratual (CP: 20% e DS: 7,5% a 14%)</td><td>dia 20 do mês seguinte</td></tr>
</table>

(Autoria: Ali Mohamad Jaha)

3. A PRESUNÇÃO LEGAL DO RECOLHIMENTO DAS CONTRIBUIÇÕES SOCIAIS

Ao adentrar na legislação previdenciária (Regulamento da Previdência Social – Decreto n.º 3.048/1999), tem-se:

> Art. 216. A **arrecadação e o recolhimento** das contribuições e de outras importâncias devidas à seguridade social, observado o que a respeito dispuser a Secretaria da Receita Federal do Brasil (**RFB**), obedecem às seguintes normas gerais:
>
> § 5.º O **desconto** da contribuição e da consignação legalmente determinado **sempre se presumirá feito, oportuna e regularmente**, pela **empresa**, pelo **empregador doméstico**, pelo **adquirente**, **consignatário** e **cooperativa** a isso obrigados, não lhes sendo lícito alegarem qualquer omissão para se eximirem do recolhimento, ficando os mesmos diretamente responsáveis pelas importâncias que deixarem de descontar ou tiverem descontado em desacordo com este Regulamento.

O legislador trouxe verdadeira garantia para o trabalhador ao garantir que o desconto realizado pelo empregador **sempre se presumirá feito, oportuna e regularmente**.

Tal presunção de desconto previdenciário é **válida** para:

- A empresa em relação aos seu contratados;

- Ao empregador doméstico em relação ao seu empregado doméstico;

- Ao adquirente (inclusive em consignação) de produção rural em relação ao vendedor, e;

- A cooperativa em relação aos seus cooperados.

O desconto da contribuição devida pelo trabalhador é uma **responsabilidade da empresa**, do empregador, não podendo recair sobre o trabalhador.

A presunção existe para **evitar** que o segurado perca o seu direito de reconhecimento de tempo de contribuição e, por consequência, de requerer benefícios junto ao INSS.

Por essa razão, mesmo com o recolhimento apenas presumido, o INSS utiliza outros elementos para caracterizar o tempo de contribuição do cidadão, como recibos de salários, ficha de registro, contrato assinado sem rasuras, etc.

Por fim, provada a retenção por parte da empresa e a falta de repasse do desconto para a RFB, a empresa responderá por **crime de apropriação indébita previdenciária** (Código Penal, Art.168-A), além das sanções administrativas e dos acréscimos legais.

4. RESPONSABILIDADE PELAS OBRIGAÇÕES PREVIDENCIÁRIAS NA REQUISIÇÃO DE MÃO DE OBRA DE TRABALHADOR AVULSO

O tema em si é pouquíssimo explorado em provas, mas, considero salutar apresentar as disposições sobre o tema para não ser eventualmente surpreendido.

Essa responsabilidade se divide em 2 situações:

- Requisição **em conformidade** com a legislação, e;

- Requisição **não abrangida** pela legislação.

4.1. Requisição em Conformidade com Legislação

Ao adentrar na legislação previdenciária (Regulamento da Previdência Social - Decreto n.º 3.048/1999), tem-se:

> Art. 217. Na **requisição de mão de obra de trabalhador avulso efetuada em conformidade com o disposto** na Lei nº 12.815/2013 (**Lei dos Portos**) e na Lei nº 9.719/1998 (**Proteção ao Trabalho Portuário**), o **responsável pelas obrigações previstas** neste Regulamento, em **relação aos segurados que lhe prestem serviços**, é o **operador portuário** ou o **tomador de mão de obra**, inclusive o **titular de instalação portuária de uso privativo**.

Nas situações de requisição **em conformidade com a legislação**, a responsabilidade pelas obrigações previdenciárias previstas na legislação recaem sobre:

- O operador portuário;

- O tomador de mão de obra, e;

- O titular de instalação portuária de uso privativo.

Dando sequência no Regulamento da Previdência Social, tem-se:

> Art. 217.
>
> § 1.º O **operador portuário** ou **titular de instalação de uso privativo repassará** ao **órgão gestor de mão de obra**, **até 24 horas** após a realização dos serviços:
>
> I - O valor da remuneração devida aos trabalhadores portuários avulsos, inclusive a referente às férias e à gratificação natalina, e;
>
> II - O valor da contribuição patronal previdenciária correspondente e o valor daquela devida a terceiros.

As atividades exercidas em região portuária costumam ser muito céleres. Essa agilidade reflete na legislação de regência.

O **operador portuário** ou o **titular de instalação de uso privativo** devem repassar ao **órgão gestor de mão de obra (OGMO), em até 24 horas**, a **remuneração dos trabalhadores portuários avulsos** e as **cotas patronais devidas**. Isso mesmo, o prazo é em horas!

Entretanto, este **prazo exíguo pode ser alterado** mediante **convenção coletiva** firmada entre entidades sindicais representativas dos trabalhadores e operadores portuários, observado o prazo legal para recolhimento dos encargos previdenciários (Decreto n.º 3.048/1999, Art. 217, § 4.º).

Quem são os OGMO?

Os OGMO são entidade sem fins lucrativos que atuam na regulamentação dos trabalhadores avulsos do setor portuário. Atuam na administração, na fiscalização e na profissionalização das operações.

Estes órgãos foi idealizados para promover a equidade das relações de trabalho na região portuária por meio de execução do rodízio da mão de obra dos trabalhadores portuários avulsos e cumprirem as regras trabalhistas e previdenciárias impostas.

Ainda sobre o **OGMO**, tem-se:

> Art. 217.
>
> § 2.º O **órgão gestor de mão de obra** é responsável:

> I – Pelo pagamento da remuneração ao trabalhador portuário avulso;
>
> II – Pela elaboração da folha de pagamento;
>
> III – Pelo preenchimento e entrega da Declaração de Débitos e Créditos Tributários Federais Previdenciários e de Outras Entidades e Fundos (**DCTFWeb**), e;
>
> IV – Pelo recolhimento das contribuições de que tratam o Art. 198 (**DS de 7,5% a 14%**), o inciso I do caput do Art. 201 (**cota patronal de 20%**) e os Arts. 202 (**GILRAT de 1%, 2% ou 3%**) e 274 (**contribuição de terceiros de 3,5%**), incidentes sobre a remuneração paga, devida ou creditada aos trabalhadores portuários avulsos, inclusive sobre férias e gratificação natalina, **até o dia 20 do mês subsequente, de forma antecipada.**
>
> (...)
>
> § 5.º A contribuição do trabalhador avulso, relativamente à gratificação natalina, será calculada com base na alíquota correspondente ao seu salário de contribuição mensal.
>
> § 6.º O salário família devido ao trabalhador portuário avulso será pago pelo órgão gestor de mão de obra, mediante convênio, que se incumbirá de demonstrá-lo na folha de pagamento correspondente.

Por fim, uma vez que o dinheiro é repassado pelo **operador portuário** ou pelo **titular de instalação de uso privativo ao OGMO**, nada mais natural esse órgão ser responsável:

- Pelo pagamento das remunerações dos trabalhadores avulsos;
- Pela elaboração da folha de salários;
- Preencher e transmitir as declarações fiscais (DCTFWeb), e;
- Recolher e reter/recolher todas as contribuições previdenciárias devidas.

4.2. Requisição Não Abrangida pela Legislação

Ao adentrar na legislação previdenciária (Regulamento da Previdência Social – Decreto n.º 3.048/1999), tem-se:

> Art. 218. A **empresa tomadora ou requisitante dos serviços de trabalhador avulso, cuja contratação de pessoal não seja abrangida** pelo disposto na Lei n.º 12.815/2013 (**Lei dos Portos**) e na Lei n.º 9.719/1998 (**Proteção ao Trabalho Portuário**), é **responsável pelo cumprimento de todas as obrigações previstas neste Regulamento**, além do preenchimento e da entrega da **DCTFWeb** em relação aos segurados que lhe prestem serviços.

> § 1.º O salário família devido ao trabalhador avulso mencionado no caput será pago pelo sindicato de classe respectivo, mediante convênio, que se incumbirá de elaborar as folhas correspondentes.
>
> § 2.º O tomador de serviços é responsável pelo recolhimento das contribuições de que tratam o Art. 198 (**DS de 7,5% a 14%**), o inciso I do caput do Art. 201 (**cota patronal de 20%**) e os Arts. 202 (**GILRAT de 1%, 2% ou 3%**) e 274 (**contribuição de terceiros de 3,5%**), incidentes sobre a remuneração paga, devida ou creditada aos trabalhadores portuários avulsos, inclusive sobre férias e gratificação natalina, **até o dia 20 do mês subsequente, de forma antecipada.**

Nas situações de requisição não abrangida pela legislação de regência, **não existe o repasse** das remunerações devidas pelos trabalhadores avulsos ao OGMO e nem das cotas patronais.

O OGMO não está presente neste cenário.

Como o tomador de mão de obra não realiza tal repasse ao OGMO, **recai sobre o próprio tomador a responsabilidade** de efetuar os pagamentos devidos, bem como reter as contribuições devidas e cumprir as demais obrigações tributárias (DCTFWeb).

5. A IMUNIDADE DAS CONTRIBUIÇÕES SOCIAIS

Em princípio, para iniciar essa parte do curso, considero muito importante retirar nosso **fundamento** direto da Constituição Federal de 1988:

> Art. 195, § 7.º São isentas (**imunes**) de contribuição para a seguridade social as **entidades beneficentes de assistência social** que atendam às **exigências** estabelecidas em **lei.**

O texto constitucional apresenta uma impropriedade técnica. O constituinte quis dizer "**imunes**" ao invés de "**isentas**". Sem se prolongar sobre isso, o Direito Tributário, em breves palavras assim define:

- A imunidade nasce da Constituição, e;
- A isenção nasce da lei.

Logo, não restam dúvidas que estamos tratando de uma situação de **imunidade**. Trata-se de **uma limitação ao poder de tributar do Estado**.

Caso a prova utilize o termo "isentas", aconselho fortemente que considere o enunciado correto, uma vez que o comando está copiando, na literalidade, o texto da Constituição. Entretanto, tenha em mente que se trata de imunidade e não de isenção. Complicado, mas é isso. =)

O objetivo fim em qualquer prova é alcançar a nota máxima e não discutir com a banca organizadora da prova. Não se esqueça disso.

Passada essa breve introdução de Direito Tributário (disciplina tão maravilhosa quanto o Direito Previdenciário), tem-se que a nossa Carta Magna concede **imunidade** as entidades beneficentes de assistência social (**EBAS**) que **atendam às exigências estabelecidas em lei**.

As EBAS são entidades que **não buscam o lucro** – não **apresentam fins lucrativos** – que prestam serviços gratuitos (total ou parcialmente) nas áreas de saúde, de assistência social e de educação para pessoas hipossuficientes.

Do exposto, todas as EBAS são imunes? Não, **somente** aquelas que atendas às exigências estabelecidas em lei.

Com isso, para gozar de imunidade para as suas contribuições sociais, a EBAS deve cumprir todos os requisitos estabelecidos na Lei Complementar n.º 187/2021.

5.1. Requisitos para usufruto da Imunidade

Os requisitos, primordialmente, estavam previstos na Lei n.º 8.212/1991, posteriormente, foram transferidos para **uma lei especifica sobre o tema**, a Lei n.º 12.101/2009, que foi revogada pela **Lei Complementar n.º 187/2021**, sendo essa a fonte atual das condições para o usufruto da imunidade pelas EBAS.

Assim, as EBAS que desejam gozar de imunidade devem cumprir **todos** os seguintes requisitos:

> Art. 3.º Farão jus à **imunidade** de que trata o § 7.º do Art. 195 da Constituição Federal as entidades beneficentes que atuem nas áreas da saúde, da educação e da assistência social, **certificadas** nos termos desta Lei Complementar, e **que atendam, cumulativamente, aos seguintes requisitos**:
>
> I – Não percebam seus dirigentes estatutários, conselheiros, associados, instituidores ou benfeitores remuneração, vantagens ou benefícios, direta ou indiretamente, por qualquer forma ou título, em razão das competências, das funções ou das atividades que lhes sejam atribuídas pelos respectivos atos constitutivos;
>
> II – Apliquem suas rendas, seus recursos e eventual superávit integralmente no território nacional, na manutenção e no desenvolvimento de seus objetivos institucionais;
>
> III – Apresentem certidão negativa ou certidão positiva com efeito de negativa de débitos relativos aos tributos administrados pela Secretaria Especial da Receita Federal do Brasil e pela Procuradoria Geral da Fazenda Nacional, bem como comprovação de regularidade do Fundo de Garantia do Tempo de Serviço (FGTS);

> IV – Mantenham escrituração contábil regular que registre as receitas e as despesas, bem como o registro em gratuidade, de forma segregada, em consonância com as normas do Conselho Federal de Contabilidade e com a legislação fiscal em vigor;
>
> V – Não distribuam a seus conselheiros, associados, instituidores ou benfeitores seus resultados, dividendos, bonificações, participações ou parcelas do seu patrimônio, sob qualquer forma ou pretexto, e, na hipótese de prestação de serviços a terceiros, públicos ou privados, com ou sem cessão de mão de obra, não transfiram a esses terceiros os benefícios relativos à imunidade prevista no § 7.º do Art. 195 da Constituição Federal;
>
> VI – Conservem, pelo prazo de 10 anos, contado da data de emissão, os documentos que comprovem a origem e o registro de seus recursos e os relativos a atos ou a operações realizadas que impliquem modificação da situação patrimonial;
>
> VII – Apresentem as demonstrações contábeis e financeiras devidamente auditadas por auditor independente legalmente habilitado nos Conselhos Regionais de Contabilidade, quando a receita bruta anual auferida for superior ao limite fixado pelo inciso II do caput do Art. 3.º da Lei Complementar n.º 123/2006, e;
>
> VIII – Prevejam, em seus atos constitutivos, em caso de dissolução ou extinção, a destinação do eventual patrimônio remanescente a entidades beneficentes certificadas ou a entidades públicas.

De forma surpreendente, a lei supra trata do tema como **imunidade** e não como isenção. Fiquei deveras feliz em saber que dessa vez adotaram o instituto correto. Agora só falta corrigir a constituição. =)

Ainda dentro da referida lei complementar, tem-se:

> Art. 4.º A **imunidade** de que trata esta Lei Complementar abrange as contribuições sociais previstas nos incisos I, III e IV do caput do Art. 195 e no Art. 239 da Constituição Federal, relativas à entidade beneficente, a todas as suas atividades e aos empregados e demais segurados da previdência social, mas não se estende a outra pessoa jurídica, ainda que constituída e mantida pela entidade à qual a certificação foi concedida.
>
> Art. 5.º As entidades beneficentes deverão obedecer ao **princípio da universalidade do atendimento**, vedado dirigir suas atividades exclusivamente a seus associados ou categoria profissional.

De forma esquematizada, a **imunidade** alcança as seguintes contribuições devidas pela EBAS:

- Cota patronal sobre folha de salários (Art. 195, inciso I, alínea "a");

- PIS e COFINS sobre a receita bruta (Art. 195, inciso I, alínea "b");
- CSLL sobre o lucro líquido (Art. 195, inciso I, alínea "c");
- Contribuição sobre receitas de concursos de prognósticos (Art. 195, inciso III);
- PIS-Importação e COFINS-Importação sobre importação de bens ou de serviços do exterior (Art. 195, inciso IV), e;
- PASEP, caso seja instituição pública ou pública-privada (Art. 239).

Observe que a imunidade alcança somente a EBAS e não os trabalhadores que lá trabalham ou prestam serviços eventuais, ou seja, **os descontos de segurados continuam devidos** como ocorre nas empresas em geral.

6. A REMISSÃO E A ANISTIA NO DIREITO PREVIDENCIÁRIO

Para iniciar essa parte, tem-se, no Direito Tributário, que os institutos da **remissão** e da **anistia** são **perdões** concedidos pelo Estado ao contribuinte (cidadão).

A **remissão** é o perdão do crédito tributário principal devido pelo contribuinte. É o **perdão do tributo devido**.

Para elucidar, suponha que Agenor esteja em débito com a RFB. Ele deve, há alguns anos, R$ 50.000,00 em Imposto de Renda (IR).

Em determinado momento, o poder executivo publica uma **lei específica** perdoando os créditos tributários constituídos de IR e, nessa lei, o Agenor foi agraciado.

A partir da vigência da lei, **todo o IR devido por Agenor foi EXTINTO**.

Aqui vale uma ressalva, todo o tributo devido foi perdoado, entretanto, **a remissão não alcançou as multas, que continuam em cobrança pela RFB**.

Por seu turno, a **anistia** é o perdão da infração cometida. É o **perdão da multa tributária**.

Imagine que Carla tenha diversas multas lançadas pela RFB em função de recolhimento extemporâneo (fora do prazo) de contribuições federais.

Em momento posterior, o governo federal publica uma **lei específica** perdoando as multas tributárias sobre contribuições federais e, nessa lei, a Carla foi alcançada.

A partir da vigência da lei, **toda a multa tributária devida por Carla será EXCLUÍDA**.

Dando continuidade, observe que:

- A remissão **EXTINGUE** o tributo constituído, e;

- A anistia **EXCLUI** a multa tributária constituída.

Tal diferenciação não é por acaso, ela advém do Código Tributário Nacional (Lei n.º 5.172/1966), que assim dispõe:

> Art. 156. **Extinguem o crédito tributário**:
>
> I - O pagamento;
>
> II - A compensação;
>
> III - A transação;
>
> IV - **A remissão**;
>
> V - A prescrição e a decadência;
>
> VI - A conversão de depósito em renda;
>
> VII - O pagamento antecipado e a homologação do lançamento;
>
> VIII - A consignação em pagamento;
>
> IX - A decisão administrativa irreformável, assim entendida a definitiva na órbita administrativa, que não mais possa ser objeto de ação anulatória;
>
> X - A decisão judicial passada em julgado, e;
>
> XI - A dação em pagamento em bens imóveis, na forma e condições estabelecidas em lei.
>
> Parágrafo único. A lei disporá quanto aos efeitos da extinção total ou parcial do crédito sobre a ulterior verificação da irregularidade da sua constituição.
>
> Art. 175. **Excluem o crédito tributário**:
>
> I - A isenção, e;
>
> II - **A anistia**.
>
> Parágrafo único. A exclusão do crédito tributário não dispensa o cumprimento das obrigações acessórias dependentes da obrigação principal cujo crédito seja excluído, ou dela consequente.

De maneira singela, compreendo que a **extinção** é a **maneira tradicional** de extinguir determinado crédito tributário.

Por sua vez, compreendo que a **exclusão** faz o crédito tributário desaparecer do mundo fático. Esse condão seria, mais ou menos, como um **benefício tributário**.

Após essa leve passagem pelo Direito Tributário, volto ao Direito Previdenciário para tratar as situações de remissão e anistia previstas no texto constitucional, a saber:

> Art. 195, § 11. São **vedados (proibidos)** a moratória e o parcelamento em prazo superior a 60 meses e, na forma de lei complementar, a **remissão** e a **anistia** das contribuições sociais de que tratam a alínea "a" do inciso

> I (cota patronal de 20% sobre a folha de salários) e o inciso II do caput (desconto do segurado de 7,5% a 14%).

Ao analisar, observa-se que, **em regra**, as contribuições sociais podem ser objeto de remissão e de anistia. Entretanto, existem 2 exceções que não podem ser objeto de remissão e de anistia:

- A cota patronal de 20% sobre a folha de salários, e;
- O desconto do seguro, realizado pela empresa/empregador, de 7,5% a 14%.

Para constar, a lei complementar citada no dispositivo nunca foi criada.

7. A DECADÊNCIA E A PRESCRIÇÃO DAS CONTRIBUIÇÕES SOCIAIS

A **decadência** e a **prescrição** das contribuições sociais não costumam ser cobradas expressamente dentro dos editais de Direito Previdenciário. São mais comuns nos editais de Direito Tributário.

Entretanto, em diversas situações concretas, o tema foi cobrado dentro de Direito Previdenciário. Diante dessa constatação, considero ser extremamente salutar apresentar esse assunto nessa parte do nosso curso.

O **prazo decadencial** é o prazo que a Receita Federal do Brasil (RFB) tem para **constituir o crédito tributário** por meio do **lançamento tributário**.

Na esfera previdenciária, estamos diante da **constituição do crédito tributário das contribuições sociais**.

O lançamento tributário está bem definido no Código Tributário Nacional (Lei n.º 5.172/1966), a saber:

> Art. 142. Compete **privativamente (exclusivamente)** à **autoridade administrativa (Auditor-Fiscal da Receita Federal do Brasil - AFRFB) constituir o crédito tributário pelo lançamento**, assim entendido o procedimento administrativo tendente:
>
> a) A verificar a ocorrência do fato gerador da obrigação correspondente;
>
> b) Determinar a matéria tributável;
>
> c) Calcular o montante do tributo devido;
>
> d) Identificar o sujeito passivo (contribuinte), e;
>
> e) Sendo caso, propor a aplicação da penalidade cabível (multa).
>
> Parágrafo único. A atividade administrativa de lançamento é vinculada e obrigatória, sob pena de responsabilidade funcional.

Uma vez executado o lançamento pelo AFRFB, a contribuição social está constituída. Neste momento, inicia-se o prazo prescricional.

O **prazo prescricional**, por sua vez, é o prazo que a RFB tem para **cobrar**, do sujeito passivo (contribuinte), **a contribuição social constituída anteriormente.**

E quais seriam os prazos **decadencial** e **prescricional**?

Até o ano de 2008, os prazos eram de 10 anos, conforme eram previstos nos Arts. 45 e 46 da Lei n.º 8.212. Entretanto, o Código Tributário Nacional de 1966 (CTN) sempre definiu 5 anos para ambos os prazos.

Essa divergência entre as leis gerou uma enxurrada de ações judiciais que chegaram até o Supremo Tribunal Federal (STF) que assim bateu o martelo em 09/2008:

> Súmula Vinculante n.º 08/2008: São **inconstitucionais** os Arts. 45 e 46 da Lei n.º 8.212/1991, que tratam de prescrição e decadência de crédito tributário.

Para não restar dúvida, em 12/2008 o governo federal publicou a Lei Complementar n.º 128/2008 que **revogou expressamente os Arts. 45 e 46 supra**.

Com isso, atualmente não restam dúvidas que os prazos **decadencial** e **prescricional são de 5 anos** conforme dispõe o CTN da década de 1960:

> Prazo Decadencial:
>
> Art. 173. O direito de a Fazenda Pública (RFB) constituir o crédito tributário extingue-se após **5 anos**, contados:
>
> I - Do 1.º dia do exercício seguinte àquele em que o lançamento poderia ter sido efetuado, ou;
>
> II - Da data em que se tornar definitiva a decisão que houver anulado, por vício formal, o lançamento anteriormente efetuado.
>
> Prazo Prescricional:
>
> Art. 174. A ação para a cobrança do crédito tributário prescreve em **5 anos**, contados da data da sua constituição definitiva.

Por fim, segue esse esquema que resume toda essa parte estudada. =)

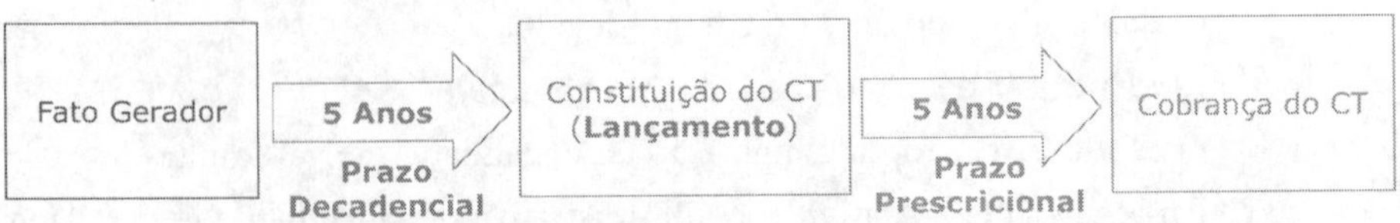

(Autoria: Ali Mohamad Jaha)

8. O PAGAMENTO EXTEMPORÂNEO DAS CONTRIBUIÇÕES SOCIAIS

8.1. A Multa de Mora e os Juros de Mora

No passado, até meados de 2009, as contribuições sociais seguiam regras próprias (e pouco didáticas) para o cálculo de juros, de multas de atualizações monetárias decorrentes de recolhimento fora do prazo.

De meados de 2009 para cá, o poder executivo federal aplicou às contribuições sociais as mesmas regras adotadas pelos demais tributos federais (**Lei n.º 9.430/1996**), uniformizando as regras e os procedimentos.

Ao adentrar nas nuances da Lei n.º 9.430/1996, especificamente na seção de acréscimos moratórios, temos as seguintes disposições para **multas** e **juros**:

> Art. 61. Os **débitos** para com a União, decorrentes de tributos e **contribuições** administrados pela Secretaria da Receita Federal do Brasil (**RFB**) **não pagos nos prazos** previstos na legislação específica, **serão acrescidos de multa de mora**, calculada à taxa de **0,33%, por dia de atraso.**
>
> § 1.º A multa de que trata este artigo será calculada a partir do 1.º dia subsequente ao do vencimento do prazo previsto para o pagamento do tributo ou da contribuição até o dia em que ocorrer o seu pagamento.
>
> § 2.º O percentual de **multa** a ser aplicado **fica limitado a 20%.**
>
> § 3.º Sobre os débitos a que se refere este artigo incidirão **juros de mora** calculados à taxa referencial do Sistema Especial de Liquidação e Custódia (**SELIC**), a partir do 1.º dia do mês subsequente ao vencimento do prazo **até o mês anterior ao do pagamento** e de **1% no mês de pagamento.**

O dispositivo acima prevê que para as contribuições sociais não pagas nos prazos previstos na legislação previdenciária sofrerão dois acréscimos moratórios:

- A **multa de mora** de 0,33% ao dia com limite máximo de 20%, e;
- Os **juros de mora** com aplicação de **SELIC** a partir do 2.º mês e de 1% no mês do pagamento.

Antes de prosseguirmos, o que é a **taxa SELIC** ou simplesmente **SELIC**?

A **SELIC** é a taxa básica de juros da economia. É o principal instrumento de política monetária utilizado pelo Banco Central (BC) para controlar a inflação. Ela influencia todas as taxas de juros do país, como as taxas de juros dos empréstimos, dos financiamentos e das aplicações financeiras.

A **taxa SELIC** se refere à taxa de juros apurada nas operações de empréstimos de um dia entre as instituições financeiras que utilizam títulos públicos federais como garantia. O BC opera no mercado de títulos públicos para que a taxa SELIC efetiva esteja em linha com a meta da SELIC definida na reunião do Comitê de Política Monetária do BC (**COPOM**).

Muitas vezes, a **SELIC** é utilizada como "taxa-piso", pois é valor base para a formação das demais taxas de juros cobradas no mercado financeiro, onde **são acrescentados outros fatores de risco, como a inadimplência e fatos imprevisíveis ao mercado**.

Após essa breve explanação, vamos ver, na prática, como são realizados os cálculos para a obtenção do valor da **multa de mora** e dos **juros de mora**.

- Exemplo 01:

Suponha que a empresa Objeto deveria ter recolhido sua cota patronal de 08/2023 sobre a folha de salários no dia 20/09/2023, mas acabou recolhendo somente no dia 29/09/2023, ou seja, recolheu com um atraso de 9 dias.

Para constar, a folha salarial é de R$ 100.000,00.

Nessa situação, qual o valor da multa de mora? Os juros de mora são devidos? Se sim, em qual valor?

Multa de mora:

Atraso: 9 dias x 0,33% = 3%

Cota patronal: 20% x R$ 100.000,00 = R$ 20.000,00

Multa de mora: 3% x R$ 20.000,00 → **Multa de mora: R$ 600,00**

No exemplo, apesar do recolhimento extemporâneo (fora do prazo), o pagamento foi realizado dentro do mês de vencimento.

Assim, **não serão cobrados juros moratórios**, que começam correr somente a partir do 2.º mês após o vencimento da contribuição.

- Exemplo 02:

Rosângela, empregadora doméstica, recolheu a sua cota patronal de 09/2022 sobre a remuneração do seu empregado doméstico, Jair, com um atraso total de 60 dias.

Para constar, a remuneração de Jair é de R$ 5.000,00.

Nessa situação, qual o valor da multa de mora? Os juros de mora são devidos? Se sim, em qual valor?

Multa de mora:

Atraso: 60 dias x 0,33% = 20%

Cota patronal: 8,8% x R$ 5.000,00 = R$ 440,00

Multa de mora: 20% x R$ 440,00 → **Multa de mora: R$ 88,00**

A multa de mora atingiu seu **limite máximo legal (20%)**, que ocorre justamente no **60.º dia de atraso.** Depois disso, pouco importa se serão 70 ou 700 dias de atraso, a multa de mora estará fixada no seu limite máximo legal. Observe:

Dias de atraso:	Taxa diária:	Multa de mora:
1	0,33%	0,33%
10	0,33%	3,33%
30	0,33%	10%
60	0,33%	**20%**
90	0,33%	**20%**
120	0,33%	**20%**

(Autoria: Ali Mohamad Jaha)

No exemplo, o pagamento foi realizado em mês posterior ao mês de vencimento, com isso, **serão devidos juros moratórios**, que começam a correr a partir do 2.º mês.

Conforme determinação legal:

- No mês de vencimento os juros não são devidos;
- Nos meses intermediários, entre o mês de vencimento e o mês de pagamento, aplica-se a SELIC, e;
- No mês de vencimento, aplica-se 1%

De forma esquematizada:

Juros de Mora no(s):	Taxa:
Mês de Vencimento	ZERO

Meses Intermediários	SELIC
Mês de Pagamento	1%

(Autoria: Ali Mohamad Jaha)

No caso em tela, Rosângela deveria ter recolhido a sua cota patronal de 09/2022 até o dia 20/10/2022, mas só recolheu o valor devido, 60 dias depois, em 19/12/2022. Nessa situação, os **juros moratórios** ficaram assim calculados:

Juros de Mora no(s):		**Taxa:**
Mês de Vencimento	10/2022	ZERO
Meses Intermediários	11/2022	1,02%
Mês de Pagamento	12/2022	1%
Total:		**2,02%**

- Cota patronal: 8,8% x R$ 5.000,00 = R$ 440,00

- Juros de mora: 2,02% x R$ 440,00. → **Juros de mora: R$ 8,89**

8.2. A Multa de Ofício

A **multa de ofício** nasce quando for constatada, pela autoridade tributária, algum **ato ilícito praticado pelo contribuinte**.

Nessa situação, cabe ao Auditor-Fiscal da Receita Federal do Brasil – AFRFB (autoridade tributária) realizar o **lançamento de ofício** da referida multa contra o sujeito passivo.

Essa espécie de lançamento é executado **sem nenhuma participação do contribuinte**. Entretanto **as hipóteses deste lançamento são taxativas**. São **somente** aquelas previstas no Código Tributário Nacional (Lei n.º 5.172/1966), a saber:

> Art. 149. O **lançamento** é efetuado e revisto **de ofício** pela autoridade administrativa **nos seguintes casos**:
>
> I – Quando a lei assim o determine;
>
> II – Quando a declaração não seja prestada, por quem de direito, no prazo e na forma da legislação tributária;
>
> III – Quando a pessoa legalmente obrigada, embora tenha prestado declaração nos termos do inciso anterior, deixe de atender, no prazo e na forma da legislação tributária, a pedido de esclarecimento formulado pela autoridade administrativa, recuse-se a prestá-lo ou não o preste satisfatoriamente, a juízo daquela autoridade;

> IV – Quando se comprove falsidade, erro ou omissão quanto a qualquer elemento definido na legislação tributária como sendo de declaração obrigatória;
>
> V – Quando se comprove omissão ou inexatidão, por parte da pessoa legalmente obrigada, no exercício da atividade a que se refere o artigo seguinte;
>
> VI – Quando se comprove ação ou omissão do sujeito passivo, ou de terceiro legalmente obrigado, que dê lugar à aplicação de penalidade pecuniária;
>
> VII – Quando se comprove que o sujeito passivo, ou terceiro em benefício daquele, agiu com dolo, fraude ou simulação;
>
> VIII – Quando deva ser apreciado fato não conhecido ou não provado por ocasião do lançamento anterior, e;
>
> IX – Quando se comprove que, no lançamento anterior, ocorreu fraude ou falta funcional da autoridade que o efetuou, ou omissão, pela mesma autoridade, de ato ou formalidade especial.

Como pode ser observado no texto do CTN, o **lançamento de ofício** tem o objetivo claro de **punir** o contribuinte por algum ilícito praticado contra a legislação tributária/previdenciária pátria.

Ao consultar a Lei n.º 9.430/1996, tem-se:

> Art. 44. Nos casos de **lançamento de ofício**, serão aplicadas as seguintes **multas**:
>
> I – De **75%** sobre a totalidade ou diferença de contribuição nos casos:
>
> a) De **falta de pagamento ou recolhimento**;
>
> b) De **falta de declaração**, ou;
>
> c) De **declaração inexata**.

Conforme pode ser observado, a **multa de ofício** ocorre somente em 3 situações bem claras. Quando o contribuinte:

- Não realiza o pagamento ou o recolhimento das contribuições sociais devidas;
- Não preenche e transmite as declarações previstas na legislação (obrigações acessórias), ou;
- Preenche e transmite com inexatidão as declarações previstas na legislação (obrigações acessórias).

Ainda na Lei n.º 9.430/1996 c/c a Lei n.º 4.502/1964, tem-se:

> Lei n.º 9.430/1996:
>
> Art. 44, § 1.º O percentual de multa de que trata o inciso I (**75%**) do caput deste artigo será majorado nos casos previstos nos Arts. 71, 72 e

> 73 da Lei n.º 4.502/1964, **independentemente de outras penalidades administrativas ou criminais cabíveis**, e passará a ser de:
>
> VI – **100%** sobre a totalidade ou a diferença de imposto ou de contribuição objeto do lançamento de ofício, ou;
>
> VII – **150%** sobre a totalidade ou a diferença de imposto ou de contribuição objeto do lançamento de ofício, nos casos em que verificada a **reincidência** do sujeito passivo.
>
> § 1.º-A. Verifica-se a **reincidência** prevista no inciso VII do § 1.º deste artigo quando, no prazo de 2 anos, contado do ato de lançamento em que tiver sido imputada a ação ou omissão tipificada nos Arts. 71, 72 e 73 da Lei n.º 4.502/1964, ficar comprovado que o sujeito passivo incorreu novamente em qualquer uma dessas ações ou omissões.
>
> Lei n.º 4.502/1964:
>
> Art. 71. **Sonegação** é toda ação ou omissão **dolosa** tendente a impedir ou retardar, total ou parcialmente, o conhecimento por parte da autoridade fazendária:
>
> I – Da ocorrência do fato gerador da obrigação tributária principal, sua natureza ou circunstâncias materiais, e;
>
> II – Das condições pessoais de contribuinte, suscetíveis de afetar a obrigação tributária principal ou o crédito tributário correspondente.
>
> Art. 72. **Fraude** é toda ação ou omissão **dolosa** tendente a impedir ou retardar, total ou parcialmente, a ocorrência do fato gerador da obrigação tributária principal, ou a excluir ou modificar as suas características essenciais, de modo a reduzir o montante do tributo devido a evitar ou diferir o seu pagamento.
>
> Art. 73. **Conluio** é o ajuste **doloso** entre duas ou mais pessoas naturais ou jurídicas, visando qualquer dos efeitos referidos nos Arts. 71 e 72.

Do exposto, observa-se que a **multa de ofício será majorada**, de 75% para **100%**, ou, **será duplicada** de 75% para **150%** (nas reincidências), nos casos em que for constatado **sonegação**, **fraude** ou **conluio**.

Essas 3 situações de dobra de multa de ofício são casos em que o contribuinte agiu de maneira deliberada. Trata-se de **ações dolosas**, que são aquelas em que o sujeito passivo sabe que está errado, mas segue adiante com seu desejo irregular.

Por seu turno, a Lei n.º 9.430/1996 assim dispõe:

> Art. 44, § 2.º Os percentuais de multa a que se referem o inciso I do caput (**75%**) e o § 1.º (**100%** ou **150%**) deste artigo **serão aumentados de metade**, nos casos de **não atendimento pela sujeito passivo**, no prazo marcado, de **intimação** para:

I – Prestar **esclarecimentos**;

II – Apresentar os **arquivos** ou sistemas de que tratam a legislação tributária federal, ou;

III – Apresentar a **documentação** técnica de que trata a legislação tributária federal.

Uma vez intimado, o contribuinte tem o dever legal de apresentar esclarecimentos à RFB sobre as situações fáticas objeto de fiscalização.

O não atendimento à intimação constitui **agravante** que **aumenta em 50%**:

- **Multa de ofício: 75% → 112,5%.**
- **Multa de ofício majorada: 100% → 150%.**
- **Multa de ofício duplicada (reincidência): 150% → 225%.**

Não se esqueça:

	Em regra	**Não atendeu intimação**
Normal	75%	112,5%
Majorada	100%	150%
Duplicada	150%	225%

(Autoria: Ali Mohamad Jaha)

Dando continuidade, ao se consultar a Lei n.º 9.430/1996 c/c a Lei n.º 8.218/1991, tem-se as seguintes disposições de interesse:

Lei n.º 9.430/1996:

Art. 44. § 3º Aplicam-se às multas de que trata este artigo as **reduções** previstas no Art. 6.º da Lei n.º 8.218/1991

Lei n.º 8.218/1991:

Art. 6.º Ao sujeito passivo que, notificado, efetuar o **pagamento**, a **compensação** ou o **parcelamento** dos tributos administrados pela Secretaria da Receita Federal do Brasil (**RFB**), será concedido **redução da multa de lançamento de ofício nos seguintes percentuais**:

I – **50%**, se for efetuado o **pagamento** ou a **compensação** no **prazo de 30 dias**, contado da data em que o sujeito passivo foi **notificado do lançamento**;

II – **40%**, se o sujeito passivo **requerer o parcelamento no prazo de 30** dias, contado da data em que foi **notificado do lançamento**;

> III – **30%**, se for efetuado o **pagamento** ou a **compensação** no **prazo de 30 dias**, contado da data em que o sujeito passivo foi notificado da **decisão administrativa de 1.ª instância**, e;
>
> IV – **20%**, se o sujeito passivo **requerer o parcelamento no prazo de 30 dias**, contado da data em que foi notificado da **decisão administrativa de 1.ª instância.**

A priori, do Direito Tributário, tem-se que o **pagamento** e a **compensação** são modalidades de **extinção** do crédito tributário (Lei n.º 5.172/1966, Art. 156, incisos I e II)

Por seu turno, o **parcelamento** é uma hipótese de **suspensão** do crédito tributário (Lei n.º 5.172/1966, Art. 151, inciso VI).

Esquematizando, observa-se que as reduções têm dois marcos temporais:

- **A data de notificação do lançamento.**
- Se pagar ou compensar no prazo de 30 dias desta data → redução de 50%.
- Se parcelar no prazo de 30 dias desta data → redução de 40%.
- **A data de notificação da decisão administrativa de 1.ª instancia (DRJ).**
- Se pagar ou compensar no prazo de 30 dias desta data → redução de 30%.
- Se parcelar no prazo de 30 dias desta data → redução de 20%.

9. O PARCELAMENTO DE CONTRIBUIÇÕES PREVIDENCIÁRIAS

Para iniciar essa parte da disciplina, vou retomar o texto constitucional de 1988 na parte que trata do **financiamento da seguridade social**:

> Art. 195, § 11. São **vedados (proibidos)** a moratória e o **parcelamento em prazo superior a 60 meses** (...).

Do exposto, já sabemos que o **parcelamento previdenciário** será de **no máximo 60 parcelas mensais.**

Temos que ter em mente que o tema parcelamento previdenciário até meados de 2009 estava previsto na Lei n.º 8.212/1991.

Posteriormente, a Lei n.º 11.941/2009 revogou todas essas disposições e as transferiu para a Lei n.º 10.522/2002.

Atualmente, o tema está sendo tratado na referida **Lei n.º 10.522/2002**, especificamente nos artigos abaixo, que assim dispõem:

> Art. 11. O **parcelamento** terá sua formalização condicionada ao prévio **pagamento da primeira prestação**, conforme o montante do débito e o prazo solicitado, observado o disposto no § 1.º do Art. 13 desta Lei.
>
> § 1.º Observados os limites e as condições estabelecidos em portaria do Ministro de Estado da Fazenda, em se tratando de **débitos inscritos em Dívida Ativa**, a concessão do parcelamento fica condicionada à apresentação, pelo devedor, de **garantia real ou fidejussória**, inclusive **fiança bancária**, idônea e suficiente para o pagamento do débito.
>
> § 2.º Enquanto não deferido o pedido, o devedor fica obrigado a recolher, a cada mês, como **antecipação**, valor correspondente a **uma parcela**.
>
> § 3.º O não cumprimento do disposto neste artigo implicará o **indeferimento** do pedido.

Conforme pode ser observado a formalização do **parcelamento** está **condicionada ao pagamento da 1.ª das 60 parcelas**, com o valor mínimo de cada parcela sendo definida em ato conjunto pela Secretaria da Receita Federal do Brasil (**RFB**) e a Procuradoria Geral da Fazenda Nacional (**PGFN**).

> Art. 12. O **pedido de parcelamento deferido** constitui **confissão de dívida** e **instrumento hábil e suficiente** para a exigência do crédito tributário, podendo a exatidão dos valores parcelados ser objeto de verificação.
>
> § 1.º Cumpridas as condições estabelecidas no Art. 11 desta Lei, o parcelamento será:
>
> I – Consolidado na **data do pedido**, e;
>
> II – Considerado **automaticamente deferido quando decorrido o prazo de 90 dias**, contado da data do pedido de parcelamento sem que a Fazenda Nacional tenha se pronunciado.
>
> § 2.º Enquanto não deferido o pedido, o devedor fica obrigado a recolher, a cada mês, como **antecipação**, valor correspondente a **uma parcela**.

Uma vez deferido o parcelamento, o mesmo constitui instrumento hábil para confissão de dívida, ou seja, o **deferimento do parcelamento caracteriza a exigibilidade do crédito tributário perante a RFB**.

> Art. 13. O valor de **cada prestação mensal**, por ocasião do pagamento, será acrescido de juros equivalentes à taxa referencial do Sistema Especial de Liquidação e de Custódia (SELIC) para títulos federais, acumulada mensalmente, calculados a partir do mês subsequente ao da consolidação até o mês anterior ao do pagamento, e de 1% relativamente ao mês em que o pagamento estiver sendo efetuado.
>
> § 1.º O **valor mínimo de cada prestação** será fixado em ato conjunto do Secretário da Receita Federal do Brasil e do Procurador-Geral da Fazenda Nacional.

> § 2.º No caso de parcelamento de débito inscrito em Dívida Ativa da União, o devedor pagará custas, emolumentos e demais encargos legais.

Cada parcela **atrasada** será atualizada pela SELIC a contar do início do 2.º mês seguinte ao do vencimento até o mês anterior do pagamento. No mês do pagamento, incide 1%.

> Art. 14-A. Observadas as condições previstas neste artigo, será admitido **reparcelamento** de débitos constantes de **parcelamento em andamento** ou que **tenha sido rescindido**.
>
> § 1.º No **reparcelamento** de que trata o caput deste artigo **poderão ser incluídos novos débitos**.
>
> § 2.º A **formalização do pedido de reparcelamento** previsto neste artigo fica **condicionada ao recolhimento da primeira parcela em valor correspondente a:**
>
> I – 10% do total dos débitos consolidados, ou;
>
> II – 20% do total dos débitos consolidados, caso haja débito com histórico de reparcelamento anterior.
>
> § 3.º Aplicam-se subsidiariamente aos pedidos de que trata este artigo as demais disposições relativas ao parcelamento previstas nesta Lei.

Sim, existe o "parcelamento do parcelamento", que recebe o nome de **reparcelamento**. Essa situação ocorre para os parcelamentos **em andamento** (com pagamento razoavelmente em dia) ou para os **rescindidos** (quando o contribuinte deu um belo calote no Estado).

Não obstante, no reparcelamento podem ser **incluídos novos débitos** não previstos no parcelamento original.

> Art. 14-B. Implicará **imediata rescisão do parcelamento** e remessa do débito para inscrição em Dívida Ativa da União ou prosseguimento da execução, conforme o caso, a **falta de pagamento**:
>
> I – De 3 parcelas, consecutivas ou não, ou;
>
> II – De 1 parcela, estando pagas todas as demais.

A **rescisão** do parcelamento na RFB e o seu **envio** para a PGFN para inscrição em Dívida Ativa da Uniao (DAU) ocorre por **falta de pagamento**.

> Art. 14-E. Mensalmente, a Secretaria da Receita Federal do Brasil e a Procuradoria-Geral da Fazenda Nacional divulgarão, em seus sítios na internet, demonstrativos dos parcelamentos concedidos no âmbito de suas competências.

O dispositivo supra é autoexplicativo. =)

10. A PROVA DE INEXISTÊNCIA DE DÉBITO

10.1. Disposições Gerais

Nos dias de hoje, a **prova de regularidade fiscal perante a Fazenda Nacional**, que engloba a RFB e a PGFN, está totalmente prevista na Portaria Conjunta PGFN/RFB n.º 1.751/2014.

Essa prova será efetuada mediante a apresentação de **certidão expedida conjuntamente pela RFB e pela PGFN** referente a **todos os créditos tributários federais** e à **Dívida Ativa da Uniao (DAU)** por elas administrados.

O termo "todos" supra quer dizer todos os tributos federais existentes, sejam eles "**fazendários**", tradicionalmente administrados pela RFB, ou "**previdenciários**", antigamente administrados pelo INSS e – posteriormente – pela Secretária da Receita Previdenciária (SRP).

Não existe mais "certidão da RFB" e "certidão do INSS". Hoje em dia, existe **certidão conjunta RFB/PGFN.**

10.2. A Certidão de Regularidade Fiscal

A certidão é o documento, expedido em conjunto pela RFB e pela PGFN, que certifica a situação fiscal da pessoa física ou jurídica (contribuinte) perante a União.

A certidão unificada poderá ser:

a) **Negativa (CND);**

b) **Positiva com Efeitos de Negativa (CPEND), ou;**

c) **Positiva (CPD).**

10.2.1. A CND

A Certidão Negativa de Débitos relativos a Créditos Tributários Federais e à Dívida Ativa da União (**CND**) será emitida quando **não existirem pendências** em nome do sujeito passivo:

1. Perante a **RFB**, relativas a **débitos**, a **dados cadastrais** e a **apresentação de declarações**, e;
2. Perante a **PGFN**, relativas a **inscrições em Dívida Ativa da União (DAU)**.

Em suma, a CND é a **melhor certidão de todas**. É quando não há nenhuma pendência com a RFB ou com a PGFN.

10.2.2. A CPEND

A Certidão Positiva com Efeitos de Negativa de Débitos relativos a Créditos Tributários Federais e à Dívida Ativa da União (**CPEND**) será emitida quando, em relação ao sujeito passivo, **constar débito administrado pela RFB ou inscrição em DAU**, nos termos do Art. 206 do Código Tributário Nacional - CTN (Lei n.º 5.172/1966), a saber:

> Art. 206. Tem os mesmos efeitos da CND a certidão (CPEND) de que conste a existência de **créditos não vencidos, em curso de cobrança executiva em que tenha sido efetivada a penhora**, ou **cuja exigibilidade esteja suspensa.**

As hipóteses de suspensão do crédito tributário são aquelas previstas no Art. 151 do CTN:

> Art. 151. Suspendem a exigibilidade do crédito tributário:
>
> I - A moratória;
>
> II - O depósito do seu montante integral;
>
> III - As reclamações e os recursos, nos termos das leis reguladoras do processo tributário administrativo;
>
> IV - A concessão de medida liminar em mandado de segurança.
>
> V - A concessão de medida liminar ou de tutela antecipada, em outras espécies de ação judicial, e;
>
> VI - O parcelamento.

A **CPEND** também será emitida quando, em relação ao sujeito passivo, existir débito:

1. Inscrito em DAU, **garantido** mediante bens ou direitos, na forma da legislação, cuja avaliação seja igual ou superior ao montante do débito atualizado, e;

2. Ajuizado e com embargos recebidos, quando o sujeito passivo for órgão da administração direta da União, dos Estados, do Distrito Federal, dos Municípios ou for autarquia ou fundação de direito público dessas entidades estatais.

Em suma a CPEND é uma **certidão intermediária**, onde o contribuinte apresenta alguma pendência junto à RFB ou à PGFN, mas **essa pendência não impede a emissão de uma CPEND que tem os mesmos efeitos jurídicos de uma CND.**

10.2.2.1. Modalidades de Suspensão do Crédito Tributário

Para melhor compreender o tópico anterior, vamos adentrar ao CTN e estudar, brevemente, todas as modalidades de suspensão do crédito tributário.

A **CPEND** será emitida, entre outras hipóteses, **quando o crédito tributário estiver suspenso** por qualquer uma das seguintes modalidade:

1. A Moratória.

Consiste no **aumento do prazo** para que o contribuinte realize o pagamento dos créditos tributários devidos.

2. O Depósito do seu Montante Integral.

A RFB calcula o valor do crédito tributário devido, informa ao contribuinte, que realiza o depósito deste montante integral.

Uma vez realizado o depósito, o contribuinte pode discutir, administrativamente ou judicialmente, se a cobrança é ou não devida.

Enquanto a decisão não for proferida, não corre nenhum tipo de atualização monetária contra o contribuinte.

3. As Reclamações e os Recursos, nos termos das Leis Reguladoras do Processo Tributário Administrativo.

O contribuinte tem o direito de reclamar a cobrança perante a RFB, por meio de impugnação ou de reclamação, que será analisada pela 1.ª instancia administrativa (Delegacia de Julgamento da Receita Federal - DRJ), caso essa decisão seja desfavorável, o contribuinte pode recorrer à 2.ª instancia (Conselho Administrativo de Recursos Fiscais - CARF).

Neste caso, não se exige nenhum depósito prévio por parte do cidadão, ou seja, se este optar por litigar administrativamente com a RFB sem realizar o depósito do montante integral, enquanto não se encerrar a contenda, corre atualização monetária contra o contribuinte.

4. A Concessão de Medida Liminar em Mandado de Segurança.

A concessão de medida liminar em mandado de segurança contra a RFB não suspende o lançamento do tributo, mas somente a sua exigibilidade (isso tem que ficar claro).

Novamente, como foi exposto, não se exige nenhum depósito prévio por parte do cidadão, ou seja, se este optar por litigar judicialmente com a RFB sem realizar o depósito do montante integral, enquanto não se encerrar a contenda, corre atualização monetária contra o contribuinte.

5. A Concessão de Medida Liminar ou de Tutela Antecipada, em Outras Espécies de Ação Judicial.

Todos os comentários do tópico anterior também se aplicam às medidas liminares das demais espécies de ações judiciais existentes.

6. O Parcelamento.

O parcelamento nasce de lei específica, onde o governo concede essa benesse aos contribuintes que estão em débito com a RFB em relação a determinado tributo.

Em regra, conforme dispõe o CTN, o parcelamento está sujeito a atualização monetária dos valores devidos pelo contribuinte, mas, excepcionalmente, a lei que instituiu o parcelamento pode afastar essa exigência.

Por fim, você observou que ficou destacado em **azul** as iniciais de cada modalidade de suspensão. Isso foi realizado para chamar a sua atenção para um excelente mnemônico para você nunca mais esquecer **as 6 hipóteses de suspensão do crédito tributário**:

MO – DE – RE – CO – CO – PA

10.2.3. A CPD

A Certidão Positiva de Débitos relativos a Créditos Tributários Federais e à Dívida Ativa da União (**CPD**) indicará a existência de **pendências** do sujeito passivo:

1. perante a **RFB**, relativas a débitos, a dados cadastrais e à apresentação de declarações, e;
2. perante a **PGFN**, relativas a inscrições em cobrança.

Sem sombra de dúvidas, **é a pior certidão**. Ela demonstra que o contribuinte tem **pendências** e essas pendencias impedem a emissão de uma **CND** ou de uma **CPEND**.

10.3. A validade da Certidão

As certidões emitidas (**CND**, **CPEND** ou **CPD**) terão prazo de **validade de 180 dias**, contado de sua emissão.

A certidão terá eficácia, dentro do seu prazo de validade, para prova de regularidade fiscal relativa a créditos tributários ou exações quaisquer administrados pela RFB, e à DAU administrada pela PGFN.

10.4. O requerimento da Certidão

Em regra, a certidão será requerida e expedida, automaticamente, nos sítios eletrônicos da RFB e da PGFN na internet.

Na impossibilidade de emissão pela internet, o sujeito passivo poderá apresentar requerimento de certidão no Portal e-CAC.

Em todo caso, nas situações de requerimento, as certidões **serão emitidas no prazo de 10 dias**, contado da data de apresentação do requerimento e da documentação necessária à análise do pedido de certidão.

11. A MATRÍCULA DA EMPRESA E A EMPRESA EM DÉBITO COM A SEGURIDADE SOCIAL

Nesse ponto da disciplina devemos ter cuidado redobrado, pois o Regulamento da Previdência Social (Decreto n.º 3.048/1999) traz disposições ultrapassadas, sendo o assunto tratado de forma atualizada pela Lei n.º 8.212/1991 com atualizações operadas pela Lei n.º 11.941/2009.

Conforme dispõe o Plano de Custeio da Seguridade Social (**Lei n.º 8.212/1991**), atualmente, a matrícula da empresa será efetuada nos **termos e condições** estabelecidos pela Secretaria da Receita Federal do Brasil – **RFB** (Art. 49).

No caso de obra de construção civil, a matrícula deverá ser efetuada mediante **comunicação obrigatória** do responsável por sua execução, **no prazo de 30 dias**, contado do início de suas atividades, quando obterá número cadastral básico, de caráter permanente (Art. 49, § 1.º).

O não cumprimento do disposto acima sujeita o responsável ao pagamento de **uma multa variável** entre R$ 3.215,07 e R$ 321.505,87 – ano 2023 (Art. 49, § 3.º).

O Departamento Nacional de Registro do Comércio (**DNRC**), por intermédio das Juntas Comerciais, e os Cartórios de Registro Civil de Pessoas Jurídicas prestarão, obrigatoriamente, ao **INSS** e à **RFB** todas as informações referentes aos **atos constitutivos** e **alterações** posteriores relativos a empresas e entidades neles registradas (Art. 49, § 4.º).

A **matrícula** atribuída pela RFB ao Produtor Rural Pessoa Física (PRPF) ou segurado especial é o **documento de inscrição do contribuinte**, em substituição à inscrição no Cadastro Nacional de Pessoa Jurídica (CNPJ), a ser apresentado em suas relações com o Poder Público, inclusive para (Art. 49, § 5.º):

1. Licenciamento sanitário de produtos de origem animal ou vegetal submetidos a processos de beneficiamento ou industrialização artesanal;
2. Apresentação às instituições financeiras, para fins de contratação de operações de crédito, e;
3. Apresentação aos adquirentes de sua produção ou fornecedores de sementes, insumos, ferramentas e demais implementos agrícolas.

O documento de inscrição do contribuinte (matrícula) não se aplica ao licenciamento sanitário de produtos sujeitos à incidência de Imposto sobre Produtos Industrializados (IPI) ou ao contribuinte cuja inscrição no Cadastro Nacional de Pessoa Jurídica (CNPJ) **seja obrigatória** (Art. 49, § 6.º).

Dando continuidade, as empresas, enquanto estiverem em débito de contribuições sociais **não garantidas** com a União (**RFB**), aplica-se o disposto no Art. 32 da Lei n.º 4.357/1964, a saber:

> Art. 32. As pessoas jurídicas, enquanto estiverem em **débito, não garantido**, para com a União, por falta de recolhimento de imposto, taxa ou contribuição, no prazo legal, **não poderão**:
>
> a) Distribuir quaisquer bonificações a seus acionistas, ou;
>
> b) Dar ou atribuir participação de lucros a seus sócios ou quotistas, bem como a seus diretores e demais membros de órgãos dirigentes, fiscais ou consultivos.
>
> § 1.º A inobservância do disposto neste artigo importa em **multa** que será imposta:
>
> I – Às pessoas jurídicas que distribuírem ou pagarem bonificações ou remunerações, em montante igual a **50%** das quantias distribuídas ou pagas indevidamente, e;
>
> II – Aos diretores e demais membros da administração superior que receberem as importâncias indevidas, em montante igual a **50%** dessas importâncias.
>
> § 2.º A multa referida nos incisos I e II do § 1.º deste artigo fica limitada, respectivamente, a 50% do valor total do débito não garantido da pessoa jurídica.

Este autor compreende que a expressão "débito garantido" diz respeito ao débito que encontra amparo em alguma das hipóteses de suspensão de crédito do tributário, previstas no Art. 151 do Código Tributário de 1966, a relembrar:

1. A moratória;
2. O depósito do seu montante integral;
3. As reclamações e os recursos, nos termos das leis reguladoras do processo tributário administrativo;
4. A concessão de medida liminar em mandado de segurança.
5. A concessão de medida liminar ou de tutela antecipada, em outras espécies de ação judicial, e;
6. O parcelamento.

Por fim, em sentido contrário, compreendo que o "débito não garantido" diz respeito ao débito que não encontra amparo em nenhuma das hipóteses de suspensão do crédito tributário.

Capítulo

6

AS OBRIGAÇÕES ACESSÓRIAS, A RESPONSABILIDADE SOLIDÁRIA E OS CRIMES CONTRA A PREVIDÊNCIA SOCIAL

1. A OBRIGAÇÃO PRINCIPAL E A ACESSÓRIA

No Direito Tributário temos **dois tipos** de obrigações impostas ao contribuinte, a obrigação **principal** e a obrigação **acessória**.

A **obrigação principal** consiste em **pagar** um valor devido (**tributo** ou **multa**) ao Estado.

Por seu turno, a **obrigação acessória** consiste no dever de o sujeito passivo **fazer (obrigação acessória positiva)** ou de **não fazer (obrigação acessória negativa)** algo perante o Fisco.

Ao consultar o Código Tributário Nacional (Lei n.º 5.172/1966), tem-se:

> Art. 113. A obrigação tributária é **principal** ou **acessória**.
>
> § 1.º A obrigação **principal** surge com a ocorrência do fato gerador, tem por objeto o **pagamento de tributo ou penalidade pecuniária (multa)** e extingue-se juntamente com o crédito dela decorrente.
>
> § 2.º A obrigação **acessória** decorre da legislação tributária e tem por objeto as prestações, **positivas (fazer)** ou **negativas (não fazer)**, nela previstas no interesse da arrecadação ou da fiscalização dos tributos.
>
> § 3.º A obrigação acessória, pelo simples fato da sua inobservância, **converte-se em obrigação principal** relativamente à penalidade pecuniária (multa).

No Direito Tributário, e no Direito Previdenciário, a **obrigação principal surge da lei**, em sentido estrito. Lei ou ato normativo com força de lei.

Por seu turno, conforme dispõe o Art. 113 supra, a **obrigação acessória nasce da legislação**, ou seja, surge de qualquer **ato infralegal** (decreto, portaria, instrução normativa, etc.).

Por essa razão, é comum a Secretaria da Receita Federal do Brasil (RFB) impor ao contribuinte, por meio de instrução normativa, a obrigação acessória de preencher e transmitir determinada declaração de tributos uma vez por ano, por exemplo.

O parágrafo supra uma situação de **obrigação acessória positiva**, pois obriga o contribuinte fazer algo perante o Fisco.

Já a **obrigação acessória negativa** dispensa o contribuinte de algumas obrigações. Podemos aqui citar o Simples Nacional, regime tributário simplificado e benéfico as empresas de pequeno porte.

O Simples Nacional dispensa a empresa enquadrada da apresentação de diversos demonstrativos contábeis e fiscais. Essa é uma obrigação acessória negativa.

Outro ponto importante exposto no § 3.º do Art. 113 do CTN é que a não observância do cumprimento das obrigações acessórias as convertem em obrigação principal.

Em suma, sujeito passivo que não cumprir suas obrigações acessórias **será multado** (a multa é uma obrigação principal).

Ainda no CTN/1966, tem-se:

> Art. 115. **Fato gerador** da obrigação acessória é qualquer situação que, na forma da legislação aplicável, impõe a **prática** ou a **abstenção** de ato que **não configure obrigação principal**.

É o próprio conceito de obrigação acessória positiva (impor prática) e negativa (impor abstenção) apresentado anteriormente. =)

> Art. 122. Sujeito passivo da obrigação acessória é a pessoa obrigada às prestações que constituam o seu objeto.

Em suma, o sujeito passivo da obrigação acessória, em regra, é o mesmo da obrigação principal.

Geralmente, o contribuinte faz sua declaração e transmite (obrigação acessória) e realiza o pagamento do tributos devidos dentro do prazo normativo (obrigação principal). Se atrasar, pagará multa (outra obrigação principal). Essa é a sistemática tributária brasileira.

> Art. 175. Excluem o crédito tributário:
>
> I – A isenção (de tributos), e;
>
> II – A anistia (de multas).
>
> Parágrafo único. A exclusão do crédito tributário **não dispensa o cumprimento das obrigações acessórias** dependentes da obrigação principal cujo crédito seja excluído, ou dela consequente.

A exclusão do crédito tributário, tributo ou multa, ocorre por meio de lei específica. A **isenção** e a **anistia**, compreende este autor, são **situações excepcionais** de encerrar uma dívida tributária do contribuinte junto ao Estado.

Excluída a dívida do contribuinte, a **obrigação principal**, junto ao Estado, o **cumprimento das obrigações acessórias permanecem**.

Em suma, imagine que determinado setor industrial foi agraciado por uma lei que isenta essas empresas das contribuições sociais sobre a folha de salários.

Com isso, fica afastado o pagamento das cotas patronais sobre folha (a obrigação principal foi afastada).

Entretanto, as obrigações de a confecção da folha de pagamentos e o preenchimento e transmissão de declarações fiscais permanecem (as obrigações acessórias permanecem).

Caso a empresa não cumpra suas obrigações acessórias, será multada. Lembre-se, a não observância da obrigação acessória a converte em obrigação principal (multa). =)

2. AS OBRIGAÇÕES ACESSÓRIAS NO DIREITO PREVIDENCIÁRIO

Conforme exposto anteriormente, as **obrigações acessórias** nascem da **legislação** e não da lei em sentido estrito. Com isso, as mesmas não estão previstas na Lei n.º 8.212/1991.

As obrigações acessórias em matéria previdenciária encontram seu fundamento no Decreto n.º 3.048/1999 e na Instrução Normativa (IN) RFB n.º 2.110/2022.

Com isso, neste curso, adotaremos a IN RFB n.º 2.110/2022 (Art. 25 ao Art. 27) como **texto base normativo** com a inserção do Art. 228 do Decreto n.º 3.048/1999, o nosso Regulamento da Previdência Social.

Adentrando à IN de normas gerais de tributação previdenciária, tem-se:

> Art. 25. As informações relativas a **dados cadastrais e a fatos geradores de contribuições sociais previdenciárias**, além de outras informações de interesse da RFB, serão **fornecidas** pelos sujeitos passivos por meio de:

> I – Declaração de Débitos e Créditos Tributários Federais Previdenciários e de Outras Entidades e Fundos (**DCTFWeb**);
>
> II – Sistema de Escrituração Digital das Obrigações Fiscais, Previdenciárias e Trabalhistas (**eSocial**), e;
>
> III – Escrituração Fiscal Digital de Retenções e Outras Informações Fiscais (**EFD-Reinf**).

Atualmente, todas as informações a serem prestadas à RFB pelo contribuinte ocorrerão **sempre de maneira eletrônica**.

A **DCTFWeb** é uma declaração onde o contribuinte deve detalhar, tributo por tributo, os valores devidos ao Fisco Federal em determinado período de apuração.

Para constar, a **DCTFWeb** substituiu a anacrônica e pouco eficiente Guia de Recolhimento do Fundo de Garantia do Tempo de Serviço e Informações à Previdência Social (**GFIP**).

O **eSocial** é um sistema eletrônico onde são prestadas informações de interesse à RFB. O escopo é unificar e simplificar o envio de informações tributárias, previdenciárias e trabalhistas das empresas.

O **EFD-Reinf**, por sua vez, deve ser utilizado em complemento ao eSocial para informar rendimentos pagos e **retenções de** imposto de renda e **contribuições sociais**.

Todo o exposto acima está condizente com os dizeres da famigerada IN:

> Art. 25.
>
> § 2.º O **eSocial** é o instrumento de unificação da prestação das informações referentes à escrituração das obrigações fiscais, previdenciárias e trabalhistas e tem por finalidade padronizar sua transmissão, validação, armazenamento e distribuição e, juntamente com a **EFD-Reinf** e a **DCTFWeb**.
>
> § 3.º A **EFD-Reinf** é um dos módulos do Sistema Público de Escrituração Digital (SPED) a ser utilizado pelos sujeitos passivos em complemento às informações prestadas pelo eSocial, necessárias para a apuração de todas as contribuições sociais previdenciárias e as devidas a terceiros.
>
> § 4.º O responsável por prestar as informações deve **manter à disposição da RFB**, pelo **prazo decadencial** previsto na legislação tributária (**5 anos**), toda a documentação que ampare as informações enviadas nos termos do caput.

Dando continuidade, tem-se o seguinte:

> Art. 26. O **crédito tributário relativo às contribuições sociais previdenciárias** administradas pela RFB e às devidas a terceiros **será objeto de confissão de dívida** pelos sujeitos passivos que utilizam o eSocial e a EFD-Reinf, **por meio da DCTFWeb**.

Com isso, atualmente, **a confissão de dívida de contribuições sociais ocorre por meio da DCTFWeb**. Uma vez preenchida e transmitida, o débito se encontra confessado e constituído, sendo passível de fiscalização e cobrança pela RFB.

Continuando:

> Art. 26.
>
> § 2.º A **DCTFWeb** como **instrumento de confissão de dívida** e de **constituição do crédito tributário** conterá informações relativas às contribuições sociais:
>
> I – Previstas nas alíneas "a" (**cota patronal sobre folha de salários**) e "c" (**contribuição descontada dos trabalhadores**) do parágrafo único do Art. 11 da Lei n.º 8.212/1991;
>
> II – Instituídas a título de **substituição** às incidentes sobre a folha de pagamento, inclusive as referentes à Contribuição Previdenciária sobre a Receita Bruta (**CPRB**), e;
>
> III – Devidas, por lei, a terceiros (**Sistema "S"**, por exemplo).

A DCTFWeb, como instrumento de confissão de dívida e de constituição do crédito tributário, deverá conter informações relativas as seguintes contribuições sociais previstas em nossa legislação:

- Cota patronal sobre folha de salários (20%, em regra);
- Desconto do segurado (7,5% a 14% retidos dos empregados, domésticos e avulsos);
- CPRB, em substituição a cota patronal sobre folha de salários, e;
- Contribuições de terceiros (Sistema "S").

Sobre o tema ainda, tem-se que a **DCTFWeb** se tornou o documento onde são prestadas informações de interesse da RFB, do INSS e do Conselho Curador do FGTS. Inclusive, o recolhimento do FGTS.

A RFB, nos últimos anos, tem envidado esforços em unificar todas as suas guias de arrecadação no Documento de Arrecadação de Receitas Federais (**DARF**). A exceção ao DARF tem sido o Documento de Arrecadação do eSocial (**DAE**).

Com isso, essa é a nossa realidade atual em relações as declarações e documentos de arrecadação na órbita federal:

<table>
<tr><td rowspan="4">DCTFWeb</td><td>Informações à RFB</td></tr>
<tr><td>Informações ao INSS</td></tr>
<tr><td>Informações ao CC FGTS</td></tr>
<tr><td>Recolhimento do FGTS</td></tr>
</table>

DARF	Recolhimento à RFB
DAE	Recolhimento à RFB

(Autoria: Ali Mohamad Jaha)

Por sua vez, o Art. 27 da IN RFB n.º 2.110/2022 traz uma série de obrigações acessórias a serem cumpridas pela **empresa** ou **equiparado**. Essas são as referidas **obrigações acessórias previdenciárias**:

OAP01. Inscrever no Regime Geral de Previdência Social (RGPS) os segurados **empregados** e os **trabalhadores avulsos** a seu serviço.

A inscrição do segurado **empregado** é efetuada diretamente na empresa, mediante preenchimento dos documentos que o habilitem ao exercício da atividade, formalizado pelo contrato de trabalho.

Por seu turno, a inscrição dos **trabalhadores avulsos** é efetuada diretamente:

- No Órgão Gestor de Mão de Obra (OGMO), no caso dos portuários, ou;
- No sindicato de classe, nos demais casos, mediante cadastramento e registro do trabalhador.

OAP02. Inscrever, quando pessoa jurídica, como **contribuintes individuais** no RGPS, as pessoas físicas contratadas sem vínculo empregatício e os **sócios cooperados**, no caso de cooperativas de trabalho e de produção, se ainda não inscritos.

As empresas devem inscrever junto ao RGPS, gerido pelo INSS, os seus autônomos. No caso, os contribuinte individuais sem vínculo empregatício com a empresa.

As cooperativas de trabalho e de produção também tem essa mesma obrigação acessória em relação aos seus sócios cooperados.

OAP03. Elaborar **folha de pagamento mensal** da remuneração paga, devida ou creditada a todos os segurados a seu serviço, de forma coletiva por **estabelecimento**, por **obra de construção civil** e por **tomador de serviços**, com a correspondente **totalização** e **resumo geral**, nela constando:

a) Discriminados, o nome de cada segurado e respectivo cargo, função ou serviço prestado;

b) Agrupados, por categoria, os segurados empregado, trabalhador avulso e contribuinte individual;

c) Identificados, os nomes das seguradas em gozo de salário maternidade;

d) Destacadas, as parcelas integrantes e as não integrantes da remuneração e os descontos legais, e;

e) Indicado, o número de cotas de salário família atribuídas a cada segurado empregado ou trabalhador avulso.

Sem dúvida, a mais clássica de todas as obrigações acessórias previdenciárias: a **folha de salários** ou **folha de pagamento mensal**.

Cabe a empresa elaborar a folha de salários da remuneração paga, devida ou creditada a todos os segurados de forma coletiva.

A folha deve conter a totalização de valores e resumo geral, por:

- Estabelecimento;
- Obra de construção civil, ou;
- Tomador de serviços.

Não obstante, a folha de pagamento mensal deve cumprir os seguintes **requisitos** constantes da IN da RFB:

a) Discriminar o **nome** de cada segurado e o respectivo **cargo**, função ou serviço prestado.

b) Agrupar, por **categoria** os segurados:

b.1) Empregado;

b.2) Trabalhador avulso, e;

b.3) Contribuinte individual.

c) Identificar os nomes das segurados em **gozo de salário maternidade**.

d) Destacar as **parcelas integrantes (tributadas)** e as **parcelas não integrantes (isentas)** do salário de contribuição. Destacar também os descontos legais (imposto de renda, por exemplo).

e) Indicar o **número de cotas de salário família** atribuídas a cada segurado empregado ou trabalhador avulso.

Conforme determina a legislação previdenciária, o salário maternidade é o único benefício que incide contribuição social, por isso é importante que o mesmo venha destacado na folha.

As parcelas integrantes e não integrantes do SC, bem como os demais descontos legais também merecem destaque em função da tributação.

O salário família ao lado do salário maternidade são os únicos benefícios reembolsáveis para a empresa, por essa razão são indicados na folha.

Dando continuidade, a empresa deve manter, em cada **estabelecimento** e **obra de construção civil** executada sob sua responsabilidade, **uma cópia da respectiva folha de pagamento.**

Sobre o tema, tem-se que a responsabilidade pela preparação das folhas de pagamento dos:

- trabalhadores avulsos portuários é do OGMO, e;
- trabalhadores avulsos não portuários é do sindicato.

OAP04. **Lançar mensalmente** em títulos próprios de sua contabilidade, de forma discriminada, os **fatos geradores de todas as contribuições sociais** a cargo da empresa, as contribuições sociais previdenciárias descontadas dos segurados, as decorrentes de sub-rogação, as retenções e os totais recolhidos.

Cabe a empresa realizar os **lançamentos contábeis**, de forma discriminada (detalhada) dos **fatos geradores** das contribuições sociais:

- A cargo da empresa (cota patronal sobre folha de salários);
- Das contribuições sociais descontadas dos segurados (desconto do segurado);
- Decorrentes de sub-rogação;
- Das retenções previdenciárias.

Não obstante, a empresa deve calcular e apresentar os totais recolhidos.

Os lançamentos, escriturados nos **Livros Diário e Razão**, são exigíveis pela fiscalização depois de **90 dias** contados da ocorrência dos **fatos geradores** das contribuições sociais previdenciárias, devendo:

1. Atender ao princípio contábil do **regime de competência**, e;
2. Registrar, em contas individualizadas, todos os fatos geradores de contribuições sociais, de forma a identificar, clara e precisamente, as rubricas integrantes e as não integrantes do salário de contribuição, bem como as contribuições sociais previdenciárias descontadas dos segurados, as contribuições sociais a cargo da empresa, os valores retidos de empresas prestadoras de serviços e os valores pagos a cooperativas de trabalho.

A tributação federal trabalha com regime de competência e não com regime de caixa. Muita atenção a esse detalhe.

No regime de competência, por exemplo, a empresa declara o valor de receita bruta a ser tributado independentemente de ter recebido dos seus clientes.

Já no regime de caixa, a empresa declara somente os valores efetivamente recebidos naquele mês (período de apuração).

As exigências contidas na IN RFB n.º 2.110/2022 **não desobrigam** a empresa do cumprimento das demais normas legais e regulamentares referentes à escrituração contábil.

Devo ressaltar que estão **desobrigados da apresentação de escrituração contábil**, inclusive quanto à obrigatoriedade de o incorporador manter escrituração contábil segregada para cada incorporação submetida ao regime especial tributário do patrimônio de afetação:

a) As seguintes pessoas físicas equiparadas a empresa:

a.1) O contribuinte individual, em relação ao segurado que lhe presta serviços. → **Deve ter inscrição no Cadastro de Atividade Econômica da Pessoa Física (CAEPF).**

a.2.) O proprietário do imóvel, o incorporador ou o dono de obra de construção civil, quando pessoa física, em relação a segurado que lhe presta serviços. → **Deve ter inscrição no Cadastro Nacional de Obras (CNO).**

b) O pequeno comerciante.

c) a pessoa jurídica tributada com base no **lucro presumido**, de acordo com a legislação tributária federal, e a pessoa jurídica optante pelo Regime Especial Unificado de Arrecadação de Tributos e Contribuições devidos pelas Microempresas e Empresas de Pequeno Porte (**Simples Nacional**), **desde que escriturem Livro Caixa e Livro de Registro de Inventário**.

Assim, esses são os desobrigados a apresentar escrituração contábil para a RFB:

- Contribuinte individual (CAEPF) que contrata prestador de serviço;
- Dono de obra (CNO) que contrata prestador de serviço;
- Pequeno comerciante;
- Empresa tributada pelo lucro presumido, e;
- Empresa optante pelo Simples Nacional.

Conforme disposição legal, a empresa prestadora de serviços está obrigada a **destacar** nas notas fiscais, nas faturas ou nos recibos de prestação de serviços emitidos, o valor da **retenção para a Previdência Social**.

OAP05. Fornecer, ao **contribuinte individual que lhes presta serviços**, **comprovante do pagamento de remuneração**, consignando a identificação completa da empresa, inclusive com o seu número de inscrição no CNPJ ou CAEPF, o número de inscrição do segurado no RGPS, o valor da remuneração paga, o desconto da contribuição efetuado e o compromisso de que a remuneração paga será informada e a contribuição correspondente será recolhida.

A empresa ou equiparado deve fornecer **comprovante de pagamento** de remuneração ao **contribuinte individual que lhe presta serviços.**

Nesse comprovante, deve constar:

- A identificação completa da empresa, com CNPJ ou CAEPF;
- O número de inscrição do segurado no RGPS;
- O valor da remuneração paga;
- O desconto da contribuição efetuado;
- O compromisso que a remuneração será paga, e;
- O compromisso que a contribuição correspondente será recolhida.

É um comprovante, mas, convenhamos, é quase um contrato. =)

OAP06. **Prestar à RFB todas as informações** cadastrais, financeiras e contábeis de interesse desta, na forma por esta estabelecida, bem como os esclarecimentos necessários à **fiscalização.**

A empresa tem o dever de prestar todas as informações **cadastrais, financeiras** e **contábeis** de interesse da RFB.

Inclusive, quando intimada em ação fiscal, cabe a empresa prestar todas essas informações na maneira estabelecida pela própria RFB (atualmente, de forma 100% digital).

Sobre o tema fiscalização, considero importante apresentar uma súmula do Conselho Administrativo de Recursos Fiscais (CARF):

> Súmula CARF n.º 08/2006: O Auditor Fiscal da Receita Federal do Brasil (AFRFB) é **competente** para proceder ao exame da escrita fiscal da pessoa jurídica, não lhe sendo exigida a habilitação profissional de contador.

Do exposto, o AFRFB é autoridade competente para realizar as fiscalizações tributárias e previdenciárias em nosso país, não se exigindo do Auditor-Fiscal a formação específica em Ciências Contábeis.

OAP07. Exibir à fiscalização da RFB, quando **intimados**, todos os documentos e livros relacionados às contribuições sociais previdenciárias, com observância das formalidades legais intrínsecas e extrínsecas.

Uma vez intimada pela RFB, a empresa tem o dever de exibir todos os documentos e livros (fiscais e contábeis) relacionadas às contribuições sociais.

Tais documentos legais devem seguir todas as formalidades legais intrínsecas e extrínsecas.

As intrínsecas estão ligadas ao lançamento, como apresentar informações claras e não rasuradas.

As extrínsecas estão ligadas a forma, como determinados livros serem autenticados digitalmente pela Junta Comercial do estado.

Estão também obrigados ao cumprimento desta obrigação acessória previdenciária, relativamente aos documentos sob sua guarda ou de sua responsabilidade:

- O segurado do RGPS;
- O serventuário da Justiça;
- O titular de serventia extrajudicial;
- O síndico de massa falida ou seu representante;
- O administrador judicial definido pela Lei n.º 11.101/2005, e;
- O comissário e o liquidante de empresa em liquidação judicial ou extrajudicial.

OAP08. **Informar mensalmente à RFB**, por estabelecimento da empresa, com informações distintas por tomador de serviço e por obra de construção civil, os **dados cadastrais**, os **fatos geradores**, a **base de cálculo** e os **valores devidos das contribuições sociais previdenciárias** e **outras informações** de interesse da RFB, do INSS ou do Conselho Curador do FGTS.

A priori, deve-se observar que as informações prestadas são **segregadas** por estabelecimento da empresa. A matriz é um estabelecimento e cada filial também é um estabelecimento distinto.

Quanto a prestação de informações, essas devem ser **separadas**:

- Por tomador de serviços, ou;
- Por obra de construção civil.

Por seu turno, conforme exposto, essas são as **informações** as serem prestadas mensalmente ao Fisco Federal:

- Os dados cadastrais da empresa.
- Os fatos geradores das contribuições sociais;
- A base de cálculo das contribuições sociais;

- Os valores devidos de contribuições sociais, e;
- Outras informações de interessa da RFB, do INSS ou do Conselho Curador do FGTS.

OAP09. Inscrever-se no Cadastro de Atividade Econômica da Pessoa Física (**CAEPF**) no **prazo de 30 dias contado da data do início de suas atividades**, quando não sujeitos à inscrição no CNPJ.

Essa obrigação acessória diz respeito a pessoa física equiparada a empresa.

É o contribuinte individual que contrata segurado para prestar serviço. O caso mais emblemático que conheço é do dentista autônomo que contrata uma secretária.

Nesse caso, o dentista deve proceder com sua inscrição no CAEPF em 30 dias, uma vez que não está sujeito à inscrição no CNPJ.

OAP10. inscrever no Cadastro Nacional de Obras (**CNO**) a obra de construção civil executada sob sua responsabilidade, no **prazo de 30 dias contado do início da execução**.

Essa obrigação acessória diz respeito:

- Ao proprietário do imóvel;
- Ao incorporador imobiliário, ou;
- Ao dono de obra de construção civil, quando pessoa física.

Uma vez iniciada a obra, os responsáveis têm 30 dias para proceder com sua inscrição no CNO.

OAP11. Comunicar ao INSS acidente de trabalho ocorrido com segurado empregado e trabalhador avulso, até o 1.º dia útil seguinte ao da ocorrência e, em caso de morte, de imediato.

É uma obrigação mais trabalhista do que previdenciária/tributária, mas está prevista em nossa legislação.

Uma vez ocorrido o acidente de trabalho, cabe ao empregador, em relação aos seus empregados e trabalhadores avulsos, comunicar ao INSS o referido acidente:

- Até o 1.º dia útil ao da ocorrência (em regra), ou;
- De imediato, em caso de morte do segurado.

OAP12. Elaborar e manter atualizado Laudo Técnico de Condições Ambientais do Trabalho (**LTCAT**) com referência aos **agentes nocivos** existentes no ambiente de trabalho de seus trabalhadores.

Este laudo, o **LTCAT**, é uma obrigação acessória ligada a avaliação e indicação do agentes nocivos existentes no ambiente de trabalho. Tal documento é utilizado na definição da alíquota de GILRAT (1%, 2% ou 3%).

O LTCAT, declaração pericial emitida para evidenciação técnica das condições ambientais do trabalho, **podendo ser substituído** pelo Programa de Gerenciamento de Riscos (**PGR**).

Sobre o tema, tem-se que o Gerenciamento de Riscos Ocupacionais (GRO) é o conjunto de ações coordenadas de prevenção que têm por objetivo garantir aos trabalhadores condições e ambientes de trabalho seguros e saudáveis.

O GRO deve constituir um Programa de Gerenciamento de Riscos (PGR).

Assim, **o PGR é a materialização do processo de GRO**, por meio de documentos físicos ou por sistema eletrônico, visando à melhoria contínua das condições da exposição dos trabalhadores por meio de ações multidisciplinares e sistematizadas.

O PGR deve ser composto, no mínimo, por 2 documentos:

a) Inventário de Riscos Ocupacionais, que compreende as etapas de Identificação de Perigos e Avaliação de Riscos, de modo a estabelecer a necessidade de medidas de prevenção, e;

b) Plano de Ação, onde se estabelecem as medidas de prevenção a serem introduzidas, aprimoradas ou mantidas, de modo a eliminar, reduzir ou controlar os riscos ocupacionais.

OAP13. Elaborar e manter atualizado Perfil Profissiográfico Previdenciário (**PPP**) abrangendo as atividades desenvolvidas por trabalhador exposto a agente nocivo existente no ambiente de trabalho e fornecer ao trabalhador, no momento da rescisão do contrato de trabalho, cópia autêntica desse documento.

O **PPP**, assim como o LTCAT, é outro documento ligado à Segurança e Saúde no Trabalho (SST) e constitui obrigação acessória prevista em legislação previdenciária.

Cabe a empresa elaborar e manter o PPP atualizado, sendo que tal instrumento deve abranger as atividades desenvolvidas por trabalhador exposto a agente nocivo existente no ambiente de trabalho da pessoa jurídica.

Quando da rescisão do contrato de trabalho, a empresa está obrigada a fornecer uma cópia autêntica do seu PPP ao trabalhador dispensado.

OAP14. Elaborar e manter atualizadas o Programa de Controle Médico de Saúde Ocupacional (**PCMSO**), quando exigíveis em razão da atividade da empresa.

Ao lado do LTCAT e do PPP, o **PCMSO** fecha a trinca de instrumentos ligados À proteção da saúde do trabalhador, constituindo obrigação acessória prevista na legislação de regência.

O PCMSO deverá ser elaborado e implementado a parti do Programa de Gerenciamento de Riscos (PGR).

O PCMSO terá como objetivo a prevenção, o rastreamento e o diagnóstico precoce dos agravos à saúde relacionados ao trabalho, inclusive daqueles de natureza subclínica, além de constatar a existência de casos de doenças profissionais ou de danos irreversíveis à saúde dos trabalhadores.

Apresentadas todas as obrigações acessórias previdenciárias, vamos encerrar o nosso "tour" pela IN da RFB apresentando os seguintes dispositivos:

> Art. 25.
>
> § 14. O sujeito passivo deve manter à disposição da RFB, pelo prazo decadencial previsto na legislação tributária (**5 anos**), os **documentos comprobatórios do cumprimento das obrigações acessórias**, observadas as normas estabelecidas pelos órgãos competentes.
>
> § 18. A falta de envio das informações de interesse da RFB pelos meios a que se refere o Art. 25, na forma, no prazo e nas condições estabelecidos pela RFB, **impede a expedição da certidão de prova de regularidade fiscal perante a Fazenda Nacional**.

Pelo prazo de 5 anos, a empresa deve manter à disposição da RFB todos os documentos comprobatórios do cumprimento das obrigações acessórias.

Outro ponto importantíssimo, **o não cumprimento das obrigações acessórias é condição impeditiva de emissão de certidão de regularidade fiscal**, seja ela negativa (**CND**) ou positiva com efeito de negativa (**CPEN**).

Ao adentrar no Decreto n.º 3.048/1999 (Regulamento da Previdência Social), tem-se:

> Art. 228. O **titular** do cartório de registro civil de pessoas naturais **remeterá ao INSS, no prazo de um dia útil**, pelo Sistema Nacional de Informações de Registro Civil (**SIRC**), a **relação:**
>
> - Dos nascimentos;
> - Dos natimortos;
> - Dos casamentos;
> - Dos óbitos;
> - Das averbações;
> - Das anotações, e;
> - Das retificações

O titular do serviço de registro civil deverá enviar ao INSS, até o 1.º dia útil do mês seguinte, por meio do SIRC, a relação de todas as situações que ocorreram em sua jurisdição (nascimentos, casamentos, óbitos, etc.).

Essa é uma obrigação acessória específica aos titulares de serviço de registro civil.

O fornecimento dos registros deve ser **completo**, incluindo nome completo, CPF, sexo, PIS/PASEP, número de inscrição do segurado junto ao INSS, etc.

Na hipótese de **não haver sido registrado** nascimento, natimorto, casamento, óbito ou averbação, anotação e retificação no mês, o titular do cartório de registro civil de pessoas naturais comunicará este fato ao INSS até o 5.º dia útil do mês subsequente, na forma estabelecida pelo INSS.

O descumprimento dessa obrigação e o fornecimento de informação inexata sujeitarão o titular do cartório de registro civil de pessoas naturais, além de outras penalidades, à **penalidade de multa** e a **ação regressiva**.

Para encerrar essa parte do nosso curso, vamos apresentar o disposto na Lei n.º 8.212/1991, a saber:

> Art. 32-B. Os **órgãos da administração direta**, as **autarquias**, as **fundações** e as **empresas públicas** da União, dos **Estados**, do **Distrito Federal** e dos **Municípios**, cujas Normas Gerais de Direito Financeiro para elaboração e controle dos orçamentos estão definidas pela Lei n.º 4.320/1964 e pela Lei Complementar n.º 101/2000, **ficam obrigados**, na forma estabelecida pela Secretaria da Receita Federal do Brasil, a **apresentar**:
>
> I – A contabilidade entregue ao Tribunal de Controle Externo, e;
>
> II – A folha de pagamento.
>
> Parágrafo único. As informações de que trata o caput deverão ser apresentadas até o dia **30 de abril** do ano seguinte ao encerramento do exercício.

Do exposto, tem-se que **a administração pública deve apresentar à RFB, até 30/04 de cada ano**:

- A contabilidade entregue ao Tribunal de Controle Externo (TCU, TCE ou TCM), e;
- A folha de pagamento.

E quem seria a administração pública? Seriam:

- A administração **direta** (órgãos) da União, dos Estados, do DF e dos municípios e;
- A administração **indireta** (autarquias, fundações e empresas públicas) da União, dos Estados do DF e dos municípios.

Observe que as sociedades de economia mista, apesar de fazerem parte da administração indireta, não necessitam cumprir essa obrigação acessória.

3. A SOLIDARIEDADE NO DIREITO TRIBUTÁRIO

Em princípio, deve-se ter em mente que o Direito Tributário não apresenta um conceito de solidariedade tributária.

Deve-se, assim, buscar fundamento no Direito Civil, especificamente no Código Civil (Lei n.º 10.406/2002), que assim dispõe:

> Art. 264. Há solidariedade, quando na mesma obrigação concorre mais de um credor, ou **mais de um devedor**, cada um com direito, **ou obrigado, à dívida toda.**

O Art. 264 trata, de maneira genérica de duas solidariedades:

- A ativa (quando se tem dois ou mais credores), e;

- A passiva (quando se tem dois ou mais devedores).

No Direito Tributário, o credor sempre é o Estado e os devedores sempre são os cidadãos, revestidos na condição de contribuinte. Logo, nos interessa somente a **solidariedade passiva**.

Ainda no Código Civil de 2002, tem-se:

> Art. 275. O credor tem direito a exigir e receber de um ou de alguns dos devedores, parcial ou totalmente, a dívida comum; se o pagamento tiver sido parcial, todos os demais devedores continuam obrigados solidariamente pelo resto.

O Art. 275 traz o conceito de solidariedade passiva no Direito Civil.

O Direito Tributário toma emprestado o conceito de solidariedade passiva da esfera civil e realiza algumas adaptações, como veremos.

Então, **compreendo que a solidariedade tributária – sempre passiva – ocorre quando dois ou mais sujeitos passivos (contribuintes devedores) são obrigados a quitar a mesma dívida tributária com o Estado (credor)**.

Logo, esses contribuintes **são solidários entre si**.

Ao adentrar no Código Tributário Nacional – CTN (Lei n.º 5.172/1966), tem-se:

> Art. 124. São **solidariamente** obrigadas:
>
> I – As pessoas que tenham **interesse comum** na situação que constitua o fato gerador da obrigação principal (**solidariedade de fato**), e;

> II – As pessoas expressamente **designadas por lei** (**solidariedade de direito**).
>
> Parágrafo único. A solidariedade referida neste artigo **não comporta benefício de ordem**.

A priori, observa-se que existem dois tipos de solidariedades tributárias:

1. Solidariedade tributária de fato.

Quando dois ou mais contribuintes tem interesse comum na situação que constitui fato gerador do tributo ou da multa.

O caso mais comum seria o de 3 irmãos sócios-proprietários de um prédio comercial. A propriedade do referido prédio é fato gerador do Imposto Predial (IPTU).

2. Solidariedade tributária de direito.

Aqui não existe interesse comum numa determinada situação fática, mas, a lei determina que algumas pessoas (contribuintes) devem arcar com o pagamento de determinado tributo junto ao Estado.

Seria o caso do pai em relação aos tributos devidos pelo filho menor, por exemplo (CTN/1966, Art. 134, inciso I).

Dando continuidade, o Art. 124 autoriza o Estado a cobrar o **valor integral** do crédito tributário (tributo ou multa) de qualquer um dos contribuintes solidários, ou de todos.

Isso ocorre porque a **solidariedade tributária não comporta benefício de ordem**.

O Estado **não** tem que seguir uma determinada ordem de cobrança (primeiro "A", depois "B", etc.) e **nem** uma determinada divisão de ônus tributário (cobrar 75% de "A" e 25% de "B").

Pode cobrar 100% do crédito tributário de qualquer um dos contribuintes solidários ou de **todos os contribuintes ao mesmo tempo**!

Esse é um ponto **distintivo** entre a solidariedade do Direito Civil e a solidariedade do Direito Tributário. Na esfera civil, a solidariedade pode ocorrer de forma subsidiária (cobrança de forma sequencial), o que não ocorre no Direito Tributário.

Retornando ao CTN/1966, tem-se:

> Art. 125. Salvo disposição de lei em contrário, são os seguintes **os efeitos da solidariedade**:
>
> I – O **pagamento** efetuado por um dos obrigados **aproveita aos demais**;

> II – A **isenção** ou **remissão** de crédito **exonera todos os obrigados, salvo** se outorgada pessoalmente a um deles, subsistindo, nesse caso, a solidariedade quanto aos demais pelo saldo, e;
>
> III – A **interrupção da prescrição**, em favor ou contra um dos obrigados, **favorece ou prejudica aos demais.**

Sem dúvida, os **efeitos da solidariedade tributária** se tornam mais claros com alguns exemplos práticos. =)

Exemplo 01:

A empresa "Construa Hoje, Chore Amanhã" está com um débito total em cobrança na RFB no valor de R$ 1.000.000,00 (IRPJ e CSLL). Essa é a composição do quadro societário:

Sócio	Participação
Alisson	35%
Bernardo	30%
Carmem	25%
Débora	10%
Total	100%

No caso, a RFB pode cobrar o valor integral de qualquer um deles ou **de todos os sócios** (o que ocorre na prática), uma vez que a solidariedade não comporta benefício de ordem (não existe ordem de cobrança).

Suponha que Alisson tenha pagado R$ 500.000,00 à RFB, quitando 50% do valor devido.

Neste caso, **o pagamento efetuado por um dos obrigados aproveita aos demais (Art. 125, Inciso I)**.

Em suma, o pagamento efetuado por Alisson foi benéfico para o Bernardo, para a Carmem, para a Débora e para o próprio Alisson. Foi aproveitado por todos.

E esse novo saldo devedor de R$ 500.000,00? A RFB não poderá mais cobrar o Alisson? Errado! Eles permanecem solidários e sem benefício de ordem. A RFB irá cobrar o valor integral de todos os sócios, até o débito ser totalmente extinto.

Exemplo 02:

A **isenção** é uma forma de exclusão do crédito tributário (tributo), ao passo que **remissão** é uma forma de extinção do crédito tributário. Sem entrar em detalhes, nas duas hipóteses, o crédito tributário deixa de existir.

Usando a empresa "Construa Hoje, Chore Amanhã" como exemplo, imagine que o governo federal publique uma lei específica aplicando **isenção geral** de IRPJ e de CSLL para o ramo de construção civil.

Nesse caso, essa isenção irá reduzir a zero os débitos da empresa junto à RFB. **A isenção ou remissão de crédito exonera todos os obrigados (Art. 125, inciso II, primeira parte).**

Voltando um pouco, ao invés de termos uma isenção geral, imagine que o governo publique uma lei de **isenção específica** para mulheres com mais de 60 anos que são sócias de empresa do ramo de construção civil.

Esse é o caso da Carmem, engenheira civil de 65 anos de idade e mais de 40 anos de experiência no setor.

Neste caso, **a isenção é pessoal a um deles, subsistindo a solidariedade quanto aos demais pelo saldo (Art. 125, inciso II, segunda parte).**

Com isso, Carmem, que conta com 25% da empresa e, por consequência, 25% do débito tributário (R$ 250.000,00) está isenta.

Entretanto, os demais sócios serão cobrados pela RFB em relação ao saldo remanescente (R$ 750.000,00).

Não se esqueça, em relação a esse novo saldo devedor, eles permanecem solidários e sem benefício de ordem. A RFB irá cobrar o valor integral de todos os sócios, até o débito ser totalmente extinto.

Exemplo 03:

Ainda utilizando a empresa "Construa Hoje, Chore Amanhã" como exemplo. Em princípio, a empresa não concordou com a cobrança e impetrou recurso administrativo contra a RFB.

Entretanto, no decorrer do processo fiscal, o sócio Bernardo, engenheiro civil e advogado, reconheceu extrajudicialmente o débito junto ao Fisco Federal.

Nessa situação, o prazo prescricional - prazo de 5 anos que a RFB tem para cobrar uma dívida - **se interrompe**.

Com isso, a interrupção prejudicial da prescrição é válida para todos os sócios e não somente para o Bernardo. Aqui, tem-se que **a interrupção da prescrição, em favor ou contra um dos obrigados, favorece ou prejudica aos demais (Art. 125, inciso III).**

4. A SOLIDARIEDADE NO DIREITO PREVIDENCIÁRIO

A **solidariedade** no Direito Previdenciário tem seu fundamento, de forma muito suscinta, na Lei n.º 8.212/1991.

O Decreto n.º 3.048/1999, o nosso Regulamento da Previdência Social (o Decretão), trata o tema em seção apartada, juntamente com a retenção previdenciária.

Entretanto, o Decreto não está atualizado em diversas partes, o que torna seu estudo desaconselhável nessa parte do nosso curso.

Com isso, iremos adotar como **texto base** a IN RFB n.º 2.110/2022 (Art. 135 ao Art. 142 e Art. 145).

4.1. As Disposições Gerais

Ao se consultar a IN RFB n.º 2.110/2022, tem-se logo de cara:

> Art. 135. São solidariamente obrigadas as pessoas que tenham **interesse comum** na situação que constitua o fato gerador da obrigação principal e as **expressamente designadas por lei** como tal.
>
> § 1.º A solidariedade prevista no caput **não comporta benefício de ordem**.

A IN retoma o CTN e informa que existem dois tipos de solidariedades passivas:

- Solidariedade de fato (pessoas com interesse comum na situação), e;
- Solidariedade de direito (pessoas designadas pela lei).

O ato infralegal aproveita e retoma que a **solidariedade tributária não comporta benefício de ordem**. O Estado pode cobrar a dívida tributária de qualquer um ou de todos os contribuintes solidários.

Dando continuidade na IN:

> Art. 135. § 2.º **Excluem-se da responsabilidade solidária**:
>
> I – As contribuições previdenciárias decorrentes de serviços prestados mediante cessão de mão de obra (**CMO**) ou empreitada de mão de obra (**EMO**) sujeitos à retenção previdenciária;
>
> II – As contribuições previdenciárias decorrentes da **contratação**, qualquer que seja a forma, de serviços, inclusive de obra de construção civil, reforma ou acréscimo, por órgão público da administração direta, por autarquia e por fundação de direito público, e;
>
> III – As contribuições previdenciárias decorrentes da **contratação** por órgão público da administração direta, autarquias e fundações da União, dos estados, do Distrito Federal e dos municípios na forma da Lei n.º 14.133/2021 (**Lei de Licitações e Contratos Administrativos**).

Nas situações acima, a responsabilidade tributária pela retenção e pelo recolhimento das contribuições sociais está bem delimitada.

Assim, nesses casos **não existe responsabilidade solidária entre as partes (contratante e contratado)**:

- Serviços prestados por CMO ou por EMO;
- Serviços de construção civil contratados pela administração pública, e;
- Serviços de construção civil contratados pela administração pública por meio de processo licitatório, e;

Vale ressaltar que a administração pública **responderá solidariamente** pelos encargos previdenciários se comprovada **falha na fiscalização do cumprimento das obrigações do contratado** nas contratações regidas pela Lei n.º 14.133/2021, de que sejam objeto serviços contínuos com **regime de dedicação exclusiva de mão** de obra (Art. 135, § 3.º).

4.2. Os Responsáveis Solidários

Ao adentrar na IN, a mesma já arrola todos os responsáveis solidários em matéria previdenciária:

> Art. 136. São **responsáveis solidários** pelo cumprimento da obrigação previdenciária principal:
>
> I – As **empresas** que integram **grupo econômico** de qualquer natureza, entre si;
>
> II – O **operador portuário** e o **OGMO**, entre si, relativamente à requisição de mão de obra de trabalhador avulso;
>
> III – Os **produtores rurais**, entre si, integrantes de **consórcio simplificado** de produtores rurais;
>
> IV – Os **titulares** e os **sócios**, em qualquer tempo, e os administradores do período de ocorrência dos respectivos fatos geradores no caso de solicitação de baixa de empresário ou pessoa jurídica sem o pagamento das respectivas contribuições sociais previdenciárias;
>
> V – Os **titulares** e os **sócios**, em qualquer tempo, e os administradores do período de ocorrência dos respectivos fatos geradores, de microempresas ou empresas de pequeno porte baixadas sem o pagamento das respectivas contribuições sociais previdenciárias, e;
>
> VI – As **empresas** integrantes de **consórcio** constituído nos termos da Lei n.º 6.404/1976.

Conforme demonstrado, a regra é clara, são **responsáveis solidários** pelo cumprimento obrigações previdenciárias:

1. As empresas do mesmo grupo econômico;
2. O operador portuário e o OGMO;
3. Os produtores rurais do mesmo consórcio simplificado;
4. Os titulares e os sócios da empresa, e;
5. As empresas do mesmo consórcio.

Quanto ao operador portuário e o OGMO, a **solidariedade não se aplica** aos trabalhadores portuários avulsos **cedidos em caráter permanente**.

Em relação aos **créditos (tributos e multas)** decorrentes de **obrigações previdenciárias**, aplica-se a **responsabilidade pessoal** disposta no Art. 135 do CTN às pessoas nele mencionadas, que assim dispõe:

> Art. 135. São **pessoalmente responsáveis** pelos créditos correspondentes a obrigações tributárias resultantes de **atos praticados com excesso de poderes ou infração de lei, contrato social ou estatutos**.

As pessoas físicas, responsáveis pelas pessoas jurídicas supracitadas, são pessoalmente responsáveis pelos seus atos **praticados com excesso de poder** ou **de forma contrária à lei**.

Para encerrar o tópico, vale a pena adentrar novamente na IN RFB n.º 2.110/2022:

> Art. 137. Os **administradores** de autarquias e fundações criadas e mantidas pelo poder público, de empresas públicas e de sociedades de economia mista sujeitas ao controle da União, dos estados, do Distrito Federal ou dos municípios, que se encontrem **em mora por mais de 30 dias**, quanto ao recolhimento das contribuições sociais previdenciárias, tornam-se **solidariamente responsáveis** pelo respectivo pagamento, ficando ainda sujeitos às **proibições** e às **sanções** previstas na legislação.

Os **administradores** de entidades da administração indireta – autarquias, fundações, empresas públicas e sociedades de economia mista – que ficou em débito (não pagou) as contribuições sociais por mais de 30 dias é arrolado como **responsável solidário da entidade** perante a RFB.

Não só isso, existem **proibições** e **sanções** previstas no anacrônico Decreto--Lei n.º 368/1968, a saber:

> Art. 1.º A entidade em débito não poderá:
>
> I – Pagar honorário, gratificação, pró-labore ou qualquer outro tipo de retribuição ou retirada a seus diretores, sócios, gerentes ou titulares da firma individual;

> II – Distribuir quaisquer lucros, bonificações, dividendos ou interesses a seus sócios, titulares, acionistas, ou membros de órgãos dirigentes, fiscais ou consultivos, e;
>
> III – Ser dissolvida.
>
> (...)
>
> Art. 4.º Os diretores, sócios, gerentes, membros de órgãos fiscais ou consultivos, titulares de firma individual ou quaisquer outros dirigentes de empresa responsável por infração do disposto no Art. 1º, incisos I e II, estarão sujeitos à pena de detenção de 1 mês a 1 ano.

4.3. A Solidariedade na Construção Civil

Por se tratar de um tema **complexo**, a solidariedade tributária/previdenciária é tratada em tópico apartado.

4.3.1. A Responsabilidade Solidária na Construção Civil

Conforme determina a IN RFB n.º 2.110/2022:

> Art. 138. São **responsáveis solidários** pelo cumprimento da obrigação previdenciária principal na **construção civil**:
>
> I – O **proprietário do imóvel**, o **dono da obra**, o **incorporador**, o **condômino de unidade imobiliária**, pessoa jurídica ou física, quando contratar a execução da obra mediante **empreitada total** com **empresa construtora**, e;
>
> II – Os **adquirentes** que assumem a administração da obra, no caso de falência ou insolvência civil do incorporador, observado que cada adquirente responderá **individualmente** pelos fatos geradores porventura ocorridos resultantes da diferença do custo orçado e o custo efetivo verificado até a data da quebra.

Originalmente, sou engenheiro civil graduado pela XXIX Turma da Universidade Estadual de Maringá-PR UEM), e posso afirmar, sem nenhuma dúvida, que a construção civil consiste em um empreendimento muitíssimo peculiar.

Não conseguimos "enxergar" de forma clara as relações (trabalhistas) e as responsabilidades (tributárias) envolvidas, entre contratante e contratado, no canteiro de obras.

Só para elucidar, quando se inicia uma pequena reforma, por exemplo, tudo se inicia com o mestre de obras contratado e seus encarregados. Posteriormente, chegar um eletricista indicado pelo mestre. Depois, um assentador de azulejo que está na obra, mas não lembra quem chamou ele (?). Sim, é assim que uma obra flui "naturalmente".

O Direito Previdenciário, em rígido alinhamento com o Direito Tributário, com escopo de **evitar calotes fiscais junto à RFB**, criou uma **solidariedade extremamente ampla** entre o contratante e o contratado.

Por essa razão, se tem a seguinte situação:

<table>
<tr><td>Proprietário do imóvel</td><td rowspan="4">Solidários responsáveis com a:</td><td rowspan="4">Construtora (empreitada total)</td></tr>
<tr><td>Dono da obra</td></tr>
<tr><td>Incorporador</td></tr>
<tr><td>Condômino de unidade imobiliária</td></tr>
</table>

(Autoria: Ali Mohamad Jaha)

Dando continuidade, ao contratante responsável solidário é ressalvado o **direito regressivo** contra o contratado e admitida a **retenção** de importância devida a este último para garantia do cumprimento das obrigações previdenciárias.

Por sua vez, **exclui-se da responsabilidade solidária** o adquirente de prédio ou unidade imobiliária que realizar a operação com empresa de comercialização ou incorporador de imóveis, ficando estes solidariamente responsáveis com a empresa construtora.

É o caso da aquisição de um apartamento, por exemplo, de uma imobiliária. A responsabilidade solidária existe entre a imobiliária e a construtora, não alcançando o comprador do imóvel.

Excluem-se ainda da responsabilidade solidária, sujeitando-se à retenção previdenciária:

1. As demais formas de contratação de empreitada de obra de construção civil não enquadradas como empreitada total, e;
2. Os serviços de construção civil.

No caso de **repasse integral do contrato**, fica estabelecida a **responsabilidade solidária** entre a empresa construtora originalmente contratada e a empresa construtora para a qual foi repassada a responsabilidade pela execução integral da obra, além da solidariedade entre o proprietário, o dono da obra ou o incorporador e aquelas.

Estamos diante da **subempreitada**. O dono da obra contrata a construtora A para construir um prédio comercial. Por sua vez, a construtora A repassa integralmente o contrato para a construtora B executar o que foi contratado.

Neste caso, nasce responsabilidade solidária:

- Entre a empresa A e B, e;
- Entre o dono e as empresas A e B.

De forma esquematizada, quando a construtora A **repassa integralmente** um contrato para construtora B, tem-se o surgimento das seguintes situações de solidariedade:

Construtora A	**Solidária responsável com a:**	Construtora B

Proprietário do imóvel	**Solidários responsáveis com as:**	Construtora A e Construtora B
Dono da obra		
Incorporador		
Condômino de unidade imobiliária		

(Autoria: Ali Mohamad Jaha)

Dando continuidade, observe o disposto na IN RFB n.º 2.110/2022:

> Art. 139. No **contrato de empreitada total** de obra, a ser realizada por **empresas reunidas em consórcio**, o **contratante responde solidariamente com as empresas consorciadas** pelo cumprimento das obrigações perante a Previdência Social em relação às operações praticadas pelo consórcio, em nome deste ou da empresa líder.

Vale ressaltar que **não desfigura a responsabilidade solidária** o fato de cada uma das consorciadas executar partes distintas do projeto total e também realizar faturamento direta e isoladamente para a contratante.

As consorciadas se obrigam nas condições previstas no respectivo contrato, respondendo cada uma por suas obrigações e pelas decorrentes da contratação, pelo consórcio ou pela empresa líder, de pessoas jurídicas ou físicas.

A solidariedade na situação de consórcio de empresas abrange também as contribuições devidas a terceiros, além da multa por atraso no cumprimento das obrigações acessórias.

Novamente, ao consultar a IN da RFB:

> Art. 140. O **órgão** público da administração direta, a autarquia e a fundação de direito público da União, dos estados, do Distrito Federal ou dos municípios, na **contratação de obra de construção civil por empreitada total, não respondem solidariamente pelas contribuições sociais previdenciárias decorrentes da execução do contrato.**

A administração pública, quando contrata obra por empreitada global, tem afastada a solidariedade em relação as contribuições sociais da execução do contrato.

Ainda no texto infralegal, tem-se:

> Art. 142. A entidade beneficente de assistência social (**EBAS**) que usufrui da **imunidade** das contribuições sociais previdenciárias, na contratação de obra de construção civil, responde **solidariamente apenas pelas contribuições sociais previdenciárias a cargo dos segurados que laboram na execução da obra**.

A EBAS imune contratante **não responde solidariamente** pelas contribuições da empresa construtora contratada.

Responde solidariamente **somente** em relação as contribuições a serem retidas e recolhidas dos trabalhadores da construtora contratada.

A imunidade é extensiva à obra de construção civil somente quando executada **diretamente pela entidade e destinada a uso próprio**.

Por fim, a imunidade da EBAS **não implica** imunidade das contribuições sociais previdenciárias devidas pela empresa construtora.

4.3.2. A Elisão da Responsabilidade Solidária na Construção Civil

A **elisão** consiste na supressão, no afastamento, da responsabilidade solidária em determinadas situações previstas na legislação previdenciária de regência.

Com isso, observe o disposto na IN RFB n.º 2.110/2022:

> Art. 145. Na **contratação** de obra de construção civil mediante **empreitada total**, a **responsabilidade solidária** do proprietário do imóvel, do dono da obra, do incorporador ou do condômino da unidade imobiliária, com a empresa construtora, **será elidida (afastada)**, conforme o caso:
>
> I – Por meio de **apresentação das informações** relativas às **contribuições sociais** previdenciárias incidentes sobre a remuneração contida na **folha de pagamento dos segurados utilizados na prestação de serviços**, corroborado por escrituração contábil, se o valor declarado for inferior ao indiretamente aferido com base nas notas fiscais ou faturas;
>
> II – Por meio de **apresentação das informações** relativas às **contribuições sociais** previdenciárias incidentes sobre a **remuneração da mão de obra contida em nota fiscal ou fatura** correspondente aos serviços executados, aferidas indiretamente, caso a contratada não apresente a escrituração contábil formalizada na época da regularização da obra, ou;

> III – Por meio de **retenção de 11% do valor bruto da nota fiscal ou fatura** contra ela emitida pela contratada, inclusive o consórcio, que deverá ser comprovada.

Nas situações acima, **não existe responsabilidade solidária** entre o dono da obra e a empresa construtora contratante.

Por fim, o valor retido de 11% poderá ser **compensado** pela empresa contratada, ou ser objeto de **restituição**.

5. OS CRIMES CONTRA A PREVIDÊNCIA SOCIAL

Em regra, os crimes previdenciários estão previstos nos editais de Direito Penal. Entretanto, com objetivo de apresentar um curso completo, vou abordar o tema dentro do nosso Direito Previdenciário.

Quando o assunto é cobrado, geralmente ocorre de maneira bem conceitual, trazendo:

- O texto legal do Código Penal de 1940, ou;
- Uma situação hipotética com a possibilidade de incorrência (ou não) de crime contra a Previdência Social.

Sobre essa parte da disciplina, aconselho **compreender bem a tipificação** de cada um dos crimes e compreender a aplicação do tipo penal ao mundo real (caso concreto).

Com objetivo de tornar o tema ainda mais didático, divido esse tópico em dois subtópicos:

- Crimes Previdenciários:
  1. Apropriação Indébita Previdenciária, e;
  2. Sonegação de Contribuição Previdenciária.
- Crimes com Reflexos Previdenciários:
  1. Divulgação de Segredo;
  2. Falsificação do Selo ou Sinal Público;
  3. Falsificação de Documento Público;
  4. Inserção de Dados Falsos em Sistema de Informações;
  5. Modificação ou Alteração Não Autorizada de Sistema de Informações;
  6. Violação de Sigilo Funcional, e;
  7. Funcionário Público (conceito penal).

5.1. Crimes Previdenciários

Sem sombra de dúvidas, aqui se encontram os crimes mais cobrados em provas, que são os seguintes: **apropriação indébita previdenciária** e **sonegação de contribuição previdenciária**.

Ambos os crimes foram inseridos no Decreto-Lei n.º 2.848/1940 (Código Penal) pela Lei n.º 9.983/2000.

Ao adentrar no Código Penal de 1940, tem-se:

> Apropriação indébita previdenciária
>
> Art. 168-A. **Deixar de repassar** à previdência social as contribuições **recolhidas** dos contribuintes, no prazo e forma legal ou convencional:
>
> Pena: Reclusão, de 2 a 5 anos, e multa.

O termo "indébita" significa "indevida". Estamos diante do caso, por exemplo, da empresa que reteve as contribuições sociais devidas por seus trabalhadores e não as repassou para a RFB.

No caso a empresa se apropriou, de maneira indevida, de valores que pertencem ao Estado. Este é o **crime de apropriação indébita previdenciária**.

A prática do crime traz como penas:

- Reclusão, de 2 a 5 anos, e;
- Multa.

Existem algumas situações **em que também ocorre o crime de apropriação indébita previdenciária**. Continuando no Código Penal:

> Art. 168-A, § 1.º Nas mesmas penas incorre **quem deixar de**:
>
> I – **Recolher**, no prazo legal, contribuição ou outra importância destinada à previdência social que **tenha sido descontada** de pagamento efetuado a segurados, a terceiros ou arrecadada do público;
>
> II – **Recolher** contribuições devidas à previdência social que tenham **integrado despesas contábeis** ou custos relativos à venda de produtos ou à prestação de serviços, e;
>
> III – **Pagar benefício devido a segurado**, quando as respectivas cotas ou valores já tiverem sido **reembolsados** à empresa pela previdência social.

Do exposto, essas são situações de crime de apropriação indébita ocorrem, por exemplo, quando:

1. A empresa não recolhe a contribuição que foi descontada do trabalhador quando do pagamento deste. A empresa reteve a contri-

buição na fonte, pagou o salário líquido para o trabalhador e não repassou a retenção para a RFB;

2. A empresa não recolhe a contribuição que foi utilizada como despesa contábil. A empresa declarou a contribuição para abater o valor de determinado tributo, mas não recolheu a contribuição, e;

3. A empresa não paga um benefício para o seu trabalhador que já foi reembolsado pelo INSS. A empresa já recebeu o reembolso do salário família, mas ainda não pagou a cota para seus trabalhadores.

Dando continuidade, o direito de punir do Estado é a **punibilidade**. Em suma, é a possibilidade jurídica de o Estado **impor a sanção ao agente do crime**.

Todos os crimes, por óbvio, apresentam punibilidade. Agora, observe o disposto no Código Penal:

> Art. 168-A, § 2.º É **extinta a punibilidade** se o agente, espontaneamente, declara, confessa e **efetua o pagamento das contribuições**, importâncias ou valores e presta as informações devidas à previdência social, na forma definida em lei ou regulamento, **antes do início da ação fiscal**.

Com isso, tem-se que a punibilidade pode ser extinta, desde que o agente, de **forma espontânea** e **antes do início da ação fiscal**:

- Efetue o **pagamento** das contribuições sociais apropriadas indevidamente com as correções legais, e;
- Preste todas as **informações** de interesse da RFB.

Observe que o direito ao arrependimento só existe antes do início da ação fiscal por parte da RFB. E quando isso ocorre?

Ao consultar o Regulamento do Processo Administrativo Fiscal - PAF (Decreto n.º 7.574/2011), tem-se:

> Art. 33. O procedimento fiscal **tem início** com:
>
> I – O primeiro ato de ofício, por escrito, praticado por servidor competente, cientificado o sujeito passivo da obrigação tributária ou seu preposto;
>
> II - A apreensão de mercadorias;
>
> III - A apreensão de documentos ou de livros, ou;
>
> IV - O começo do despacho aduaneiro de mercadoria importada.

Dando continuidade, no Direito Penal temos os **agravantes** e os **atenuantes** da situação fática.

Os **agravantes** e os **atenuantes** são circunstâncias legais, de natureza objetiva ou subjetiva, não integrantes da estrutura do tipo penal (do crime em si), mas que a ele se ligam com a finalidade de, respectivamente, **aumentar** ou **diminuir** a pena.

Após essa breve introdução, voltando ao Decreto-Lei n.º 2.848/1940:

> Art. 168-A, § 3.º É **facultado** ao juiz **deixar de aplicar a pena** ou **aplicar somente a de multa** se o **agente for primário e de bons antecedentes**, desde que:
>
> I – Tenha **promovido, após o início da ação fiscal** e **antes de oferecida a denúncia**, o **pagamento** da contribuição social previdenciária, inclusive acessórios, ou;
>
> II – O **valor das contribuições devidas**, inclusive acessórios, **seja igual ou inferior** àquele estabelecido pela previdência social, administrativamente, como sendo o **mínimo para o ajuizamento de suas execuções fiscais.**

Quando o agente é **primário** (primeira vez que comete o crime) e tem **bons antecedentes** (não cometeu outros crimes anteriormente), o juiz pode:

- Deixar de aplicar a pena (de reclusão e multa), ou;
- Aplicar somente a pena de multa.

Entretanto, o juiz só pode fazer uso dessa **faculdade** quando o agente:

- Tenha promovido o pagamento das contribuições apropriadas indevidamente, após o início da ação fiscal e antes de oferecida denúncia de cometimento de crime pela RFB junto ao Ministério Público Federal (MPF), ou;
- Tenha se apropriado de valor que seja igual ou inferior ao mínimo para ajuizamento de execução fiscal (cobrar o valor devido no judiciário).

E afinal de contas, qual seria esse valor mínimo para ajuizamento de execução fiscal pela Fazenda Pública?

Ao consultar a Lei n.º 10.522/2002, tem-se:

> Art. 20. Serão **arquivados**, sem baixa na distribuição, por meio de requerimento do **Procurador da Fazenda Nacional**, os autos das execuções fiscais de débitos inscritos em dívida ativa da União pela Procuradoria Geral da Fazenda Nacional ou por ela cobrados, de valor consolidado igual ou inferior àquele estabelecido em ato do Procurador Geral da Fazenda Nacional.

A lei informa que cabe a Procuradoria Geral da Fazenda Nacional (PGFN) definir qual será esse mínimo ajuizável. Devo ressaltar que a PGFN que ajuíza as ações de execução fiscal da União.

Ao se consultar a Portaria Ministério da Fazenda (MF) n.º 75/2012, tem-se:

> Art. 2.º O Procurador da Fazenda Nacional requererá o **arquivamento**, sem baixa na distribuição, das execuções fiscais de débitos com a Fazenda Nacional, **cujo valor consolidado seja igual ou inferior a R$ 20.000,00**, desde que não conste dos autos garantia, integral ou parcial, útil à satisfação do crédito.

Agora, sabemos que em situações com valor em cobrança é inferior a R$ 20.000,00, e cumprindo os demais requisitos expostos, o juiz poderá deixar de aplicar a pena ou aplicar somente a pena de multa.

Considero importante ressaltar, que desde 2012, por meio do Agravo Regimental no Recurso Especial 1260561, o STJ tem aplicado **o Princípio da Insignificância ao Crime de Apropriação Indébita Previdenciária**, quando for constatado que o valor suprimido não ultrapassou R$ 10.000,00. Nesses casos, é afastada a tipicidade penal, ou seja, o ato praticado não é considerado crime.

Ainda no Código Penal:

> Art. 168-A, § 4.º A faculdade prevista no § 3.º deste artigo **não se aplica aos casos de parcelamento de contribuições** cujo valor, inclusive dos acessórios, seja superior àquele estabelecido, administrativamente, como sendo o mínimo para o ajuizamento de suas execuções fiscais.

Toda essa benevolência do juiz **não se aplica** quando as contribuições objeto de crime estão parceladas junto à RFB ou à PGFN.

Encerrado o crime de apropriação indébita previdenciária, vamos tratar do crime de **sonegação de contribuição previdenciária**.

Ao consultar o Código de Penal, tem-se:

> Sonegação de contribuição previdenciária
>
> Art. 337-A. **Suprimir** ou **reduzir** contribuição social previdenciária e qualquer acessório, mediante as seguintes condutas:
>
> I – **Omitir** de folha de pagamento da empresa ou de documento de informações previsto pela legislação previdenciária **segurados** empregado, empresário, trabalhador avulso ou trabalhador autônomo ou a este equiparado que lhe prestem serviços;
>
> II – **Deixar de lançar** mensalmente nos títulos próprios da contabilidade da empresa as quantias **descontadas** dos segurados ou as **devidas** pelo empregador ou pelo tomador de serviços, e;
>
> III – **Omitir**, total ou parcialmente, **receitas** ou **lucros** auferidos, remunerações pagas ou creditadas e demais fatos geradores de contribuições sociais previdenciárias.
>
> Pena: Reclusão, de 2 a 5 anos, e multa.

O crime de sonegação de contribuição previdenciária está ligado à **omissão** por parte do agente. Neste crime, o agente busca **reduzir** ou de **não pagar** as contribuições devidas por meio de atos ilícitos.

Aqui vale um paralelo com o crime de apropriação indébita:

- Apropriação: O agente **retém** as contribuições e **não repassa** para a RFB, e;
- Sonegação: O agente comete **omissões** com objetivo de reduzir ou de não pagar as contribuições junto à RFB.

Dando continuidade, o crime de sonegação ocorre por 3 (três) condutas possíveis:

1. O agente omite de folha de pagamento os segurados que prestam serviço. É o caso da empresa que mantém empregados informais, sem registro algum em folha ou documento equivalente;
2. O agente não lança na contabilidade as contribuições devidas e retidas. Seria quando a empresa não lança (informa) na escrituração contábil as contribuições devidas (cota patronal) e as retidas (descontos dos segurados), e;
3. O agente omite receita. A omissão de receita ou de lucro ocorre quando a empresa deseja, ilegalmente, diminuir a base de cálculo das contribuições sociais devidas (CSLL, PIS e COFINS).

Assim como ocorre no crime de apropriação, a prática do crime de sonegação traz como penas:

- Reclusão, de 2 a 5 anos, e;
- Multa.

Quanto a extinção da punibilidade, tem-se o seguinte:

> Art. 337-A, § 1.º É **extinta a punibilidade** se o agente, espontaneamente, declara e confessa as contribuições, importâncias ou valores e **presta as informações devidas à previdência social**, na forma definida em lei ou regulamento, **antes do início da ação fiscal**.

Do exposto, tem-se que a punibilidade pode ser extinta, desde que o agente, de **forma espontânea** e **antes do início da ação fiscal**, **preste informações** devidas à RFB. Em suma, que corrija suas omissões fiscais.

Ao retornar ao Código Penal (Decreto-Lei n.º 2.848/1940), tem-se:

> Art. 337-A, § 2.º É **facultado** ao juiz **deixar de aplicar a pena** ou **aplicar somente a de multa** se **o agente for primário e de bons antecedentes**, desde que:

> II – O **valor das contribuições devidas**, inclusive acessórios, **seja igual ou inferior** àquele estabelecido pela previdência social, administrativamente, como sendo o **mínimo para o ajuizamento de suas execuções fiscais**.

Como acontece no crime de apropriação indébita, no crime de sonegação previdenciária, quando o agente é **primário** (primeira vez que comete o crime) e tem **bons antecedentes** (não cometeu outros crimes anteriormente), o juiz pode:

- Deixar de aplicar a pena (de reclusão e multa), ou;
- Aplicar somente a pena de multa.

Entretanto, o juiz só pode fazer uso dessa **faculdade** quando o valor que seja igual ou inferior ao mínimo para ajuizamento de execução fiscal (cobrar o valor devido no judiciário).

No caso, atualmente, o valor mínimo para ajuizamento de execução fiscal pela PGFN é de R$ 20.000,00. =)

Ainda no Código Penal, temos o seguinte:

> Art. 337-A, § 3.º Se o empregador **não é pessoa jurídica** e sua folha de pagamento mensal **não ultrapassa R$ 6.873,82**, o juiz poderá **reduzir a pena de um terço (33%) até a metade (50%)** ou **aplicar apenas a de multa.**

A legislação penal traz uma **benesse** muito interessante para o empregador **pessoa física** (aquele que não é pessoa jurídica).

No caso, quando a folha de salário do empregador pessoa física **não ultrapassar o limite supra**, no caso de cometimento do crime de sonegação, o juiz poderá:

- Reduzir a pena de 33% até 50%. Assim, a reclusão que varia de 2 a 5 anos, poderá variar:
  - De "1,33 ano até 3,33 anos (redução de 33%)" até de "1 ano até 2,5 anos (redução de 50%)".
- Aplicar somente a pena de multa.

Cabe ressaltar que o valor mencionada acima será ajustado anualmente nos mesmos índices aplicados aos benefícios da Previdência Social. O ajuste ocorre por meio de portaria ministerial ou interministerial.

Antes de finalizar esse tópico, considero salutar adentrar em alguns dispositivos presentes no texto da Lei n.º 11.941/2009, a saber:

> Art. 67. Na hipótese de **parcelamento** do crédito tributário **antes do oferecimento da denúncia**, essa somente poderá ser aceita na **superveniência de inadimplemento** da obrigação objeto da denúncia.

Caso o contribuinte tenha solicitado o parcelamento dos seus débitos previdenciários **antes** de a RFB apresentar representação fiscal para fins penais (RFFP) junto ao Ministério Público Federal (MPF), essa possível denúncia da RFB junto ao MPF **não será aceita**.

Entretanto, uma vez concedido o parcelamento e o contribuinte não pagar as parcelas devidas, gerando situação de **inadimplemento superveniente**, a denúncia da RFB junto ao MPF **será aceita**.

Dando continuidade na referida Lei:

> Art. 68. É **suspensa a pretensão punitiva do Estado**, referente aos crimes de **apropriação indébita previdenciária** e de **sonegação de contribuição previdenciária**, limitada a suspensão aos débitos que tiverem sido objeto de **concessão de parcelamento**, enquanto não forem rescindidos os parcelamentos, observado o disposto no art. 69 desta Lei.
>
> Parágrafo único. A prescrição criminal **não corre** durante o período de suspensão da pretensão punitiva.
>
> Art. 69. **Extingue-se a punibilidade** dos crimes referidos no Art. 68 quando a pessoa jurídica relacionada com o agente efetuar o **pagamento integral** dos débitos oriundos de tributos e contribuições sociais, inclusive acessórios, que tiverem sido objeto de concessão de parcelamento.

A **pretensão punitiva** é o direito de o Estado **impor sanção ao agente do crime**. É a **punibilidade** em si.

Com isso, para os crimes de apropriação indébita previdenciária e de sonegação de contribuição previdenciária, tem-se que:

- A punibilidade é **suspensa** quando os débitos forem objeto de **parcelamento** regularmente concedido, e (Art. 68);
- A punibilidade é **extinta** quando os débitos forem **pagos** integralmente (Art. 69).

5.2. Crimes com Reflexos Previdenciários

Nessa segunda parte, iremos abordar alguns crimes ligados à administração pública que podem, de maneira direta ou indireta, trazer reflexos na esfera previdenciária.

Todos esses tiveram sua redação profundamente alterada pela Lei n.º 9.983/2000, que transferiu da Lei n.º 8.212/1991 para o Código Penal os crimes contra a previdência social.

Sem delongas, vamos iniciar pelo crime de **divulgação de segredo**, assim presente no Decreto-Lei n.º 2.848/1940:

> Divulgação de segredo
>
> Art. 153, § 1.º-A. **Divulgar**, sem justa causa, **informações sigilosas ou reservadas**, assim definidas em lei, contidas ou não nos sistemas de informações ou **banco de dados da Administração Pública**:
>
> Pena: Detenção, de 1 a 4 anos, e multa.

Estamos diante da famosa situação de vazamento de informação sob sigilo da repartição fiscal. Nesse tipo de situação, as informações vazadas podem estar ou não armazenadas em banco de dados da administração pública.

Nessa situação, aplicam-se as seguintes penas:

- Detenção, de 1 a 4 anos, e;
- Multa.

A maioria dos crimes contra a previdência arrolados neste curso cita a pena de reclusão. Este é um dos poucos crimes que faz menção a pena de detenção.

Afinal, qual a diferença entre reclusão e detenção? Observe:

- A pena de **reclusão** é aplicada em condenações **mais severas**. O regime de cumprimento geralmente é o fechado ou o semiaberto. Essa pena, em regra, é cumprida em estabelecimentos de segurança média ou máxima.
- A pena de detenção é aplicada em condenações mais leves. Neste caso, não se admite o início de cumprimento de sentença no regime fechado.

Dando continuidade, o crime de divulgação de segredo somente tem início mediante a **representação** realizada por alguém.

Por sua vez, quando resultar em prejuízo à administração pública, a **ação penal será incondicionada**.

A ação penal incondicionada é aquele em que o Ministério Público (MP) não necessita de manifestação de terceiros para agir. Uma vez que tiver conhecimento do delito e dos seus elementos, o MP dará início a referida ação.

Dando continuidade, vamos tratar, agora, do crime de **falsificação do selo ou sinal público**, assim disposto no nosso Código Penal:

> Falsificação do selo ou sinal público
>
> Art. 296. **Falsificar**, fabricando-os ou alterando-os:
>
> I – **Selo público** destinado a **autenticar** atos oficiais da União, de Estado ou de Município, ou;
>
> II – **Selo ou sinal** atribuído por lei a entidade de direito público, ou a autoridade, ou sinal público de tabelião.
>
> Pena: Reclusão, de 2 a 6 anos, e multa.

O referido crime quando o agente fabrica ou altera um selo ou um sinal público. Em suma, quando o indivíduo reproduz e usa de maneira indevida logotipos e logomarcas que identifiquem órgãos e entidades da administração pública.

Nessa situação, aplicam-se as seguintes penas:

- Reclusão, de 2 a 6 anos, e;
- Multa.

Dando continuidade, tem-se:

> Art. 296, § 1.º Incorre nas mesmas penas:
>
> III – Quem **altera**, **falsifica** ou **faz uso indevido** de marcas, logotipos, siglas ou quaisquer outros símbolos utilizados ou identificadores de órgãos ou entidades da Administração Pública.

Esse dispositivo, inserido pela Lei n.º 9.983/2000, reproduz exatamente o que foi apresentado acima. =)

Por fim, se o agente é servidor público e comete o crime se prevalecendo do seu cargo, a pena será aumentada em 1/6 (16,7%).

Assim, a "reclusão de 2 a 6 anos" passa para "reclusão de 2,33 a 7 anos".

Agora, vamos adentrar ao crime de **falsificação de documento público**, assim previsto na legislação penal pátria:

> Falsificação de documento público
>
> Art. 297. **Falsificar**, no todo ou em parte, **documento público**, ou **alterar documento público** verdadeiro:
>
> Pena: Reclusão, de 2 a 6 anos, e multa.

O crime existe quando o agente falsifica um documento público ou altera o seu teor.

Nessa situação, aplicam-se as seguintes penas:

- Reclusão, de 2 a 6 anos, e;
- Multa.

Se o agente é servidor público e comete o crime se prevalecendo do seu cargo, a pena será aumentada em 1/6 (16,7%).

Assim, a "reclusão de 2 a 6 anos" passa para "reclusão de 2,33 a 7 anos".

O conceito de documento público é mais amplo do que o imaginado. Aqui, vale ressaltar que, para os **efeitos penais**, **equiparam-se a documento público**:

- O emanado de entidade paraestatal;
- O título ao portador ou transmissível por endosso;
- As ações de sociedade comercial;
- Os livros mercantis, e;
- O testamento particular.

Dando continuidade, tem-se ainda:

> Art. 297, § 3.º Nas **mesmas penas** incorre quem **insere** ou **faz inserir**:
>
> I – Na **folha de pagamento** ou em documento de informações que seja destinado a fazer prova perante a previdência social, **pessoa que não possua a qualidade de segurado obrigatório**;
>
> II – Na **Carteira de Trabalho** e Previdência Social do empregado ou em documento que deva produzir efeito perante a previdência social, **declaração falsa** ou diversa da que deveria ter sido escrita, e;
>
> III – Em **documento contábil** ou em qualquer outro documento relacionado com as obrigações da empresa perante a previdência social, **declaração falsa** ou diversa da que deveria ter constado.

Assim, incorre em falsificação as seguintes inserções:

- Informar em folha de pagamento pessoa que não trabalha para a empresa (não se reveste da condição de segurado obrigatório);
- Informar na carteira de trabalho informações falsas. Seria o caso de pagar efetivamente um salário maior e informar um menor na carteira, por exemplo, e;
- Apresentar informações falsas nas declarações contábeis da empresa.

Por fim, incorre nas mesmas penas quem **omite**, nos documentos citados acima:

- O nome do segurado;

- Seus dados pessoais;
- A remuneração, e;
- A vigência do contrato de trabalho ou da prestação de serviços.

Agora, iremos tratar do crime de **inserção de dados falsos em sistema de informações**, que está assim previsto no Código Penal de 1940:

> Inserção de dados falsos em sistema de informações
>
> Art. 313-A. **Inserir** ou facilitar, o funcionário autorizado, a **inserção de dados falsos**, alterar ou excluir indevidamente dados corretos nos sistemas informatizados ou **bancos de dados da Administração Pública** com o fim de **obter vantagem indevida para si ou para outrem ou para causar dano**.
>
> Pena: Reclusão, de 2 a 12 anos, e multa.

É um crime tipicamente ligado à atuação do servidor público. Uma vez que a operação dos sistemas de informações da administração pública recai sobre os servidores.

No caso, o crime ocorre quando são **inseridos dados falsos** ou os **dados verdadeiros são alterados ou excluídos**.

Essa alteração nos sistemas informatizados se tipifica como crime quando a ação tem por objetivo a **obtenção de vantagem indevida** para o agente, para outra pessoa ou **causar dano** à administração.

Nessa situação, aplicam-se as seguintes penas:

- Reclusão, de 2 a 12 anos, e;
- Multa.

Dando continuidade, vamos abordar o crime de **modificação ou alteração não autorizada de sistema de informações**, assim previsto na legislação penal:

> Modificação ou alteração não autorizada de sistema de informações
>
> Art. 313-B. **Modificar** ou alterar, o funcionário, sistema de informações ou programa de informática **sem autorização ou solicitação de autoridade competente**:
>
> Pena: Detenção, de 3 meses a 2 anos, e multa.

Ao contrário do crime anterior, que a inserção e alteração de dados podia trazer vantagem indevida ou dano à administração, este crime ocorre quando os dados são simplesmente alterados **sem autorização da autoridade competente**.

Nessa situação, aplicam-se as seguintes penas:

- Detenção, de 3 meses a 2 anos, e;
- Multa.

As penas são aumentadas de 1/3 (33%) até a metade (50%) se da modificação ou alteração resulta dano para a Administração Pública ou para o administrado.

Assim, a pena de detenção de "3 meses a 2 anos" pode variar:

- De "4 meses a 2,67 anos (aumento de 33%)" até de "4,5 meses até 3 anos (aumento de 50%)".

Dando continuidade, vamos tratar do crime de violação de sigilo funcional, assim definido no Decreto-Lei n.º 2.848/1940:

> Violação de sigilo funcional
>
> Art. 325. **Revelar** fato de que **tem ciência em razão do cargo e que deva permanecer em segredo**, ou facilitar-lhe a revelação.
>
> Pena: Detenção, de 6 meses a 2 anos, ou multa, se o fato não constitui crime mais grave.

É mais um crime intrínseco a atuação funcional do servidor público. No caso, o crime ocorre quando o servidor revela uma informação referente ao seu trabalho que deveria permanecer sob sigilo.

Nessa situação, aplicam-se as seguintes penas:

- Detenção, de 6 meses a 2 anos, e;
- Multa.

Ainda no Código Penal, tem-se:

> Art. 325, § 1.º Nas **mesmas penas** deste artigo incorre quem:
>
> I – Permite ou facilita, mediante atribuição, fornecimento e **empréstimo de senha** ou qualquer outra forma, o **acesso de pessoas não autorizadas** a sistemas de informações ou banco de dados da Administração Pública, e;
>
> II – Se **utiliza, indevidamente, do acesso restrito**.

Também ocorre o crime de violação de sigilo funcional quando o servidor público:

- Empresta sua senha digital para outra pessoa;
- Permite o acesso de pessoa não autorizada aos sistemas informatizados, e;
- Utiliza, de forma indevida, o seu acesso restrito.

Retomando a legislação penal:

> Art. 325, § 2.º Se da ação ou omissão resulta **dano à Administração Pública ou a outrem**:
>
> Pena: Reclusão, de 2 a 6 anos, e multa.

A própria legislação **progride** a pena de detenção, de 6 meses a 2 anos, uma pena branda, para uma pena de reclusão, de 2 a 6 anos, uma pena mais pesada, nas situações em que a violação do sigilo funcional cause dano à administração pública ou à terceiro.

Para encerrar essa parte da disciplina, será apresentado o conceito penal de funcionário público, previsto no Código Penal, a saber:

> Funcionário público
>
> Art. 327. Considera-se **funcionário público**, para os efeitos penais, quem, embora **transitoriamente** ou **sem remuneração**, exerce **cargo**, **emprego** ou **função pública**.
>
> § 1.º **Equipara-se** a funcionário público quem exerce cargo, emprego ou função em **entidade paraestatal**, e quem trabalha para **empresa prestadora de serviço contratada ou conveniada para a execução de atividade típica da Administração Pública.**

Provavelmente, o único ramo do Direito que ainda utiliza essa nomenclatura anacrônica de "funcionário público" é o Penal.

Assim, na esfera penal, esses são considerados **servidores públicos** para todos os efeitos legais:

- Servidor público estatutário (servidores de carreira)
- Empregado público celetista (funcionários concursados de empresas públicas, por exemplo), e;
- Pessoa designada para exercer transitoriamente função pública, remunerada ou não (mesários nas eleições, por exemplo).

Não obstante, são **equiparados à servidores públicos** para todos os efeitos legais:

- Pessoa que exerce função pública em entidade paraestatal (fundações privadas com escopo público, por exemplo);
- Pessoa que trabalha em empresa terceirizada que exerce atividade da administração pública (empresa terceirizada que faz leitura de conta de água no seu estado, por exemplo).

Ainda no Código Penal, tem-se:

> Art. 327, § 2.º A **pena será aumentada da terça parte (33%)** quando os autores dos crimes previstos neste Capítulo forem ocupantes de **cargos em comissão** ou de **função** de **direção** ou **assessoramento** de órgão da administração direta, sociedade de economia mista, empresa pública ou fundação instituída pelo poder público.

No caso, o capítulo a que se refere o dispositivo é o "Capítulo I - dos Crimes praticados por funcionário público contra a administração em geral".

Assim, quando o crime é praticado por **servidor público em cargo de chefia** (cargo comissionado, função gratificada, função de direção ou de assessoramento), a pena do respectivo crime **será aumentada em 33%.**

Por fim, guarde esse quadro esquemático com carinho:

Crime	Pena 1	Prazo	Redução	Majoração	Pena 2
Apropriação indébita	Reclusão	2 a 5 anos			Multa
Sonegação de contribuição	Reclusão	2 a 5 anos	33% a 50%		Multa
Divulgação de segredo	Detenção	1 a 4 anos			Multa
Falsificação de sinal público	Reclusão	2 a 6 anos		16,7%	Multa
Falsificação de documento público	Reclusão	2 a 6 anos		16,7%	Multa
Inserção de dados falsos	Reclusão	2 a 12 anos			Multa
Modificação ou alteração não autorizada	Detenção	3m a 2 anos	33% a 50%		Multa
Violação de sigilo funcional	Detenção	6m a 2 anos			Multa
Violação de sigilo funcional – com dano	Reclusão	2 a 6 anos			Multa
Servido público em cargo de chefia	Aumenta a pena em qualquer crime em 33%				

(Autoria: Ali Mohamad Jaha)

Capítulo

7

A FILIAÇÃO, A INSCRIÇÃO E O PERÍODO DE CARÊNCIA

1. A FILIAÇÃO E A INSCRIÇÃO

1.1. Introdução e Conceituação

Antes de adentrar nestes novos temas, deve-se compreender em que ponto da **linha do tempo** do trabalhador que se encontram os institutos previdenciários da **filiação** e da **inscrição** junto à previdência social pátria.

Com isso, em regra, tem-se:

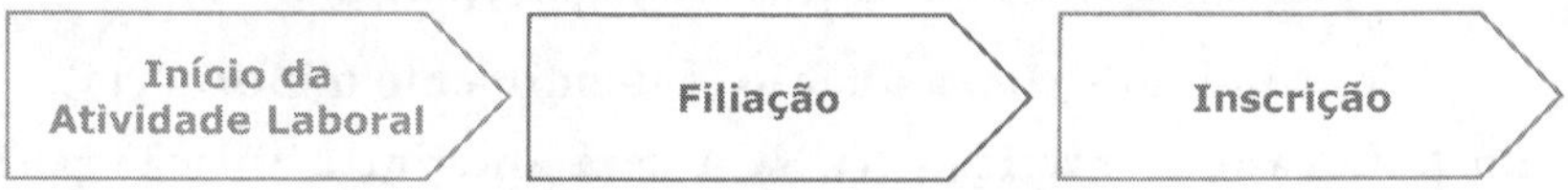

(Autoria: Ali Mohamad Jaha)

Do exposto, observa-se que a **filiação decorre automaticamente** do início da atividade laboral remunerada do trabalhador.

Inclusive, tal disposição está expressa no Regulamento da Previdência de 1999:

> Art. 9.º, § 12. O **exercício de atividade remunerada** sujeita a **filiação obrigatória** ao Regime Geral de Previdência Social (**RGPS**).

Assim, entende-se que a filiação é automática para os segurados obrigatórios do RGPS, a relembrar:

- Contribuinte Individual; **C**
- Trabalhador Avulso; → **A**

- Empregado Doméstico; → **D**
- Empregado, e; → **E**
- Segurado Especial. → **S**

Para os trabalhadores (segurados obrigatórios), **não existe a obrigação de cumprimento de ato formal junto ao INSS para que a filiação se realize**.

Dessa maneira, apresento o conhecido **Princípio da Automaticidade da Filiação**, que informa que para os trabalhadores (segurados obrigatórios) a filiação ocorre automaticamente.

Aproveito a introdução para conceituar e diferenciar os institutos. =)

> - A **filiação** é um **vínculo jurídico** que se cria entre o segurado e o INSS, gerando direitos (benefícios) e obrigações (contribuições) entre as partes.
> - A **inscrição** consiste num **ato formal** que irá identificar o segurado perante o INSS. É o **cadastro eletrônico** do cidadão.

Dando continuidade, pela linha do tempo apresentada, para os segurados obrigatórios, a **inscrição** ocorre em **momento posterior** ao da filiação. Essa é a posição defendida por este autor.

Alguns outros doutrinadores defendem que a **filiação** e a **inscrição** ocorrem de **forma concomitante (simultânea)**.

Com isso, tem-se que a inscrição será:

- **Posterior (melhor entendimento) a filiação**, ou;
- **Concomitante com a filiação (entendimento minoritário)**.

Em todo caso, **a inscrição NUNCA será anterior a filiação para os segurados obrigatórios**.

Uma vez abordados os segurados obrigatórios, deve-se abordar o **segurado facultativo**, que é aquele que, em regra, **não exerce atividade remunerada**. Observe a sua linha do tempo:

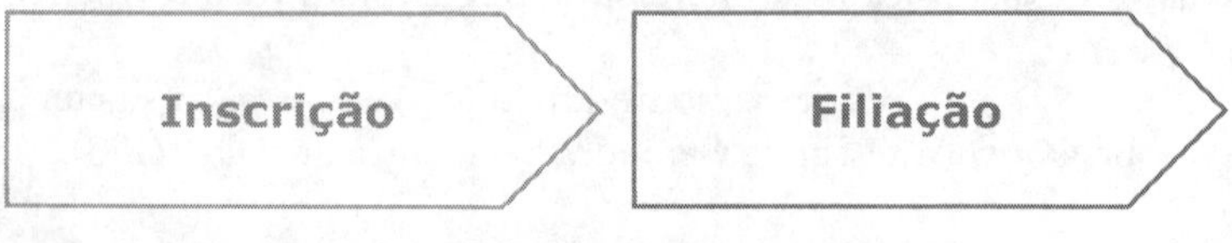

(Autoria: Ali Mohamad Jaha)

Por não iniciar uma atividade remunerada, não há de se falar em filiação automática. Pelo contrário, em função dessa ausência de atividade laboral, **inverte-se a ordem dos institutos**.

A falta de automaticidade da filiação, obriga o segurado facultativo cumprir o seu ato de **inscrição** diretamente no INSS (pessoalmente ou eletronicamente). Assim, a inscrição depende da vontade do facultativo. É um **ato volitivo**.

Uma vez inscrito, o INSS conhece do desejo do cidadão participar do RGPS, mesmo não sendo remunerado, e o reconhece como **filiado** do RGPS.

Com isso, conclui-se que, para o segurado facultativo, **a filiação depende de prévia inscrição.**

1.2. A Filiação

Conforme já conceituado por este autor, a **filiação** é um **vínculo jurídico** que se cria entre o segurado e o INSS, gerando direitos (benefícios) e obrigações (contribuições) entre as partes.

Nessa esteira, a Dr.ª Marisa Ferreira do Santos, Desembargadora Federal do TRF-3, leciona que a filiação ao RGPS é o **marco inicial** da história previdenciária do segurado.

A legislação previdenciária corrobora com o exposto acima, conforme dispõe o Decreto n.º 3.048/1999:

> Art. 20. **Filiação** é o **vínculo** que se estabelece entre **pessoas que contribuem para a previdência social** e **esta (RGPS)**, do qual decorrem **direitos** e **obrigações.**

Conforme já exposto, a filiação à previdência social decorre **automaticamente** do exercício de atividade remunerada para os segurados obrigatórios (CADES). → **Princípio da Automaticidade.**

O exercício de atividade prestada de forma gratuita e o serviço voluntário **não** geram filiação obrigatória ao RGPS.

Dentre os segurados obrigatórios, o trabalhador rural temporário tem algumas regras peculiares, a saber (Decreto n.º 3.048/1999):

> Art. 20, § 2º A **filiação** do trabalhador rural contratado por **produtor rural pessoa física (PRPF) por prazo de até 2 meses no período de 1 ano**, para o exercício de atividades de natureza temporária, decorre **automaticamente** de sua inclusão em declaração prevista em ato do Secretário Especial da Receita Federal do Brasil por meio de identificação específica.

Por seu turno, a filiação decorre da **inscrição formalizada com o pagamento da primeira contribuição** para o segurado facultativo (F).

Nessa esteira, tem-se que a filiação na qualidade de segurado facultativo representa **ato volitivo (de vontade)**, gerando efeito somente a partir da inscrição e do primeiro recolhimento, não podendo retroagir e não permitindo o pagamento de contribuições relativas a competências anteriores à data da inscrição.

Após a inscrição, o segurado facultativo somente poderá recolher contribuições em atraso quando não tiver ocorrido perda da qualidade de segurado.

Em sentido contrário, o segurado obrigatório poderá recolher contribuições em atraso, desde que comprove o efetivo exercício de atividade remunerada pretérita.

1.3. O Reconhecimento da Filiação

O reconhecimento da **filiação**, como vínculo jurídico entre o cidadão e o INSS, aduz o reconhecimento do próprio tempo de contribuição do segurado. É o que dispõe o Regulamento da Previdência Social de 1999:

> Art. 121. Reconhecimento do tempo de contribuição é o direito de o segurado **ter reconhecido**, em **qualquer época**, o **tempo de exercício de atividade anteriormente abrangida pela previdência social**.

Por sua vez, o reconhecimento do tempo de contribuição no período em que o exercício de atividade remunerada não exigia filiação obrigatória à previdência social somente será feito por meio de **indenização** das contribuições relativas ao respectivo período.

O segurado terá que recolher todas as contribuições do período pretérito com juros e acréscimos moratórios (um valor bem considerável, em regra).

O valor a ser indenizado poderá ser objeto de **parcelamento** por solicitação do segurado à Receita Federal do Brasil (**RFB**).

1.4. A Retroação da Data do Início das Contribuições

Ao consultar o texto legal (Decreto n.º 3.048/1999), tem-se:

> Art. 124. Caso o segurado **contribuinte individual** manifeste interesse em **recolher contribuições relativas a período anterior à sua inscrição**, a **retroação** da data do início das contribuições será **autorizada**, desde que **comprovado o exercício de atividade remunerada no respectivo período**.

O contribuinte individual especificamente poderá solicitar autorização para recolher sobre períodos **efetivamente** trabalhados anteriormente a sua inscrição junto ao INSS.

O segurado terá que recolher todas as contribuições do período pretérito com juros e acréscimos moratórios (um valor bem considerável, em regra).

O valor do débito poderá ser objeto de **parcelamento** desde que solicitado pelo segurado à **RFB**.

1.5. A Inscrição

Nesta parte da disciplina, iremos tratar da inscrição junto ao INSS, gestor do RGPS, do segurado (obrigatório ou facultativo) e do dependente do segurado. =)

1.5.1. A Inscrição do Segurado

Ao adentrar no Decreto n.º 3.048 (o Decretão), tem-se:

> Art. 18. Considera-se **inscrição** de segurado para os efeitos da previdência social o **ato pelo qual o segurado é cadastrado no RGPS**, por meio da comprovação dos dados pessoais, **da seguinte forma**:
>
> I – Empregado: Pelo **empregador**, por meio da formalização do contrato de trabalho e, a partir da obrigatoriedade do uso do Sistema de Escrituração Digital das Obrigações Fiscais, Previdenciárias e Trabalhistas (**eSocial**), por meio do registro contratual eletrônico realizado nesse Sistema;
>
> II – Trabalhador avulso: Pelo **cadastramento** e pelo **registro** no Órgão Gestor de Mão de Obra (**OGMO**), no caso de trabalhador portuário, ou no **sindicato**, no caso de trabalhador não portuário, e a partir da obrigatoriedade do uso do **eSocial**, por meio do cadastramento e do registro eletrônico realizado nesse Sistema;
>
> III – Empregado doméstico: pelo **empregador**, por meio do registro contratual eletrônico realizado no eSocial;
>
> IV – Contribuinte individual:
>
> a) Por **ato próprio**, por meio do **cadastramento** de informações para identificação e reconhecimento da atividade, hipótese em que o Instituto Nacional do Seguro Social (INSS) poderá solicitar a apresentação de documento que comprove o exercício da atividade declarada;
>
> b) Pela **cooperativa de trabalho** ou pela **pessoa jurídica a quem preste serviço**, no caso de cooperados ou contratados, respectivamente, se ainda não inscritos no RGPS, e;
>
> c) Pelo **MEI**, por meio do sítio eletrônico do Portal do Empreendedor;
>
> V – Segurado especial: Preferencialmente, pelo **titular do grupo familiar**, hipótese em que o INSS poderá solicitar a apresentação de documento que comprove o exercício da atividade declarada, e;
>
> VI – Segurado facultativo: Por **ato próprio**, por meio do **cadastramento** de informações pessoais que permitam a sua identificação, desde que não exerça atividade que o enquadre na categoria de segurado obrigatório.

Conforme demonstrado, a inscrição é um mero ato de **cadastramento** do segurado (obrigatório ou facultativo) junto ao INSS. É um ato administrativo simples.

Esse cadastro **identifica** e **classifica** o cidadão junto ao órgão gestor da previdência pátria. Para constar, essa base de dados recebe o nome de **Cadastro Nacional de Informações Sociais (CNIS)**.

Como demonstrado acima, cada segurado tem uma forma de inscrição, que assim pode ser resumida:

1. **Empregado**: Inscrição realizada pelo empregador por meio da formalização do contrato de trabalho ou do registro eletrônico do mesmo no eSocial;
2. **Trabalhador Avulso**: Inscrição pelo seu cadastramento junto ao OGMO ou sindicato ou pelo registro eletrônico do mesmo no eSocial.
3. **Empregado Doméstico**: Inscrição realizada pelo empregador doméstico por meio do registro eletrônico do contrato no eSocial.
4. **Contribuinte Individual**:

   a) Autônomo: O **próprio segurado** faz seu cadastramento junto ao INSS.

   b) Que presta serviço para cooperativa ou para empresa: A **cooperativa** ou a **empresa** faz seu cadastramento junto ao INSS.

   c) MEI: O **próprio segurado** faz o cadastramento por meio do **Portal do Empreendedor**.
5. **Segurado Especial**: O **titular do grupo familiar**, preferencialmente, fará o cadastro junto ao INSS.
6. **Segurado Facultativo**: O **próprio segurado** faz seu cadastramento junto ao INSS.

De forma esquematizada, tem-se:

Segurado	Quem faz a inscrição:	Forma de inscrição:	Filiação:
Empregado (E)	Empregador (patrão)	Contrato (eSocial)	Automática
Trabalhador avulso (A)	O próprio	Cadastro no OGMO/Sindicato (eSocial)	Automática

Empregado doméstico D)	Empregador (patrão)	Contrato (eSocial)	Automática
Contribuinte individual (C)			
(C) Autônomo	O próprio	Cadastro no INSS	Automática
(C) Cooperativa/ Empresa	Cooperativa/Empresa	Cadastro no INSS	Automática
(C) MEI	O próprio	Cadastro no Portal do Empreendedor	Automática
Segurado Especial (S)	Titular da família	Cadastro no INSS	Automática
Segurado Facultativo (F)	O próprio	Cadastro no INSS	Após a inscrição

(Autoria: Ali Mohamad Jaha)

A inscrição do **segurado obrigatório (CADES)** em qualquer categoria supra exige, em regra, a idade mínima de 16 anos. A exceção ocorre com o menor aprendiz na condição de segurado empregado, que pode se inscrever com 14 anos de idade.

Quanto ao **segurado facultativo (F)**, em regra, devemos adotar 16 anos. Caso o comando da questão faça menção a Lei n.º 8.212/1991 ou a Lei n.º 8.213/1991, devemos adotar 14 anos. É uma divergência já abordada. =)

Sobre o tema, infelizmente, o trabalho infantil rural sempre foi uma realidade no Brasil. Esse tema foi discutido amplamente pelo STJ e, em 2022, a Turma Nacional de Uniformização (TNU) da Justiça Federal publicou o seguinte:

> Tema TNU n.º 219/2022: É possível o cômputo do tempo de serviço rural exercido por pessoa **com idade inferior a 12 anos** na época da prestação do labor campesino.

Dando continuidade, todo aquele que exercer, concomitantemente, **mais de uma atividade** remunerada sujeita ao RGPS será **obrigatoriamente inscrito em relação a cada uma delas**.

O indivíduo exerce várias atividades? Terá uma inscrição para cada atividade remunerada!

Suponha que Édson é sócio numa empresa de alimentação natural (contribuinte individual), também exerce a atividade de professor de espanhol numa escola de línguas duas vezes por semana (empregado) e, aos finais de semana, é portuário da estiva (trabalhador avulso).

Neste caso, ele exerce 3 atividades remuneradas e contará, necessariamente, com 3 inscrições junto ao INSS, uma para cada atividade.

Observe o disposto no Decreto n.º 3.048/1999:

> Art. 18.
>
> § 5.º Presentes os pressupostos da filiação, admite-se a **inscrição "post mortem" (póstuma)** do **segurado especial**.
>
> § 5.º-A Na hipótese prevista no § 5.º, caso não seja comprovada a condição de segurado especial, poderá ser atribuído Número de Inscrição do Trabalhador (**NIT**) especificamente para fins de requerimento do benefício previdenciário.
>
> § 5.º-B **Não** será admitida a inscrição "post mortem" (póstuma) de segurado contribuinte individual e nem de segurado facultativo.

A priori, observa-se que a legislação permite a inscrição póstuma do segurado especial já falecido. Infelizmente, muitos pequenos trabalhadores rurais trabalham a vida toda e morrem sem ter efetivado sua inscrição (cadastro) junto ao INSS.

Por sua vez, com o advento do Decreto n.º 10.410/2020, a inscrição póstuma foi **vetada** somente ao contribuinte individual e ao segurado facultativo.

Com isso, pela interpretação do dispositivos, tem-se que a seguinte situação atual:

Segurado	Inscrição póstuma?
Contribuinte Individual (C)	Não
Trabalhador Avulso (A)	Sim
Empregado Doméstico (D)	Sim
Empregado (E)	Sim
Segurado Especial (S)	Sim
Segurado Facultativo (F)	Não

(Autoria: Ali Mohamad Jaha)

A comprovação dos dados pessoais e de outros elementos necessários e úteis à caracterização do segurado poderá ser exigida pelo INSS, a qualquer tempo, para fins de atualização cadastral, inclusive para a concessão de benefício.

A legislação de regência informa que a **inscrição do segurado especial** será feita de forma a **vinculá-lo ao seu grupo familiar** e conterá, além das informações pessoais:

1. A identificação da **propriedade** em que é desenvolvida a atividade e a informação de a que título ela é ocupada;
2. A informação sobre a residência ou não do segurado na propriedade em que é desenvolvida a atividade, e, em caso negativo, sobre o município onde reside, e;
3. Quando for o caso, a identificação e a inscrição da **pessoa responsável** pelo grupo familiar.

O segurado especial integrante de grupo familiar que **não seja proprietário** do imóvel rural ou da embarcação em que desenvolve sua atividade **deve informar**, no ato da inscrição, conforme o caso, o nome e o CPF do parceiro ou meeiro outorgante, arrendador, comodante ou assemelhado.

1.5.1.1. O CNIS

Vencida essa etapa sobre inscrição do segurado, vamos nos debruçar um pouco sobre o famigerado **Cadastro Nacional de Informações Sociais (CNIS)**.

Conforme disposições legais, a **identificação** do trabalhador no **CNIS** poderá ser feita:

1. Pelo Número de Identificação do Trabalhador (**NIT**), único, pessoal e intransferível, independentemente de alterações de categoria profissional, ou;
2. Pelo Cadastro de Pessoas Físicas (**CPF**).

O Decreto n.º 10.410/2022 alterou e detalhou deveras o tema CNIS no Decreto n.º 3.048/1999, com isso, considero salutar apresentar algumas passagens:

> Art. 19. Os **dados constantes** do Cadastro Nacional de Informações Sociais (**CNIS**) relativos a **vínculos**, **remunerações** e **contribuições** valem como prova de:
>
> a) **Filiação** à previdência social;
>
> b) **Tempo de contribuição**, e;
>
> c) **Salários de contribuição**.
>
> § 1.º O segurado poderá **solicitar, a qualquer tempo**, a **inclusão**, a **exclusão**, a **ratificação** ou a **retificação** de suas informações constantes do CNIS, com a apresentação de documentos **comprobatórios** dos dados divergentes, conforme critérios definidos pelo INSS, independentemente de requerimento de benefício.

Como pode ser observado os dados do CNIS são **prova** de **filiação**, de **tempo de contribuição** e de **salários de contribuição** dos segurados.

Por óbvio, caso os dados estejam **divergentes**, o segurado pode solicitar sua correção junto ao INSS com a documentação comprobatória respectiva.

Dando continuidade, para o exercício de suas competências, o INSS terá acesso às informações do segurado relativas aos períodos em que tenha sido registrada **deficiência leve, moderada ou grave**, identificada em decorrência de avaliação biopsicossocial realizada por equipe multiprofissional e interdisciplinar, para fins de reconhecimento e manutenção de direitos.

Constarão do CNIS as informações dos segurados e beneficiários dos **regimes próprios de previdência social** para fins de verificação das situações que impactem no reconhecimento de direitos e na concessão e no pagamento de benefícios pelo RGPS.

O empregado com contrato de trabalho **intermitente** (de forma não continuada, esporádica) terá identificação **específica** em instrumento de prestação de informações à previdência social, de forma a permitir a identificação dos períodos de prestação serviços e dos períodos de inatividade.

Com o advento do Sistema de Escrituração Digital das Obrigações Fiscais, Previdenciárias e Trabalhistas (**eSocial**), todos os **contratos**, as **anotações** e os **registros** de segurados serão inseridos nesse novo sistema eletrônico que terá **total integração** com o **CNIS**. Enfim, o futuro chegou. =)

Os recolhimentos efetuados na época apropriada **constantes** do CNIS serão reconhecidos **automaticamente**, observados a contribuição mínima mensal, **dispensada** a comprovação do exercício da atividade.

Ao consultar o Regulamento da Previdência Social de 1999, tem-se:

> Art. 19-B. Na hipótese de **não constarem do CNIS** as informações sobre atividade, vínculo, remunerações ou contribuições, ou de haver dúvida sobre a regularidade das informações existentes, o **período somente será confirmado por meio da apresentação de documentos contemporâneos dos fatos a serem comprovados**, com menção às datas de início e de término e, quando se tratar de trabalhador avulso, à duração do trabalho e à condição em que tiver sido prestada a atividade.

As informações que não estão no CNIS **não são fidedignas**, logo, precisam ser confirmadas por meio de documentos contemporâneos aos fatos.

Caso os documentos apresentados não sejam suficientes para a comprovação de atividade, vínculo ou remunerações, estes poderão ser corroborados por **pesquisa** ou **justificação administrativa**, conforme o caso.

Antes de prosseguir, considero salutar apresentar os conceitos de **pesquisa externa** e de **justificação administrativa** constantes da Instrução Normativa (IN) PRESS/INSS n.º 128/2022:

> Art. 567. A **Justificação Administrativa** constitui meio utilizado para **suprir** a falta ou insuficiência de documento ou para **produzir** prova de fato ou circunstância de interesse dos beneficiários, perante o INSS, **por meio da oitiva de testemunhas**.
>
> Art. 573. Entende-se por **Pesquisa Externa** as **atividades** realizadas junto a beneficiários, empresas, órgãos públicos, entidades representativas de classe, cartórios e demais entidades e profissionais credenciados, **necessárias para a atualização do CNIS**, o reconhecimento, manutenção e revisão de direitos, bem como para o desempenho das atividades de serviço social, habilitação e reabilitação profissional, além do acompanhamento da execução dos contratos com as instituições financeiras pagadoras de benefícios.

Prosseguindo, na falta de documento contemporâneo, podem ser aceitos declaração do empregador ou de seu preposto, atestado de empresa ainda existente ou certificado ou certidão de entidade oficial dos quais constem os dados cadastrais, desde que extraídos de registros existentes, que serão confirmados pelo INSS por meio de pesquisa externa.

Somente serão exigidos certidões ou documentos expedidos por órgãos públicos quando não for possível a sua obtenção diretamente do órgão ou da entidade responsável pela base de dados oficial.

Por fim, tem-se ainda no Decreto n.º 3.048/1999:

> Art. 19-D. O Ministério da Previdência Social manterá **sistema de cadastro dos segurados especiais no CNIS** e poderá firmar acordo de cooperação com o Ministério da Agricultura e Pecuária e com outros órgãos da administração pública federal, estadual, distrital e municipal para a manutenção e a gestão do sistema de cadastro.
>
> § 1.º O sistema de que trata o caput preverá a manutenção e a atualização anual do cadastro e conterá as informações necessárias à caracterização da condição de segurado especial.
>
> (...)
>
> § 9.º A comprovação da condição e do exercício da atividade rural do segurado especial ocorrerá, **exclusivamente**, por meio das informações constantes do cadastro a que se refere o caput.

1.5.2. A Inscrição do Dependente

Em princípio, deve-se consultar a legislação de regência (Decreto n.º 3.048/1999):

> Art. 22. A **inscrição do dependente** do segurado será promovida **quando do requerimento do benefício a que tiver direito**, mediante a apresentação dos seguintes **documentos**:
>
> I – Para os dependentes preferenciais (**1.ª classe**):
>
> a) Cônjuge e filhos: certidões de casamento e de nascimento;
>
> b) Companheira ou companheiro: Documento de identidade e certidão de casamento com averbação da separação judicial ou divórcio, quando um dos companheiros ou ambos já tiverem sido casados, ou de óbito, se for o caso, e;
>
> c) Equiparado a filho: Certidão judicial de tutela e, em se tratando de enteado, certidão de casamento do segurado e de nascimento do dependente.
>
> II – Pais (**2.ª classe**): Certidão de nascimento do segurado e documentos de identidade dos mesmos.
>
> III – Irmão (**3.ª classe**): Certidão de nascimento.

A inscrição do segurado obrigatório ocorre em momento posterior ao da filiação. A inscrição do segurado facultativo ocorre antes da filiação.

Por sua vez, a **inscrição do dependente** ocorre **somente quando for requerido um benefício previdenciário junto ao INSS**.

Os documentos necessários para realizar a **inscrição** e o **requerimento de benefício** junto ao INSS depende da classe do dependente, conforme exposto acima. =)

Retomando, tem-se que a dependência econômica é **presumida** para os dependentes de 1.ª classe e é **comprovada** para os dependentes da 2.ª e 3.ª classes.

Assim, para **comprovação do vínculo e da dependência econômica**, conforme o caso, deverão ser apresentados, **no mínimo, 2 documentos e poderão ser aceitos**, dentre outros:

1. Certidão de nascimento de **filho havido em comum**;
2. Certidão de **casamento religioso**;
3. Declaração do imposto de renda (**IR**) do segurado, em que conste o interessado como seu **dependente**;
4. Disposições **testamentárias**;
5. Declaração especial feita perante tabelião;

6. Prova de **mesmo domicílio**;
7. Prova de **encargos domésticos** evidentes e existência de sociedade ou comunhão nos atos da vida civil;
8. Procuração ou fiança reciprocamente outorgada;
9. **Conta bancária conjunta**;
10. Registro em **associação** de qualquer natureza, onde conste o interessado como **dependente do segurado**;
11. Anotação constante de ficha ou livro de registro de empregados;
12. Apólice de seguro da qual conste o segurado como instituidor do seguro e a pessoa interessada como sua beneficiária;
13. Ficha de tratamento em instituição de assistência médica, da qual conste o segurado como responsável;
14. Escritura de compra e venda de imóvel pelo segurado em nome de dependente;
15. Declaração de não emancipação do dependente menor de 21 anos, ou;
16. **Quaisquer outros** que possam levar à convicção do fato a comprovar.

Observe que o documento "16" expande a lista até o infinito! Em suma, precisam ser apresentados 2 documentos que comprovem vinculação e dependência econômica.

Caso o dependente só possua 1 dos documentos acima produzido em período não superior a 24 meses anteriores à data do óbito ou do recolhimento à prisão, a **comprovação** de vínculo ou de dependência econômica para esse período poderá ser suprida por **justificação administrativa**.

Dando continuidade, o fato superveniente que importe em **exclusão** ou **inclusão** de dependente deve ser comunicado ao INSS, com as provas cabíveis.

Por sua vez, no caso de dependente inválido ou com deficiência intelectual, mental ou grave, para fins de inscrição e concessão de benefício, a invalidez será comprovada por meio de exame médico-pericial a cargo da Perícia Médica Federal e a deficiência, por meio de avaliação biopsicossocial realizada por equipe multiprofissional e interdisciplinar.

O dependente menor de 21 anos de idade apresentará declaração para atestar a não ocorrência da perda da qualidade de dependente.

Os dependentes excluídos de tal condição em razão de lei têm suas inscrições tornadas nulas de pleno direito.

No caso de equiparado a filho, a inscrição será feita mediante a comprovação da equiparação por documento escrito do segurado falecido manifestando essa intenção, da dependência econômica e da declaração de que não tenha sido emancipado.

2. A CARÊNCIA

A **carência**, no Direito Previdenciário, é o **período mínimo de contribuições** exigido pela lei para a **concessão** de determinado benefício previdenciário ao segurado ou ao seu dependente.

2.1. O Período de Carência

Uma vez apresentado o conceito de carência, vamos observar como a legislação define Período de Carência (Decreto n.º 3.048/1999):

> Art. 26. **Período de carência** é o **tempo** correspondente ao **número mínimo de contribuições mensais** indispensáveis para que o **beneficiário faça jus ao benefício**, consideradas as competências cujo salário de contribuição seja igual ou superior ao seu limite mínimo mensal.

A legislação é clara ao trazer que o **período de carência (PC)** é o número mínimo de contribuições mensais recolhidas que o beneficiário (segurado) necessita para gozar determinado benefício junto ao INSS.

Vale ressaltar que **somente serão computadas** as contribuições incidentes sobre um salário de contribuição que seja igual ou superior ao limite mínimo previsto em lei, em regra, 1 salário mínimo vigente.

Sobre esse tema, vale recuperar um dispositivo previsto no Regulamento da Previdência Social de 1999:

> Art. 19-E. Para fins de aquisição e manutenção da qualidade de segurado, de **carência**, de tempo de contribuição e de cálculo do salário de benefício exigidos para o reconhecimento do direito aos benefícios do RGPS e para fins de contagem recíproca, **somente serão consideradas** as competências cujo **salário de contribuição seja igual ou superior ao limite mínimo mensal** do salário de contribuição.
>
> § 1º Para fins do disposto no caput, ao segurado que, no somatório de remunerações auferidas no período de um mês, receber **remuneração inferior ao limite mínimo mensal** do salário de contribuição será assegurado:

> I – **Complementar** a contribuição das competências, de forma a alcançar o limite mínimo do salário de contribuição exigido;
>
> II – **Utilizar o excedente** do salário de contribuição superior ao limite mínimo de uma competência para completar o salário de contribuição de outra competência até atingir o limite mínimo, ou;
>
> III – **Agrupar os salários** de contribuição inferiores ao limite mínimo de diferentes competências para aproveitamento em uma ou mais competências até que estas atinjam o limite mínimo.
>
> § 2.º Os ajustes de complementação, utilização e agrupamento previstos no § 1.º poderão ser efetivados, a qualquer tempo, por iniciativa do segurado, hipótese em que se tornarão irreversíveis e irrenunciáveis após processados.

Assim, tem-se que, atualmente serão considerados somente os salários de contribuições de valor igual ou maior que o limite mínimo (1 salário mínimo) para fins de:

- Aquisição e manutenção da qualidade de segurado;
- Carência;
- Tempo de Contribuição;
- Cálculo do salário de benefício (definir o valor de determinado benefício), e;
- Contagem Recíproca (do tempo de contribuição entre regimes distintos: RGPS x RPPS).

Nos meses em que o salário de contribuição do trabalhador for inferior ao salário mínimo, existem 3 saídas legais possíveis para o segurado:

1. Complementar: O segurado **complementa** a contribuição que falta para chegar no valor de 1 salário mínimo;
2. Utilizar excedente anterior: O segurado **realoca** a contribuição que excedeu 1 salário mínimo em mês anterior no mês em que não alcançou o limite mínimo.
3. Agrupar competências: O contribuinte pode **agrupar** várias contribuições inferiores ao salário mínimo até alcançar o limite mínimo.

Realizada essa breve retomada num assunto de interesse, vamos dar continuidade no tema carência propriamente dita.

Observe o disposto no Decreto n.º 3.048/1999:

> Art. 26, § 1º Para o **segurado especial**, considera-se **período de carência**, para fins de concessão dos benefícios de que trata o inciso I do § 2.º do

> Art. 39, **o tempo mínimo de efetivo exercício de atividade rural**, ainda que de forma descontínua, igual à quantidade de meses necessária à concessão do benefício requerido.
>
> Art. 39, § 2.º Para os segurados especiais é garantida a concessão, alternativamente:
>
> I – De aposentadoria por idade do trabalhador rural ou por incapacidade permanente, de auxílio por incapacidade temporária, de auxílio reclusão ou de pensão por morte, no valor de 1 salário mínimo.

Do exposto, observa-se que o segurado especial tem um conceito de período de carência **distinto** dos demais segurados.

Ao invés de computar quantidade de contribuições mensais recolhidas, o segurado especial **computa o tempo de trabalho rural como carência**.

Se determinado benefício exige 180 contribuições mensais, o segurado especial deve comprovar 180 meses de atividade rural.

Sobre o tema período de carência, vamos novamente consultar a legislação (Regulamento da Previdência Social):

> Art. 26.
>
> § 4.º Para efeito de **carência**, considera-se **presumido** o recolhimento das contribuições do segurado **empregado**, do **trabalhador avulso** e, relativamente ao **contribuinte individual**, as contribuições dele descontadas pela empresa.
>
> § 4.º-A Para fins de **carência**, no caso de segurado **empregado doméstico**, considera-se **presumido** o recolhimento das contribuições dele descontadas pelo empregador doméstico.
>
> (...)
>
> § 5.º As contribuições vertidas para **regime próprio de previdência social** serão consideradas **para todos os efeitos**, inclusive para os de **carência**.

Para efeitos de **carência**, são considerados **presumido** o recolhimento das contribuições do segurado:

- Empregado (empregador realiza a retenção e o recolhimento);
- Trabalhador avulso (OGMO ou sindicato realiza a retenção e o recolhimento);
- Contribuinte individual que presta serviço para empresa (empregador realiza a retenção e o recolhimento), e;
- Empregado doméstico (empregador doméstico realiza a retenção e o recolhimento).

Nessa seara, existe ainda a possibilidade de servidor público, ligado a determinado regime próprio de previdência social (RPPS), pedir exoneração do seu cargo público e ingressar na iniciativa privada.

Por óbvio, ao trazer o seu tempo de contribuição do RPPS para o RGPS, esse tempo será computado como carência.

2.2. A Carência e o Tempo de Contribuição

A **carência** e o **tempo de contribuição** são duas contagens de tempo que ocorrem no Direito Previdenciário. São institutos importantes e **distintos**.

Em regra, a carência é exigida para o gozo dos benefícios previdenciários. O conceito é o mesmo aplicado aos planos de saúde, por exemplo.

Quanto a carência, a legislação, em várias passagens utiliza a terminologia recolhimento "**sem atraso**". Com isso, compreende-se que **a carência é um compromisso de pontualidade junto ao INSS.**

Logo, **são contadas para carência somente as contribuições recolhidas sem atraso.**

Por seu turno, o tempo de contribuição está ligado ao conceito de **quantidade** de contribuições recolhidas, sejam elas **sem atraso** ou **com atraso.**

Do exposto, tem-se o seguinte entendimento consolidado:

- Contribuição mensal recolhida **sem** atraso: Será computada para carência e para tempo de contribuição.
- Contribuição mensal recolhida **com** atraso: Será computada **somente** para tempo de contribuição.

Vamos elucidar com um exemplo?

Imagine que Artur, no auge dos seus 66 anos de idade, decide se aposentar de maneira programada. Essa espécie de aposentadoria combina critérios de idade e de tempo de contribuição:

- Idade: 65 anos (homem).
- **Tempo de Contribuição: 20 anos (homem).**

Esse benefício também exige um período de carência para sua concessão, a saber:

- **Carência: 180 contribuições.**

No caso, Artur já conta com 66 anos. O critério idade está OK!

Quanto as contribuições devidas, tem-se que ele recolheu 250 contribuições mensais, sendo 170 sem atraso e 80 com atraso.

O tempo de contribuição exigido é 20 anos, ou seja, 240 contribuições mensais (sem atraso ou com atraso). O critério tempo de contribuição também está OK!

Quanto à carência, tem-se que a lei exige 180 contribuições recolhidas sem atraso. Infelizmente, Artur tem apenas 170 sem atraso. Aqui, o segurado falhou.

Neste momento, não será possível a concessão da aposentadoria programada para o Artur. Ele terá que recolher mais 10 contribuições sem atraso para então requerer a benesse junto ao INSS.

2.3. Os Períodos de Carência dos Benefícios Previdenciários

Ao adentrar na legislação de regência, tem-se:

> Art. 28. O **período de carência** é **contado**:
>
> I – Para o segurado **empregado**, inclusive o **doméstico**, e o **trabalhador avulso**, a partir da data de **sua filiação ao RGPS**; e
>
> II – Para o segurado **contribuinte individual** e o **segurado facultativo**, inclusive o **segurado especial** que contribua na forma do contribuinte individual, a partir da data do efetivo recolhimento da **primeira contribuição sem atraso, e não serão consideradas, para esse fim, as contribuições recolhidas com atraso referentes a competências anteriores.**
>
> § 1.º Para o **segurado especial** que **não** contribui na forma do contribuinte individual, o período de carência é contado a partir do **efetivo exercício da atividade rural, mediante comprovação.**
>
> § 2º O período a que se refere o inciso XVIII do art. 60 será computado para fins de carência.
>
> (...)
>
> § 4.º Para os segurados a que se refere o inciso II do caput, na hipótese de perda da qualidade de segurado, somente serão consideradas, para fins de carência, as contribuições efetivadas após novo recolhimento sem atraso.

Para todos os efeitos previdenciários, o **período de carência** é contado:

- Para o empregado, o doméstico e o avulso, a partir de sua filiação ao RGPS.
- Para o contribuinte individual, o segurado facultativo e o segurado especial que opte por contribuir com contribuinte individual, a partir do pagamento da primeira contribuição sem atraso.
- Para o segurado especial "normal", a partir do efetivo exercício da atividade rural.

E afinal, por que o segurado especial tem essa opção de contribuir como contribuinte individual? Para obter benefícios previdenciário de melhor valor. =)

Em suma:

Segurado:	PC conta:
Empregado	Da filiação ao RGPS
Doméstico	Da filiação ao RGPS
Avulso	Da filiação ao RGPS
Contribuinte individual	Do 1.º pagamento sem atraso
Segurado facultativo	Do 1.º pagamento sem atraso
Segurado Especial "normal"	Do exercício da atividade rural
Segurado Especial que recolhe como CI	Do 1.º pagamento sem atraso

(Autoria: Ali Mohamad Jaha)

Por seu turno, **em regra**, os benefícios previdenciários exigem um determinado período de carência. Entretanto, existem **exceções** que dispensam a carência.

É o que vamos abordar, conforme disposto no Regulamento da Previdência Social de 1999:

> Art. 29. A **concessão** das prestações pecuniárias do Regime Geral de Previdência Social, ressalvado o disposto no Art. 30, **depende dos seguintes períodos de carência**:
>
> I – **12 contribuições mensais**, nos casos de **auxílio por incapacidade temporária** e **aposentadoria por incapacidade permanente**;
>
> II – **180 contribuições mensais**, nos casos de **aposentadoria programada, por idade do trabalhador rural e especial**;
>
> III – **10 contribuições mensais**, no caso de **salário maternidade**, para as seguradas contribuinte individual, especial e facultativa, e;
>
> IV – **24 contribuições mensais**, no caso de **auxílio reclusão**.
>
> Parágrafo único. Em caso de parto antecipado, o período de carência a que se refere o inciso III será reduzido em número de contribuições equivalente ao número de meses em que o parto foi antecipado.
>
> Art. 30. **Independe de carência** a concessão das seguintes prestações:
>
> I – **Pensão por morte**, **salário família** e **auxílio acidente** de qualquer natureza;
>
> II – **Salário Maternidade**, para as seguradas empregada, empregada doméstica e trabalhadora avulsa;
>
> III – **Auxílio por incapacidade temporária** e **aposentadoria por incapacidade permanente** nos **casos de acidente de qualquer natureza ou causa** e de doença profissional ou do trabalho e nos casos de segurado que, após filiar-se ao RGPS, seja acometido de alguma das doenças ou afecções especificadas em **lista** elaborada pelo Ministério da Saúde, **atualizada a cada 3 anos**, de acordo com os critérios de estigma, deformação,

> mutilação, deficiência ou outro fator que lhe confira especificidade e gravidade que mereçam tratamento particularizado;
>
> (...)
>
> V – **Reabilitação profissional.**

As Ações Diretas de Inconstitucionalidade (ADI) n.º 2.110/DF e n.º 2.111/DF, de 2024, decidiram que o salário maternidade não exige período de carência. Os julgados fixaram a seguinte tese:

> É **inconstitucional** - por violar os princípios da isonomia, da razoabilidade e da proteção constitucional à maternidade - o período de carência (de 10 contribuições mensais) para a concessão do benefício de salário maternidade exigido para algumas categorias de seguradas (contribuinte individual, segurada especial e segurada facultativa).

Segundo o STF, a exigência de carência, nas hipóteses em que impeça o acesso ao salário maternidade, implica em negativa de acesso a direitos fundamentais, cuja leitura mais adequada obriga que sejam fruídos com a máxima eficácia.

Dando continuidade, entende-se como **acidente de qualquer natureza ou causa** aquele de origem traumática e por exposição a agentes exógenos, físicos, químicos ou biológicos, que acarrete lesão corporal ou perturbação funcional que cause a morte ou a perda ou a redução permanente ou temporária da capacidade laborativa.

Conforme definida na Portaria Interministerial MTP/MS n.º 22/2022, essa é a **lista de doenças e afecções que dispensam carência** no inciso III supra:

1. Tuberculose ativa;
2. Hanseníase;
3. Transtorno mental grave, desde que esteja cursando com alienação mental;
4. Neoplasia maligna;
5. Cegueira;
6. Paralisia irreversível e incapacitante;
7. Cardiopatia grave;
8. Doença de Parkinson;
9. Espondilite anquilosante;
10. Nefropatia grave;
11. Estado avançado da doença de Paget (osteíte deformante);
12. Síndrome da deficiência imunológica adquirida (AIDS);

13. Contaminação por radiação, com base em conclusão da medicina especializada;

14. Hepatopatia grave;

15. Esclerose múltipla;

16. Acidente vascular encefálico (agudo), e;

17. Abdome agudo cirúrgico.

Dando continuidade, atualmente, o **auxílio por incapacidade temporária** (antigo auxílio doença) e a aposentadoria por **incapacidade permanente** (antiga aposentadoria por invalidez) exigem uma carência de **12 contribuições mensais**.

A **aposentadoria programada** (que combina critérios de idade e de tempo de contribuição), a **aposentadoria por idade do trabalhador rural** e a **aposentadoria especial** (para quem trabalha em condições especiais, leia-se nocivas) exigem uma carência de **180 contribuições mensais**.

O **salário maternidade** da segurada contribuinte individual, segurada especial e segurada facultativa exige uma carência de apenas **10 contribuições mensais**.

Em caso de parto antecipado, a carência também **será reduzida**. Se a criança vem ao mundo com 7 meses de gestação ao invés dos tradicionais 9 meses, a carência será reduzida de 10 para 8 contribuições mensais.

Vale ressaltar que o STF decidiu, em 2024, que o salário maternidade não exige período de carência para qualquer espécie de segurada (ADI n.º 2.110/DF e n.º 2.111/DF).

No passado, o **auxílio reclusão** dispensava carência, atualmente, exige **24 contribuições mensais**.

No canto diametralmente oposto, tem-se **os benefícios que dispensam carência**:

- Pensão por morte;
- Salário família;
- Auxílio acidente;
- Salário maternidade da segurada empregada, doméstica e avulsa;
- Auxílio por incapacidade temporária **acidentário** (decorrente de acidente, de doença profissional ou de doença do trabalho);
- Aposentadoria por incapacidade permanente **acidentária** (decorrente de acidente, de doença profissional ou de doença do trabalho), e;
- Reabilitação profissional (é serviço, não é benefício).

A reabilitação profissional é um serviço prestado pela previdência social que tem o objetivo de oferecer, aos segurados incapacitados para o trabalho (por motivo de doença ou de acidente), os meios de **reeducação** ou **readaptação** profissional para o seu **retorno** ao mercado de trabalho.

De forma esquematizada, tem-se **5 faixas de carência no Direito Previdenciário**, a saber:

Benefício:	Carência:
Aposentadoria programada	180
Aposentadoria especial (condições especiais – nocivas)	180
Aposentadoria por idade do trabalhador rural	180
Auxílio reclusão	24
Aposentadoria por incapacidade permanente	12
Auxílio por incapacidade temporária	12
Salário Maternidade (C, S, F)	10
Aposentadoria por incapacidade permanente **acidentária**	zero
Auxílio por incapacidade temporária **acidentário**	zero
Auxílio acidente	zero
Salário maternidade (E, D, A)	zero
Salário família	zero
Pensão por morte	zero
Reabilitação profissional (serviço)	zero

(Autoria: Ali Mohamad Jaha)

Dando continuidade, devemos retomar um dispositivo muito importante para os nossos estudos. Observe o que dispõe o Decreto n.º 3.048/1999:

> Art. 27-A. Na hipótese de perda da qualidade de segurado, para fins da concessão dos benefícios de **auxílio por incapacidade temporária**, de **aposentadoria por incapacidade permanente**, de **salário maternidade** e de **auxílio reclusão**, as contribuições anteriores à perda somente serão computadas para fins de carência depois que o segurado contar, **a partir da nova filiação ao RGPS**, com **metade (50%)** do número de contribuições exigidas para o cumprimento do período de carência.
>
> Parágrafo único. Aplica-se o disposto no caput ao segurado oriundo de regime próprio de previdência social que se filiar ao Regime Geral de Previdência Social.

Retomando um pouco, sabemos que enquanto o segurado estiver **contribuindo** para a RFB, ele manterá sua **qualidade de segurado** junto ao INSS.

Ao cessar suas contribuições, o segurado adentra ao **período de graça (PG)**, que é um período em que não se contribui, mas ainda mantém a **qualidade de segurado**.

Com o encerramento do PG, **ocorre a perda da qualidade de segurado**.

Em **regra**, a perda da qualidade de segurado **não impede** o cidadão de computar, para fins de concessão de benefício, as contribuições recolhidas anteriormente a perda.

Entretanto, o Art. 27-A supra traz algumas **exceções**!

No caso da perda da qualidade de segurado, para fins de concessão de benefício, as contribuições anteriores à perda somente serão **computadas** para fins de carência depois que o segurado contar, **a partir da nova filiação ao RGPS, com metade (50%) do número de contribuições exigidas para o cumprimento do período de carência**, para os seguintes benefícios:

- Auxílio por incapacidade temporária;
- Aposentadoria por incapacidade permanente;
- Salário maternidade (C, S, F), e;
- Auxílio Reclusão.

Acredito que dois exemplos devam elucidar melhor a **regra** e as **exceções**. =)

Exercício 01:

Adriana trabalhou por muito tempo no setor de construção civil, onde exerceu diversos cargos em diversas empresas do ramo. Após três décadas de trabalho, foi demitida sumariamente. Gozou de todo seu período de graça. Passados quatro anos, ela cumpre os requisitos de idade e de tempo de contribuição para se aposentar na modalidade programada.

Nessa situação hipotética, ela pode computar a carência anterior a perda da qualidade de segurada para que lhe seja concedida a aposentadoria programada?

Neste caso sim! Estamos diante da **regra**! =)

Em **regra**, a perda da qualidade de segurado **não impede** o cidadão de computar, para fins de concessão de benefício, as contribuições recolhidas anteriormente a perda.

Exercício 02:

Marcos trabalhou por quatro anos na empresa "Entregamos, aconteça o que acontecer" no cargo de motoboy. Em função da crise que assolou o país no mundo pós-pandemia, ele perdeu seu emprego, gozou todo o seu período de graça. Passados seis anos, enquanto passeava de moto num belo sábado de sol, ironicamente, caiu da moto e se machucou gravemente.

Nessa situação hipotética, ele pode computar a carência anterior a perda da qualidade de segurado para a concessão do benefício de auxílio por incapacidade temporária (antigo auxílio doença)?

De forma automática como ocorre na **regra**, **NÃO**!

Nessa situação, para fins de concessão de benefício, as contribuições anteriores à perda somente serão **computadas** para fins de carência depois que o segurado contar, **a partir da nova filiação ao RGPS, com metade (50%) do número de contribuições exigidas para o cumprimento do período de carência**.

Assim, Marcos deve proceder a uma nova filiação e contribuir com 50% da carência exigida pelo benefício.

No caso, o auxílio exige 12 contribuições mensais de carência, logo, Marcos terá que contribuir por 6 meses para então poder computar a carência anterior a perda da qualidade de segurado.

Acho que os exercícios ajudaram. =)

Diante do exposto, assim, podemos resumir:

Benefício:	Carência:	Novo PC após encerramento do PG
Aposentadoria programada	180	
Aposentadoria especial (condições especiais – nocivas)	180	
Aposentadoria por idade do trabalhador rural	180	
Auxílio reclusão	24	12
Aposentadoria por incapacidade permanente	12	6
Auxílio por incapacidade temporária	12	6
Salário Maternidade (C, S, F)	10	5
Aposentadoria por incapacidade permanente **acidentária**	zero	
Auxílio por incapacidade temporária **acidentário**	zero	
Auxílio acidente	zero	
Salário maternidade (E, D, A)	zero	
Salário família	zero	
Pensão por morte	zero	
Reabilitação profissional (serviço)	zero	

(Autoria: Ali Mohamad Jaha)

Por fim, vale trazer uma passagem muito importante constante do Decreto n.º 3.048/1999:

> Art. 180, § 1º A perda da qualidade de segurado **não prejudica o direito à aposentadoria para cuja concessão tenham sido preenchidos todos os requisitos, segundo a legislação em vigor à época em que estes requisitos foram atendidos.**

Para as aposentadorias, a regra é específica e claríssima! Cumpriu **todos os requisitos** para a sua concessão? Perfeito, o segurado entra na **situação de direito adquirido**.

Pode ocorrer perda da qualidade segurado ou até mesmo a lei pode ser totalmente alterada **sem que isso atinja o seu direito adquirido**.

2.4. A Transição de Carência e o Congelamento de Carência

O Regulamento da Previdência Social (RPS) assim prevê:

Art. 182. A **carência** das aposentadorias **por idade**, **por tempo de contribuição** e **especial** para os segurados inscritos na **previdência social urbana** até **24/07/1991** e para os trabalhadores e empregadores rurais amparados pela **previdência social rural** obedecerá à seguinte **tabela**, considerado o ano em que o segurado tiver implementado todas as condições necessárias à obtenção do benefício.

O dispositivo apresenta uma forma de transição das antigas **previdência social urbana** e **previdência social rural** para o **atual RGPS**.

Nas previdências anteriores (urbana e rural), as anacrônicas aposentadorias por idade e por tempo de contribuição exigiam 60 contribuições de carência. Posteriormente, sob a égide do RGPS, passaram a exigir 180 contribuições de carência.

Para constar, essas aposentadorias não existem mais. No lugar delas foi criada a aposentadoria programada, que une critérios de idade e de tempo de contribuição.

A aposentadoria especial também exigia apenas 60 contribuições nos regimes anteriores e passou a exigir 180 contribuições no regime atual.

Para realizar essa transição, de maneira amena e sem muitos traumas para os segurados, o Art. 142 da Lei n.º 8.213/1991 trouxe a seguinte tabela:

Ano de implementação das condições	Meses de contribuição exigidos
1991	60 meses
1992	60 meses
1993	66 meses
1994	72 meses
1995	78 meses
1996	90 meses
1997	96 meses
1998	102 meses
1999	108 meses
2000	114 meses
2001	120 meses
2002	126 meses
2003	132 meses
2004	138 meses
2005	144 meses
2006	150 meses
2007	156 meses
2008	162 meses

Ano de implementação das condições	Meses de contribuição exigidos
2009	168 meses
2010	174 meses
2011	180 meses

Vamos compreender essa tabela?

No ano de 2005, Márcio, que era inscrito na previdência social urbana desde os anos 1980, decidiu se aposentar por tempo de contribuição. Qual a carência exigida?

No caso, ao invés das 180 contribuições normalmente exigidas, será exigida somente 144 meses para que ele usufrua de tal benefício em função dessa tabela de transição.

Sobre o tema, devo apresentar um entendimento muito interessante Turma Nacional de Uniformização dos Juizados Especiais Federais (TNU-JEF):

> Súmula TNU-JEF n.º 44/2011: Para efeito de **aposentadoria urbana por idade**, a tabela progressiva de carência prevista no Art. 142 da Lei n.º 8.213/1991 deve ser aplicada em função **do ano em que o segurado completa a idade mínima para concessão do benefício, ainda que o período de carência só seja preenchido posteriormente.**

Especificamente para a antiga **aposentadoria urbana por idade**, caso o segurado já tenha atingido a idade para se aposentar em determinado ano, mas ainda não cumpriu a carência, "**congela-se**" a carência exigida no ano em questão, e o cidadão **continuará a contribuir até alcançar** a "**carência congelada**".

Este fenômeno jurídico recebe o nome de **Congelamento de Carência**. =)

Acredito que um exemplo auxilie na compreensão do instituto.

Suponha que Lucas, segurado da antiga previdência social urbana desde os anos 1980, tenha completado 65 anos de idade em 06/2005. Com isso, ele **completou a idade mínima para se aposentar por idade**.

Entretanto, a tabela de transição exige 144 contribuições mensais de carência para o ano de 2005. E Lucas, infelizmente, só conta com 108 contribuições pagas sem atraso.

Neste caso, **"congela-se" a carência exigida de 144 contribuições**. Com isso, Lucas irá contribuir por mais 36 meses, até 06/2008, quando completará as 144 contribuições exigidas no ano de 2005.

Agora, Lucas pode se aposentar uma vez que cumpriu:

- A idade mínima (65 anos em 2005), e;
- **A carência de 144 contribuições exigida em 2005, mas cumprida somente em 2008**, quando a carência já estava 162 contribuições.

Capítulo 8

AS ESPÉCIES DE BENEFÍCIOS E DE PRESTAÇÕES

1. AS DISPOSIÇÕES GERAIS SOBRE OS BENEFÍCIOS E AS PRESTAÇÕES

Para iniciar essa parte tão importante do nosso curso, nada melhor do que listar os benefícios e serviços previdenciários existentes no atual ordenamento jurídico.

Assim, o Regime Geral da Previdência Social (RGPS) compreende os seguintes **benefícios** e **serviços**, devidos inclusive em razão de eventos decorrentes de acidente do trabalho:

Devido aos:	Tipo:	Benefício ou Serviço:
Segurados	Benefício	1. Aposentadoria por incapacidade permanente
		2. Aposentadoria programada (critério idade + tempo de contribuição).
		3. Aposentadoria por idade do trabalhador rural.
		4. Aposentadoria especial.
		5. Auxílio por incapacidade temporária.
		6. Salário família.
		7. Salário maternidade.
		8. Auxílio acidente.
Dependentes		1. Pensão por morte.
		2. Auxílio reclusão.

Devido aos:	Tipo:	Benefício ou Serviço:
Segurados e Dependentes	Serviço	1. Serviço social.
		2. Habilitação e reabilitação profissional

(Autoria: Ali Mohamad Jaha)

Neste ponto da disciplina devo ressaltar que até o ano de 1994 existia o **abono de permanência em serviço** para o segurado que cumpria todos os requisitos para se aposentar na antiga espécie de aposentadoria por tempo de serviço (tempo de contribuição) e continuasse na ativa.

Na situação supracitada, o segurado recebia mensalmente um abono de permanência de 25% do valor da aposentadoria que ele teria direito, desde que contasse com 35 anos de serviço, se homem, ou com 30 anos de serviço, se mulher. Enfim, um pouco de história do nosso Direito Previdenciário. =)

Dando continuidade, observa-se que são muitos benefícios (8) e poucos serviços (apenas 2). Em todo caso, antes de mais nada, devemos **memorizar** o nome de cada um dos mesmos para depois estudarmos em profundidade. Observe a seguinte tabela esquematizada:

1. Aposentadoria por incapacidade permanente
2. Aposentadoria programada (critério idade + tempo de contribuição).
3. Aposentadoria por idade do trabalhador rural.
4. Aposentadoria especial.

1. Auxílio por incapacidade temporária.
2. Auxílio acidente.
3. Auxílio reclusão.

1. Salário família.
2. Salário maternidade.

1. Pensão por morte.

(Autoria: Ali Mohamad Jaha)

Como pode ser facilmente observado, quantos aos benefícios, tem-se:

- 4 espécies de aposentadoria;
- 3 espécies de auxílio;
- 2 espécies de salário, e;
- 1 espécie de pensão.

Os serviços, por seu turno, são fáceis de lembrar: serviço social e habilitação e reabilitação profissional. Bem intuitivos. =)

Vale ressaltar que, atualmente, os benefícios previdenciários poderão ser solicitados, pelos interessados, aos Oficiais de Registro Civil das Pessoas Naturais, que encaminharão, eletronicamente, requerimento e respectiva documentação comprobatória de seu direito para deliberação e análise do Instituto Nacional do Seguro Social (INSS), nos termos do regulamento (Lei n.º 13.846/2019).

Nesta parte inicial, considero importante trazer os seguintes dispositivos presentes no Regulamento da Previdência Social de 1999:

> Art. 103. A segurada **aposentada** que retornar à atividade fará jus ao pagamento do **salário maternidade**.
>
> (...)
>
> Art. 168. **Exceto nas hipóteses de aposentadoria por incapacidade permanente ou especial**, o retorno do aposentado à atividade **não prejudicará o recebimento de sua aposentadoria.**
>
> (...)
>
> Art. 173. O segurado em gozo de aposentadoria que **voltar a exercer atividade abrangida pelo RGPS** fará jus:
>
> I – Ao **salário família** e à **reabilitação profissional**, quando empregado (E), inclusive o doméstico (D), ou trabalhador avulso (A), e;
>
> II – Ao **salário maternidade.**

Do exposto, podemos compilar e esquematizar as seguintes regras:

- Em regra, o retorno do aposentado à atividade remunerada não prejudica o recebimento da sua aposentadoria. Entretanto, se for aposentado por **incapacidade permanente** ou **especial**, o recebimento da aposentadoria será **suspenso**.
- A segurada aposentada, que retornar à atividade remunerada, terá direito ao recebimento do **salário maternidade (CADES)**, do **salário família (E/D/A)** e da prestação do **serviço de reabilitação profissional (E/D/A)**.

2. AS DISPOSIÇÕES ESPECÍFICAS SOBRE OS BENEFÍCIOS E AS PRESTAÇÕES

Nesse tópico, composto de vários subtópicos, será tratado, de forma detalhada, todos os benefícios e todas as prestações previdenciárias existentes. Relembrando: 8 benefícios e 2 serviços. =)

Serão extensas páginas, com muitos detalhes importantes para os seus estudos. Preste muita atenção!

2.1. A Aposentadoria por Incapacidade Permanente

Conforme dispõe o Decreto n.º 3.048/1999:

> Art. 43. A **aposentadoria por incapacidade permanente**, uma vez cumprido o período de carência exigido, quando for o caso, será devida ao segurado que, **em gozo ou não de auxílio por incapacidade temporária**, for considerado **incapaz** para o trabalho e **insuscetível** de reabilitação para o exercício de atividade que lhe garanta a subsistência, que lhe será paga enquanto permanecer nessa condição.

Esse benefício por incapacidade será devido quando **realmente** o segurado não apresentar condição alguma de permanecer no mercado de trabalho.

A concessão desse tipo de aposentadoria dependerá da verificação da condição de incapacidade, mediante **exame médico-pericial** a cargo da Perícia Médica Federal, de modo que o segurado possa, às suas expensas - se assim desejar -, ser acompanhado por médico de sua confiança.

O exame médico-pericial previsto acima poderá ser realizado com o uso de **tecnologia de telemedicina** ou por análise documental conforme situações e requisitos definidos em regulamento.

Em regra, a verificação clínica da incapacidade laboral é realizada por um Perito Médico Previdenciário, servidor público federal.

No entanto, o segurado poderá custear um médico particular de sua confiança para acompanhar a perícia.

Essa perícia se faz necessária para evitar fraudes por parte de alguns segurados que tentam "**se encostar no INSS**" a qualquer custo.

Agora imagine que o segurado ao se filiar ao RGPS, já era portador de alguma doença ou lesão. Nesse caso, em regra, ele não poderá se aposentar por incapacidade permanente perante o RGPS, **salvo** quando a incapacidade sobrevier por motivo de **progressão** ou **agravamento** dessa doença ou lesão.

Como podemos observar, o estado clínico do segurado deve contar com uma **piora considerável** para que ele possa gozar de aposentadoria por incapacidade permanente.

O benefício consiste numa renda mensal e será devida a contar do dia imediato ao da cessação do auxílio por incapacidade temporária, caso o segurado esteja em gozo desse benefício.

A **concessão** da aposentadoria se dá após a perícia médica inicial que constate a incapacidade total e definitiva para o trabalho. Nesse caso, a Aposentadoria por incapacidade permanente será devida:

1. **Ao segurado empregado (E):**
   a) A contar do 16.º dia do afastamento da atividade, se o requerimento for realizado em até 30 dias após o afastamento, ou;
   b) A partir da data da entrada do requerimento, se entre o afastamento e a entrada do requerimento decorrer mais de 30 dias.
2. **Ao segurado empregado doméstico (D), contribuinte individual (C), trabalhador avulso (A), especial (S) ou facultativo (F):**
   a) A contar da data do início da incapacidade, se o requerimento for realizado em até 30 dias após o afastamento, ou;
   b) A contar da data da entrada do requerimento, se entre essas datas decorrer mais de 30 dias.

No caso do segurado empregado (E), durante os **primeiros 15 dias** de afastamento consecutivos da atividade por motivo de incapacidade, **caberá à empresa pagar o seu salário integral**. Por essa razão, a Aposentadoria por incapacidade permanente será devida, em regra, a partir do 16.º dia.

Desde a Medida Provisória n.º 739/2016, o segurado aposentado por incapacidade permanente poderá ser convocado a qualquer momento para avaliação das condições que ensejaram o afastamento ou a aposentadoria, concedida judicial ou administrativamente.

Para constar, a pessoa com HIV (AIDS) é dispensada da avaliação referida acima (Lei n.º 13.847/2019).

A concessão de Aposentadoria por incapacidade permanente, inclusive quando precedida de Auxílio por incapacidade temporária, **fica condicionada ao afastamento do segurado de todas as suas atividades**.

Em resumo, o segurado não deverá mais realizar nenhuma atividade laboral, por mais leve que seja, mesmo que essa atividade consista em ficar sentado o dia todo vendendo coxinha de frango na porta do INSS. =)

MUITA ATENÇÃO:

A Aposentadoria por incapacidade permanente apresenta uma peculiaridade em relação às outras modalidades de aposentadoria. **Caso o segurado necessitar de assistência permanente de outra pessoa será acrescido de 25% o valor de seu benefício**.

Essa necessidade se dá em situações específicas previstas na legislação previdenciária, como por exemplo, a paralisia dos dois membros superiores ou inferiores, entre outras situações mórbidas. Sobre esse **acréscimo de 25%**, é importante ressaltar que:

1. Será devido, ainda que o valor da aposentadoria atinja o limite máximo legal (Teto do RGPS), e;
2. Será recalculado quando o benefício que lhe deu origem for reajustado.

A Aposentadoria por incapacidade permanente é a **única aposentadoria que pode extrapolar o Teto do RGPS**.

Suponha que Adamastor esteja recebendo R$ 9.200,00 de aposentadoria por incapacidade permanente e o Teto do RGPS seja de R$ 10.000,00 (apenas para efeitos de cálculos). Posteriormente, ficou comprovado que Adamastor necessitará de assistência permanente de outra pessoa. Como ficará o benefício?

> Observe que ele já recebe muito próximo do Teto fictício elencado. Ao se acrescentar 25%, tem-se:
>
> R$ 9.200,00 x 1,25 = R$ 11.500,00.
>
> No caso, Adamastor passará a receber R$ 11.500,00, extrapolando o Teto do RGPS.

Deve-se ressaltar que o acréscimo de 25% será **extinto** com a morte do segurado aposentado, **não sendo incorporado ao valor da Pensão por morte**, afinal, quem necessitava de auxílio permanente era o segurado incapaz, não seus pensionistas.

Em 06/2021, com o julgamento do Recurso Extraordinário (Rex) n.º 1.221.446/2019, o STF deu provimento ao recurso e declarou a **impossibilidade** de concessão e extensão do "auxílio acompanhante" (25%) para todas as espécies de aposentadoria.

Assim, o Supremo decidiu que, no âmbito do Regime Geral de Previdência Social (RGPS), somente lei pode criar ou ampliar benefícios e vantagens previdenciárias, não havendo, por ora, previsão de extensão do auxílio da grande invalidez a todas às espécies de aposentadoria.

O segurado em gozo de auxílio por incapacidade temporária, auxílio acidente ou aposentadoria por incapacidade permanente e o pensionista inválido, cujos benefícios tenham sido concedidos judicial ou administrativamente, estão obrigados, **sob pena de suspensão do benefício**, a submeter-se a:

1. **Exame** médico a cargo da Previdência Social para avaliação das condições que ensejaram sua concessão ou manutenção;

2. Processo de **reabilitação** profissional por ela prescrito e custeado, e;
3. **Tratamento** dispensado gratuitamente, **exceto o cirúrgico e a transfusão de sangue, que são facultativos.**

A faculdade exposta no tópico 3 deriva de fatores culturais, uma vez que existem religiões e crenças que não permitem que seus fiéis seguidores "consumam" sangue ou "mutilem" seus corpos.

Em princípio, pode soar um pouco absurdo tal situação, entretanto, trata-se da **liberdade religiosa**, que é um direito individual esculpido no Art. 5.º da Constituição de 1988 e deve ser respeitada.

O segurado poderá recorrer do resultado da avaliação decorrente do exame médico supra, no **prazo de 30 dias.**

Com o advento da Lei n.º 14.441/2022, num mundo pós-pandemia, as avaliações e os exames médico-periciais poderão ser realizados com o uso de **tecnologia de telemedicina** ou por análise documental conforme situações e requisitos definidos em regulamento.

Em caso de cancelamento de agendamento para perícia presencial, o horário vago poderá ser preenchido por perícia com o uso de tecnologia de telemedicina, antecipando atendimento previsto para data futura, obedecida a ordem da fila.

No caso da antecipação de atendimento prevista acima, observar-se-á a disponibilidade do periciando para se submeter à perícia remota no horário tornado disponível.

Deve-se ressaltar que compete ao Ministério da Previdência Social, por meio da Perícia Médica Federal, o **julgamento** dos recursos das decisões constantes de parecer conclusivo quanto à incapacidade laboral e à caracterização da invalidez do dependente, na forma do regulamento.

Atualmente, o **aposentado por incapacidade permanente** e o **pensionista inválido** que não tenham retornado à atividade estarão **isentos do exame supracitado**:

a) Após completarem 55 anos ou mais de idade e quando decorridos 15 anos da data da concessão da Aposentadoria por Incapacidade Permanente ou do Auxílio por Incapacidade Temporária que a precedeu, ou;

b) Após completarem 60 anos de idade.

Entretanto, devo ressaltar que essas isenções **não se aplicam** quanto o exame tem as seguintes finalidades:

a) Verificar a necessidade de assistência permanente de outra pessoa para a concessão do acréscimo de 25% sobre o valor do benefício;

b) Verificar a recuperação da capacidade de trabalho, mediante solicitação do aposentado ou pensionista que se julgar apto, e;

c) Subsidiar autoridade judiciária na concessão de curatela.

Dando continuidade, o aposentado por incapacidade, além das 3 espécies obrigatórias e 2 facultativas de tratamento, está obrigado, sob pena de sustação do pagamento do benefício, a submeter-se **bienalmente** (a cada 2 anos), a **exames médico-periciais**.

A vida é cheia de surpresas, algumas boas e outras ruins. Levando em consideração esse pensamento, pode acontecer de o aposentado por incapacidade permanente ter uma bela surpresa em sua vida e **recuperar a sua capacidade laboral**. O retorno à vida laboral pode acontecer de **duas maneiras**:

1. **Voluntariamente**: É o caso do aposentado por incapacidade permanente que retornar voluntariamente a sua atividade, tendo a aposentadoria automaticamente cessada a partir da data do retorno, ou;

2. **Por perícia médica do INSS que confirme a recuperação da capacidade laborativa**: Já nesse caso, o aposentado por Incapacidade Permanente que se julgar apto a retornar à atividade deverá **solicitar** a realização de nova avaliação médico-pericial. Caso essa perícia conclua pela sua recuperação laboral, a aposentadoria será cancelada, sendo observado o seguinte:

2.1. Quando a **recuperação for total** e **ocorrer dentro de 5 anos** contados da data do início da Aposentadoria por Incapacidade Permanente ou do Auxílio por Incapacidade Temporária que a antecedeu sem interrupção, o benefício cessará:

a) **De imediato**, para o segurado empregado (**E**) que tiver direito a retornar à função que desempenhava na empresa ao se aposentar, na forma da legislação trabalhista, valendo como documento, para tal fim, o certificado de capacidade fornecido pela Previdência Social, ou;

b) **Após tantos meses** quantos forem os anos de duração do Auxílio por Incapacidade Temporária e da Aposentadoria por Incapacidade Permanente, para os demais segurados (**C, A, D, S, F**). Por exemplo, se a aposentadoria durou 3 anos, a cessação do benefício ocorrerá após 3 meses.

2.2. Quando a **recuperação for parcial** ou **for total, mas ocorrer após o período de 5 anos** presente no item 2.1., ou ainda quando o segurado for declarado **apto para o exercício de trabalho diverso do qual habitualmente exercia**, a aposentadoria será mantida, sem prejuízo da volta à atividade:

a) Pelo seu **valor integral**, durante 6 meses contados da data em que for verificada a recuperação da capacidade;

b) Com **redução de 50%**, no período seguinte de 6 meses, e;

c) Com **redução de 75%**, também por igual período de 6 meses, ao término do qual cessará definitivamente.

Para facilitar, segue um esquema para os casos em que a recuperação da atividade laboral seja comprovada por perícia médica do INSS:

Recuperação total em até 5 anos	
Aposentadoria extinta:	De imediato (E).
	Após tantos meses (C, A, D, S, F).
Recuperação parcial	
Recuperação total após 5 anos	
Apto para serviço diferente	
Aposentadoria mantida:	100%, do mês 1 ao 6.
	50%, do mês 7 ao 12.
	25%, do mês 13 ao 18.
Aposentadoria extinta:	A partir do mês 19.

(Autoria: Ali Mohamad Jaha)

Por fim, o segurado que retornar à atividade poderá requerer **a qualquer tempo**, novo benefício, seguindo esse o trâmite normal.

2.2. As Aposentadorias Programadas

Atualmente, após a promulgação da Emenda Constitucional n.º 103/2019, que foi a Grande Reforma da Previdência 2019, **não existem mais as modalidades de aposentadoria por idade e aposentadoria por tempo de contribuição propriamente ditas**.

Para se aposentar, o segurado do RGPS deve cumprir **critérios combinados** (idade, tempo de contribuição, tempo de magistério, etc.), para se aposentar de forma programada perante o regime geral.

Por isso, **este autor classificou essa nova regra, desde 2019, como Aposentadoria programada.**

A aposentadoria programada, em todas as suas vertentes, é disponível para todas as classes de segurados (CADES F).

2.2.1. A Aposentadoria Programada (Regra)

A nossa Constituição Federal, em seu Art. 201, § 7.º, informa que será devida a **aposentadoria programada (regra)** quando o segurado contar com:

- 65 anos de idade, se homem, e 62 anos de idade, se mulher, e;
- 20 anos de contribuição, se homem e 15 anos de contribuição, se mulher.

2.2.2. A Aposentadoria Programada do Professor

Não obstante, a **aposentadoria programada do professor** ocorre quando esse contar com:

- 60 anos de idade, se homem, e 57 anos de idade, se mulher, e;
- 25 anos de contribuição exclusivamente em efetivo exercício das funções de magistério na educação infantil e no ensino fundamental e médio (não alcança os professores universitários!).

Aqui vale uma ressalva interessante!

Desde o advento da Lei n.º 11.301/2006 que incluiu um importante dispositivo na Lei n.º 9.394/1996 (Lei de Diretrizes e Bases da Educação Nacional – LDB), outras atividades escolares também se beneficiaram dessa redução, como podemos observar no texto da própria LDB:

> Art. 67, § 2.º Para os efeitos do disposto no § 5.º do Art. 40 e no § 8.º do Art. 201 da Constituição Federal, **são consideradas funções de magistério** as exercidas por professores e especialistas em educação no desempenho de atividades educativas, quando exercidas em estabelecimento de educação básica em seus diversos níveis e modalidades, incluídas, **além do exercício da docência**, as de **direção de unidade escolar** e as de **coordenação e assessoramento pedagógico**.

Assim, para fins previdenciários, considera-se função de magistério a exercida por professor, quando exercida em estabelecimento de educação básica em seus diversos níveis e modalidades, incluídas, além do **exercício da docência**, as funções de **direção de unidade escolar** e as de **coordenação e assessoramento pedagógico**.

Conforme dispõe o RPS de 1999, a comprovação da condição de **professor** far-se-á mediante a apresentação:

1. Do respectivo **diploma** registrado nos órgãos competentes federais e estaduais, ou de qualquer outro documento que comprove a habilitação para o exercício do magistério, na forma de lei específica, e;
2. Dos registros em Carteira Profissional e/ou Carteira de Trabalho e Previdência Social (CTPS) complementado, quando for o caso, por declaração do estabelecimento de ensino onde foi exercida a atividade, sempre que necessária essa informação, para efeito e caracterização do efetivo exercício da função de magistério.

Além disso, no caso da aposentadoria dos professores, são contados como tempo de contribuição:

1. O de **serviço público** federal, estadual, do Distrito Federal ou municipal;
2. O de recebimento de **benefício por incapacidade**, entre períodos de atividade, e;
3. O de **benefício por incapacidade** decorrente de acidente do trabalho, intercalado ou não.

Sobre o tema, ainda é importante ressaltar que **é vedada a conversão de tempo de serviço de magistério, exercido em qualquer época, em tempo de serviço comum**.

Em suma cada ano no magistério vale 1 ano de atividade comum!

Tem-se, ao analisar a legislação vigente, que as aposentadorias citadas anteriormente necessitam de uma **carência de 180 contribuições mensais**.

A aposentadoria programada consiste numa renda mensal apurada na forma da lei, devida:

1. Ao segurado empregado (E), inclusive o doméstico (D):
   a) A partir da **data do desligamento** do emprego, quando requerida **até 90 dias** depois dela, ou;
   b) A partir da **data do requerimento**, quando não houver desligamento do emprego OU quando for requerida **após o prazo de 90 dias**.
2. Para os demais segurados (C, A, S, F), a partir da **data da entrada do requerimento**.

2.3. A Aposentadoria Compulsória

Por seu turno, devemos falar da **Aposentadoria compulsória**!

Nesse caso, a aposentadoria será requerida pela empresa, desde que o segurado tenha cumprido a **carência de 180 contribuições**, quando esse completar 70 anos de idade, se do sexo masculino, ou 65 anos de idade, se do sexo feminino.

Na compulsória, será garantida ao empregado a **indenização prevista na legislação trabalhista**, considerada como data da rescisão do contrato de trabalho a imediatamente anterior à do início da aposentadoria.

Essa indenização trabalhista tem valor **equivalente** à indenização por desligamento **sem justa causa** dos contratos de trabalho por prazo indeterminado.

Assim, o empregado tem direito a levantar todas as verbas rescisórias, inclusive uma **multa de 40% sobre o saldo do seu FGTS**, que dependendo do tempo que o empregado trabalha na empresa, pode corresponder a um valor bem considerável.

2.4. A Aposentadoria por Idade do Trabalhador Rural

A **aposentadoria para os trabalhadores rurais** ocorre aos 60 anos, se homem, e aos 55 anos de idade, se mulher.

São trabalhadores rurais para efeitos previdenciários: os trabalhadores rurais e para os que exerçam suas atividades em **regime de economia familiar**, nestes incluídos o produtor rural, o **garimpeiro** e o pescador artesanal.

No caso do trabalhador rural, esse deverá comprovar **o efetivo exercício de atividade rural por tempo igual ao número de meses de contribuição correspondente à carência do benefício pretendido**, ainda que o trabalho tenha se dado de forma descontínua, no período imediatamente anterior:

1. Ao requerimento do benefício, ou;
2. Conforme o caso, ao mês em que cumpriu o requisito etário (idade).

Em outras palavras o tempo de atividade rural conta como carência! No caso, precisa de 15 anos (180 contribuições) de atividade rural (contínuos ou intercalados).

Caso o trabalhador rural não atenda as exigências supracitadas, mas satisfaça a condição para se aposentar, desde que sejam contados os períodos de contribuição sob outras categorias do segurado, farão jus ao benefício ao completarem 65 anos de idade, se homem, e 60 anos, se mulher.

Esse é o caso do trabalhador rural que não tem 15 anos de atividade rural para usar de carência. Nesse caso, deverá usar, caso tenha, o período de contribuição em outra categoria de segurado, como empregado ou contribuinte individual, por exemplo.

2.5. As Aposentadorias do Segurado Deficiente

2.5.1. A Aposentadoria Programada (Critério Idade)

Em consonância com o exposto na Emenda Constitucional n.º 103/2019, atualmente, o **segurado deficiente se aposentará de forma programada** quando cumprido o disposto na Lei Complementar n.º 142/2013.

Desde 09/11/2013, as pessoas com deficiência passaram a ter direito a adoção de requisitos e critérios diferenciados (**e mais benéficos**) para a concessão de aposentadoria programada pelo regime geral de previdência social (RGPS), conforme prevê o Art. 201, § 1.º da CF/1988, regulamentado pela Lei Complementar n.º 142/2013 e mais bem detalhado pelo Decreto n.º 8.145/2013, que alterou o Regulamento da Previdência Social (RPS).

Observe o que dispõe o RPS (com as devidas atualizações frente a Reforma 2019):

> Art. 70-A. A concessão da aposentadoria programada (critério idade ou tempo de contribuição) ao segurado que tenha reconhecido, após ter sido submetido a **avaliação biopsicossocial** realizada por equipe multiprofissional e interdisciplinar, **grau de deficiência leve, moderada ou grave está condicionada à COMPROVAÇÃO da condição de pessoa com deficiência** na data da entrada do requerimento ou na data da implementação dos requisitos para o benefício (Decreto n.º 10.410/2020).

Para efeitos legais, considera-se **pessoa com deficiência** aquela que possui **impedimentos de longo prazo de natureza física, mental, intelectual ou sensorial**, os quais, em interação com diversas barreiras, podem **obstruir** sua participação plena e efetiva na sociedade em igualdade de condições com as demais pessoas.

Ato conjunto do Poder Executivo Federal definirá casos de impedimento de longo prazo para os efeitos previdenciários.

A **aposentadoria programada (critério idade) da pessoa com deficiência** ocorre aos 60 anos de idade, se homem, e 55 anos de idade, se mulher, **independentemente do grau de deficiência (leve, moderado ou grave)**, desde que cumprido **tempo mínimo de contribuição de 15 anos e comprovada a existência de deficiência durante igual período**.

Para efeito de **concessão** da aposentadoria da pessoa com deficiência, compete à perícia própria do INSS, nos termos de ato conjunto do Poder Executivo Federal:

1. Avaliar o segurado e **fixar a data provável do início da deficiência e o seu grau**, e;
2. Identificar a ocorrência de **variação no grau de deficiência** e indicar os respectivos períodos em cada grau.

A comprovação da deficiência anterior à data da vigência da Lei Complementar n.º 142/2013, será instruída por **documentos** que subsidiem a avaliação médica e funcional, **vedada a prova exclusivamente testemunhal**.

A avaliação da pessoa com deficiência será realizada para fazer prova dessa condição exclusivamente para fins previdenciários.

Se o segurado, após a filiação ao RGPS, tornar-se pessoa com deficiência, ou tiver seu grau de deficiência alterado, os parâmetros de tempo de contribuição e/ou idade serão **proporcionalmente ajustados**, considerando-se o número de anos em que o segurado exerceu atividade laboral sem a deficiência e com a deficiência, observado o grau correspondente.

Para fins da Aposentadoria programada (critério idade) da pessoa com Deficiência, é assegurada a conversão do período de exercício de atividade sujeita a condições especiais que prejudiquem a saúde ou a integridade física, cumprido na condição de pessoa com deficiência, exclusivamente para efeito de cálculo do valor da renda mensal, **vedado** o cômputo do tempo convertido para fins de carência.

Deve-se ter em mente que é garantido ao segurado a percepção de qualquer outra espécie de aposentadoria estabelecida na legislação previdenciária, que lhe seja **mais vantajosa** do que as opções apresentadas na Lei Complementar n.º 142/2013.

Vale ressaltar que a critério do INSS, o segurado com deficiência deverá, a qualquer tempo, submeter-se a perícia própria para avaliação ou reavaliação do grau de deficiência.

Por fim, aplicam-se à pessoa com deficiência, de forma subsidiária, as demais normas relativas aos benefícios do RGPS.

2.5.2. A Aposentadoria Programada (Critério Tempo de Contribuição)

A Aposentadoria programada (critério tempo de contribuição) do segurado com deficiência, cumprida a **carência de 180 contribuições** mensais, é devida ao segurado Empregado, inclusive o Doméstico, Trabalhador avulso, Contribuinte Individual e facultativo, observado o disposto na legislação previdenciária e os seguintes **requisitos**:

1. Aos 25 anos de tempo de contribuição, se homem, e 20 anos, se mulher, no caso de segurado com deficiência **grave**;
2. Aos 29 anos de tempo de contribuição, se homem, e 24 anos, se mulher, no caso de segurado com deficiência **moderada**, ou;
3. Aos 33 anos de tempo de contribuição, se homem, e 28 anos, se mulher, no caso de segurado com deficiência **leve**.

Esquematicamente:

Deficiência	Tempo de Contribuição	
	Homem	Mulher
Grave	25	20
Moderada	29	24
Leve	33	28

(Autoria: Ali Mohamad Jaha)

Vale lembrar que a Aposentadoria programada (critério tempo de contribuição) do segurado com deficiência também será devida aos **Segurados Especiais** que contribuam **facultativamente** nas mesmas condições do contribuinte individual (20% x SC por ele declarado).

Fica o Poder Executivo Federal obrigado, por meio de Regulamento, a definir quais são as deficiências grave, moderada e leve para os fins da referida Lei Complementar.

Por sua vez, a avaliação da deficiência será **médica e funcional**, nos termos do Regulamento, sendo que o grau de deficiência será **atestado** por perícia própria do Instituto Nacional do Seguro Social (**INSS**), por meio de instrumentos desenvolvidos para esse fim.

Para efeito de **concessão** da aposentadoria da pessoa com deficiência, devo lembrar que compete à perícia própria do INSS, nos termos de ato conjunto do Poder Executivo Federal:

1. Avaliar o segurado e **fixar a data provável do início da deficiência e o seu grau**, e;
2. Identificar a ocorrência de **variação no grau de deficiência** e indicar os respectivos períodos em cada grau.

A comprovação da deficiência anterior à data da vigência da Lei Complementar n.º 142/2013, será instruída por **documentos** que subsidiem a avaliação médica e funcional, **vedada** a prova exclusivamente testemunhal.

Para o segurado que, **após a filiação ao RGPS**, tornar-se pessoa com deficiência, ou tiver seu grau alterado, os parâmetros de tempo de contribuição serão **proporcionalmente ajustados** e os respectivos períodos serão somados após conversão, conforme as tabelas abaixo, **considerando o grau de deficiência preponderante**:

Homem				
Tempo a converter	**Multiplicadores**			
	Para 25	**Para 29**	**Para 33**	**SD**
De 25 anos (**grave**)	-	1,16	1,32	**1,40**
De 29 anos (**moderada**)	0,86	-	1,14	**1,21**
De 33 anos (**leve**)	0,76	0,88	-	**1,06**
Sem Deficiência (SD)	**0,71**	**0,83**	**0,94**	-
Mulher				
Tempo a converter	**Multiplicadores**			
	Para 20	**Para 24**	**Para 28**	**SD**
De 20 anos (**grave**)	-	1,20	1,40	**1,50**
De 24 anos (**moderada**)	0,83	-	1,17	**1,25**
De 28 anos (**leve**)	0,71	0,86	-	**1,07**
Sem Deficiência (SD)	**0,67**	**0,80**	**0,93**	-

(Autoria: Ali Mohamad Jaha)

Conceitualmente, **o grau de deficiência preponderante será aquele em que o segurado cumpriu maior tempo de contribuição**, antes da conversão, e servirá como parâmetro para definir o tempo mínimo necessário para a aposentadoria por tempo de contribuição da pessoa com deficiência e para a conversão.

Vamos utilizar um exemplo para elucidar melhor!

Pense que Marta trabalhou 10 anos com grau deficiência **leve** e mais 12 anos com grau de deficiência **grave**, que nesse caso é o grau preponderante! Como ocorrerá a contagem do tempo anterior?

No caso, para mulheres, a conversão de deficiência leve para grave utiliza um multiplicador de 0,71. Com isso:

10 anos x 0,71 = 7,1 anos.

7,1 anos + 12 anos = 19,1 anos de tempo de contribuição.

Logo, para efeitos previdenciários, Marta conta aproximadamente com 19 anos e 2 meses de tempo de contribuição, ou seja, ainda terá que trabalhar mais 10 meses para se aposentar como segurada deficiente (critério tempo de contribuição).

Não obstante, a legislação previdenciária prevê que o segurado que **contribuiu alternadamente na condição de pessoa sem deficiência e com deficiência**, poderão somar os respectivos períodos após aplicação da conversão de que trata a tabela supracitada (observe os **destaques em roxo e negrito**).

Novamente, vamos elucidar com um exemplo. Suponha que Júlio tenha trabalhado e contribuído regularmente durante 15 anos até sofrer um acidente automobilístico, que o deixou com **deficiência de grau moderado**. Nessa nova condição, trabalhou por mais 17 anos. Qual o tempo de contribuição do segurado?

Os primeiros 15 anos, **quando ele poderia se aposentar normalmente de forma programada**, devem ser convertidos com o multiplicador 0,83. Com isso:

15 anos x 0,83 = 12,45 anos.

12,45 anos + 17 anos = 29,45 anos de tempo de contribuição.

Logo, para efeitos previdenciários, Júlio conta com aproximadamente 29 anos e 5 meses de tempo de contribuição, ou seja, já cumpriu os 29 anos exigidos para se aposentar como segurado deficiente por tempo de contribuição. Caso tenha cumprido os demais requisitos legais, já poderá dar entrada no requerimento do benefício junto ao INSS.

Antes que você questione, não é preciso decorar nenhum valor da tabela de conversão! =)

Dando continuidade, a redução do tempo de contribuição da pessoa com deficiência **não poderá ser acumulada no mesmo período contributivo**, com a redução aplicada aos períodos de contribuição relativos a atividades exercidas sob condições especiais que prejudiquem a saúde ou a integridade física (Aposentadoria especial).

Diante de tal impedimento legal, é garantida a **conversão** do tempo de contribuição cumprido em condições especiais que prejudiquem a saúde ou a integridade física do segurado (Aposentadoria especial), inclusive da pessoa com deficiência, para fins da Aposentadoria programada (critério tempo de contribuição) do segurado deficiente, **se resultar mais favorável ao segurado**, conforme tabela abaixo:

Homem					
Tempo a converter	**Multiplicadores**				
	Para 15	**Para 20**	**Para 25**	**Para 29**	**Para 33**
De 15 anos	-	1,33	1,67	1,93	2,20
De 20 anos	0,75	-	1,25	1,45	1,65
De 25 anos	0,60	0,80	-	1,16	1,32
De 29 anos	0,52	0,69	0,86	-	1,14
De 33 anos	0,45	0,61	0,76	0,88	-
Mulher					
Tempo a converter	**Multiplicadores**				
	Para 15	**Para 20**	**Para 24**	**Para 25**	**Para 28**
De 15 anos	-	1,33	1,60	1,67	1,87
De 20 anos	0,75	-	1,20	1,25	1,40
De 24 anos	0,63	0,83	-	1,04	1,17
De 25 anos	0,60	0,80	0,96	-	1,12
De 28 anos	0,54	0,71	0,86	0,89	-

(Autoria: Ali Mohamad Jaha)

Para elucidar, suponha que Ricardo trabalhou em condições especiais durante **10 anos** em atividade que lhe gere o direito à **aposentadoria especial após 15 anos de serviço**.

Ele foi acometido de gravíssimo acidente no exercício de suas atividades laborais, sendo considerado desde então **segurado com deficiência de grau grave**, assim trabalhado por mais 4 anos. Nessas condições, qual o tempo de contribuição total de Ricardo?

Para converter atividades especiais que dão direito a aposentadoria especial após **15 anos** para atividade de segurado deficiente grave, que se aposentará após **25 anos**, observa-se na tabela que o multiplicador é de 1,67. Logo:

10 anos x 1,67 = 16,7 anos.

16,7 anos + 4 anos = 20,7 anos de tempo de contribuição.

No caso supra, para efeitos de aposentadoria programada (critério tempo de contribuição) do segurado deficiente, Ricardo conta com aproximadamente 20 anos e 8 meses de contribuição.

Em suma, terá que trabalhar mais 4 anos e 4 meses para completar 25 anos e se aposentar nessa modalidade de aposentadoria programada.

No sentido contrário, por sua vez, é **vedada (proibida)** a conversão do tempo de contribuição na condição de deficiente para fins de concessão de aposentadoria especial. Logo:

1. O tempo de contribuição em atividade especial (aposentadoria especial) **PODE** ser convertido em tempo de contribuição para aposentadoria programada (critério tempo de contribuição) do segurado deficiente.
2. O tempo de contribuição na condição de segurado deficiente **NÃO PODE** ser convertido em tempo de contribuição para aposentadoria especial.

Vale frisar mais uma vez que é garantido ao segurado deficiente aposentado a percepção de qualquer outra espécie de aposentadoria estabelecida na legislação previdenciária **que lhe seja mais vantajosa** do que as opções apresentadas na Lei Complementar n.º 142/2013.

Ressalto também que, a critério do INSS, o segurado com deficiência deverá, a qualquer tempo, submeter-se a perícia própria para avaliação ou reavaliação do grau de deficiência.

Por fim, aplicam-se à pessoa com deficiência, de forma subsidiária, as demais normas relativas aos benefícios do RGPS.

2.6. A Aposentadoria Especial

Em consonância com a Emenda Constitucional n.º 103/2019, a redação atualizada do Decreto n.º 3.048/1999 assim dispõe:

> Art. 64. A **aposentadoria especial**, uma vez cumprido o período de carência exigido, será devida ao segurado **empregado**, **trabalhador avulso** e **contribuinte individual, este último somente quando cooperado filiado a cooperativa de trabalho ou de produção**, que comprove o exercício de **atividades com efetiva exposição** a agentes químicos, físicos e biológicos prejudiciais à saúde, ou a associação desses agentes, de **forma permanente**, não ocasional nem intermitente, vedada a caracterização por categoria profissional ou ocupação, durante, **no mínimo, 15, 20 ou 25 anos**, e que cumprir os seguintes **requisitos**:
>
> I – 55 anos de idade, quando se tratar de atividade especial de 15 anos de contribuição;
>
> II – 58 anos de idade, quando se tratar de atividade especial de 20 anos de contribuição, ou;

> III – 60 de idade, quando se tratar de atividade especial de 25 anos de contribuição.

A priori, deve-se observar que o benefício não é devido para todos os segurados da previdência, **somente** para as seguintes classes:

- Empregados (E);
- Avulsos (A), e;
- Contribuinte individual **cooperado** (C **cooperado**).

Somente para revisar, a carência do benefício é de 180 contribuições.

Dando continuidade, o rol enxuto de segurados reflete justamente **aqueles trabalhadores em que a empresa deve pagar o adicional GILRAT com objetivo de financiar suas aposentadorias especiais.**

Aproveito o momento para revisar o conceito de GILRAT e de Adicional GILRAT:

GILRAT:

- É uma contribuição devida em função dos **riscos do ambiente de trabalho** da empresa.
- É uma **contribuição autônoma** fixa para toda a empresa, incide sobre a folha de salários **de todos os trabalhadores.**

Adicional GILRAT:

- É uma contribuição devida somente nos casos em que o **trabalhador exerça atividade especial**. É em **função do colaborador** e não em função do ambiente de trabalho.
- É um **adicional à cota patronal**, incide somente sobre a folha do trabalhador que realmente exerça atividade especial.

A nomenclatura "**condições especiais**" foi claramente evitada após a Emenda Constitucional n.º 103/2019, a Grande Reforma da Previdência no apagar das luzes do ano de 2019.

Entretanto, este autor considera salutar manter e conceituar que as **condições especiais são aquelas que prejudiquem a saúde e a integridade física do trabalhador.**

E prejudicam de que maneira? Conforme Decreto n.º 3.048/1999:

> Art. 64, § 2.º (...) a exposição aos agentes químicos, físicos e biológicos prejudiciais à saúde, ou a associação desses agentes, deverá superar os limites de tolerância estabelecidos segundo critérios **quantitativos** ou

> estar caracterizada de acordo com os critérios da avaliação **qualitativa** de que trata o § 2.º do Art. 68.

Assim, completando o conceito, tem-se que:

> As **condições especiais** são aquelas que prejudiquem a saúde e a integridade física do trabalhador mediante a exposição aos agentes químicos, físicos e biológicos prejudiciais à saúde, ou a associação desses agentes, que deverá superar os limites de tolerância estabelecidos segundo critérios **quantitativos** ou estar caracterizada de acordo com os critérios da **avaliação qualitativa** previstos na legislação.

Por seu turno, os critérios de **avaliação qualitativa** estão assim expostos no Regulamento da Previdência Social de 1999:

> Art. 68, § 2.º A **avaliação qualitativa** de riscos e agentes prejudiciais à saúde será comprovada pela descrição:
>
> I – Das circunstâncias de exposição ocupacional a determinado agente ou associação de agentes prejudiciais à saúde presentes no ambiente de trabalho durante toda a jornada de trabalho;
>
> II – De todas as fontes e possibilidades de liberação dos agentes mencionados no inciso I, e;
>
> III – Dos meios de contato ou exposição dos trabalhadores, as vias de absorção, a intensidade da exposição, a frequência e a duração do contato.

A **efetiva exposição** a agente prejudicial à saúde configura-se quando, mesmo após a adoção das medidas de controle previstas na legislação trabalhista, a nocividade **não seja eliminada ou neutralizada**.

Para os devidos efeitos legais, considera-se:

1. **Eliminação**: A adoção de medidas de controle que **efetivamente impossibilitem** a exposição ao agente prejudicial à saúde no ambiente de trabalho, e;

2. **Neutralização**: A adoção de medidas de controle que **reduzam** a intensidade, a concentração ou a dose do agente prejudicial à saúde ao limite de tolerância previsto na legislação previdenciária ou, na sua ausência, na legislação trabalhista.

Considera-se **tempo de trabalho permanente** aquele que é exercido de forma não ocasional nem intermitente (de forma descontínua), no qual a exposição do **empregado**, do **trabalhador avulso** ou do **cooperado** ao agente nocivo seja **indissociável** da produção do bem ou da prestação do serviço. Em suma, a nocividade tem que ter conexão direta com a atividade laboral.

Também tem **status de tempo de trabalho permanente em condições especiais** os períodos de:

- Os períodos de descanso determinados pela legislação trabalhista, inclusive ao período de férias, e;
- Os períodos de percepção de **salário maternidade**, desde que, à data do afastamento, o segurado estivesse exposto aos fatores de risco.

Para o segurado que houver **exercido duas ou mais atividades sujeitas a agentes químicos, físicos e biológicos prejudiciais à saúde**, ou a associação desses agentes, sem completar em quaisquer delas o prazo mínimo exigido para a aposentadoria especial, **os respectivos períodos de exercício serão somados após conversão**, hipótese em que será considerada a **atividade preponderante** para efeito de enquadramento.

Como é de conhecimento, existem aposentadorias especiais que são concedidas após 15, 20 ou 25 anos de contribuição em condições especiais. Quais atividades se encaixam em cada uma dessas 3 subespécies de aposentadoria especial?

Ao adentrar na legislação, observamos um sem-fim de atividades, mas, com intuito de facilitar, assim podemos simplificar:

Aposentadoria especial após:	Tipo de trabalho:
15 anos	Atividades permanentes no subsolo de minerações subterrâneas **em frente de produção**.
20 anos	Mineração subterrânea cujas atividades sejam exercidas **afastadas das frentes de produção**. Qualquer atividades com o **elemento asbesto (amianto).**
25 anos	Todos os demais.

(Autoria: Ali Mohamad Jaha)

Por óbvio, quanto menor o tempo de trabalho, mais perigosa e nociva é a atividade exercida.

Por sua vez, a conversão supra seguirá a seguinte tabela prevista no Regulamento da Previdência Social de 1999:

Tempo a converter	Multiplicadores		
	Para 15	Para 20	Para 25

De 15 anos	-	1,33	1,67
De 20 anos	0,75	-	1,25
De 25 anos	0,60	0,80	-

(Autoria: Ali Mohamad Jaha)

Devo ressaltar que **não serão** considerados os períodos em que a atividade exercida **não estava sujeita a condições especiais.**

Em outras palavras, não existe a possibilidade da conversão do tempo de trabalho em atividade comum para tempo de trabalho em atividade especial.

Para constar, a **atividade preponderante** será aquela pela qual o segurado tenha contribuído por mais tempo, antes da conversão, e servirá como parâmetro para definir o tempo mínimo necessário para a aposentadoria especial e para a conversão (Decreto n.º 10.410/2020).

Para elucidar, vamos a um caso hipotético.

Suponha que Amauri trabalhou por 5 anos na frente de produção de mineração subterrânea. Cansado, deixou o ofício de lado e iniciou nova atividade no ramo de produção de telhas com fibras de asbesto (amianto), onde permaneceu por mais 5 anos. Por fim, trocou de emprego mais uma vez, sendo que atualmente é técnico em radiologia há 10 anos na cidade de Maringá-PR.

Afinal, qual o tempo total de contribuição de Amauri?

- Ele ficou 5 anos na frente de produção de mineração subterrânea. Aqui, ele necessitaria de 15 anos para se aposentar.
- Ficou mais 5 anos trabalhando com asbesto (amianto). Aqui, ele necessitaria de 20 anos para se aposentar.
- Por fim, está há 10 anos trabalhando com radiologia. Aqui, ele necessita de 25 anos para se aposentar. **Essa é sua atividades preponderante!**

Como a sua atividade preponderante exige 25 anos de contribuição para se aposentar, vamos converter os tempos anteriores (olhe a tabela acima para consultar os multiplicadores). =)

- Frente de mineração (15 → 25): 5 anos x 1,67 = 8,35 anos de contribuição.
- Asbesto (20 → 25): 5 anos x 1,25 = 6,25 anos de contribuição.

Com isso: 8,35 anos (frente de mineração) + 6,25 anos (asbesto) + 10 anos (radiologia) = 24,6 anos de contribuição em condições especiais.

Assim, Amauri não pode requerer sua aposentadoria especial, uma vez que falta 0,4 anos (5 meses) para concluir os 25 anos de contribuição exigidos pelo benefício.

Retornando à parte teórica, a relação dos agentes nocivos químicos, físicos, biológicos ou associação de agentes prejudiciais à saúde ou à integridade física, considerados para fins de concessão de aposentadoria especial consta no anexo do RPS, porém não há necessidade de estudá-lo. =)

Caso exista dúvida quanto ao enquadramento do agente nocivo no momento do requerimento do benefício, essa será dirimida pelo Ministério da Previdência Social.

A **avaliação qualitativa de riscos** e agentes prejudiciais à saúde será comprovada pela descrição:

1. Das circunstâncias de exposição ocupacional a determinado agente ou associação de agentes prejudiciais à saúde presentes no ambiente de trabalho durante toda a jornada de trabalho;
2. De todas as fontes e possibilidades de liberação dos agentes mencionados no item 1 supra, e;
3. Dos meios de contato ou exposição dos trabalhadores, as vias de absorção, a intensidade da exposição, a frequência e a duração do contato.

A comprovação da efetiva exposição do segurado a agentes prejudiciais à saúde será feita por meio de documento, em **meio físico ou eletrônico**, emitido pela empresa ou por seu preposto com base em **Laudo Técnico de Condições Ambientais do Trabalho (LTCAT)** expedido por médico do trabalho ou engenheiro de segurança do trabalho.

Os agentes reconhecidamente cancerígenos para humanos, listados pelo Ministério do Trabalho e Emprego, serão avaliados em conformidade com a **avaliação qualitativa** e o **LTCAT** e, caso sejam adotadas as medidas de controle previstas na legislação trabalhista que eliminem a nocividade, será **descaracterizada** a efetiva exposição.

O **LTCAT** conterá informações sobre a existência de tecnologia de proteção coletiva ou individual e sobre a sua eficácia e será elaborado com observância às normas editadas pelo Ministério do Trabalho e Emprego e aos procedimentos adotados pelo INSS.

A empresa que não mantiver laudo técnico (**LTCAT**) atualizado com referência aos agentes existentes no ambiente de trabalho prejudiciais à saúde de seus trabalhadores ou que emitir documento de comprovação de efetiva exposição em desacordo com o referido laudo incorrerá na infração a que se refere a alínea "n" do inciso II do caput do Art. 283 do Decreto n.º 3.048/1999, a saber:

> Art. 283, II – Aplicar-se-á multa a partir de R$ 32.150,53 nas seguintes infrações:
>
> n) Deixar a empresa de manter laudo técnico atualizado com referência aos agentes nocivos existentes no ambiente de trabalho de seus trabalhadores ou emitir documento de comprovação de efetiva exposição em desacordo com o respectivo laudo.

O INSS estabelecerá os procedimentos para fins de concessão de aposentadoria especial, podendo, se necessário, **confirmar** as informações contidas nos documentos de avaliação qualitativa e no LTCAT.

A empresa deverá elaborar e manter atualizado o **Perfil Profissiográfico Previdenciário (PPP)**, ou o documento eletrônico que venha a substituí-lo, no qual deverão ser contempladas as **atividades desenvolvidas durante o período laboral**, garantido ao trabalhador o acesso às informações nele contidas, sob pena de sujeição às sanções previstas na alínea "h" do inciso I do Art. 283 do RPS/1999, a saber:

> Art. 283, I – Aplicar-se-á multa a partir de R$ 3.215,07 nas seguintes infrações:
>
> h) Deixar a empresa de elaborar e manter atualizado perfil profissiográfico abrangendo as atividades desenvolvidas pelo trabalhador e de fornecer a este, quando da rescisão do contrato de trabalho, cópia autêntica deste documento.

Para os devidos fins legais, considera-se **PPP** o documento que contenha o **histórico laboral** do trabalhador, elaborado de acordo com o modelo instituído pelo INSS.

O trabalhador ou o seu preposto terá acesso às informações prestadas pela empresa sobre o seu **Perfil Profissiográfico Previdenciário** e poderá, inclusive, solicitar a **retificação** de informações que estejam em desacordo com a realidade do ambiente de trabalho, conforme orientação estabelecida em ato do Ministro da Previdência Social.

Aqui vale uma **observação muito importante** por parte deste autor:

- O **LTCAT** ou o Programa de Prevenção de Riscos Ambientais (**PPRA**), documentos elaborados por profissionais da área de segurança e saúde do trabalho (médico ou engenheiro), realizam o levantamento dos riscos ambientais envolvidos de forma conclusiva, com a apresentação de parâmetros técnicos.

- Assim, o **LTCAT** ou o **PPRA** servirá de base técnica para o preenchimento do **PPP**. Em apertada síntese, **o LTCAT/PPRA fundamenta o PPP e nunca o contrário.**

A **cooperativa de trabalho** e a empresa contratada para prestar serviços mediante cessão de mão de obra (**CMO**) ou empreitada de mão de obra (**EMO**) atenderão ao disposto na legislação previdenciária com base nos Laudos Técnicos de Condições Ambientais de Trabalho (**LTCAT**) **emitidos pela empresa contratante**, quando o serviço for prestado em estabelecimento da contratante.

Nas avaliações ambientais deverão ser considerados a metodologia e os procedimentos de avaliação estabelecidos pela Fundação Jorge Duprat Figueiredo de Segurança e Medicina do Trabalho (FUNDACENTRO).

Na hipótese de não terem sido estabelecidos pela FUNDACENTRO a metodologia e os procedimentos de avaliação, caberá ao Ministério do Trabalho e Emprego indicar outras instituições para estabelecê-los.

Passada toda essa parte de segurança e saúde do trabalho, vamos dar continuidade aos aspectos previdenciários do benefício em questão. =)

A Aposentadoria Especial consiste numa renda mensal e será devida:

1. Ao Segurado Empregado (E):
   a) A partir da **data do desligamento** do emprego, quando requerida **até 90 dias** após essa data, ou;
   b) A partir da **data do requerimento**, quando não houver desligamento do emprego OU quando for requerida **após o prazo de 90 dias.**
2. Para os demais segurados (A e CI – Cooperado), a partir da **data da entrada do requerimento.**

O segurado que retornar ao exercício de atividade ou operação que o sujeite aos riscos e agentes nocivos ou nele permanecer, na mesma ou em outra empresa, qualquer que seja a forma de prestação do serviço ou categoria de segurado, **será imediatamente notificado da cessação do pagamento de sua aposentadoria especial**, no prazo de **60 dias** contado da data de emissão da notificação, salvo comprovação, nesse prazo, de que o exercício dessa atividade ou operação foi encerrado.

Nessa esteira, em decisão proferida em 08/06/2020, no Recurso Extraordinário (RE) n.º 791.961-PR, o STF **reforçou o afastamento necessário no caso dos cidadãos aposentados por Aposentadoria especial**. O plenário da Suprema Corte assim decidiu, em sede de repercussão geral:

1. É constitucional a **vedação (proibição)** de continuidade da percepção de Aposentadoria Especial se o beneficiário permanece labo-

rando em atividade especial ou a ela retorna, seja essa atividade especial aquela que ensejou a aposentação precoce ou não, e;

2. Nas hipóteses em que o segurado solicitar a aposentadoria e continuar a exercer o labor especial, a data de início do benefício será a data de entrada do requerimento, remontando a esse marco, inclusive, os efeitos financeiros. Efetivada, contudo, seja na via administrativa, seja na judicial a implantação do benefício, uma vez verificado o retorno ao labor nocivo ou sua continuidade, **cessará** o benefício previdenciário em questão.

Neste ponto da disciplina, considero salutar apresentar o seguinte dispositivo presente na Emenda Constitucional n.º 103/2019:

> Art. 25, § 2.º Será reconhecida a **conversão de tempo especial em comum** ao segurado do Regime Geral de Previdência Social que comprovar **tempo de efetivo exercício** de atividade sujeita a condições especiais que efetivamente prejudiquem a saúde, cumprido **até a data de entrada em vigor desta Emenda Constitucional (13/11/2019), vedada a conversão para o tempo cumprido após esta data.**

Com isso, tem-se:

- Até 13/11/2019, **existia** o instituto da conversão do tempo de trabalho (e de contribuição) especial em tempo de trabalho (e contribuição) comum.
- Atualmente, **não existe** mais a possibilidade de conversão do tempo de trabalho (e de contribuição) especial em tempo de trabalho (e contribuição) comum, nem o inverso (comum → especial).

Ainda sobre o tema, vale respaldar que o Supremo Tribunal Federal (STF) concluiu, lá no final de 2014, o julgamento do Recurso Extraordinário com Agravo (ARE) n.º 664.335, com repercussão geral reconhecida, e fixou **duas teses** que foram e são aplicadas a milhares de processos judiciais movidos por trabalhadores em todo o Brasil:

1. O direito à aposentadoria especial pressupõe a efetiva exposição do trabalhador a agente nocivo a sua saúde, de modo que se o Equipamento de Proteção Individual (EPI) for realmente **capaz de neutralizar a nocividade**, não haverá respaldo à concessão constitucional de aposentadoria especial, e;

2. Na hipótese de exposição do trabalhador a ruído acima dos limites legais de tolerância, a declaração do empregador no âmbito do Perfil Profissiográfico Previdenciário (PPP), no sentido da eficácia

do EPI, **não descaracteriza** o tempo de serviço especial para a aposentadoria.

Uma vez que encerramos todas as aposentadorias do RGPS, peço para que guarde com carinho esse quadro-resumo esquematizado:

<table>
<tr><th>Espécie</th><th>Idade (a)</th><th>TC (a)</th><th>Carência (a)</th></tr>
<tr><td>Incap. Perm. (Regra)</td><td>---</td><td>---</td><td>1 (12m)</td></tr>
<tr><td>Incap. Perm. (Acident.)</td><td>---</td><td>---</td><td>---</td></tr>
<tr><td rowspan="2">Programada (Regra)</td><td>65 – homem</td><td>20 – homem</td><td rowspan="2">15 (180m)</td></tr>
<tr><td>60 – mulher</td><td>15 – mulher</td></tr>
<tr><td rowspan="2">Programada (Professor)</td><td>60 – homem</td><td rowspan="2">25 (magistério)</td><td rowspan="2">15 (180m)</td></tr>
<tr><td>57 – mulher</td></tr>
<tr><td rowspan="2">Compulsória</td><td>70 – homem</td><td rowspan="2">---</td><td rowspan="2">15 (180m)</td></tr>
<tr><td>65 – mulher</td></tr>
<tr><td rowspan="2">Rural (idade)</td><td>60 – homem</td><td rowspan="2">---</td><td rowspan="2">15 (180m) (Ativ. Rur.)</td></tr>
<tr><td>55 – mulher</td></tr>
<tr><td rowspan="2">Deficiente (Idade)</td><td>60 – homem</td><td rowspan="2">15 (como deficiente)</td><td rowspan="2">15 (180m)</td></tr>
<tr><td>55 – mulher</td></tr>
<tr><td rowspan="3">Deficiente (TC)</td><td rowspan="3">---</td><td>Grave: 25 H e 20 M</td><td rowspan="3">15 (180m)</td></tr>
<tr><td>Moderada: 29 H e 24 M</td></tr>
<tr><td>Leve: 33 H e 28 M</td></tr>
<tr><td rowspan="3">Especial</td><td>55 – H/M</td><td>15 – Ativ. Esp.</td><td rowspan="3">15 (180m)</td></tr>
<tr><td>58 – H/M</td><td>20 – Ativ. Esp.</td></tr>
<tr><td>60 – H/M</td><td>25 – Ativ. Esp.</td></tr>
</table>

(Autoria: Ali Mohamad Jaha)

2.7. O Auxílio por Incapacidade Temporária

Ao adentrar no Decreto n.º 3.048/1999, tem-se:

> Art. 71. O **auxílio por incapacidade temporária** será devido ao segurado que, uma vez cumprido, quando for o caso, o período de carência exigido, ficar **incapacitado** para o seu trabalho ou para a sua atividade habitual **por mais de 15 dias consecutivos**, conforme definido em avaliação médico-pericial.

Para constar, o benefício em tela exige, em regra, a carência de 12 contribuições mensais. Caso seja devido em função de acidente de qualquer natureza, a carência é dispensada.

Não será devido auxílio por incapacidade temporária ao segurado que se filiar ao RGPS já portador de doença ou lesão invocada como causa para a concessão do benefício, **exceto** quando a incapacidade sobrevier por motivo de **progressão** ou **agravamento** dessa doença ou lesão.

No ano de 2019, com o advento da Medida Provisória n.º 871/2019, posteriormente convertida na **Lei n.º 13.846/2019**, houve um endurecimento nas regras de tal benesses para os **detentos.**

Desde então, **não será devido** o auxílio por incapacidade temporária ao segurado recluso em **regime fechado.**

O segurado em gozo de auxílio por incapacidade temporária na data do recolhimento à prisão terá o seu benefício **suspenso.**

A suspensão será pelo **prazo de até 60 dias**, contado da data do recolhimento à prisão, hipótese em que o benefício será **cessado** após o referido prazo.

Na hipótese de o segurado ser colocado em liberdade antes do prazo de 60 dias, o benefício será **restabelecido** a partir da data de sua soltura.

Esquematicamente, tem-se:

- O segurado é recolhido a prisão em regime fechado: o benefício é imediatamente suspenso por até 60 dias.
- Se o segurado for posto em liberdade dentro desse período de 60 dias: o benefício será reestabelecido a contar da soltura, ou;
- Se o segurado permanecer preso após esse período de 60 dias: o benefício será cessado.

Em caso de prisão declarada ilegal, o segurado terá direito à percepção do benefício por todo o período devido, efetuado o encontro de contas (ajuste financeiro) na hipótese de ter havido pagamento de auxílio reclusão com valor inferior ao do auxílio por incapacidade temporária no mesmo período.

O segurado recluso em cumprimento de pena em regime **aberto** ou **semiaberto** fará jus ao auxílio por incapacidade temporária.

Dando continuidade, o auxílio por incapacidade temporária consiste em renda mensal e será devido:

1. A contar do **16.º dia do afastamento** da atividade para o segurado **empregado, exceto o doméstico; → E**

2. A contar da **data do início da incapacidade**, para os demais segurados, desde que o afastamento seja superior a 15 dias, e; → **CADS F**
3. A contar da **data de entrada do requerimento**, quando requerido após o **30.º dia do afastamento da atividade**, para todos os segurados. CADES F

Durante os primeiros 15 dias consecutivos de afastamento da atividade por motivo de incapacidade temporária, **compete à empresa pagar o salário (integral) ao segurado empregado.**

Por óbvio, quando o **empregado** acidentado não se afastar do trabalho no dia do acidente, os 15 dias de responsabilidade da empresa pela sua remuneração integral são contados a partir da data do afastamento.

Cabe à empresa que dispuser de serviço médico próprio ou em convênio o exame médico e o **abono das faltas** correspondentes aos primeiros 15 dias de afastamento.

Quando a incapacidade ultrapassar o período de 15 dias consecutivos, o segurado será encaminhado ao INSS para avaliação médico-pericial.

Nesta parte da disciplina, temos duas situações que devemos apresentar de maneira esquematizada, para evitar maiores traumas:

Situação 01: Cessado o auxílio por incapacidade temporária do empregado:

- Se, dentro do prazo de 60 dias, for concedido um novo auxílio pelo mesmo motivo, a empresa **não precisa** pagar os primeiros 15 dias de salário. Considera-se **prorrogação** do benefício anterior.
- Se, após o prazo de 60 dias, for concedido um novo auxílio pelo mesmo motivo, a empresa **precisa** pagar os primeiros 15 dias de salário.

Situação 02: O segurado empregado é afastado, inicialmente por 15 dias, por motivo de incapacidade temporária:

- Se retornar dentro dos primeiros 15 dias, fará jus ao auxílio a contar do dia seguinte desse período (16.º dia).
- Se retornar ao trabalho no 16.º dia e se afastar novamente, pelo mesmo motivo, nos próximos 60 dias (até o 76.º dia), fara jus ao auxílio a contar do novo afastamento.

Na impossibilidade de realização do exame médico-pericial inicial antes do término do período de recuperação indicado pelo médico assistente em documentação, o empregado é autorizado a retornar ao trabalho no dia seguinte à data indicada pelo médico assistente, mantida a necessidade de comparecimento do segurado à perícia na data agendada.

O auxílio por incapacidade temporária será devido durante o **curso de reclamação trabalhista** relacionada com a rescisão do contrato de trabalho, ou após a decisão final, desde que implementadas as condições mínimas para a concessão do benefício.

O auxílio por incapacidade temporária do segurado que exercer **mais de uma atividade** abrangida pela previdência social será devido mesmo no caso de incapacidade apenas para o exercício de uma delas, hipótese em que o segurado deverá informar a Perícia Médica Federal a respeito de todas as atividades que estiver exercendo.

Na hipótese acima, o auxílio por incapacidade temporária será concedido em relação à atividade para a qual o segurado estiver incapacitado, consideradas para fins de carência **somente** as contribuições relativas a essa atividade.

Nessas situações (trabalho + auxílio), o valor do auxílio por incapacidade temporária poderá ser inferior ao salário mínimo, desde que, se somado às demais remunerações recebidas, resulte em valor superior ao salário mínimo.

Se nas várias atividades o segurado exercer a mesma profissão, será exigido de **imediato o afastamento de todas**.

Constatada durante o recebimento do auxílio por incapacidade temporária concedido nos termos da legislação previdenciária a incapacidade do segurado para cada uma das demais atividades, **o valor do benefício deverá ser revisto com base nos salários de contribuição de cada uma das atividades**.

O segurado que, durante o gozo do auxílio por incapacidade temporária, vier a **exercer atividade remunerada que lhe garanta a subsistência** poderá ter o benefício **cancelado** a partir do retorno à atividade.

Na hipótese supra, caso a atividade remunerada exercida seja **diversa** daquela que gerou o benefício, **deverá ser verificada a incapacidade para cada uma das atividades exercida**s.

Quando o segurado que exercer mais de uma atividade for considerado **definitivamente incapacitado para uma delas, o auxílio por incapacidade temporária deverá ser mantido indefinidamente, hipótese em que não caberá a concessão de aposentadoria por incapacidade permanente enquanto a incapacidade não se estender às demais atividades. → auxílio por incapacidade temporária "ad aeternum"**.

Na situação acima, o segurado somente poderá transferir-se das demais atividades que exerce após o conhecimento da reavaliação médico-pericial.

A previdência social processará, **de ofício**, o benefício quando tiver ciência da incapacidade do segurado sem que este tenha requerido auxílio por incapacidade temporária.

É facultado à empresa protocolar requerimento de auxílio por incapacidade temporária ou documento dele originário de seu empregado ou de contribuinte individual a ela vinculado ou a seu serviço, na forma estabelecida pelo INSS.

A empresa terá acesso às decisões administrativas de benefícios requeridos por seus empregados, resguardadas as informações consideradas sigilosas, na forma estabelecida em ato do INSS.

O segurado em gozo de auxílio por incapacidade temporária concedido judicial ou administrativamente está **obrigado**, independentemente de sua idade e sob pena de suspensão do benefício, a submeter-se a exame médico a cargo da Perícia Médica Federal, processo de reabilitação profissional a cargo do INSS e tratamento dispensado gratuitamente, exceto o cirúrgico e a transfusão de sangue, **que são facultativos.**

O segurado em gozo de auxílio por incapacidade temporária concedido judicial ou administrativamente poderá ser convocado a qualquer tempo para avaliação das condições que ensejaram sua concessão ou manutenção.

O exame médico-pericial, a cargo da Previdência Social, poderá ser realizado com o uso de **tecnologia de telemedicina** ou por análise documental conforme situações e requisitos definidos em regulamento.

Conforme dispõe o Regulamento da Previdência Social de 1999, o auxílio por incapacidade temporária **CESSA**:

- **Pela recuperação da capacidade para o trabalho**;
- **Pela concessão de aposentadoria por incapacidade permanente**, ou;
- **Na hipótese de o evento causador da redução da capacidade laborativa ser o mesmo que gerou o auxílio por incapacidade temporária, pela concessão do auxílio acidente.**

Sempre que possível, o ato de concessão ou de reativação de auxílio por incapacidade temporária, judicial ou administrativo, deverá estabelecer o **prazo estimado para a duração do benefício.**

Caso o prazo concedido para a recuperação se revele insuficiente, o segurado poderá solicitar a sua **prorrogação**, na forma estabelecida pelo INSS.

A comunicação da concessão do auxílio por incapacidade temporária conterá as informações necessárias ao requerimento de sua prorrogação.

Caso não seja estabelecido o prazo estimado para a duração do benefício, o auxílio cessará após o **prazo de 120 dias**, contado da data de concessão ou de reativação do auxílio por incapacidade temporária, exceto se o segurado requerer a sua prorrogação ao INSS.

O segurado que se considerar capaz antes do prazo estabelecido pela Perícia Médica Federal no ato da concessão ou da prorrogação do auxílio por incapacidade temporária somente retornará ao trabalho após **nova avaliação médico-pericial**.

O segurado poderá desistir do requerimento de prorrogação antes da realização do exame médico-pericial, hipótese em que o benefício será mantido até a data da sua desistência, desde que posterior à data de cessação estabelecida pela Perícia Médica Federal.

O segurado que não concordar com o resultado da avaliação do ato de concessão ou de reativação do benefício poderá apresentar, no **prazo de 30 dias**, **recurso** da decisão proferida pela Perícia Médica Federal perante o Conselho de Recursos da Previdência Social (**CRPS**), cuja análise médico-pericial, se necessária, será feita por perito médico federal diverso daquele que tenha realizado o exame anterior.

O segurado em gozo de auxílio por incapacidade temporária **insuscetível de recuperação** para sua atividade habitual deverá submeter-se a **processo de reabilitação profissional** para o exercício de outra atividade.

O benefício supra será mantido até que o segurado seja considerado **reabilitado** para o desempenho de atividade que lhe garanta a subsistência ou, quando considerado não recuperável, **seja aposentado por incapacidade permanente**.

A alteração das atribuições e responsabilidades do segurado compatíveis com a limitação que tenha sofrido em sua capacidade física ou mental não configura desvio de cargo ou função do segurado reabilitado ou que estiver em processo de reabilitação profissional a cargo do INSS.

O segurado empregado, inclusive o doméstico, em gozo de auxílio por incapacidade temporária será considerado pela empresa e pelo empregador doméstico como **licenciado**.

A empresa que garantir ao segurado licença remunerada ficará obrigada a pagar-lhe, durante o período do auxílio por incapacidade temporária, a eventual **diferença** entre o valor do benefício recebido e a quantia garantida pela licença.

Por fim, ao adentrar na Lei n.º 8.213/1991, tem-se:

> Art. 118. O segurado que sofreu acidente do trabalho tem **garantida**, pelo **prazo mínimo de 12 meses**, a **manutenção do seu contrato de trabalho** na empresa, após a cessação do auxílio por incapacidade temporária acidentário, independentemente de percepção de auxílio acidente.

2.8. O Salário Família

O texto constitucional é claro ao afirmar que o **salário família** e o **auxílio reclusão** são benefícios previdenciários concedidos somente aos segurados de **baixa renda**.

Ao adentrar no Regulamento da Previdência Social (RPS), tem-se:

> Art. 81. O **salário família** é devido, mensalmente, ao segurado **empregado**, inclusive o **doméstico**, e ao **trabalhador avulso** com salário de contribuição **inferior ou igual a R$ 1.819,26** (segurado de baixa renda), na proporção do respectivo número de **filhos** ou de **enteados** e de **menores tutelados**, desde que comprovada a dependência econômica dos dois últimos.

Atualmente, o benefício é devido ao **empregado**, ao **doméstico** e ao **avulso** de **baixa renda**. Entretanto, nem sempre foi assim.

A partir da publicação da Emenda Constitucional n.º 72/2013, em abril de 2013, o **domésticos** passaram, **em tese**, ter direito ao salário família.

A ressalva "**em tese**" supra se dá pelo fato de a emenda ter nascido com status de **norma constitucional de eficácia limitada**, ou seja, carecia de regulamentação por lei para que seus efeitos surtissem junto à sociedade.

Um pouco mais de dois anos depois, em junho de 2015, era publicada a Lei Complementar n.º 150/2015 – **a Lei das Domésticas** -, onde o direito a tal benesse foi devidamente regulamentado.

Conforme dispõe a legislação, o salário família será pago mensalmente:

1. Ao **empregado**, inclusive o **doméstico**, pela **empresa** ou pelo **empregador doméstico**, juntamente com o salário, e ao **trabalhador avulso**, pelo **sindicato** ou **órgão gestor de mão de obra (OGMO)**, por meio de convênio;

2. Ao empregado, inclusive o doméstico, e ao trabalhador avulso **aposentados por incapacidade permanente** ou em **gozo de auxílio por incapacidade temporária**, **pelo INSS**, juntamente com o benefício;

3. Ao trabalhador rural **aposentado** por idade aos 60 anos, se do sexo masculino, ou 55 anos, se do sexo feminino, **pelo INSS**, juntamente com a aposentadoria, e;

4. Aos demais empregados, inclusive os domésticos, e aos trabalhadores avulsos **aposentados** aos 65 anos de idade, se homem, ou aos 60 anos, se mulher, **pelo INSS**, juntamente com a aposentadoria.

Em suma, quem está na ativa, o salário família será pago pelo empregador junto com o salário normal. Para quem está na inativa ou afastado será pago pelo INSS junto com o benefício.

Quando o salário do empregado não for mensal, o salário família será pago juntamente com o último pagamento relativo ao mês.

O salário família do trabalhador avulso **independe** do número de dias trabalhados no mês, devendo o seu pagamento corresponder ao **valor integral da cota**.

Quando o pai e a mãe são segurados empregados, inclusive domésticos, ou trabalhadores avulsos, **ambos têm direito ao salário família**.

As cotas do salário família pagas pela empresa ou pelo empregador doméstico serão **deduzidas** quando do recolhimento das contribuições.

Assim, a empresa paga o salário família para o trabalhador, posteriormente, quando for pagar as suas contribuições devidas junto à RFB, **deduz o salário família**. Em suma, o benefício sai do bolso do governo e não do patrão. Em outras palavras, é um **benefício reembolsável**. =)

O valor da **cota do salário família** por filho ou por enteado e por menor tutelado, desde que comprovada a dependência econômica dos dois últimos, até **14 anos de idade** ou **inválido**, é de R$ 62,04 (2024).

O pagamento do salário família será devido a partir da data de apresentação da certidão de nascimento do filho ou da documentação relativa ao enteado e ao menor tutelado, desde que comprovada a dependência econômica dos dois últimos, e fica condicionado à:

- Apresentação **anual** de atestado de **vacinação** obrigatória dos referidos dependentes, **de até 6 anos de idade**, e;
- Comprovação **semestral** de **frequência** à escola dos referidos dependentes, **a partir de quatro 4 de idade**.

Para recebimento do salário família, o **empregado doméstico** apresentará ao seu empregador **apenas** a certidão de nascimento do filho ou a documentação relativa ao enteado e ao menor tutelado, desde que comprovada a dependência econômica dos dois últimos.

A empresa e o empregador doméstico deverão conservar, durante o **prazo decadencial de 5 anos**, os comprovantes dos pagamentos e as cópias das certidões correspondentes, para exame pela fiscalização da Receita Federal do Brasil (RFB).

Na hipótese de o segurado **empregado** ou de o **trabalhador avulso não apresentar** o **atestado** de vacinação obrigatória e a **comprovação** de frequência escolar do filho, do enteado ou do menor tutelado, desde que comprovada a dependência econômica dos dois últimos, nas datas definidas pelo INSS, o benefício do salário família será **SUSPENSO** até que a documentação seja apresentada.

Não é devido salário família no período entre a **suspensão** do benefício motivada pela falta de comprovação da frequência escolar e o seu **reativamento**, exceto se provada a frequência escolar regular no período.

A comprovação semestral de frequência escolar será feita por meio da apresentação de **documento emitido pela escola**, na forma estabelecida na legislação específica, em nome do aluno, de qual conste o registro de frequência regular, ou de atestado do estabelecimento de ensino que comprove a regularidade da matrícula e a frequência escolar do aluno.

A invalidez do filho, do enteado ou do menor tutelado, desde que comprovada a dependência econômica dos dois últimos, maior de 14 anos de idade será verificada em exame médico-pericial realizado pela Perícia Médica Federal.

O salário família correspondente ao mês de afastamento do trabalho será pago integralmente pela empresa, pelo empregador doméstico ou pelo sindicato ou pelo órgão gestor de mão de obra (OGMO), conforme o caso, e, ao mês da cessação de benefício, pelo INSS.

Tendo havido **divórcio**, **separação judicial ou de fato** dos pais, ou em caso de **abandono** legalmente caracterizado ou **perda do pátrio poder (poder familiar)**, o salário família passará a ser pago diretamente àquele a cujo cargo ficar o sustento do menor, ou a outra pessoa, se houver determinação judicial nesse sentido.

O antigo Código Civil de 1916 trazia a terminologia pátrio poder, enquanto o novo Código Civil de 2002 traz a terminologia **poder familiar**, que nada mais é do que o **conjunto de responsabilidades e direitos que envolvem a relação entre pais e filhos (ou equiparados)**. Na essência, são os deveres de assistência, auxílio e respeito mútuo, que são devidos até o menor atingir a sua maioridade.

Dando continuidade, conforme dispõe a legislação pátria, o direito ao salário família **cessa automaticamente**:

1. por **morte** do filho, do enteado ou do menor tutelado, a contar do mês seguinte ao do óbito;
2. quando o filho, o enteado ou o menor tutelado **completar 14 anos de idade**, exceto se inválido, a contar do mês seguinte ao da data do aniversário;

3. pela **recuperação da capacidade do filho**, do enteado ou do menor tutelado inválido, a contar do mês seguinte ao da cessação da incapacidade, ou;
4. pelo **desemprego do segurado**.

As três primeiras formas de cessação automáticas são plausíveis. Entretanto enquanto Auditor-Fiscal da RFB, professor e autor, não consigo enxergar elementos lógicos e aceitáveis para a quarta forma de cessação.

No momento de desemprego, o segurado enfrenta a mais variada sorte de desafios financeiros. O segurado baixa renda em serviço já tem uma vida bem regrada, imagine em situação de desemprego. Enfim, tremenda injustiça.

Para efeito de concessão e manutenção do salário família, o segurado firmará **Termo de Responsabilidade (TR)**, no qual se comprometerá a comunicar à empresa, ao empregador doméstico ou ao INSS, conforme o caso, qualquer fato ou circunstância que determine a perda do direito ao benefício e ficará sujeito, em caso de descumprimento, às sanções penais e trabalhistas.

Ao assinar o TR, o segurado se compromete a não dar calote na empresa ou na previdência social, recebendo indevidamente esse benefício previdenciário. Caso contrário, arcará com as sanções nas esferas penais e trabalhistas.

A **falta de comunicação oportuna** de fato que implique cessação do salário família e a prática, pelo segurado, de fraude de qualquer natureza para o seu recebimento **autorizam** a empresa, o empregador doméstico ou o INSS, conforme o caso, a **descontar**:

- Dos pagamentos de cotas devidas com relação a outros filhos, enteados ou menores tutelados, ou;
- Na falta delas, do próprio salário do segurado ou da renda mensal do seu benefício, o valor das cotas indevidamente recebidas, sem prejuízo das sanções penais cabíveis.

Aqui vale ressaltar que as importâncias recebidas indevidamente devem ser restituídas à previdência com correção monetária e em um único pagamento (RPS/1999, Art. 154, § 2.º c/c Art. 175).

O empregado, inclusive o doméstico, ou o trabalhador avulso deve **dar quitação** à empresa ou ao empregador doméstico de **cada recebimento mensal do salário família**, na própria folha de pagamento ou por outra forma admitida, de modo que a quitação fique claramente caracterizada.

Por fim, as cotas do salário família **não serão incorporadas**, para qualquer efeito, ao salário ou ao benefício.

2.9. O Salário Maternidade

Prezado leitor, observe o disposto em nossa legislação previdenciária (Decreto n.º 3.048/1999):

> Art. 93. O **salário maternidade** é devido à segurada da previdência social, durante **120 dias**, com início **28 dias antes** e término **91 dias depois do parto**, podendo ser **prorrogado** na forma da legislação.

Em princípio, deve-se ter em mente que o dispositivo não está com erro de matemática. O benefício é devido **28 dias antes do parto, no dia do parto** e **91 dias depois do parto**, com isso:

→ **28 + 1 + 91 = 120 dias.** =)

E no caso de parto de gêmeos, trigêmeos ou plurigêmeos? O benefício será devido por um prazo maior? O benefício será aumentado?

Não, o benefício será pago por 120 dias sem nenhum acréscimo. O benefício surge com o nascimento do(s) filho(s) e substitui o salário normalmente recebido pela segurada.

Aqui vale uma **exceção importante**, implementada pela Lei n.º 13.985/2020, a saber:

> Art. 5.º No caso de mães de crianças **nascidas até 31/12/2019** acometidas por **sequelas neurológicas decorrentes da Síndrome Congênita do Zika Vírus**, será observado o seguinte:
>
> II – O salário maternidade será devido por **180 dias**.

Nessa situação extremamente excepcional, o benefício será de 180 dias.

Devo informar que o benefício é devido a **todas as seguradas**: CADES F, com os seguintes períodos de carência:

- Contribuinte individual, segurada especial e segurada facultativa (C, S, F): **10 contribuições**.
- Empregada, empregada doméstica e trabalhadora avulsa (E, D, A): **zero (dispensa carência)**.

Vale ressaltar que o STF decidiu, em 2024, que o salário maternidade não exige período de carência para qualquer espécie de segurada (ADI n.º 2.110/DF e n.º 2.111/DF).

Para a segurada **empregada**, inclusive a **doméstica**, observar-se-á, no que couber, as situações e condições previstas na **legislação trabalhista** relativas à proteção à maternidade.

Será devido o salário maternidade à **segurada especial**, desde que comprove o exercício de atividade rural **nos últimos 10 meses** imediatamente anteriores à data do parto ou do requerimento do benefício, quando requerido antes do parto, mesmo que de forma descontínua.

Em caso de parto antecipado, o período de carência será **reduzido** em número de contribuições equivalente ao número de meses em que o parto foi antecipado (C, S, F).

Se o parto, por exemplo, for antecipado em 2 meses, exige-se a carência (C, F) ou a comprovação de atividade rural (S) de 8 meses apenas.

Em todo caso, vale ressaltar que no caso de parto antecipado ou não, a segurada tem direito aos 120 dias de benefício.

Em casos excepcionais, os **períodos de repouso anterior e posterior ao parto podem ser aumentados de mais 2 semanas**, por meio de atestado médico específico submetido à avaliação médico-pericial.

Assim, os **120 dias** de salário maternidade podem virar **148 dias** nos casos de **prorrogação**, da seguinte forma:

→ 14 dias antes + 120 dias de benefício + 14 dias depois = 148 dias.

Em caso de aborto **não criminoso**, comprovado mediante atestado médico, a segurada terá direito ao salário maternidade correspondente a duas semanas (**14 dias**).

Atualmente, o salário maternidade é devido ao segurado ou à segurada da previdência social que **adotar** ou **obtiver guarda judicial**, para fins de adoção de criança de até 12 anos de idade, pelo período de **120 dias**.

Até 2013, o salário maternidade da adotante ou daquela que obtivesse guarda judicial variava em função da idade da criança (30, 60 ou 120 dias de benefício), o que era uma **excrescência** em nossa legislação.

Na ocasião, o Ministério Público Federal (MPF) considerou que essa variação em função da idade da criança ofendia os princípios constitucionais e as normas brasileiras que visam à proteção da maternidade, da criança e da família.

Para o MPF, a diferenciação estabelecida prejudicava especialmente a chamada adoção tardia, que envolve crianças maiores de 1 ano de idade e adolescentes, justamente a faixa etária menos procurada pelas famílias ou casais no processo de adoção.

Com base nesse posicionamento do MPF, houve a publicação da Medida Provisória n.º 619/2013, convertida na **Lei n.º 12.873/2013**, que acabou com essa variação de benefício em razão da idade e estabeleceu o prazo de 120 dias para qualquer criança adotada de até 12 anos de idade.

Quanto à idade de 12 anos, vale uma breve consulta ao Estatuto da Criança e do Adolescente – ECA (Lei n.º 8.069/1990), que assim dispõe:

> Art. 2.º Considera-se **criança**, para os efeitos desta Lei, a pessoa **até 12 anos de idade incompletos**, e **adolescente aquela entre 12 e 18 anos de idade.**

Este autor compreende que 12 anos incompletos seria o último dia antes de completar 12 anos, ou seja, quando a criança está com 11 anos e 364 dias de vida.

Com isso, podemos assim definir criança, adolescente e adulto para os devidos efeitos previdenciários:

Criança:	Até 12 anos incompletos (11 anos e 364 dias).
Adolescente:	De 12 anos completos até 18 anos incompletos (17 anos e 364 dias).
Adulto:	De 18 anos completos em diante.

(Autoria: Ali Mohamad Jaha)

O salário maternidade não é devido quando o termo de guarda não contiver a observação de que é para fins de adoção ou só contiver o nome do cônjuge ou companheiro.

Dando continuidade, o salário maternidade é devido ao segurado ou à segurada **independentemente** de a mãe biológica ter recebido o mesmo benefício quando do nascimento da criança. Em suma, pode existir mais de um benefício para a mesma criança.

Ressalvadas as hipóteses de pagamento de salário maternidade à **mãe biológica** e de pagamento ao **cônjuge ou companheiro sobrevivente**, não poderá ser concedido salário maternidade a mais de um segurado ou segurada em decorrência do mesmo processo de adoção ou guarda, ainda que o cônjuge ou companheiro esteja vinculado a regime próprio de previdência social (seja servidor público).

Conforme dispõe a legislação de regência, para a concessão do salário maternidade é **indispensável**:

1. Que conste da nova certidão de nascimento da criança o nome do segurado ou da segurada adotante, ou;
2. No caso do termo de guarda para fins de adoção, que conste o nome do segurado ou da segurada guardião.

Na hipótese de haver adoção ou guarda judicial para adoção **de mais de uma criança**, será devido **somente um salário maternidade**.

O salário maternidade é **pago diretamente pela previdência social (INSS)**, mas devemos observar algumas nuances quanto a quem "**credita**" o valor na conta da cidadã.

Vamos analisar classe a classe de seguradas existentes e algumas nuances normativas:

a) Salário maternidade da segurada empregada.

Para a segurada empregada, o salário maternidade consiste numa renda mensal igual à sua **remuneração integral** e será "**creditada**" na conta da cidadã pela **empresa.**

A empresa, por seu turno, ao recolher suas contribuições devidas (folha de salários, receita bruta, lucro líquido, etc.) irá deduzir o valor pago de salário maternidade. Em suma, ocorre um **reembolso do valor** que, **no fim das contas, é pago pelo INSS.**

No caso da segurada empregada, o salário maternidade realmente corresponde à remuneração recebida por ela, inclusive, podendo extrapolar o Teto do RGPS. Entretanto, **não pode extrapolar o subsídio dos ministros do STF.**

O entendimento supra deriva do Art. 94 do Decreto n.º 3.048/1999 c/c Art. 248 da Constituição Federal de 1988, a saber:

> Decreto n.º 3.048/1999.
>
> Art. 94. O salário maternidade para a **segurada empregada** consiste numa renda mensal igual à sua **remuneração integral** e será pago pela empresa, efetivando-se a **compensação (reembolso)**, observado o disposto no **Art. 248 da Constituição**, quando do recolhimento das contribuições incidentes sobre a folha de salários e demais rendimentos pagos ou creditados, a qualquer título, à pessoa física que lhe preste serviço.
>
> Constituição Federal de 1988.
>
> Art. 248. Os benefícios pagos, a qualquer título, pelo órgão responsável pelo regime geral de previdência social (**INSS**) e os **não sujeitos ao limite máximo de valor fixado para os benefícios concedidos por esse regime observarão os limites fixados no Art. 37, XI (subsídio dos ministros do STF).**

A empregada que trabalha para o microempreendedor individual (MEI) terá o benefício pago diretamente pelo INSS e o valor da contribuição previdenciária será deduzido da renda mensal do benefício (Lei n.º 12.470/2011).

Caberá ao MEI recolher a contribuição previdenciária a seu cargo durante a percepção do salário maternidade pela segurada a seu serviço.

Por seu turno, o Decreto n.º 10.410/2020 trouxe duas **situações especiais** para o Regulamento da Previdência Social:

- O salário maternidade da empregada intermitente, e;
- O salário maternidade da empregada com jornada parcial.

Vamos discorrer sobre essas conjunturas específicas.

a.1) Salário maternidade da segurada empregada intermitente.

Conforme dispõe a CLT, considera-se como **intermitente** o contrato de trabalho no qual a prestação de serviços, com subordinação, **não é contínua**, ocorrendo com alternância de períodos de prestação de serviços e de inatividade, determinados em horas, dias ou meses, independentemente do tipo de atividade do empregado e do empregador.

O salário maternidade devido à empregada **intermitente** será pago **diretamente pela previdência social** e o valor da contribuição previdenciária será deduzido da renda mensal do benefício.

O salário maternidade consiste na **média aritmética simples** das remunerações apuradas no período referente aos **12 meses que antecederem o parto**, a adoção ou a obtenção da guarda para fins de adoção.

Na hipótese de empregos intermitentes concomitantes, a média aritmética será calculada em relação a **todos os empregos** e será pago **somente um salário maternidade**.

A contribuição previdenciária a cargo da empresa terá como base de cálculo a soma das remunerações pagas no período de 12 meses anteriores à data de início do salário maternidade, dividida pelo número de meses em que houve remuneração.

a.2) Salário maternidade da segurada empregada com jornada especial.

Para a CLT, considera-se trabalho em **regime de tempo parcial** aquele cuja duração não exceda a 30 horas semanais, sem a possibilidade de horas suplementares semanais, ou, ainda, aquele cuja duração não exceda a 26 horas semanais, com a possibilidade de acréscimo de até 6 horas suplementares semanais.

O salário maternidade devido à empregada com **jornada parcial** cujo salário de contribuição seja **inferior** ao seu limite mínimo mensal será pago **diretamente pela previdência social**, e o valor da contribuição previdenciária deverá ser deduzido da renda mensal do benefício.

A empresa que pagar remuneração inferior ao limite mínimo mensal do salário de contribuição deverá exigir da empregada cópia dos comprovantes de pagamento efetuado pelas demais empresas.

Na hipótese de empregos parciais concomitantes, se o somatório dos rendimentos auferidos em todos os empregos for **igual ou superior** ao limite mínimo mensal do salário de contribuição, o salário maternidade **será pago pelas empresas**.

Cabe à empresa recolher a contribuição previdenciária a seu cargo durante a percepção do salário maternidade pela segurada a seu serviço, mesmo na hipótese de o benefício ser pago pela previdência social.

A contribuição supra terá como base de cálculo a remuneração integral que a empresa pagava à empregada antes da percepção do salário maternidade.

Para constar, o valor do salário maternidade será de **1 (um) salário mínimo**.

b) Salário maternidade da segurada trabalhadora avulsa.

Para a segurada trabalhadora avulsa, o salário maternidade consiste numa renda mensal igual à sua **remuneração integral** e será pago diretamente pelo **INSS**.

O salário maternidade corresponde à remuneração recebida por ela, inclusive, entretanto, limitada ao Teto do RGPS.

A trabalhadora avulsa que trabalha para o microempreendedor individual (MEI) terá o benefício pago diretamente pelo INSS (Lei n.º 12.470/2011).

c) Salário maternidade da segurada empregada doméstica.

Para a segurada empregada doméstica, o salário maternidade consiste numa renda mensal igual ao valor do seu último salário de contribuição (SC).

O SC, em regra, equivale ao próprio salário da pessoa, mas pode conter algumas exclusões previstas em lei. O SC servirá de base de cálculo das contribuições previdenciárias.

d) Salário maternidade da segurada especial.

Para a segurada especial, o salário maternidade consiste numa renda mensal de 1 (um) salário mínimo.

A segurada especial contribui com um pequeno percentual sobre a receita bruta de comercialização, não adotando, em regra, o salário de contribuição como base de cálculo de suas contribuições previdenciárias.

Essa "economia" durante a arrecadação reflete negativamente na concessão do salário maternidade, limitado ao salário mínimo.

e) Salário maternidade da contribuinte individual, da segurada facultativa e da desempregada em período de graça.

Neste ponto da disciplina, a legislação previdenciária aplica a **mesma regra** para 3 classes de seguradas distintas, a saber:

- A contribuinte individual;

- A segurada facultativa, e;
- A desempregada que mantém sua qualidade de segurada, ou seja, se encontra em período de graça.

Não obstante, essa **regra**, para a definição da renda mensal do salário maternidade apresenta uma redação um pouco confusa e pouca didática. Com isso, vamos apresentá-la de maneira didática. =)

Assim, tem-se:

- Somar os últimos 12 salários de contribuições dentro dos últimos 15 meses.
- Se nos últimos 15 meses, por exemplo, tiver apenas 11 SC, somar os 11 SC.
- Dividir a soma obtida por 12.
- O resultado da divisão será o valor do salário maternidade.

Acredito que um caso concreto ajude a elucidar. Suponha que Vanessa, contribuinte individual, tenha 11 salários de contribuições nos últimos 15 meses, da seguinte forma:

Mês		**SC**	
1	06/2023	-	
2	05/2023	7.500,00	SC 01
3	04/2023	6.500,00	SC 02
4	03/2023	-	-
5	02/2023	-	-
6	01/2023	6.500,00	SC 03
7	12/2022	6.400,00	SC 04
8	11/2022	-	-
9	10/2022	7.300,00	SC 05
10	09/2022	5.800,00	SC 06
11	08/2022	5.300,00	SC 07
12	07/2022	6.600,00	SC 08
13	06/2022	6.400,00	SC 09
14	05/2022	6.500,00	SC 10
15	04/2022	7.200,00	SC 11
	Soma:	**72.000,00**	

A soma dos 11 SC totaliza R$ 72.000, agora, basta dividir por 12:

→ R$ 72.000,00 / 12 = **R$ 6.000,00 → valor do salário maternidade.**

Por óbvio, fica aquela questão no ar: "como esse dispositivo aparece na legislação?". Aparece assim no Decreto n.º 3.048/1999:

> Art. 101. O salário maternidade pago diretamente pela previdência social, consistirá:
>
> III – Em 1/12 (8,33%) da soma dos 12 últimos salários de contribuição, apurados em período não superior a 15 meses, para as seguradas contribuinte individual e facultativa e para a desempregada que mantenha a qualidade de segurada (período de graça).

Aproveito o momento para relembrar que este autor já defendia, há muito tempo – desde 2011-, a tese de que a segurada desempregada em período de graça teria direito a receber o benefício do salário maternidade, nos mesmos moldes da segurada contribuinte individual e da segurada facultativa.

Finamente, com o advento da Lei n.º 13.846/2019, tal entendimento foi **ACEITO**, **CORROBORADO** e **INSERIDO** no ordenamento jurídico previdenciário pátrio. =)

Para encerrar essa parte e seguir adiante, vou deixar o seguinte quadro-resumo do que foi apresentado acima:

Segurada:	Valor do Sal. Maternidade	Quem paga:	Quem credita em conta:	Limite:
Empregada (E)	Remuneração integral recebida	INSS	**Empresa**	Teto STF
(E) do MEI	Remuneração integral recebida	INSS	INSS	Teto STF
(E) intermitente	Média 12m antes do parto	INSS	INSS	Teto STF
(E) jornada especial	1 (um) salário mínimo, SC < 1 SM	INSS	INSS	Teto STF
(E) jornada especial	1 (um) salário mínimo, **SC >= 1 SM**	INSS	**Empresa**	Teto STF
Avulsa (A)	Remuneração integral recebida	INSS	INSS	Teto RGPS
(A) do MEI	Remuneração integral recebida	INSS	INSS	Teto RGPS

Segurada:	Valor do Sal. Maternidade	Quem paga:	Quem credita em conta:	Limite:
Doméstica (D)	Último Salário de Contribuição (SC)	INSS	INSS	Teto RGPS
Seg. Especial (S)	1 (um) salário mínimo	INSS	INSS	---
Contrib. Individual (C)	1/12 últimos 12 SC, dentro de 15m	INSS	INSS	Teto RGPS
Seg. Facultativa (F)	1/12 últimos 12 SC, dentro de 15m	INSS	INSS	Teto RGPS
Desempregada em PG	1/12 últimos 12 SC, dentro de 15m	INSS	INSS	Teto RGPS

(Autoria: Ali Mohamad Jaha)

Continuando, no caso de **óbito** do segurado ou da segurada que fazia jus ao recebimento do salário maternidade, **o benefício será pago, pelo tempo restante a que o segurado ou a segurada teria direito ou por todo o período**, **ao cônjuge ou companheiro sobrevivente que tenha a qualidade de segurado**, exceto no caso de óbito do filho ou de seu abandono.

Há muito tempo, os tribunais têm decidido que no caso de falecimento da mãe no parto, o salário maternidade é devido, pelo seu tempo integral, ao pai, desde que esse não abandone e cuide efetivamente da criança.

Entretanto, a Lei n.º 8.213/1991 só foi adequada a tal entendimento – muito tempo depois – com o advento da Lei n.º 12.873/2013.

O pagamento do benefício, em caso de óbito da segurada, deverá ser requerido até o último dia do prazo previsto para o término do salário maternidade originário. Os requerimentos realizados após essa data serão indeferidos.

O benefício, em caso de óbito, será pago diretamente pela previdência social entre a **data do óbito** e o **último dia do salário maternidade originário**. Tal disposição também se aplica aos casos de **adoção** ou de **obtenção de guarda judicial**.

Ao se adentrar na legislação, tem-se uma **ressalva importantíssima**!

A percepção do salário maternidade, em **todas as situações** (parto, adoção, guarda judicial ou óbito da mãe), está condicionada ao **afastamento** do trabalho ou da atividade desempenhada pelo segurado ou pela segurada, sob **pena de suspensão do benefício**.

A empregada deve dar quitação à empresa dos recolhimentos mensais do salário maternidade na própria folha de pagamento ou por outra forma admitida, de modo que a quitação fique plena e claramente caracterizada.

A empresa deve conservar, **durante o prazo decadencial 5 anos**, comprovantes dos pagamentos e atestados ou das certidões correspondentes para exame pela fiscalização da RFB.

Compete à interessada instruir o requerimento do salário maternidade com os atestados médicos necessários.

Quando o benefício for requerido **após o parto**, o documento comprobatório é a **Certidão de Nascimento**, podendo, no caso de dúvida, a segurada ser submetida à avaliação pericial junto ao INSS. Nos casos de **aborto espontâneo**, quando deverá ser apresentado **atestado médico**.

O início do afastamento do trabalho da segurada empregada, inclusive da doméstica, será determinado com base em atestado médico ou certidão de nascimento do filho.

O salário maternidade da segurada empregada será devido pela previdência social enquanto existir relação de emprego, observadas as regras quanto ao pagamento desse benefício pela empresa.

Por óbvio, durante o **período de graça**, a segurada desempregada fará jus ao recebimento do salário maternidade, situação em que o benefício será pago **diretamente pela previdência social**.

A segurada que exerça **atividades concomitantes** fará jus ao salário maternidade relativo a **cada atividade para a qual tenha cumprido os requisitos exigidos**, observadas as seguintes condições:

1. Na hipótese de uma ou mais atividades ter remuneração ou salário de contribuição inferior ao salário mínimo mensal, o benefício somente será devido se o somatório dos valores auferidos em todas as atividades for igual ou superior a um salário mínimo mensal;
2. O salário maternidade relativo a uma ou mais atividades poderá ser inferior ao salário mínimo mensal, e;
3. O valor global do salário maternidade, consideradas todas as atividades, **não poderá ser inferior ao salário mínimo mensal**.

Nos meses de início e término do salário maternidade da segurada empregada, inclusive da doméstica, o salário maternidade será **proporcional** aos dias de afastamento do trabalho.

Conforme dispõe o RPS/1999, o salário maternidade **não pode ser acumulado** com benefício por incapacidade (aposentadoria por incapacidade permanente, auxílio por incapacidade temporária ou auxílio acidente).

Quando ocorrer incapacidade em concomitância com o período de pagamento do salário maternidade:

- O **benefício por incapacidade**, conforme o caso, deverá ser **suspenso** enquanto perdurar o referido pagamento, ou;
- Terá sua **data de início adiada** para o primeiro dia seguinte ao término do período de 120 dias.

A legislação ainda informa que a segurada aposentada que **retornar à atividade fará jus ao pagamento do salário maternidade.**

O período reprodutivo da mulher se encerra com a menopausa - entre 45 e 50 anos -, sendo que essa ocorre, em regra, muito antes da aposentadoria. Logo, compreende-se que o dispositivo supra se refere aos casos de **adoção** ou de **obtenção de guarda judicial**.

Para encerramos esse longo tópico sobre salário maternidade, cabem duas observações importantíssimas:

1. Conforme dispõe a legislação previdenciária, o **salário maternidade é o único benefício classificado como salário de contribuição**, ou seja, o benefício tem natureza salarial e sobre ele incide contribuição previdenciária, e;

2. O salário maternidade e o salário família são creditados em conta pelo empregador que deduzirá (reembolsará) esse valor no momento de pagar suas contribuições sociais junto à RFB. Em suma, **os salários - salário maternidade e salário família - são os únicos benefícios reembolsáveis existentes.**

2.10. O Auxílio Acidente

Conforme detalha a legislação infralegal (Decreto n.º 3.048/1999):

> Art. 104. O **auxílio acidente** será concedido, como **indenização**, ao segurado **empregado**, inclusive o **doméstico**, ao **trabalhador avulso** e ao **segurado especial** quando, após a **consolidação das lesões** decorrentes de **acidente de qualquer natureza**, resultar **sequela definitiva** que implique **redução da capacidade para o trabalho que habitualmente exercia.**

Como pode ser observado, o auxílio acidente tem caráter **indenizatório.** O benefício repara, pecuniariamente, o segurado por **sequelas definitivas** que reduziram sua capacidade laboral.

Do dispositivo, tem-se que **não será devido a todos os segurados**, somente aos empregados, domésticos, avulsos e segurados especiais. → **E, D, A, S.**

O valor será recebido **do início do auxílio acidente** e será devido **até a véspera de início de qualquer aposentadoria ou até a data do óbito do segurado.**

Assim, tem-se que o auxílio acidente será devido **a partir do dia seguinte ao da cessação do auxílio por incapacidade temporária**, independentemente de qualquer remuneração ou rendimento auferido pelo acidentado, **vedada (proibida) a sua acumulação com qualquer aposentadoria.**

O recebimento de salário ou concessão de outro benefício, **exceto de aposentadoria**, não prejudicará a continuidade do recebimento do auxílio acidente.

Não dará ensejo (direito) ao auxílio acidente o caso:

1. Que apresente danos funcionais ou redução da capacidade funcional **sem repercussão** na capacidade laborativa, e;
2. De **mudança de função**, mediante readaptação profissional promovida pela empresa, como medida preventiva, em decorrência de inadequação do local de trabalho.

A perda da audição, em qualquer grau, somente proporcionará a concessão do auxílio acidente quando, além do reconhecimento do nexo entre o trabalho e o agravo, **resultar, comprovadamente, na redução ou perda da capacidade para o trabalho que o segurado habitualmente exercia.**

No caso de **reabertura** de auxílio por incapacidade temporária por acidente de qualquer natureza que tenha **dado origem a auxílio acidente**, este será **suspenso** até a cessação do auxílio por incapacidade temporária reaberto, quando será reativado.

Cabe a concessão de auxílio acidente oriundo de acidente de qualquer natureza ocorrido durante o período de manutenção da qualidade de segurado (período de graça – PG), desde que atendidas às condições inerentes à espécie.

Em suma, o desempregado em PG tem a proteção do auxílio acidente em caso sequelas definitivas, oriundas de acidente, que reduzam sua capacidade laboral.

2.11. A Pensão por Morte

Conforme dispõe, de maneira detalhada, o Regulamento da Previdência Social de 1999 (com adaptações didáticas):

> Art. 105. A **pensão por morte** será devida ao **conjunto dos dependentes do segurado que falecer**, aposentado ou não, **a contar da data:**
>
> I-A – Do **óbito**, quando requerida em **até 180 dias após o óbito**, para os **filhos menores de 16 anos;**

I-B – Do **óbito**, quando requerida em **até 90 dias após o óbito**, para os **demais dependentes**;

II – Do **requerimento**, quando requerida após os prazo previstos anteriormente, ou;

III – Da **decisão judicial,** no caso de **morte presumida**.

A pensão por morte, por óbvio, **é devida aos dependentes**, uma vez que o segurado está morto. Não obstante, **o início do pagamento da pensão depende do momento do requerimento da mesma**. Com isso, a pensão será devida:

1. Do **óbito**, quando requerida em até 90 dias após o óbito pelos dependentes (**regra geral**);
2. Do **óbito**, quando requerida em até 180 dias após o óbito especificamente para os filhos menores de 16 anos (**exceção**);
3. Do **requerimento**, quando requerida após os prazos anteriores (90 ou 180 dias), ou;
4. Da **decisão judicial**, no caso de morte presumida.

O **prazo em dobro** para os filhos menores de 16 anos é uma benesse dada pela lei, neste momento tão crítico para os filhos adolescentes.

A morte presumida, como o próprio nome denota, é a **presunção de que uma pessoa faleceu**. Entretanto, não se tem provas de fato sobre essa situação, ou seja, não se tem a presença do corpo. Tal presunção tem previsão no Código Civil.

Nas pensões devidas a contar do requerimento, ou seja, naquelas que foram requeridas após o prazo de 90 ou de 180 dias, **não será devido qualquer importância relativa ao período anterior à data de entrada do requerimento**.

O exercício de atividade remunerada, inclusive na condição de MEI, não impede a concessão ou a manutenção da parte individual da pensão do dependente com deficiência intelectual, mental ou grave.

Perde o direito à pensão por morte **o condenado criminalmente por sentença transitada em julgado**, como autor, coautor ou partícipe de homicídio doloso, ou de tentativa desse crime, cometido contra a pessoa do segurado, **ressalvados os absolutamente incapazes e os inimputáveis**.

Perde também o direito à pensão por morte o cônjuge ou o companheiro ou a companheira se comprovada, a qualquer tempo, **simulação ou fraude no casamento ou na união estável, ou a formalização desses com o fim exclusivo de constituir benefício previdenciário**, apurada em processo judicial, assegurados os direitos ao contraditório e à ampla defesa.

Ajuizada a ação judicial para reconhecimento da condição de dependente, este poderá requerer a sua **habilitação provisória** ao benefício de pensão por morte, exclusivamente para fins de rateio dos valores com outros dependentes, **vedado o pagamento da cota respectiva até o trânsito em julgado da ação, ressalvada a existência de decisão judicial que disponha em sentido contrário.**

Nas ações judiciais em que o INSS for parte, este poderá proceder, de ofício, à **habilitação excepcional** da pensão objeto da ação apenas para efeitos de rateio, descontados os valores referentes à habilitação das demais cotas, **vedado o pagamento da respectiva cota até o trânsito em julgado da ação, ressalvada a existência de decisão judicial que disponha em sentido contrário.**

Julgada improcedente as ações supra, o valor retido para pagamento ao autor será **corrigido** pelos índices legais de reajustamento e será pago de forma proporcional aos demais dependentes, de acordo com as suas cotas e o tempo de duração de seus benefícios.

Fica assegurada ao INSS a **cobrança** dos valores indevidamente pagos em decorrência da **habilitação provisória** ou da **habilitação excepcional**.

Antecipando um pouco o assunto "cálculo do valor do benefício", a ser tratado em momento específico, neste curso, tem-se a seguinte passagem no Decreto n.º 3.048/1999:

> Art. 106. A pensão por morte consiste em renda mensal equivalente a uma **cota familiar de 50%** do valor da **aposentadoria recebida** pelo segurado ou **daquela a que teria direito se fosse aposentado por incapacidade permanente na data do óbito**, acrescida de **cotas de 10% por dependente, até o máximo de 100%.**

A pensão por morte consiste **num percentual** sobre a aposentadoria que o segurado falecido já recebia ou que teria direito a receber caso se aposentasse por incapacidade permanente (aposentadoria fictícia, apenas para efeitos de cálculo).

Sobre essa aposentadoria (real ou fictícia), a pensão será assim calculada:

- 50% x aposentadoria (cota familiar), e;
- 10% x aposentadoria (cota por dependente).

Suponha que Ricardo Coelho tenha falecido, ainda na ativa, e tenha deixado como dependentes a esposa, Sr.ª Coelho e mais 6 (seis) filhos. No caso, na data do óbito, Ricardo teria direito a uma aposentadoria por incapacidade permanente no valor de R$ 7.500,00. Do exposto, qual o valor da pensão devida aos dependentes?

- A cota familiar consiste em 50% da referida aposentadoria
- Ao falecer, o Sr. Coelho deixou 7 dependentes (esposa + 6 filhos), logo, são 7 cotas de 10%, totalizando 70%.

→ 50% + 70% = 120% x R$ 7.500,00 = R$ 9.000,00. Entretanto, a pensão por morte está limitada à 100%.

→ Logo, 100% x R$ 7.500,00 = **R$ 7.500,00 de pensão por morte**.

O valor da pensão por morte, no caso de morte de **segurado recluso** que tenha contribuído para a previdência social durante o período de reclusão, será calculado de modo a considerar o tempo de contribuição adicional e os correspondentes salários de contribuição.

Na hipótese de haver **dependente inválido ou com deficiência intelectual, mental ou grave**, o valor da **pensão por morte será equivalente a 100%** do valor da aposentadoria recebida pelo segurado ou daquela a que teria direito se fosse aposentado por incapacidade permanente na data do óbito, até o limite máximo do salário de benefício do RGPS.

Enquanto o dependente inválido ou com deficiência intelectual, mental ou grave mantiver essa condição, independentemente do número de dependentes habilitados ao benefício, o valor da pensão será rateado entre todos os dependentes em partes iguais.

O valor da pensão será **recalculado** na forma da lei (cota familiar de 50% + cotas de 10% por dependente), quando:

1. A invalidez ou deficiência intelectual, mental ou grave **sobrevier** à data do óbito, enquanto estiver mantida a qualidade de dependente, ou;
2. **Deixar de haver** dependente inválido ou com deficiência intelectual, mental ou grave.

A concessão da pensão por morte não será **protelada (atrasada)** pela falta de habilitação de outro possível dependente, e qualquer habilitação posterior que importe em exclusão ou inclusão de dependente somente produzirá efeito a contar da data da habilitação (sem efeitos retroativos).

Neste ponto, devo informar que, por anos, a seguinte questão foi submetida por diversos dependentes aos tribunais federais:

> Possibilidade do reconhecimento da legitimidade ativa "ad causam" de pensionistas e sucessores para, em ordem de preferência, propor, em nome próprio, à falta de requerimento do segurado em vida, ação revisional da aposentadoria do "de cujus", com o objetivo de **redefinir a renda mensal da pensão por morte** – quando existente -, e, por conseguinte, receber, **além das diferenças resultantes do recálculo do eventual pensionamento, os valores devidos e não pagos pela Administração ao instituidor quando vivo**, referentes à readequação do benefício originário, a teor do disposto no Art. 112 da Lei n.º 8.213/1991.

Para contar, esse é o teor do dispositivo da Lei n.º 8.213/1991 citado:

> Art. 112. O valor não recebido em vida pelo segurado **só será pago aos seus dependentes habilitados à pensão por morte** ou, na falta deles, aos seus sucessores na forma da lei civil, independentemente de inventário ou arrolamento.

Após muitas ações com teor idêntico, a questão chegou ao Superior Tribunal de Justiça (STJ), que por meio do Recurso Repetitivo n.º 1.057/2021 firmou a seguinte tese:

> I. O disposto no Art. 112 da Lei n.º 8.213/1991 é **aplicável aos âmbitos judicial e administrativo**;
>
> II. **Os pensionistas detêm legitimidade ativa para pleitear, por direito próprio, a revisão do benefício derivado (pensão por morte) – caso não alcançada pela decadência -, fazendo jus a diferenças pecuniárias pretéritas não prescritas, decorrentes da pensão recalculada**;
>
> III. Caso não decaído o direito de revisar a renda mensal inicial do benefício originário do segurado instituidor, os pensionistas poderão postular a revisão da aposentadoria, a fim de auferirem eventuais parcelas não prescritas resultantes da readequação do benefício original, bem como os reflexos na graduação econômica da pensão por morte, e;
>
> IV. À falta de dependentes legais habilitados à pensão por morte, os sucessores (herdeiros) do segurado instituidor, definidos na lei civil, são partes legítimas para pleitear, por ação e em nome próprios, a revisão do benefício original – salvo se decaído o direito ao instituidor – e, por conseguinte, de haver eventuais diferenças pecuniárias não prescritas, oriundas do recálculo da aposentadoria do de cujus.

Observa-se claramente que o referido Art. 112 se aplica tanto na via administrativa (INSS) quanto na via judicial.

Só deve ser observado que em caso de pleito na via judicial, só serão pagas as parcelas devidas a menos de 5 anos a contar da data de petição da ação, conforme entendimento do próprio STJ:

> Súmula STJ n.º 85/1993: Nas **relações jurídicas de trato sucessivo em que a Fazenda Pública figure como devedora**, quando não tiver sido negado o próprio direito reclamado, **a prescrição atinge apenas as prestações vencidas antes do quinquênio anterior à propositura da ação**.

Dando continuidade, a pensão por morte será devida ao **filho**, ao **enteado**, ao **menor tutelado** e ao **irmão**, desde que **comprovada a dependência**

econômica dos 3 últimos, que sejam inválidos ou que tenham deficiência intelectual, mental ou grave, cuja invalidez ou deficiência tenha ocorrido antes da data do óbito.

A **invalidez** será reconhecida pela **Perícia Médica Federal** e a **deficiência**, por meio de **avaliação biopsicossocial** realizada por equipe multiprofissional e interdisciplinar.

A condição do dependente inválido ou com deficiência intelectual, mental ou grave poderá ser reconhecida previamente ao óbito do segurado e, quando necessário, ser reavaliada quando da concessão do benefício.

O pensionista inválido fica **obrigado**, sob pena de suspensão do benefício, a submeter-se a:

- Exame médico a cargo da Perícia Médica Federal;
- Processo de reabilitação profissional a cargo do INSS, e
- Tratamento dispensado gratuitamente, **exceto o cirúrgico e a transfusão de sangue, que são facultativos**.

O pensionista inválido que não tenha retornado à atividade estará **isento** do exame acima **a partir dos 60 anos de idade**.

A **isenção não se aplica** quando o exame tiver a finalidade de:

1. Verificar a recuperação da capacidade de trabalho, em razão de solicitação do pensionista que se julgar apto, e;
2. Subsidiar autoridade judiciária na concessão de curatela.

O pensionista inválido, ainda que tenha implementado a condição de isenção de exame, será submetido ao exame médico-pericial de que trata este artigo **quando necessário para apuração de fraude**.

O **cônjuge ausente** (aquele que despareceu do seu domicílio, sem deixar notícias) somente fará jus ao benefício a partir da data de sua habilitação e mediante **prova de dependência econômica**, não excluindo do direito a companheira ou o companheiro.

O **cônjuge divorciado ou separado judicialmente ou de fato, que recebia pensão de alimentos, receberá a pensão em igualdade de condições com os demais dependentes.**

Considero importante ressaltar que mesmo que o cônjuge divorciado renuncie a pensão alimentícia na separação, esse poderá gozar da pensão por morte, desde que **comprove necessidade econômica superveniente (posterior)**, como define a jurisprudência do Superior Tribunal de Justiça (STJ), a saber:

> Súmula STJ n.º 336/2007: A mulher que renunciou aos alimentos na separação judicial tem direito à pensão previdenciária por morte do ex-marido, **comprovada a necessidade econômica superveniente.**

Na hipótese de o segurado estar, na data do seu óbito, obrigado por determinação judicial a pagar alimentos temporários a ex-cônjuge ou a ex-companheiro ou ex-companheira, a **pensão por morte será devida pelo prazo remanescente na data do óbito**, caso não incida outra hipótese de cancelamento anterior do benefício.

Aproveito o ensejo e informo que **caso o pensionista se case novamente, não perderá o direito à pensão por morte**.

A pensão poderá ser concedida, em **caráter provisório**, por **morte presumida**:

1. Mediante sentença declaratória de ausência, expedida por autoridade judiciária, a contar da data de sua emissão, ou;
2. Em caso de desaparecimento do segurado por motivo de catástrofe, acidente ou desastre, a contar da data da ocorrência, mediante prova hábil.

Verificado o reaparecimento do segurado, o pagamento da pensão **cessa imediatamente**, ficando os dependentes desobrigados da reposição dos valores recebidos, **salvo má-fé.**

A pensão por morte, **havendo mais de um pensionista**, será rateada entre todos, em partes iguais (divisão "pro rata", proporcional).

Enquanto o dependente inválido ou com deficiência intelectual, mental ou grave **mantiver** essa condição, independentemente do número de dependentes habilitados ao benefício, o valor da pensão **será rateado entre todos os dependentes em partes iguais.**

Na hipótese **de deixar de haver dependente inválido ou com deficiência intelectual, mental ou grave**, o valor da pensão será **recalculado** na forma da lei (cota familiar de 50% + cotas de 10% por dependente) e realizado novo rateio.

As cotas por dependente **cessarão** com a perda dessa qualidade e **não serão reversíveis aos demais dependentes**, preservado o valor de **100%** da pensão por morte quando o número de dependentes remanescentes for igual ou superior a 5 (**cota familiar de 50% + 5 cotas individuais de 10% = 100%**).

O **pagamento da cota individual** (aquela que cada dependente recebe) **cessa (se interrompe)**:

1. Pela **morte** do pensionista;
2. Para o **filho**, o **enteado**, o **menor tutelado** ou o **irmão**, de ambos os sexos, **ao completar 21 anos de idade**, exceto se o pensionista for inválido ou tiver deficiência intelectual, mental ou grave;

3. Para o **filho**, o **enteado**, o **menor tutelado** ou o **irmão inválido**, pela **cessação da invalidez**;

4. Para o **filho**, o **enteado**, o **menor tutelad**o ou o **irmão** que tenha **deficiência** intelectual, mental ou grave, **pelo afastamento da deficiência**;

5. Pela **adoção**, para o filho adotado que receba pensão por morte dos pais biológicos.

   → Não ocorre a cessação quando o cônjuge ou companheiro adota o filho do outro.

6. Para o **cônjuge** ou o **companheiro** ou a **companheira**:

   6.1. Se inválido ou com deficiência, pela **cessação da invalidez** ou pelo **afastamento da deficiência**, respeitados os períodos mínimos decorrentes da aplicação dos itens 6.2 e 6.3;

   6.2. Em **4 meses**, se o óbito ocorrer sem que o segurado tenha vertido 18 contribuições mensais ou se o casamento ou a união estável tiver sido iniciado a menos de 2 anos antes do óbito do segurado, ou;

   6.3. **Transcorridos os seguintes períodos**, estabelecidos de acordo com a idade do beneficiário na data de óbito do segurado, se o óbito ocorrer depois de vertidas 18 contribuições mensais e de, no mínimo, 2 anos de casamento ou união estável:

Pensão cessa em:	**Idade do cônjuge sobrevivente:**
3 anos	menos de 22 anos
6 anos	entre 23 e 27 anos
10 anos	entre 28 e 30 anos
15 anos	entre 31 e 41 anos
20 anos	entre 42 e 44 anos
Não cessa (**vitalícia**)	45 anos ou mais

(Portaria Ministério da Economia – ME n.º 424/2020)

→ Essa tabela pode ser atualizada por portaria ministerial ou interministerial (Lei n.º 8.213/1991, Art. 77, § 2.º-B).

7. Pela perda do direito a pensão (**matou ou tentou matar o cônjuge** ou **simulação de casamento com fim exclusivo de obter benefício previdenciário**).
8. Pelo decurso do prazo remanescente na data do óbito estabelecido na determinação judicial para recebimento de pensão de alimentos temporários para o ex-cônjuge ou o ex-companheiro ou a ex-companheira, caso não incida outra hipótese de cancelamento anterior do benefício.

Até 2014, as pensões, em regra, era vitalícias. Com o advento da Medida Provisória n.º 664/2014, posteriormente convertida na Lei n.º 13.135/2015, **atualmente, as pensões são temporária em regra**.

Com a extinção da cota do último pensionista, a **pensão por morte será encerrada**.

Serão aplicados, conforme o caso, o disposto no item 6.1 ou no 6.3 se o óbito do segurado **decorrer de acidente de qualquer natureza ou de doença profissional ou do trabalho**, **independentemente** do recolhimento de 18 contribuições mensais ou da comprovação de 2 anos de casamento ou de união estável.

Assim, em caso de morte do segurado decorrente de acidente, a pensão cessará nos prazos estipulados em 6.1 ou em 6.3, **independente** do implemento das condições iniciais (18 contribuições recolhidas e 2 anos de relacionamento sério).

O tempo de contribuição para regime próprio de previdência social, na condição de servidor público estatutário, será considerado na contagem das 18 contribuições previstas nos itens 6.1 e 6.3.

Na hipótese de haver **fundados indícios** de autoria, coautoria ou participação de dependente, ressalvados os absolutamente incapazes e os inimputáveis, em homicídio, ou em tentativa desse crime, cometido contra a pessoa do segurado, será possível a **suspensão provisória** de sua parte no benefício de pensão por morte, por meio de processo administrativo próprio, respeitados os direitos à ampla defesa e ao contraditório, e, na hipótese de absolvição, serão devidas as parcelas corrigidas desde a data da suspensão e a reativação imediata do benefício.

O exercício de atividade remunerada, inclusive na condição de microempreendedor individual (MEI), **não impede** a concessão ou manutenção da parte individual da pensão do dependente com deficiência intelectual ou mental ou com deficiência grave.

Por fim, a cota do filho, do enteado, do menor tutelado ou do irmão dependente que se tornar inválido ou pessoa com deficiência intelectual, mental ou grave antes de completar 21 anos de idade **não será extinta** se confirmada a invalidez ou a deficiência.

2.12. O Auxílio Reclusão

Ao consultar a legislação de regência (Decreto n.º 3.048/1999), tem-se:

> Art. 116. O **auxílio reclusão**, cumprida a **carência de 24 contribuições mensais**, será devido, **nas condições da pensão por morte**, aos **dependentes** do segurado de **baixa renda** recolhido à prisão em **regime fechado** que **não receber** remuneração da empresa nem estiver em gozo de auxílio por incapacidade temporária, de pensão por morte, de salário maternidade, de aposentadoria ou de abono de permanência em serviço.

A priori, do dispositivo legal exposto, tem-se que o benefício de auxílio reclusão:

1. Exige uma carência prévia de **24 contribuições mensais**.
2. Segue o mesmo regramento da pensão por morte.
3. Será devido **aos dependentes** do **segurado de baixa renda recolhido à prisão**.
4. Será devido somente nas prisões de **regime fechado**.
5. Os dependentes só gozação tal benefício se o segurado preso **não receber**:
   - 5.1. Remuneração da empresa;
   - 5.2. Auxílio por incapacidade temporária;
   - 5.3. Pensão por morte;
   - 5.4. Salário maternidade;
   - 5.5. Aposentadoria de qualquer espécie, ou;
   - 5.6. Abono de permanência em serviço (um benefício extinto há décadas).

No passado, o auxílio reclusão era um benefício que dispensava carência. Entretanto, com o advento da Medida Provisória n.º 871/2019, posteriormente convertida na Lei n.º 13.846/2019, passou a exigir 24 contribuições mensais de carência.

Para os devidos efeitos previdenciários, considera-se segurado de **baixa renda** aquele que tenha **renda** bruta mensal igual ou inferior (de no máximo) a R$ 1.819,26 (ano 2024), corrigida pelos mesmos índices de reajuste aplicados aos benefícios do RGPS, **calculada com base na média aritmética simples dos salários de contribuição apurados no período dos 12 meses anteriores ao mês do recolhimento à prisão.**

Assim, **no momento da prisão**, deve-se fazer a média simples dos salários de contribuição apurados nos 12 meses anteriores ao ato da prisão. Essa média irá determinar se o indivíduo é ou não segurado de baixa renda.

Se o segurado tiver recebido benefícios por incapacidade no período referido período de 12 meses, sua duração será contada considerando-se como salário de contribuição no período o salário de benefício que serviu de base para o cálculo da renda mensal (Lei n.º 13.846/2019).

Equipara-se à condição de recolhido à prisão, a situação do maior de 16 e menor de 18 anos de idade que se encontre internado em estabelecimento educacional ou congênere, sob custódia do Juizado da Infância e da Juventude (Instrução Normativa PRES/INSS n.º 128/2022).

O requerimento do auxílio reclusão será instruído com **certidão judicial que ateste o recolhimento efetivo à prisão** e será obrigatória a apresentação de **prova de permanência na condição de presidiário** para a manutenção do benefício.

O INSS celebrará convênios com os órgãos públicos responsáveis pelo cadastro dos presos para obter informações sobre o recolhimento à prisão.

A **certidão judicial** e a **prova de permanência na condição de presidiário** serão **substituídas** pelo acesso à base de dados, por meio eletrônico, a ser disponibilizada **pelo Conselho Nacional de Justiça (CNJ)**, com dados cadastrais que assegurem a identificação plena do segurado e da sua condição de presidiário.

Até que o acesso à base de dados seja disponibilizado pelo **CNJ**, o beneficiário apresentará **trimestralmente** atestado de que o segurado continua em **regime fechado**, que deverá ser firmado pela autoridade competente.

Aplicam-se ao auxílio reclusão **as normas referentes à pensão por morte** e, no caso de qualificação de cônjuge ou companheiro ou companheira após a prisão do segurado, o benefício será devido **a partir da data de habilitação**, desde que comprovada a preexistência da dependência econômica.

Conforme disposição legal, a data de início do auxílio reclusão será:

1. A do **efetivo recolhimento** do segurado à prisão, se o benefício for requerido no prazo **de 180 dias**, para os **filhos menores de 16 anos**;
2. A do **efetivo recolhimento** do segurado à prisão, se o benefício for requerido no prazo **de 90 dias**, para os **demais dependentes**, ou;
3. A do **requerimento**, se o benefício for requerido após os prazos previstos anteriormente.

O **início do pagamento do auxílio depende do momento do requerimento do mesmo**. Com isso, o auxílio será devido:

1. Do **efetivo recolhimento**, quando requerido em até 90 dias pelos dependentes (**regra geral**);
2. Do **efetivo recolhimento**, quando requerido em até 180 dias especificamente para os filhos menores de 16 anos (**exceção**), ou;
3. Do requerimento, quando requerido após os prazos anteriores (90 ou 180 dias).

O **prazo em dobro** para os filhos menores de 16 anos é uma benesse dada pela lei, neste momento tão crítico para os filhos adolescentes.

O auxílio reclusão será devido somente durante o período em que o segurado estiver recolhido à prisão sob **regime fechado**. Não existe a possibilidade de recebimento de auxílio reclusão no **regime semiaberto** ou na situação de **liberdade condicional**.

Quanto ao tipo de prisão, compreendo que o benefício será devido em todos os tipos, desde que o regime seja fechado. Esses são os tipos de prisão existentes:

- **Prisão penal**: ocorre por sentença penal condenatória transitada em julgado;
- **Prisão processual**: ocorre no flagrante delito, de forma preventiva, resultante de pronúncia ou de sentença condenatória não transitada em julgado, e;
- **Prisão civil**: ocorre por inadimplemento voluntário e inescusável (sem desculpas) de obrigação alimentícia.

O exercício de atividade remunerada iniciado após a prisão do segurado recluso em cumprimento de pena em regime fechado **não acarreta a perda** do direito ao recebimento do auxílio reclusão para os seus dependentes.

Para constar, atualmente todos os presos, **produtivos** (que exercem atividade remunerada) ou **não produtivos** (que não exercem atividade remunerada), são classificados como segurados facultativos. Observe o disposto no RPS/1999:

> Art. 11, § 1.º
>
> IX – O presidiário que não exerce atividade remunerada nem esteja vinculado a qualquer regime de previdência social;
>
> XI – O segurado recolhido à prisão sob regime fechado ou semiaberto, que, nesta condição, preste serviço, dentro ou fora da unidade penal, a uma ou mais empresas, com ou sem intermediação da organização carcerária ou entidade afim, ou que exerce atividade artesanal por conta própria.

Dando continuidade, o valor do auxílio reclusão será apurado na forma estabelecida para o cálculo da pensão por morte, **não poderá exceder o valor de 1 (um) salário mínimo** e será mantido enquanto o segurado permanecer em **regime fechado.**

Para relembrar, esse era o cálculo da pensão por morte (Decreto n.º 3.048/1999):

> Art. 106. A pensão por morte consiste em renda mensal equivalente a uma **cota familiar de 50%** do valor da **aposentadoria recebida** pelo segurado ou **daquela a que teria direito se fosse aposentado por incapacidade permanente na data do óbito**, acrescida de **cotas de 10% por dependente, até o máximo de 100%.**

Do texto constitucional, especificamente no § 2.º do Art. 201, tem-se que nenhum benefício que **substitua** o rendimento do trabalho do segurado terá valor mensal inferior ao salário mínimo.

O auxílio reclusão não substitui a remuneração do trabalhador, a propósito, é devido aos dependentes e não ao segurado. Com isso, pode apresentar um valor inferior ao salário mínimo.

E, como a própria legislação supra informa, terá **um valor máximo de 1 (um) salário mínimo**.

No caso de fuga, o **benefício será suspenso** e, **se houver recaptura do segurado, será restabelecido a contar da data em que esta ocorrer**, desde que esteja ainda mantida a qualidade de segurado (período de graça – PG).

O PG do preso após o "livramento" (a fuga é uma espécie de livramento) é de **12 meses**. Se ele for **recapturado dentro do PG**, não perde a qualidade de segurado e, por consequência, seus dependentes continuam a receber o auxílio reclusão.

Encerrado o PG, com o ex-preso foragido, **o pagamento do benefício é cancelado**. Eventualmente, é melhor ter um parente preso do que em liberdade. =)

Se houver exercício de atividade dentro do período de fuga, o mesmo será considerado para a verificação da perda ou não da qualidade de segurado.

Na hipótese de **óbito** do segurado recluso, o auxílio reclusão que estiver sendo pago será cessado e será concedida a **pensão por morte** aos dependentes.

Caso o segurado recluso que tenha contribuído para a previdência social durante o período de reclusão, o valor da pensão por morte será calculado levando-se em consideração o tempo de contribuição adicional e os correspondentes salários de contribuição.

Não havendo concessão de auxílio reclusão, em razão da não comprovação da baixa renda, será devida pensão por morte aos dependentes se o óbito do segurado tiver ocorrido no período de graça (PG) de 12 meses após o livramento.

Para encerrar o tópico, é **vedada (proibida)** a concessão do auxílio reclusão após a soltura do segurado.

Por fim, agora, que foram apresentados todos os benefícios existentes no Regime Geral de Previdência Social (RGPS), considero importantíssimo compreender (**e memorizar**) quais **segurados** e **dependentes** tem direito ou não a cada um deles. Guarde com carinho esse quadro esquematizado.

<table>
<tr><td rowspan="4">CADES F (TODOS)</td><td>Apos. incap. permanente</td></tr>
<tr><td>Apos. programada</td></tr>
<tr><td>Aux. incap. temporária</td></tr>
<tr><td>Sal. maternidade</td></tr>
<tr><td rowspan="2">Dependentes dos CADES F (TODOS)</td><td>Aux. reclusão</td></tr>
<tr><td>Pensão por morte</td></tr>
<tr><td>C, A, E, S
D, F não</td><td>Apos. id. trab. rural</td></tr>
<tr><td>E, A, C – cooperado apenas
C, D, S, F não</td><td>Apos. especial</td></tr>
<tr><td>E, D, A, S
C, F não</td><td>Aux. acidente</td></tr>
<tr><td>E, A, D e trab. rural aposentado
C, S, F não</td><td>Sal. família</td></tr>
</table>

(Autoria: Ali Mohamad Jaha)

2.13. O Serviço Social

Conforme dispõe a legislação previdenciária, o serviço social constitui **atividade auxiliar do seguro social** e visa prestar ao beneficiário **orientação** e **apoio** no que concerne à solução dos problemas pessoais e familiares e à melhoria da sua inter-relação com a previdência social, para a solução de questões referentes a benefícios, bem como, quando necessário, à obtenção de outros recursos sociais da comunidade.

O serviço social, assim, constitui serviço prestado aos segurados da previdência com a finalidade de **esclarecer seus direitos sociais e os meios de exercê-los.**

Será dada prioridade de atendimento a segurados em benefício por incapacidade temporária e atenção especial a aposentados e pensionistas.

Para assegurar o efetivo atendimento aos beneficiários, poderão ser utilizados mecanismos de intervenção técnica, ajuda material, recursos sociais, intercâmbio com empresas, inclusive mediante celebração de convênios, acordos ou contratos, ou pesquisa social.

O serviço social terá como diretriz a **participação do beneficiário** na implementação e fortalecimento da política previdenciária, em articulação com associações e entidades de classes.

O serviço social, considerando a universalização da previdência social, prestará assessoramento técnico aos estados, Distrito Federal e municípios na elaboração de suas respectivas propostas de trabalho relacionadas com a previdência social.

Por seu turno, no sítio eletrônico do INSS, conseguimos extrair as seguintes informações complementares:

> O Serviço Social é um serviço previdenciário que atende a **todos** os segurados, dependentes e demais usuários da Previdência Social.
>
> O cidadão será atendido por um(a) **Assistente Social**, que irá esclarecer seus direitos sociais e qual o meio adequado para poder exercê-los, além de buscar solução para os problemas que surgirem na relação do cidadão com o INSS.
>
> O Serviço Social também é responsável pela **realização da Avaliação Social**, que faz parte da análise da concessão do Benefício de Prestação Continuada (BPC) da Pessoa com Deficiência e da Aposentadoria da Pessoa com Deficiência.
>
> Os profissionais estão distribuídos por todo o território nacional para atendimento ao público, nas **Agências da Previdência Social.**

2.14. A Habilitação e a Reabilitação Profissional

Ao se consultar a norma infralegal, o nosso Decreto n.º 3.048/1999 – Decretão para os íntimos -, tem-se:

> Art. 136. A **assistência** (re)educativa e de (re)adaptação profissional, instituída sob a denominação genérica de **habilitação e reabilitação profissional**, visa proporcionar aos beneficiários, incapacitados parcial ou totalmente para o trabalho, em caráter obrigatório, **independentemente de carência**, e às pessoas portadoras de deficiência, **os meios indicados para proporcionar o reingresso no mercado de trabalho e no contexto em que vivem**.

A **habilitação e a reabilitação profissional** é um serviço disposto a todos os segurados e dependentes, sem exigência de nenhuma contribuição prévia (carência), com o objetivo de proporcionar o **reingresso do cidadão incapacitado no mercado de trabalho**.

Cabe ao Instituto Nacional do Seguro Social (INSS) promover a prestação deste serviço aos **segurados**, inclusive **aposentados**, e, de acordo com as possibilidades administrativas, técnicas, financeiras e as condições locais do órgão, aos seus **dependentes**, preferencialmente mediante a contratação de **serviços especializados.**

As pessoas portadoras de deficiência serão atendidas mediante celebração de convênio de cooperação técnico-financeira.

O processo de habilitação e de reabilitação profissional do beneficiário será desenvolvido por meio das **funções básicas** de:

1. Avaliação do potencial laborativo;
2. Orientação e acompanhamento da programação profissional;
3. Articulação com a comunidade, inclusive mediante a celebração de convênio para reabilitação física restrita a segurados que cumpriram os pressupostos de elegibilidade ao programa de reabilitação profissional, com vistas ao reingresso no mercado de trabalho, e;
4. Acompanhamento e pesquisa da fixação no mercado de trabalho.

A execução das funções básicas será realizada, preferencialmente, por meio do trabalho de **equipe multiprofissional especializada**, sempre que possível, na **localidade do domicílio do beneficiário**, ressalvadas as situações excepcionais em que ele tenha direito à reabilitação profissional fora dela.

A **avaliação da elegibilidade** do segurado para encaminhamento à reabilitação profissional, a reavaliação da incapacidade de segurados em programa de reabilitação profissional e a prescrição de órteses, próteses e meios auxiliares de locomoção e acessórios serão realizadas pela **Perícia Médica Federal**.

Quando indispensáveis ao desenvolvimento do processo de reabilitação profissional, **o INSS fornecerá** aos segurados, inclusive aposentados, em caráter obrigatório, **prótese e órtese**, seu reparo ou substituição, **instrumentos de auxílio para locomoção**, bem como equipamentos necessários à habilitação e à reabilitação profissional, **transporte urbano e alimentação** e, na medida das possibilidades do Instituto, aos seus dependentes.

No caso das pessoas portadoras de deficiência, a concessão dos recursos materiais referidos acima ficará condicionada à celebração de convênio de cooperação técnico-financeira.

O INSS **não reembolsará** as despesas realizadas com a aquisição de órtese ou prótese e outros recursos materiais não prescritos ou não autorizados por suas unidades de reabilitação profissional.

Cabe à unidade de reabilitação profissional encaminhar para avaliação médico-pericial a ocorrência de que trata o § 2.º do Art. 337 do Decreto n.º 3.048/1999, a saber:

> Art. 337, § 2.º Será considerado **agravamento do acidente** aquele sofrido pelo acidentado quanto estiver sob a responsabilidade da reabilitação profissional.

A programação profissional será desenvolvida mediante cursos e/ou treinamentos, na comunidade, por meio de contratos, acordos e convênios com instituições e empresas públicas ou privadas.

O treinamento do reabilitando, quando realizado em empresa, não estabelece qualquer vínculo empregatício ou funcional entre o reabilitando e a empresa, bem como entre estes e o INSS.

Compete ao reabilitando, além de acatar e cumprir as normas estabelecidas nos contratos, acordos ou convênios, pautar-se no regulamento daquelas organizações.

Concluído o processo de reabilitação profissional, o **INSS emitirá certificado individual** indicando a função para a qual o reabilitando foi capacitado profissionalmente, sem prejuízo do exercício de outra para a qual se julgue capacitado.

Não constitui obrigação da previdência social a manutenção do segurado no mesmo emprego ou a sua colocação em outro para o qual foi reabilitado, **cessando** o processo de reabilitação profissional com a emissão do certificado individual.

Cabe à previdência social a articulação com a comunidade, com vistas ao levantamento da oferta do mercado de trabalho, ao direcionamento da programação profissional e à possibilidade de reingresso do reabilitando no mercado formal.

O **acompanhamento e a pesquisa da fixação no mercado** de trabalho é obrigatório e tem como finalidade a comprovação da efetividade do processo de reabilitação profissional.

A empresa com **100 ou mais empregados** está obrigada a preencher **de 2% a 5%** de seus cargos com **beneficiários reabilitados ou pessoas portadoras de deficiência**, habilitadas, na seguinte proporção:

Empregados	% de Reabilitados ou de PcD
De 100 até 200	2%
De 201 até 500	3%

Empregados	% de Reabilitados ou de PcD
De 501 até 1.000	4%
De 1.001 em diante	5%

(Autoria: Ali Mohamad Jaha)

A **dispensa** de pessoa com deficiência ou de beneficiário reabilitado pela previdência social ao final de contrato por prazo determinado de mais de 90 dias e a dispensa imotivada em contrato por prazo indeterminado somente poderão ocorrer **após a contratação de outro trabalhador com deficiência ou beneficiário reabilitado pela previdência social**.

Ao Ministério da Previdência Social compete estabelecer a sistemática de fiscalização e gerar dados e estatísticas sobre o total de empregados e as vagas preenchidas por pessoas com deficiência e por beneficiários reabilitados pela previdência social, além de fornecê-los, quando solicitados, aos sindicatos, às entidades representativas dos empregados ou aos cidadãos interessados.

Para a reserva de cargos será considerada somente a contratação direta de pessoa com deficiência, **excluído** o aprendiz com deficiência de que trata a Consolidação das Leis do Trabalho (CLT).

Por seu turno, no sítio eletrônico do INSS, conseguimos extrair as seguintes informações compiladas:

> **Reabilitação Profissional**
>
> É a assistência educativa ou reeducativa e de adaptação ou readaptação profissional, instituída sob a denominação genérica de habilitação e reabilitação profissional (RP), visando proporcionar aos beneficiários incapacitados parcial ou totalmente para o trabalho, em caráter obrigatório, independente de carência, e às pessoas com deficiência, os meios indicados para o reingresso no mercado de trabalho e no contexto em que vivem.
>
> O ingresso do segurado no serviço de Reabilitação Profissional depende do encaminhamento pela perícia médica, o que em geral ocorre no exame de avaliação de benefício por incapacidade.
>
> No Instituto Nacional do Seguro Social (INSS), o beneficiário será atendido por servidores com formação em Terapia Ocupacional, Fisioterapia, Psicologia, Sociologia, Pedagogia, Serviço Social, dentre outras. Estes profissionais atuam na condução do processo de reabilitação profissional, avaliando, informando, orientando e acompanhando os reabilitandos encaminhados ao serviço.
>
> Concluído o processo de habilitação ou reabilitação profissional, o INSS emitirá para o beneficiário o Certificado de Reabilitação Profissional,

documento que o tornará apto à contratação pela reserva de vagas da chamada "Lei de Cotas".

Através da "Lei de Cotas", as empresas com 100 ou mais empregados estão obrigadas a preencher de 2% a 5% dos seus cargos com beneficiários reabilitados ou pessoas com deficiência, habilitadas, nas proporções definidas em Lei. Trata-se de importante mecanismo de inserção profissional dos beneficiários do INSS que foram reabilitados.

O que o trabalho inclui?

- Avaliação do potencial laborativo, com objetivo de definir a real capacidade de retorno de segurados ao trabalho;

- Orientação e acompanhamento do programa profissional: condução do reabilitando para a escolha consciente de uma nova função/atividade a ser exercida no mercado de trabalho;

- Articulação com a comunidade para parcerias, convênios e outros, com vistas a formação profissional por meio de melhoria de escolaridade, cursos profissionalizantes ou treinamentos práticos nas empresas, tanto as de vínculo do beneficiário, quanto em empresas parceiras;

- Custeio integral dos gastos de transporte, alimentação e diárias, quando o caso assim exigir, para o cumprimento das atividades do processo da Reabilitação Profissional;

- Fornecimento de Órteses, Próteses e Meios auxiliares de locomoção (OPM), quando indispensáveis ao desenvolvimento do processo de reabilitação profissional. O INSS realiza também o reparo ou substituição das OPM por ele fornecidas, devendo o segurado procurar a Autarquia para se orientar sobre como requerer, e;

- Pesquisa de fixação no mercado de trabalho.

Outras informações

- A participação do beneficiário no programa de Reabilitação Profissional é obrigatório quando o encaminhamento for realizado pela Perícia Médica Federal ou por decisão judicial;

- O INSS não reembolsa as despesas realizadas com a aquisição de OPM e outros recursos materiais não prescritos ou não autorizados por suas unidades de reabilitação profissional/

- O INSS busca na Reabilitação Profissional a devida qualificação do beneficiário para que possa reingressar no mercado de trabalho. Porém, não constitui obrigação da previdência social a manutenção do segurado no mesmo emprego ou a sua colocação em outro para o qual foi reabilitado;

- O atendimento de RP, por parte do INSS, da pessoa com deficiência não vinculada ao Regime Geral da Previdência Social está condicionado à existência de prévio Convênio de Cooperação Técnico Financeira com outras instituições;

- Dependentes de segurados também podem ser atendidos pela reabilitação, na medida das possibilidades do Instituto, e;
- O êxito do processo de reabilitação é altamente influenciado por variáveis que não estão sob controle da Autarquia, por exemplo, tipo de limitação existente, a motivação, as condições sociais, o histórico profissional. Também existem questões legislativas, de mercado e influenciadas por diversas políticas públicas.

2.15. Os Benefícios de Legislação Especial

Os **Benefícios de Legislação Especial**, também conhecidos como **Benefícios Especiais** ou genericamente como **Pensões Especiais**, são aqueles concedidos por meio de **lei específica** para atender algumas categorias muito peculiares ou para atender demandas sociais ou individuais de projeção social geradas por fatos extraordinários de repercussão nacional, como os casos que veremos a seguir.

Atente-se ao fato de que nenhum dos mencionados benefícios se encontra previsto na legislação previdenciária básica (Lei n.º 8.212/1991 e Lei n.º 8.213/1991), uma vez que cada Benefício Especial exige uma **lei específica e distinta** para ser criado e implantado.

Por seu turno, devo informar que nesta parte da disciplina, trataremos, com o devido grau de aprofundamento, dos diversos diplomas legais existentes no ordenamento jurídico que regulam os Benefícios Especiais existentes atualmente.

Os Benefícios Especiais, em regra, são pouco cobrados em provas de concursos por se tratar de um assunto muito específico e por ser tratar de um assunto híbrido, que transita ora pelo Direito Previdenciário, ora pelo Direito Administrativo.

Entretanto, acredito que exista uma tendência de ser um assunto mais cobrado nos próximos anos nos certames jurídicos, como o de procurador federal e até mesmo para o quadro de servidores do INSS.

Por fim, ressalto que todos os Benefícios Especiais, conforme determina o Art. 189 do Decreto n.º 3.048/1999 (Regulamento da Previdência Social) serão reajustados com base nos mesmos índices aplicáveis aos benefícios de prestação continuada da Previdência Social.

2.15.1. Os Benefícios do Ex-Combatente da Segunda Guerra Mundial

Desde 1948 inúmeras leis federais regularam os benefícios especiais devidos aos **ex-combatentes da Segunda Guerra Mundial**, verdadeiros heróis nacionais, sendo que atualmente o tema é tratado diretamente no Ato das Disposições Constitucionais Transitórias (**ADCT**) da Constituição Federal de 1988, a saber:

> Art. 53. Ao **ex-combatente que tenha efetivamente participado de operações bélicas durante a Segunda Guerra Mundial**, nos termos da Lei n.º 5.315/1967, serão assegurados os seguintes direitos:
>
> I – Aproveitamento no serviço público, sem a exigência de concurso, com estabilidade;
>
> II – **Pensão especial** correspondente à deixada por segundo-tenente das Forças Armadas (soldo de R$ 7.490,00, conforme a Lei n.º 13.954/2019), que poderá ser requerida a **qualquer tempo**, sendo **inacumulável** com quaisquer rendimentos recebidos dos cofres públicos, **exceto os benefícios previdenciários, ressalvado o direito de opção**;
>
> III – Em caso de morte, pensão à viúva ou companheira ou dependente, de forma proporcional, de valor igual à do inciso anterior;
>
> IV – Assistência médica, hospitalar e educacional gratuita, extensiva aos dependentes;
>
> V – Aposentadoria com proventos integrais aos 25 anos de serviço efetivo, em qualquer regime jurídico, e;
>
> VI – Prioridade na aquisição da casa própria, para os que não a possuam ou para suas viúvas ou companheiras.
>
> Parágrafo único. A concessão da pensão especial do inciso II substitui, para todos os efeitos legais, qualquer outra pensão já concedida ao ex-combatente.

Como podemos observar, foram concedidas muitas benesses para os ex-combatentes, com especial atenção à **Pensão Especial** que foi posteriormente regulamentada e implantada por meio da Lei n.º 8.059/1990.

Atualmente, conforme dispõe a Lei n.º 5.315/1967 e a jurisprudência do Superior Tribunal de Justiça (STJ), considera-se ex-combatente aquele cidadão que que tenha **participado efetivamente de operações bélicas, na Segunda Guerra Mundial**, como integrante da Força do Exército, da Força Expedicionária Brasileira, da Força Aérea Brasileira, da Marinha de Guerra e da Marinha Mercante, e que, no caso de militar, haja sido licenciado do serviço ativo e com isso retornado à vida civil definitivamente.

Além desses, também é considerado ex-combatente aquele que tenha efetivamente participado de **missões de vigilância e segurança no litoral brasileiro**, como integrantes da guarnição de ilhas oceânicas ou de unidades que se deslocaram de suas sedes para o cumprimento dessas missões.

A aposentadoria integral prevista na CF/1988 se dará tanto no Regime Geral de Previdência Social (RGPS) ou quanto no Regime Próprio de Previdência Social (RPPS – Civil ou Militar), sendo observada as regras de cálculo vigentes na época da concessão da aposentadoria.

2.15.2. A Pensão Mensal Vitalícia do Seringueiro (Soldado da Borracha)

Durante a Segunda Guerra Mundial muitos cidadãos, a maioria nordestinos, migraram para a **região amazônica** no intuito de melhorar suas condições sociais, uma vez que o Governo estava recrutando pessoas para a **extração do látex e a produção de borracha**.

Tal produto estava escasso durante o período de guerra já que o principal produtor mundial na época, o Japão, era uma das nações diretamente envolvidas nas batalhas.

Com esse esforço dos seringueiros, conhecidos como "**Soldados da Borracha**", o país ganhou destaque durante a Segunda Grande Guerra, tornando-se um dos **principais fornecedores de borracha dos países aliados**.

Diante dessa enorme contribuição para o Estado Brasileiro, a Constituição Federal de 1988, em seu Ato das Disposições Constitucionais Transitórias (**ADCT**), trouxe o **benefício assistencial** da **Pensão Vitalícia ao Seringueiro recrutado a trabalhar na Região Amazônica durante a Segunda Guerra Mundial**. Observe o texto do ADCT:

> Art. 54. Os **seringueiros recrutados** nos termos do Decreto-Lei n.º 5.813/1943 e amparados pelo Decreto-Lei n.º 9.882/1946, **receberão, quando carentes, pensão mensal vitalícia no valor de 2 salários mínimos.**
>
> § 1.º O benefício é **estendido** aos seringueiros que, atendendo a apelo do Governo brasileiro, contribuíram para o esforço de guerra, trabalhando na produção de borracha, na Região Amazônica, durante a Segunda Guerra Mundial.
>
> § 2.º Os benefícios estabelecidos neste artigo são **transferíveis aos dependentes reconhecidamente carentes.**

Como já citado anteriormente, estamos diante de um benefício de **natureza assistencial** e não previdenciário, uma vez que é devido somente às **pessoas carentes**, independentemente de prévio recolhimento de contribuição previdenciária.

Por sua natureza assistencial, essa Pensão Vitalícia não enseja o pagamento de gratificação natalina (13.º salário).

Por outro lado, contrariando a regra do Direito cuja essência nos traz que "uma pensão não gera outra pensão", esse benefício em análise pode ser **transferido** para o dependente **comprovadamente carente**.

Conforme dispõe o próprio texto constitucional, o salário mínimo não pode servir de base de indexação, ou seja, não cabe vinculação de qualquer benefício ao salário mínimo. Por exemplo, não existe aposentadoria de 5 salários mínimos.

Entretanto, a pensão mensal vitalícia do seringueiro é uma exceção válida a essa regra, uma vez que também está presente no próprio texto da Constituição Federal.

Por seu turno, cabe ressaltar que a referida pensão mensal teve sua concessão regulamentada por meio da Lei n.º 7.986/1989. Sobre a referida Lei, tem-se os seguintes dispositivos:

> Art. 1.º É assegurado aos **seringueiros recrutados** nos termos da lei que tenham trabalhado durante a Segunda Guerra Mundial nos Seringais da Região Amazônica e **que não possuam meios para a sua subsistência e da sua família**, o pagamento de **pensão mensal vitalícia correspondente ao valor de 2 salários mínimos vigentes no País**.
>
> Parágrafo único. O benefício a que se refere este artigo **estende-se aos seringueiros** que, atendendo ao chamamento do governo brasileiro, trabalharam na produção de borracha, na região Amazônica, contribuindo para o esforço de guerra.
>
> Art. 2.º O benefício de que trata esta Lei é **transferível aos dependentes que comprovem o estado de carência**.
>
> Art. 3.º A comprovação da efetiva prestação de serviços a que alude esta Lei, inclusive mediante justificação administrativa ou judicial, só produzirá efeito quando baseada em início de prova material, não sendo admitida prova exclusivamente testemunhal.
>
> § 1.º A comprovação da efetiva prestação de serviços a que alude o caput far-se-á perante os órgãos do Ministério da Previdência Social.
>
> § 2.º Caberá à Defensoria Pública, por solicitação do interessado, quando necessitado, promover a justificação judicial, ficando o solicitante isento de quaisquer custas judiciais ou outras despesas.
>
> § 3.º O prazo para julgamento da justificação é de 15 dias.
>
> Art. 4.º A comprovação da **carência** do beneficiário ou do dependente será feita com a apresentação de **atestado fornecido por órgão oficial**.
>
> Art. 5.º Os pedidos de concessão do benefício ou de sua transferência, devidamente instruídos, serão processados e julgados no prazo de 45 dias, sob pena de responsabilidade.

> Parágrafo único. Os pagamentos de pensão especial iniciar-se-ão no prazo máximo de 30 dias após o reconhecimento do direito.

Devo informar ainda que, com o advento da Emenda Constitucional n.º 78/2014, os seringueiros recrutados receberam **uma indenização, em parcela única, no valor de R$ 25.000,00**. Observe o texto do Art. 54-A do ADCT, fruto da referida emenda constitucional:

> Art. 54-A. Os seringueiros de que trata o Art. 54 deste Ato das Disposições Constitucionais Transitórias receberão **indenização, em parcela única, no valor de R$ 25.000,00.**

2.15.3. O Benefício de Complementação de Aposentadoria do Ferroviário

O Decreto n.º 4.682/1923, mais conhecido como **Lei Eloy Chaves**, marco inicial da Previdência Social no Brasil, foi criado para atender as demandas dos empregados das empresas ferroviárias (os ferroviários).

Por ser a classe mais antiga a contar com benefícios de caráter previdenciário, também é a classe que mais sofreu alterações legislativas no âmbito dos seus direitos previdenciários entre 1923 e os dias atuais.

Com o advento da Lei n.º 6.184/1974, os ferroviários empregados públicos da antiga Rede Ferroviária Federal S.A. (RFFSA, liquidada e extinta pela Lei n.º 11.483/2007), Sociedade de Economia Mista, puderam optar, ou não, pelo regime celetista.

Assim, existem dois tipos de ferroviários:

- Ferroviário servidor público ou autárquico federal (Regime Estatutário), e;
- Ferroviário empregado optante pelo Regime da Consolidação das Leis do Trabalho (CLT).

Com essa separação e reclassificação dos ferroviários (estatutário ou celetista), a complementação de aposentadoria prevista pelo Decreto-Lei n.º 956/1969 era devida **somente** aos ferroviários servidores públicos (aqueles não optaram pelo regime da CLT).

Décadas depois, da combinação da Lei n.º 8.186/1991 e da Lei n.º 10.478/2002, tem-se que a **complementação de aposentadoria** foi estendida para **todos os ferroviários admitidos pela RFFSA até a data de 21/05/1991**. Observe:

Lei n.º 8.186/1991.

Art. 1.º É garantida a complementação da aposentadoria paga na forma da Lei Orgânica da Previdência Social (LOPS) aos ferroviários admitidos até 31/10/1969 na Rede Ferroviária Federal S.A. (RFFSA), suas estradas de ferro, unidades operacionais e subsidiárias.

Art. 2.º Observadas as normas de concessão de benefícios da Lei Previdenciária, a **complementação da aposentadoria** devida pela União é constituída pela **diferença** entre o valor da aposentadoria paga pelo INSS e o da remuneração do cargo correspondente ao do pessoal em atividade na RFFSA e suas subsidiárias, com a respectiva gratificação adicional por tempo de serviço.

Parágrafo único. O reajustamento do valor da aposentadoria complementada obedecerá aos mesmos prazos e condições em que for reajustada a remuneração do ferroviário em atividade, de forma a assegurar a permanente igualdade entre eles.

Art. 3.º Os efeitos desta lei alcançam também os ferroviários, ex-servidores públicos ou autárquicos que optaram pela integração nos quadros da RFFSA sob o regime da Consolidação das Leis do Trabalho (CLT).

Art. 4.º Constitui condição essencial para a concessão da complementação de que trata esta lei a detenção, pelo beneficiário, da **condição de ferroviário**, na data imediatamente anterior ao início da aposentadoria previdenciária.

Art. 5.º A complementação da pensão de beneficiário do ferroviário abrangido por esta lei é igualmente devida pela União e continuará a ser paga pelo INSS, observadas as normas de concessão de benefícios da Lei Previdenciária e as disposições do parágrafo único do Art. 2.º desta lei.

Parágrafo único. Em **nenhuma hipótese**, a pensão previdenciária complementada **poderá ser paga cumulativamente** com as Pensões Especiais previstas na Lei n.º 3.738/1960 (Pensão Especial à viúva de militar ou funcionário civil atacada de tuberculose ativa, alienação mental, neoplasia maligna, cegueira, lepra, paralisia ou cardiopatia grave), na Lei n.º 6.782/1980 (Equipara a doença profissional ao acidente de trabalho para efeito de concessão da Pensão por Morte do servidor público civil federal), ou **quaisquer outros benefícios pagos pelo Tesouro Nacional**.

Art. 6.º O Tesouro Nacional manterá à disposição do INSS, à conta de dotações próprias consignadas no Orçamento da União, os recursos necessários ao pagamento da complementação de que trata esta lei.

Lei n.º 10.478/2002.

Art. 1.º Fica **estendido**, a partir do 01/04/2002, aos ferroviários admitidos até 21/05/1991 pela Rede Ferroviária Federal S.A (RFFSA), suas estradas de ferro, unidades operacionais e subsidiárias, o direito à **complementação de aposentadoria** na forma do disposto na Lei n.º 8.186/1991.

Para constar, atualmente, a gestão da complementação de aposentadoria dos ferroviários está na órbita do Ministério da Gestão e da Inovação em Serviços Públicos (MGI), que faz as vezes do extinto Ministério do Planeamento e Orçamento - MPO (Lei n.º 10.233/2001, Art. 118).

A complementação equivale a diferença entre o valor que era recebido, quando em atividade, RFFSA com o adicional por tempo de serviço - ATS (valor atualizado, obviamente) e a aposentadoria paga pelo INSS. De forma esquematizada:

Remuneração "ativa" RFFSA (atualizada)

(+) ATS

(-) Aposentadoria INSS

(=) Complementação de aposentadoria

Assim, cabe ao INSS o cálculo e o pagamento da aposentadoria. Por sua vez cabe à União, por meio do MPO, a liberação de recursos financeiros para que o INSS efetue o **pagamento** da complementação de aposentadoria.

2.15.4. O Benefício de Complementação de Aposentadoria do Empregado da Empresa Brasileira de Correios e Telégrafos (ECT)

De forma análoga ao que ocorreu com os ferroviários, os empregados da Empresa Brasileira de Correios e Telégrafos (**ECT**), nosso conhecido **Correios**, também foram agraciados pelo Benefício de **Complementação de Aposentadoria**.

Tal benefício, nos termos da Lei n.º 8.529/1992, alcança as seguintes classes de empregados da ECT:

- Empregado da ECT integrado aos quadros da empresa até a data de 31/12/1976, e;
- Ex-Empregado da ECT, na inatividade (aposentado), que optou por ser integrado aos quadros da empresa, sob o regime da CLT, até a data de 31/12/1975.

Dando continuidade, observe os principais dispositivos da Lei n.º 8.529/1992:

> Art. 1.º É garantida a **complementação da aposentadoria**, paga na forma prevista pela Lei Orgânica da Previdência Social (LOPS), aos empregados da Empresa Brasileira de Correios e Telégrafos (ECT) que tenham sido integrados nos seus quadros até 31/12/1976.

> Art. 2.º Observadas as normas de concessão de benefícios da Lei Previdenciária, a **complementação da aposentadoria** devida pela União é constituída pela **diferença** entre o valor da aposentadoria paga pelo INSS e o valor da remuneração correspondente à do pessoal em atividade na ECT, com a respectiva gratificação adicional por tempo de serviço.
>
> Parágrafo único. O reajuste do valor da aposentadoria complementada obedecerá aos mesmos prazos e condições em que for reajustada a remuneração dos empregados da Empresa Brasileira de Correios e Telégrafos (ECT), em atividade, de forma a assegurar a permanente igualdade entre eles.
>
> Art. 3.º Os efeitos desta lei **alcançam**, também, os ex-empregados da ECT que já se encontram na inatividade, mas optaram pela integração nos seus quadros, sob o regime da Consolidação das Leis do Trabalho (CLT), até 31/12/1975.
>
> Art. 4.º Constitui **requisito essencial** para a concessão da complementação de que trata esta lei a condição de **empregado da ECT**, integrado nos seus quadros com base na Lei n.º 6.184/1974, e originário do extinto Departamento de Correios e Telégrafos.
>
> Art. 5.º A complementação da pensão de beneficiário do empregado da ECT, abrangido por esta lei, é igualmente devida pela União e continuará a ser paga pelo INSS, observadas as normas de concessão de benefícios da Lei Previdenciária e as disposições do parágrafo único do Art. 2.º desta lei.
>
> Art. 6.º O Tesouro Nacional manterá à disposição do INSS, à conta de dotações próprias consignadas no Orçamento da União, os recursos necessários ao pagamento da complementação de que trata esta lei.

De forma bem sintética, a complementação é devida apenas quando a remuneração do cargo na ECT for superior a aposentadoria devida pelo INSS. De forma esquematizada:

Remuneração ativa ECT

(+) ATS

(-) Aposentadoria INSS

(=) Complementação de aposentadora

Assim, cabe ao INSS o cálculo e o pagamento da aposentadoria. Por sua vez cabe à União a liberação de recursos financeiros para que o INSS efetue o **pagamento** da complementação de aposentadoria.

2.15.5. A Pensão Especial Mensal Vitalícia aos portadores de Hanseníase que foram submetidos a isolamento e internação compulsórios

Na época da Primeira República, entre 1889 e 1930, as pessoas portadoras de Hanseníase (Lepra) ou eram isoladas em colônias específicas ou eram **discriminadas pela sociedade**, que as impediam de exercer qualquer ofício. Em suma, esses cidadãos **viviam completamente à margem da coletividade brasileira**, mendigando pelas ruas de nossa imensa nação.

A partir de 1930, a política de isolamento foi intensificada pelos órgãos públicos de saúde, sendo que o destino dessas pessoas eram os **hospitais-colônias**, que as mantinham em total isolamento do mundo exterior. Devo enfatizar que a inclusão da maioria dos internados acontecia de forma compulsória e com emprego de enorme violência.

Com o passar das décadas a medicina evoluiu trazendo novos tratamentos para doença, dispensando regime de total isolamento por parte dos doentes, e abolindo a internação compulsória em meados no início dos anos 60.

Todavia, muitas pessoas acabaram optando por permanecer nos hospitais-colônias, pois já não possuíam mais vínculos familiares e/ou sociais. Além disso, mesmo após a cura, tinham que tratar de severas sequelas causadas pelos tratamentos nada ortodoxos da antiga medicina brasileira.

Diante desse terrível episódio da saúde pública pátria, muitas décadas depois, o Governo Federal, por meio da Lei n.º 11.520/2007 (produto da conversão da Medida Provisória n.º 373/2007) concedeu **Pensão Especial Mensal Vitalícia e Intransferível** aos cidadãos atingidos pela Hanseníase que foram submetidos a isolamento e internação compulsórios em hospitais-colônia, **até 31/12/1986**.

Cabe destacar que, por apresentar **natureza indenizatória**. **Não pode ser acumulável** com outras verbas indenizatórias pagas pela Uniao, mas, o benefício **pode ser acumulado** com eventuais benefícios previdenciários recebidos pelo cidadão.

Para finalizar, observe os principais dispositivos da Lei n.º 11.520/2007:

> Art. 1.º Fica o Poder Executivo autorizado a conceder pensão especial mensal, vitalícia e intransferível às pessoas atingidas pela hanseníase que foram compulsoriamente submetidas, até 31 de dezembro de 1986, a isolamento, domiciliar ou em seringais, ou a internação em hospitais-colônia, que a requererem, a título de indenização especial, não inferior ao salário mínimo nacional vigente.

§ 1.º A pensão especial de que trata o caput é **personalíssima**, **não sendo transmissível** a dependentes e herdeiros, e será devida a partir da entrada em vigor desta Lei.

§ 2.º O valor da pensão especial será reajustado anualmente, conforme os índices concedidos aos benefícios de valor superior ao piso do Regime Geral de Previdência Social.

§ 3.º O requerimento referido no caput será endereçado ao Ministério dos Direitos Humanos e da Cidadania, nos termos do regulamento.

§ 4.º Caberá ao Instituto Nacional do Seguro Social (INSS) o processamento, a manutenção e o pagamento da pensão, observado o Art. 6.º.

Art. 1º-A. Fica o Poder Executivo autorizado a conceder pensão especial mensal, vitalícia e intransferível aos filhos que foram separados dos genitores em razão do isolamento ou da internação destes, nas condições estabelecidas no art. 1º desta Lei, que a requererem, a título de indenização especial, não inferior ao salário mínimo nacional vigente.

Parágrafo único. O benefício de que trata o **caput** deste artigo somente será devido a partir do requerimento do interessado e não produzirá efeitos retroativos.

Art. 2.º A pensão de que trata o Art. 1.º será concedida por meio de ato Ministro de Estado dos Direitos Humanos e da Cidadania, após parecer da Comissão referida no § 1.º.

§ 1.º Fica criada a Comissão Interministerial de Avaliação, com a atribuição de emitir parecer prévio sobre os requerimentos formulados com base no Art. 1.º, cuja composição, organização e funcionamento serão definidos em regulamento.

§ 2.º Para a comprovação da situação do requerente, **será admitida a ampla produção de prova documental e testemunhal**, e, caso necessário, **prova pericial**.

§ 3.º Na realização de suas atividades, a Comissão poderá promover as diligências que julgar convenientes, inclusive solicitar apoio técnico, documentos, pareceres e informações de órgãos da administração pública, assim como colher depoimentos de terceiros.

§ 4.º As despesas referentes a diárias e passagens dos membros da Comissão correrão à conta das dotações orçamentárias dos órgãos a que pertencerem.

Art. 3.º A pensão especial de que trata esta Lei, ressalvado o direito à opção, **não é acumulável com indenizações** que a União venha a pagar decorrentes de responsabilização civil sobre os mesmos fatos.

Parágrafo único. O recebimento da pensão especial não impede a fruição de qualquer benefício previdenciário.

> Art. 4.º O Ministério da Saúde, em articulação com os sistemas de saúde dos Estados e Municípios, implementará **ações específicas** em favor dos beneficiários da pensão especial de que trata esta Lei, voltadas à garantia de fornecimento de órteses, próteses e demais ajudas técnicas, bem como na realização de intervenções cirúrgicas e assistência à saúde por meio do Sistema Único de Saúde (SUS).
>
> Art. 5.º O Ministério da Saúde, o INSS e o Ministério dos Direitos Humanos e da Cidadania poderão celebrar convênios, acordos, ajustes ou outros instrumentos que objetivem a cooperação com órgãos da administração pública e entidades privadas sem fins lucrativos, a fim de dar cumprimento ao disposto nesta Lei.
>
> Art. 6.º As despesas decorrentes desta Lei correrão à conta do Tesouro Nacional e constarão de programação orçamentária específica no orçamento do Ministério do Desenvolvimento e Assistência Social, Família e Combate à Fome

2.15.6. A Pensão Mensal Vitalícia do Portador de Síndrome de Talidomida

A Talidomida foi um **medicamento** desenvolvido na Alemanha para ser utilizado como **sedativo**. Entretanto, em 1960, ficou comprovado que, ministrado por gestantes, a Talidomida provocava o **encurtamento dos membros junto ao tronco do feto**, motivo pelo qual foi proibida a sua comercialização na Europa a partir do ano seguinte (1961).

Somente a partir de 1965 essa proibição foi instituída no Brasil. Devido a esse enorme disparate por parte dos setores de saúde do Governo em retirar o medicamento do mercado, às incontáveis ações judiciais pleiteando (corretamente) indenizações contra a União e, principalmente, à comoção nacional da sociedade, não restou outra saída para o Governo, que editou e publicou a Lei n.º 7.070/1982, que instituiu a **Pensão Mensal Vitalícia do Portador de Síndrome de Talidomida**.

Para constar, tal pensão especial apresenta um **valor variável** em função do **grau de dependência resultante da deformidade física**, ou seja, quanto maior a dependência resultante, maior o valor do benefício, sempre observado o valor mínimo correspondente a 1 salário mínimo.

Em regra, a pensão mensal vitalícia em análise **não pode ser acumulada** com nenhum outro rendimento pago pela União.

Entretanto, por apresentar natureza indenizatória, o benefício **pode ser acumulado** com eventuais benefícios previdenciários recebidos pelo cidadão.

Observe os principais pontos da Lei n.º 7.070/1982 (atualizada até a Lei n.º 12.190/2010):

> Art. 1.º Fica o Poder Executivo autorizado a conceder **Pensão Especial, Mensal, vitalícia e intransferível**, aos portadores da deficiência física conhecida como "Síndrome da Talidomida" que a requererem, devida a partir da entrada do pedido de pagamento no Instituto Nacional do Seguro Social (INSS).
>
> § 1.º O valor da pensão especial, **reajustável** a cada ano posterior à data da concessão, segundo o índice observado pela legislação previdenciária será **calculado**, em função dos pontos indicadores da natureza e do grau da dependência resultante da deformidade física, pela multiplicação desses pontos pelo valor de R$ 1.500,24 (ano 2024), sendo que o valor mínimo não poderá inferior ao salário mínimo.
>
> § 2.º Quanto à natureza, a dependência compreenderá a incapacidade para o trabalho, para a deambulação, para a higiene pessoal e para a própria alimentação, atribuindo-se a cada uma 1 ou 2 pontos, respectivamente, conforme seja o seu grau parcial ou total.
>
> Art. 2.º A percepção do benefício de que trata esta Lei dependerá unicamente da apresentação de atestado médico comprobatório das condições constantes do artigo anterior, **passado por junta médica oficial para esse fim constituída pelo INSS**, sem qualquer ônus para os interessados.
>
> Art. 3.º A pensão especial de que trata esta Lei, ressalvado o direito de opção, **não é acumulável com rendimento ou indenização que, a qualquer título**, venha a ser pago pela União a seus beneficiários, salvo a indenização por dano moral concedida por lei específica.
>
> § 1.º O benefício de que trata esta Lei é de **natureza indenizatória**, **não prejudicando eventuais benefícios de natureza previdenciária**, e não poderá ser reduzido em razão de eventual aquisição de capacidade laborativa ou de redução de incapacidade para o trabalho, ocorridas após a sua concessão.
>
> § 2.º O beneficiário desta pensão especial, maior de 35 anos, que necessite de **assistência permanente** de outra pessoa e que tenha recebido **pontuação superior ou igual a 6**, conforme estabelecido no § 2.º do Art. 1.º desta Lei, fará jus a um **adicional de 25%** sobre o valor deste benefício.
>
> § 3.º Sem prejuízo do adicional de que trata o § 2.º, o beneficiário desta pensão especial fará jus a mais um **adicional de 35%** sobre o valor do benefício, desde que comprove pelo menos:
>
> I – 25 anos, se homem, e 20 anos, se mulher, de contribuição para a Previdência Social, e;
>
> II – 55 anos de idade, se homem, ou 50 anos de idade, se mulher, e contar pelo menos 15 anos de contribuição para a Previdência Social.

> Art. 4.º A pensão especial será mantida e paga pelo INSS, por conta do Tesouro Nacional (mantida pela União).
>
> Art. 4.º-A. Ficam **isentos do Imposto de Renda (IR)** a pensão especial e outros valores recebidos em decorrência da deficiência física de que trata o caput do Art. 1.º desta Lei, observado o disposto no Art. 2.º desta Lei, quando pagos ao seu portador.
>
> Parágrafo único. A documentação comprobatória da natureza dos valores de que trata o caput deste artigo, quando recebidos de fonte situada no exterior, deve ser traduzida por tradutor juramentado.

Para concluir, observe o seguinte dispositivo presente na Lei n.º 8.686/1993:

> Art. 3.º Os portadores da "Síndrome de Talidomida" terão **prioridade** no fornecimento de aparelhos de prótese, órtese e demais instrumentos de auxílio, bem como nas intervenções cirúrgicas e na assistência médica fornecidas pelo Ministério da Saúde, através do Sistema Único de Saúde (SUS).

2.15.7. A Pensão Especial Mensal Vitalícia às Vítimas do Acidente Radiológico com o CÉSIO 137 em Goiânia-GO

Em 1987, na cidade de Goiânia-GO, dois catadores de sucata removeram do antigo Instituto Goiano de Radioterapia, algumas peças de uma máquina de Raio-X abandonada, com o objetivo de vender o chumbo existente na composição do equipamento. Entretanto, ambos tiveram contato físico com o **elemento radioativa CÉSIO 137**.

Após o desmonte da máquina, a mesma foi repassada, como sucata, para diversas pessoas na cidade, criando um rastro de contaminação que afetou seriamente centenas de pessoas na capital goiana.

Para constar, esse episódio foi o maior acidente radioativo do Brasil e o maior do mundo, ocorrido foras das usinas nucleares.

Diante da gravidade do fato, o Governo Federal, muitos anos depois, por meio da Lei n.º 9.425/1996, instituiu a **Pensão Especial Mensal Vitalícia para as vítimas desse terrível acidente nuclear**.

O benefício em questão tem **caráter personalíssimo**, ou seja, **não pode ser transmitido aos herdeiros**.

A Lei ainda utilizou a antiga e já extinta Unidade Fiscal de Referência (**UFIR**)!

Num passado distante, dos anos 1980 até meados dos anos 1990, com uma hiperinflação, onde todos os dias os preços era reajustados, a UFIR foi um indexador utilizado para se cobrar tributos federais.

O indivíduo não devia "X" cruzados novos para o governo de imposto de renda, o cidadão devia "X" UFIR para o governo de imposto de renda. A UFIR era **atualizada diariamente**, o que afastava os efeitos nocivos da inflação.

Em suma, era um artifício matemático, uma "moeda fiscal" criada para facilitar a vida do Fisco (Receita Federal do Brasil). Após o Plano Real, em 07/1994, com uma moeda forte e uma inflação controlada, a UFIR foi perdendo a sua utilidade, até ser definitivamente extinta no apagar das luzes do ano 2000.

Deixando a Economia um pouco de lado e retornando ao Direito Previdenciário, a referida Lei determina que a pensão varia entre os valores de 150 UFIR, de 200 UFIR ou de 300 UFIR em função da gravidade da sequela adquirida no acidente nuclear.

A última cotação da UFIR aconteceu em 11/2000, quando 1 UFIR = R$ 1,0641.

A legislação previdenciária – de maneira geral – ao atualizar os valores de benefícios, recorre ao Índice Nacional de Preços ao Consumidor (INPC). Este autor, vai utilizar a mesma correção, que, entre 11/2000 e 01/2024, apresentou um acumulado de 321,78% (4,21776430).

Com isso:

1 UFIR = R$ 1,0641 x 4,21776430 = R$ 4,4881

→ 1 UFIR "atualizada" = R$ 4,4881

Logo:

Pensão (UFIR)	Pensão (R$)
150	673,22
200	897,62
300	1.346,44

Para finalizar, observe os principais dispositivos da Lei n.º 9.425/1996:

> Art. 1.º É concedida **Pensão Vitalícia**, a título de **indenização especial**, às vítimas do acidente com a substância radioativa CÉSIO 137, ocorrido em Goiânia, Estado de Goiás.
>
> Parágrafo único. A pensão de que trata esta Lei, **é personalíssima, não sendo transmissível ao cônjuge sobrevivente ou aos herdeiros, em caso de morte do beneficiário**.
>
> Art. 2.º A pensão será concedida do seguinte modo:
>
> I – 300 Unidades Fiscais de Referência (UFIR) para as vítimas com incapacidade funcional laborativa parcial ou total permanente, resultante do evento;

II – 200 UFIR aos pacientes não abrangidos pelo inciso anterior, irradiados ou contaminados em proporção igual ou superior a 100 Rads;

III – 150 UFIR para as vítimas irradiadas ou contaminadas em doses inferiores a 100 e equivalentes ou superiores a 50 Rads;

IV – 150 UFIR para os descendentes de pessoas irradiadas ou contaminadas que vierem a nascer com alguma anomalia em decorrência da exposição comprovada dos genitores ao CÉSIO 137, e;

V – 150 UFIR para os demais pacientes irradiados e/ou contaminados, não abrangidos pelos incisos anteriores, sob controle médico regular pela Fundação Leide das Neves a partir da sua instituição até a data da vigência desta Lei, desde que cadastrados nos grupos de acompanhamento médico I e II da referida entidade.

Parágrafo único. O valor mensal da pensão será o valor da UFIR à época da publicação desta Lei, **atualizado**, a partir de então, na mesma época e índices concedidos aos servidores públicos federais (**INPC**).

Art. 3.º A comprovação de ser a pessoa vítima do acidente radioativo ocorrido com o CÉSIO 137 e estar enquadrada nos incisos do artigo anterior deverá ser feita por meio de **junta médica oficial**, a cargo da Fundação Leide das Neves Ferreira, com sede em Goiânia, Estado de Goiás e supervisão do Ministério Público Federal, devendo-se anotar o tipo de sequela que impede o desempenho profissional e/ou o aprendizado de maneira total ou parcial.

Parágrafo único. Os funcionários da Vigilância Sanitária que, em pleno exercício de suas atividades, foram expostos às radiações do CÉSIO 137 também serão submetidos a exame para comprovação e sua classificação como vítimas do acidente, devendo-se igualmente anotar o tipo de sequela que impede ou limita o desempenho profissional.

Art. 4.º Havendo condenação judicial da União ao pagamento de indenização por responsabilidade civil em decorrência do acidente de que trata esta Lei, o montante da pensão ora instituída será obrigatoriamente deduzido do quantum da condenação.

Art. 5.º O pagamento da vantagem pecuniária de que trata esta Lei ocorrerá à conta de encargos previdenciários dos Recursos da União sob a supervisão do Ministério da Fazenda, a partir do ano seguinte à publicação desta Lei, com a despesa prevista no Orçamento da União.

2.15.8. A Pensão Especial Mensal (Não Vitalícia) aos Dependentes das Vítimas da Hemodiálise de Caruaru-PE

No início do ano de 1996, especificamente entre os meses de fevereiro e março, dezenas de pessoas foram intoxicadas enquanto faziam **hemodiálise** (processo de purificação do sangue) no Instituto de Doenças Renais (IDR) na cidade de Caruaru-PE.

Na ocasião, foi constatado que a água utilizada no processo de hemodiálise não era potável, ou seja, estava contaminada por diversas toxinas, incluindo as cianobactérias (algas verdes-azuladas), principal causador da morte de dezenas de pacientes naquela ocasião.

Por se tratar de uma tragédia de repercussão nacional, o Governo Federal, ainda no ano de 1996, garantiu uma **pensão mensal aos dependentes das vítimas da hemodiálise de Caruaru-PE**, no valor de 1 salário mínimo, conforme disposto na Lei n.º 9.422/1996.

Não obstante, a pensão em análise apresenta **caráter indenizatório**, ou seja, **pode ser acumulada com outros benefícios previdenciários ou assistenciais devidos pelo dependente.**

Cabe ainda ressaltar que o **benefício não é vitalício**, ou seja, ele se extingue com a morte do último beneficiário.

Para concluir, observe os principais dispositivos da Lei n.º 9.422/1996:

> Art. 1.º Fica o Poder Executivo autorizado a conceder **Pensão Especial Mensal, retroativa à data do óbito, no valor de 1 salário mínimo**, ao cônjuge, companheiro ou companheira, descendente, ascendente e colaterais até 2.º grau das vítimas fatais de hepatite tóxica, por contaminação em processo de hemodiálise no Instituto de Doenças Renais (IDR), com sede na cidade de Caruaru, no Estado de Pernambuco, no período compreendido entre 02/1996 e 03/1996, mediante evidências clínico-epidemiológicas determinadas pela autoridade competente.
>
> Art. 2.º Havendo mais de um pensionista habilitado ao recebimento da pensão de que trata o artigo anterior, **será rateada entre todos em parte iguais**.
>
> Art. 3.º A percepção do benefício dependerá do atestado de óbito da vítima, indicativo de "causa mortis" relacionada com os incidentes mencionados no Art. 1.º, comprovados com o respectivo prontuário médico, e da qualificação definida no Art. 1.º, justificada judicialmente, quando inexistir documento oficial que a declare.
>
> Art. 4.º A pensão de que trata esta Lei **não se transmitirá ao sucessor e se extinguirá com a morte do último beneficiário**.
>
> Art. 5.º Os efeitos desta Lei serão sustados, imediatamente, no caso de a Justiça sentenciar os proprietários do IDR com o pagamento de pensão ou indenização aos dependentes das vítimas.
>
> Art. 6.º A despesa decorrente desta Lei será atendida com recursos alocados ao orçamento do Instituto Nacional do Seguro Social (INSS), à conta da subatividade "Aposentadorias e Pensões Especiais concedidas por legislação específica e de responsabilidade do Tesouro Nacional".

2.15.9. A Pensão Especial destinada a crianças com Síndrome Congênita do Zika Vírus, nascidas entre 2015 e 2019

Em princípio, temos que compreender que o **Zika Vírus** é um **arbovírus**, ou seja, um tipo de vírus que pode ser transmitido aos humanos **por insetos** (como os mosquitos, por exemplo), nos quais ocorre parte de seu processo de replicação.

A Organização Mundial da Saúde (OMS), por diversas vezes, confirmou a **correlação** entre o **Zika** e a **Microcefalia (ou Síndrome Congênita)**, que é a malformação do cérebro da criança ainda no ventre da mãe.

Entre 2015 e 2016, o Brasil sofreu um grande surto de Zika Vírus em seu território nacional, o que horrorizou deveras as gestantes naquela época, uma vez que com uma simples picada, seu filho (ou sua filha), ainda na barriga, poderiam nascer com Microcefalia. =/

Posteriormente, em setembro de 2019, foi publicada a Medida Provisória n.º 894/2019, convertida na Lei n.º 13.985/2020, que instituiu mais um benefício de legislação especial, no caso, a **Pensão Especial destinada a crianças com Síndrome Congênita do Zika Vírus, nascidas entre 2015 e 2019**.

A Pensão Especial em questão será **mensal**, **vitalícia** e **intransferível** e terá o valor de 1 salário mínimo.

Por seu turno, a Pensão Especial **NÃO poderá ser acumulada** com indenizações pagas pela União em razão de decisão judicial sobre os mesmos fatos ou com o Benefício de Prestação Continuada (BPC) de que trata a Lei Orgânica da Assistência Social (LOAS).

Para relembrar, o **BPC** é a garantia de 1 salário mínimo mensal à pessoa com deficiência e à pessoa idosa com 65 anos ou mais que comprovem não possuir meios de prover a própria manutenção nem de tê-la provida por sua família.

O reconhecimento da Pensão Especial ficará condicionado à **desistência de ação judicial** que tenha por objeto pedido idêntico sobre o qual versa o processo administrativo.

A Pensão Especial será devida a partir do dia posterior à cessação (encerramento) do BPC ou da indenização paga pela União em razão de decisão judicial, que **NÃO poderão ser acumulados** com a Pensão.

Conforme determinação legal, a Pensão Especial **NÃO** gerará direito a abono (anual) ou a Pensão por Morte.

O requerimento da Pensão Especial será realizado no Instituto Nacional do Seguro Social (INSS).

Para constar, será realizado exame pericial por perito médico federal para constatar a relação entre a síndrome congênita adquirida e a contaminação pelo vírus da Zika.

Em respeito ao **Princípio da Preexistência do Custeio em Relação aos Benefícios e Serviços**, onde nenhum benefício ou serviço da seguridade Social poderá ser criado, majorado ou estendido sem a correspondente fonte de **CUSTEIO TOTAL**, as despesas decorrentes deste novo benefício correrão à conta da programação orçamentária "Indenizações e Pensões Especiais de Responsabilidade da União".

Por fim, vale um adendo especial, no caso das mães de crianças nascidas até 31/12/2019, acometidas por sequelas neurológicas decorrentes da Síndrome Congênita do Zika Vírus, terá direito a receber **salário maternidade por 180 dias.**

2.15.10. A Pensão Especial aos Filhos e Dependentes Crianças e Adolescentes, Órfãos em razão do Crime de Feminicídio

Com o advento da Lei n.º 14.717/2023 foi instituída a **Pensão especial aos filhos e dependentes crianças e adolescentes, órfãos em razão do crime de feminicídio**.

A priori, considero importante transitar um pouco pelo Decreto-Lei n.º 2.848/1940 – o nosso Código Penal – para compreender alguns conceitos.

Em linhas gerais, o Código Penal (CP) define **homicídio simples** como o ato de matar alguém, por sua vez, define **homicídio qualificado** como aquele que ocorreu por alguma situação específica (mediante pagamento, por motivo fútil, em função de traição, etc.).

Dentre as hipóteses de homicídio qualificado está o **feminicídio**, que ocorre quando o homicídio é cometido contra a mulher por razoes da condição do sexo feminino.

Considera-se que há razões de condição de sexo feminino quando o crime envolve:

- Violência doméstica e familiar, ou;
- Menosprezo ou discriminação à condição de mulher.

O crime de feminicídio prevê a **pena de reclusão de 12 a 30 anos**. A pena, quando crime é cometido contra menor de 14 anos é aumentada de:

a) 1/3 (33%) até a metade (50%) se a vítima é pessoa com deficiência ou com doença que implique o aumento de sua vulnerabilidade, e;

b) 2/3 (67%) se o autor é ascendente, padrasto ou madrasta, tio, irmão, cônjuge, companheiro, tutor, curador, preceptor ou empregador da vítima ou por qualquer outro título tiver autoridade sobre ela.

Encerrada essa breve explanação dentro do Direito Penal, vamos adentrar as nuances desse benefício.

A partir de 2023 fica instituída a **Pensão especial aos filhos e dependentes menores de 18 anos de idade, órfãos em razão do crime de feminicídio**, cuja renda familiar mensal per capita seja igual ou inferior a 1/4 (25%) do salário mínimo.

O benefício supra, no valor de **1 salário mínimo**, será pago ao conjunto dos filhos e dependentes menores de 18 anos de idade na data do óbito de mulher vítima de feminicídio.

A pensão será concedido, ainda que provisoriamente, mediante requerimento, sempre que houver **fundados indícios de materialidade do feminicídio**, vedado ao autor, coautor ou partícipe do crime representar as crianças ou adolescentes para fins de recebimento e administração da pensão especial.

Verificado em processo judicial com trânsito em julgado que não houve o crime de feminicídio, o pagamento do benefício **cessará imediatamente**, desobrigados os beneficiários do dever de ressarcir os valores recebidos, salvo má-fé.

A pensão, ressalvado o direito de opção, **não é acumulável** com benefícios previdenciários recebidos do Regime Geral de Previdência Social (RGPS) ou dos regimes próprios de previdência social, nem com pensões ou benefícios do sistema de proteção social dos militares.

Será excluído definitivamente do recebimento do benefício a criança ou o adolescente que tiver sido **condenado**, mediante sentença com trânsito em julgado, pela prática de ato infracional análogo a crime como autor, coautor ou partícipe de feminicídio doloso, ou de tentativa desse ato, cometido contra a mulher vítima da violência, ressalvados os absolutamente incapazes e os inimputáveis.

A pensão em tela **cessará** quando o beneficiário **completar 18 anos de idade**, ou em razão de seu falecimento, e a respectiva cota será **reversível aos demais beneficiários**.

O benefício não prejudicará os direitos de quem o receber, relativos ao dever de o agressor ou o autor do ato delitivo indenizar a família da vítima.

Por fim, essa pensão atende somente as pessoas na condição de hipossuficiência e as despesas decorrentes dessa pensão são classificadas na função orçamentária assistência social, com isso, conclui-se que se trata de **benefício de natureza assistencial** e não previdenciária.

2.15.11. A Reparação Econômica em Prestação Mensal, Permanente e Continuada em substituição à Aposentadoria e à Pensão Excepcional devida ao Anistiado Político

Introdução.

Em princípio, devemos ter em mente que são considerados **Anistiados Políticos** aqueles que, por **motivação exclusivamente política**, tenham sofrido perseguições por órgãos ou indivíduos ligados ao Estado Brasileiro **entre 18/09/1946 (CF/1946) e 05/10/1988 (CF/1988).**

O período supra foi extremamente conturbado para a história brasileira, incluindo a tenebrosa época da Ditadura Militar, ocorrida entre os anos de 1964 e 1985.

Tal situação foi tão grave, que os constituintes, em 1985, incluíram no Ato das Disposições Constitucionais Transitórias (ADCT), um artigo específico para tratar da Anistia Política, a saber:

> Art. 8.º É concedida **anistia** aos que, no período de **18/09/1946** até a data da promulgação da Constituição (**05/10/1988**), foram atingidos, em decorrência de **motivação exclusivamente política**, por atos de exceção, institucionais ou complementares, asseguradas as promoções, na inatividade, ao cargo, emprego, posto ou graduação a que teriam direito se estivessem em serviço ativo, obedecidos os prazos de permanência em atividade previstos nas leis e regulamentos vigentes, respeitadas as características e peculiaridades das carreiras dos servidores públicos civis e militares e observados os respectivos regimes jurídicos.

O Regime do Anistiado Político.

Não obstante, décadas depois, com a Medida Provisória n.º 65/2002, posteriormente convertida na Lei n.º 10.559/2002, houve a **regulamentação** da Anistia Política, **incluindo a instituição de Reparações Econômicas aos anistiados políticos**.

A lei supra, ao criar o **Regime do Anistiado Político**, garantiu os seguintes **direitos**:

1. Declaração da condição de anistiado político;
2. **Reparação econômica, de caráter indenizatório, em prestação única ou em prestação mensal, permanente e continuada**, asseguradas a readmissão ou a promoção na inatividade, e;
3. **Contagem, para todos os efeitos, do tempo em que o anistiado político esteve compelido ao afastamento de suas atividades profissio-**

nais, em virtude de punição ou de fundada ameaça de punição, por motivo exclusivamente político, **vedada (proibida)** a exigência de recolhimento de quaisquer contribuições previdenciárias.

O Capítulo III da Lei n.º 10.559/2022 trata da **reparação econômica de caráter indenizatório**, sendo que tal pagamento ocorrerá à conta do Tesouro Nacional.

A priori, cabe salientar que existem dois tipos de reparações:

a) A **Reparação Econômica em Prestação Única**, e;

b) A **Reparação Econômica em Prestação Mensal, Permanente e Continuada**.

Por determinação legal, a reparação em prestação única **NÃO É ACUMULÁVEL** com a reparação em prestação mensal.

Essas reparações serão concedidas por meio de Portaria do atual Ministério da Justiça e Segurança Pública.

A Reparação Econômica em Prestação Única.

A **reparação econômica em prestação única** consistirá no pagamento de **30 salarios mínimos por ano de punição** e será devida aos anistiados políticos que não puderem comprovar vínculos com a atividade laboral.

De forma muito benevolente, para o cálculo do pagamento, considera-se como 1 ano qualquer período inferior a 12 meses.

Em suma, um período de 61 meses equivale à 5 períodos de 12 meses e à 1 período de 1 meses, ou seja, 5,08 anos.

Entretanto, para efeitos legais, equivale à 6 períodos de 12 meses, ou seja, 6 anos.

Em nenhuma hipótese o valor da reparação econômica em prestação única será superior a R$ 100.000,00 (teto).

A Reparação Econômica em Prestação Mensal, Permanente e Continuada

A **reparação econômica em prestação mensal, permanente e continuada** será assegurada aos anistiados políticos que comprovarem vínculos com a atividade laboral, à **exceção** dos que optarem por receber em prestação única (**benefícios não acumuláveis**).

Neste ponto vale informar que a **Reparação em Prestação Mensal SUBSTITUIU** tanto a **Aposentadoria** quanto a **Pensão Excepcional relativas aos Anistiados Políticos**.

O valor da prestação mensal, permanente e continuada, **será igual ao da remuneração** que o anistiado político receberia se na ativa estivesse, considerada a graduação a que teria direito, obedecidos os prazos para promoção previstos nas leis e regulamentos vigentes, e asseguradas as promoções ao oficialato, independentemente de requisitos e condições, respeitadas as características e peculiaridades dos regimes jurídicos dos servidores públicos civis e dos militares, e, se necessário, considerando-se os seus paradigmas.

O valor da prestação mensal, permanente e continuada, não será inferior ao do salário mínimo nem superior ao subsídio dos ministros do STF.

Se o anistiado político era, na data da punição, comprovadamente remunerado por mais de uma atividade laboral, não eventual, o valor da prestação mensal, permanente e continuada, **será igual à soma das remunerações a que tinha direito**, até o limite supra, **obedecidas as regras constitucionais de não acumulação de cargos, funções, empregos ou proventos**.

O reajustamento do valor da prestação mensal, permanente e continuada, será feito quando ocorrer alteração na remuneração que o anistiado político estaria recebendo se estivesse em serviço ativo (**paridade**).

Os valores pagos por anistia **não poderão ser objeto de contribuição previdenciária à RFB**, a caixas de assistência ou fundos de pensão ou previdência, nem objeto de ressarcimento por estes de suas responsabilidades estatutárias.

Não obstante, os valores pagos a título de indenização a anistiados políticos **são isentos do Imposto de Renda**.

Disposições Gerais.

No âmbito do Ministério da Justiça e Segurança Pública existe a **Comissão da Anistia**, com a finalidade de examinar todos os requerimentos relacionados à Lei n.º 10.559/2002 e de assessorar o Ministro de Estado em suas decisões.

A Comissão de Anistia poderá realizar diligências, requerer informações e documentos, ouvir testemunhas e emitir pareceres técnicos com o objetivo de instruir os processos e requerimentos, bem como arbitrar, com base nas provas obtidas, o valor das indenizações previstas nos casos que não for possível identificar o tempo exato de punição do interessado.

No caso de falecimento do anistiado político, o direito **à reparação econômica se transfere aos seus dependentes**, observados os critérios fixados nos regimes jurídicos dos servidores civis e militares da União.

O anistiado político ou seu dependente poderá solicitar, a qualquer tempo, **a revisão do valor da correspondente prestação mensal, permanente e continuada**, toda vez que esta não esteja de acordo com o disposto na legislação.

Os recursos necessários ao pagamento das reparações econômicas de caráter indenizatório terão rubrica própria no Orçamento Geral da União e serão determinados pelo Ministério da Justiça e Segurança Pública, com destinação específica para **civis** e **militares**.

2.15.12. O Auxílio Especial Mensal aos jogadores da Seleções Brasileiras de Futebol campeãs das Copas do Mundo FIFA em 1958, 1962 e 1970

Por meio da Lei n.º 12.663/2012 o governo federal concedeu o **Auxílio Especial Mensal** aos jogadores das Seleções Brasileiras de Futebol **campeãs das Copas do Mundo FIFA em 1958, 1962 e 1970**, desde que o ex-jogador (beneficiário) **não conte com outros recursos** financeiros ou que esses **sejam limitados**.

A referida Lei também previu o **prêmio**, pago uma única vez, no valor de **R$ 100.000,00** para os beneficiários acima.

O Auxílio Especial Mensal tem a função apenas de completar a renda mensal do ex-desportista até alcançar o limite máximo dos benefícios do Regime Geral de Previdência Social (RGPS), o conhecido Teto do RGPS. Logo, o benefício apresenta a seguinte estrutura:

Teto do RGPS
(-) Renda mensal do ex-campeão mundial

(=) Auxílio Especial Mensal

Em caso de falecimento do ex-campeão, o auxílio será repassado aos seus desentendes, nos mesmos moldes da pensão por morte, com o valor máximo do Teto do RGPS.

Quanto ao regime de tributação, existem **distinções** entre o **prêmio em dinheiro** e o **auxílio especial mensal**, a saber:

- **Prêmio em dinheiro**, pago uma única vez: **Não** incide Imposto de Renda (**IR**) e **nem** contribuição previdenciária (**CP**). **Verba totalmente isenta.**
- **Auxílio especial**, pago mensalmente: **Incide IR**, mas **não incide CP.**

Por fim, observe os principais dispositivos da Lei n.º 12.663/2012 (atualizada até a Lei n.º 12.833/2013):

> Art. 37. É concedido aos **jogadores**, titulares ou reservas das seleções brasileiras **campeãs das copas mundiais masculinas da FIFA nos anos de 1958, 1962 e 1970**:

I – **Prêmio em dinheiro**, e;

II – **Auxílio Especial Mensal** para jogadores **sem recursos ou com recursos limitados**.

Art. 38. O prêmio será pago, **uma única vez, no valor fixo de R$ 100.000,00 ao jogador**.

Art. 39. Na ocorrência de óbito do jogador, os sucessores previstos na lei civil, indicados em alvará judicial expedido a requerimento dos interessados, independentemente de inventário ou arrolamento, poder-se-ão **habilitar para receber os valores proporcionais à sua cota-parte**.

Art. 40. Compete ao Ministério do Esporte proceder ao pagamento do prêmio.

Art. 41. O **prêmio** de que trata esta Lei **não é sujeito** ao pagamento de **Imposto de Renda** ou **contribuição previdenciária**.

Art. 42. O Auxílio Especial Mensal será pago para **completar** a renda mensal do beneficiário até que seja atingido o valor máximo do salário de benefício do Regime Geral de Previdência Social (teto do RGPS).

Parágrafo único. Para fins do disposto no caput, considera-se renda mensal 1/12 (8,33%) do valor total de rendimentos tributáveis, sujeitos à tributação exclusiva ou definitiva, não tributáveis e isentos informados na respectiva Declaração de Ajuste Anual do Imposto sobre a Renda da Pessoa Física.

Art. 43. O Auxílio Especial Mensal **também será pago** à esposa ou companheira e aos filhos menores de 21 anos ou inválidos do beneficiário **falecido**, desde que a incapacidade seja anterior à data em que completaram 21 anos.

§ 1.º Havendo mais de um beneficiário, o valor limite de auxílio per capita será o constante do Art. 42 desta Lei, dividido pelo número de beneficiários, efetivos, ou apenas potenciais devido à renda, considerando-se a renda do núcleo familiar para cumprimento do limite de que trata o citado artigo.

§ 2.º Não será revertida aos demais a parte do dependente cujo direito ao auxílio cessar.

Art. 44. Compete ao Instituto Nacional do Seguro Social (INSS) administrar os requerimentos e os pagamentos do Auxílio Especial Mensal.

Parágrafo único. Compete ao Ministério do Esporte informar ao INSS a relação de jogadores de que trata o Art. 37 desta Lei.

Art. 45. O pagamento do Auxílio Especial Mensal retroagirá à data em que, atendidos os requisitos, tenha sido protocolado requerimento no INSS.

Art. 46. O **Auxílio Especial Mensal** sujeita-se à **incidência** de Imposto sobre a Renda, nos termos da legislação específica, **mas não é sujeito ao pagamento de contribuição previdenciária**.

Art. 47. As despesas decorrentes desta Lei correrão à conta do Tesouro Nacional.

> Parágrafo único. O custeio dos benefícios definidos no Art. 37 desta Lei e das respectivas despesas constarão de programação orçamentária específica do Ministério do Esporte, no tocante ao prêmio e ao auxílio especial mensal.

2.15.13. A Pensão Especial aos Ex-Integrantes do Batalhão Suez

Com a publicação da Lei n.º 14.765/2023 foi criada a **Pensão Especial aos Ex-Integrantes do Batalhão Suez**.

Ficou assegurado o pagamento da referida pensão, no valor de **2 salários mínimos mensais**, aos **ex-integrantes** da tropa brasileira conhecida como **Batalhão Suez**, que tomaram parte na Força Internacional de Emergência, com o objetivo de manter a paz e a segurança internacional na região compreendida entre o Canal de Suez e a linha de Armistício entre Israel e o Egito, no ano de 1956.

Para constar, armistício significa trégua temporária entre países em guerra.

Somente faz jus ao benefício o ex-integrante que comprove renda mensal não superior a 2 salários mínimos ou que não possua meios para prover a sua subsistência e a de sua família.

A comprovação da efetiva prestação dos serviços militares, inclusive mediante justificação administrativa ou judicial, somente produzirá efeito quando baseada em **início de prova material**, **não admitida prova exclusivamente testemunhal**, e deverá ser feita perante órgão competente do Ministério da Previdência Social.

Caberá à Defensoria Pública da União, por solicitação do interessado, quando necessitado, promover a justificação judicial, ficando o solicitante isento de quaisquer custas judiciais ou outras despesas.

O prazo para julgamento da justificação é de **15 dias**.

A comprovação da carência do interessado será feita com a apresentação de atestado fornecido por órgão oficial.

Os pedidos de concessão do benefício, devidamente instruídos, serão processados e julgados no prazo de **45 dias**, sob pena de responsabilidade.

O valor da pensão especial será **reajustado sempre no mês de janeiro**, de acordo com a variação anual do Índice Nacional de Preços ao Consumidor (INPC) ou do índice que reajusta as aposentadorias do Instituto Nacional do Seguro Social (INSS).

O beneficiário da pensão faz jus ao recebimento do 13.º salário em valor idêntico ao da remuneração do mês de dezembro. → Abono anual.

2.16. O Seguro Defeso (o Seguro Desemprego do Pescador Artesanal)

O **Seguro Desemprego do Pescador Artesanal**, ou simplesmente **Seguro Defeso**, é pago ao referido pescador quando este fica impedido de pescar em razão da necessidade de preservação das espécies.

O arcabouço jurídico deste benefício se encontra na Lei n.º 10.779/2003 (com texto atualizado até a Lei n.º 14.601/2023) e no Decreto n.º 8.424/2015 (atualizado até o Decreto n.º 10.930/2022).

Do cotejo dos referidos atos normativos, decidiu-se adotar o Decreto, por apresentar de forma mais detalhada o benefício, com algumas inserções da Lei. =)

O decreto supra regulamenta a concessão do benefício de **seguro desemprego**, no valor de **1 salário mínimo mensal, ao pescador artesanal**, desde que exerça sua atividade profissional **ininterruptamente, de forma artesanal e individualmente ou em regime de economia familiar**, durante o **período de defeso** de atividade pesqueira para a preservação da espécie. **→ DEFINIÇÃO!**

Considera-se **ininterrupta** a atividade exercida durante o período compreendido **entre o término do defeso anterior e o início do defeso em curso** ou **nos 12 meses imediatamente anteriores ao início do defeso em curso, o que for menor. → Período Aquisitivo.**

Entende-se como **regime de economia familiar** o trabalho dos membros da mesma família, indispensável à própria subsistência e exercido em condições de **mútua dependência e colaboração**, sem a utilização de empregados.

Consideram-se como **períodos de defeso** aqueles estabelecidos pelos órgãos federais competentes, determinando a paralisação temporária da pesca para preservação das espécies, nos termos e prazos fixados nos respectivos atos.

Em regra, os períodos de defeso são fixados pelo Instituto Brasileiro do Meio Ambiente e dos Recursos Naturais Renováveis (IBAMA).

O benefício será devido ao pescador profissional artesanal **inscrito no Registro Geral da Atividade Pesqueira (RGP)** que **não disponha de outra fonte de renda** diversa da decorrente da atividade pesqueira, sem prejuízo da licença de pesca concedida na esfera federal, quando exigida pelo Estado ou pelo Distrito Federal.

O pescador profissional artesanal **não fará** jus a mais de 1 benefício de seguro desemprego no mesmo ano decorrente de defesos relativos a espécies distintas.

A concessão do benefício **não será extensível** aos trabalhadores de apoio à pesca artesanal, assim definidos em legislação específica, e **nem** aos componentes do grupo familiar do pescador profissional artesanal que não satisfaçam, individualmente, os requisitos e as condições estabelecidos no referido Decreto Regulamentador do Seguro Defeso.

Os seguintes pescadores e as pescadoras **não farão jus ao benefício de seguro desemprego durante o período de defeso**:

1. Pescadoras e pescadores de subsistência que praticam a atividade de pesca com fins de consumo doméstico ou escambo sem fins de lucro e que utilizem petrechos previstos em legislação específica;
2. Pescadoras e pescadores amadores que utilizem linha de mão ou caniço simples, e;
3. Índias e índios que pratiquem a atividade pesqueira para subsistência.

Fará jus ao seguro desemprego o pescador artesanal que, durante o **período aquisitivo**, tenha recebido benefício de **auxílio por incapacidade temporária**, **auxílio por incapacidade temporária acidentário** ou **salário maternidade**, exclusivamente sob categoria de filiação de segurado especial, ou ainda, que tenha contribuído para a Previdência Social relativamente ao exercício exclusivo dessa atividade.

Previamente ao estabelecimento de períodos de defeso, deverão ser avaliadas outras medidas de gestão e de uso sustentável dos recursos pesqueiros, por meio de ato conjunto dos Ministérios da Agricultura e Pecuária e do Meio Ambiente e Mudança do Clima.

As normas, os critérios, os padrões e as medidas de ordenamento relativas aos períodos de defeso serão editadas, observadas as competências dos Ministérios da Agricultura e Pecuária e do Meio Ambiente e Mudança do Clima, e deverão:

1. Definir as espécies que são objeto de conservação, as medidas de proteção à reprodução e ao recrutamento das espécies, os petrechos e os métodos de pesca proibidos;
2. Estabelecer a abrangência geográfica da norma, de modo a indicar as bacias hidrográficas, a região ou a área costeiro-marinha e discriminar os Municípios alcançados;
3. Definir se há alternativas de pesca disponíveis e se elas abrangem todos os pescadores ou apenas aqueles que atuam de forma embarcada, e;
4. Estabelecer mecanismos de monitoramento da biodiversidade e da atividade pesqueira e de avaliação da eficácia dos períodos de defeso como medida de ordenamento.

Os Ministérios da Agricultura e Pecuária e do Meio Ambiente e Mudança do Clima deverão periodicamente avaliar a efetividade dos períodos de defeso instituídos, sobretudo os de área continental, e revogar ou suspender seus atos normativos quando comprovada a sua ineficácia na preservação dos recursos pesqueiros, inclusive quando forem observados os fenômenos de seca, estiagem e contaminações por agentes químicos, físicos e biológicos.

Não será devido o benefício do seguro desemprego quando houver disponibilidade de alternativas de pesca nos Municípios alcançados pelos períodos de defeso.

Vale ressaltar que o benefício do seguro desemprego é direito pessoal e intransferível.

Excepcionalmente, nas hipóteses de grave contaminação por agentes químicos, físicos e biológicos, o Ministério da Agricultura e Pecuária poderá **prolongar** o período de defeso para as áreas e os grupos específicos atingidos, nos termos previstos na legislação.

O pagamento de seguro desemprego do pescador profissional artesanal, quando devido, na hipótese de ocorrência do **prolongamento**, poderá ser **ampliado**.

Entretanto, o período de recebimento não poderá exceder ao limite variável de que trata a Lei n.º 7.998/1990, a saber:

> Art. 4.º O benefício do seguro desemprego será concedido ao trabalhador desempregado, **por período máximo variável de 3 a 5 meses**, de forma contínua ou alternada, a cada período aquisitivo (...).
>
> § 5.º O período máximo de que trata o caput poderá ser **excepcionalmente prolongado por até 2 meses**, para grupos específicos de segurados (...).

Conforme dispõe o Decreto regulamentador, terá direito ao benefício do seguro desemprego o pescador profissional artesanal que preencher os **seguintes requisitos**:

1. Ter inscrição no **Registro Geral da Atividade Pesqueira (RGP)**, com **situação cadastral ativa decorrente de licença concedid**a, emitido pelo Ministério da Agricultura e Pecuária, na condição de **pescador profissional artesanal**, observada a antecedência mínima de 1 ano, contado da data do requerimento do benefício;
2. Possuir a condição de segurado especial unicamente na categoria de pescador profissional artesanal;

3. Ter realizado o pagamento da contribuição previdenciária, nos últimos 12 meses imediatamente anteriores ao requerimento do benefício ou desde o último período de defeso até o requerimento do benefício, o que for menor;
4. Não estar em gozo de nenhum benefício decorrente de programa federal de transferência de renda com condicionalidades ou de benefício de prestação continuada da Assistência Social ou da Previdência Social, **exceto auxílio acidente ou pensão por morte**, e;
5. Não ter vínculo de emprego, ou outra relação de trabalho, ou outra fonte de renda diversa da decorrente da atividade pesqueira vedada pelo período de defeso.

A comprovação da contribuição do segurado especial (1,2% + 0,1%) de que trata o item 3 supra deverá ser feita nos termos da legislação, excluído o período de defeso, desde que não tenha havido comercialização de espécie alternativa não contemplada no ato que fixar o período de defeso.

Desde que atendidos os demais requisitos, o benefício de seguro desemprego será concedido ao pescador profissional artesanal cuja família seja beneficiária de programa de transferência de renda com condicionalidades, e caberá ao órgão ou entidade da administração pública federal responsável pela manutenção do programa a suspensão do pagamento pelo mesmo período da percepção do benefício de seguro desemprego.

Para fins do disposto acima, o Instituto Nacional do Seguro Social (INSS) disponibilizará aos órgãos ou entidades da administração pública federal responsáveis pela manutenção de programas de transferência de renda com condicionalidades as informações necessárias para identificação dos beneficiários e dos benefícios de seguro desemprego concedidos, inclusive as relativas à duração, suspensão ou cessação do benefício.

Cabe ao INSS receber e processar os requerimentos, habilitar os beneficiários e decidir quanto à concessão do benefício de seguro desemprego.

O prazo para requerer o benefício do seguro desemprego do pescador profissional artesanal se iniciará 30 dias antes da data de início do período de defeso e terminará no último dia do referido período.

Desde que requerido dentro do prazo previsto, o pagamento do benefício será devido desde o início do período de defeso, independentemente da data do requerimento.

Para requerer o benefício de seguro desemprego, o pescador **deverá apresentar ao INSS**:

1. Documento de identificação oficial;

2. Comprovante de inscrição no Cadastro de Pessoa Física (CPF);
3. Inscrição no RGP, com licença de pesca, emitida pelo Ministério da Agricultura e Pecuária, na condição de pescador profissional artesanal que tenha a atividade pesqueira como única fonte de renda, observada a antecedência mínima de 1 ano, contado da data de requerimento do benefício;
4. Cópia do documento fiscal de venda do pescado a empresa adquirente, consumidora ou consignatária da produção, em que conste, além do registro da operação realizada, o valor da respectiva contribuição previdenciária, ou cópia do comprovante de recolhimento da contribuição previdenciária, caso tenha comercializado sua produção a pessoa física, e;
5. Comprovante de residência em Município abrangido pelo ato que instituiu o período de defeso relativo ao benefício requerido, ou seus limítrofes.

Além de apresentar os documentos previstos, o pescador profissional artesanal **assinará declaração** de que:

1. Não dispõe de outra fonte de renda;
2. Se dedicou à pesca das espécies e nas localidades atingidas pelo defeso ininterruptamente durante o período compreendido entre o término do defeso anterior e o início do defeso em curso ou nos 12 meses imediatamente anteriores ao início do defeso em curso, o que for menor, e;
3. Assume responsabilidade civil e criminal por todas as informações prestadas para fins da concessão do benefício.

O Ministério da Agricultura e Pecuária disponibilizará ao INSS **informações que demonstrem**:

1. O exercício ininterrupto da atividade de pesca pelo pescador profissional artesanal, com a indicação das localidades em que a atividade foi exercida e das espécies pescadas, e;
2. Os municípios abrangidos pelo período de defeso e os municípios limítrofes.

Ato do Ministério da Previdência Social poderá exigir outros documentos para a habilitação do benefício.

O INSS poderá expedir atos complementares relativos ao reconhecimento e à manutenção do direito ao benefício.

A autarquia previdenciária **deverá divulgar mensalmente** lista com todos os beneficiários que estão em gozo do seguro desemprego no período de defeso, detalhados por localidade, nome, endereço e número e data de inscrição no RGP.

A apresentação dos documentos discriminados acima poderá ser dispensada pelo INSS caso as informações constem em **bases governamentais a ele disponibilizadas por outros órgãos**.

Nos casos em que o pescador já tenha recebido o seguro desemprego do pescador artesanal, o INSS poderá dispensar a reapresentação de requerimento para os próximos períodos do defeso que deu origem ao benefício, desde que possua informações que demonstrem a manutenção dos requisitos e das características da atividade pesqueira exercida.

O INSS poderá comunicar o indeferimento ou a existência de qualquer impedimento para a concessão do benefício por meio da internet ou da central de teleatendimento.

O INSS poderá também, a qualquer tempo, convocar o pescador para apresentação de documentos comprobatórios referentes aos requisitos apresentados acima.

Sem prejuízo das sanções civis e penais cabíveis, todo aquele que fornecer ou beneficiar-se de atestado falso para o fim de obtenção do benefício de que trata esta Lei estará sujeito:

1. A demissão do cargo que ocupa, se servidor público, e;
2. A suspensão de sua atividade, com cancelamento do seu registro, por 2 anos, se pescador profissional.

Conforme dispõe a legislação de regência, o **INSS cessará o benefício de seguro desemprego nas seguintes hipóteses**:

1. Início de atividade remunerada ou de percepção de outra renda que seja incompatível com a percepção do benefício;
2. Desrespeito ao período de defeso ou a quaisquer proibições estabelecidas em normas de defeso;
3. Obtenção de renda proveniente da pesca de espécie alternativa não contemplada no ato que fixar o período de defeso;
4. Suspensão do período de defeso;
5. Morte do beneficiário, **exceto** em relação às parcelas vencidas;

6. Início de percepção de renda proveniente de benefício previdenciário ou assistencial de natureza continuada, exceto auxílio acidente ou pensão por morte;
7. Prestação de declaração falsa, ou;
8. Comprovação de fraude.

O INSS cessará o benefício quando constatar a ocorrência de hipótese prevista acima ou quando for informado sobre sua ocorrência pelo órgão ou entidade pública competente.

O Poder Executivo poderá **condicionar** o recebimento do seguro desemprego, durante o período de defeso, ao pescador profissional artesanal que exerça sua atividade exclusiva, **à comprovação da matrícula e da frequência do trabalhador segurado em curso de formação inicial e continuada ou de qualificação profissional, com carga horária mínima 160 horas** (Lei n.º 7.998/1990, Art. 3.º, § 1.º).

No caso de indeferimento do requerimento de concessão de benefício ou no caso de cessação do benefício, o pescador profissional artesanal poderá interpor recurso ao **Conselho de Recursos da Previdência Social (CRPS).**

O prazo para interposição de recurso e para oferecimento de contrarrazões será de 30 dias, contado da ciência da decisão e da interposição do recurso, respectivamente.

Por fim, os recursos financeiros para o pagamento do benefício de seguro desemprego ao pescador profissional artesanal serão provenientes do Fundo de Amparo ao Trabalhador (FAT).

2.17. A Previdência Social dos Políticos

Na data de 13/11/2019, data da publicação da Emenda Constitucional n.º 103/2019, tivemos a seguinte alteração importantíssima na previdência social dos políticos:

> Art. 14. **Vedadas (proibidas) a adesão de novos segurados e a instituição de novos regimes dessa natureza**, os atuais segurados de regime de previdência aplicável a titulares de mandato eletivo da União, dos Estados, do Distrito Federal e dos Municípios **poderão**, por meio de opção expressa formalizada no prazo de 180 dias, contado da data de entrada em vigor desta Emenda Constitucional, **retirar-se dos regimes previdenciários aos quais se encontrem vinculados.**

Do dispositivo supra constante da parte autônoma da EC n.º 103/2019 (4.ª grande reforma da previdência social), pode-se observar que:

- Não serão permitidas novas adesões aos atuais regimes de previdência social do políticos;
- Não será permitida a criação de novos regimes previdenciários para os políticos, e;
- Os políticos já englobados pelos regimes previdenciários políticos atuais (**todos em extinção**) tiveram a oportunidade de sair, até 11/05/2020, e migrar para outros (RGPS, se trabalhador da iniciativa privada ou RPPS, se servidor público).

Se for exercida a opção de se retirar, será assegurada a **contagem** do tempo de contribuição vertido para o regime de previdência ao qual o segurado se encontrava vinculado (**contagem recíproca do tempo de contribuição entre regimes distintos**).

Na esfera federal, os segurados, **atuais** e **anteriores**, do regime de previdência da Lei n.º 9.506/1997 (Instituto de Previdência dos Congressistas – IPC, que engloba senadores da república e deputados federais), que fizerem a opção de **permanecer** nesse regime previdenciário deverão cumprir **período adicional correspondente a 30% do tempo de contribuição que faltaria para aquisição do direito à aposentadoria na data de entrada em vigor da EC n.º 103/2019 (13/11/2019)** e somente poderão aposentar-se a partir dos 62 anos de idade, se mulher, e 65 anos de idade, se homem.

Nas esferas estadual, distrital e municipal, lei específica deverá disciplinar a regra de transição a ser aplicada aos segurados que fizerem a opção de permanecer no respectivo regime previdenciário político em extinção.

A **concessão** de **aposentadoria** aos titulares de mandato eletivo e de **pensão por morte** aos dependentes de titular de mandato eletivo falecido será assegurada, a qualquer tempo, **desde que cumpridos** os requisitos para obtenção desses benefícios até a data de entrada em vigor da EC n.º 103/2019 (**13/11/2019**), observados os critérios da legislação vigente na data em que foram atendidos os requisitos para a concessão da aposentadoria ou da pensão por morte.

Por fim, conforme dispõe a CF/1988, os novos políticos serão sempre enquadrados no Regime Geral de Previdência Social (RGPS):

> Art. 40, § 13. **Aplica-se** ao agente público ocupante, exclusivamente, de cargo em comissão declarado em lei de livre nomeação e exoneração, de **outro cargo temporário, inclusive mandato eletivo**, ou de emprego público, o **Regime Geral de Previdência Social**.

2.18. O Abono Anual

Conforme dispõe o Decreto n.º 3.048/1999:

> Art. 120. Será devido **abono anual** ao segurado e ao dependente que, durante o ano, **receberam**:
> - Aposentadoria;
> - Auxílio por incapacidade temporária;
> - Salário maternidade;
> - Auxílio acidente;
> - Pensão por morte, ou;
> - Auxílio reclusão.

O **abono anual**, em breve palavras, equivale ao **13.º salário do beneficiário do INSS**. =)

Todos os benefícios pagam abono anual? Praticamente todos. O único que fica de fora é o **salário família** que constitui uma cota de baixo valor por filho menor de 14 anos ou inválido.

O abono anual será calculado, no que couber, **da mesma forma que a gratificação natalina dos trabalhadores** e **terá por base o valor da renda mensal do benefício do mês de dezembro de cada ano e o seu pagamento será efetuado em duas parcelas**, da seguinte forma:

1. A primeira parcela corresponderá a **até 50%** do valor do benefício devido no mês de **agosto** e será paga juntamente com os benefícios dessa competência, e;
2. A segunda parcela corresponderá à **diferença entre o valor total do abono anual e o valor da primeira** parcela e será paga juntamente com os benefícios da competência de **novembro**.

Como é feito esse cálculo? Da mesma forma que se calcula o 13.º salário do trabalhador, ou seja:

- Será integral se receber benefício previdenciário nos 12 meses do ano, com base no mês de dezembro, ou;
- Será parcial se receber benefício previdenciário em menos de 12 meses no ano, com base no mês de dezembro.

Suponha que Paulo comece a receber aposentadoria, no valor de R$ 7.000,00, no mês de março do ano corrente. Em setembro, o benefício foi reajustado para R$ 7.500,00. Qual será o abono anual devido por Paulo?

Esses foram os valores recebidos por Paulo durante o ano:

janeiro	
fevereiro	

março	7.000,00
abril	7.000,00
maio	7.000,00
junho	7.000,00
julho	7.000,00
agosto	7.000,00
setembro	7.500,00
outubro	7.500,00
novembro	7.500,00
dezembro	7.500,00

Observe que ele recebeu benefício somente em 10 meses do ano, ou seja, terá direito a receber um abono de 10/12 (83,33%) com base no mês de dezembro (R$ 7.500,00). Logo:

→ 10/12 x R$ 7.500,00 = **R$ 6.250,00 de abono anual devido à Paulo.**

Para constar, o valor do abono anual, correspondente ao período de duração do salário maternidade, será pago, em cada exercício, juntamente com a última parcela do benefício nele devida.

Por fim, os valores eventualmente recebidos a maior pelo beneficiários serão descontados no pagamento do abono anual.

2.19. O Direito Adquirido

A priori, deve-se ter em mente que o **direito adquirido** é a garantia de que suas conquistas **não poderão ser retiradas**, mesmo que ocorra mudança na legislação.

Portanto, quando você atinge requisitos para qualquer tipo de situação, **não importa** que a lei mude, pois, o que vale é o direito adquirido **no momento em que os requisitos foram alcançados.**

No Direito Previdenciário, não é diferente. Suponha que determinado segurado, do **RGPS** ou de algum **RPPS, tenha cumprido todos os requisitos para se aposentar no ano de 2017**, mas, por escolha própria decide se manter na ativa por mais alguns anos, vindo a se aposentar somente em 2024.

Nesse interim, entre 2017 e 2024, suponha que a lei previdenciária tenha sido profundamente alterada em 2019, enrijecendo deveras os quesitos para o gozo de aposentadoria, com aumento substancial da idade mínima e do tempo de contribuição, bem como uma redução considerável do valor do benefício.

Apesar dessa **alteração maléfica** em 2019, o segurado irá se aposentar em 2024 seguindo as **regras vigentes em 2017**, quando ele cumpriu todos os requisitos para se aposentar e decidiu, espontaneamente, seguir em atividade.

Pensando um pouco diferente, se a alteração da lei em 2019 fosse **mais benéfica**, por exemplo, só aumentasse o valor do benefício em 1/5 (20%) e mantivesse os demais requisitos da lei anterior. Como ficaria a aposentadoria requerida em 2024?

Neste novo cenário fictício (nova lei previdenciária mais benéfica? Só em filme de ficção), o segurado cumpre todos os requisitos sob a égide da legislação vigente em 2017, bem como sob a égide da nova lei de 2019. Neste caso, ele pode **optar pela norma mais vantajosa**, no caso, a de 2019.

A própria Constituição Federal de 1988, ao moldar o **princípio da segurança jurídica**, respeita o direito adquirido, a saber:

> Art. 5.º, XXXVI – **A lei não prejudicará o direito adquirido**, o ato jurídico perfeito e a coisa julgada.

Em suma, o direito adquirido protege o indivíduo da insegurança jurídica, das mudanças bruscas no ordenamento jurídico nacional. **A lei não pode retroagir para prejudicar o indivíduo.**

2.20. A Desaposentação

Em princípio, deve se ter em mente que o instituto da **desaposentação** nada mais é do que a situação em que o trabalhador, **depois de aposentado, continua a trabalhar**, mantendo o recolhimento das contribuições junto à Previdência **Social e deseja utilizar essas contribuições para melhorar o valor da sua aposentadoria**.

No caso, após trabalhar alguns anos como aposentado, o cidadão percebe que o seu benefício teria sido superior consideradas a **contribuições recolhidas durante a aposentadoria**. O beneficiário, então, pede ao poder judiciário para renunciar à aposentadoria que está recebendo e solicitar uma nova, com base em cálculo atualizado da idade e do tempo de contribuição.

Em outras palavras, conforme dispõe a doutrina previdenciária, **a desaposentação ocorre quando o beneficiário renuncia à aposentadoria atual para requerer uma nova, com valores ($) melhores**. =)

A desaposentação **nunca foi aceita pela via administrativa por falta de previsão legal**. Por essa razão, o INSS sempre denegou todos os pedidos protocolados em suas agências.

Por sua vez, até 10/2016, o Superior Tribunal de Justiça (STJ) apresentava um entendimento contrário, onde a desaposentação era possível.

Conforme determinou a referida, em 05/2013, o aposentado tem o direito de renunciar ao benefício para requerer nova aposentadoria em condição mais vantajosa, seja no mesmo regime ou em regime diverso, e que para isso ele não precisa devolver o dinheiro já recebido.

Por sua vez, **a partir de 10/2016**, o Supremo Tribunal Federal (**STF**) tomou **uma nova posição, diametralmente oposta à STJ** e em consonância com a legislação previdenciária, ou seja, **a desaposentação não é um instituto viável**.

Esse novo posicionamento foi deliberado em plenário, no dia 26/10/2016, quando 7 dos 11 ministros votaram pela inviabilidade do instituto em questão. Com isso, **era declarada a proibição da desaposentação e do consequente recálculo do valor da aposentadoria**.

Na ocasião acima, a maioria dos ministros entendeu que **apenas por meio de lei** é possível fixar critérios para que os benefícios sejam recalculados com base em novas contribuições decorrentes da permanência ou volta do trabalhador ao mercado de trabalho após concessão da aposentadoria.

Como **não existe previsão legal** para a desaposentação, tal instituto se torna inviável e impraticável em nossa nação. Esse entendimento do STF vai ao encontro daquele que já era adotado pela administração pública (INSS).

Diante de todo o exposto, **atualmente, não resta dúvida que a desaposentação não poderá ser concedida, seja pela via administrativa, seja pela via judicial.**

3. O TEMPO DE CONTRIBUIÇÃO NO DIREITO PREVIDENCIÁRIO

Conforme dispõe o Regulamento da Previdência Social, considera-se **tempo de contribuição** o tempo correspondente aos períodos para os quais **tenha havido contribuição obrigatória ou facultativa** ao RGPS, dentre outros, o período:

1. De contribuição efetuada por segurado que tenha deixado de exercer atividade remunerada que o enquadrasse como segurado obrigatório da previdência social (contribuição como facultativo).
2. Em que a segurada tenha recebido **salário maternidade** (único benefício com status de salário de contribuição);
3. De licença remunerada, desde que tenha havido desconto de contribuições;

4. Em que o segurado tenha sido colocado em disponibilidade remunerada pela empresa, desde que tenha havido **desconto de contribuições**;
5. De atividade patronal ou autônoma, exercida anteriormente à vigência da Lei n.º 3.807/1960 (Lei Orgânica da Previdência Social – LOPS), **desde que tenha sido indenizado legislação**.
6. De atividade na condição de empregador rural, desde que tenha havido contribuição na forma prevista na Lei n.º 6.260/1975 e **indenização do período anterior**.
7. De exercício de mandato eletivo federal, estadual, distrital ou municipal, desde que tenha havido **contribuição na época apropriada** e este **não tenha sido contado** para fins de aposentadoria por outro regime de previdência social;
8. De licença, afastamento ou inatividade sem remuneração do segurado empregado, inclusive o doméstico e o intermitente, **desde que tenha havido contribuição como segurado facultativo**, e;
9. Em que o segurado contribuinte individual e o segurado facultativo tenham contribuído na forma na forma da legislação.

Nas situações de indenização supra (itens 5 e 6), o reconhecimento do tempo de contribuição será feito por meio de **indenização** das contribuições relativas ao respectivo período. Em suma, o beneficiário deverá pagar as antigas contribuições com acréscimos para contar como tempo de contribuição.

Além das situações expostas acima, **até 13/11/2019** (publicação da 4.ª Reforma de Previdência Social, EC n.º 103/2019), considera-se **também como tempo de contribuição os seguintes períodos**:

1. O tempo de serviço militar, **exceto se já contado** para inatividade remunerada nas Forças Armadas ou auxiliares ou para aposentadoria no serviço público federal, estadual, distrital ou municipal, ainda que anterior à filiação ao RGPS, obrigatório, voluntário ou alternativo, assim considerado o tempo atribuído pelas Forças Armadas àqueles que, após o alistamento, alegaram imperativo de consciência, entendido como tal aquele decorrente de crença religiosa ou de convicção filosófica ou política, para se eximirem de atividades de caráter militar;
2. O tempo em que o **anistiado** político esteve compelido ao afastamento de suas atividades profissionais, em decorrência de punição ou de fundada ameaça de punição, por motivo exclusivamente político;

3. O tempo de serviço público federal, estadual, distrital ou municipal, inclusive aquele prestado a autarquia, sociedade de economia mista ou fundação instituída pelo Poder Público, desde que a certidão tenha sido requerida na entidade para a qual o serviço tenha sido prestado até 30/09/1975;
4. O tempo de serviço do segurado trabalhador rural anterior à competência novembro de 1991;
5. O tempo de exercício de mandato classista junto a órgão de deliberação coletiva em que, nessa qualidade, tenha havido contribuição para a previdência social;
6. O tempo de serviço prestado à Justiça dos Estados, às serventias extrajudiciais e às escrivanias judiciais, desde que não tenha havido remuneração pelo erário e que a atividade não estivesse, à época, vinculada a regime próprio de previdência social;
7. O tempo de atividade dos auxiliares locais de nacionalidade brasileira no, anteriormente a 01/01/1994, desde que a sua situação previdenciária esteja regularizada no INSS;
8. O tempo de contribuição efetuado pelo servidor público na condição de cargo comissionado, de empregado público ou de servidor público sem regime próprio instituído, e;
9. O tempo exercido na condição de aluno-aprendiz referente ao período de aprendizado profissional realizado em escola técnica, desde que comprovados a remuneração pelo erário, mesmo que indireta, e o vínculo empregatício.

Será computado o tempo intercalado de recebimento de benefício por incapacidade (auxílio por incapacidade temporária ou aposentadoria por incapacidade permanente).

As competências em que o salário de contribuição mensal tenha sido igual ou superior ao limite mínimo serão **computadas integralmente** como tempo de contribuição, independentemente da quantidade de dias trabalhados.

Na hipótese de o débito ser objeto de parcelamento, o período correspondente ao parcelamento somente será computado para fins de concessão de benefício no RGPS e de emissão de certidão de tempo de contribuição para fins de contagem recíproca **após a comprovação da quitação dos valores devidos**.

3.1. A Comprovação do Tempo de Contribuição

Em princípio, deve-se observar o seguinte disposto do Regulamento da Previdência Social de 1999:

> Art. 19. Os **dados** constantes do **Cadastro Nacional de Informações Sociais (CNIS)** relativos a vínculos, remunerações e contribuições valem como **prova** de filiação à previdência social, **tempo de contribuição** e salários de contribuição.

Em regra, compreende-se que os dados do cidadão no CNIS são suficientes para a comprovação do seu tempo de contribuição.

Na hipótese de não constarem do CNIS as informações sobre atividade, vínculo, remunerações ou contribuições, ou de haver dúvida sobre a regularidade das informações existentes, o período somente será confirmado por meio da apresentação de documentos contemporâneos dos fatos a serem comprovados, com menção às datas de início e de término e, quando se tratar de trabalhador avulso, à duração do trabalho e à condição em que tiver sido prestada a atividade.

Além dos dados constantes do CNIS, observada a forma de filiação do trabalhador ao RGPS, os **seguintes documentos** serão considerados para fins de **comprovação do tempo de contribuição**, desde que **contemporâneos** aos fatos a serem comprovados:

1. Carteira profissional ou Carteira de Trabalho e Previdência Social (CTPS);
2. Contrato individual de trabalho;
3. Contrato de trabalho por pequeno prazo;
4. Carteira de férias;
5. Carteira sanitária;
6. Caderneta de matrícula;
7. Caderneta de contribuição dos extintos institutos de aposentadoria e pensões;
8. Caderneta de inscrição pessoal visada:
    a) Pela Capitania dos Portos;
    b) Pela Superintendência do Desenvolvimento da Pesca, ou;
    c) Pelo Departamento Nacional de Obras Contra as Secas (DNOCS).

9. Declaração da Secretaria Especial da Receita Federal do Brasil do Ministério da Fazenda;
10. Certidão de inscrição em órgão de fiscalização profissional, acompanhada de documento que prove o exercício da atividade;
11. Contrato social, acompanhado de seu distrato, e, quando for o caso, ata de assembleia geral e registro de empresário;
12. Certificado de sindicato ou órgão gestor de mão de obra que agrupe trabalhadores avulsos;
13. Extrato de recolhimento do FGTS, e;
14. Recibos de pagamento.

Os documentos necessários à atualização do CNIS e à análise de requerimentos de benefícios e serviços poderão ser apresentados em **cópias simples**, em **meio físico** ou **eletrônico**, **dispensada a sua autenticação**, exceto nas hipóteses em que haja previsão legal expressa e de dúvida fundada quanto à autenticidade ou à integridade do documento, ressalvada a possibilidade de o INSS exigir, a qualquer tempo, os documentos originais, situação em que o responsável pela apresentação das cópias ficará sujeito às sanções administrativas, civis e penais aplicáveis.

O Ministério da Previdência Social manterá sistema de **cadastro dos segurados especiais no CNIS**, poderá firmar acordo de cooperação com outros órgãos da administração pública federal, estadual, distrital e municipal para a manutenção e a gestão do sistema de cadastro.

Desde 01/01/2023, a comprovação da condição e do exercício da atividade rural do segurado especial ocorrerá, exclusivamente, por meio das informações constantes do cadastro supra.

Para o período anterior a 01/01/2023, o segurado especial comprovará o exercício da atividade rural por meio de **autodeclaração** ratificada por entidades públicas credenciadas e por outros órgãos públicos, observado o seguinte:

1. A autodeclaração será feita por meio do preenchimento de formulários que serão disponibilizados pelo INSS;
2. A ratificação da autodeclaração será realizada por meio de informações obtidas das bases de dados do Ministério da Agricultura e Pecuária e de outras bases de dados a que o INSS tiver acesso, e;
3. As informações obtidas por meio de consultas às bases de dados governamentais que forem consideradas insuficientes para o reconhecimento do exercício da atividade rural alegada poderão ser

complementadas por prova documental contemporânea ao período informado.

Complementarmente à **autodeclaração** e ao **cadastro**, a comprovação do exercício de atividade do segurado especial será feita por meio dos seguintes documentos, dentre outros:

1. Contrato de arrendamento, de parceria ou de comodato rural;
2. Declaração de Aptidão ao Programa Nacional de Fortalecimento da Agricultura Familiar ou pelo documento que venha a substitui-la;
3. Bloco de notas do produtor rural;
4. Documentos fiscais de entrada de mercadorias, emitidos pela empresa adquirente da produção, com indicação do nome do segurado como vendedor;
5. Documentos fiscais relativos à entrega de produção rural a cooperativa agrícola, entreposto de pescado ou outros, com indicação do segurado como vendedor ou consignante;
6. Comprovantes de recolhimento de contribuição à previdência social decorrentes da comercialização de produção rural;
7. Cópia da declaração de imposto sobre a renda, com indicação de renda proveniente da comercialização de produção rural, ou;
8. Licença de ocupação ou permissão outorgada pelo Instituto Nacional de Colonização e Reforma Agrária (INCRA).

Por seu turno, a **condição de segurado especial dos índios** será comprovada por meio de certidão fornecida pela Fundação Nacional do Índio (FUNAI) que:

1. Conterá a identificação da entidade e de seu emitente, com a indicação do mandato, se for o caso;
2. Será fornecida em duas vias, em papel timbrado, com numeração sequencial controlada e ininterrupta;
3. Conterá a identificação, a qualificação pessoal do beneficiário e a categoria de produtor a que pertença;
4. Consignará os documentos e as informações que tenham servido de base para a sua emissão e, se for o caso, a origem dos dados extraídos de registros existentes na própria entidade declarante ou em outro órgão, entidade ou empresa, desde que idôneos e acessíveis à previdência social;

5. Não conterá informação referente a período anterior ao início da atividade da entidade declarante, exceto se baseada em documento que constitua prova material do exercício dessa atividade, e;
6. Consignará os dados relativos ao período e à forma de exercício da atividade rural nos termos estabelecidos pelo INSS.

4. A CONTAGEM RECÍPROCA DE TEMPO DE CONTRIBUIÇÃO

Em princípio, deve-se compreender o instituto jurídico da **contagem recíproca o tempo de contribuição (CRTC)**.

A contagem recíproca é a possibilidade de transferência de períodos de trabalho de um regime previdenciário para outro.

Em suma, o tempo trabalhado na iniciativa privada (RGPS) pode ser transferido para o setor público (RPPS) e, no sentido contrário, o tempo trabalhado no setor público pode ser transferido para a iniciativa privada (RGPS).

Após essa transferência de tempo de contribuição entre regimes, são realizadas as **compensações financeiras** entre os mesmos.

Após essa breve introdução doutrinária, deve-se observar o disposto no Decreto n.º 3.048/1999:

> Art. 125. Para efeito de **contagem recíproca**, hipótese em que os diferentes sistemas de previdência social ou proteção social se compensarão financeiramente, **fica assegurado**:
>
> I – O cômputo do tempo de contribuição na administração pública e de serviço militar, para fins de concessão de benefícios previstos no RGPS, inclusive de aposentadoria em decorrência de tratado, convenção ou acordo internacional, e;
>
> II – Para fins de emissão de certidão de tempo de contribuição, pelo INSS, para utilização no serviço público ou para inativação militar, o cômputo do tempo de contribuição na atividade privada, rural e urbana.

O inciso I trata da averbação do tempo de contribuição no setor público, civil ou militar, junto ao INSS para contagem e concessão de benefícios do RGPS.

O inciso II trata da emissão da certidão de tempo de contribuição (**CTC**) na iniciativa privada pelo INSS para averbação junto ao setor público para contagem e concessão de benefícios dos RPPS.

Quanto a contagem recíproca (CRTC), é **vedada (proibida)**:

1. A conversão do tempo de contribuição exercido em atividade sujeita a condições especiais (**cada ano trabalhado vale apenas um ano**);

2. A conversão do tempo cumprido pelo segurado com deficiência em tempo de contribuição comum (**não pode se criar um tempo extra fictício por meio de multiplicação matemática**), e;
3. A contagem de qualquer tempo de serviço fictício.

Admite-se a aplicação da contagem recíproca de tempo de contribuição no âmbito dos tratados, convenções ou acordos internacionais de previdência social.

É **permitida** a emissão de certidão de tempo de contribuição para períodos de contribuição posteriores à data da aposentadoria no RGPS.

A certidão referente ao tempo de contribuição com deficiência deverá identificar os períodos com deficiência e seus graus.

Conforme determinação legal, o tempo de contribuição será contado de acordo com a legislação pertinente, **observadas as seguintes normas**:

1. Não será admitida a **contagem em dobro** ou em outras condições especiais;
2. É **vedada** a contagem de tempo de contribuição no serviço público com o de contribuição na atividade privada, **quando concomitantes**;
3. Não será contado por um regime o tempo de contribuição **utilizado** para concessão de aposentadoria por outro regime;
4. O tempo de contribuição anterior ou posterior à obrigatoriedade de filiação à previdência social só será contado por meio **de indenização da contribuição correspondente ao período respectivo**, com acréscimo de juros moratórios de 0,5% ao mês, capitalizados anualmente, e multa de 10%;
5. É vedada a emissão de certidão de tempo de contribuição com o registro exclusivo de tempo de serviço **sem a comprovação de contribuição efetiva**;
6. Para ex-servidor público, a certidão de tempo de contribuição somente poderá ser emitida por regime próprio de previdência social;
7. É vedada a contagem recíproca de tempo de contribuição do RGPS por regime próprio de previdência social **sem a emissão** da certidão de tempo de contribuição correspondente, ainda que o tempo de contribuição referente ao RGPS tenha sido prestado pelo servidor público ao próprio ente instituidor;
8. É **vedada a desaverbação** de tempo em regime próprio de previdência social quando o tempo averbado **tiver gerado a concessão de vantagens remuneratórias** ao servidor público em atividade, e;

9. Para fins de elegibilidade às aposentadorias especiais (RGPS ou RPPS), os períodos reconhecidos pelo regime previdenciário de origem como de tempo especial sem conversão em tempo comum deverão estar incluídos nos períodos de contribuição compreendidos na certidão de tempo de contribuição e discriminados de data a data.

A certidão de tempo de contribuição, para fins de averbação do tempo em outros regimes de previdência, somente será expedida pelo Instituto Nacional do Seguro Social após a comprovação da **quitação de todos os valores devidos**, inclusive de eventuais parcelamentos de débito.

A certidão de tempo de contribuição referente ao período de atividade rural anterior à competência novembro de 1991 somente será emitida por meio da **comprovação do recolhimento das contribuições correspondentes** ou da **indenização respectiva**.

O segurado em gozo de auxílio acidente, auxílio suplementar ou abono de permanência em serviço terá o benefício encerrado na data da emissão da certidão de tempo de contribuição.

O tempo de contribuição para regime próprio de previdência social ou para RGPS deve ser provado com certidão fornecida:

1. pela unidade gestora do regime próprio de previdência social ou pelo setor competente da administração federal, estadual, do Distrito Federal e municipal, suas autarquias e fundações, desde que devidamente homologada pela unidade gestora do regime próprio, relativamente ao tempo de contribuição para o respectivo regime próprio de previdência social, ou;

2. pelo setor competente do INSS, relativamente ao tempo de contribuição para o RGPS.

O setor competente do INSS promoverá o levantamento do tempo de contribuição ao RGPS, com base na documentação apresentada.

O setor competente do órgão federal, estadual, do Distrito Federal ou municipal deverá promover o levantamento do tempo de contribuição para o respectivo regime próprio de previdência social à vista dos assentamentos funcionais.

Após as providências supra, os setores competentes deverão emitir **certidão de tempo de contribuição (CTC)**, sem rasuras, constando, **obrigatoriamente**:

1. Órgão expedidor;

2. Nome do servidor, seu número de matrícula, RG, CPF, sexo, data de nascimento, filiação, número do PIS ou PASEP, e, quando for o caso, cargo efetivo, lotação, data de admissão e data de exoneração ou demissão;

3. Período de contribuição, de data a data, compreendido na certidão;
4. Fonte de informação;
5. Discriminação da frequência durante o período abrangido pela certidão, indicadas as várias alterações, tais como faltas, licenças, suspensões e outras ocorrências;
6. Soma do tempo líquido;
7. Declaração expressa do servidor responsável pela certidão, indicando o tempo líquido de efetiva contribuição em dias, ou anos, meses e dias;
8. Assinatura do responsável pela certidão e do dirigente do órgão expedidor e, no caso de ser emitida por outro órgão da administração do ente federativo, homologação da unidade gestora do regime próprio de previdência social, e;
9. Indicação da lei que assegure, aos servidores do Estado, do Distrito Federal ou do Município, aposentadorias por invalidez, idade, tempo de contribuição e compulsória, e pensão por morte, com aproveitamento de tempo de contribuição prestado em atividade vinculada ao Regime Geral de Previdência Social.

A CTC deverá vir acompanhada de relação dos valores das remunerações, por competência, que serão utilizados para fins de cálculo dos proventos da aposentadoria.

Quando solicitado pelo segurado que exerce **cargos constitucionalmente acumuláveis**, é permitida a emissão de **certidão única** com destinação do tempo de contribuição para, no máximo, dois órgãos distintos.

A certidão só poderá ser fornecida para os períodos de efetiva contribuição para o Regime Geral de Previdência Social, **devendo ser excluídos aqueles para os quais não tenha havido contribuição**.

É **vedada (proibida)** a contagem de tempo de contribuição de atividade privada com a do serviço público ou de mais de uma atividade no serviço público, **quando concomitantes**, **ressalvados** os casos de acumulação de cargos ou empregos públicos admitidos pela Constituição.

Para relembrar, essas são as hipóteses constitucionais de acumulação de cargos públicos:

> Art. 37 XVI – É vedada a acumulação remunerada de cargos públicos, **exceto, quando houver compatibilidade de horários**:
>
> a) A de dois cargos de professor;

> b) A de um cargo de professor com outro técnico ou científico, e;
>
> c) A de dois cargos ou empregos privativos de profissionais de saúde, com profissões regulamentadas.

Em hipótese alguma será expedida certidão de tempo de contribuição para período que **já tiver sido utilizado para a concessão de aposentadoria**, em qualquer regime de previdência social.

Caberá revisão da certidão de tempo de contribuição, inclusive de ofício, quando constatado erro material, vedada à destinação da certidão a órgão diverso daquele a que se destinava originariamente.

Por fim, concedido o benefício, caberá:

1. ao INSS comunicar o fato ao órgão público emitente da certidão, para as anotações nos registros funcionais e/ou na segunda via da certidão de tempo de contribuição, e;
2. ao órgão público comunicar o fato ao INSS, para efetuar os registros cabíveis.

4.1. A Compensação Financeira entre Regimes Previdenciários

Nesta parte do curso, considero salutar apresentar os principais pontos constantes do Capítulo II do Decreto n.º 10.188/2019, que regulamenta a Lei n.º 9.796/1999 e trata da **compensação financeira entre regimes previdenciários**.

Conforme dispõe o referido decreto:

> Art. 3.º A **compensação financeira** será realizada **exclusivamente** na **contagem recíproca de tempo de contribuição não concomitante utilizado na concessão da aposentadoria.**

Nos períodos em que tenha sido assegurado o pagamento de benefícios de aposentadoria ou pensão mediante convênios ou consórcios entre entes federativos, a compensação financeira é devida pelo ente ao qual, nos termos do convênio ou consórcio, recairia a concessão do benefício de aposentadoria.

Para fins da compensação financeira, considera-se:

1. Regime Geral de Previdência Social (RGPS): O regime previsto no Art. 201 da Constituição;
2. Regime Próprio de Previdência Social (RPPS): O regime de previdência social estabelecido no âmbito de cada ente federativo que assegure, por lei, aos servidores que ocupam cargo efetivo, no mí-

nimo, os benefícios de aposentadoria e pensão por morte previstos no Art. 40 da Constituição;

3. **Regime de Origem**: O regime previdenciário ao qual o segurado ou servidor público esteve vinculado e não tenha ensejado o recebimento de aposentadoria ou de pensão aos seus dependentes, e;
4. **Regime Instituidor**: O regime previdenciário responsável pela concessão e pelo pagamento de benefício de aposentadoria ou pensão por morte dela decorrente a segurado ou servidor público ou a seus dependentes com cômputo de tempo de contribuição no âmbito do regime de origem.

O regime instituidor apresentará ao regime de origem os seguintes **dados** e **documentos** referentes a cada benefício concedido com **cômputo de tempo de contribuição no âmbito daquele regime de origem**:

1. Dados pessoais e outros documentos necessários e úteis à **identificação** do segurado ou do servidor e, se for o caso, dos seus dependentes;
2. O **valor inicial** da aposentadoria ou da pensão por morte dela decorrente e a data de início do benefício;
3. O tempo de contribuição no âmbito do regime de origem utilizado na concessão do benefício na forma da contagem recíproca e o tempo de contribuição total do segurado ou do servidor no regime instituidor;
4. Cópia da Certidão de Tempo de Serviço ou da Certidão de Tempo de Contribuição fornecida pelo regime de origem e utilizada para cômputo do tempo de contribuição no âmbito do regime instituidor;
5. Cópia do laudo médico que reconheceu a incapacidade nos casos de aposentadoria por incapacidade permanente;
6. Cópia do ato expedido pela autoridade competente que concedeu a aposentadoria ou a pensão por morte dela decorrente, e;
7. Cópia do registro do ato concessório da aposentadoria ou da pensão por morte pelo Tribunal de Contas competente, quando couber.

Para constar, a Certidão de Tempo de Contribuição emitida pelos RPPS observará as regras estabelecidas pelo Ministério da Previdência Social.

A legislação informar que será dispensado o envio de cópia dos documentos previstos acima quando:

1. O tempo de contribuição for averbado eletronicamente por meio de sistema disponibilizado pelo Ministério da Previdência Social;
2. Os dados do registro do ato que tenha concedido a aposentadoria ou a pensão forem encaminhados eletronicamente pelo Tribunal de Contas, ou;

3. As demais informações exigidas puderem ser obtidas eletronicamente pelo órgão ou pela entidade responsável por prestar a informação.

A **não apresentação** das informações e dos documentos **vedará** a realização da compensação financeira entre os regimes.

O valor da compensação financeira será o resultado da **multiplicação** do **percentual apurado com base nas informações relativas ao tempo de contribuição** pelo:

1. **Valor da renda mensal inicial** quando o regime instituidor for o RGPS, ou;
2. **Valor do benefício pago pelo regime instituidor ou pelo valor da renda mensal inicial**, o que for menor, quando o regime instituidor for o RPPS.

A renda mensal inicial será calculada de acordo com as normas aplicáveis aos benefícios concedidos pelo regime de origem, na data da desvinculação desse regime.

O Ministério da Previdência Social, ouvido o Conselho Nacional dos Regimes Próprios de Previdência Social, disciplinará a metodologia de apuração da renda mensal inicial nas hipóteses em que o regime de origem não possua informações funcionais ou contributivas individualizadas à época da desvinculação.

A renda mensal inicial apurada será reajustada – nas mesmas datas e pelos mesmos índices de reajuste dos benefícios concedidos pelo RGPS – da data da **desvinculação do regime de origem** até a **data da concessão do benefício pelo regime instituidor** e o seu valor corrigido não poderá ser inferior ao valor do salário mínimo e nem superior ao:

1. Valor da remuneração do cargo efetivo que o servidor teria no ente de origem na data imediatamente anterior à da concessão da aposentadoria pelo regime instituidor ou que teria servido de referência para a concessão da pensão pelo regime de origem, ou;
2. Limite máximo dos benefícios pagos pelo RGPS, quando este for o regime de origem.

O valor da compensação financeira entre regimes será reajustado nas mesmas datas e pelos mesmos índices de reajuste dos benefícios concedidos pelo RGPS.

Se for **inviável financeiramente** ao regime de origem desembolsar de imediato os valores apurados, os regimes poderão firmar **termo de parcelamento em até 180 meses**, hipótese em que os valores devidos serão atualizados nas mesmas datas e pelos mesmos índices de reajustamento dos benefícios do RGPS.

5. O PROCESSO DE JUSTIFICAÇÃO

Nesta parte da disciplina, o autor considera mais eficiente utilizar o texto contido na Instrução Normativa PRES/INSS n.º 128/2022. =)

A **Justificação Administrativa (JA)** constitui meio utilizado para **suprir a falta ou insuficiência de documento** ou **para produzir prova de fato ou circunstância de interesse dos beneficiários, perante o INSS**, por meio da **oitiva de testemunhas** (quando as pessoas são ouvidas verbalmente).

Quando o processamento da JA for necessário para corroborar início de prova material, deve ser verificada a **razoabilidade** da relação entre o documento apresentado e aquilo que se pretende comprovar.

Somente será processada JA para fins de comprovação de tempo de contribuição, dependência econômica, união estável ou outra relação não passível de comprovação em registro público, **se estiver baseada em início de prova material contemporânea aos fatos.**

Assim, **não será admitida a JA quando**:

1. Depender de prova exclusivamente testemunhal, ou;
2. O fato a comprovar exigir registro público de casamento, de idade ou de óbito, ou de qualquer ato jurídico para o qual a lei prescreve forma especial.

Dispensa-se o início de prova material quando houver ocorrência de motivo de **força maior** ou **caso fortuito.**

A comprovação dos motivos acima será realizada com a apresentação do registro no órgão competente, feito em época própria, ou mediante elementos de convicção contemporâneos aos fatos.

A prova material apresentada terá validade apenas para a pessoa referida no documento, sendo vedada sua utilização por terceiros.

As provas de união estável e de dependência econômica exigem início de prova material contemporânea dos fatos, produzido **em período não superior a 24 meses anterior** à data do óbito ou do recolhimento à prisão do segurado, não admitida a prova exclusivamente testemunhal, exceto na ocorrência de motivo de força maior ou caso fortuito, conforme disposto no regulamento.

Para o processamento de JA, o interessado deverá apresentar, além do início de prova material, requerimento expondo os fatos que pretende comprovar, **elencando testemunhas idôneas em número não inferior a 2 e nem superior a 6**, cujos depoimentos possam levar à convicção dos fatos alegados.

Não podem ser testemunhas os menores de 16 anos e o cônjuge, o companheiro ou a companheira, os ascendentes, os descendentes e os colaterais, até o 3.º grau, por consanguinidade ou afinidade.

O início de prova material para fins de **atualização do CNIS** deve ser **contemporâneo** aos fatos alegados, observadas as seguintes **disposições**:

1. O filiado deverá apresentar documento com a identificação da empresa ou equiparado, cooperativa, empregador doméstico ou OGMO/sindicato, referente ao exercício do trabalho que pretende provar, na condição de segurado empregado, contribuinte individual, empregado doméstico ou trabalhador avulso, respectivamente;
2. O empregado, o contribuinte individual e o trabalhador avulso, que exerça atividade de natureza rural, deverá apresentar, também, documento consignando a atividade exercida ou qualquer outro elemento que identifique a natureza rural da atividade;
3. Deverá ser apresentado um documento como marco inicial e outro como marco final e, na existência de indícios que tragam dúvidas sobre a continuidade do exercício de atividade no período compreendido entre o marco inicial e final, poderão ser exigidos documentos intermediários, e;
4. A aceitação de um único documento está restrita à prova do ano a que ele se referir, ressalvado os casos em que se exige uma única prova para cada metade do período de carência.

Para a comprovação de tempo de contribuição por processamento de JA, o interessado deverá juntar prova oficial da existência da empresa no período requerido, salvo na possibilidade de verificação por meio de sistemas corporativos disponíveis ao INSS.

Servem como provas de existência da empresa, dentre outras, as certidões expedidas por órgãos do Município, Secretaria de Fazenda, Junta Comercial, Cartório de Registro Especial ou Cartório de Registro Civil, nas quais constem nome, endereço e razão social do empregador e data de encerramento, de transferência ou de falência da empresa.

Poderá ser aceito laudo de exame documentoscópico com parecer grafotécnico como início de prova material, desde que realizado por perito especializado.

Por seu turno, a **Justificação Judicial (JJ)** constitui meio utilizado para **suprir a falta ou insuficiência de documento** ou **produzir prova de fato ou circunstância de interesse dos beneficiários, perante juízo**, por meio da **oitiva de testemunhas** (quando as pessoas são ouvidas verbalmente).

A homologação da JJ pelo INSS dispensa o processamento de JA para a mesma finalidade.

Para fins de homologação, deverá ser observado se a Justificação foi realizada com base em início de prova material contemporânea dos fatos a provar, podendo a sua falta ser suprida no processo administrativo.

Capítulo

9

O CÁLCULO DO VALOR DO BENEFÍCIO, A LEGISLAÇÃO DE ACIDENTE DO TRABALHO E OUTRAS DISPOSIÇÕES LEGAIS

1. O SALÁRIO DE BENEFÍCIO

Antes de mais nada, considero deveras importante **NÃO CONFUNDIR** o conceito de **Salário de Contribuição (SC)** com o de **Salário de Benefício (SB)**.

O **SC** está ligado à parte de **custeio** da Seguridade Social, enquanto o **SB** está ligado à parte de **benefícios previdenciários**.

Assim, o SC, em poucas palavras, **é a base de cálculo tributável das contribuições sociais devidas pelo segurado à Seguridade Social**.

Por seu turno, o SB, em breve síntese, **é um valor básico calculado que servirá – em regra – para a valoração da renda mensal de determinado benefício previdenciário**.

Realizada essa distinção inicial, vamos adentrar ao Regulamento da Previdência Social (Decreto n.º 3.048/1999):

> Art. 31. **Salário de benefício** é o **valor básico** utilizado para o cálculo da **renda mensal dos benefícios** de prestação continuada, inclusive aqueles regidos por normas especiais, **exceto**:
>
> I – O salário família;
>
> II – A pensão por morte;
>
> III – O salário maternidade;

> IV – O auxílio reclusão, e;
>
> V – Os demais benefícios previstos em legislação especial.

Com isso, tem-se que a **renda mensal do benefício (RMB)** pode ser determinada ou não com base no SB. Do exposto, tem-se:

Benefício	RMB:
Aposentadorias	Com SB
Auxílio por incapacidade temporária	Com SB
Auxílio acidente	Com SB
Salário família	Sem SB
Pensão por morte	Sem SB
Salário maternidade	Sem SB
Auxílio reclusão	Sem SB

(Autoria: Ali Mohamad Jaha)

E afinal de contas, qual o conceito de Salário de Benefício (SB)? Novamente, vamos adentrar na legislação previdenciária (RPS/1999):

> Art. 32. O **salário de benefício** a ser utilizado para o **cálculo dos benefícios (RMB)** consiste no resultado da **média aritmética simples** dos **salários de contribuição (SC)** e das **remunerações** adotadas como base para contribuições a regime próprio de previdência social, considerados para a concessão do benefício, **atualizados monetariamente**, correspondentes a **100% do período contributivo** desde a competência 07/1994 ou desde o início da contribuição, se posterior a essa competência.

Quando o indivíduo está abarcado pelo Regime Geral de Previdência Social (RGPS), como já observado, a parte do seu salário que incide contribuição social recebe a nomenclatura de **salário de contribuição (SC)**.

Por sua vez, quando se trata de servidor público – civil ou militar – adota-se a nomenclatura **remuneração**.

Do exposto, **o SB é a média aritmética simples de todos os SC (RGPS) e de todos as remunerações (RPPS) do indivíduo, atualizados monetariamente, desde 07/1994**.

No passado, a média aritmética recaia somente sobre os 80% maiores SC/remunerações do período contributivo (o que era benéfico ao cidadão), mas, desde a reforma previdenciária de 2019, **a média recai sobre 100% do período contributivo**.

O valor do salário de benefício não será inferior ao de um salário mínimo, nem superior ao limite máximo do salário de contribuição (Teto do RGPS) na data de início do benefício.

Serão considerados para o cálculo do salário de benefício os ganhos habituais do segurado empregado, a qualquer título, sob forma de moeda corrente ou de utilidades, sobre os quais tenha incidido contribuição previdenciária, exceto o 13.º salário.

A gratificação natalina não entra no cálculo do SB. O cidadão paga, mas não utiliza – injustamente – esse valor para o cálculo da renda do seu benefício.

Se, no período básico de cálculo, o segurado tiver recebido **benefício por incapacidade**, considerar-se-á como **salário de contribuição**, no período, o salário de benefício que serviu de **base** para o cálculo da renda mensal **daquele benefício**, reajustado nas mesmas épocas e nas mesmas bases dos benefícios em geral, não podendo ser inferior ao salário mínimo nem superior ao limite máximo do salário de contribuição (Teto do RGPS).

Para os benefícios do RGPS será pago o valor mínimo (**salário mínimo**) quando **não houver salário de contribuição** no período básico de cálculo. **Exceto** para o salário família e o auxílio acidente, que podem apresentar um valor inferior ao salário mínimo, uma vez que **não substituem a renda do trabalhador**.

Para fins de apuração do salário de benefício de qualquer aposentadoria precedida de auxílio acidente, o valor mensal deste será somado ao salário de contribuição antes da aplicação da correção monetária, não podendo o total apurado ser superior ao limite máximo do salário de contribuição.

O Decreto n.º 3.048/1999 dá a faculdade aos segurados contribuinte individual e facultativo, cujos salários de contribuição sejam iguais ao valor de um salário mínimo, optarem pelo recolhimento trimestral das contribuições previdenciárias.

Para os segurados supracitados, que tenham solicitado qualquer benefício previdenciário, o salário de benefício consistirá na média aritmética simples de todos os salários de contribuição integrantes da contribuição trimestral, **desde que efetivamente recolhidos**.

No cálculo do salário de benefício serão considerados os salário de contribuição vertidos para regime próprio de previdência social (RPPS) de segurado oriundo desse regime, após a sua filiação ao Regime Geral de Previdência Social (RGPS).

O período contributivo do RPPS deve ser averbado, por meio de certidão de tempo de contribuição (CTC), junto ao INSS para que seja contado no RGPS.

Em regra, o salário de benefício do segurado especial consiste no valor equivalente ao salário mínimo. Lembrando que esse segurado contribui com 1,2+0,1% sobre a receita bruta de comercialização (RBC) de sua produção rural.

Entretanto, caso esse tipo de segurado deseje obter benefícios de maiores valores do INSS, o mesmo contribuirá, facultativamente, com 20% sobre um salário de contribuição por ele definido, entre o limite mínimo (salário mínimo) e o máximo (Teto do RGPS).

Vale ressaltar que esse recolhimento facultativo não altera o enquadramento do segurado especial perante o RGPS.

Para os devidos fins legais, conforme dispõe a legislação pátria, considera-se **período contributivo**:

1. Para o **empregado**, inclusive o **doméstico**, e o trabalhador **avulso**: o conjunto de competências em que **houve** ou **deveria ter havido contribuição** em razão do exercício de atividade remunerada sujeita à filiação obrigatória ao RGPS, ou; → **E, D, A**
2. Para os **demais segurados**, inclusive o **facultativo**: o conjunto de meses de **efetiva contribuição** ao RGPS. → **C, S, F**

Sobre esse tema, vale recuperar um dispositivo previsto no Regulamento da Previdência Social de 1999:

> Art. 19-E. Para fins de aquisição e manutenção da qualidade de segurado, de carência, de tempo de contribuição e de **cálculo do salário de benefício** exigidos para o reconhecimento do direito aos benefícios do RGPS e para fins de contagem recíproca, **somente serão consideradas** as competências cujo **salário de contribuição seja igual ou superior ao limite mínimo mensal** do salário de contribuição.
>
> § 1º Para fins do disposto no caput, ao segurado que, no somatório de remunerações auferidas no período de um mês, receber **remuneração inferior ao limite mínimo mensal** do salário de contribuição será assegurado:
>
> I – **Complementar** a contribuição das competências, de forma a alcançar o limite mínimo do salário de contribuição exigido;
>
> II – **Utilizar o excedente** do salário de contribuição superior ao limite mínimo de uma competência para completar o salário de contribuição de outra competência até atingir o limite mínimo, ou;
>
> III – **Agrupar os salários** de contribuição inferiores ao limite mínimo de diferentes competências para aproveitamento em uma ou mais competências até que estas atinjam o limite mínimo.
>
> § 2.º Os ajustes de complementação, utilização e agrupamento previstos no § 1.º poderão ser efetivados, a qualquer tempo, por iniciativa do segurado, hipótese em que se tornarão irreversíveis e irrenunciáveis após processados.

O auxílio por incapacidade temporária não poderá exceder a média aritmética simples dos últimos 12 salários de contribuição, inclusive no caso de remuneração variável, ou, se não houver 12 salários de contribuição, a média aritmética simples dos salários de contribuição existentes.

Para fins do cálculo das **aposentadorias programadas** para as quais seja exigido tempo mínimo de contribuição, poderão ser **excluídas** do cálculo da média dos salários de contribuição e das remunerações adotadas como base para contribuições a regime próprio de previdência social, utilizado para definição do salário de benefício, **as contribuições que resultem em redução do valor do benefício.**

A exclusão das contribuições não altera o direito à aposentadoria previamente reconhecido, desde que mantida a quantidade de contribuições equivalentes ao período de carência e observado o tempo mínimo de contribuição necessário à elegibilidade da aposentadoria requerida.

Devo ressaltar que é vedada (proibida) a utilização das contribuições excluídas para qualquer finalidade, inclusive para:

1. O acréscimo do percentual da renda mensal;
2. O somatório de pontos das aposentadorias por tempo de contribuição e especial;
3. O cumprimento de período adicional exigido para as aposentadorias por tempo de contribuição;
4. A averbação em outro regime previdenciário, ou;
5. A obtenção dos proventos de inatividade de regime de previdência militar.

Como já abordado, todos os salários de contribuição – por ocasião do cálculo do salário de benefício – devem ser **atualizados.** Observe o que dispõe o RPS/1999:

> Art. 33. Todos os **salários de contribuição** utilizados no cálculo do salário de benefício serão **corrigidos, mês a mês**, de acordo com a variação integral do Índice Nacional de Preço ao Consumidor (**INPC**), referente ao período decorrido a partir da primeira competência do salário de contribuição que compõe o período básico de cálculo até o mês anterior ao do início do benefício, de modo a **preservar o seu valor real.**

Todos os salários de contribuição (ou remunerações, no RPPS) serão **corrigidos**, mês a mês, pelo INPC, com intuito de preservar o **valor real** dos benefícios previdenciários, **afastando a corrosão da inflação**, em concordância com o texto constitucional de 1988:

> Art. 201, § 4.º É assegurado o **reajustamento** dos benefícios para preservar-lhes, em caráter permanente, o **valor real**, conforme critérios definidos em lei.

O salário de benefício do segurado que contribuir em razão de **atividades concomitantes** será calculado com base na **soma dos salários de contribuição** das atividades exercidas na data do requerimento ou do óbito.

Por óbvio, o disposto acima não se aplica ao segurado que, em obediência ao limite máximo do salário de contribuição (Teto do RGPS), **contribuiu apenas por uma das atividades concomitantes**.

Partindo para um caso prático, suponha que Max exerça duas atividades. Na primeira ele recebe R$ 12.000,00 e na segunda, R$ 8.000,00, totalizando R$ 20.000,00 por mês.

Considere o Teto do RGPS, para efeitos de cálculo apenas, no valor de R$ 10.000,00. Desta forma, apesar de ter atividade concomitantes, Max irá contribuir somente sobre R$ 10.000,00 referentes a primeira atividade.

Agora, vamos adentrar numa situação muita específica. Observe o disposto no Decreto n.º 3.048/1999:

> Art. 73. O auxílio por incapacidade temporária do segurado que exercer mais de uma atividade abrangida pela previdência social será devido mesmo no caso de incapacidade apenas para o exercício de uma delas (...).
>
> § 3.º Constatada durante o recebimento do auxílio por incapacidade temporária a incapacidade do segurado para cada uma das demais atividades, o valor do benefício deverá ser revisto com base nos salários de contribuição de cada uma das atividades.

Na hipótese acima, o salário de benefício do auxílio por incapacidade temporária será calculado com base na soma dos salários de contribuição referentes às atividades para as quais o segurado seja considerado incapacitado.

1.1. O Extinto Fator Previdenciário

No final dos anos 1990, no governo Fernando Henrique Cardoso (FHC), foi instituído o **Fator Previdenciário (FP)**, por meio da Lei n.º 9.876/1999 que alterou as Leis n.º 8.212/1991 e n.º 8.213/1991.

O FP era um **multiplicador** a ser aplicado sobre o Salário de Benefício (SB), com objetivo de **reduzir** o valor do SB e, por consequência, o valor da renda mensal do benefício, valor efetivamente pago ao cidadão brasileiro.

O famigerado Fator era obtido por meio de uma fórmula que adotava 3 variáveis: **idade**, **tempo de contribuição** e **expectativa de sobrevida**.

Em tese, o FP tinha como missão **desestimular as aposentadorias precoces**. Era relativamente comum, há algumas décadas, observar pessoas jovens e produtivas, na faixa dos 50 anos, aposentadas pelo RGPS.

Nos dias de hoje, com o advento da Reforma da Previdência de 2019 (Emenda Constitucional n.º 103/2019, foram extintas as aposentadorias por idade e por tempo de contribuição.

Existe atualmente a figura da **aposentadoria programada**, que combina os critérios idade e tempo de contribuição e apresenta regras mais rígidas de concessão e de cálculo da renda do benefício. Com essa nova sistemática, **o FP perdeu a razão de existir e se encontra EXTINTO.**

O FP está extinto, entretanto, para as pessoas que tinham **direito adquirido** a se aposentar nas regras antigas – quando da publicação da Emenda Constitucional n.º 103/2019 (13/11/2019) – o FP continua sendo aplicado.

Para concluir, observe A tese firmada pelo STF no Tema n.º 1.102:

> O segurado que implementou as condições para o benefício previdenciário após a vigência da Lei n.º 9.876/1999 (29/11/1999 em diante) e antes da vigência das novas regras constitucionais, introduzidas pela EC n.º 103/2019 (até 12/11/2019), tem o direito de optar pela regra definitiva, caso esta lhe seja mais favorável.

2. A RENDA MENSAL DO BENEFÍCIO

Novamente, observe o disposto na legislação pátria de regência (Decreto n.º 3.048/1999):

> Art. 35. A **renda mensal do benefício** de prestação continuada que **substituir** o salário de contribuição ou o rendimento do trabalho do segurado **não terá valor inferior ao do salário mínimo nem superior ao limite máximo do salário de contribuição.**

A **renda mensal do benefício (RMB)** é o próprio valor do benefício, o valor a ser creditado em favor de determinada pessoa.

Em regra, **a RMB é um percentual (%) do Salário de Benefício (SB)**.

Mas, como vimos, existem RMB que são determinadas com base no SB e outras não:

Benefício	RMB:
Aposentadorias	Com SB
Auxílio por incapacidade temporária	Com SB
Auxílio acidente	Com SB
Salário família	Sem SB
Pensão por morte	Sem SB
Salário maternidade	Sem SB
Auxílio reclusão	Sem SB

(Autoria: Ali Mohamad Jaha)

Como informa a legislação, em regra, a RMB que substituir a renda do trabalhador não terá valor inferior ao limite mínimo (salário mínimo) e nem superior ao limite máximo (Teto do RGPS).

O auxílio acidente (indenização por redução de capacidade laboral) e o salário família (cota por filho) são benefícios que **não substituem** a renda do trabalhador, logo, **podem apresentar um valor inferior ao salário mínimo**.

Por óbvio, a renda mensal inicial dos demais benefícios – primeiro mês de recebimento – pode apresentar um valor inferior ao salário mínimo, uma vez que é referente a uma determinada quantidade de dias inferior ao mês inteiro.

No canto oposto, tem-se que o valor da aposentadoria por incapacidade permanente do segurado que necessitar da assistência permanente de outra pessoa será acrescido de 25%, **inclusive podendo ultrapassar o limite máximo (Teto do RGPS)**.

No cálculo do valor da renda mensal do benefício (RMB) serão computados:

1. Para o segurado **empregado**, inclusive o **doméstico**, e o **trabalhador avulso**, os salários de contribuição referentes aos meses de contribuições devidas, **ainda que não recolhidas** pela empresa ou pelo empregador doméstico, sem prejuízo da respectiva cobrança e da aplicação das penalidades cabíveis, e; → **E, D, A**

2. Para os **demais segurados**, somente serão computados os salários de contribuição referentes aos **meses de contribuição efetivamente recolhida**. → **C, S, F**

Como pode se observar, para os segurados que guardam alguma vinculação com a fonte pagadora (empregado, doméstico e avulso), existe a **presunção de recolhimento**.

Todos os meses trabalhados serão considerados nos cálculos da RMB, **mesmo sem o efetivo recolhimento** pela parte contratante (empresa, empregador doméstico e órgão gestor de mão de obra). Tal presunção visa defender os direitos previdenciários dos segurados.

Por seu turno, os contratantes estão, em tese, cometendo crime contra a ordem previdenciária (apropriação indébita previdenciária ou sonegação de contribuição previdenciária) e serão cobrados e punidos por isso.

A presunção de recolhimento está intimamente ligada ao **Princípio da Automaticidade das Prestações Previdenciárias**.

Tal princípio doutrinário informa que é obrigação do INSS pagar as prestações previdenciárias aos segurados empregados, domésticos e avulsos, incluindo seus dependentes, independentemente de o contratante ter recolhido a respectiva contribuição.

A doutrina majoritária, da qual me perfilho, defende que **não se deve negar a concessão de um benefício em razão de não recolhimento quando o responsável pela adimplemento da obrigação seja pessoa distinta do segurado**.

Nessa esteira, a jurisprudência dos tribunais superiores, de forma muito acertada, traz que o ônus de fiscalizar o efetivo recolhimento recai sobre o órgão tributário (Receita Federal do Brasil – RFB) e não sobre o segurado (contribuinte).

No caso de segurado **empregado**, inclusive o **doméstico**, e de **trabalhador avulso** que tenham cumprido todas as condições para a concessão do benefício pleiteado, mas **não possam comprovar o valor dos seus salários de contribuição no período básico de cálculo**, será considerado, para o cálculo do benefício referente ao período sem comprovação do valor do salário de contribuição, o **valor do salário mínimo** e essa renda será recalculada quando da apresentação de prova dos salários de contribuição.

Na hipótese de jornada de trabalho parcial ou intermitente, a aplicação do disposto acima fica condicionada à apresentação do contrato de trabalho do qual conste a remuneração contratada ou a demonstração das remunerações auferidas que possibilite a verificação do valor do salário de contribuição.

Por sua vez, **no caso de não comprovação dos valores dos salários de contribuição**, após a concessão do benefício, o INSS notificará a RFB por meio eletrônico, para que esta adote as devidas providências (fiscalização, cobrança, multa, recolhimento e/ou representação fiscal ao MPF).

Não obstante, cabe à previdência social (INSS) manter cadastro dos segurados com os informes necessários para o cálculo de sua renda mensal.

Antes de continuar, vamos a um detalhe: para o segurado empregado, inclusive o doméstico, o trabalhador avulso e o segurado especial, o valor do auxílio acidente será considerado como salário de contribuição para fins de concessão de qualquer aposentadoria.

Uma vez **comprovado o valor dos salários de contribuição**, a renda mensal inicial do benefício será recalculada.

Assim, a RMB deve ser **reajustada** como a dos benefícios correspondentes com igual data de início e substituirá, a partir da data do requerimento de revisão do valor do benefício, a renda mensal que prevalecia até então

Para fins da substituição, o requerimento de revisão deve ser aceito pelo INSS a partir da concessão do benefício em valor provisório e processado quando da apresentação de prova dos salários de contribuição ou de recolhimento das contribuições.

Retomando e revisando a legislação, a **renda mensal inicial** do benefício será calculada a partir da aplicação dos **percentuais** definidos na legislação previdenciária, para cada espécie, sobre o **salário de benefício**.

Para fins da aplicação dos percentuais, presume-se como efetivado o recolhimento correspondente, quando se tratar de segurado empregado, inclusive o doméstico, e de trabalhador avulso (**presunção de recolhimento**).

Por fim, para os **segurados especiais**, inclusive os com deficiência, é garantida a concessão, **alternativamente**:

1. De aposentadoria por idade do trabalhador rural ou por incapacidade permanente, de auxílio por incapacidade temporária, de auxílio reclusão ou de pensão por morte, no valor de um salário mínimo, e de auxílio acidente, **ou**; **→ limitados ao salário mínimo.**

2. Dos benefícios especificados no Decreto n.º 3.048/1999, observados os critérios e a forma de cálculo estabelecidos, desde que contribuam, facultativamente com 20% sobre um salário de contribuição por eles definidos. **→ opção de ter benefícios superiores ao salário mínimo.**

2.1. A Sistemática de Cálculo da Renda Mensal do Benefício

Uma vez revisado o conceito de **salário de contribuição (SC)** e apresentados os conceitos de **salário de benefício (SB)** e de **renda mensal do benefício (RMB)**, vamos compilar todo esse conhecimento com o escopo de criarmos uma linha de raciocínio lógica.

O indivíduo, ao iniciar sua vida laboral, começa a receber salários mensalmente. Sobre uma parcelas desses valores – o **salário de contribuição (SC)** -, incide as contribuições previdenciárias que irão financiar seus benefícios futuros.

No futuro, quando o cidadão necessitar de determinado benefício, em regra, cabe primeiramente ao INSS determinar o valor do **salário de benefício (SB)**, que nada mais é do que a **média aritmética simples de todos os SC atualizados monetariamente**.

Por sua vez, cabe também ao INSS informar qual será a **renda mensal do benefício (RMB)** devida ao indivíduo no momento da sua concessão. **A RMB, em regra, é um percentual (%) do SB**.

Assim, de forma esquematizada, tem-se:

(Autoria: Ali Mohamad Jaha)

2.2. A Renda Mensal de cada Benefício

Nesta parte da disciplina, vamos abordar a forma de apuração da **Renda Mensal** de cada um dos benefícios previdenciários, em consonância com a legislação previdenciária de regência.

Por questões didáticas, vou dividir o tópico em benefícios **que utilizam o Salário de Benefício (SB)** e **que não utilizam o SB** para a determinação da sua **RMB**.

Ao final, ainda vou inserir um resumo esquematizado, excelente para sua memorização. =)

2.2.1. Os Benefícios que utilizam o Salário de Benefício

01. Aposentadoria por incapacidade permanente.

Vamos iniciar pela aposentadoria por incapacidade permanente. Conforme dispõe o Decreto n.º 3.048/1999:

> Art. 44. A aposentadoria por incapacidade permanente será devida a partir do dia imediato ao da cessação do auxílio por incapacidade temporária e consistirá em renda mensal decorrente da aplicação dos seguintes percentuais incidentes sobre o salário de benefício:
>
> I – **60%**, com acréscimo de **2%** para cada ano de contribuição que exceder o tempo de 20 anos de contribuição, para os homens, ou 15 anos de contribuição, para as mulheres, ou;
>
> II – **100%**, quando a aposentadoria decorrer de:
>
> a) Acidente de trabalho;
>
> b) Doença profissional, ou;
>
> c) Doença do trabalho.

Em regra, a RM da aposentadoria por incapacidade permanente equivale a 60% x SB acrescida de 2% para cada ano que exceder 20 anos (homem) ou 15 anos (mulher).

Entretanto, quando a aposentadoria decorrer em função de acidente de trabalho, doença profissional ou do trabalho, a RM será de 100% x SB.

02. Aposentadoria programada (regra e professor).

Ao adentrar no Regulamento da Previdência Social de 1999, tem-se:

> Art. 53. O valor da aposentadoria programada corresponderá a **60%** do salário de benefício com acréscimo de **2%** para cada ano de contribuição que exceder o tempo de 20 anos de contribuição, para os homens, ou de 15 anos de contribuição, para as mulheres.

Com isso, a RM da aposentadoria programada equivale a 60% x SB acrescida de 2% para cada ano que exceder 20 anos (homem) ou 15 anos (mulher).

03. Aposentadoria por idade do trabalhador rural.

Ao consultar o Decreto n.º 3.048/1999, observa-se:

> Art. 56.
>
> § 2.º O valor da renda mensal da aposentadoria para o **trabalhador rural** na condição de **empregado, contribuinte individual** e **trabalhador avulso**, para o **garimpeiro** e para o **segurado especial que contribua facultativamente (20% x SC por ele definido)** corresponderá a **70%** do salário de benefício com acréscimo de **1%** para cada ano de contribuição.
>
> § 3.º O valor da renda mensal do benefício os trabalhadores rurais na condição de **segurados especiais** será de um salário mínimo.

Para o trabalhador rural (empregado, contribuinte individual e avulso), o garimpeiro (sempre contribuinte individual) e o segurado especial que contribua facultativamente com 20% x SC por ele definido, a RM da aposentadoria por idade equivale a 70% x SB acrescida de 1% para cada ano de contribuição.

O trabalhador rural segurado especial (clássico, que não contribui facultativamente) ou que não se enquadre nas disposições do Art. 56, § 2.º, a RM da aposentadoria equivale a um salário mínimo. **Aqui é uma exceção em que ao SB não é utilizado para determinação da RM.**

04. Aposentadoria do deficiente.

Observe o disposto no RPS/1999:

> Art. 70-J. A renda mensal da aposentadoria devida ao segurado com deficiência será calculada a partir da aplicação dos seguintes percentuais sobre o salário de benefício:
>
> I – **100%**, na hipótese de aposentadoria por critério tempo de contribuição, ou;
>
> II – **70%**, acrescido de **1%** do salário de benefício por grupo de 12 contribuições mensais até o máximo de **30%**, na hipótese de aposentadoria por critério idade.

A aposentadoria do deficiente, no critério tempo de contribuição, tem a RM equivale a 100% x SB. Por sua vez, no critério idade, a RM equivale a 70% x SB acrescida de 1% para cada ano de contribuição (12 contribuições mensais).

05. Aposentadoria especial.

Observe o disposto no Decretão (Decreto n.º 3.048/1999):

> Art. 67. O valor da aposentadoria especial corresponderá a **60%** do salário de benefício com acréscimo de **2%** para cada ano de contribuição que exceder o tempo de 20 anos de contribuição exceto no caso da aposentadoria após 15 anos de atividades especial e das mulheres, cujo acréscimo será aplicado para cada ano de contribuição que exceder 15 anos de contribuição.

Assim, para o homem, em que a aposentadoria se dará após 20 ou 25 anos de atividade especial, a RM da aposentadoria equivale a 60% x SB acrescia de 2% para cada ano que exceder 20 anos.

Por sua vez, para o homem, em que a aposentadoria se dará após 15 anos de atividade especial, a RM da aposentadoria equivale a 60% x SB acrescia de 2% para cada ano que exceder 15 anos.

Para a mulher, a regra é sempre a mesma: a RM da aposentadoria equivale a 60% x SB acrescia de 2% para cada ano que exceder 15 anos.

06. Auxílio por incapacidade temporária.

Conforme dispõe a legislação pátria (Decreto n.º 3.048/1999):

> Art. 72. O auxílio por incapacidade temporária consiste em renda mensal correspondente a **91%** do salário de benefício.

A RM do auxílio por incapacidade temporária equivale a 91% x SB.

07. Auxílio acidente.

Conforme dispõe o RPS/1999:

> Art. 104. § 1.º O auxílio acidente mensal corresponderá a **50%** do salário de benefício que deu origem ao auxílio por incapacidade temporária do segurado, corrigido até o mês anterior ao do início do auxílio acidente e será devido até a véspera de início de qualquer aposentadoria ou até a data do óbito do segurado.

A RM do auxílio acidente equivale a 50% x SB.

2.2.2. Os Benefícios que não utilizam o Salário de Benefício

01. Salário família.

Vamos iniciar pelo salário família. Conforme dispõe o Decreto n.º 3.048/1999:

> Art. 83. O valor da cota do salário família por filho ou por enteado e por menor tutelado, desde que comprovada a dependência econômica dos dois últimos, até 14 anos de idade ou inválido, é de **R$ 62,04** (ano 2024).

Como pode ser observado, o salário família **não usa o SB para sua determinação**. O benefício consiste numa cota fixa, reajustada anualmente.

02. Salário maternidade.

Aqui estamos diante de uma situação um pouco mais espinhosa. Observe o disposto na legislação previdenciária (Decreto n.º 3.048/1999):

> Art. 93-A. § 5.º A renda mensal do salário maternidade é calculada na forma do disposto nos Arts. 94, 100 ou 101, de acordo com a forma de contribuição da segurada à Previdência Social.
>
> Art. 94. O salário maternidade para a segurada **empregada** consiste numa renda mensal igual à **sua remuneração integral** e será pago pela empresa, efetivando-se a compensação (reembolso), observado o disposto no Art. 248 da Constituição (Teto = subsídio dos ministros do STF), quando do recolhimento das contribuições incidentes sobre a folha de salários e demais rendimentos pagos ou creditados, a qualquer título, à pessoa física que lhe preste serviço.
>
> Art. 100. O salário maternidade da segurada **trabalhadora avulsa**, pago diretamente pela previdência social, consiste em renda mensal igual à sua **remuneração integral**.
>
> Art. 101. O salário maternidade, pago diretamente pela previdência social, consistirá:
>
> I – No valor correspondente ao do **último salário de contribuição**, para a segurada **empregada doméstica**;
>
> II – Em um **salário mínimo**, para a **segurada especial**, e;
>
> III – Em 1/12 (8,33%) da soma dos 12 últimos salários de contribuição, apurados em período não superior a 15 meses, para as seguradas **contribuinte individual** e **facultativa** e para a **desempregada** que mantenha a qualidade de segurada.

A priori, tem-se que a RM do salário maternidade da **empregada** equivale a sua remuneração integral, limitada ao subsídio dos ministros do STF.

A RM do salário maternidade da **trabalhadora avulsa** também equivale a sua remuneração integral, mas, limitada ao Teto do RGPS.

Para a **empregada doméstica**, a RM equivale ao seu último salário de contribuição. Já a **segurada especial**, a RM sempre será de um salário mínimo.

Não obstante, para a **contribuinte individual**, a **facultativa** e a **desempregada dentro do período de graça**, a RM equivale a um média dos seus últimos 12 salários de contribuição.

Como pode ser observado, o salário maternidade **não usa o SB para sua determinação.**

Pode-se concluir que a RM do salário maternidade, em regra, **é o salário da segurada ou uma média dos últimos salários apurados**.

03. Pensão por morte.

Ao consultar a legislação, tem-se no Regulamento da Previdência Social de 1999:

> Art. 106. A pensão por morte consiste em renda mensal equivalente a uma cota familiar de **50%** do valor da **aposentadoria recebida** pelo segurado ou **daquela a que teria direito se fosse aposentado por incapacidade permanente (fictícia, para efeitos de cálculo)** na data do óbito, acrescida de cotas de **10%** por dependente, até o máximo de **100%**.
>
> § 2.º Na hipótese de haver dependente inválido ou com deficiência intelectual, mental ou grave, o valor da pensão por morte será equivalente a **100%** do valor da **aposentadoria recebida** pelo segurado ou **daquela a que teria direito se fosse aposentado por incapacidade permanente (fictícia, para efeitos de cálculo)** na data do óbito, até o limite máximo do salário de benefício do RGPS.

Em regra, a RM da pensão por morte equivale a 50% x SB da aposentadoria ou da aposentadoria fictícia acrescida de 10% por dependente, limitada a 100%.

Caso o indivíduo venha a falecer deixando esposa e dois filhos (3 cotas), essa será a RM:

→ 50% + (3 x 10%) = 80% x SB.

Por seu turno, na hipóteses de dependentes inválidos ou com deficiência, a RM da pensão será sempre de 100% x SB da aposentadoria ou da aposentadoria fictícia.

Vale ressaltar que o valor da pensão será recalculado, quando:

1. A invalidez ou deficiência intelectual, mental ou grave sobrevier à data do óbito, enquanto estiver mantida a qualidade de dependente, ou;

2. Deixar de haver dependente inválido ou com deficiência intelectual, mental ou grave.

Observe que a pensão por morte não **usa o SB propriamente dito para a determinação da sua RMB**. Utiliza-se o SB da aposentadoria já concedida ou da aposentadoria por incapacidade permanente a que teria direito na data do óbito (aposentadoria fictícia, para efeitos de cálculo).

04. Auxílio reclusão.

Ao se observar a legislação pátria (Decreto n.º 3.048/1999), tem-se:

> Art. 117. O valor do auxílio reclusão será apurado na forma estabelecida para o cálculo da pensão por morte, **não poderá exceder o valor de um salário mínimo** e será mantido enquanto o segurado permanecer em regime fechado.

Apesar de o auxílio reclusão adotar as mesmas regras de cálculo da pensão por morte, tem-se que o seu valor será de um salário mínimo.

Logo, torna-se evidente que a RM do benefício **não usa o SB para a sua determinação.**

2.2.3. O Resumo da Renda Mensal de cada Benefício

Finalmente, para encerrar com chave de ouro, o resumo geral:

RM com SB	
Aposentadoria por incapacidade permanente (regra – homem)	60% x SB + 2%/ano exceder 20
Aposentadoria por incapacidade permanente (regra – mulher)	60% x SB + 2%/ano exceder 15
Aposentadoria por incapacidade permanente (**acidentária**)	100% x SB
Aposentadoria programada – regra + professor (homem)	60% x SB + 2%/ano exceder 20
Aposentadoria programada – regra + professor (mulher)	60% x SB + 2%/ano exceder 15
Aposentadoria por idade do trabalhador rural: - trab. rural (E, C, A), garimpeiro (C) e SE (20% x SC)	70% x SB + 1%/ano contribuído
Aposentadoria do deficiente (tempo de contribuição)	100% x SB

RM com SB	
Aposentadoria do deficiente (idade)	70% x SB + 1%/ano contribuído
Aposentadoria especial (homem, 20 e 25 anos)	60% x SB + 2%/ano exceder 20
Aposentadoria especial (homem, 15 anos)	60% x SB + 2%/ano exceder 15
Aposentadoria especial (mulher)	60% x SB + 2%/ano exceder 15
Auxílio por incapacidade temporária	91% x SB
Auxílio acidente	50% x SB

RM sem SB	
Aposentadoria por idade do trabalhador rural:- SE (tradicional) e outros enquadramentos (**exceção**)	1 salário mínimo
Salário família	Cota fixa, reajusta anualmente
Salário maternidade	Salário ou média dos salários
Pensão por morte (regra)	50% x SB da aposentadoria (real ou fictícia) + 10% por dependente
Pensão por morte (dependente inválido ou deficiente)	100% x SB da aposentadoria (real ou fictícia)
Auxílio reclusão	1 salário mínimo

(Autoria: Ali Mohamad Jaha)

3. O REAJUSTAMENTO DO VALOR DO BENEFÍCIO

Depois de concedido, o benefício sofre a corrosão da inflação, como qualquer outro valor pago de forma continuada. Para evitar essa situação e garantir a manutenção do poder de compra do benefício, o seu **valor** – a **renda mensal** – será **reajustada periodicamente**.

Ao adentrar no Decreto n.º 3.048/1999, tem-se:

> Art. 40. É assegurado o **reajustamento** dos benefícios para preservar-lhes, em **caráter permanente**, o **valor real da data de sua concessão**.

Como pode ser observado, o reajustamento visa manter o valor real da renda mensal desde a data da sua concessão.

Os valores dos benefícios em manutenção serão reajustados, **anualmente**, na mesma data do reajuste do salário mínimo, "pro rata" (proporcionalmente), de acordo com suas respectivas datas de início ou do último reajustamento, com base no Índice Nacional de Preços ao Consumidor (**INPC**), apurado pela Fundação Instituto Brasileiro de Geografia e Estatística (**IBGE**).

Os benefícios com renda mensal no valor de **até um salário mínimo** serão pagos no período compreendido entre o **quinto dia útil que anteceder o final do mês de sua competência e o quinto dia útil do mês subsequente**, observada a distribuição proporcional dos beneficiários por dia de pagamento. → **pagamento preferencial.**

Os benefícios com renda mensal **superior a um salário mínimo** serão pagos do **primeiro ao quinto dia útil do mês subsequente ao de sua competência**, observada a distribuição proporcional do número de beneficiários por dia de pagamento.

O valor mensal auxílio acidente será reajustado anualmente e **não varia** de acordo com o salário de contribuição do segurado.

Por fim, em regra, nenhum benefício reajustado poderá exceder o limite máximo do salário de benefício (Teto do RGPS) na data do reajustamento, respeitados os direitos adquiridos, nem inferior ao valor de um salário mínimo.

4. A DECADÊNCIA E A PRESCRIÇÃO DAS CONTRIBUIÇÕES SOCIAIS (PARTE DE BENEFÍCIOS)

A **decadência** e a **prescrição** são nomenclaturas jurídicas por vezes confundidas. Sendo assim, apoiado na melhor doutrina, vamos introduzir esses conceitos.

A prescrição ocorre quando o titular de um direito fica inerte por certo tempo e não exerce determinada pretensão advinda desse direito.

Do exposto, acontece a perda do direito a uma pretensão em virtude do decurso do tempo, ou seja, o que prescreve não é o direito ao benefício em si, mas o direito à percepção das prestações não requeridas dentro de determinado intervalo.

A principal diferença é que a prescrição atinge a pretensão, enquanto a decadência atinge o direito em si.

Desse modo:

- A **prescrição** é a **extinção da pretensão** à prestação devida em função de um descumprimento no decurso do tempo, e;
- A **decadência**, ao contrário, se refere à **perda efetiva de um direito** pelo seu não exercício no prazo estipulado.

Após essa breve introdução, observa-se que estamos diante do princípio geral do direito "**dormientibus non succurrit jus**", que significa "**o direito não socorre quem dorme**".

Ninguém pode viver eternamente com uma espada sobre a cabeça.

Suponha que você seja multado por uma infração de trânsito que você cometeu há 40 anos ou que foi lavrado um auto de infração pela RFB de uma receita tributável que você sonegou há 30 anos. Não existe cabimento algum nessas ações.

A segurança jurídica tem como base os **prazos**. Existem prazos para tudo e todos (administração pública e cidadãos). A decadência e a prescrição se encaixam nesses prazos.

Especificamente no Direito Previdenciário, na parte de benefícios, tem-se o seguinte no Regulamento da Previdência Social de 1999:

> Art. 347. É de **10 anos o prazo de decadência** de todo e qualquer direito ou ação do segurado ou beneficiário para a **revisão** dos atos de concessão, indeferimento, cancelamento ou cessação de benefício e dos atos de deferimento, indeferimento ou não concessão de revisão de benefício, contado:
>
> I – Do primeiro dia do mês subsequente ao do recebimento da primeira prestação ou da data em que a prestação deveria ter sido paga com o valor revisto, ou;
>
> II – Do dia em que o segurado tiver ciência da decisão de indeferimento, cancelamento ou cessação do seu pedido de benefício ou da decisão de deferimento ou indeferimento de revisão de benefício no âmbito administrativo.

A revisão dos atos (de concessão, de indeferimento, de cessação, etc.) relacionados aos benefícios previdenciário poderão ser revisados a pedido do segurado num prazo máximo de **10 anos** (**prazo decadencial** – perda efetiva do direito).

Por sua vez, ainda no RPS/1999:

> Art. 347, § 1.º **Prescreve em 5 anos**, a contar da data em que deveriam ter sido pagas, toda e qualquer **ação** para haver prestações vencidas ou quaisquer restituições ou diferenças devidas pela previdência social, salvo o direito dos menores, incapazes e ausentes, na forma do Código Civil.

O requerimento de prestações vencidas, restituições ou diferenças devem ser feitas num prazo máximo de **5 anos** (**prazo prescricional** – extinção da pretensão).

Não é considerado pedido de revisão de decisão indeferitória definitiva, mas de **novo pedido de benefício**, o que vier acompanhado de **outros documentos** além dos já existentes no processo.

Não terá sequência eventual pedido de revisão de decisão indeferitória definitiva de benefício confirmada pela **última instância** do Conselho de Recursos da Previdência Social (CRPS), aplicando-se, no caso de apresentação de outros documentos, além dos já existentes no processo, o disposto acima.

Nas hipóteses de requerimento de revisão de benefício em manutenção ou de recurso de decisão do INSS com apresentação de novos elementos extemporaneamente ao ato concessório, os efeitos financeiros serão fixados na data do pedido de revisão ou do recurso.

Ao adentrar no Decreto n.º 3.048/1999, tem-se:

> Art. 347-A. O direito da previdência social de **anular** os atos administrativos de que decorram efeitos favoráveis para os seus beneficiários **decai** em **10 anos**, contados da data em que foram praticados, salvo comprovada má-fé.

Os prazos compõe o alicerce da segurança jurídica nacional (e internacional). Como exposto, os prazos são para todos (administração pública e cidadãos). Aqui, o prazo é para o INSS.

O INSS pode anular atos favoráveis aos seus beneficiários num prazo máximo de **10 anos** (**prazo decadencial** – perda efetiva do direito).

No caso de efeitos patrimoniais contínuos, o prazo decadencial contar-se-á da percepção do primeiro pagamento.

Considera-se exercício do direito de anular qualquer medida de autoridade administrativa que importe impugnação à validade do ato.

Para finalizar, guarde com carinho esse quadro:

Quem?	O quê?	Decadência	Prescrição
Segurado	Revisão de atos do INSS	10 anos	
Segurado	Requerer prestações do INSS		5 anos
INSS	Anulas atos favoráveis ao segurado	10 anos	

(Autoria: Ali Mohamad Jaha)

5. OS DESCONTOS NOS BENEFÍCIOS PREVIDENCIÁRIOS

Conforme dispõe a legislação federal, existem algumas **parcelas** que podem ser descontadas dos benefícios pagos pelo INSS.

Observe como o tema é exposto no Decreto n.º 3.048/1999:

> Art. 154. O Instituto Nacional do Seguro Social (INSS) pode **descontar** da renda mensal do benefício:
>
> I – Contribuições devidas pelo segurado à previdência social;

> II – Pagamento administrativo ou judicial de benefício previdenciário ou assistencial indevido, ou além do devido, inclusive na hipótese de cessação do benefício pela revogação de decisão judicial, em valor **que não exceda 30% da importância da renda mensal do benefício**;
>
> III – Imposto de renda na fonte (IRRF);
>
> IV – Alimentos decorrentes de sentença judicial;
>
> V – Mensalidades de associações e de demais entidades de aposentados ou pensionistas legalmente reconhecidas, constituídas e em funcionamento, desde que autorizadas por seus filiados, e;
>
> VI – Pagamento de empréstimos, financiamentos, cartões de crédito e operações de arrendamento mercantil concedidos por instituições financeiras e sociedades de arrendamento mercantil ou por entidades fechadas ou abertas de previdência complementar, públicas e privadas, quando expressamente autorizado pelo beneficiário, **até o limite de 35% do valor do benefício, dos quais 5% serão destinados exclusivamente para**:
>
> a) Amortização de despesas contraídas por meio de cartão de crédito, ou;
>
> b) Utilização com a finalidade de saque por meio do cartão de crédito.

6. A ACUMULAÇÃO DOS BENEFÍCIOS SECURITÁRIOS

A acumulação dos **benefícios securitários** (previdenciários, assistenciais e trabalhistas) está prevista em diversas normas esparsas em nosso ordenamento. Sendo assim, a melhor forma de se estudar o tema é realizar o (denso) cotejo de tais atos normativos.

Para constar, esses são os diplomas legais de acumulação de benefícios securitários:

- Emenda Constitucional n.º 103/2019.
- Lei n.º 8.213/1991, com texto atualizado até a Lei n.º 14.724/2023;
- Decreto n.º 3.048/1999, com texto atualizado até o Decreto n.º 10.537/2020;
- Instrução Normativa PRESS/INSS n.º 128/2022, com texto atualizado até a Instrução Normativa PRESS/INSS n.º 141/2022;
- Lei n.º 8.742/1993, com texto atualizado até a Lei n.º 14.809/2024, e;
- Decreto n.º 6.214/2007, com texto atualizado até o Decreto n.º 10.554/2020.

Com a Reforma da Previdência Social, no apagar das luzes de 2019, vale ressaltar os seguinte trechos presentes na Emenda Constitucional n.º 103/2019:

Será admitida a acumulação:

- De pensão por morte do RGPS com pensão por morte do RPPS (civil ou militar), e;
- De pensão por morte de qualquer regime (RGPS/RPPS) com aposentadoria de qualquer regime (RGPS/RPPS).

Ao realizar o cotejo de todas as normas previdenciárias supra, chega-se nas seguintes **proibições de acumulação de benefícios securitários**:

1. Aposentadoria com auxílio por incapacidade temporária.

   (Lei n.º 8.213/1991, Decreto n.º 3.048/1999 e IN PRESS/INSS n.º 128/2022).

2. Mais de uma aposentadoria.

   (Lei n.º 8.213/1991, Decreto n.º 3.048/1999 e IN PRESS/INSS n.º 128/2022).

3. Aposentadoria com abono de permanência em serviço (extinto).

   (Lei n.º 8.213/1991, Decreto n.º 3.048/1999 e IN PRESS/INSS n.º 128/2022).

4. Salário maternidade com auxílio por incapacidade temporária.

   (Lei n.º 8.213/1991, Decreto n.º 3.048/1999 e IN PRESS/INSS n.º 128/2022).

5. Salário maternidade com aposentadoria por incapacidade permanente.

   (IN PRESS/INSS n.º 128/2022).

6. Mais de um auxílio acidente.

   (Lei n.º 8.213/1991, Decreto n.º 3.048/1999 e IN PRESS/INSS n.º 128/2022).

7. Mais de uma pensão por morte deixada por cônjuge ou companheiro(a), facultado ao dependente optar pela mais vantajosa (**RGPS**).

   (Lei n.º 8.213/1991, Decreto n.º 3.048/1999 e IN PRESS/INSS n.º 128/2022).

8. Auxílio acidente com aposentadoria.

   (Decreto n.º 3.048/1999 e IN PRESS/INSS n.º 128/2022).

9. Auxílio acidente com auxílio por incapacidade temporária, do mesmo acidente ou da mesma doença que o gerou.

   (IN PRESS/INSS n.º 128/2022).

10. Mais de um auxílio por incapacidade temporária, inclusive acidentário.

    (IN PRESS/INSS n.º 128/2022).

11. Mais de um auxílio reclusão de instituidor cônjuge ou companheiro, facultado o direito de opção pelo mais vantajoso.

    (IN PRESS/INSS n.º 128/2022).

12. Auxílio reclusão pago aos dependentes, com auxílio por incapacidade temporária, aposentadoria ou abono de permanência em serviço (extinto) ou salário maternidade do segurado recluso.

    (IN PRESS/INSS n.º 128/2022).

13. Seguro desemprego com qualquer benefício de prestação continuada da previdência social, exceto pensão por morte ou auxílio acidente.

    (Lei n.º 8.213/1991).

14. Seguro desemprego com qualquer benefício de prestação continuada da previdência social, exceto pensão por morte, auxílio reclusão, auxílio acidente, auxílio suplementar (extinto) ou abono de permanência em serviço (extinto).

    (Decreto n.º 3.048/1999 e IN PRESS/INSS n.º 128/2022).

15. Benefício de prestação continuada assistencial (BPC da LOAS) com qualquer outro benefício no âmbito da seguridade social (previdência social ou assistência social) ou de outro regime (regimes próprios de previdência social), inclusive o seguro desemprego, ressalvados o de assistência médica e a pensão especial de natureza indenizatória, bem como a remuneração advinda de contrato de aprendizagem no caso da pessoa com deficiência. A acumulação do BPC com a remuneração advinda do contrato de aprendizagem pela pessoa com deficiência está limitada ao prazo máximo de 2 anos.

    (Lei n.º 8.742/1993 e Decreto n.º 6.214/2007).

Por fim, após minerar e cruzar tantas informações, considero salutar compilar tudo isso em uma única tabela esquematizada.

Na tabela a seguir, **o quadro com a palavra "NÃO" significa que os benefícios cruzados (linha x coluna) não podem ser acumulados.**

Por sua vez, **quando o quadro estiver vazio significa que os benefícios cruzados (linha x coluna) podem ser acumulados.**

Prof. Ali Jaha	Aposent.	Aux. Incap. Temp.	Sal. Fam.	Sal. Mat.	Aux. Acid.	Abono Perman.	Pensão	Aux. Reclus.	Pecúlios*	Seg. Desemp.	BPC (LOAS)
Aposent.	**NÃO**	**NÃO**			**NÃO**	**NÃO**		**NÃO**		**NÃO**	**NÃO**
Aux. Incap. Temp.	**NÃO**	**NÃO**		**NÃO**	**NÃO (1)**			**NÃO**		**NÃO**	**NÃO**
Sal. Fam.										**NÃO**	**NÃO**
Sal. Mat.		**NÃO**						**NÃO (3)**		**NÃO**	**NÃO**
Aux. Acid.	**NÃO**	**NÃO (1)**			**NÃO**						**NÃO**
Abono Perman.	**NÃO**							**NÃO**			**NÃO**
Pensão							**NÃO**				**NÃO**
Aux. Reclus.	**NÃO**	**NÃO**		**NÃO (3)**		**NÃO**		**NÃO (2)**			**NÃO**
Pecúlios*										**NÃO**	**NÃO**

Prof. Ali Jaha	Aposent.	Aux. Incap. Temp.	Sal. Fam.	Sal. Mat.	Aux. Acid.	Abono Perman.	Pensão	Aux. Reclus.	Pecúlios*	Seg. Desemp.	BPC (LOAS)
Seg. Desemp.	**NÃO**	**NÃO**	**NÃO**	**NÃO**					**NÃO**	**NÃO**	**NÃO**
BPC (LOAS)	**NÃO**	**NÃO**	**NÃO**	**NÃO**	**NÃO**	**NÃO**	**NÃO**	**NÃO**	**NÃO**	**NÃO**	**NÃO**

(1) Não pode se for referente ao mesmo acidente ou doença.

(2) Quando for de cônjuge ou companheiro, opta-se pelo mais vantajoso.

(3) Salário maternidade do dependente.

OBS. 1: Não pode acumular salário maternidade com aposentadoria por incapacidade permanente.

OBS. 2: O abono de permanência e os pecúlios estão extintos desde 1994.

(Autoria: Ali Mohamad Jaha)

7. O ACIDENTE DO TRABALHO

O **acidente do trabalho** é um tema muito ligado ao Direito do Trabalho, guardando grande correlação com esse ramo do Direito.

O Direito Previdenciário, por diversas vezes, faz um "crossover" (cruzamento) com outros ramos do Direito e, aqui, não seria diferente. =)

Para iniciar, vamos observar a **definição legal de acidente do trabalho**, conforme dispõe a Lei n.º 8.213/1991:

> Art. 19. **Acidente do trabalho** é o que ocorre pelo **exercício do trabalho a serviço** de **empresa** ou de **empregador doméstico** ou pelo exercício do trabalho dos **segurados especiais**, provocando lesão corporal ou perturbação funcional que cause a **morte** ou a **perda** ou **redução**, **permanente** ou **temporária**, da **capacidade para o trabalho**.

Conforme observado, o acidente do trabalho ocorre com:

- O empregado a serviço de sua empresa;
- O doméstico a serviço do seu empregador doméstico (sempre pessoa física), ou;
- O segurado especial em suas atividades laborais cotidianas.

Não obstante, para ser classificado como acidente do trabalho, a ocorrência deve, necessariamente, provocar:

- A morte;
- A perda permanente da capacidade laboral;
- A perda temporária da capacidade laboral;
- A redução permanente da capacidade laboral, ou;
- A redução temporária da capacidade laboral.

A empresa é responsável pela adoção e uso das medidas **coletivas** e **individuais** de proteção e segurança da saúde do trabalhador sujeito aos riscos ocupacionais por ela gerados.

Constitui **contravenção penal**, punível com multa, deixar a empresa de cumprir as normas de segurança e higiene do trabalho.

Conforme definiu o ilustre doutrinador penal Nélson Hungria, a contravenção penal é um crime menor, um crime "anão".

É dever da empresa prestar informações pormenorizadas sobre os riscos da operação a executar e do produto a manipular.

O Ministério do Trabalho e Emprego fiscalizará e os sindicatos e entidades representativas de classe acompanharão o fiel cumprimento do disposto nos parágrafos anteriores.

A perícia médica federal terá acesso aos ambientes de trabalho e a outros locais onde se encontrem os documentos referentes ao controle médico de saúde ocupacional e aqueles que digam respeito ao programa de prevenção de riscos ocupacionais (PPRO) para verificar a eficácia das medidas adotadas pela empresa para a prevenção e o controle das doenças ocupacionais.

O INSS auditará a regularidade e a conformidade das demonstrações ambientais, incluindo-se as de monitoramento biológico, e dos controles internos da empresa relativos ao gerenciamento dos riscos ocupacionais, de modo a assegurar a veracidade das informações prestadas pela empresa e constantes do CNIS, bem como o cumprimento das obrigações relativas ao acidente de trabalho.

Sempre que a perícia médica federal constatar o descumprimento do disposto neste tópico, esta comunicará formalmente aos demais órgãos interessados, inclusive para fins de aplicação e cobrança da multa devida.

Conforme determina a lei previdenciária (Lei n.º 8.213/1991):

> Art. 20. **Consideram-se acidente do trabalho** as seguintes **entidades mórbidas**:
>
> I – **Doença profissional**, assim entendida a produzida ou desencadeada pelo exercício do **trabalho peculiar** a determinada atividade e constante da respectiva relação elaborada pelo Ministério do Trabalho e Emprego, e;
>
> II – **Doença do trabalho**, assim entendida a adquirida ou desencadeada em função de **condições especiais** em que o trabalho é realizado e com ele se relacione diretamente, constante da relação mencionada acima.

A **doença profissional ou ocupacional** é aquela na qual o trabalhador adoece por conta do seu trabalho cotidiano. Por vezes, trata-se de condições crônicas, ou seja, doenças que ele terá pelo resto da vida.

Um exemplo clássico é a Lesão por Esforço Repetitivo (**LER**) e os Distúrbios Osteomusculares Relacionados ao Trabalho (**DORT**).

Em regra, são quadros que se manifestam incialmente de forma lenta e vão se agravando com o passar dos anos.

Por sua vez, a **doença do trabalho** é aquela que se desenvolve por conta das condições do local de trabalho. Em regra, o problema surge de acordo com algum fator específico, que está associado ao exercício da função.

Ao ser provado que a exposição às **condições especiais** contribuiu para a piora da saúde do colaborador, tem-se o diagnóstico da doença do trabalho.

Como exemplo, pode-se citar a diminuição da audição ocasionada pelo uso de equipamento de proteção individual (EPI) de baixa qualidade.

Deve-se alertar que nem toda a doença é doença do trabalho. Com isso, **não são consideradas doença do trabalho, muito menos acidente do trabalho**:

1. A doença degenerativa;
2. A inerente a grupo etário;
3. A que não produza incapacidade laborativa, e;
4. A doença endêmica adquirida por segurado habitante de região em que ela se desenvolva, **salvo** comprovação de que é resultante de exposição ou contato direto determinado pela natureza do trabalho.

Até o momento, foram apresentados o **acidente do trabalho** e as entidades mórbidas que se classificam como acidente do trabalho: **doença profissional** e **doença do trabalho.**

Ao se consultar a lei previdenciária, Lei n.º 8.213/1991, tem-se:

> Art. 21. **Equiparam-se também ao acidente do trabalho**, para efeitos desta Lei:
>
> I – O **acidente ligado ao trabalho** que, embora não tenha sido a causa única, haja contribuído diretamente para a morte do segurado, para redução ou perda da sua capacidade para o trabalho, ou produzido lesão que exija atenção médica para a sua recuperação;
>
> II – O **acidente sofrido pelo segurado no local e no horário do trabalho**, em consequência de:
>
> a) Ato de agressão, sabotagem ou terrorismo praticado por terceiro ou companheiro de trabalho;
>
> b) Ofensa física intencional, inclusive de terceiro, por motivo de disputa relacionada ao trabalho;
>
> c) Ato de imprudência, de negligência ou de imperícia de terceiro ou de companheiro de trabalho;
>
> d) Ato de pessoa privada do uso da razão, e;
>
> e) Desabamento, inundação, incêndio e outros casos fortuitos ou decorrentes de força maior.
>
> III – A **doença proveniente de contaminação acidental** do empregado no exercício de sua atividade;
>
> IV – O **acidente sofrido pelo segurado ainda que fora do local e horário de trabalho**:
>
> a) Na execução de ordem ou na realização de serviço sob a autoridade da empresa;

b) Na prestação espontânea de qualquer serviço à empresa para lhe evitar prejuízo ou proporcionar proveito;

c) Em viagem a serviço da empresa, inclusive para estudo quando financiada por esta dentro de seus planos para melhor capacitação da mão de obra, independentemente do meio de locomoção utilizado, inclusive veículo de propriedade do segurado, e;

d) No percurso da residência para o local de trabalho ou deste para aquela, qualquer que seja o meio de locomoção, inclusive veículo de propriedade do segurado.

Como pode ser observado, a lei previdenciária equiparou 4 (quatro) situações ao acidente do trabalho, a saber:

Equiparado ao acidente do trabalho 01: Acidente ligado ao trabalho.

Conforme determinação legal, equipara-se ao acidente do trabalho o **acidente ligado ao trabalho** que, embora não tenha sido a causa única, haja contribuído diretamente para a morte do segurado, para redução ou perda da sua capacidade para o trabalho, ou produzido lesão que exija atenção médica para a sua recuperação.

É o caso em que o acidente contribuiu de maneira acessória para a fatalidade.

Suponha que Marcos esteja saboreando um cafezinho na cantina da empresa no exato momento da queda de uma viga de aço sobre a sua perna direita, derrubando-o do 9.º andar até o térreo.

A queda da viga, seguida da queda de Marcos foram as causas do acidente, ainda que Marcos não estivesse de fato trabalhando (pois estava tomando café no momento da queda do objeto).

Nesse caso, o acidente com a viga de aço foi um **acidente ligado ao trabalho**, que embora não tenha sido causa única, contribuiu diretamente para morte de Marcos.

Equiparado ao acidente do trabalho 02: Acidente sofrido pelo segurado no local e no horário do trabalho.

O **acidente sofrido pelo segurado no local e no horário do trabalho** também se equipara ao acidente do trabalho.

Esse tipo de acidente pode ocorrer em consequência de:

1. Ato de **agressão**, **sabotagem** ou **terrorismo** praticado por terceiro ou companheiro de trabalho;
2. **Ofensa física intencional**, inclusive de terceiro, por motivo de disputa relacionada ao trabalho;

3. Ato de **imprudência**, de **negligência** ou de **imperícia** de terceiro ou de companheiro de trabalho;
4. Ato de **pessoa privada do uso da razão**, e;
5. **Desabamento**, **inundação**, **incêndio** e outros **casos fortuitos** ou decorrentes de **força maior**.

Equiparado ao acidente do trabalho 03: Doença proveniente de contaminação acidental.

A **doença proveniente de contaminação acidental** do empregado no exercício de sua atividade também é uma situação equiparada ao acidente do trabalho.

Equiparado ao acidente do trabalho 04: Acidente sofrido pelo segurado ainda que fora do local e horário de trabalho.

O **acidente sofrido pelo segurado ainda que fora do local e horário de trabalho** se equipara ao acidente do trabalho.

Esse tipo de acidente pode ocorrer:

1. Na **execução de ordem** ou na realização de serviço sob a autoridade da empresa;
2. Na **prestação espontânea** de qualquer serviço à empresa para lhe evitar prejuízo ou proporcionar proveito;
3. Em **viagem a serviço da empresa**, inclusive para estudo quando financiada por esta dentro de seus planos para melhor capacitação da mão de obra, independentemente do meio de locomoção utilizado, inclusive veículo de propriedade do segurado, e;
4. No **percurso da residência para o local de trabalho** ou deste para aquela, qualquer que seja o meio de locomoção, inclusive veículo de propriedade do segurado.

Dando continuidade, vale ressaltar que nos períodos destinados a refeição ou descanso, ou por ocasião da satisfação de outras necessidades fisiológicas, no local do trabalho ou durante este, o **empregado é considerado no exercício do trabalho**.

Observe o disposto na Lei n.º 8.213/1991:

> Art. 21-A. A **Perícia Médica Federal** considerará **caracterizada a natureza acidentária** da incapacidade quando constatar ocorrência de **nexo técnico epidemiológico** entre o **trabalho** e o **agravo**, decorrente da relação entre a atividade da empresa ou do empregado doméstico e a entidade mórbida

> motivadora da incapacidade elencada na Classificação Internacional de Doenças (CID).

Assim, o acidente do trabalho será caracterizado tecnicamente pela perícia médica federal (INSS) por meio da identificação do **nexo entre o trabalho e o agravo**.

O setor de benefícios do INSS reconhecerá o direito do segurado à habilitação do benefício acidentário.

Será considerado **agravamento do acidente** aquele sofrido pelo acidentado quanto estiver sob a responsabilidade da reabilitação profissional.

Por seu turno, considera-se **agravo** a lesão, doença, transtorno de saúde, distúrbio, disfunção ou síndrome de evolução aguda, subaguda ou crônica, de natureza clínica ou subclínica, inclusive morte, independentemente do tempo de latência.

Considera-se **estabelecido** o nexo entre o trabalho e o agravo quando se **verificar** nexo técnico epidemiológico entre a **atividade** da empresa e a **entidade mórbida** motivadora da incapacidade, elencada na Classificação Internacional de Doenças (CID).

A perícia do INSS deixará de aplicar o exposto acima quando demonstrada a inexistência de nexo entre o trabalho e o agravo.

Reconhecidos pela perícia médica federal a incapacidade para o trabalho e o nexo entre o trabalho e o agravo serão devidas as **prestações acidentárias** a que o beneficiário tiver direito.

A empresa ou o empregador doméstico poderão requerer a **não aplicação do nexo técnico epidemiológico**, de cuja decisão caberá recurso, com efeito suspensivo, da empresa, do empregador doméstico ou do segurado ao Conselho de Recursos da Previdência Social (CRPS).

Observe o disposto no Decreto n.º 3.048/1999:

> Art. 344. Os litígios e medidas cautelares relativos aos acidentes do trabalho serão apreciados:
>
> I – Na **esfera administrativa**, pelos **órgãos da previdência social**, segundo as regras e prazos aplicáveis às demais prestações, com prioridade para conclusão, e;
>
> II – Na **via judicial**, pela **Justiça dos Estados** e do Distrito Federal, segundo o **rito sumaríssimo**, inclusive durante as férias forenses, mediante petição instruída pela prova de efetiva notificação do evento à previdência social, através da Comunicação de Acidente do Trabalho (CAT).

Como se observa, os litígios e as medidas cautelares envolvendo acidentes do trabalho seguem o rito sumaríssimo – o mais breve possível – no poder judiciário estadual, o que demonstra a relevância do tema.

> Art. 345. As ações referentes às prestações decorrentes do acidente do trabalho **prescrevem em 5 anos**, contados da data:
>
> I – Do acidente, quando dele resultar a morte ou a incapacidade temporária verificada em perícia médica a cargo da Perícia Médica Federal, ou;
>
> II – Em que for reconhecido pela Perícia Médica Federal a incapacidade permanente ou o agravamento das sequelas do acidente.

A ações de prestações decorrentes de acidente do trabalho devem ser peticionadas no prazo máximo de 5 anos.

Ainda no RPS/1999:

> Art. 346. O segurado que houver sofrido o acidente do trabalho terá garantida, **pelo prazo mínimo de 12 meses, a manutenção de seu contrato de trabalho na empresa**, após a cessação do auxílio por incapacidade temporária decorrente de acidente, independentemente da percepção de auxílio acidente.

Observa-se uma clara proteção trabalhista inserida num diploma normativo previdenciário.

Por fim, guarde com carinho:

Acidente do trabalho (gênero):
1. Acidente do trabalho (espécie)
2. Doença profissional ou ocupacional
3. Doença do trabalho
Equiparado ao acidente do trabalho:
1. Acidente ligado ao trabalho
2. Acidente sofrido pelo segurado no local e no horário do trabalho
3. Doença proveniente de contaminação acidental
4. Acidente sofrido pelo segurado ainda que fora do local e horário de trabalho

Não é doença do trabalho, logo, também não é acidente do trabalho:
1. Doença Degenerativa
2. Doença inerente a grupo etário
3. Doença que não produza incapacidade laboral
4. Doença endêmica da região (em regra)

(Autoria: Ali Mohamad Jaha)

7.1. A Comunicação do Acidente do Trabalho

A **comunicação do acidente do trabalho (CAT)** é um instituto previsto na Lei n.º 8.213/1991, que assim dispõe:

> Art. 22. A **empresa** ou o **empregador doméstico** deverão comunicar o acidente do trabalho à Previdência Social até o **primeiro dia útil seguinte ao da ocorrência** e, **em caso de morte, de imediato**, à autoridade competente, sob pena de multa variável entre o limite mínimo e o limite máximo do salário de contribuição, sucessivamente aumentada nas reincidências, aplicada e cobrada pela Previdência Social.

O acidente do trabalho deve ser comunicado ao INSS, pela empresa ou pelo empregador doméstico:

- Em regra, **até o 1.º dia útil seguinte ao do acidente**, ou;
- **De imediato**, no caso de morte.

A não emissão de CAT enseja em **multa variável** entre o limite mínimo (salário mínimo) e o limite máximo (Teto do RGPS) do salário de contribuição.

Da comunicação (CAT) receberão cópia fiel o acidentado ou seus dependentes, bem como o sindicato a que corresponda a sua categoria.

Na falta de comunicação por parte da empresa, podem formalizá-la o próprio acidentado, seus dependentes, a entidade sindical competente, o médico que o assistiu ou qualquer autoridade pública, não prevalecendo nestes casos o prazo previsto acima.

A comunicação supra não exime a empresa de responsabilidade pela falta do cumprimento de sua obrigação de informar (CAT).

Os sindicatos e entidades representativas de classe poderão acompanhar a cobrança, pela Previdência Social, das multas supramencionadas.

Considera-se como dia do acidente, no caso de doença profissional ou do trabalho, **a data do início da incapacidade laborativa** para o exercício da atividade habitual, ou o **dia da segregação compulsória**, ou o **dia em que for realizado o diagnóstico**, valendo para este efeito o que ocorrer primeiro.

7.2. A Ação Regressiva Acidentária

Sobre o tema, o Decreto n.º 3.048/1999 apresenta a seguinte redação:

> Art. 341. O INSS ajuizará **ação regressiva** contra os responsáveis nas hipóteses de:
>
> I - **Negligência quanto às normas-padrão de segurança e higiene do trabalho indicadas para proteção individual e coletiva**, e;
>
> II - Violência doméstica e familiar contra a mulher.

Os órgãos de fiscalização das relações de trabalho encaminharão à Procuradoria-Geral Federal os relatórios de análise de acidentes do trabalho com indícios de negligência quanto às normas-padrão de segurança e higiene do trabalho indicadas para proteção individual e coletiva.

O pagamento de prestações pela previdência social em decorrência das hipóteses previstas acima **não exclui a responsabilidade civil da empresa**.

A responsabilidade civil do empregador no acidente do trabalho pode ser **objetiva** ou **subjetiva**, a saber:

a) Objetiva:

   Nesta situação, basta comprovar que o acidente ocorreu durante o exercício do trabalho e que o empregador não tomou as medidas necessárias para evitar o acidente.

   Aqui, a empresa é responsabilizada independentemente de culpa, basta a comprovação do nexo de causalidade entre o acidente e o trabalho executado.

   A responsabilidade objetiva deriva da Teoria do Risco Criado, segundo a qual o empregador deve arcar com os riscos inerentes à atividade econômica que desenvolve, sendo responsável pelos danos causados ao trabalhador em função dessa atividade, independentemente da existência de culpa.

   Num exemplo, suponha que o trabalhador sofre acidente por falha mecânica de determinado equipamento. A empresa não tem culpa, mas o fabricante do referido equipamento, entretanto, a empresa responde objetivamente pelo acidente.

b) Subjetiva:

Já nesta situação, deve haver, comprovadamente, negligência, imprudência ou omissão voluntária por parte do empregador que resultou no acidente do trabalhador.

São situações de responsabilidade subjetiva a empresa que não compre as normas de segurança e saúde do trabalho, não disponibiliza equipamentos de proteção individual ou não sinaliza adequadamente as áreas de risco.

Dando continuidade, após essa introdução legal, apresento a **ação regressiva acidentária**, que se fundamenta no dever de reparação dos danos decorrentes da concessão de prestações sociais acidentárias, quando verificada a negligência do empregador quanto ao cumprimento das normas de segurança e saúde do trabalho.

Quanto ao prazo de propositura, existe uma lacuna legal na legislação previdenciária. Sendo assim, com base no princípio da isonomia, acredito que o **prazo prescricional seja de 5 anos para o INSS ajuizar ação regressiva acidentária**, com base no contido no Decreto n.º 20.910/1932, Art. 1.º.

Por sua vez, alguns empregadores demandados regressivamente pelo INSS argumentam que o seguro contra acidentes do trabalho (SAT), atualmente sob a sigla GILRAT, previsto na Constituição Federal de 1988 e na Lei n.º 8.212/1991, **fora criado para cobrir todos os custos das prestações sociais acidentárias, dada sua natureza securitária**.

Esses também alegam que as contribuições para o SAT seriam verdadeiros "prêmios de seguro" e que a elas se aplicariam as disposições que regulam o seguro privado, inviabilizando o direito de regresso da Previdência Social, em face da disposição prevista no Art. 800 do Código Civil, a saber:

> Art. 800. Nos seguros de pessoas, o segurador não pode sub-rogar-se nos direitos e ações do segurado, ou do beneficiário, contra o causador do sinistro.

O enfoque nas normas que disciplinam o SAT e a ação regressiva acidentária, todas reconhecidamente de **direito público**, poderão levar à conclusão de que a cobrança do SAT/GILRAT e a propositura de ações regressivas acidentárias são compatíveis entre si.

Do exposto, conclui-se que o **Seguro contra Acidentes do Trabalho** se submete ao **regime jurídico de direito público** e as contribuições instituídas para o seu custeio possuem **natureza jurídica tributária**.

Com isso, não se aplicam ao SAT as normas do Código Civil relativas ao seguro privado, pois não se trata de seguro de pessoa, mas de Seguro Social destinado ao custeio dos benefícios de aposentadoria especial e dos benefícios acidentários concedidos em razão do Grau de Incidência de Incapacidade Laborativa (GILRAT), decorrente dos riscos do meio ambiente do trabalho.

O SAT foi instituído para cobrir os riscos ordinários da atividade empresarial e somente esses riscos são socializados. Os demais, advindos da negligência do empregador quanto ao cumprimento das normas de segurança e saúde do trabalho, **devem ser suportados por quem lhe deu causa**, através de **ação regressiva acidentária**, pela qual será garantido ao demandado o contraditório e a ampla defesa.

De todo o histórico, conclui-se que a ação regressiva acidentária pode servir de instrumento para a criação de uma cultura de prevenção de acidentes.

8. O RECURSO DAS DECISÕES ADMINISTRATIVAS PREVIDENCIÁRIAS

8.1. O Conselho de Recursos da Previdência Social

O recurso das decisões administrativas, na esfera administrativa previdenciária, ocorre no Conselho de Recursos da Previdência Social, O CRPS. Conforme dispõe o Regulamento da Previdência Social de 1999:

> Art. 303. O Conselho de Recursos da Previdência Social (**CRPS**) é **órgão colegiado de julgamento**, integrante da estrutura do Ministério da Previdência Social.

O CRPS é uma entidade colegiada de julgamento, composta de vários conselheiros. Conforme dispõe a legislação, o Conselho de Recursos da Previdência Social compreende os seguintes **órgãos**:

1. **Juntas de Recursos**, com a competência para julgar:
   a) Os recursos das decisões proferidas pelo INSS nos processos de interesse de seus beneficiários;
   b) Os recursos das decisões proferidas pelo INSS relacionados à comprovação de atividade rural de segurado especial, ou às demais informações relacionadas ao Cadastro Nacional de Informações Sociais (CNIS);

c) Os recursos de decisões relacionadas à compensação financeira entre o RGPS e os RPPS;

d) As contestações relativas à atribuição do Fator Acidentário de Prevenção (FAP) aos estabelecimentos da empresa, e;

e) Os recursos relacionados aos processos sobre irregularidades verificadas em procedimento de supervisão e de fiscalização nos regimes próprios de previdência social e aos processos sobre apuração de responsabilidade por infração às normas previdenciárias.

2. **Câmaras de Julgamento**, com sede em Brasília-DF, com a competência para julgar os recursos interpostos contra as decisões proferidas pelas Juntas de Recursos;

3. **Conselho Pleno**, com a competência para uniformizar a jurisprudência previdenciária mediante enunciados, podendo ter outras competências definidas no Regimento Interno do CRPS.

Com isso, tem-se, de maneira resumida:

- **Juntas de Recursos**: **primeira instância** administrativa previdenciária do CRPS;
- **Câmaras de Julgamento**: **segunda instância** administrativa previdenciária do CRPS, e;
- **Conselho Pleno**: **uniformização** das decisões do CRPS.

O CRPS é presidido por representante do Governo, com **notório conhecimento da legislação previdenciária**, nomeado pelo Ministro de Estado da Previdência Social, cabendo-lhe dirigir os serviços administrativos do órgão.

As **Juntas de Recursos** e as **Câmaras de Julgamento**, presididas por representante do Governo federal, são integradas por **4 conselheiros em cada turma**, nomeados pelo Ministro de Estado da Previdência.

O mandato dos conselheiros do CRPS é de **3 anos**, **permitida a recondução**, cumpridos os seguintes requisitos:

1. Os **representantes do Governo federal** serão escolhidos entre servidores federais, preferencialmente do Ministério da Previdência Social ou do INSS, ou de outro órgão da administração pública federal, estadual, municipal ou distrital, **com graduação em Direito**, os quais prestarão serviços exclusivos ao CRPS, sem prejuízo dos direitos e das vantagens percebidos no cargo de origem;

2. Os **representantes das empresas e dos trabalhadores** serão escolhidos entre os indicados em lista tríplice pelas entidades de classe ou sindicais das respectivas jurisdições, **com graduação em Direito**, e **serão enquadrados como segurados obrigatórios do RGPS na condição de contribuintes individuais**;
3. Os representantes dos entes federativos e dos servidores públicos serão escolhidos entre os indicados em lista tríplice pelo Conselho Nacional dos Regimes Próprios de Previdência Social, observadas as respectivas representações, **com graduação em Direito**, e **manterão a qualidade de segurados do regime próprio a que estejam vinculados**, e;
4. Os representantes não poderão incidir em situações que caracterizem conflito de interesses.

Vale ressaltar que compete ao Ministro de Estado da Previdência Social aprovar o Regimento Interno do CRPS.

8.2. Os Recursos no CRPS

Conforme determinação legal (Decreto n.º 3.048/1999 – Regulamento da Previdência Social), compete ao CRPS **processar** e **julgar**:

1. Os recursos das decisões proferidas pelo INSS nos processos de interesse de seus beneficiários;
2. As contestações e os recursos relativos à atribuição, pelo Ministério da Previdência Social, do FAP aos estabelecimentos das empresas;
3. Os recursos das decisões proferidas pelo INSS relacionados à comprovação de atividade rural de segurado especial às demais informações relacionadas ao CNIS;
4. Os recursos das decisões relacionadas à compensação financeira entre o RGPS e os RPPS, e;
5. Os recursos relacionados aos processos sobre irregularidades verificadas em procedimento de supervisão e de fiscalização nos regimes próprios de previdência social e aos processos sobre apuração de responsabilidade por infração às normas previdenciárias.

O **prazo para interposição** de contestações e recursos ou para oferecimento de contrarrazões será de **30 dias**, contado:

1. No caso das contestações, da publicação no Diário Oficial da União das informações sobre a forma de consulta ao FAP;

2. No caso dos recursos, da ciência da decisão, e;

3. No caso das contrarrazões, da interposição do recurso.

O INSS, poderá reformar suas decisões e deixar de encaminhar, no caso de reforma favorável ao interessado, a contestação ou o recurso à instância competente ou de rever o ato para o não prosseguimento da contestação ou do recurso.

Exceto se houver disposição em contrário disciplinada em ato do INSS, as razões do indeferimento e os demais elementos que compõem o processo administrativo previdenciário substituirão as contrarrazões apresentadas pelo INSS, hipótese em que o processo poderá ser remetido ao CRPS imediatamente após a interposição do recurso pelo interessado, preferencialmente por meio eletrônico.

A propositura pelo interessado de ação judicial que tenha por objeto idêntico pedido sobre o qual verse o processo administrativo **importará renúncia ao direito de contestar e recorrer na esfera administrativa, com a consequente desistência da contestação ou do recurso interposto**.

Os recursos interpostos tempestivamente contra decisões proferidas pelas Juntas de Recursos e pelas Câmaras de Julgamento do CRPS têm efeito **suspensivo** e **devolutivo**.

Para constar, não se considera recurso o pedido de revisão de acórdão endereçado às Juntas de Recursos e Câmaras de Julgamento.

É vedado (proibido) ao INSS se escusar de cumprir as diligências solicitadas pelo CRPS, bem como deixar de dar cumprimento às decisões definitivas daquele colegiado, reduzir ou ampliar o seu alcance ou executá-las de modo que contrarie ou prejudique seu evidente sentido.

Na hipótese de haver **controvérsia** em matéria previdenciária, na aplicação de lei ou de ato normativo, entre órgãos do Ministério da Previdência Social, entidades a ele vinculadas e entes federativos, ou ocorrência de questão previdenciária de relevante interesse público ou social, o órgão ministerial ou a entidade interessada **poderá**, por intermédio de seu dirigente, **solicitar ao Ministro de Estado da Previdência Social solução para a controvérsia ou questão**.

A controvérsia na aplicação de lei ou ato normativo será relatada "in abstracto" (somente o direito, sem a parte fática) e encaminhada com manifestações fundamentadas dos órgãos interessados, podendo ser instruída com cópias dos documentos que demonstrem sua ocorrência.

Vale informar que a Procuradoria Geral Federal Especializada/INSS deverá se pronunciar em todos os casos constantes deste tópico.

9. O PIS E O PASEP

Os fundos do Programa de Integração Social (**PIS**) e do Programa de Formação do Patrimônio do Servidor Público (**PASEP**) são constituídos com a arrecadação das contribuições advindas dos trabalhadores.

Esses fundos foram unificados em 1976, sendo que os mesmos garantem recursos para subsidiar o **Seguro Desemprego** e o **Abono Salarial**.

O PIS promove a integração do empregado com a empresa privada em que trabalha. Com o número de inscrição no PIS em mãos, o cidadão pode realizar consultas e saques dos benefícios sociais administrados pela Caixa Econômica Federal.

O empregador deve verificar se o contratado está inserido no PIS. Essa inscrição deve ser feita no momento da primeira contratação com carteira assinada.

Se o empregado não estiver inscrito no PIS, o empregador deve proceder a inscrição do seu trabalhador, de forma totalmente eletrônica, no sítio eletrônico da Caixa Econômica Federal (CEF).

Por seu turno, o Programa de Formação do Patrimônio do Servidor Público (PASEP) foi criado pelo Governo Federal em 1970.

O PASEP permite que a categoria de servidores participe da receita das entidades integrantes que contribuem com um determinado percentual. Para constar, participam do PASEP, todos os servidores em atividade, civis e militares, cadastrados no Programa.

10. A MODERNIZAÇÃO DA PREVIDÊNCIA SOCIAL E OUTRAS DISPOSIÇÕES LEGAIS

Nesta parte da disciplina, vou pinçar e trazer alguns dispositivos presentes em alguns atos normativos previdenciários.

10.1. Lei n.º 8.212/1991

Art. 68. O Titular do Cartório de Registro Civil de Pessoas Naturais remeterá ao INSS, **em até 1 (um) dia útil**, pelo Sistema Nacional de Informações de Registro Civil (**SIRC**) ou por outro meio que venha a substituí-lo, a relação dos **nascimentos**, dos **natimortos**, dos **casamentos**, dos **óbitos**, das **averbações**, das **anotações** e das **retificações** registradas na serventia.

Art. 68-A. A lavratura de procuração pública e a emissão de sua primeira via para fins exclusivos de recebimento de benefícios previdenciários ou assistenciais administrados pelo INSS são isentas do pagamento das custas e dos emolumentos.

Art. 69. O INSS manterá **programa permanente de revisão da concessão e da manutenção dos benefícios por ele administrados**, a fim de apurar irregularidades ou erros materiais.

Art. 85-A. Os **tratados, convenções e outros acordos internacionais** de que Estado estrangeiro ou organismo internacional e o Brasil sejam partes, e que versem sobre matéria previdenciária, serão interpretados como **lei especial**.

Art. 89. As contribuições sociais da empresa, do empregador doméstico e dos trabalhadores (todas sobre a folha de pagamentos), as contribuições instituídas a título de substituição e as contribuições devidas a terceiros somente poderão ser **restituídas** ou **compensadas** nas hipóteses de **pagamento ou recolhimento indevido** ou **maior que o devido**.

Art. 92. A infração de qualquer dispositivo da Lei n.º 8.212/1991 para a qual não haja penalidade expressamente cominada sujeita o responsável, conforme a gravidade da infração, a multa variável de R$ 3.215,07 a R$ 321.505,87 (ano 2024).

10.2. Decreto n.º 3.048/1999

Art. 176. A apresentação de documentação incompleta **não constitui**, por si só, motivo para recusa do requerimento de benefício ou serviço, ainda que seja possível identificar previamente que o segurado não faça jus ao benefício ou serviço pretendido.

Art. 176-A. O requerimento de benefícios e de serviços administrados pelo INSS será formulado por meio de **canais de atendimento eletrônico**, observados os procedimentos previstos em ato do INSS.

Art. 176-B. O INSS poderá firmar acordo de cooperação técnica com entes públicos e demais entidades para fins de geração e recebimento de requerimentos de benefícios.

Art. 176-C. O requerente poderá, enquanto não proferida a decisão do INSS e por meio de manifestação escrita, desistir do requerimento formulado.

Art. 176-D. Se, na data de entrada do requerimento do benefício, o segurado não satisfizer os requisitos para o reconhecimento do direito, mas implementá-los em momento posterior, antes da decisão do INSS, o requerimento poderá ser reafirmado para a data em que satisfizer os requisitos, que será fixada como início do benefício, exigindo-se, para tanto, a concordância formal do interessado, admitida a sua manifestação de vontade por meio eletrônico.

Art. 176-E. Caberá ao INSS conceder o **benefício mais vantajoso** ao requerente ou benefício diverso do requerido, desde que os elementos constantes do processo administrativo assegurem o reconhecimento desse direito.

Art. 179-A. O INSS implementará e manterá **processo administrativo eletrônico** para requerimento de benefícios e serviços e disponibilizará canais eletrônicos de atendimento.

Art. 179-B. No exercício de suas competências, o INSS terá acesso aos dados necessários para a análise, a concessão, a revisão e a manutenção de benefícios por ele administrados.

Art. 179-C. O servidor responsável pela análise dos pedidos dos benefícios motivará suas decisões ou opiniões técnicas e responderá pessoalmente apenas nas hipóteses de dolo e de erro grosseiro.

Art. 179-D. A administração pública federal desenvolverá ações de segurança da informação e das comunicações, incluídas as de segurança cibernética, de segurança das infraestruturas, de qualidade dos dados e de segurança de interoperabilidade de bases governamentais, e efetuará a sua integração, inclusive com as bases de dados e informações dos Estados, do Distrito Federal e dos Municípios, com o objetivo de atenuar riscos e inconformidades em pagamentos de benefícios sociais.

Art. 179-E. Os benefícios administrados pelo INSS que forem objeto de apuração de irregularidade ou fraude pela Coordenação-Geral de Inteligência Previdenciária do Ministério da Previdência Social poderão ter o respectivo valor **bloqueado cautelarmente pelo INSS**, por meio de decisão fundamentada, quando houver risco iminente de prejuízo ao erário e restarem evidenciados elementos suficientes que indiquem a existência de irregularidade ou fraude na sua concessão ou manutenção, hipótese em que será facultado ao titular a apresentação de defesa, nos termos do disposto neste Regulamento.

Art. 181-B. As aposentadorias concedidas pela previdência social são **irreversíveis** e **irrenunciáveis**.

Art. 181-C. Na hipótese de o inventariante não tomar a iniciativa do pagamento das contribuições devidas pelo segurado falecido o Instituto Nacional do Seguro Social deverá requerer, no inventário ou arrolamento de bens por ele deixado, o pagamento da dívida.

Art. 181-D. Se mais vantajoso, fica assegurado o direito à aposentadoria, nas condições legalmente previstas na data do cumprimento de todos os requisitos ao segurado que tiver optado por permanecer em atividade.

10.3. Emenda Constitucional n.º 103/2019

Art. 12. A União instituirá **sistema integrado de dados** relativos às remunerações, proventos e pensões dos segurados dos regimes de previdência de que tratam os Arts. 40 (**RPPS**), 201 (**RGPS**) e 202 (**RPC do servidor**) da Constituição Federal, aos benefícios dos programas de **assistência social** de que trata o Art. 203 da Constituição Federal e às remunerações, proventos de inatividade e pensão por morte decorrentes das atividades militares, em interação com outras bases de dados, ferramentas e plataformas, para o fortalecimento de sua **gestão**, **governança** e **transparência**.

Capítulo

10

OS REGIMES PRÓPRIOS DE PREVIDÊNCIA SOCIAL DOS SERVIDORES PÚBLICOS CIVIS

INTRODUÇÃO

Nesta parte do curso, tratar-se-á dos **regimes próprios de previdência social dos servidores públicos CIVIS** (os servidores públicos militares seguem regramento próprio).

É um tema que transita entre o Direito Previdenciário e o Direito Administrativo, além de ter uma forte base no Direito Constitucional, o que causa alguma confusão inicial ao leitor.

A nossa base constitucional consiste no longo **Art. 40** da Constituição Federal de 1988, totalmente reformulado pelas 4 (quatro) emendas constitucionais de reformas da previdência social (Emendas n.º 20/1998, n.º 41/2003, n.º 47/2005 e n.º 103/2019), **alguns outros artigos da carta magna** e na **parte autônoma da Emenda Constitucional n.º 103/2019** (parte que não foi inserida na constituição, mas tem estatura de texto constitucional, devendo ser respeitada por todas as leis e atos infralegais).

Por seu turno, a nossa base legal consiste na **Lei n.º 9.717/1998** e na **Lei n.º 10.887/2004**, sempre com texto adaptado às disposições constitucionais vigentes (CF/1988 e parte autônoma da EC n.º 103/2019).

1. O REGIME PRÓPRIO ANTIGO E O REGIME PRÓPRIO NOVO

A priori, devo informar que existem dois tipos de regime próprio de previdência social dos servidores públicos. Este autor assim os nomeou: o **RPPS antigo** e o **RPPS novo**.

O ponto de inflexão (momento de mudança) do RPPS antigo para o RPPS novo ocorre quando o ente político (União, Estado, Distrito Federal ou Município) implementa um **regime de previdência complementar** para os seus servidores públicos.

(Autoria: Ali Mohamad Jaha)

Assim, todos os servidores que entraram em exercício **antes** da implementação da previdência complementar estão abarcados pelo **RPPS antigo**, podendo migrar para o RPPS novo, a depender de previsão legal.

E, todos os servidores que entraram em exercício **após** a implementação da previdência complementar estão abarcados pelo **RPPS novo**.

E quais as diferenças entres esses RPPS? De forma esquematizada:

RPPS ANTIGO:

01. A contribuição previdenciária incide sobre **TODA** a remuneração do servidor, e;

02. Os benefícios previdenciários futuros (aposentadoria ou pensão por morte) **NÃO ESTÃO** limitados ao Teto RGPS.

RPPS NOVO:

01. Nesse novo modelo, o servidor tem duas contribuições previdenciárias:

    a) Uma contribuição previdenciária, idêntica ao do RGPS, incide **OBRIGATORIAMENTE** sobre a parcela da remuneração do servidor, **ATÉ** atingir o Teto do RGPS, e;

    b) Uma outra contribuição previdenciária, definida em lei, incide **OPCIONALMENTE** sobre a parcela do servidor que **ULTRAPASSAR** o Teto do RGPS.

02. Os benefícios previdenciários futuros (aposentadoria ou pensão por morte) **ESTÃO LIMITADOS** ao Teto do RGPS (contribuição obrigatória), podendo ter um **VALOR COMPLEMENTAR** (contribuição opcional), e;

03. A contribuição opcional acima do Teto do RGPS e o valor complementar são decorrências do **regime de previdência complementar** implementado pelo ente político.

Para constar, a União, boa parte dos Estados e alguns municípios de grande porte já estão no **RPPS novo** há muito tempo.

Para efeitos históricos, vale citar que, **na esfera federal**, a previdência complementar foi implementada no dia 04/02/2013, por meio da Fundação de Previdência Complementar do Servidor Público Federal (FUNPRESP).

Assim, quem ingressou - na esfera federal - até 03/02/2013 ficou no RPPS antigo e, quem ingressou a partir de 04/02/2013 ficou no RPPS novo.

2. O RPPS NA CF/1988, NA EC N.º 103/2019 E NA LEI N.º 10.887/2004

A Constituição Federal de 1988, atualizada até a Emenda Constitucional n.º 132/2023, juntamente com a Emenda Constitucional n.º 103/2019, são as principais fontes normativas dos regimes próprios de previdência social.

A Lei n.º 10.887/2004, atualizada até a Medida Provisória n.º 1.203/2023, trata de **regras de custeio** dos regimes próprios de previdência social.

Como diversos dispositivos da referida Lei estão **implicitamente revogados** pelo Art. 40 da CF/1988 e pela Emenda Constitucional n.º 103/2019, vou utilizar somente os dispositivos não conflitantes, com as devidas adaptações.

3. O CUSTEIO DOS RPPS

3.1. Introdução

Conforme dispõe a Carta Magna, o regime próprio de previdência social dos servidores titulares de cargos efetivos terá caráter **contributivo** e **solidário**, mediante **contribuição** do respectivo ente federativo, de servidores ativos, de aposentados e de pensionistas, observados critérios que preservem o equilíbrio financeiro e atuarial (CF/1988, Art. 40).

Como pode ser observado, os RPPS tem uma base de tributação **alargada**, uma vez que as contribuições serão cobradas:

- Do ente federativo, no papel de empregador;
- Do servidor federal, no papel de segurado, e;
- Do aposentado e do pensionista (**base alargada**).

Nos RPPS, **ao contrário do que ocorre no RGPS**, o servidor aposentado ou seu cônjuge pensionista também pagam contribuição previdenciária sobre os proventos recebidos.

3.2. A Contribuição do Servidor no RPPS Federal

A União, os Estados, o Distrito Federal e os Municípios instituirão, por meio de lei, contribuições para custeio de regime próprio de previdência social, cobradas dos servidores **ativos**, dos **aposentados** e dos **pensionistas**, que poderão ter **alíquotas progressivas** de acordo com o valor da base de contribuição ou dos proventos de aposentadoria e de pensões (CF/1988, Art. 149, § 1.º).

Compreende-se como base de contribuição o **vencimento básico** ou o **subsídio** do servidor público, acrescido das **vantagens pecuniárias permanentes** estabelecidas em lei, os **adicionas de caráter individual** ou **outras vantagens**.

É **vedada (proibida)** a incorporação de vantagens de caráter temporário ou vinculadas ao exercício de função de confiança ou de cargo em comissão à remuneração do cargo efetivo (CF/1988, Art. 39, § 9.º).

Deve-se ressaltar que existem parcelas que não compõem a base de contribuição, ou seja, são **parcelas que não incidem contribuição para o custeio do RPPS**. São, entre outras, essas **parcelas isentas** (Lei n.º 10.887/2004, § 1.º, incisos I a XVI):

1. As diárias para viagens;
2. A ajuda de custo em razão de mudança de sede;
3. A indenização de transporte;
4. O salário família;
5. O auxílio alimentação;
6. O auxílio creche;
7. As parcelas remuneratórias pagas em decorrência de local de trabalho;
8. A parcela percebida em decorrência do exercício de cargo em comissão ou de função comissionada ou gratificada;
9. O abono de permanência;
10. O adicional de férias;
11. O adicional noturno;
12. O adicional por serviço extraordinário;
13. A parcela paga a título de assistência à saúde suplementar;
14. A parcela paga a título de assistência pré-escolar;

15. A parcela paga a servidor público indicado para integrar conselho ou órgão deliberativo, na condição de representante do governo, de órgão ou de entidade da administração pública do qual é servidor, e;
16. O auxílio moradia.

No caso do **RPPS antigo**, conforme disposição normativa, quanto a contribuição previdenciária dos **RPPS federal**, tem-se que as alíquotas variam entre **7,5%** e **22%**, da seguinte maneira (EC n.º 103/2019, Art. 11):

Base de Contribuição	**Alíq.**
Até **R$ 1.412,00 (1 SM)**	7,5%
De R$ 1.412,01 até R$ 2.666,68	9%
De R$ 2.666,69 até R$ 4.000,03	12%
De R$ 4.000,04 até **R$ 7.786,02 (Teto do RGPS)**	14%
De R$ 7.786,03 até R$ 13.333,48	14,5%
De R$ 13.333,49 até R$ 26.666,94	16,5%
De R$ 26.666,95 até R$ 52.000,54	19%
R$ 52.000,55 em diante	22%

As alíquotas são aplicadas de **forma progressiva** sobre a base de contribuição (remuneração) do servidor, incidindo cada alíquota sobre a **faixa** de valores correspondente (EC n.º 103/2019, Art. 11, § 2.º).

Para exemplificar, suponha que determinado servidor federal tenha uma base de contribuição (remuneração) de R$ 35.000,00. Qual a **contribuição** devida por ele? Observe:

		Valor / faixa		Contrib / faixa
A	B	C = B – A	D (Alíq.)	E = C x D
R$ 0,01	R$ 1.412,00	R$ 1.412,00	7,5%	R$ 105,90
R$ 1.412,01	R$ 2.666,68	R$ 1.254,68	9%	R$ 112,92
R$ 2.666,69	R$ 4.000,03	R$ 1.333,35	12%	R$ 160,00
R$ 4.000,04	R$ 7.786,02	R$ 3.785,99	14%	R$ 530,04
R$ 7.786,03	R$ 13.333,48	R$ 5.547,46	14,5%	R$ 804,38
R$ 13.333,49	R$ 26.666,94	R$ 13.333,46	16,5%	R$ 2.200,02
R$ 26.666,95	R$ 35.000,00	R$ 8.333,06	19%	R$ 1.583,28
		R$ 35.000,00		**R$ 5.496,55**
			Alíq. Efet.	**15,7%**

No caso em tela, será devida uma contribuição mensal de R$ 5.496,55, com uma alíquota efetiva de 15,7%.

No caso do **RPPS novo**, com **previdência complementar facultativa**, conforme disposição normativa, quanto a contribuição previdenciária dos **RPPS federal**, tem-se que as alíquotas variam entre **7,5%** e **14%**, da seguinte maneira (EC n.º 103/2019, Art. 11):

Base de Contribuição	Alíq.
Até **R$ 1.412,00 (1 SM)**	7,5%
De R$ 1.412,01 até R$ 2.666,68	9%
De R$ 2.666,69 até R$ 4.000,03	12%
De R$ 4.000,04 até **R$ 7.786,02 (Teto do RGPS)**	14%

Para constar, essa é a **contribuição** comumente cobrada, que incide sobre a remuneração do servidor, **até atingir o Teto do RGPS**.

Sobre o que passar do Teto, os servidor pode aderir opcionalmente à **previdência complementar facultativa**, e contribuir para obter um complemente de aposentadoria, obtendo um valor combinado acima do Teto do RGPS.

As alíquotas são aplicadas de **forma progressiva** sobre a base de contribuição (remuneração) do servidor, incidindo cada alíquota sobre a **faixa** de valores correspondente (EC n.º 103/2019, Art. 11, § 2.º).

Para exemplificar, suponha que determinado servidor federal tenha uma base de contribuição (remuneração) de R$ 35.000,00. Qual a **contribuição** devida por ele? Observe:

		Valor / faixa		Contrib / faixa
A	B	C = B – A	D (Alíq.)	E = C x D
R$ 0,01	R$ 1.412,00	R$ 1.412,00	7,5%	R$ 105,90
R$ 1.412,01	R$ 2.666,68	R$ 1.254,68	9%	R$ 112,92
R$ 2.666,69	R$ 4.000,03	R$ 1.333,35	12%	R$ 160,00
R$ 4.000,04	R$ 7.786,02	R$ 3.785,99	14%	R$ 530,04
	Teto RGPS	**R$ 7.786,02**		**R$ 908,86**
			Alíq. Efet.	**11,67%**

No caso em tela, será devida uma contribuição mensal de R$ 908,86, com uma alíquota efetiva de 11,67%.

Para o valor que extrapolar o Teto (R$ 35.000,00 – R$ 7.786,02 = R$ R$ 27.213,98), o servidor poderá contribuir, opcionalmente, para a sua **previdência complementar facultativa**.

De todo o exposto, tem-se que no **RPPS antigo**, a contribuição incide sobre toda a remuneração do servidor.

Já no **RPPS novo**, com **opção expressa** do servidor em ingressar na **previdência complementar instituída**, a base de cálculo será:

- A remuneração do servidor até o Teto do RGPS (contribuição para o **RPPS novo**), e;
- A remuneração do servidor que ultrapassar o Teto (contribuição para a **previdência complementar**).

Revisando, as alíquotas de contribuição serão devidas pelos aposentados e pensionistas de quaisquer dos Poderes da União e incidirão sobre o valor da parcela dos proventos de aposentadoria e de pensões que **supere o limite máximo estabelecido para os benefícios do Regime Geral de Previdência Social**, hipótese em que será considerada a totalidade do valor do benefício para fins de definição das alíquotas aplicáveis (EC n.º 103/2019, Art. 11, § 4.º).

3.3. A Contribuição dos Aposentados e Pensionistas

Conforme texto da Carta Magna, incidirá contribuição (ordinária) sobre os proventos de aposentadorias e pensões concedidas pelos RPPS que **superem o limite máximo estabelecido para os benefícios do RGPS**, com percentual igual ao estabelecido para os servidores titulares de cargos efetivos (CF/1988, Art. 40, § 18).

Nos RPPS, ao contrário do que ocorre no RGPS, os aposentados e pensionistas contribuem para o regime de previdência. Entretanto, a contribuição previdenciária incidirá somente sobre a parcela dos proventos que superarem o Teto do RGPS. Sendo que serão as mesmas alíquotas previstas aos servidores da ativa.

Quando houver **déficit atuarial**, a contribuição ordinária dos aposentados e pensionistas poderá incidir sobre o valor dos proventos de aposentadoria e de pensões que supere o salário mínimo (CF/1988, Art. 149, § 1.º-A).

Demonstrada a insuficiência da medida acima para equacionar o déficit atuarial, é facultada a instituição de **contribuição extraordinária**, no âmbito da União, dos servidores públicos ativos, dos aposentados e dos pensionistas (CF/1988, Art. 149, § 1.º-B).

A contribuição extraordinária deverá ser instituída simultaneamente com outras medidas para equacionamento do déficit e vigorará por período determinado, contado da data de sua instituição (CF/1988, Art. 149, § 1.º-C).

3.4. A Contribuição dos Entes Políticos

No **RPPS antigo**, a contribuição do governo (ente político), na condição de "empregador", será, **na esfera federal**, o **dobro** da contribuição do servidor público. Os demais entes acabam seguindo essa regra.

As alíquotas desses servidores variam entre **7,5%** e **22%**, logo, a contribuição "patronal" do ente político ficará entre **15%** e **44%**.

No **RPPS novo**, até o Teto do RGPS, a contribuição do governo será de **20%** a exemplo das cotas patronais sobre folha de salários do RGPS.

Caso o servidor opte **pela previdência complementar facultativa, a contribuição do governo será exatamente a mesma do servidor** (cada plano tem suas alíquotas).

4. AS APOSENTADORIAS GERAIS NOS RPPS

A CF/1988 prevê que o servidor abrangido por regime próprio de previdência social será **aposentado** (CF/1988, Art. 40, § 1.º, incisos I a III):

1. **Por incapacidade permanente** para o trabalho, no cargo em que estiver investido, quando insuscetível de readaptação, hipótese em que será obrigatória a realização de avaliações periódicas para verificação da continuidade das condições que ensejaram a concessão da aposentadoria, na forma de lei do respectivo ente federativo;

2. **Compulsoriamente**, com proventos **proporcionais** ao tempo de contribuição aos **75 anos de idade**, na forma de lei complementar, e;

3. No **âmbito da União**, aos **62 anos** de idade, se mulher, e aos **65 anos** de idade, se homem, e, no âmbito dos Estados, do Distrito Federal e dos Municípios, na idade mínima estabelecida mediante emenda às respectivas Constituições e Leis Orgânicas, observados o tempo de contribuição e os demais requisitos estabelecidos em lei complementar do respectivo ente federativo. → **Aposentadoria voluntária.**

A exemplo do que ocorre no RGPS, tem-se a **aposentadoria por incapacidade permanente**, quando o servidor não consegue retornar ao trabalho, mesmo que de forma readaptada (em nova função).

A **aposentadoria compulsória**, em conformidade com a Lei Complementar n.º 152/2015, nos RPPS ocorre aos 75 anos de idade, seja homem, seja mulher. Regra distinta da aplicada ao RGPS (homem – 70 e mulher – 65).

A **aposentadoria voluntária**, equivalente a aposentadoria programada do RGPS, ocorre – na esfera federal – aos 62 anos (mulher) e aos 65 anos (homem), além de outros critérios que serão apresentados a seguir.

Na esfera federal, além das idade acima, o servidor público deve cumprir os seguintes requisitos (EC n.º 103/2019, Art. 10, § 1.º, inciso I, alínea "b"):

- **25 anos** de contribuição;
- Tempo mínimo de **10 anos** de efetivo exercício no serviço público, e;
- Tempo mínimo de **5 anos** no cargo efetivo em que for concedida a aposentadoria.

Vale ressaltar que os RPPS estaduais e municipais, em regra, copiam, com poucas alterações, as regras do RPPS federal. =)

5. AS APOSENTADORIAS ESPECÍFICAS NOS RPPS

Conforme disposição constitucional, é **vedada (proibida)** a adoção de requisitos ou critérios diferenciados para concessão de benefícios em regime próprio de previdência social, **ressalvadas** as situações de (CF/1988, Art. 40, § 4.º):

1. Servidores com deficiência;
2. Servidores policiais e equiparados;
3. Servidores que trabalham em condições especiais (nocivas a sua saúde), e;
4. Servidores professores da educação infantil, ensino fundamental e ensino médio.

Para as 4 (quatro) classes acimas, existe a flexibilidade constitucional de adotar requisitos e critérios diferenciados (e **mais benéficos**) para a concessão de benefícios do RPPS.

5.1. A Aposentadoria do Servidor com Deficiência

Poderão ser estabelecidos por **lei complementar do respectivo ente federativo** idade e tempo de contribuição diferenciados para aposentadoria de **servidores com deficiência**, previamente submetidos a avaliação biopsicossocial realizada por equipe multiprofissional e interdisciplinar (CF/1988, Art. 40, § 4.º-A).

Na esfera federal, os servidores com deficiência poderão se aposentar quando cumprirem os seguintes requisitos (EC n.º 103/2019, Art. 22):

- **0 anos** de efetivo exercício no serviço público, e;
- **5 anos** no cargo efetivo em que for concedida a aposentadoria.

Além disso, devem ser cumpridos os demais critérios definidos na Lei Complementar n.º 142/2013. Essa norma, aplicada aos servidores, divide essa espécie de aposentadoria em duas modalidades, a saber:

Aposentadoria do servidor com deficiência por tempo de contribuição (Lei Complementar n.º 142/2013, Art. 3.º, incisos I a III).

Aqui, a aposentadoria ocorre quando o servidor cumprir os seguintes requisitos:

- 25 anos de tempo de contribuição, se homem, e 20 anos, se mulher, no caso de segurado com deficiência **grave**;
- 29 anos de tempo de contribuição, se homem, e 24 anos, se mulher, no caso de segurado com deficiência **moderada**, ou;
- 33 anos de tempo de contribuição, se homem, e 28 anos, se mulher, no caso de segurado com deficiência **leve**; ou

Aposentadoria do servidor com deficiência por idade (Lei Complementar n.º 142/2013, Art. 3.º, inciso IV).

Nesta modalidade, a aposentadoria ocorre quando o servidor cumprir os seguintes requisitos:

- os 60 anos de idade, se homem, e 55 anos de idade, se mulher, independentemente do grau de deficiência, desde que cumprido tempo mínimo de contribuição de 15 anos e comprovada a existência de deficiência durante igual período.

5.2. A Aposentadoria do Servidor Policial e Equiparado

Poderão ser estabelecidos por **lei complementar do respectivo ente federativo** idade e tempo de contribuição diferenciados para aposentadoria de ocupantes do cargo de (CF/1988, Art. 40, § 4.º-B):

- **Agente penitenciário;**
- **Agente socioeducativo;**
- **Policial da Câmara dos Deputados;**
- **Policial do Senado Federal;**
- **Policial federal;**
- **Policial rodoviário federal;**
- **Policial ferroviário federa, e;**
- **Policial civil (estadual/distrital).**

Na esfera federal, esses servidores poderão se aposentar quando cumprirem os seguintes requisitos (EC n.º 103/2019, Art. 10, § 2.º, inciso I):

- **55 anos** de idade (homem ou mulher);
- **30 anos** de contribuição, e;
- **25 anos** de efetivo exercício em cargo dessas carreiras.

5.3. A Aposentadoria do Servidor que trabalha em Condições Especiais (nocivas)

Poderão ser estabelecidos por **lei complementar do respectivo ente federativo** idade e tempo de contribuição diferenciados para aposentadoria de servidores cujas atividades sejam exercidas com efetiva exposição a agentes químicos, físicos e biológicos prejudiciais à saúde, ou associação desses agentes, vedada a caracterização por categoria profissional ou ocupação (**condições especiais**) (CF/1988, Art. 40, § 4.º-C).

Na esfera federal, esses servidores poderão se aposentar quando cumprirem os seguintes requisitos (EC n.º 103/2019, Art. 10, § 2.º, inciso II):

- **60 anos** de idade (homem ou mulher);
- **25 anos** de efetiva exposição e contribuição;
- **10 anos** de efetivo exercício de serviço público, e;
- **5 anos** no cargo efetivo em que for concedida a aposentadoria.

5.4. A Aposentadoria do Servidor Professor da Educação Infantil, Ensino Fundamental e Ensino Médio

Os ocupantes do cargo de **professor** terão **idade mínima reduzida em 5 anos**, desde que comprovem tempo de efetivo exercício das funções de magistério na **educação infantil** e no **ensino fundamental** e **médio** fixado em **lei complementar do respectivo ente federativo** (CF/1988, Art. 40, § 5.º).

Assim, o servidor professor supra poderá se aposentar aos:

a) 62 – 5 = **57 anos**, se mulher, e;

b) 65 – 5 = **60 anos**, se homem.

Na esfera federal, esses servidores professores poderão se aposentar quando cumprirem as idades supra e os seguintes requisitos (EC n.º 103/2019, Art. 10, § 2.º, inciso III):

- **25 anos** de contribuição exclusivamente em efetivo exercício das funções de magistério na educação infantil e no ensino fundamental e médio;
- **10 anos** de efetivo exercício de serviço público, e;
- **5 anos** no cargo efetivo em que for concedida a aposentadoria.

Encerradas todas as aposentadorias, segue esse resumo:

Modalidade:	Idade	TC	SP	Cargo
Incap. Permanente	Estar incapacitado para qualquer trabalho			
Compulsória	75	-	-	-
Voluntária	65 H, 62 M	25	10	5
Deficiente por TC	-	25 H, 20 M (grave) 29 H, 24 M (moderada) 33 H, 28 M (leve)	10	5
Deficiente por idade	60 H, 55 M	15	10	5
Policial	55	30	-	25 como policial
Condições Especiais	60	25	10	5
Professor (EB, EF, EM)	60 H, 57 M	25 no magistério	10	5

(Autoria: Ali Mohamad Jaha)

6. O ABONO DE PERMANÊNCIA

Observados critérios a serem estabelecidos em lei do respectivo ente federativo, o servidor titular de cargo efetivo que **tenha completado as exigências para a aposentadoria voluntária** e que opte por **permanecer em atividade** poderá fazer jus a um **abono de permanência** equivalente, no máximo, ao valor da sua contribuição previdenciária, até completar a idade para aposentadoria compulsória – 75 anos (CF/1988, Art. 40, § 19).

Quando o servidor público cumpre todos os requisitos para se aposentar voluntariamente no seu RPPS, mas decide permanecer em atividade, receberá mensalmente o **abono de permanência** equivalente, em regra, ao valor da contribuição previdenciária descontada da sua remuneração, até completar 75 anos, quando ocorre a aposentadoria compulsória.

O abono de permanência, em muitas situações concretas, é um adicional considerável na remuneração liquida do servidor, o que encoraja muitos a permanecerem mais alguns anos no setor público.

7. A NÃO ACUMULAÇÃO DE APOSENTADORIAS NOS RPPS

Ressalvadas as aposentadorias decorrentes dos cargos acumuláveis, é **vedada (proibida)** a percepção de mais de uma aposentadoria à conta de regime próprio de previdência social, aplicando-se outras vedações, regras e condições para a acumulação de benefícios previdenciários estabelecidas no Regime Geral de Previdência Social - RGPS (CF/1988, Art. 40, § 6.º).

8. O CÁLCULO DAS APOSENTADORIAS NOS RPPS

Até que lei discipline o cálculo dos benefícios do **regime próprio de previdência social da União**, será utilizada a **média aritmética simples** das remunerações adotados como base para contribuições a regime próprio de previdência social ou como base para contribuições decorrentes das atividades militares, **atualizados monetariamente**, correspondentes a **100%** do período contributivo desde a competência 07/1994 ou desde o início da contribuição, se posterior àquela competência (EC n.º 103/2019, Art. 26).

As remunerações consideradas no cálculo do valor inicial dos benefícios terão os seus valores atualizados mês a mês de acordo com a variação integral do índice fixado para a atualização dos salários de contribuição considerados no cálculo dos benefícios do RGPS (CF/1988, Art. 40, § 17 e Lei n.º 10.887/2004, Art. 1.º, § 1.º). → **correção pelo INPC.**

Não obstante, as remunerações consideradas no cálculo, já atualizadas, não poderão ser (Lei n.º 10.887/2004, Art. 1.º, § 4.º, incisos I e II):

- Inferiores ao salário mínimo, e;
- Superiores ao limite máximo do salário de contribuição do RGPS (Teto do RGPS).

A média será limitada ao valor máximo do salário de contribuição do RGPS para os segurados desse regime e para o servidor que ingressou no serviço público em cargo efetivo **após a implantação do regime de previdência complementar** ou **que tenha exercido a opção correspondente** (EC n.º 103/2019, Art. 26, § 1.º). → RPPS novo, com previdência complementar facultativa.

Poderão ser excluídas da média as contribuições que resultem em redução do valor do benefício, desde que mantido o tempo mínimo de contribuição exigido, vedada a utilização do tempo excluído para qualquer finalidade, para a averbação em outro regime previdenciário ou para a obtenção dos proventos de inatividade das atividades militares (EC n.º 103/2019, Art. 26, § 6.º).

É assegurado o reajustamento dos benefícios para preservar-lhes, em **caráter permanente**, o **valor real** (CF/1988, Art. 40, § 8.º).

Os benefícios do RPPS federal serão reajustados nos termos estabelecidos para o Regime Geral de Previdência Social (EC n.º 103/2019, Art. 26, § 7.º). → **correção pelo INPC.**

Em regra, o valor do benefício de **aposentadoria** (**voluntária** ou **por incapacidade permanente**) corresponderá a **60%** da média aritmética com acréscimo de **2%** para cada ano de contribuição que exceder o tempo de **20 anos** de contribuição nos casos (EC n.º 103/2019, Art. 26, § 2.º).

O valor do benefício da **aposentadoria compulsória** corresponderá ao resultado do tempo de contribuição dividido por 20 anos, limitado a 1 (um) inteiro, multiplicado pelo valor apurado no parágrafo acima, ressalvado o caso de cumprimento de critérios de acesso para aposentadoria voluntária que resulte em situação mais favorável (EC n.º 103/2019, Art. 26, § 4.º).

Em via de exceção, o valor do benefício de aposentadoria corresponderá a **100%** da média aritmética no caso de **aposentadoria por incapacidade permanente**, quando decorrer de acidente de trabalho, de doença profissional e de doença do trabalho (EC n.º 103/2019, Art. 26, § 3.º, inciso II).

8.1. A Aposentadoria dos Servidores com Deficiência

A Lei Complementar n.º 142/2013 divide essa espécie de aposentadoria em duas modalidades: **aposentadoria do servidor com deficiência por tempo de contribuição** e **aposentadoria do servidor com deficiência por idade**.

Na modalidade por **tempo de contribuição**, o valor da aposentadoria consiste em **100%** da média das remunerações atualizadas.

Por sua vez, na modalidade **por idade**, o valor da aposentadoria consiste em **70%** da média mais **1%** por grupo de 12 contribuições mensais até o máximo de **30%**.

9. O CÁLCULO DA PENSÃO POR MORTE

A pensão por morte concedida a dependente de **servidor público federal** será equivalente a uma cota familiar de **50%** do valor da aposentadoria recebida pelo servidor ou daquela a que teria direito se fosse aposentado por incapacidade permanente (aposentadoria fictícia, para efeitos de cálculo) na data do óbito, acrescida de cotas de **10%** por dependente, até o máximo de **100%** (EC n.º 103/2019, Art. 23).

Suponha que o servidor federal era ativo e veio a falecer. Na data do óbito, teria direito a uma aposentadoria por incapacidade permanente no valor de R$ 30.000,00 e deixou como dependentes a esposa e dois filhos pequenos, totalizando 3 dependentes. Qual será o valor da pensão devida aos dependentes?

→ R$ 30.000 x 50% = R$ 15.000 (cota familiar).

→ R$ 30.000 x 30% (3 dependentes) = R$ 9.000.

→ R$ 15.000 + R$ 9.000 = R$ 24.000 de pensão.

As cotas por dependente **cessarão** com a perda dessa qualidade e não serão reversíveis aos demais dependentes, preservado o valor de 100% da pensão por morte quando o número de dependentes remanescente for igual ou superior a 5 (EC n.º 103/2019, Art. 23, § 1.º).

Na hipótese de existir dependente inválido ou com deficiência intelectual, mental ou grave, o valor da pensão por morte será equivalente a (EC n.º 103/2019, Art. 23, § 2.º, incisos I e II):

- **100%** da aposentadoria recebida pelo segurado ou servidor ou daquela a que teria direito se fosse aposentado por incapacidade permanente na data do óbito, **até o limite máximo de benefícios do Regime Geral de Previdência Social**, e;
- Uma cota familiar de **50%** acrescida de cotas de **10%** por dependente, até o máximo de **100%**, para o valor que **supere o limite máximo de benefícios do Regime Geral de Previdência Social. → previdência complementar facultativa.**

Quando não houver mais dependente inválido ou com deficiência intelectual, mental ou grave, o valor da pensão será **recalculado** (EC n.º 103/2019, Art. 23, § 3.º).

Para o dependente inválido ou com deficiência intelectual, mental ou grave, sua condição pode ser reconhecida previamente ao óbito do segurado, por meio de avaliação biopsicossocial realizada por equipe multiprofissional e interdisciplinar, observada revisão periódica na forma da legislação (EC n.º 103/2019, Art. 23, § 5.º).

Equiparam-se a filho, para fins de recebimento da pensão por morte, exclusivamente o enteado e o menor tutelado, desde que comprovada a dependência econômica (EC n.º 103/2019, Art. 23, § 6.º).

9.1. A Pensão por Morte dos Servidores Policiais e Equiparados

Quando se tratar da única fonte de renda formal auferida pelo dependente, o benefício de pensão por morte será concedido nos termos de **lei do respectivo ente federativo**, a qual tratará de forma diferenciada a hipótese de morte dos **servidores policiais e equiparados** decorrente de agressão sofrida no exercício ou em razão da função (CF/1988, Art. 40, § 7.º).

A pensão por morte, no caso de morte dos servidores policiais e equiparados **decorrente de agressão sofrida no exercício ou em razão da função**, será **vitalícia** para o cônjuge ou companheiro e **equivalente à remuneração do cargo** (EC n.º 103/2019, Art. 10, § 6.º).

Apresentados todos os benefícios, segue esse resumo:

Benefício	Renda Mensal
Apos. Voluntária	60% Média + 2% por ano > 20 anos
Apos. Incap. Perm.	60% Média + 2% por ano > 20 anos
Apos. Compulsória	D = TC / 20 = máximo 1 D x (60% Média + 2% por ano > 20 anos)
Apos. Defic. TC	100% Média
Apos. Defic. Idade	70% Média + 1% por ano contribuído
Apos. Policial	60% Média + 2% por ano > 20 anos
Apos. Cond. Especiais	60% Média + 2% por ano > 20 anos
Apos. Prof. (EB, EF, EM)	60% Média + 2% por ano > 20 anos
Pensão por Morte (regra)	50% Aposentadoria + 10% por dependente
Pensão por Morte (dependente inválido/deficiente)	100% Aposentadoria (até o Teto RGPS) + 50% Aposentadoria + 10% por dependente
Pensão por Morte (agressão sofrida na função)	100% Remuneração

(Autoria: Ali Mohamad Jaha)

9.2. Regras do RGPS aplicadas às Pensões dos RPPS

O tempo de duração da pensão por morte e das cotas individuais por dependente até a perda dessa qualidade, o rol de dependentes e sua qualificação e as condições necessárias para enquadramento serão os **mesmos estabelecidos para o RGPS** (EC n.º 103/2019, Art. 23, § 4.º).

São considerados dependentes dos servidores públicos (Decreto n.º 3.048/1999, Art. 16, incisos I a III):

> Classe 1. O cônjuge, a companheira, o companheiro e o filho não emancipado, de qualquer condição, menor de 21 anos de idade ou inválido ou que tenha deficiência intelectual, mental ou grave;
>
> Classe 2. Os pais, ou;
>
> Classe 3. O irmão não emancipado, de qualquer condição, menor de 21 anos de idade ou inválido ou que tenha deficiência intelectual, mental ou grave.

Os dependentes de uma mesma classe concorrem em igualdade de condições (Decreto n.º 3.048/1999, Art. 16, § 1.º).

A existência de dependente de qualquer das classes exclui do direito às prestações os das classes seguintes (Decreto n.º 3.048/1999, Art. 16, § 2.º). **→Ordem de Vocação Previdenciária.**

O pagamento da cota individual da pensão por morte **cessa** (Decreto n.º 3.048/1999, Art. 114, incisos I ao V):

1. Pela morte do pensionista;
2. Para o filho, o enteado, o menor tutelado ou o irmão, de ambos os sexos, ao completar 21 anos de idade, exceto se o pensionista for inválido ou tiver deficiência intelectual, mental ou grave;
3. Para o filho, o enteado, o menor tutelado ou o irmão inválido, pela cessação da invalidez;
4. Para o filho, o enteado, o menor tutelado ou o irmão que tenha deficiência intelectual, mental ou grave, pelo afastamento da deficiência;
5. Pela adoção, para o filho adotado que receba pensão por morte dos pais biológicos;
6. Para o cônjuge ou o companheiro ou a companheira:
    a) Se inválido ou com deficiência, pela cessação da invalidez ou pelo afastamento da deficiência, respeitados os períodos mínimos decorrentes da aplicação do disposto nas alíneas "b" e "c";
    b) Em 4 meses, se o óbito ocorrer sem que o segurado tenha vertido 18 contribuições mensais ou se o casamento ou a união estável tiver sido iniciado a menos de 2 anos antes do óbito do segurado, ou;

c) Transcorridos os seguintes períodos, estabelecidos de acordo com a idade do beneficiário na data de óbito do segurado, se o óbito ocorrer depois de vertidas 18 contribuições mensais e de, no mínimo, 2 anos de casamento ou união estável:

Pensão cessa em:	Idade do cônjuge sobrevivente:
3 anos	menos de 22 anos
6 anos	entre 23 e 27 anos
10 anos	entre 28 e 30 anos
15 anos	entre 31 e 41 anos
20 anos	entre 42 e 44 anos
Não cessa (vitalícia)	45 anos ou mais

(Portaria Ministério da Economia – ME n.º 424/2020)

Com a extinção da cota do último pensionista, a pensão por morte será encerrada (Decreto n.º 3.048/1999, Art. 114, § 1.º).

A pensão por morte será devida ao conjunto dos dependentes do servidor que falecer, aposentado ou não, a contar da data (Decreto n.º 3.048/1999, Art. 105, incisos I ao III):

1. Do óbito, quando requerida no prazo de 90 dias após o óbito, para os dependentes em geral (regra);
2. Do óbito, quando requerida no prazo de 180 dias após o óbito, para os filhos menores de 16 anos (exceção);
3. Do requerimento, quando requerida após os prazos previstos nos tópicos 1 e 2, ou;
4. Da decisão judicial, no caso de morte presumida.

9.3. As Hipóteses de Acumulação de Pensões por Morte

É **vedada (proibida)** a acumulação de mais de uma pensão por morte deixada por cônjuge ou companheiro, no âmbito do mesmo regime de previdência social, **ressalvadas** as pensões do mesmo instituidor decorrentes do exercício de cargos acumuláveis na da Constituição Federal (EC n.º 103/2019, Art. 24).

Conforme disposto, será admitida a **acumulação** de (EC n.º 103/2019, Art. 24, § 1.º, incisos I a III):

1. Pensão por morte deixada por cônjuge ou companheiro de um regime de previdência social com pensão por morte concedida por

outro regime de previdência social ou com pensões decorrentes das atividades militares;

2. Pensão por morte deixada por cônjuge ou companheiro de um regime de previdência social com aposentadoria concedida no âmbito do Regime Geral de Previdência Social ou de regime próprio de previdência social ou com proventos de inatividade decorrentes das atividades militares (aposentadoria militar), ou;
3. Pensões decorrentes das atividades militares com aposentadoria concedida no âmbito do Regime Geral de Previdência Social ou de regime próprio de previdência social.

Hipóteses de acumulação:		
Item 1	Pensão RGPS	Pensão RPPS civil
Item 1	Pensão RGPS	Pensão RPPS militar
Item 2	Pensão RPPS civil	Aposentadoria RGPS
Item 2	Pensão RPPS civil	Aposentadoria RPPS militar
Item 1	Pensão RPPS civil	Pensão RPPS militar
Item 3	Pensão RPPS militar	Aposentadoria RGPS

(Autoria: Ali Mohamad Jaha)

Nas hipóteses de acumulações, é assegurada a percepção do **valor integral** do benefício mais vantajoso e de **uma parte** de cada um dos demais benefícios, apurada cumulativamente de acordo com as seguintes faixas (EC n.º 103/2019, Art. 24, § 2.º, incisos I a IV):

- 60% do valor que exceder 1 salário mínimo, até o limite de 2 salários mínimos;
- 40% do valor que exceder 2 salários mínimos, até o limite de 3 salários mínimos;
- 20% do valor que exceder 3 salários mínimos, até o limite de 4 salários mínimos, e;
- 10% do valor que exceder 4 salários mínimos.

A aplicação do disposto acima poderá ser revista a qualquer tempo, a pedido do interessado, em razão de alteração de algum dos benefícios (EC n.º 103/2019, Art. 24, § 3.º).

10. A PREVIDÊNCIA COMPLEMENTAR FACULTATIVA (RPPS NOVO)

A União, os Estados, o Distrito Federal e os Municípios **instituirão**, por lei de iniciativa do respectivo Poder Executivo, **regime de previdência com-**

plementar para servidores públicos ocupantes de cargo efetivo, observado o **limite máximo** dos benefícios do RGPS para o valor das aposentadorias e das pensões em regime próprio de previdência social (CF/1988, Art. 40, § 14).

Esse dispositivo, implementado pela Emenda Constitucional n.º 103/2019, obriga todos os entes políticos a instituírem, caso ainda não tenham feito, o **regime de previdência complementar** para os seus servidores públicos.

A instituição do regime de previdência complementar e a adequação do órgão ou entidade gestora do regime próprio de previdência social deveriam ocorrer no prazo máximo de 2 anos da data de entrada em vigor da EC n.º 103/2019, ou seja, **até 13/11/2021**. (EC n.º 103/2019, Art. 9.º, § 6.º).

Com isso, tem-se a obrigação constitucional, para todos os entes políticos, de evoluir do RPPS antigo para o RPPS novo, com benefícios limitados ao Teto do RGPS e, opcionalmente, com um valor complementar acima do teto (**previdência complementar facultativa**).

O regime de previdência complementar oferecerá plano de benefícios somente na modalidade **contribuição definida** e será efetivado, **em tese**, por intermédio de **entidade fechada de previdência complementar** ou de **entidade aberta de previdência complementar** (CF/1988, Art. 40, § 15).

Em tese? Sim!

Até que seja disciplinada a relação entre a União, os Estados, o Distrito Federal e os Municípios e entidades abertas de previdência complementar, **SOMENTE entidades fechadas de previdência complementar** estão autorizadas a administrar planos de benefícios patrocinados pela União, Estados, Distrito Federal ou Municípios, inclusive suas autarquias, fundações, sociedades de economia mista e empresas controladas direta ou indiretamente (EC n.º 103/2019, Art. 33).

A **previdência complementar facultativa**, a ser ofertada aos servidores nos RPPS novos, será necessariamente da modalidade **contribuição definida**, ou seja, o servidores poderão apenas escolher a alíquota da contribuição que incidirá sobre sua remuneração. Em regra, ofertam 3 ou 4 alíquotas distintas.

A execução e a efetivação da previdência complementar ocorrerá por intermédio de:

- Entidade **fechada** de previdência complementar (**EFPC**): é aquela instituição criada, sem fins lucrativos, para atender determinado rol **fechado** de pessoas. Não é aberta para qualquer pessoa. Pode-se citar, como exemplo, a FUNPRESP que abarca somente os servidores públicos civis da Uniao, ou;

- Entidade **aberta** de previdência complementar (**EAPC**): é aquela instituição, geralmente bancária, que visa o lucro e oferta planos de previdência complementar para todas as pessoas, **não se restringindo a determinado grupo**. Como exemplos: Banco do Brasil, Itaú e Caixa Econômica Federal.

Vale ressaltar que os RPPS novos, com previdência complementar facultativa, são aplicáveis somente aos servidores públicos civis que ingressam **depois** da instituição do respectivo regime de previdência complementar.

Os servidores que ingressaram **antes** da instituição do respectivo regime de previdência complementar são abarcados pelos RPPS antigos. Entretanto, eles poderão abandonar o RPPS antigo e ingressar no RPPS novo, desde que realizem essa **opção de maneira expressa**, nos limites e prazos da lei do respectivo ente político (CF/1988, Art. 40, § 16).

Por fim, vale ressaltar que é **vedada (proibida)** a complementação de aposentadorias de servidores públicos e de pensões por morte a seus dependentes que não seja decorrente da **previdência complementar facultativa** (**RPPS novo**) ou que não seja prevista em lei que extinga regime próprio de previdência social (CF/1988, Art. 37, § 15).

11. OS LIMITES DOS BENEFÍCIOS DOS RPPS

Os proventos de aposentadoria e de pensão **não poderão ser inferiores** ao valor mínimo (1 salário mínimo) ou **superiores ao Teto do RGPS**, desde que o ente político já tenha implementado o **regime de previdência complementar** para os seus servidores (CF/1988, Art. 40, § 2.º).

O parágrafo acima está tratando do **RPPS novo**, onde existe um contribuição obrigatória sobre a remuneração, até o Teto do RGPS e uma contribuição opcional sobre a parcela da remuneração que ultrapassar o Teto do RGPS.

A contribuição obrigatória garante uma aposentadoria limitada ao Teto do RGPS. A contribuição opcional, oriunda da **previdência complementar**, garante uma complementação acima deste teto.

As regras para cálculo de proventos de aposentadoria serão disciplinadas em **lei** do respectivo ente federativo (CF/1988, Art. 40, § 3.º).

Do lado oposto, aplica-se, como **limite máximo**, o subsídio dos ministro do STF (CF/1988, Art. 40, § 11):

- À **soma total dos proventos de inatividade**, inclusive quando decorrentes da **acumulação** de cargos ou empregos públicos, bem como de outras atividades sujeitas a contribuição para o regime geral de previdência social, e;

- Ao **montante** resultante da adição de proventos de inatividade com remuneração de cargo acumulável, cargo em comissão declarado em lei de livre nomeação e exoneração, e de cargo eletivo.

Com isso, as aposentadorias e pensões nos RPPS civis terão como teto o subsídio dos ministros do STF, seja no **RPPS antigo**, seja no **RPPS novo** (Teto do RGPS + complemento).

12. OS AGENTES PÚBLICO EXCLUÍDOS DOS RPPS

Conforme determinação constitucional, aplica-se ao agente público ocupante, **exclusivamente**, de cargo em comissão declarado em lei de livre nomeação e exoneração, de outro cargo temporário, inclusive mandato eletivo, ou de emprego público, o **Regime Geral de Previdência Social** (CF/1988, Art. 40, § 13).

Com isso, **estão excluídos dos RPPS**:

- Agente público ocupante exclusivamente de cargo em comissão (de livre nomeação e exoneração): é o que ocupa **somente** o cargo comissionado, por indicação política, sem aprovação em concurso público para cargo estatutário;
- Agente público ocupante exclusivamente de cargo temporário: é o indivíduo que ocupa **somente** determinado cargo por tempo limitado (1 ano, talvez 2 anos). Geralmente, os cargos temporários são preenchidos por meio de processo seletivo (não é concurso público);
- Agente público ocupante exclusivamente de mandato eletivo: é a pessoa que obteve êxito nas eleições e ocupa **somente** o cargo eletivo (vereador, prefeito, deputado estadual, deputado federal, senador, etc.), e;
- Agente público ocupante de emprego público: é o cidadão que obteve aprovação em concurso público e foi nomeado para um cargo que não é estatutário, mas **celetista** (segue as regras da CLT). São exemplos os empregados públicos da Caixa Econômica Federal, do Banco do Brasil e da Petrobrás.

Todos os agentes citados **não pertencem a nenhum RPPS**, logo, todos são segurados obrigatórios, na condição de empregado, no **RGPS**.

Para constar, ao servidor público da administração direta, autárquica e fundacional, no exercício de mandato eletivo, na hipótese de ser segurado de regime próprio de previdência social, permanecerá filiado a esse regime, no ente federativo de origem (CF/1988, Art. 38, inciso V).

13. A CONTAGEM RECÍPROCA DO TEMPO DE CONTRIBUIÇÃO

O tempo de contribuição federal, estadual, distrital ou municipal será contado para fins de aposentadoria e o tempo de serviço correspondente será contado para fins de disponibilidade (CF/1988, Art. 40, § 9.º).

O dispositivo informa que haverá **contagem recíproca do tempo de contribuição** entre os RPPS civis, os RPPS militares e o RGPS. Todo tempo contribuído será contado para aposentadoria, independente em qual regime previdenciário.

A lei **não** poderá estabelecer qualquer forma de contagem de tempo de contribuição fictício (CF/1988, Art. 40, § 10). Logo, não há que se falar, por exemplo, em contagem dobrada de tempo de contribuição.

14. O PRINCÍPIO DA UNICIDADE DOS RPPS

Conforme texto constitucional de 1988, é **vedada (proibida)** a existência de mais de um regime próprio de previdência social e de mais de um órgão ou entidade gestora desse regime em cada ente federativo, abrangidos todos os poderes, órgãos e entidades autárquicas e fundacionais, que serão responsáveis pelo seu financiamento, observados os critérios, os parâmetros e a natureza jurídica definidos na lei complementar (CF/1988, Art. 40, § 20).

Este autor denominou o supra apresentado de **Princípio da Unicidade de Regime Previdenciário**. Cada ente federativo - União, Estados, DF e Municípios - terá um único RPPS e uma única entidade gestora do respectivo RPPS.

15. A APLICAÇÃO SUBSIDIÁRIA DAS REGRAS DO RGPS

Além do disposto no Art. 40 da CF/1988, serão observados, em regime próprio de previdência social, no que couber, os requisitos e critérios fixados para o Regime Geral de Previdência Social (CF/1988, Art. 40, § 12).

Assim, de forma **subsidiária**, algumas normas aplicadas aos RGPS também deverão ser observadas pelos RPPS.

16. O SISTEMA INTEGRADO DE DADOS DA UNIÃO

A União instituirá **sistema integrado de dados** relativos às remunerações, proventos e pensões dos segurados dos RPPS civis, do RGPS, do RPC, aos benefícios dos programas de assistência social e às remunerações, proventos de inatividade e pensão por morte decorrentes das atividades militares, em interação com outras bases de dados, ferramentas e plataformas, para o fortalecimento de sua gestão, governança e transparência e o cumprimento da observância ao limite máximo de proventos (subsídio dos ministros do STF) e às acumulações de cargos permitidas na CF/1988 (EC n.º 103/2019, Art. 12).

A União, os Estados, o Distrito Federal e os Municípios e os órgãos e entidades gestoras dos regimes, dos sistemas e dos programas disponibilizarão as informações necessárias para a estruturação do sistema integrado de dados e terão acesso ao compartilhamento das referidas informações (EC n.º 103/2019, Art. 12, § 1.º).

É **vedada (proibida)** a transmissão dessas informações a qualquer pessoa física ou jurídica para a prática de atividade não relacionada à fiscalização dos regimes, dos sistemas e dos programas em tela (EC n.º 103/2019, Art. 12, § 2.º).

17. A HIPÓTESE DE EXTINÇÃO DOS RPPS

Na hipótese de extinção, **por lei**, de regime previdenciário (RPPS) e migração dos respectivos segurados para o Regime Geral de Previdência Social, serão observados, até que lei federal disponha sobre a matéria, os seguintes requisitos pelo ente federativo (EC n.º 103/2019, Art. 34, incisos I a III):

1. Assunção integral da responsabilidade pelo pagamento dos benefícios concedidos durante a vigência do regime extinto, bem como daqueles cujos requisitos já tenham sido implementados antes da sua extinção;
2. Previsão de mecanismo de ressarcimento ou de complementação de benefícios aos que tenham contribuído acima do limite máximo do Regime Geral de Previdência Social;
3. Vinculação das reservas existentes no momento da extinção, exclusivamente:
   a) Ao pagamento dos benefícios concedidos e a conceder, ao ressarcimento de contribuições ou à complementação de benefícios, na forma dos tópicos 1 e 2, e;
   b) À compensação financeira com o Regime Geral de Previdência Social.

A existência de superavit atuarial **não constitui óbice** à extinção de regime próprio de previdência social e à consequente migração para o Regime Geral de Previdência Social (EC n.º 103/2019, Art. 34, parágrafo único).

18. A ORGANIZAÇÃO E O FUNCIONAMENTO DOS RPPS

18.1. CF/1988 e EC n.º 103/2019

Conforme disposição constitucional, está **vedada (proibida)** a instituição de novos regimes próprios de previdência social, **lei complementar federal estabelecerá**, para os que já existam, **normas gerais** de organização, de funcionamento e de responsabilidade em sua gestão, dispondo, entre outros aspectos, sobre (CF/1988, Art. 40, § 22, incisos I a X):

1. Requisitos para sua extinção e consequente migração para o Regime Geral de Previdência Social;
2. Modelo de arrecadação, de aplicação e de utilização dos recursos;
3. Fiscalização pela União e controle externo e social;
4. Definição de equilíbrio financeiro e atuarial;
5. Condições para instituição do fundo com finalidade previdenciária e para vinculação a ele dos recursos provenientes de contribuições e dos bens, direitos e ativos de qualquer natureza;
6. Mecanismos de equacionamento do déficit atuarial;
7. Estruturação do órgão ou entidade gestora do regime, observados os princípios relacionados com governança, controle interno e transparência;
8. Condições e hipóteses para responsabilização daqueles que desempenhem atribuições relacionadas, direta ou indiretamente, com a gestão do regime;
9. Condições para adesão a consórcio público, e;
10. Parâmetros para apuração da base de cálculo e definição de alíquota de contribuições **ordinárias** e **extraordinárias** (sobre aposentadorias e pensões).

Até que entre em vigor **lei complementar federal** em questão, aplicam-se aos regimes próprios de previdência social o disposto na **Lei n.º 9.717/1998** e o **disposto a seguir** (EC n.º 103/2019, Art. 9.º e §§ 1.º ao 9.º):

1. O equilíbrio financeiro e atuarial do regime próprio de previdência social deverá ser comprovado por meio de garantia de equivalência, a valor presente, entre o fluxo das receitas estimadas e das despesas projetadas, apuradas atuarialmente, que, juntamente com os bens,

direitos e ativos vinculados, comparados às obrigações assumidas, evidenciem a solvência e a liquidez do plano de benefícios;

2. O rol de benefícios dos regimes próprios de previdência social fica limitado às **aposentadorias** e à **pensão por morte; → Existem outros benefícios (licenças), mas não com natureza previdenciária.**
3. Os **afastamentos por incapacidade temporária** para o trabalho e o **salário maternidade** serão pagos diretamente pelo ente federativo e não correrão à conta do regime próprio de previdência social ao qual o servidor se vincula;
4. Os Estados, o Distrito Federal e os Municípios **não poderão estabelecer alíquota inferior à da contribuição dos servidores da União**, exceto se demonstrado que o respectivo regime próprio de previdência social não possui déficit atuarial a ser equacionado, hipótese em que a alíquota não poderá ser inferior às alíquotas aplicáveis ao Regime Geral de Previdência Social;
5. Os recursos de regime próprio de previdência social poderão ser aplicados na concessão de empréstimos a seus segurados, na modalidade de consignados, observada regulamentação específica estabelecida pelo Conselho Monetário Nacional (CMN);
6. Por meio de lei, poderá ser instituída **contribuição extraordinária pelo prazo máximo de 20 anos** (sobre aposentadorias e pensões), e;
7. O parcelamento ou a moratória de débitos dos entes federativos com seus regimes próprios de previdência social fica limitado ao **prazo de 60 meses**.

18.2. Lei n.º 9.717/1998

A Lei n.º 9.717/1998, atualizada até a Lei n.º 13.846/2019, trata das regras gerais para a **organização** e o **funcionamento** dos regimes próprios de previdência social dos servidores civis e militares em todos os entes políticos (União, Estados, Distrito Federal e Municípios).

Os regimes próprios de previdência social dos servidores públicos da União, dos Estados, do Distrito Federal e dos Municípios, dos militares dos Estados e do Distrito Federal deverão ser **organizados**, baseados em **normas gerais de contabilidade e atuária**, de modo a garantir o seu **equilíbrio financeiro e atuarial**, observados os seguintes **critérios** (Lei n.º 9.717/1998, Art. 1.º, incisos I ao XI):

1. Realização de avaliação atuarial inicial e em cada balanço utilizando-se parâmetros gerais, para a organização e revisão do plano de custeio e benefícios;
2. Financiamento mediante recursos provenientes da União, dos Estados, do Distrito Federal e dos Municípios e das contribuições do pessoal civil e militar, ativo, inativo e dos pensionistas, para os seus respectivos regimes;
3. As contribuições e os recursos vinculados ao Fundo Previdenciário da União, dos Estados, do Distrito Federal e dos Municípios e as contribuições do pessoal civil e militar, ativo, inativo, e dos pensionistas, somente poderão ser utilizadas para pagamento de benefícios previdenciários dos respectivos regimes, observado os limites de gastos estabelecidos em parâmetros gerais;
4. Cobertura de um número mínimo de segurados, de modo que os regimes possam garantir diretamente a totalidade dos riscos cobertos no plano de benefícios, preservando o equilíbrio atuarial sem necessidade de resseguro, conforme parâmetros gerais;
5. Cobertura exclusiva a servidores públicos titulares de cargos efetivos e a militares, e a seus respectivos dependentes, de cada ente estatal, vedado o pagamento de benefícios, mediante convênios ou consórcios entre Estados, entre Estados e Municípios e entre Municípios;
6. Pleno acesso dos segurados às informações relativas à gestão do regime e participação de representantes dos servidores públicos e dos militares, ativos e inativos, nos colegiados e instâncias de decisão em que os seus interesses sejam objeto de discussão e deliberação;
7. Registro contábil individualizado das contribuições de cada servidor e dos entes estatais, conforme diretrizes gerais;
8. Identificação e consolidação em demonstrativos financeiros e orçamentários de todas as despesas fixas e variáveis com pessoal inativo civil, militar e pensionistas, bem como dos encargos incidentes sobre os proventos e pensões pagos;
9. Sujeição às inspeções e auditorias de natureza atuarial, contábil, financeira, orçamentária e patrimonial dos órgãos de controle interno e externo.

10. **Vedação (proibição)** de inclusão nos benefícios, para efeito de percepção destes, de parcelas remuneratórias pagas em decorrência de local de trabalho, de função de confiança ou de cargo em comissão, exceto quando tais parcelas integrarem a remuneração de contribuição do servidor que se aposentar, respeitado, em qualquer hipótese, como limite máximo o Teto do RGPS (**RPPS novo**), e;
11. **Vedação (proibição)** de inclusão nos benefícios, para efeito de percepção destes, do abono de permanência.

Aplicam-se adicionalmente aos regimes próprios de previdência social as seguintes disposições relativas a seguir aos **fundos com finalidade previdenciária** por eles instituídos (Lei n.º 9.717/1998, Art. 1.º, § 1.º).

Fica facultada à União, aos Estados, ao Distrito Federal e aos Municípios, **a constituição de fundos integrados de bens, direitos e ativos, com finalidade previdenciária**, desde que observados os 11 critérios acima e, adicionalmente, os seguintes **preceitos** (Lei n.º 9.717/1998, Art. 6.º, incisos II a IX).

1. Existência de conta do fundo distinta da conta do Tesouro da unidade federativa;
2. Aplicação de recursos, conforme estabelecido pelo Conselho Monetário Nacional (CMN);
3. **Vedação (proibição)** da utilização de recursos do fundo de bens, direitos e ativos para empréstimos de qualquer natureza, inclusive à União, aos Estados, ao Distrito Federal e aos Municípios, a entidades da administração indireta e aos respectivos segurados;
4. **Vedação (proibição)** à aplicação de recursos em títulos públicos, com exceção de títulos do Governo Federal;
5. Avaliação de bens, direitos e ativos de qualquer natureza integrados ao fundo, em conformidade com a Lei n.º 4.320/1964 (normas gerais de Direito Financeiro);
6. Estabelecimento de limites para a taxa de administração, conforme parâmetros gerais, e;
7. Constituição e extinção do fundo mediante lei.

No estabelecimento das condições e dos limites para aplicação dos recursos dos regimes próprios de previdência social, na forma do tópico 2 supra, o Conselho Monetário Nacional (CMN) deverá considerar, entre outros **requisitos** (Lei n.º 9.717/1998, Art. 6.º, parágrafo único, inciso I e II):

1. A natureza pública das unidades gestoras desses regimes e dos recursos aplicados, exigindo a observância dos princípios de segurança, proteção e prudência financeira, e;
2. A necessidade de exigência, em relação às instituições públicas ou privadas que administram, direta ou indiretamente por meio de fundos de investimento, os recursos desses regimes, da observância de critérios relacionados a boa qualidade de gestão, ambiente de controle interno, histórico e experiência de atuação, solidez patrimonial, volume de recursos sob administração e outros destinados à mitigação de riscos.

Os regimes próprios de previdência social da União, dos Estados, do Distrito Federal e dos Municípios operacionalizarão a **compensação financeira** entre si e com o regime geral de previdência social (Lei n.º 9.717/1998, Art. 1.º, § 2.º).

O servidor público titular de cargo efetivo da União, dos Estados, do Distrito Federal e dos Municípios ou o militar dos Estados e do Distrito Federal filiado a regime próprio de previdência social, quando **cedido** a órgão ou entidade de outro ente da federação, **com ou sem ônus** para o cessionário, **permanecerá vinculado ao regime de origem** (Lei n.º 9.717/1998, Art. 1.º-A).

A contribuição da União, dos Estados, do Distrito Federal e dos Municípios, incluídas suas autarquias e fundações, aos regimes próprios de previdência social a que estejam vinculados seus servidores **não poderá ser inferior ao valor da contribuição do servidor ativo, nem superior ao dobro desta contribuição** (Lei n.º 9.717/1998, Art. 2.º).

Atualmente, na esfera federal, a contribuição do servidor está entre **7,5%** a **22%**. Logo, a contribuição do ente político, **na condição de empregador**, deve seguir esses parâmetros (**7,5%** a **22%**) ou no máximo dobrar os referidos parâmetros (**15%** a **44%**).

A União, os Estados, o Distrito Federal e os Municípios são responsáveis pela **cobertura de eventuais insuficiências financeiras** do respectivo regime próprio, decorrentes do pagamento de benefícios previdenciários (Lei n.º 9.717/1998, Art. 2.º, § 1.º).

A União, os Estados, o Distrito Federal e os Municípios publicarão, até 30 dias após o encerramento de cada bimestre, demonstrativo financeiro e orçamentário da receita e despesa previdenciárias acumuladas no exercício financeiro em curso (Lei n.º 9.717/1998, Art. 2.º, § 2.º).

As **alíquotas** de contribuição dos servidores ativos dos **Estados**, do **Distrito Federal** e dos **Municípios** para os respectivos regimes próprios de previdência social **não serão inferiores às dos servidores titulares de cargos efetivos da União**, devendo ainda ser observadas, no caso das contribuições sobre os proventos dos inativos e sobre as pensões, as mesmas alíquotas aplicadas às remunerações dos servidores em atividade do respectivo ente estatal (Lei n.º 9.717/1998, Art. 3.º).

A União sempre será o parâmetro mínimo. Os Estados, o Distrito Federal e os Municípios poderão instituir alíquotas maiores.

Os **regimes próprios** de previdência social dos servidores públicos da União, dos Estados, do Distrito Federal e dos Municípios, dos militares dos Estados e do Distrito Federal **não poderão** conceder benefícios distintos dos previstos no RGPS, salvo disposição em contrário da Constituição Federal (Lei n.º 9.717/1998, Art. 5.º).

O **descumprimento** do disposto na Lei n.º 9.717/1998 pelos Estados, Distrito Federal e Municípios e pelos respectivos fundos, **implicará** (Lei n.º 9.717/1998, Art. 7.º, incisos I a III):

1. Suspensão das transferências voluntárias de recursos pela União;
2. Impedimento para celebrar acordos, contratos, convênios ou ajustes, bem como receber empréstimos, financiamentos, avais e subvenções em geral de órgãos ou entidades da Administração direta e indireta da União, e;
3. Suspensão de empréstimos e financiamentos por instituições financeiras federais.

Compete à União, por intermédio do Ministério da Previdência Social, em relação aos regimes próprios de previdência social e aos seus fundos previdenciários (Lei n.º 9.717/1998, Art. 9.º, incisos I a IV):

1. A orientação, a supervisão, a fiscalização e o acompanhamento;
2. O estabelecimento e a publicação de parâmetros, diretrizes e critérios de responsabilidade previdenciária na sua instituição, organização e funcionamento, relativos a custeio, benefícios, atuária, contabilidade, aplicação e utilização de recursos e constituição e manutenção dos fundos previdenciários, para preservação do caráter contributivo e solidário e do equilíbrio financeiro e atuarial;
3. A apuração de infrações, por servidor credenciado, e a aplicação de penalidades, por órgão próprio, e;
4. A emissão do Certificado de Regularidade Previdenciária (CRP), que atestará o cumprimento, pelos Estados, Distrito Federal e Mu-

nicípios, dos critérios e exigências aplicáveis aos regimes próprios de previdência social e aos seus fundos previdenciários.

A União, os Estados, o Distrito Federal e os Municípios ao Ministério da Previdência Social, na forma, na periodicidade e nos critérios por ele definidos, dados e informações sobre o regime próprio de previdência social e seus segurados (Lei n.º 9.717/1998, Art. 9.º, parágrafo único).

No caso de extinção de regime próprio de previdência social, a União, o Estado, o Distrito Federal e os Municípios **assumirão integralmente a responsabilidade pelo pagamento dos benefícios concedidos durante a sua vigência**, bem como daqueles benefícios cujos requisitos necessários à sua concessão foram implementados anteriormente à extinção do regime próprio de previdência social (Lei n.º 9.717/1998, Art. 10).

Capítulo 11

O REGIME DE PREVIDÊNCIA MILITAR

1. O REGIME DE PREVIDÊNCIA MILITAR

1.1. Considerações Iniciais

Conforme dispõe o texto constitucional, as **Forças Armadas**, constituídas pela **Marinha**, pelo **Exército** e pela **Aeronáutica**, são instituições nacionais permanentes e regulares, organizadas com base na hierarquia e na disciplina, sob a autoridade suprema do Presidente da República, e destinam-se à defesa da Pátria, à garantia dos poderes constitucionais e, por iniciativa de qualquer destes, da lei e da ordem.

Por seu turno, os membros das Forças Armadas são denominados **militares**. Com isso, em vez de utilizar a nomenclatura "servidor público militar", deve-se utilizar apenas o termo "militar". Observe o exposto na Lei n.º 6.880/1980 (Estatuto dos Militares):

> Art. 3.º Os membros das Forças Armadas, em razão de sua destinação constitucional, formam uma categoria especial de servidores da Pátria e são denominados militares.

Desde os meus primeiros contatos com a Receita Federal do Brasil, ainda no Programa de Formação de Auditor-Fiscal 2010, tive o privilégio e a felicidade de fazer muitos amigos militares, principalmente oriundos do Exército Brasileiro. Desde desses tempos, pude observar que o mundo dos militares é muito peculiar e, principalmente, muito distinto do mundo dos civis.

Essa peculiaridade tem reflexos em toda a vida funcional do militar, principalmente no **ramo previdenciário**, onde observamos direitos, obrigações e regras distintos dos adotados no Regime Geral de Previdência Social (RGPS) ou nos Regimes Próprios dos Servidores Civis (RPPS).

Não obstante, vale ressaltar que o **Direito Previdenciário Militar** é um ramo do Direito pouquíssimo explorado pelos doutrinadores, com raras obras publicadas e com poucas decisões de relevância nos Tribunais Superiores. Na esfera dos concursos, especificamente, não existe nenhuma obra que mereça citação.

Diante dessa escassa produção intelectual sobre o tema, será tratado, neste curso, os principais aspectos do **Regime de Previdência Militar (RPM)**, espalhados em diversos atos normativos presentes em nosso ordenamento jurídico pátrio.

Tais atos normativos foram todos **modificados** pela:

- 1.ª Reforma Previdenciária Militar ocorrida entre os anos de 2000 e 2001, quando houve uma série de publicações e republicações de uma mesma medida provisória, até se chegar, definitivamente, na **Medida Provisória n.º 2.215-10/2001**, publicada em agosto/2001, e;
- 2.ª Reforma Previdenciária Militar, operada pela **extensa Lei n.º 13.954/2019**, no final da década de 10.

Para constar, esses são os atos normativos utilizados para o estudo do Direito Previdenciário Militar:

- **Lei n.º 3.765/1960**, atualizada até a Lei n.º 13.954/2019. É a antiquíssima **Lei de Pensões Militares**, completamente reformulada pela Medida Provisória n.º 2.215-10/2001 e pela Lei n.º 13.954/2019;
- **Decreto-Lei n.º 667/1969**, atualizada até a Lei n.º 14.751/2023. Este antigo ato foi muito alterado em 2019 e trata da **transferência para a inatividade das Polícias Militares e dos Corpos de Bombeiros Militares dos Estados e do Distrito Federal**;
- **Lei n.º 6.880/1980**, atualizada até a Lei n.º 13.954/2019. É o **Estatuto dos Militares**, onde são tratadas todas as disposições sobre a carreira militar nas Forças Armadas, logo, o estudo desse diploma deve focar apenas nos dispositivos ligados ao Direito Previdenciário Militar;
- **Medida Provisória n.º 2.215-10/2001**, atualizada até a Lei n.º 13.954/2019. É o diploma legal responsável pela Reestruturação da Remuneração dos Militares das Forças Armadas no início dos anos

2000. Neste ato, devemos observar apenas os dispositivos relacionados à **1.ª Reforma Previdenciária Militar**;

- **Lei n.º 13.954/2019**, que, 18 anos depois, operou a **2.ª Reforma da Previdência Militar**, no apagar das luzes do ano de 2019. Lei importantíssima, que alterou profundamente todos os diplomas supramencionados, e;
- **Decreto n.º 10.742/2021**, que **regulamenta** a Lei n.º 3.765/1960, a **Lei de Pensões Militares**, e revoga o antigo regulamento, o anacrônico Decreto n.º 49.096/1960, que estava em completa dessintonia com as reformas previdenciárias militares implementadas em 2001 e em 2019.

Sem maiores delongas, vamos iniciar os nossos estudos sobre o Direito Previdenciário Militar.

1.2. A Inatividade Militar

Todo cidadão, ao final da sua vida laborativa, tem o direito de se aposentar, seja na condição de trabalhador na iniciativa privada ou na de servidor no setor público. Entretanto, o militar não se aposenta, ele é transferido para a **inatividade remunerada**.

A exclusão do serviço ativo das Forças Armadas e o consequente desligamento da organização a que estiver vinculado o militar decorrem da **transferência para a reserva remunerada** e da **reforma** (Lei n.º 6.880/1980, Art. 94, incisos I e II).

Assim, conforme dispõe a legislação, o militar se encontra ou na atividade ou na inatividade. Por sua vez, a **inatividade** se divide nas seguintes categorias: **Reserva Remunerada** e **Reforma**. Observe (Lei n.º 6.880/1980, Art. 3.º, § 1.º, alínea "b", incisos I, II e III):

1. Militares da **reserva remunerada**, quando pertençam à reserva das Forças Armadas e percebam remuneração da União, porém sujeitos, ainda, à prestação de serviço na ativa, mediante convocação ou mobilização;
2. Militares **reformados**, quando, tendo passado por uma das situações anteriores estejam dispensados, definitivamente, da prestação de serviço na ativa, mas continuem a perceber remuneração da União, e;

3. Militares da **reserva remunerada** e, excepcionalmente, os militares reformados, que estejam executando tarefa por tempo certo, segundo regulamentação para cada Força Armada.

Além dos militares da reserva remunerada, também se classificam como **reserva** das Forças Armadas os demais cidadãos em condições de convocação ou de mobilização para a ativa (Lei n.º 6.880/1980, Art. 4.º, inciso I, alínea "b").

As Polícias Militares e os Corpos de Bombeiros Militares dos Estados e do Distrito Federal são classificados como forças auxiliares e também constam como **reserva** das Forças Armadas (Lei n.º 6.880/1980, Art. 4.º, inciso II, alíneas "a" e "b" c/c Decreto-Lei n.º 667/1969, Art. 1.º).

1.2.1. A Reserva Remunerada

A passagem do militar à situação de inatividade, mediante transferência para a reserva remunerada, se efetua (Lei n.º 6.880/1980, Art. 96, incisos I e II):

1. **A pedido, e;**
2. **"Ex officio" (de ofício).**

Para constar, a transferência do militar para a reserva remunerada pode ser **suspensa** na vigência do estado de guerra, estado de sítio, estado de emergência ou em caso de mobilização (Lei n.º 6.880/1980, Art. 96, parágrafo único).

A transferência para a reserva remunerada, **a pedido**, será concedida, por meio de requerimento, ao militar de carreira que contar, no mínimo, 35 anos de serviço, dos quais (Lei n.º 6.880/1980, Art. 97, incisos I e II):

1. **No mínimo, 30 anos de exercício** de atividade de natureza militar nas Forças Armadas, para os oficiais formados na Escola Naval, na Academia Militar das Agulhas Negras, na Academia da Força Aérea, no Instituto Militar de Engenharia, no Instituto Tecnológico de Aeronáutica e em escola ou centro de formação de oficiais oriundos de carreira de praça e para as praças, **OU**;
2. **No mínimo, 25 anos de exercício** de atividade de natureza militar nas Forças Armadas, para os oficiais não enquadrados na hipótese prevista no item 1 supra.

O oficial de carreira da ativa **pode** pleitear transferência para a reserva remunerada por meio de inclusão voluntária na quota compulsória (Lei n.º 6.880/1980, Art. 97, § 1.º).

Na hipótese de o militar haver realizado qualquer curso ou estágio de duração superior a 6 meses custeado pela União, no exterior ou no País fora das instituições militares, sem que tenham decorridos 3 anos de seu término, a transferência para a reserva será concedida após a indenização de todas as despesas correspondentes à realização do referido curso ou estágio, inclusive as diferenças de vencimentos, no caso de cursos no exterior, e o cálculo de indenização será efetuado pela respectiva Força Armada, conforme estabelecido em regulamento pelo Ministério da Defesa (Lei n.º 6.880/1980, Art. 97, § 2.º).

O disposto no parágrafo anterior não se aplica aos oficiais que deixem de ser incluídos em Lista de Escolha, quando nela tenha entrado oficial mais moderno do seu respectivo Corpo, Quadro, Arma ou Serviço (Lei n.º 6.880/1980, Art. 97, § 3.º).

Dando continuidade, a transferência **de ofício** para a reserva remunerada ocorrerá sempre que o militar se enquadrar em uma das seguintes **hipóteses** (Lei n.º 6.880/1980, Art. 98 e incisos):

1. Atingir as seguintes idades-limites previstas na legislação militar para cada posto das Forças Armadas;
2. Completar o Oficial General 4 anos no último posto da hierarquia, em tempo de paz, prevista para cada Corpo ou Quadro da respectiva Força;
3. Completar o tempo de serviço como Oficial General previsto na legislação militar;
4. Ultrapassar o oficial 6 anos de permanência no último posto da hierarquia de paz de seu Corpo, Quadro, Arma ou Serviço, e, para o Capitão de Mar e Guerra ou Coronel, esse prazo será acrescido de 4 anos se, ao completar os primeiros 6 anos no posto, já possuir os requisitos para a promoção ao primeiro posto de Oficial General;
5. For o Oficial abrangido pela quota compulsória;
6. For a Praça abrangida pela quota compulsória, na forma regulada em decreto, para cada Força Singular;
7. For o militar considerado não habilitado para o acesso em caráter definitivo, no momento em que vier a ser objeto de apreciação para ingresso em quadro de acesso ou Lista de Escolha;
8. Deixar o Oficial General, o Capitão de Mar e Guerra ou o Coronel de integrar a Lista de Escolha a ser apresentada ao Presidente da República, pelo número de vezes fixado pela Lei de Promoções de Oficiais da Ativa das Forças Armadas, quando na referida Lista de Escolha tenha entrado oficial mais moderno do seu respectivo Corpo, Quadro, Arma ou Serviço;

9. For o Capitão de Mar e Guerra ou o Coronel inabilitado para o acesso por não possuir os requisitos para a promoção ao primeiro posto de Oficial General, ultrapassado 2 vezes, consecutivas ou não, por oficial mais moderno do respectivo Corpo, Quadro, Arma ou Serviço que tenha sido incluído em Lista de Escolha;

10. Deixar o oficial do penúltimo posto de Quadro, Arma ou Serviço, cujo último posto seja de oficial superior, de ingressar em Quadro de Acesso por Merecimento pelo número de vezes estabelecido pela Lei n.º 5.821/1972, quando nele tenha entrado oficial mais moderno do respectivo Quadro, Arma ou Serviço;

11. Ultrapassar 2 anos, contínuos ou não, em licença para tratar de interesse particular;

12. Ultrapassar 2 anos contínuos em licença para tratamento de saúde de pessoa de sua família;

13. Ultrapassar 2 anos de afastamento, contínuos ou não, agregado em virtude de ter passado a exercer cargo ou emprego público civil temporário, não eletivo, inclusive da administração indireta, e;

> Lei n.º 6.880/1980:
>
> Art. 80. Agregação é a situação na qual o militar da ativa deixa de ocupar vaga na escala hierárquica de seu Corpo, Quadro, Arma ou Serviço, nela permanecendo sem número.
>
> Art. 81. O militar será agregado e considerado, para todos os efeitos legais, como em serviço ativo nas situações previstas na legislação.
>
> Art. 82. O militar será agregado quando for afastado temporariamente do serviço ativo por motivos previsto na legislação.
>
> Art. 82-A. Considera-se incapaz para o serviço ativo o militar que, temporária ou definitivamente, se encontrar física ou mentalmente inapto para o exercício de cargos, funções e atividades militares.
>
> Art. 83. O militar agregado fica sujeito às obrigações disciplinares concernentes às suas relações com outros militares e autoridades civis, salvo quando titular de cargo que lhe dê precedência funcional sobre outros militares mais graduados ou mais antigos.

14. Ser diplomado em cargo eletivo, na forma da alínea "b", do parágrafo único, do Art. 52 da Lei n.º 6.880/1980.

> Art. 52, Parágrafo único. Os militares alistáveis são elegíveis, atendidas às seguintes condições:

b) Se em atividade, com 5 ou mais anos de serviço, será, ao se candidatar a cargo eletivo, afastado, temporariamente, do serviço ativo e agregado, considerado em licença para tratar de interesse particular; **se eleito, será, no ato da diplomação, transferido para a reserva remunerada, percebendo a remuneração a que fizer jus em função do seu tempo de serviço.**

Para a hipótese 13 citada acima, tem-se algumas **observações** previstas na legislação militar previdenciária:

1. A nomeação ou admissão do militar para os cargos ou empregos públicos somente poderá ser feita se (Lei n.º 6.880/1980, Art. 98, § 3.º, alíneas "a" e "b"):

   a) Oficial, pelo Presidente da República ou mediante sua autorização quando a nomeação ou admissão for da alçada de qualquer outra autoridade federal, estadual ou municipal, e;

   b) Praça, mediante autorização do respectivo Ministro.

2 Enquanto o militar permanecer no cargo ou emprego (Lei n.º 6.880/1980, Art. 98, § 4.º, alíneas "a", "b" e "c"):

   a) É-lhe assegurada a opção entre a remuneração do cargo ou emprego e a do posto ou da graduação;

   b) Somente poderá ser promovido por antiguidade, e;

   c) O tempo de serviço é contado apenas para aquela promoção e para a transferência para a inatividade.

1.2.2. A Reforma

Atualmente, após as alterações operadas pela Lei n.º 13.954/2019, a passagem do militar à situação de inatividade por reforma será efetuada **SOMENTE DE OFÍCIO** (Lei n.º 6.880/1980, Art. 104).

A reforma será aplicada ao militar que (Lei n.º 6.880/1980, Art. 106 e incisos):

1. Atingir as idades-limite de permanência na reserva no posto ou na graduação;
2. Se de carreira, for julgado incapaz, definitivamente, para o serviço ativo das Forças Armadas;
3. Se temporário:

   a) For julgado inválido, e;

b) For julgado incapaz, definitivamente, para o serviço ativo das Forças Armadas, quando a incapacidade sobrevier por:

b.1.) Ferimento recebido em campanha ou na manutenção da ordem pública, ou;

b.2.) Enfermidade contraída em campanha ou na manutenção da ordem pública, ou enfermidade cuja causa eficiente decorra de uma dessas situações.

→ O militar temporário é aquele que ingressa no Exército por meio de uma seleção conduzida pelas Regiões Militares, que estabelece o período e as vagas para cada área de interesse necessária.

4. Estiver agregado por mais de 2 anos por ter sido julgado incapaz, temporariamente, mediante homologação de Junta Superior de Saúde, ainda que se trate de moléstia curável;
5. For condenado à pena de reforma prevista no Código Penal Militar, por sentença transitada em julgado;
6. Sendo oficial, a tiver determinada em julgado do Superior Tribunal Militar, efetuado em consequência de Conselho de Justificação a que foi submetido, e;
7. Se Guarda-Marinha, Aspirante a Oficial ou praça com estabilidade assegurada, for a ela indicado ao Comandante de Força Singular respectiva, em julgamento de Conselho de Disciplina.

O militar reformado na forma prevista nos tópicos 6 e 7 acima só poderá readquirir a situação militar anterior (Lei n.º 6.880/1980, Art. 106, § 1.º):

1. Na hipótese prevista tópico 6, por outra sentença do Superior Tribunal Militar, nas condições nela estabelecidas, e;
2. Na hipótese prevista no tópico 7, por decisão do Comandante de Força Singular respectivo.

Dando continuidade, conforme dispõe a legislação pátria, a **incapacidade definitiva** pode sobrevir em consequência de (Lei n.º 6.880/1980, Art. 108 e incisos):

1. Ferimento recebido em campanha ou na manutenção da ordem pública;
2. Enfermidade contraída em campanha ou na manutenção da ordem pública, ou enfermidade cuja causa eficiente decorra de uma dessas situações;

3. Acidente em serviço;
4. Doença, moléstia ou enfermidade adquirida em tempo de paz, com relação de causa e efeito a condições inerentes ao serviço;
5. Tuberculose ativa, alienação mental, esclerose múltipla, neoplasia maligna, cegueira, lepra, paralisia irreversível e incapacitante, cardiopatia grave, mal de Parkinson, pênfigo, espondiloartrose anquilosante, nefropatia grave e outras moléstias que a lei indicar com base nas conclusões da medicina especializada, e;
6. Acidente ou doença, moléstia ou enfermidade, sem relação de causa e efeito com o serviço.

O militar de carreira julgado incapaz definitivamente para a atividade militar por uma das 6 hipóteses acima será **reformado com qualquer tempo de serviço** (Lei n.º 6.880/1980, Art. 109).

Neste ponto cabe algumas observações em relação ao militar temporário:

- A reforma com qualquer tempo de serviço se aplica militar temporário enquadrado nas hipóteses 1 e 2 (Lei n.º 6.880/1980, Art. 109, § 1.º).
- O disposto acima se aplica ao militar temporário enquadrado nas hipóteses 3, 4 e 5 se, concomitantemente, for considerado inválido por estar impossibilitado total e permanentemente para qualquer atividade laboral, pública ou privada (Lei n.º 6.880/1980, Art. 109, § 2.º).
- O militar temporário que estiver enquadrado nas hipóteses 3, 4 e 5, mas não for considerado inválido por não estar impossibilitado total e permanentemente para qualquer atividade laboral, pública ou privada, será licenciado ou desincorporado na forma prevista na legislação do serviço militar (Lei n.º 6.880/1980, Art. 109, § 3.º).

O militar da ativa ou da reserva remunerada, julgado incapaz definitivamente por um dos motivos constantes das hipóteses 1 e 2, será reformado com a remuneração calculada com base no soldo correspondente ao grau hierárquico imediato ao que possuir ou que possuía na ativa, respectivamente (Lei n.º 6.880/1980, Art. 110).

Aplica-se o disposto acima para os casos enquadrados nas hipóteses 3, 4 e 5, quando, verificada a incapacidade definitiva, for o militar considerado inválido, isto é, impossibilitado total e permanentemente para qualquer trabalho (Lei n.º 6.880/1980, Art. 110, § 1.º).

O militar da ativa julgado incapaz definitivamente por um dos motivos constantes da hipótese 6 será reformado (Lei n.º 6.880/1980, Art. 111 e incisos):

1. Com remuneração proporcional ao tempo de serviço, se oficial ou praça com estabilidade assegurada, e;
2. Com remuneração calculada com base no soldo integral do posto ou graduação, desde que, com qualquer tempo de serviço, seja considerado inválido, isto é, impossibilitado total e permanentemente para qualquer trabalho.

O militar temporário, na hipótese prevista acima, só fará jus à reforma se for considerado inválido por estar impossibilitado total e permanentemente para qualquer atividade laboral, pública ou privada (Lei n.º 6.880/1980, Art. 111, § 1.º).

Por sua vez, será licenciado ou desincorporado, na forma prevista na legislação pertinente, o militar temporário que não for considerado inválido (Lei n.º 6.880/1980, Art. 111, § 2.º).

O militar reformado por incapacidade definitiva que for julgado apto em inspeção de saúde por junta superior, em grau de recurso ou revisão, poderá retornar ao serviço ativo ou ser transferido para a reserva remunerada, conforme dispuser regulamentação específica (Lei n.º 6.880/1980, Art. 112).

O retorno ao serviço ativo ocorrerá se o tempo decorrido na situação de reformado não ultrapassar 2 anos (Lei n.º 6.880/1980, Art. 112, § 1.º).

A transferência para a reserva remunerada, observado o limite de idade para a permanência nessa reserva, ocorrerá se o tempo transcorrido na situação de reformado ultrapassar 2 anos (Lei n.º 6.880/1980, Art. 112, § 2.º).

Não obstante, o militar reformado por incapacidade definitiva para o serviço ativo das Forças Armadas ou reformado por incapacidade permanente poderá ser convocado, por iniciativa da Administração Militar, a qualquer momento, para revisão das condições que ensejaram a reforma (Lei n.º 6.880/1980, Art. 112-A).

O militar reformado por incapacidade definitiva para o serviço ativo das Forças Armadas ou reformado por incapacidade permanente é obrigado, sob pena de suspensão da remuneração, a submeter-se à inspeção de saúde a cargo da Administração Militar (Lei n.º 6.880/1980, Art. 112-A, § 1.º).

A interdição judicial do militar reformado por alienação mental deverá ser providenciada junto ao Ministério Público, por iniciativa de beneficiários, parentes ou responsáveis, até 60 dias a contar da data do ato da reforma (Lei n.º 6.880/1980, Art. 113).

A interdição judicial do militar e seu internamento em instituição apropriada, militar ou não, deverão ser providenciados pelo Ministério Militar, sob cuja responsabilidade houver sido preparado o processo de reforma, quando (Lei n.º 6.880/1980, Art. 113, § 1.º, alíneas "a" e "b"):

a) Não existirem beneficiários, parentes ou responsáveis, ou estes não promoverem a interdição conforme previsto no parágrafo anterior, ou;

b) Não forem satisfeitas às condições de tratamento exigidas neste artigo.

Os processos e os atos de registro de interdição do militar terão andamento sumário, serão instruídos com laudo proferido por Junta Militar de Saúde e isentos de custas (Lei n.º 6.880/1980, Art. 113, § 2.º).

O militar reformado por alienação mental, enquanto não ocorrer a designação judicial do curador, terá sua remuneração paga aos seus beneficiários, desde que estes o tenham sob sua guarda e responsabilidade e lhe dispensem tratamento humano e condigno (Lei n.º 6.880/1980, Art. 113, § 3.º).

1.3. O Sistema de Proteção Social dos Militares das Forças Armadas

Com o advento da **Lei n.º 13.954/2019**, a 2.ª Reforma Previdenciária Militar, o legislador foi claro ao introduzir o Sistema de Proteção Social dos Militares das Forças Armadas no ordenamento jurídico pátrio.

O Sistema de Proteção Social dos Militares das Forças Armadas é o **conjunto integrado de direitos, serviços e ações, permanentes e interativas, de remuneração, pensão, saúde e assistência** (Lei n.º 6.880/1980, Art. 50-A).

Entre os direitos dos militares, nas condições e limites da legislação, estão os seguintes (Lei n.º 6.880/1980, Art. 50, inciso V, alíneas "n" e "l"):

a) A Transferência a Pedido para a Reserva Remunerada, e;

b) A Constituição de Pensão Militar.

1.4. O Custeio da Previdência Militar

São contribuintes obrigatórios da pensão militar, mediante desconto mensal em folha de pagamento, os militares das Forças Armadas e os seus **PENSIONISTAS** (Lei n.º 3.765/1960, Art. 1.º).

Não existe mais a figura do militar não contribuinte.

Com o advento da Lei n.º 13.954/2019, os pensionistas também passaram a constar **expressamente** no rol de contribuintes da Previdência Militar.

O desconto mensal da pensão militar acima será aplicado, a partir de 01/01/2020, para (Lei n.º 3.765/1960, Art. 1.º, parágrafo único e incisos):

1. O aspirante da Marinha, o cadete do Exército e da Aeronáutica e o aluno das escolas, centros ou núcleos de formação de oficiais e de praças e das escolas preparatórias e congêneres;
2. Cabos, soldados, marinheiros e taifeiros, com menos de dois anos de efetivo serviço, e;
3. **PENSIONISTAS.**

A contribuição para a pensão militar incidirá sobre as parcelas que compõem os **proventos** na inatividade e sobre o valor integral da **quota-parte** percebida a título de pensão militar (Lei n.º 3.765/1960, Art. 3.º-A).

Atualmente, a contribuição para pensão militar será de **10,5%** (Lei n.º 3.765/1960, Art. 3.º-A, § 2.º e incisos).

Não obstante, além das alíquotas acima, contribuirão **extraordinariamente** para a pensão militar os seguintes pensionistas, conforme estas alíquotas (Lei n.º 3.765/1960, Art. 3.º-A, § 3.º e incisos):

1. **3%**, as filhas não inválidas pensionistas vitalícias, e;
2. **1,5%**, os pensionistas, excetuadas as filhas não inválidas pensionistas vitalícias, cujo instituidor tenha falecido a partir de 29/12/2000 e optado em vida pelo pagamento da contribuição prevista no Art. 31 da Medida Provisória n.º 2.215-10/2001.

> Medida Provisória n.º 2.215-10/2001:
>
> Art. 31. Fica assegurada aos atuais militares, mediante contribuição específica de 1,5%, a manutenção dos benefícios previstos na Lei n.º 3.765/1960, até 29/12/2000.
>
> § 2.º Os beneficiários diretos ou por futura reversão das pensionistas são também destinatários da manutenção dos benefícios previstos na Lei n.º 3.765/1960, até 29/12/2000.

Na prática, essa contribuição complementar prevista acima foi instituída para **manter o direito à pensão militar para as filhas pensionistas de qualquer condição (menor, maior, solteira, casada ou viúva)**.

Desde 2019, poderá ocorrer a renúncia pelo militar, em caráter **irrevogável**, ao disposto no caput do Art. 31 da Medida Provisória n.º 2.215-10/2001, que poderá ser expressa a qualquer tempo, vedada (proibida) qualquer espécie de restituição (Lei n.º 13.954/2019, Art. 14).

A partir de 01/01/2025, a União poderá alterar, por lei ordinária, as alíquotas de contribuição de que trata este artigo, nos termos e limites definidos em lei federal (Lei n.º 3.765/1960, Art. 3.º-A, § 4.º).

Para constar, o Art. 32 da Medida Provisória n.º 2.215-10/2001 traz que ficam assegurados os direitos dos militares que até 29/12/2000, contribuíam para a pensão militar correspondente a 1 ou 2 postos ou graduações acima da que fizerem jus.

Na hipótese de o militar contribuir para a pensão militar correspondente a 1 ou 2 postos ou graduações acima da que fizer jus, nos termos do disposto acima, a contribuição será aplicada sobre a remuneração ou os proventos desse posto ou dessa graduação (Decreto n.º 10.742/2021, Art. 7.º, parágrafo único).

Por fim, deve-se informar que a contribuição para a assistência médico-hospitalar e social é de até **3,5%** ao mês e incidirá sobre o soldo e as parcelas do que compõem a pensão ou os proventos na inatividade (Medida Provisória n.º 2.215-10/2001, Art. 25).

1.5. Os Proventos dos inativos

Em princípio, deve-se diferenciar que o militar na ativa recebe **soldo** enquanto o militar na inativa recebe **proventos**.

Assim, o militar terá direito a proventos calculado com base no soldo integral do posto ou da graduação que possuía por ocasião da transferência para a inatividade remunerada (Lei n.º 6.880/1980, Art. 50, inciso II e alíneas): **→ PROVENTOS INTEGRAIS**.

a) Por contar **mais de 35 anos de serviço**;

b) Por transferência para a reserva remunerada de ofício, por haver atingido a idade-limite de permanência em atividade no respectivo posto ou graduação (Lei n.º 13.954/2019, Art. 12, § 3.º, inciso I);

c) Por estar enquadrado em uma das hipóteses previstas nos incisos VIII ou IX do caput do Art. 98 da Lei n.º 6.880/1998, **OU**;

> Art. 98. A transferência de ofício para a reserva remunerada ocorrerá sempre que o militar se enquadrar em uma das seguintes hipóteses:
>
> VIII – Deixar o Oficial General, o Capitão de Mar e Guerra ou o Coronel de integrar a Lista de Escolha a ser apresentada ao Presidente da República, pelo número de vezes fixado pela Lei de Promoções de Oficiais da Ativa das Forças Armadas, quando na referida Lista de Escolha tenha entrado oficial mais moderno do seu respectivo Corpo, Quadro, Arma ou Serviço;

> IX – For o Capitão de Mar e Guerra ou o Coronel inabilitado para o acesso por não possuir os requisitos para a promoção ao primeiro posto de Oficial General, ultrapassado 2 vezes, consecutivas ou não, por oficial mais moderno do respectivo Corpo, Quadro, Arma ou Serviço que tenha sido incluído em Lista de Escolha.

→ Para constar, entende-se como **Lista de Escolha** aquela que como tal for definida na lei que dispõe sobre as **promoções dos oficiais da ativa das Forças Armadas** (Lei n.º 6.880/1980, Art. 98, § 5.º).

d) Por ter sido incluído em quota compulsória unicamente em razão do disposto na alínea "c" do inciso III do caput do Art. 101 da Lei n.º 6.880/1980.

> Art. 101. Para a indicação dos oficiais que integrarão a quota compulsória, será observado, sempre respeitada a conveniência da Administração Militar, o seguinte:
>
> III – A seguinte ordem entre os oficiais que satisfizerem as condições previstas na legislação:
>
> c) Os de mais idade e, no caso da mesma idade, os mais modernos.

Para constar, a quota compulsória é um instrumento utilizado pelas instituições militares para dar **fluidez aos quadros** (abrir vagas para promoções de oficiais e praças) quando estes estão totalmente preenchidos sem a possibilidade de renovação. =)

Como o próprio Estatuto dos Militares prevê em seu Art. 99: a quota compulsória é destinada a assegurar a **renovação**, o **equilíbrio**, a **regularidade de acesso** e a **adequação dos efetivos** de cada Força Singular.

Não vamos nos aprofundar na sistemática de cálculo e demais nuances da quota compulsória, uma vez que foge do nosso escopo previdenciário. Para constar, tais detalhes se encontram entre o Art. 100 e o Art. 102 da Lei n.º 6.880/1980.

Por sua vez, o militar terá direito a proventos calculado com base **em tantas quotas de soldo do posto ou da graduação quantos forem os anos de serviço, até o limite de 35 anos**, quando tiver sido abrangido pela quota compulsória, ressalvado o disposto no item "d" supra (Lei n.º 6.880/1980, Art. 101, inciso III, alínea "c"). → **PROVENTOS PROPORCIONAIS**.

Neste caso, o militar terá direito a tantas quotas de soldo quantos forem os anos de serviço, computáveis para a inatividade, até o máximo de 35 anos. Um militar com 28 anos de Exército Brasileiro, por exemplo, contará com 28 quotas de soldo e receberá os proventos proporcionais de 28/35 = 80% do soldo que recebia na ativa.

1.5.1. A Estrutura dos Proventos

A remuneração dos militares, estabelecida em legislação específica, comum às Forças Armadas, na **inatividade**, será os **proventos** (Lei n.º 6.880/1980, Art. 53, inciso II, alíneas "a").

Por sua vez, os proventos na inatividade remunerada são constituídos das seguintes **parcelas** (Lei n.º 13.954/2019, Art. 12 e incisos):

1. Soldo ou Quotas de Soldo;
2. Adicional Militar;
3. Adicional de Habilitação (percentual do soldo – Lei n.º 13.954/2019, Art. 9.º);
4. Adicional de Compensação por Disponibilidade Militar;
   - → O adicional de compensação por disponibilidade militar consiste na parcela remuneratória mensal devida ao militar em razão da disponibilidade permanente e da dedicação exclusiva, nos termos estabelecidos em regulamento (Lei n.º 13.954/2019, Art. 8.º).
5. Adicional de Tempo de Serviço (devido aos militares até 29/12/2000, atualmente extinto);
6. Adicional de Compensação Orgânica, e;
7. Adicional de Permanência.

Além dos direitos previstos acima, o militar na inatividade remunerada faz jus a (Medida Provisória n.º 2.215-10/2001, Art. 11 e incisos):

1. Adicional Natalino;
2. Auxílio Invalidez;
3. Assistência Pré-Escolar;
4. Salário Família;
5. Auxílio Natalidade; e
6. Auxílio Funeral.

Não obstante, o militar, ao ser transferido para a inatividade remunerada, além de os direitos citados anteriormente, faz jus (Medida Provisória n.º 2.215-10/2001, Art. 9.º, incisos I e II):

1. Ajuda de Custo por Ocasião de Transferência para a Inatividade Remunerada, e;
2. Ao valor relativo ao período integral das férias a que tiver direito e, ao incompleto, na proporção de 1/12 (8,33%) por mês de efetivo serviço.

No caso do item 2, a fração igual ou superior a 15 dias é considerada como mês integral (Medida Provisória n.º 2.215-10/2001, Art. 9.º, § 1.º).

Os direitos previstos nos itens 1 e 2 são concedidos aos beneficiários da pensão militar no caso de falecimento do militar em serviço ativo (Medida Provisória n.º 2.215-10/2001, Art. 9.º, § 2.º).

A remuneração dos militares ativos e inativos é encargo financeiro do Tesouro Nacional. (Lei n.º 6.880/1980, Art. 53-A).

O **soldo** e, por consequência, os **proventos** são **IRREDUTÍVEIS** e não estão sujeitos à penhora, sequestro ou arresto, exceto nos casos previstos em lei (Lei n.º 6.880/1980, Art. 54).

O valor do soldo é **igual** para o militar da ativa, da reserva remunerada ou reformado, de um mesmo grau hierárquico, ressalvado a situação de proventos proporcionais (Lei n.º 6.880/1980, Art. 55).

Do exposto, podemos concluir que mesmo após 2.ª Reforma Previdenciária Militar, de 2019, os militares continuam a gozar de **INTEGRALIDADE**, em regra, nos seus proventos.

Os proventos de inatividade serão revistos sempre que, por motivo de alteração do poder aquisitivo da moeda, se modificarem os vencimentos dos militares em serviço ativo (Lei n.º 6.880/1980, Art. 58).

Na mesma toada, podemos concluir que os militares continuam a gozar de **PARIDADE**, em regra, nos seus ganhos de inatividade.

Ressalvados os casos previstos em lei, os proventos da inatividade não poderão exceder à remuneração percebida pelo militar da ativa no posto ou graduação correspondente aos dos seus proventos (Lei n.º 6.880/1980, Art. 58, parágrafo único).

Suspende-se o direito do militar inativo à percepção de proventos, quando retornar à ativa, convocado ou designado para o desempenho de cargo ou comissão nas Forças Armadas, na forma da legislação em vigor, a partir da data da sua apresentação à organização militar competente. (Medida Provisória n.º 2.215-10/2001, Art. 12).

Cessa o direito à percepção dos proventos na inatividade na data (Medida Provisória n.º 2.215-10/2001, Art. 13 e incisos):

1. Do falecimento do militar;
2. Do ato que prive o Oficial do posto e da patente, ou;
3. Do ato da exclusão a bem da disciplina das Forças Armadas, para a praça.

1.5.2. O Adicional de Compensação por Disponibilidade Militar

Com o advento da 2.ª Reforma Previdenciária Militar, foi criado o **Adicional de Compensação por Disponibilidade Militar**, que consiste na parcela remuneratória mensal devida ao militar em razão da disponibilidade permanente e da dedicação exclusiva, nos termos estabelecidos em regulamento (Lei n.º 13.954/2019, Art. 8.º).

Para constar, esta verba equivale a um determinado percentual do soldo do militar.

É vedada (**proibida**) a concessão cumulativa do Adicional de Compensação por Disponibilidade Militar com o Adicional de Tempo de Serviço (atualmente extinto), sendo assegurado, caso o militar faça jus a ambos os adicionais, o recebimento do mais vantajoso (Lei n.º 13.954/2019, Art. 8.º, § 1.º).

O percentual do Adicional de Compensação por Disponibilidade Militar é irredutível e corresponde sempre ao maior percentual inerente aos postos ou graduações alcançados pelo militar durante sua carreira no serviço ativo, independentemente de mudança de círculos hierárquicos, postos ou graduações (Lei n.º 13.954/2019, Art. 8.º, § 3.º).

O percentual do Adicional de Compensação por Disponibilidade Militar a que o militar faz jus incidirá sobre o soldo do posto ou da graduação atual, e **não serão considerados** (Lei n.º 13.954/2019, Art. 8.º, § 4.º e incisos):

1. Postos ou graduações alcançados pelo militar como benefício, na forma prevista em lei, em decorrência de reforma, morte ou transferência para a reserva;
2. Percepção de soldo ou de remuneração correspondente a grau hierárquico superior ao alcançado na ativa, em decorrência de reforma, morte ou transferência para a reserva, e;
3. Percepção de pensão militar correspondente a grau hierárquico superior ao alcançado pelo militar em atividade, em decorrência de benefícios concedidos pela Lei n.º 3.765/1960.

Como já observado neste curso, o Adicional de Compensação por Disponibilidade Militar **comporá** os proventos na inatividade (Lei n.º 13.954/2019, Art. 8.º, § 5.º).

1.5.3. Os Descontos nos Proventos

Os descontos são os abatimentos que podem sofrer os proventos do militar para cumprimento de obrigações assumidas ou impostas em virtude de disposição de lei ou de regulamento (Medida Provisória n.º 2.215-10/2001, Art. 14).

Os descontos podem ser obrigatórios ou autorizados (Medida Provisória n.º 2.215-10/2001, Art. 14, § 1.º).

Os descontos obrigatórios têm prioridade sobre os autorizados (Medida Provisória n.º 2.215-10/2001, Art. 14, § 2.º).

Na aplicação dos descontos, o militar não pode receber quantia inferior a 30% da sua remuneração ou proventos (Medida Provisória n.º 2.215-10/2001, Art. 14, § 3.º).

Para constar, são descontos obrigatórios do militar (Lei n.º 13.954/2019, Art. 13 e incisos):

1. Contribuição para a Pensão Militar;
2. Contribuição para a Assistência Médico-Hospitalar e Social do Militar;
3. Indenização pela Prestação de Assistência Médico-Hospitalar, por Intermédio de Organização Militar;
4. Impostos Incidentes sobre a Remuneração ou os Proventos, conforme previsto em lei;
5. Ressarcimento e Indenização ao Erário, conforme disposto em ato do Ministro de Estado da Defesa;
6. Pensão Alimentícia ou Judicial;
7. Taxa de Uso por Ocupação de Próprio Nacional Residencial, conforme estabelecido em regulamento, e;
8. Multa por Ocupação Irregular de Próprio Nacional Residencial, conforme estabelecido em regulamento.

O disposto nos itens 2 e 3 acima não se aplica aos (Lei n.º 13.954/2019, Art. 13, parágrafo único e incisos):

a) Alunos dos centros ou núcleos de formação de oficiais da reserva, e;
b) Cabos, Soldados e Marinheiros durante o serviço militar obrigatório.

Os descontos autorizados são os efetuados em favor de entidades consignatárias ou de terceiros, conforme regulamentação de cada Força (Medida Provisória n.º 2.215-10/2001, Art. 16).

1.5.4. Os Limites dos Proventos

Nenhum militar ou beneficiário de pensão militar pode receber, como remuneração, proventos mensais ou pensão militar, valor inferior ao do salário mínimo vigente, sendo-lhe paga, como **complemento**, a diferença encontrada (Medida Provisória n.º 2.215-10/2001, Art. 18).

Para constar, a pensão militar de que trata o parágrafo acima é a **pensão militar tronco** e não as quotas partes resultantes das subdivisões aos beneficiários (Medida Provisória n.º 2.215-10/2001, Art. 18, § 1.º).

A **pensão tronco** é a parcela calculada do benefício que independe do número de pensionistas. Por sua vez, a quota parte é a parcela calculada em função do número de dependentes (uma quota para cada um).

O complemento previsto acima constituirá parcela de proventos na inatividade até que seja absorvido por ocasião de futuros reajustes (Medida Provisória n.º 2.215-10/2001, Art. 18, § 3.º).

Vale ressaltar que em 2008, o Recurso Extraordinário (RE) n.º 570.177, exarado pelo Supremo Tribunal Federal (STF) trouxe a seguinte ementa:

> I – A Constituição Federal **não estendeu** aos militares a garantia de remuneração não inferior ao salário mínimo, como o fez para outras categorias de trabalhadores;
>
> II – O regime a que submetem os militares não se confunde com aquele aplicável aos servidores civis, visto que têm direitos, garantias, prerrogativas e impedimentos próprios;
>
> III – Os cidadãos que prestam serviço militar obrigatório exercem um múnus público relacionado com a defesa da soberania da pátria, e;
>
> IV – A obrigação do Estado quanto aos conscritos limita-se a fornecer-lhes as condições materiais para a adequada prestação do serviço militar obrigatório nas Forças Armadas (...).

O RE supracitado foi precedente representativo da Súmula Vinculante n.º 06/2008, que assim dispôs:

> Não viola a Constituição o estabelecimento de **remuneração inferior ao salário mínimo** para as **PRAÇAS** prestadoras de serviço militar inicial.

1.6. Os Beneficiários do Militar

São considerados **dependentes (beneficiários)** do militar, desde que assim declarados por ele na organização militar competente (Lei n.º 6.880/1980, Art. 50, § 2.º, incisos I e II):

1. O cônjuge ou o companheiro com quem viva em união estável, na constância do vínculo;
2. O filho ou o enteado:
    a) Menor de 21 anos de idade, e;
    b) Inválido.

Podem, ainda, ser considerados **dependentes** do militar, **desde que não recebam rendimentos** e sejam declarados por ele na organização militar competente (Lei n.º 6.880/1980, Art. 50, § 3.º, incisos I, II e III):

1. O filho ou o enteado estudante menor de 24 anos de idade;
2. O pai e a mãe, e;
3. O tutelado ou o curatelado inválido ou menor de 18 anos de idade que viva sob a sua guarda por decisão judicial.

Após o falecimento do militar, manterão alguns direitos previstos, enquanto conservarem os **requisitos de dependência**, mediante participação nos custos e no pagamento das contribuições devidas, conforme estabelecidos em regulamento (Lei n.º 6.880/1980, Art. 50, § 5.º, incisos I, II, III e IV):

a) O viúvo, enquanto não contrair matrimônio ou constituir união estável;

b) O filho ou o enteado menor de 21 anos de idade ou inválido;

c) O filho ou o enteado estudante menor de 24 anos de idade, e;

d) Os dependentes **que não recebam rendimentos**, por ocasião do óbito do militar.

Afinal, quais seriam esses direitos previstos? São os seguintes (Lei n.º 6.880/1980, Art. 50, inciso IV, alíneas "e", "f" e "s"):

- A assistência médico-hospitalar para si e seus dependentes, assim entendida como o conjunto de atividades relacionadas com a prevenção, conservação ou recuperação da saúde, abrangendo serviços profissionais médicos, farmacêuticos e odontológicos, bem como o fornecimento, a aplicação de meios e os cuidados e demais atos médicos e paramédicos necessários;

- O funeral para si e seus dependentes, constituindo-se no conjunto de medidas tomadas pelo Estado, quando solicitado, desde o óbito até o sepultamento condigno, e;
- Outros direitos previstos em leis específicas.

1.6.1. A Ordem de Prioridade

A pensão militar é deferida (autorizada) em processo de habilitação, com base na declaração de beneficiários preenchida em vida pelo contribuinte, na **Ordem de Prioridade** e nas condições a seguir (Lei n.º 3.765/1960, Art. 7.º e incisos):

1. Primeira Ordem de Prioridade:

1.1. Cônjuge ou companheiro designado ou que comprove união estável como entidade familiar;

1.2. Pessoa separada de fato, separada judicialmente ou divorciada do instituidor, ou ex-convivente, desde que perceba pensão alimentícia judicialmente arbitrada;

1.3. Filhos ou enteados até 21 anos de idade ou até 24 anos de idade, se estudantes universitários ou, se inválidos, enquanto durar a incapacidade, e;

1.4. Menor sob guarda ou tutela até 21 anos de idade ou, se estudante universitário, até 24 anos de idade ou, se inválido, enquanto durar a incapacidade.

2. Segunda Ordem de Prioridade:

2.1. A mãe e o pai que comprovem dependência econômica do militar.

3. Terceira Ordem de Prioridade:

3.1. O irmão órfão, até 21 anos de idade ou, se estudante universitário, até 24 anos de idade, e o inválido, enquanto durar a incapacidade, comprovada a dependência econômica do militar.

A concessão da pensão aos beneficiários de que tratam os itens 1.1 e 1.3 **exclui** desse direito os beneficiários referidos na Segunda e na Terceira Ordens de Prioridade (Lei n.º 3.765/1960, Art. 7.º, § 1.º).

A pensão será concedida integralmente aos beneficiários referidos no item 1.1, exceto se for constatada a existência de beneficiário que se enquadre nos itens 1.2, 1.3 e 1.4. (Lei n.º 3.765/1960, Art. 7.º, § 2.º).

A **quota** destinada à pessoa separada de fato, separada judicialmente ou divorciada do instituidor, ou ao ex-convivente, desde que perceba pensão alimentícia (item 1.2.), corresponderá à pensão alimentícia **judicialmente arbitrada**, e considerará que (Lei n.º 3.765/1960, Art. 7.º, § 2.º-A):

1. O valor da pensão militar deverá ser igual à quota estabelecida na decisão judicial a título de alimentos, com base no posto ou na graduação para o qual o instituidor contribuísse, de forma a considerar percentual, valor fixo ou outro critério utilizado pelo Poder Judiciário (Decreto n.º 10.742/2021, Art. 12, § 3.º, inciso I);
2. O período de tempo estabelecido na sentença judicial para percepção dos alimentos é aplicável à concessão da pensão militar, a qual será devida somente durante o mesmo lapso temporal (Decreto n.º 10.742/2021, Art. 12, § 3.º, inciso II), e;
3. Caso a decisão judicial seja silente a respeito do aspecto temporal dos alimentos, a administração militar deverá conceder o benefício por tempo indeterminado (Decreto n.º 10.742/2021, Art. 12, § 3.º, inciso III).

Após deduzido o montante de que trata o parágrafo acima, metade (50%) do valor remanescente caberá aos beneficiários referidos no item 1.1, hipótese em que a outra metade (50%) será dividida, em partes iguais, entre os beneficiários indicados nos itens 1.3 e 1.4. (Lei n.º 3.765/1960, Art. 7.º, § 3.º).

O beneficiário do item 1.2 somente perceberá o valor equivalente ao da pensão alimentícia judicialmente arbitrada, independentemente da perda da condição de beneficiário de filho que possua com o instituidor da pensão (Decreto n.º 10.742/2021, Art. 12, § 5.º).

Compete à junta médica militar atestar a invalidez dos beneficiários constantes dos itens 1.3, 1.4 e 3.1 (Decreto n.º 10.742/2021, Art. 12, § 6.º).

O companheiro **não designado** na declaração de beneficiários deverá comprovar a união estável por meio de (Decreto n.º 10.742/2021, Art. 12, § 7.º e incisos):

1. Decisão judicial de reconhecimento de união estável;
2. Certidão de casamento religioso entre o militar instituidor da pensão e o requerente;
3. Escritura pública declaratória de união estável atualizada feita em vida entre o instituidor e o requerente, ou;
4. Disposições testamentárias em que o militar instituidor da pensão declare o requerente como companheiro.

Caso seja necessário, a administração militar poderá requisitar outros documentos que comprovem a existência da união estável (Decreto n.º 10.742/2021, Art. 12, § 8.º).

1.6.2. A Habilitação dos Beneficiários

Conforme determina a legislação militar previdenciária, a habilitação dos beneficiários obedecerá à **Ordem de Prioridade** (Lei n.º 3.765/1960, Art. 9.º).

Em regra, o beneficiário será habilitado com a pensão integral. No caso de mais de um com a mesma precedência, a pensão será repartida igualmente entre eles, ressalvadas as hipóteses a seguir: (Lei n.º 3.765/1960, Art. 9.º, § 1.º).

- Quando o contribuinte, além da viúva, deixar filhos do matrimônio anterior ou de outro leito, metade (50%) da pensão respectiva pertencerá à viúva, sendo a outra metade (50%) distribuída igualmente entre os filhos habilitados (Lei n.º 3.765/1960, Art. 9.º, § 2.º).
- Se houver, também, filhos do contribuinte com a viúva ou fora do matrimônio reconhecidos estes na forma da Lei n.º 12.004/2019, metade (50%) da pensão será dividida entre todos os filhos, adicionando-se à metade da viúva as quotas partes dos seus filhos (Lei n.º 3.765/1960, Art. 9.º, § 3.º).

Se o contribuinte deixar pai inválido e mãe que vivam separados, a pensão será dividida igualmente entre ambos (Lei n.º 3.765/1960, Art. 9.º, § 4.º).

Sempre que, no início ou durante o processamento da habilitação, for constatada a falta de declaração de beneficiário, ou se ela estiver incompleta ou oferecer margem a dúvidas, a repartição competente exigirá dos interessados certidões ou quaisquer outros documentos necessários à comprovação dos seus direitos (Lei n.º 3.765/1960, Art. 10).

O disposto acima, aplica-se aos habilitandos conhecidos pela administração militar após a morte do militar (Decreto n.º 10.742/2021, Art. 12, § 10).

Se, não obstante a documentação apresentada, persistirem as dúvidas, a prova será feita mediante justificação judicial, processada preferencialmente na Auditoria Militar, ou na falta desta, no foro civil (Lei n.º 3.765/1960, Art. 10.º, § 1.º).

Vale ressaltar que o processo de habilitação à pensão militar é considerado de **natureza urgente** (Lei n.º 3.765/1960, Art. 10, § 2.º).

Após o falecimento do militar, apenas os pensionistas que atenderem ao disposto no § 5.º do Art. 50 da Lei n.º 6.880/1980, terão direito à assistência médico-hospitalar e social das Forças Armadas, conforme as condições estabelecidas em regulamento (Lei n.º 3.765/1960, Art. 10-A).

> Lei n.º 6.880/1980, Art. 50, § 5.º (adaptado):
>
> 1. O viúvo, enquanto não contrair matrimônio ou constituir união estável;
> 2. O filho ou o enteado menor de 21 anos de idade ou inválido;
> 3. O filho ou o enteado estudante menor de 24 anos de idade;
> 4. O tutelado ou o curatelado inválido ou menor de 18 anos de idade que viva sob a sua guarda por decisão judicial, e;
> 5. O pai e a mãe.

A assistência médico-hospitalar, nas condições ou nas limitações impostas por legislação e regulamentação específicas, abrange o conjunto de atividades relacionadas com a prevenção, a conservação ou a recuperação da saúde, inclusive serviços profissionais médicos, farmacêuticos e odontológicos, o fornecimento, a aplicação de meios e os cuidados e os demais atos médicos e paramédicos necessários (Decreto n.º 10.742/2021, Art. 9.º, § 1.º).

O direito à assistência médico-hospitalar ficará condicionado à **preservação** dos requisitos de dependência do beneficiário e à participação nos custos e no pagamento das indenizações e contribuições para assistência médico-hospitalar (Decreto n.º 10.742/2021, Art. 9.º, § 2.º).

A habilitação de **beneficiário não conhecido pela administração militar**, com base em documento oficial ou em declaração de beneficiários, cujo processo se inicie após o deferimento da pensão aos beneficiários até então habilitados, somente produzirá efeito a partir da data do pedido de habilitação (Decreto n.º 10.742/2021, Art. 14).

Na hipótese supra, a administração militar reservará a quota a que faria jus o habilitando, **a partir da data do pedido de habilitação** (Decreto n.º 10.742/2021, Art. 14, § 1.º).

O conhecimento de beneficiário em potencial pela administração militar, antes do deferimento da pensão a beneficiários já habilitados, com base em documento oficial ou em declaração de beneficiários, acarretará a reserva da quota a que faria jus, sem direito ao imediato pagamento dos valores respectivos, **até que ocorra a comprovação da condição de beneficiário por meio do processo administrativo** (Decreto n.º 10.742/2021, Art. 14, § 2.º).

Na hipótese prevista no parágrafo acima, a administração militar somente manterá a reserva pelo prazo de 12 meses, contado da data do óbito do militar (Decreto n.º 10.742/2021, Art. 14, § 3.º).

Nas hipóteses previstas acima, o beneficiário habilitado será intimado do processo de habilitação a fim de exercer o direito ao contraditório (Decreto n.º 10.742/2021, Art. 14, § 4.º).

1.6.3. A Declaração dos Beneficiários

O militar das Forças Armadas é **obrigado** a apresentar a declaração de beneficiários, que, exceto se houver prova em contrário, prevalecerá quanto à qualificação destes à pensão militar (Decreto n.º 10.742/2021, Art. 15).

A declaração deverá ser feita no **prazo de 6 meses** após o ingresso do militar nas Forças Armadas, sob pena de suspensão do pagamento da remuneração ou dos proventos, e ficará arquivada na organização militar a que pertence o militar da ativa ou naquela a que estiver vinculado o militar inativo (Decreto n.º 10.742/2021, Art. 15, § 1.º).

Da declaração de beneficiários deverão constar (Decreto n.º 10.742/2021, Art. 15, § 2.º e incisos):

1. Nome, filiação e estado civil do declarante;
2. Nome do cônjuge ou companheiro e data do casamento, se for o caso;
3. Nome dos filhos e data de seu nascimento;
4. Nome dos irmãos, órfãos ou inválidos, e data de seu nascimento;
5. Nome dos netos, filiação, e data de seu nascimento, e;
6. Menção expressa e minuciosa dos documentos comprobatórios apresentados, de forma a citar a espécie de cada um, os ofícios de registros ou outros que os expedirem ou registrarem, os atos originais, os livros, os números de ordem e das folhas em que constam os referidos documentos e as datas em que foram lavradas.

Na hipótese de o declarante encontrar-se no exterior, compete ao comandante, diretor, chefe, representante diplomático ou consular atestar a autenticidade da declaração de beneficiários (Decreto n.º 10.742/2021, Art. 15, § 3.º).

Na hipótese de o contribuinte estar impossibilitado de assinar a declaração, deverá fazê-la perante titular de serviço notarial e de registro, na presença de duas testemunhas (Decreto n.º 10.742/2021, Art. 15, § 4.º).

Na hipótese de moléstia contagiosa ou de impossibilidade de locomoção, a declaração de beneficiários poderá ser assinada por procurador (Decreto n.º 10.742/2021, Art. 15, § 5.º).

A declaração de beneficiários será entregue ao comandante, diretor ou chefe ao qual o declarante estiver subordinado, instruída com documentação do registro civil que comprove (Decreto n.º 10.742/2021, Art. 16, incisos I e II).

1. O grau de parentesco dos beneficiários, e;
2. A exclusão de beneficiários preferenciais, quando cabível.

Os documentos poderão ser apresentados em original, certidão de inteiro teor ou cópia simples, por meio físico ou eletrônico, devidamente conferida (Decreto n.º 10.742/2021, Art. 16, § 1.º).

Os documentos serão restituídos após o comandante, diretor ou chefe atestar a sua autenticidade (Decreto n.º 10.742/2021, Art. 16, § 2.º).

Qualquer fato que importe em alteração da declaração de beneficiários obrigará o contribuinte a fazer declaração aditiva que, instruída com documentos comprobatórios, obedecerá às mesmas formalidades exigidas para a declaração inicial (Decreto n.º 10.742/2021, Art. 17).

1.7. A Pensão Militar

Conforme dispõe a legislação militar, o direito à pensão nasce com o óbito do contribuinte (Decreto n.º 10.742/2021, Art. 13).

Caso a pensão militar não seja concedida em razão da inexistência de beneficiários ou do impedimento de todos os beneficiários de uma ordem de prioridade, esta será deferida aos beneficiários da ordem de prioridade subsequente (Decreto n.º 10.742/2021, Art. 13, § 1.º).

Para constar, a lei aplicável à concessão de pensão por morte é aquela vigente na data do óbito do instituidor (Decreto n.º 10.742/2021, Art. 13, § 2.º).

A pensão militar será igual ao valor da remuneração ou dos proventos do militar (Lei n.º 3.765/1960, Art. 15).

A pensão do militar que vier a falecer na atividade em consequência de acidente ocorrido em serviço ou de doença adquirida em serviço não poderá ser inferior (Lei n.º 3.765/1960, Art. 15, parágrafo único e incisos).

1. À de aspirante a oficial ou guarda marinha, para os cadetes do Exército e da Aeronáutica, aspirantes de marinha e alunos dos Centros ou Núcleos de Preparação de Oficiais da reserva, ou;
2. À de terceiro sargento, para as demais praças e os alunos das escolas de formação de sargentos.

O oficial da ativa, da reserva remunerada ou reformado, contribuinte obrigatório da pensão militar, que perder posto e patente deixará aos seus beneficiários a pensão militar correspondente ao posto que possuía, com valor proporcional ao tempo de serviço (Lei n.º 3.765/1960, Art. 20).

Nas mesmas condições referidas acima, a praça contribuinte da pensão militar com mais de 10 anos de serviço, expulsa ou não relacionada como reservista por efeito de sentença ou em decorrência de ato de autoridade competente deixará aos seus beneficiários a pensão militar correspondente à graduação que possuía, com valor proporcional ao seu tempo de serviço (Decreto n.º 10.742/2021, Art. 4.º, § 1.º)

A pensão militar supra será calculada com base em quotas do soldo, correspondentes a 1/35 (2,86%) do valor do soldo por ano de serviço, observada a regra de transição prevista no Art. 22 da Lei n.º 13.954/2019 (Decreto n.º 10.742/2021, Art. 4.º, § 2.º).

Para constar, a regra de transição supra diz respeito ao acréscimo de tempo de serviço de 30 para 35 anos dos militares. =)

A pensão resultante da promoção "post mortem" (após o falecimento) será paga aos beneficiários habilitados, a partir da data do falecimento do militar (Lei n.º 3.765/1960, Art. 21).

A pensão militar se destina a amparar os beneficiários do militar falecido ou extraviado e será paga conforme o disposto em legislação específica (Lei n.º 6.880/1980, Art. 71).

A remuneração ou os proventos do militar considerado desaparecido ou extraviado serão pagos àqueles que teriam direito à pensão militar (Decreto n.º 10.742/2021, Art. 3.º).

Na legislação militar, é considerado **desaparecido** o militar na ativa que, no desempenho de qualquer serviço, em viagem, em campanha ou em caso de calamidade pública, tiver paradeiro ignorado **por mais de 8 dias** (Lei n.º 6.880/1980, Art. 91).

O militar que permanecer desaparecido **por mais de 30 dias**, será oficialmente considerado **extraviado** (Lei n.º 6.880/1980, Art. 93).

Decorridos 6 meses do primeiro dia do desaparecimento ou extravio, terá início a habilitação dos beneficiários à pensão militar, e será cessado o pagamento da remuneração ou dos proventos quando se iniciar o pagamento da pensão militar (Decreto n.º 10.742/2021, Art. 3.º, § 3.º).

Na hipótese de reaparecimento do militar, deverá ser efetuado o pagamento da diferença entre a remuneração ou os proventos a que faria jus e a pensão paga a seus beneficiários, se for o caso (Decreto n.º 10.742/2021, Art. 3.º, § 4.º).

O desaparecimento, o extravio ou o reaparecimento do militar deverá ser atestado por meio de boletim oficial com informações sobre a data e as circunstâncias em que ocorreu (Decreto n.º 10.742/2021, Art. 3.º, § 5.º).

Exceto na hipótese de desaparecimento, extravio ou deserção, a concessão da pensão aos beneficiários do militar ficará condicionada à declaração judicial de morte presumida, nos termos do disposto na Lei n.º 10.406/2002 – Código Civil (Decreto n.º 10.742/2021, Art. 3.º, § 6.º).

Para fins de aplicação da legislação específica, será considerado como posto ou graduação do militar o correspondente ao soldo sobre o qual forem calculadas as suas contribuições (Lei n.º 6.880/1980, Art. 71, § 1.º).

Como já informado, são **contribuintes obrigatórios** da pensão militar, mediante desconto mensal em folha de pagamento, **os militares** das Forças Armadas e os **seus pensionistas** (Lei n.º 3.765/1960, Art. 1.º).

As pensões militares são custeadas com recursos provenientes da contribuição dos militares das Forças Armadas, de seus pensionistas e do Tesouro Nacional (Lei n.º 6.880/1980, Art. 71, § 2.º-A).

Todo militar é obrigado a fazer sua declaração de beneficiários que, salvo prova em contrário, prevalecerá para a habilitação dos mesmos à pensão militar (Lei n.º 6.880/1980, Art. 71, § 3.º).

A pensão militar se defere nas prioridades e condições estabelecidas em legislação específica (Lei n.º 6.880/1980, Art. 72).

1.7.1. Os Descontos dos Pensionistas

São descontos obrigatórios do pensionista de militar, conforme disposto em regulamento (Lei n.º 3.765/1960, Art. 3.º-B e incisos):

1. Contribuição para a Pensão Militar;
2. Contribuição para a Assistência Médico-Hospitalar e Social;
3. Indenização pela Prestação de Assistência Médico-Hospitalar por intermédio de Organização Militar;
4. Impostos incidentes sobre a Pensão, conforme previsto em lei;
5. Ressarcimento e Indenização ao Erário, conforme disposto em ato do Ministro de Estado da Defesa;
6. Pensão Alimentícia ou Judicial, e;
7. Multa por Ocupação Irregular de Próprio Nacional Residencial.

O pensionista habilitado na condição de viúvo que contrair matrimônio ou constituir união estável **perderá** o direito à assistência médico-hospitalar das Forças Armadas (Lei n.º 3.765/1960, Art. 3.º-C)

Na hipótese prevista acima, o viúvo é obrigado a **manter** a contribuição e a indenização prevista em Lei para garantir a assistência médico-hospitalar dos dependentes do militar falecido. (Lei n.º 3.765/1960, Art. 3.º-C, parágrafo único)

As contribuições e as indenizações para a assistência médico-hospitalar e social dos usuários a seguir especificados serão assumidas, respectivamente, pelo (Lei n.º 3.765/1960, Art. 3.º-D e incisos):

1. Viúvo, relativamente à própria assistência médico-hospitalar e social;
2. Filho ou enteado maior de 18 e menor de 21 anos de idade que receba pensão militar, relativamente à própria assistência médico-hospitalar e social;
3. Viúvo, tutor, curador ou responsável legal, relativamente à assistência médico-hospitalar e social do:
   a) Filho ou enteado menor de 21 anos de idade ou inválido de qualquer idade, e;
   b) Filho ou enteado estudante menor de 24 anos de idade que não receba rendimentos.
4. Viúvo, tutor, curador ou responsável legal, relativamente à assistência médico-hospitalar e social do tutelado ou do curatelado inválido de qualquer idade ou do menor de 18 anos de idade que viva sob a guarda do militar por decisão judicial, e;
5. Pensionista habilitado, relativamente à assistência médico-hospitalar e social do pai e da mãe do militar.

Quando o militar, por qualquer circunstância, não puder ter descontada a sua contribuição para a pensão militar, deverá ele efetuar o seu recolhimento, imediatamente, à unidade a que estiver vinculado (Lei n.º 3.765/1960, Art. 4.º).

Para constar, se, ao falecer o contribuinte, houver dívida de contribuição, caberá aos beneficiários saldá-la integralmente, por ocasião do primeiro pagamento da pensão militar (Lei n.º 3.765/1960, Art. 4.º, parágrafo único).

1.7.2. A Habilitação da Pensão Militar

O processo de habilitação à pensão militar terá início com o **requerimento** da parte interessada, dirigido à autoridade competente da organização militar a que estiver vinculado o contribuinte (Decreto n.º 10.742/2021, Art. 18).

Compete ao Ministério da Fazenda analisar os processos relativos aos casos de transferência, reversão e melhoria de pensão militar de pensionistas que, na data de entrada em vigor da Lei n.º 3.765/1960, percebiam as suas pensões (Decreto n.º 10.742/2021, Art. 18, § 1.º).

A habilitação dos beneficiários do oficial demitido a pedido e da praça licenciada ou excluída que, até 29/12/2000, contribuíam para a pensão militar a que se refere o Art. 35 da Medida Provisória n.º 2.215-10/2000, será feita pela organização militar competente de cada Força Armada (Decreto n.º 10.742/2021, Art. 18, § 2.º).

Conforme determina a legislação, são documentos **essenciais** ao processo de habilitação à pensão militar (Decreto n.º 10.742/2021, Art. 19 e incisos):

1. A serem apresentados pelos **beneficiários**:
   a) Requerimento;
   b) Certidão de óbito do contribuinte;
   c) Declaração de recebimento de vencimentos, proventos ou pensões;
   d) Quando for o caso, cópia de sentença judicial que estabeleça pensão alimentícia à pessoa separada de fato, separada judicialmente ou divorciada do instituidor, ou ao ex-convivente, e;
   e) Outros documentos, quando exigidos.
2. A serem apresentados pela **organização militar competente**:
   a) Declaração de beneficiários;
   b) Cômputo de tempo de serviço;
   c) Quando for o caso, cópia da publicação oficial que ateste a morte do militar em ato de serviço, o seu extravio ou o seu desaparecimento, e;
   d) Outros documentos, quando necessários.

Os documentos poderão ser apresentados em original, certidão de inteiro teor ou cópia simples, por meio físico ou eletrônico, devidamente conferida (Decreto n.º 10.742/2021, Art. 19, § 1.º).

Os documentos serão restituídos após o comandante, diretor ou chefe atestar a sua autenticidade (Decreto n.º 10.742/2021, Art. 19, § 2.º).

A certidão de óbito do contribuinte será substituída, quando for o caso, pela cópia da publicação oficial da morte do militar (Decreto n.º 10.742/2021, Art. 19, § 3.º).

Os documentos a que se refere o **item 2 (apresentados pela organização militar)** serão encaminhados pela organização militar, "ex officio" (de ofício), à unidade competente para analisar o processo de habilitação (Decreto n.º 10.742/2021, Art. 19, § 5.º).

1.7.3. A Perda da Pensão Militar

Perderá o direito à pensão militar o beneficiário que (Decreto n.º 10.742/2021, Art. 30 e incisos):

1. Venha a ser destituído do poder familiar, no tocante às quotas-partes dos filhos, as quais serão revertidas para estes filhos;
2. Atinja, válido e capaz, os limites de idade estabelecidos na legislação previdenciária militar;
3. Renuncie expressamente ao seu direito;
4. Tenha sido condenado por crime de natureza dolosa, do qual resulte a morte do militar ou do pensionista instituidor da pensão militar;
5. Tenha o seu vínculo matrimonial com o militar instituidor anulado por decisão exarada após a concessão da pensão militar ao cônjuge, e;
6. Tenha o seu vínculo de união estável com o militar instituidor afastado por sentença judicial exarada após o deferimento da pensão militar àquele que alegou ser companheiro.

1.7.4. A Reversão da Pensão Militar

A morte do beneficiário que estiver no gozo da pensão e a perda do direito à pensão militar importarão na transferência do direito aos demais beneficiários da **mesma ordem de prioridade** (Decreto n.º 10.742/2021, Art. 20).

A transferência do direito à pensão militar citada **não implicará em reversão** (Decreto n.º 10.742/2021, Art. 20, § 1.º).

Caso não haja beneficiários da mesma ordem de prioridade, a pensão **será revertida** para os beneficiários da ordem de prioridade seguinte (Decreto n.º 10.742/2021, Art. 20, § 2.º).

A reversão supra poderá **ocorrer somente uma vez** (Decreto n.º 10.742/2021, Art. 20, § 3.º).

São documentos essenciais à reversão de pensão ou à transferência de direito (Decreto n.º 10.742/2021, Art. 20, § 4.º e incisos):

1. Requerimento da parte interessada;
2. Certidão de óbito do beneficiário ou prova de perda da pensão;
3. Declaração de recebimento de vencimentos, proventos ou pensões, e;
4. Provas complementares, quando solicitadas.

1.7.5. A Melhoria da Pensão Militar

Conforme determina a legislação militar, será deferida **melhoria** de pensão militar (Decreto n.º 10.742/2021, Art. 21 e incisos):

1. Pela promoção "post mortem" (após o falecimento), e;
2. Pelo reconhecimento póstumo do direito do militar à percepção do grau hierárquico imediato de que trata o Art. 110 da Lei n.º 6.880/1980.

> Art. 110. O militar da ativa ou da reserva remunerada, julgado incapaz definitivamente por um dos motivos constantes dos incisos I e II do Art. 108, será reformado com a remuneração calculada com base no soldo correspondente ao grau hierárquico imediato ao que possuir ou que possuía na ativa, respectivamente.
>
> Art. 108. A incapacidade definitiva pode sobrevir em consequência de:
>
> I – Ferimento recebido em campanha ou na manutenção da ordem pública, e;
>
> II – Enfermidade contraída em campanha ou na manutenção da ordem pública, ou enfermidade cuja causa eficiente decorra de uma dessas situações.

A administração militar deverá proceder à melhoria de pensão militar nas hipóteses previstas acima no **prazo máximo de 90 dias**, contado da data da promoção ou do reconhecimento (Decreto n.º 10.742/2021, Art. 21, § 1.º).

Para constar, os efeitos da aplicação da melhoria retroagirão à data de falecimento do militar (Decreto n.º 10.742/2021, Art. 21, § 2.º).

1.7.6. O Título, o Pagamento e o Cadastro de Pensionistas

Devidamente instruído o processo e reconhecida a procedência do pedido, será expedido um **título de pensão** para cada beneficiário (Decreto n.º 10.742/2021, Art. 22).

O disposto acima, aplica-se aos **títulos de reversão e de transferência de direitos** (Decreto n.º 10.742/2021, Art. 22, § 1.º).

As apostilas ao título de pensão serão lavradas em folhas aditivas (Decreto n.º 10.742/2021, Art. 22, § 2.º).

O órgão que conceder a pensão, a transferência de direito, a reversão ou a melhoria de pensão militar **promoverá** (Decreto n.º 10.742/2021, Art. 23 e incisos):

1. A inclusão do nome do beneficiário em folha de pagamento, para os devidos fins, e;

2. A remessa do processo ao Tribunal de Contas da União para julgamento da legalidade.

Na hipótese de aparecerem beneficiários da mesma ordem de prioridade, será instaurado o processo de revisão, que será submetido ao Tribunal de Contas da União – TCU (Decreto n.º 10.742/2021, Art. 23, § 1.º).

Julgada a ilegalidade pelo TCU, deverão ser adotados os procedimentos para **cancelamento** do ato de concessão do benefício e posterior apuração do dano ao erário, com a consequente restituição, quando for o caso (Decreto n.º 10.742/2021, Art. 23, § 2.º).

Na hipótese de irregularidade ou de erro material na concessão, comprovado em procedimento administrativo, a autoridade competente deverá revisar o ato que houver concedido a pensão militar, observados os princípios da ampla defesa e do contraditório (Decreto n.º 10.742/2021, Art. 23, § 3.º).

Os pensionistas deverão atualizar o seu cadastro para declarar prova de vida **anualmente** (Decreto n.º 10.742/2021, Art. 24).

A declaração de prova de vida será condição necessária à continuidade do recebimento da pensão militar (Decreto n.º 10.742/2021, Art. 24, § 1.º).

A atualização cadastral anual será regulamentada em ato do Ministro de Estado da Defesa (Decreto n.º 10.742/2021, Art. 24, § 2.º).

O julgamento da legalidade da concessão da pensão militar pelo TCU importará no registro automático da respectiva despesa (Decreto n.º 10.742/2021, Art. 25).

As dívidas de exercícios anteriores relativas à pensão militar serão pagas pela Força Armada a que estiver vinculado o beneficiário, ainda que pendente de julgamento definitivo pelo TCU (Decreto n.º 10.742/2021, Art. 26).

As pensões militares são custeadas com recursos provenientes da contribuição dos militares das Forças Armadas, de seus pensionistas e do Tesouro Nacional (Decreto n.º 10.742/2021, Art. 27).

A Marinha do Brasil, o Exército Brasileiro e a Aeronáutica manterão sistema de cadastro de pensionistas (Decreto n.º 10.742/2021, Art. 28).

Por fim, vale informar que o título de pensão será registrado no sistema de cada Força Armada (Decreto n.º 10.742/2021, Art. 29).

1.7.7. As Disposições Gerais sobre a Pensão Militar

A pensão militar não está sujeita à penhora, sequestro ou arresto, exceto nos casos especificamente previstos em lei (Lei n.º 3.765/1960, Art. 27).

A pensão militar pode ser requerida a qualquer tempo, condicionada, porém, a percepção das prestações mensais à prescrição de 5 anos – **prescrição quinquenal** (Lei n.º 3.765/1960, Art. 28).

O disposto acima, aplica-se aos casos de melhoria de pensão militar (Decreto n.º 10.742/2021, Art. 32, parágrafo único).

As acumulações de benefícios, inclusive os militares, deverão obedecer ao disposto no Art. 37, inciso XI da CF/1988, ou seja, **o valor da acumulação deve ser, no máximo, igual ao subsídio dos ministros do STF**.

Observado o disposto acima, será permitida a acumulação (Decreto n.º 10.742/2021, Art. 33 e incisos):

1. De uma pensão militar com proventos de disponibilidade, reforma, vencimentos ou aposentadoria, e;
2. De uma pensão militar com pensão concedida por outro regime.

Os limites constitucionais não se aplicam aos beneficiários dos contribuintes falecidos anteriormente à data de entrada em vigor da Lei n.º 3.765/1960 (Decreto n.º 10.742/2021, Art. 33, § 1.º).

Na hipótese acima, é **vedada** a obtenção de novos benefícios (Decreto n.º 10.742/2021, Art. 33, § 2.º).

Aos que forem atingidos pela limitação constitucional, será permitida opção (Decreto n.º 10.742/2021, Art. 33, § 3.º).

Para fins no item 2, entende-se por outro regime aquele correspondente ao regime próprio de previdência social ou ao Regime Geral de Previdência Social (Decreto n.º 10.742/2021, Art. 33, § 4.º).

Conforme determinação legislativa, é vedada (**proibida**) a acumulação de 3 ou mais pensões militares (Decreto n.º 10.742/2021, Art. 33, § 5.º).

O teto constitucional incide sobre o somatório da remuneração ou do provento e da pensão percebida na hipótese de a morte do instituidor da pensão militar ter ocorrido **posteriormente** à data de entrada em vigor da Emenda Constitucional n.º 19/1998 (Decreto n.º 10.742/2021, Art. 33, § 6.º).

A pensão militar será sempre atualizada pela tabela de vencimentos que estiver em vigor, inclusive quanto aos beneficiários dos contribuintes falecidos antes da vigência desta lei (Lei n.º 3.765/1960, Art. 30).

O cálculo para a atualização tomará sempre por base a **pensão tronco** deixada pelo contribuinte, e não as importâncias percebidas pelos beneficiários em pensões subdivididas e majoradas ou acrescidas por abono (Lei n.º 3.765/1960, Art. 30, § 1.º).

Por fim, os processos relacionados à pensão militar terão **prioridade** de tramitação em relação aos demais processos que envolvam concessão de direitos remuneratórios (Decreto n.º 10.742/2021, Art. 34).

1.8. O Tempo de Serviço

A contagem de tempo de serviço na seara militar conta com algumas peculiaridades que merecem ser esmiuçadas neste curso.

Primeiramente, deve-se informar que na apuração do tempo de serviço militar, será feita **distinção** entre (Lei n.º 6.880/1980, Art. 135, incisos I e II):

1. **Tempo de efetivo serviço, e;**
2. **Anos de serviço.**

O **tempo de efetivo serviço** é o espaço de tempo computado dia a dia entre a data de ingresso e a data-limite estabelecida para a contagem ou a data do desligamento em consequência da exclusão do serviço ativo, mesmo que tal espaço de tempo seja parcelado (Lei n.º 6.880/1980, Art. 136).

O tempo de serviço em campanha é computado pelo **dobro** como tempo de efetivo serviço, para todos os efeitos, exceto indicação para a quota compulsória (Lei n.º 6.880/1980, Art. 136, § 1.º).

Será, também, computado como tempo de efetivo serviço o tempo passado dia a dia nas organizações militares, pelo militar da reserva convocado ou mobilizado, no exercício de funções militares (Lei n.º 6.880/1980, Art. 136, § 2.º).

Não serão deduzidos do tempo de efetivo serviço, além dos afastamentos previstos no Art. 65 da Lei n.º 6.880/1980, os períodos em que o militar estiver afastado do exercício de suas funções em gozo de licença especial (Lei n.º 6.880/1980, Art. 136, § 3.º).

> Lei n.º 6.880/1980:
>
> Art. 64. Os militares têm direito, ainda, aos seguintes períodos de afastamento total do serviço, obedecidas às disposições legais e regulamentares, por motivo de:
>
> I – Núpcias: 8 dias;
>
> II – Luto: 8 dias;
>
> III – Instalação: Até 10 dias, e;
>
> IV – Trânsito: Até 30 dias.
>
> Art. 65. As férias e os afastamentos mencionados no artigo anterior são concedidos com a remuneração prevista na legislação específica e computados como tempo de efetivo serviço para todos os efeitos legais.

Ao tempo de efetivo serviço, apurado e totalizado em dias, será aplicado o **divisor 365** para a correspondente obtenção dos anos de efetivo serviço (Lei n.º 6.880/1980, Art. 136, § 4.º).

Por seu turno, **anos de serviço** é a expressão que designa o tempo de efetivo serviço a que se refere o artigo anterior, com os seguintes acréscimos (Lei n.º 6.880/1980, Art. 137 e incisos):

1. Tempo de serviço público federal, estadual ou municipal, prestado pelo militar anteriormente à sua incorporação, matrícula, nomeação ou reinclusão em qualquer organização militar;
2. Tempo de serviço computável durante o período matriculado como aluno de órgão de formação da reserva, e;
3. 1/3 (33%) para cada período consecutivo ou não de 2 anos de efetivo serviço passados pelo militar nas guarnições especiais da Categoria "A".

Os acréscimos acima serão computados somente no momento da passagem do militar à situação de inatividade e para esse fim (Lei n.º 6.880/1980, Art. 137, § 1.º)

Não é computável para efeito algum, salvo para fins de indicação para a quota compulsória, o tempo (Lei n.º 6.880/1980, Art. 137, § 4.º e alíneas)

a) Que ultrapassar de 1 ano, contínuo ou não, em licença para tratamento de saúde de pessoa da família;
b) Passado em licença para tratar de interesse particular ou para acompanhar cônjuge ou companheiro(a);
c) Passado como desertor;

> → A deserção é crime tipificado no Código Penal Militar (Decreto-Lei n.º 1.001/1969):
>
> Deserção
>
> Art. 187. Ausentar-se o militar, sem licença, da unidade em que serve, ou do lugar em que deve permanecer, por mais de 8 dias:
>
> Pena: Detenção, de 6 meses a 2 anos; se oficial, a pena é agravada.

d) Decorrido em cumprimento de pena de suspensão do exercício do posto, graduação, cargo ou função por sentença transitada em julgado, e;
e) Decorrido em cumprimento de pena restritiva da liberdade, por sentença transitada em julgado, desde que não tenha sido conce-

dida suspensão condicional de pena, quando, então, o tempo correspondente ao período da pena será computado apenas para fins de indicação para a quota compulsória e o que dele exceder, para todos os efeitos, caso as condições estipuladas na sentença não o impeçam.

1.9. O Militar inativo na Administração Pública Civil

O militar inativo contratado para o desempenho de atividades de natureza civil em órgãos públicos em caráter voluntário e temporário faz jus a um adicional igual a 3/10 (30%) da remuneração que estiver percebendo na inatividade, cabendo o pagamento do adicional ao órgão contratante, conforme estabelecido em regulamento (Lei n.º 13.954/2019, Art. 18).

Para constar, tal adicional (Lei n.º 13.954/2019, Art. 18, parágrafo único e incisos).

1. Não será incorporado ou contabilizado para revisão do benefício na inatividade;
2. Não servirá de base de cálculo para outros benefícios ou vantagens, e;
3. Não integrará a base de contribuição do militar.

1.10. A Vantagem Pessoal Nominalmente Identificada – VPNI (Lei n.º 13.954/2019)

Na hipótese de redução de proventos brutos do militar em decorrência da aplicação do disposto na Lei n.º 13.954/2019 (2.ª **Reforma Previdenciária Militar**), a diferença será paga a título de Vantagem Pessoal Nominalmente Identificada (VPNI), a ser absorvida por ocasião da reorganização ou da reestruturação de sua tabela remuneratória e da concessão de reajustes, adicionais, gratificações ou vantagens de qualquer natureza (Lei n.º 13.954/2019, Art. 21).

2. AS POLÍCIAS MILITARES E OS CORPOS DE BOMBEIROS MILITARES

As Polícias Militares e os Corpos de Bombeiros Militares dos Estados e do Distrito Federal são classificados como forças auxiliares e também constam como **reserva** das Forças Armadas (Lei n.º 6.880/1980, Art. 4.º, inciso II, alíneas "a" e "b" c/c Decreto-Lei n.º 667/1969, Art. 1.º).

Os direitos, os deveres, a remuneração, as prerrogativas e outras situações especiais dos militares dos Estados, do Distrito Federal e dos Territórios são estabelecidos em leis específicas dos entes federativos, nos termos da Constituição Federal (Decreto-Lei n.º 667/1969, Art. 24).

Atualmente, aplicam-se aos militares dos Estados, do Distrito Federal e dos Territórios as seguintes normas gerais relativas à inatividade (Decreto-Lei n.º 667/1969, Art. 24-A e incisos).

1. A remuneração na inatividade, calculada com base na remuneração do posto ou da graduação que o militar possuir por ocasião da transferência para a inatividade remunerada, a pedido, pode ser:

   a) Integral, desde que cumprido o tempo mínimo de 35 anos de serviço, dos quais no mínimo 30 anos de exercício de atividade de natureza militar, ou;

   b) Proporcional, com base em tantas quotas de remuneração do posto ou da graduação quantos forem os anos de serviço, se transferido para a inatividade sem atingir o referido tempo mínimo.

2. A remuneração do militar reformado por incapacidade decorrente do exercício da função ou em razão dela é integral, calculada com base na remuneração do posto ou da graduação que possuir por ocasião da transferência para a inatividade remunerada;

3. A remuneração na inatividade é irredutível e deve ser revista automaticamente na mesma data da revisão da remuneração dos militares da ativa, para preservar o valor equivalente à remuneração do militar da ativa do correspondente posto ou graduação, e;

4. A transferência para a reserva remunerada, de ofício, por atingimento da idade-limite do posto ou graduação, se prevista, deve ser disciplinada por lei específica do ente federativo, observada como parâmetro mínimo a idade-limite estabelecida para os militares das Forças Armadas do correspondente posto ou graduação.

A transferência para a reserva remunerada, de ofício, por inclusão em quota compulsória, se prevista, deve ser disciplinada por lei do ente federativo (Decreto-Lei n.º 667/1969, Art. 24-A, parágrafo único).

Aplicam-se aos militares dos Estados, do Distrito Federal e dos Territórios as seguintes normas gerais relativas à pensão militar (Decreto-Lei n.º 667/1969, Art. 24-B e incisos):

1. O benefício da pensão militar é igual ao valor da remuneração do militar da ativa ou em inatividade;

2. O benefício da pensão militar é irredutível e deve ser revisto automaticamente, na mesma data da revisão das remunerações dos militares da ativa, para preservar o valor equivalente à remuneração do militar da ativa do posto ou graduação que lhe deu origem, e;

3. A relação de beneficiários dos militares dos Estados, do Distrito Federal e dos Territórios, para fins de recebimento da pensão militar, é a mesma estabelecida para os militares das Forças Armadas.

Incide contribuição sobre a totalidade da remuneração dos militares dos Estados, do Distrito Federal e dos Territórios, ativos ou inativos, e de seus pensionistas, com alíquota igual à aplicável às Forças Armadas (**10,5%**), cuja receita é destinada ao custeio das pensões militares e da inatividade dos militares (Decreto-Lei n.º 667/1969, Art. 24-C).

Compete ao ente federativo a cobertura de eventuais insuficiências financeiras decorrentes do pagamento das pensões militares e da remuneração da inatividade, que não tem natureza contributiva (Decreto-Lei n.º 667/1969, Art. 24-C, § 1.º).

A partir de 01/01/2025 os entes federativos poderão alterar, por lei ordinária, as alíquotas da contribuição, nos termos e limites definidos em lei federal (Decreto-Lei n.º 667/1969, Art. 24-C, § 2.º).

Lei específica do ente federativo deve dispor sobre outros aspectos relacionados à inatividade e à pensão militar dos militares e respectivos pensionistas dos Estados, do Distrito Federal e dos Territórios que não conflitem com as normas gerais estabelecidas neste tópico do curso, vedada a ampliação dos direitos e garantias nelas previstos (Decreto-Lei n.º 667/1969, Art. 24-D).

Para constar, compete à União, na forma de regulamento, verificar o cumprimento das normas gerais supramencionadas (Decreto-Lei n.º 667/1969, Art. 24-D, parágrafo único).

O Sistema de Proteção Social dos Militares dos Estados, do Distrito Federal e dos Territórios deve ser regulado por lei específica do ente federativo, que estabelecerá seu modelo de gestão e poderá prever outros direitos, como saúde e assistência, e sua forma de custeio (Decreto-Lei n.º 667/1969, Art. 24-E).

Não se aplica ao Sistema de Proteção Social dos Militares dos Estados, do Distrito Federal e dos Territórios a legislação dos regimes próprios de previdência social dos servidores públicos (Decreto-Lei n.º 667/1969, Art. 24-E, parágrafo único).

Sempre que houver alteração nas regras dos militares das Forças Armadas, as normas gerais de inatividade e pensão militar dos militares dos Estados, do Distrito Federal e dos Territórios, estabelecidas neste tópico do curso, devem ser ajustadas para manutenção da simetria, vedada a instituição de disposições divergentes que tenham repercussão na inatividade ou na pensão militar (Decreto-Lei n.º 667/1969, Art. 24-H).

Lei específica do ente federativo pode estabelecer (Decreto-Lei n.º 667/1969, Art. 24-I e incisos).

1. Regras para permitir que o militar transferido para a reserva exerça atividades civis em qualquer órgão do ente federativo mediante o pagamento de adicional, o qual não será incorporado ou contabilizado para revisão do benefício na inatividade, não servirá de base de cálculo para outros benefícios ou vantagens e não integrará a base de contribuição do militar, e;
2. Requisitos para o ingresso de militares temporários, mediante processo seletivo, cujo prazo máximo de permanência no serviço ativo será de 8 anos, observado percentual máximo de 50% do efetivo do respectivo posto ou graduação.

O militar temporário de que trata o item 2 supra contribuirá e fará jus aos benefícios de inatividade por incapacidade permanente e pensão militar durante a permanência no serviço ativo (Decreto-Lei n.º 667/1969, Art. 24-I, § 1.º).

Cessada (encerrada) a vinculação do militar temporário à respectiva corporação, o tempo de serviço militar será objeto de contagem recíproca para fins de aposentadoria no Regime Geral de Previdência Social ou em regime próprio de previdência social, sendo devida a compensação financeira entre os regimes (Decreto-Lei n.º 667/1969, Art. 24-I, § 2.º).

O tempo de serviço militar e o tempo de contribuição ao Regime Geral de Previdência Social ou a regime próprio de previdência social terão contagem recíproca para fins de inativação militar ou aposentadoria, e a compensação financeira será devida entre as receitas de contribuição referentes aos militares e as receitas de contribuição referentes aos demais regimes (Decreto-Lei n.º 667/1969, Art. 24-J).

Capítulo 12

O REGIME DE PREVIDÊNCIA COMPLEMENTAR

1. CONSIDERAÇÕES INICIAIS SOBRE A PREVIDÊNCIA COMPLEMENTAR

A Previdência Complementar é forma de provimento social muito difundida nos países mais desenvolvidos, como os Estados Unidos, os países da União Europeia e o Japão. Contudo, ainda é pouco conhecida entre nós, brasileiros, sobretudo em se tratando de seus aspectos jurídicos.

No ano de 2019 em diante, com toda a publicidade em torno da Grande Reforma da Previdência, implementada pela Emenda Constitucional n.º 103/2019, a Previdência Complementar começou a frequentar os principais meios de comunicação do Brasil.

Para constar, a Previdência Complementar é um **benefício opcional**, que proporciona ao trabalhador um **seguro previdenciário adicional**, conforme sua necessidade e vontade. É uma aposentadoria contratada para garantir uma **renda extra** ao trabalhador, no caso de aposentadoria, ou ao seu beneficiário, no caso de pensão por morte.

Atualmente, os benefícios previdenciários do Regime Geral de Previdência Social (RGPS) estão limitados a um **teto normativo**. Caso o trabalhador deseje se aposentar com uma renda superior a esse teto, a previdência complementar se torna um elemento essencial.

Além da aposentadoria, o participante normalmente tem à sua disposição outros benefícios pecuniários, como no caso de morte, acidentes, doenças e incapacidade permanente.

O funcionamento da previdência complementar, em linhas gerais, é muito simples. Durante o período em que o cidadão estiver trabalhando, contribui **todos os meses** com uma quantia de acordo com a sua disponibilidade. Esses valores serão aplicados pela entidade gestora, o que gerará um **fundo de reservas**.

Em curta análise, é um produto bancário. A propósito, os bancos e as corretoras, nos últimos anos, têm investido muito pesado na oferta desse produto.

Após um determinado período de tempo, coincidente ou não com a aposentadoria do indivíduo no RGPS, o saldo acumulado do fundo poderá ser **resgatado integralmente** ou recebido **de forma parcelada mensalmente**, como uma aposentadoria tradicional.

2. A PREVIDÊNCIA COMPLEMENTAR NA CF/1988

O tema previdência complementar é deveras importante, inclusive tem **previsão constitucional**, especificamente no capítulo que trata de Seguridade Social, em seu Art. 202 e seus parágrafos, como se pode observar:

> Art. 202. O regime de **previdência privada**, de caráter **complementar** e organizado de forma **autônoma** em relação ao regime geral de previdência social, será **FACULTATIVO**, baseado na **constituição de reservas** que **garantam o benefício contratado**, e regulado por **lei complementar**.

A redação do caput foi dada pela Emenda Constitucional n.º 20/1998, a 1.ª reforma da previdência social.

Outro ponto, considere **previdência complementar** e **previdência privada** como **sinônimos**.

Como pode ser observado, a previdência privada tem caráter **complementar**, uma vez que complementa a aposentadoria a ser recebida pelo trabalhador no RGPS ou nos RPPS (servidores públicos também podem contratar a previdência complementar).

Observe que é um regime de previdência **FACULTATIVO**. O indivíduo contrata somente se assim desejar.

A previdência privada é **autônoma**, seja em relação ao RGPS, seja em relação aos RPPS. Inclusive, o cidadão não precisa estar ligado ao RGPS ou ao RPPS para contratar uma previdência complementar.

Após contribuir por diversos anos, constitui-se uma **reserva financeira** que irá pagar os **benefícios complementares** desejados pelo contratante (geralmente na forma de saques mensais).

Apesar de o tema ter estatura constitucional, a previdência complementar é regulada por meio de **lei complementar**. No caso, a **Lei Complementar n.º 109/2001**, que será tratada em sua integralidade nesta parte do curso.

Essa lei complementar assegurará ao participante de **planos de benefícios** de **entidades de previdência privada** o **pleno acesso** às informações relativas à gestão de seus respectivos planos. (CF/1988, Art. 202, § 1.º). Observa-se o sempre salutar **princípio da transparência.**

As contribuições do empregador, os benefícios e as condições contratuais previstas nos estatutos, regulamentos e planos de benefícios das entidades de previdência privada **não integram o contrato de trabalho dos participantes**, assim como, à exceção dos benefícios concedidos, **não integram a remuneração dos participantes**, nos termos da lei (CF/1988, Art. 202, § 2.º).

A previdência privada não integra o contrato e nem a remuneração do participante (trabalhador). Não se deve misturar esse regime previdenciários facultativo com as questões trabalhistas.

É **vedado (proibido)** o aporte de recursos a entidade de previdência privada pela União, Estados, Distrito Federal e Municípios, suas autarquias, fundações, empresas públicas, sociedades de economia mista e outras entidades públicas, **salvo** na qualidade de patrocinador, situação na qual, em hipótese alguma, sua contribuição normal poderá exceder a do segurado (CF/1988, Art. 202, § 3.º).

Em regra, as entidades de previdência privada **não podem** contar com dinheiro público. **Entretanto**, se a entidade de previdência privada abarca servidores de determinado ente político (U, E, DF e M), nessa situação, cabe ao ente político **aportar dinheiro**, na condição de **patrocinador**.

Mas, também não pode aportar em qualquer valor! A contribuição do ente político será, no máximo, igual ao aporte do servidor público. Se o servidor, por exemplo, aporta 8% da sua remuneração mensalmente, o ente político irá aportar, no máximo, o mesmo valor.

A **lei complementar** disciplinará a relação entre a União, Estados, Distrito Federal ou Municípios, inclusive suas autarquias, fundações, sociedades de economia mista e empresas controladas direta ou indiretamente, enquanto patrocinadores de planos de benefícios previdenciários, e as entidades de previdência complementar (CF/1988, Art. 202, § 4.º).

No caso, essa é a **Lei Complementar n.º 108/2001**, que também será tratada em sua integralidade nesta parte de nossa obra. É um tema importante, uma vez que a previdência complementar já é uma realidade em todas as esferas de servidores públicos.

Por fim, a Lei Complementar n.º 108/2001 aplicar-se-á, no que couber, às empresas privadas permissionárias ou concessionárias de prestação de serviços públicos, quando patrocinadoras de planos de benefícios em entidades de previdência complementar (CF/1988, Art. 202, § 5.º).

3. O REGIME DE PREVIDÊNCIA COMPLEMENTAR (LEI COMPLEMENTAR N.º 109/2001)

3.1. Introdução

O regime de **previdência privada**, de caráter **complementar** e organizado de forma **autônoma** em relação ao regime geral de previdência social, é **FACULTATIVO**, baseado na **constituição de reservas** que **garantam o benefício contratado**.

O regime de previdência complementar é operado por **entidades de previdência complementar** que têm por objetivo principal **instituir** e **executar planos de benefícios de caráter previdenciário**.

A ação do Estado será exercida com o objetivo de:

1. Formular a **política** de previdência complementar;
2. **Disciplinar**, **coordenar** e **supervisionar** as atividades reguladas pela Lei Complementar n.º 109/2001, compatibilizando-as com as políticas previdenciária e de desenvolvimento social e econômico-financeiro;
3. Determinar **padrões mínimos** de segurança econômico-financeira e atuarial, com fins específicos de preservar a liquidez, a solvência e o equilíbrio dos planos de benefícios, isoladamente, e de cada entidade de previdência complementar, no conjunto de suas atividades;
4. Assegurar aos **participantes** e assistidos o **pleno acesso às informações** relativas à gestão de seus respectivos planos de benefícios;
5. **Fiscalizar** as **entidades de previdência complementar**, suas operações e aplicar penalidades, e;
6. **Proteger** os **interesses dos participantes e assistidos** dos planos de benefícios.

Aqui, considero importante fazer um paralelo entre a nomenclatura utilizada no RGPS e no RPPS e a utilizada no Regime de Previdência Complementar (RPC).

No RGPS/RPPS temos o **segurado**, aquele que trabalha e contribui para o seu regime. No RPC, esse seria o **participante**.

No RGPS/RPPS temos o **dependente**, que é a pessoa que guarda relação de dependência com o segurado. No RPC, esse seria o **beneficiário**.

E no RPC, tanto o **participante** quanto o **beneficiário** que estão recebendo a complementação de aposentadoria ou de pensão por morte (benefício contratado) recebem a denominação de **assistidos**. Assim:

RGPS/RPPS	RPC	Em gozo:
Segurado	Participante	Assistido
Dependente	Beneficiário	Assistido

(Autoria: Ali Mohamad Jaha)

A Lei Complementar n.º 109/2001 assim dispõe:

> Art. 8.º Para efeito desta Lei Complementar, considera-se:
>
> I – **Participante**, a pessoa física que aderir aos planos de benefícios, e;
>
> II – **Assistido**, o participante ou seu beneficiário **em gozo** de benefício de prestação continuada.

Conforme determinação legal, as entidades de previdência complementar são classificadas em **fechadas** e **abertas**.

As **entidades fechadas de previdência complementar (EFPC)** são aquelas que ofertam planos de previdência privada para **determinado grupo de pessoas** (servidores de determinado poder ou trabalhadores de uma multinacional). Não são planos disponíveis a todos! As EFPC também recebem a nomenclatura de **Fundos de Pensão**.

Já as **entidades abertas de previdência complementar (EAPC)** são aquelas que ofertam planos de previdência privada **para qualquer pessoa interessada**. São as previdências privadas ofertadas pelas bancos e pelas corretoras. São planos disponíveis para adesão por qualquer cidadão. As EAPC também recebem a nomenclatura de **Sociedades Anônimas**.

Não confundir:

EFPC	EAPC
Grupo de pessoas	Qualquer pessoa
Fundos de Pensão	Sociedades Anônimas

(Autoria: Ali Mohamad Jaha)

A **normatização, coordenação, supervisão, fiscalização** e **controle** das atividades das entidades de previdência complementar serão realizados por órgão ou órgãos **regulador** e **fiscalizador**. Atualmente, esses são os referidos órgãos:

> **EFPC (Fundos de Pensão):**
>
> Órgão regulador: Conselho Nacional de Previdência Complementar (**CNPC**), ligado ao Ministério da Previdência Social.
>
> Órgão fiscalizador: Superintendência Nacional de Previdência Complementar (**PREVIC**), ligada ao Ministério da Previdência Social.
>
> **EAPC (Sociedades Anônimas):**
>
> Órgão regulador: Conselho Nacional de Seguros Privados (**CNSP**), ligado ao Ministério da Fazenda.
>
> Órgão fiscalizador: Superintendência de Seguros Privados (**SUSEP**), ligada ao Ministério da Fazenda.

Em suma:

Entidade	Regulação	Fiscalização	Ministério
EFPC	CNPC	PREVIC	MPS
EAPC	CNSP	SUSEP	MF

(Autoria: Ali Mohamad Jaha)

Fica a minha observação: as previdências complementares **fechadas** (restritas) são tratadas como **previdências** de fato, ao passo que as previdências complementares **abertas** (amplas) são tratadas como verdadeiros **seguros privados.**

3.2. Os Planos de Benefícios

3.2.1. As Disposições Comuns

As **entidades de previdência complementar** somente poderão instituir e operar **planos de benefícios** para os quais tenham **autorização específica**, segundo as normas aprovadas pelo órgão **regulador** e **fiscalizador**.

Os **planos de benefícios** atenderão a **padrões mínimos** fixados pelo órgão regulador e fiscalizador, com o objetivo de assegurar **transparência**, **solvência**, **liquidez** e **equilíbrio econômico-financeiro e atuarial**.

O órgão regulador e fiscalizador normatizará planos de benefícios nas modalidades de **benefício definido (BD)**, **contribuição definida (CD)** e **contribuição variável (CV)**, bem como outras formas de planos de benefícios que reflitam a evolução técnica e possibilitem flexibilidade ao regime de previdência complementar.

Vamos aos conceitos:

- **Plano de Benefício Definido (BD)**: Modalidade de plano, no qual o valor da contribuição e do benefício é definido na contratação do plano, cuja fórmula de cálculo é estabelecida em regulamento, sendo o custeio determinado atuarialmente, de forma a assegurar sua concessão e manutenção, ou melhor, no momento da contratação do plano se sabe o quanto você irá receber ao se aposentar e o valor da contribuição, ou seja, o quanto você irá contribuir ao longo do tempo é que varia, para que o valor pré-determinado possa ser atingido. Essa modalidade de plano tem natureza mutualista, isto é, de caráter solidário entre os participantes, sendo determinante o seu equilíbrio atuarial;
- **Plano de Contribuição Definida (CD)**: Modalidade de plano, cujos valores dos benefícios programados será com base no saldo de conta acumulado do participante, sendo as contribuições definidas pelo participante e pelo patrocinador de acordo com o regulamento do plano, ou melhor, o valor da contribuição é acertado no ato da contratação do plano e o montante que será recebido varia em função desta quantia, do tempo de contribuição e da rentabilidade, e;
- **Plano de Contribuição Variável (CV)**: Modalidade plano, cujos benefícios programados apresentem a conjugação das características das modalidades de contribuição definida e benefício definido, ou seja, é aquele em que os benefícios programados, na fase de acumulação ou na fase da atividade, tenham características de CD (contas individuais) e na fase de inatividade tenham características de BD (rendas vitalícias). Podem também oferecer para os casos de benefícios de riscos (aqueles não previsíveis como morte, invalidez, doença ou reclusão) um benefício definido.

As entidades de previdência complementar constituirão **reservas técnicas**, **provisões** e **fundos**, de conformidade com os critérios e normas fixados pelo órgão regulador e fiscalizador.

A **aplicação** dos recursos correspondentes às reservas, às provisões e aos fundos será feita conforme diretrizes estabelecidas pelo **Conselho Monetário Nacional (CMN)**.

Para constar, o **CMN** é o órgão superior do Sistema Financeiro Nacional e tem a responsabilidade de formular a política da moeda e do crédito, objetivando a estabilidade da moeda e o desenvolvimento econômico e social do País. Atualmente, está na órbita do Ministério da Fazenda.

É **vedado (proibido)** o estabelecimento de aplicações compulsórias ou limites mínimos de aplicação.

Deverão constar dos regulamentos dos planos de benefícios, das propostas de inscrição e dos certificados de participantes **condições mínimas** a serem fixadas pelo órgão regulador e fiscalizador.

A todo pretendente será **disponibilizado** e a todo participante entregue, quando de sua inscrição no plano de benefícios:

1. Certificado onde estarão indicados os **requisitos** que regulam a admissão e a manutenção da qualidade de participante, bem como os **requisitos** de elegibilidade e **forma de cálculo dos benefícios**;
2. Cópia do regulamento atualizado do plano de benefícios e material explicativo que descreva, em linguagem simples e precisa, as características do plano;
3. Cópia do contrato, no caso de **plano coletivo**, e;
   - → Plano coletivo: Tem por objetivo garantir benefícios previdenciários a pessoas físicas vinculadas, direta ou indiretamente, a uma pessoa jurídica contratante.
4. Outros documentos que vierem a ser especificados pelo órgão regulador e fiscalizador.

Na divulgação dos planos de benefícios, não poderão ser incluídas informações diferentes das que figurem nos documentos supramencionados.

Para assegurar compromissos assumidos junto aos **participantes** e **assistidos** de planos de benefícios, as entidades de previdência complementar poderão contratar **operações de resseguro**, por iniciativa própria ou por determinação do órgão regulador e fiscalizador, observados o regulamento do respectivo plano e demais disposições legais e regulamentares.

Fica facultada às **entidades fechadas (EFPC)** a garantia referida acima por meio de fundo de solvência, a ser instituído na forma da lei.

Para finalizar esse tópico, vamos abordar, superficialmente, o conceito de **operação de resseguro**.

A operação de resseguro permite que a contratante (entidade de previdência complementar) **diminua sua responsabilidade** em relação a um risco considerado **excessivo** para sua capacidade financeira.

O objetivo da contratante é **proteger seu patrimônio e seus resultados operacionais**. Já o do resseguro, é aumentar a capacidade de retenção das contratantes, ampliar a liquidez do mercado, oferecer proteção contra riscos causados por catástrofes e estabilizar a sinistralidade (proporção da receita gasta com o pagamento de indenizações).

A responsabilidade do ressegurador está limitada apenas ao sinistro (materialização do risco) real que a seguradora sofreu.

Em suma, o resseguro é uma operação financeira típica realizada entre as duas partes, com a finalidade de **dividir responsabilidades**.

3.2.2. Os Planos de Benefícios de Entidades Fechadas

Os **planos de benefícios** de entidades fechadas (EFPC) poderão ser instituídos por **patrocinadores** e **instituidores**. Para constar, seguem os conceitos:

- **Patrocinadores**: Empresa ou grupo de empresas, a União, os Estados, o Distrito Federal, os Municípios, suas autarquias, fundações, sociedades de economia mista e outras entidades públicas que instituam, para seus empregados ou servidores, plano de benefícios de caráter previdenciário, administrado por uma EFPC.
- **Instituidores**: Pessoa jurídica de caráter profissional, classista ou setorial que oferece aos seus associados plano de benefícios de caráter previdenciário, administrado por uma EFPC.

A formalização da condição de **patrocinador** ou **instituidor** de um plano de benefício dar-se-á mediante **convênio de adesão** a ser celebrado entre o patrocinador ou instituidor e a entidade fechada, em relação a cada plano de benefícios por esta administrado e executado, mediante prévia autorização do órgão regulador e fiscalizador, conforme regulamentação do Poder Executivo.

Admitir-se-á **solidariedade** entre patrocinadores ou entre instituidores, com relação aos respectivos planos, desde que expressamente prevista no convênio de adesão.

O órgão regulador e fiscalizador, dentre outros requisitos, estabelecerá o **número mínimo de participantes** admitido para cada modalidade de plano de benefício.

Os planos de benefícios deverão prever os seguintes institutos, observadas as normas estabelecidas pelo órgão regulador e fiscalizador:

1. **Benefício proporcional diferido (BPD)**, em razão da cessação do vínculo empregatício com o patrocinador ou associativo com o instituidor antes da aquisição do direito ao benefício pleno, a ser concedido quando cumpridos os requisitos de elegibilidade;
2. **Portabilidade** do direito acumulado pelo participante para outro plano;

3. **Resgate** da totalidade das contribuições vertidas ao plano pelo participante, descontadas as parcelas do custeio administrativo, na forma regulamentada, e;
4. Faculdade de o participante manter o valor de sua contribuição e a do patrocinador, no caso de perda parcial ou total da remuneração recebida, para assegurar a percepção dos benefícios nos níveis correspondentes àquela remuneração ou em outros definidos em normas regulamentares (**autopatrocínio**).

O **regime de previdência complementar** sempre traz nomenclaturas específicas, com isso, vamos apresentar esses novos conceitos:

- **Benefício Proporcional Diferido (BPD)**: Instituto que faculta ao participante, em razão da cessação do seu vínculo empregatício com o patrocinador, ou associativo com o instituidor, antes da aquisição do direito ao benefício pleno programado, a interrupção de suas contribuições para o custeio de benefícios previdenciários, optar por receber, em tempo futuro, um benefício programado, quando do preenchimento dos requisitos regulamentares. Nessa hipótese o participante, classificado como remido, deixa de contribuir para o plano arcando exclusivamente com o pagamento do custeio administrativo até a data do recebimento do benefício;
- **Portabilidade**: Instituto que faculta ao participante transferir os recursos financeiros, correspondente ao seu direito acumulado, para outro plano de benefícios de caráter previdenciário operado por EFPC ou sociedade seguradora autorizada a operar o referido plano (segmento aberto);
- **Resgate**: Instituto que faculta ao participante o recebimento de valor decorrente do seu desligamento do plano de benefícios conforme regulamento do plano, e;
- **Autopatrocínio**: Instituto que faculta ao participante a permanência de sua contribuição ao plano, assumindo também a parte do patrocinador quando da perda do vínculo empregatício ou associativo.

Não será admitida a portabilidade na inexistência de cessação do vínculo empregatício do participante com o patrocinador.

O órgão regulador e fiscalizador estabelecerá período de carência para o instituto da **portabilidade**.

Na regulamentação do instituto da **portabilidade**, o órgão regulador e fiscalizador **observará**, entre outros requisitos específicos, os **seguintes**:

1. Se o plano de benefícios foi instituído antes ou depois da publicação da Lei Complementar n.º 109/2001 (30/05/2001), e;
2. A modalidade do plano de benefícios.

O instituto da **portabilidade**, quando efetuado para entidade aberta (EAPC), **somente** será admitido quando a integralidade dos recursos financeiros correspondentes ao direito acumulado do participante for utilizada para a contratação de renda mensal vitalícia ou por prazo determinado, cujo prazo mínimo não poderá ser inferior ao período em que a respectiva reserva foi constituída, limitado ao mínimo de 15 anos, observadas as normas estabelecidas pelo órgão regulador e fiscalizador.

Para efeito do instituto da **portabilidade**, fica estabelecido que:

1. A portabilidade **não caracteriza resgate**, e;
2. É **vedado (proibido)** que os recursos financeiros correspondentes transitem pelos participantes dos planos de benefícios, sob qualquer forma.

O **direito acumulado** corresponde às reservas constituídas pelo participante ou à reserva matemática, o que lhe for mais favorável.

Para constar, a reserva matemática é formada a partir da contribuição do participante mais a contribuição da patrocinadora, acrescida das rentabilidades mensais de cada plano de benefício. Ela será utilizada para o pagamento dos benefícios previdenciários quando o participante reunir as condições para se aposentar.

Os planos de benefícios devem ser, obrigatoriamente, oferecidos a **TODOS** os **empregados** dos patrocinadores ou **associados** dos instituidores.

São **equiparáveis** aos empregados e associados os gerentes, diretores, conselheiros ocupantes de cargo eletivo e outros dirigentes de patrocinadores e instituidores.

Para reforçar, é **facultativa** a adesão aos planos de benefícios em questão (**a previdência complementar é sempre facultativa**).

As alterações processadas nos regulamentos dos planos se aplicam a todos os participantes das entidades fechadas (EFPC), a partir de sua aprovação pelo órgão regulador e fiscalizador, observado o direito acumulado de cada participante.

Ao participante que tenha cumprido os requisitos para obtenção dos benefícios previstos no plano é assegurada a **aplicação das disposições regulamentares vigentes na data em que se tornou elegível a um benefício de aposentadoria**.

No direito, sempre se aplica as regras vigentes na data em que você cumpre todos os requisitos para gozar determinado direito ou benefício. Se as regras forem alteradas, para pior, posteriormente, você está na **condição de direito adquirido** e nada se altera no seu caso concreto.

O **plano de custeio**, com periodicidade mínima anual, estabelecerá o nível de contribuição necessário à constituição das reservas garantidoras de benefícios, fundos, provisões e à cobertura das demais despesas, em conformidade com os critérios fixados pelo órgão regulador e fiscalizador.

O **regime financeiro de capitalização** é obrigatório para os benefícios de pagamento em prestações que sejam programadas e continuadas. Vamos para mais um conceito:

- **Regime Financeiro de Capitalização**: Caracteriza-se pela **capitalização** dos recursos advindos das contribuições dos participantes e empregadores, além da **rentabilidade** dos recursos investidos ao longo do tempo para constituição de reservas até a integralização do valor necessário para garantir o compromisso total dos pagamentos dos benefícios.

Observados critérios que preservem o equilíbrio financeiro e atuarial, o cálculo das reservas técnicas atenderá às peculiaridades de cada plano de benefícios e deverá estar expresso em nota técnica atuarial, de apresentação obrigatória, incluindo as hipóteses utilizadas, que deverão guardar relação com as características da massa e da atividade desenvolvida pelo patrocinador ou instituidor.

As reservas técnicas, provisões e fundos de cada plano de benefícios e os exigíveis a qualquer título deverão **atender permanentemente à cobertura integral dos compromissos assumidos pelo plano de benefícios**, ressalvadas excepcionalidades definidas pelo órgão regulador e fiscalizador.

As **contribuições** destinadas à constituição de reservas terão como finalidade prover o pagamento de benefícios de caráter previdenciário.

As contribuições se classificam em:

1. **Normais**, aquelas destinadas ao custeio dos benefícios previstos no respectivo plano, e;
2. **Extraordinárias**, aquelas destinadas ao custeio de **déficits**, serviço passado e outras finalidades não incluídas na contribuição normal.

O **resultado superavitário** dos planos de benefícios das entidades fechadas (EFPC), ao final do exercício, satisfeitas as exigências regulamentares relativas aos mencionados planos, será destinado à constituição de **reserva de contingência**, para garantia de benefícios, até o limite de 25% do valor das reservas matemáticas.

Constituída a **reserva de contingência**, com os valores excedentes será constituída **reserva especial** para revisão do plano de benefícios.

A não utilização da reserva especial por 3 exercícios consecutivos determinará a revisão obrigatória do plano de benefícios da entidade.

Se a revisão do plano de benefícios implicar redução de contribuições, deverá ser levada em consideração a proporção existente entre as contribuições dos patrocinadores e dos participantes, inclusive dos assistidos.

O **resultado deficitário** nos planos ou nas entidades fechadas (EFPC) será **equacionado** por patrocinadores, participantes e assistidos, na proporção existente entre as suas contribuições, sem prejuízo de **ação regressiva** contra dirigentes ou terceiros que deram causa a dano ou prejuízo à entidade de previdência complementar.

O **equacionamento** poderá ser feito, dentre outras formas, por meio do aumento do valor das contribuições, instituição de contribuição adicional ou redução do valor dos benefícios a conceder, observadas as normas estabelecidas pelo órgão regulador e fiscalizador.

A redução dos valores dos benefícios **não se aplica** aos assistidos, sendo cabível, nesse caso, a instituição de **contribuição adicional** para cobertura do acréscimo ocorrido em razão da revisão do plano.

Na hipótese de retorno à entidade dos recursos equivalentes ao déficit previsto, em consequência de apuração de responsabilidade mediante ação judicial ou administrativa, os respectivos valores deverão ser aplicados necessariamente na **redução proporcional** das contribuições devidas ao plano ou em melhoria dos benefícios.

Ao final de cada exercício, coincidente com o ano civil, as entidades fechadas (EFPC) deverão levantar as demonstrações contábeis e as avaliações atuariais de cada plano de benefícios, por pessoa jurídica ou profissional legalmente habilitado, devendo os resultados ser encaminhados ao órgão regulador e fiscalizador e divulgados aos participantes e aos assistidos.

As entidades fechadas (EFPC) deverão manter atualizada sua contabilidade, de acordo com as instruções do órgão regulador e fiscalizador, consolidando a posição dos planos de benefícios que administram e executam, bem como submetendo suas contas a auditores independentes.

Ao final de cada exercício serão elaboradas as demonstrações contábeis e atuariais consolidadas, sem prejuízo dos controles por plano de benefícios.

A **divulgação** aos participantes, inclusive aos assistidos, das informações pertinentes aos planos de benefícios dar-se-á ao menos **1 vez ao ano**, na forma, nos prazos e pelos meios estabelecidos pelo órgão regulador e fiscalizador.

As informações requeridas formalmente pelo participante ou assistido, para defesa de direitos e esclarecimento de situações de interesse pessoal específico deverão ser atendidas pela entidade no prazo estabelecido pelo órgão regulador e fiscalizador.

O órgão regulador e fiscalizador poderá autorizar a **extinção** de plano de benefícios ou a retirada de patrocínio, ficando **os patrocinadores e instituidores obrigados ao cumprimento da totalidade dos compromissos assumidos** com a entidade relativamente aos direitos dos participantes, assistidos e obrigações legais, até a data da retirada ou extinção do plano.

Para atendimento do disposto acima, a situação de solvência econômico-financeira e atuarial da entidade deverá ser atestada por profissional devidamente habilitado, cujos relatórios serão encaminhados ao órgão regulador e fiscalizador.

3.2.3. Os Planos de Benefícios de Entidades Abertas

Os planos de benefícios instituídos por entidades abertas (EAPC) poderão ser:

1. **Individuais**, quando acessíveis a **quaisquer** pessoas físicas, ou.
2. **Coletivos**, quando tenham por objetivo garantir benefícios previdenciários a pessoas físicas **vinculadas**, direta ou indiretamente, a uma pessoa jurídica contratante.

O plano coletivo poderá ser contratado por uma ou várias pessoas jurídicas.

O vínculo indireto se refere aos casos em que uma **entidade representativa** de pessoas jurídicas contrate plano previdenciário coletivo para grupos de pessoas físicas vinculadas a suas filiadas.

Os grupos de pessoas poderão ser constituídos por uma ou mais categorias específicas de empregados de um mesmo empregador, podendo abranger empresas coligadas, controladas ou subsidiárias, e por membros de associações legalmente constituídas, de caráter profissional ou classista, e seus cônjuges ou companheiros e dependentes econômicos.

São **equiparáveis** aos empregados e associados os diretores, conselheiros ocupantes de cargos eletivos e outros dirigentes ou gerentes da pessoa jurídica contratante.

A implantação de um plano coletivo será celebrada mediante contrato, na forma, nos critérios, nas condições e nos requisitos mínimos a serem estabelecidos pelo órgão regulador.

É **vedada (proibida)** à entidade aberta (EAPC) a contratação de plano coletivo com pessoa jurídica cujo objetivo principal seja estipular, em nome de terceiros, planos de benefícios coletivos.

Observados os conceitos, a forma, as condições e os critérios fixados pelo órgão regulador, é assegurado aos participantes o direito à **portabilidade**, inclusive para plano de benefício de entidade fechada (EFPC), e ao **resgate** de recursos das reservas técnicas, provisões e fundos, total ou parcialmente.

Como já informado anteriormente, a **portabilidade não caracteriza resgate**.

É **vedado (proibido)**, no caso de portabilidade:

1. Que os recursos financeiros transitem pelos participantes, sob qualquer forma, e;
2. A transferência de recursos entre participantes.

Os **ativos garantidores das reservas técnicas**, das provisões e dos fundos serão **vinculados** à ordem do órgão fiscalizador e poderão ter sua livre movimentação suspensa pelo referido órgão, a partir da qual não poderão ser alienados ou prometidos alienar sem sua prévia e expressa autorização, sendo nulas, de pleno direito, quaisquer operações realizadas com violação daquela suspensão.

Sendo imóvel, o vínculo será **averbado** à margem do respectivo registro no Serviço de Registro de Imóveis (SRI) competente, mediante comunicação do órgão fiscalizador.

Os ativos garantidores, bem como os direitos deles decorrentes, **não poderão ser gravados**, sob qualquer forma, sem prévia e expressa autorização do órgão fiscalizador, sendo nulos os gravames constituídos.

Compete ao **órgão regulador**, entre outras atribuições que lhe forem conferidas por lei:

1. Fixar padrões adequados de segurança atuarial e econômico-financeira, para preservação da liquidez e solvência dos planos de benefícios, isoladamente, e de cada entidade aberta, no conjunto de suas atividades;
2. Estabelecer as condições em que o órgão fiscalizador pode determinar a suspensão da comercialização ou a transferência, entre entidades abertas, de planos de benefícios, e;
3. Fixar condições que assegurem transparência, acesso a informações e fornecimento de dados relativos aos planos de benefícios, inclusive quanto à gestão dos respectivos recursos.

É facultativa a utilização de corretores na venda dos planos de benefícios das entidades abertas.

Aos corretores de planos de benefícios se aplicam a legislação e a regulamentação da profissão de corretor de seguros.

3.3. As Entidades Fechadas de Previdência Complementar (EFPC)

As entidades fechadas (EFPC) são aquelas **acessíveis**, na forma regulamentada pelo órgão regulador e fiscalizador, **exclusivamente**:

1. Aos **empregados** de uma empresa ou grupo de empresas e aos servidores da União, dos Estados, do Distrito Federal e dos Municípios, entes denominados **patrocinadores**, e;
2. Aos **associados** ou **membros** de pessoas jurídicas de caráter profissional, classista ou setorial, denominadas **instituidores**.

As entidades fechadas (EFPC) organizar-se-ão sob a forma de **fundação** ou sociedade civil (atual **sociedade simples**), **sem fins lucrativos**.

O texto normativo traz a nomenclatura "sociedade civil", mas, a lei foi publicada em 2001, sob a égide do antigo Código Civil de 1916. Posteriormente, com o novo Código Civil de 2002, a "sociedade civil" foi substituída pela "**sociedade simples**".

As entidades fechadas (EFPC) constituídas por **instituidores** deverão, **cumulativamente**:

1. Terceirizar a gestão dos recursos garantidores das reservas técnicas e provisões mediante a contratação de instituição especializada autorizada a funcionar pelo Banco Central do Brasil (BACEN) ou outro órgão competente, e;
2. Ofertar **exclusivamente** planos de benefícios na modalidade contribuição definida (CD).

Os responsáveis pela gestão dos recursos de que trata o tópico 1 acima deverão manter segregados e totalmente isolados o seu patrimônio dos patrimônios do instituidor e da entidade fechada.

Na regulamentação, o órgão regulador e fiscalizador estabelecerá o tempo mínimo de existência do instituidor e o seu número mínimo de associados.

As entidades fechadas (EFPC) têm como objeto a administração e execução de planos de benefícios de natureza previdenciária.

É **vedada (proibida)** às entidades fechadas (EFPC) a prestação de quaisquer serviços que não estejam no âmbito de seu objeto.

Dependerão de **prévia e expressa autorização** do órgão regulador e fiscalizador:

1. A constituição e o funcionamento da entidade fechada (EFPC), bem como a aplicação dos respectivos estatutos, dos regulamentos dos planos de benefícios e suas alterações;
2. As operações de fusão, cisão, incorporação ou qualquer outra forma de reorganização societária, relativas às entidades fechadas;
3. As retiradas de patrocinadores, e;
4. As transferências de patrocínio, de grupo de participantes, de planos e de reservas entre entidades fechadas.

Excetuado o disposto no item 3 acima, é **vedada (proibida)** a transferência para terceiros de participantes, de assistidos e de reservas constituídas para garantia de benefícios de risco atuarial programado, de acordo com normas estabelecidas pelo órgão regulador e fiscalizador.

Para os assistidos de planos de benefícios na modalidade contribuição definida (CD) que mantiveram esta característica durante a fase de percepção de renda programada, o órgão regulador e fiscalizador poderá, em **caráter excepcional**, autorizar a transferência dos recursos garantidores dos benefícios para entidade de previdência complementar ou companhia seguradora autorizada a operar planos de previdência complementar, com o objetivo específico de contratar plano de renda vitalícia, observadas as normas aplicáveis.

As entidades fechadas (EFPC) podem ser **qualificadas** da seguinte forma, além de outras que possam ser definidas pelo órgão regulador e fiscalizador:

1. De acordo com os **planos** que administram:

   a) De **plano comum**, quando administram plano ou conjunto de planos acessíveis ao universo de participantes, e;

   b) Com **multiplano**, quando administram plano ou conjunto de planos de benefícios para diversos grupos de participantes, com independência patrimonial.

2. De acordo com seus **patrocinadores** ou **instituidores**:

   a) **Singulares**, quando estiverem vinculadas a apenas um patrocinador ou instituidor, e;

   b) **Multipatrocinadas**, quando congregarem mais de um patrocinador ou instituidor.

Qualificação de EFPC	
Plano	Patrocinador/Instituidor

Qualificação de EFPC	
Plano Comum	Singular
Multiplano	Multipatrocinada

(Autoria: Ali Mohamad Jaha)

As entidades fechadas (EFPC) **deverão** manter **estrutura mínima** composta por **conselho deliberativo (CD)**, **conselho fiscal (CF)** e **diretoria executiva (DE)**. Mais uma vez, vamos apresentar os respectivos conceitos:

- **Conselho Deliberativo (CD)**: Órgão responsável por definir a **política geral** de administração da EFPC e de seus planos de benefícios. É a **instância máxima de decisão da entidade**.
- **Conselho Fiscal (CF)**: Órgão de **controle**, responsável por supervisionar a execução das políticas do Conselho Deliberativo e o desempenho das boas práticas de governança da Diretoria Executiva.
- **Diretoria Executiva (DE)**: Órgão responsável por **administrar** a EFPC e seus planos de benefícios, observando a política geral e as boas práticas de governança.

O **estatuto** deverá prever representação dos participantes e assistidos nos conselhos deliberativo e fiscal, assegurado a eles no mínimo 1/3 (33%) das vagas.

Para constar, o estatuto é o documento que define a estrutura administrativa, cargos, atribuições e forma de funcionamento da EFPC.

Na composição dos conselhos deliberativo e fiscal das entidades qualificadas como **multipatrocinadas**, deverá ser considerado o número de participantes vinculados a cada patrocinador ou instituidor, bem como o montante dos respectivos patrimônios.

Os **membros** do **conselho deliberativo (CD)** ou do **conselho fiscal (CF)** deverão atender aos seguintes requisitos mínimos:

1. Comprovada **experiência** no exercício de atividades nas áreas financeira, administrativa, contábil, jurídica, de fiscalização ou de auditoria;
2. **Não ter sofrido condenação criminal transitada** em julgado, e;
3. **Não ter sofrido penalidade administrativa** por infração da legislação da seguridade social ou como servidor público.

Os **membros** da **diretoria executiva (DE)** deverão ter **formação de nível superior** e atender aos requisitos acima. De forma esquematizada:

Membro		
CD	CF	DE
Experiência	Experiência	Experiência
Não ter cond. criminal	Não ter cond. criminal	Não ter cond. criminal
Não ter pena. adm.	Não ter pena. adm.	Não ter pena. adm.
		Nív. Superior

(Autoria: Ali Mohamad Jaha)

Será informado ao órgão regulador e fiscalizador o **responsável** pelas **aplicações dos recursos** da entidade, escolhido entre os membros da **diretoria executiva**.

Os demais membros da diretoria executiva **responderão solidariamente** com o dirigente indicado na forma do parágrafo anterior pelos danos e prejuízos causados à entidade para os quais tenham concorrido.

Os membros da **diretoria executiva** e dos conselhos **deliberativo** e **fiscal** poderão ser **remunerados** pelas entidades fechadas, de acordo com a legislação aplicável.

Em caráter excepcional, poderão ser ocupados até 30% dos cargos da diretoria executiva por membros sem formação de nível superior, sendo assegurada a possibilidade de participação neste órgão de pelo menos um membro, quando da aplicação do referido percentual resultar número inferior à unidade.

3.4. As Entidades Abertas de Previdência Complementar (EAPC)

As entidades abertas (EAPC) são constituídas unicamente sob a forma de **sociedades anônimas** e têm por objetivo instituir e operar planos de benefícios de caráter previdenciário concedidos em forma de **renda continuada** ou **pagamento único**, acessíveis a **quaisquer pessoas físicas**.

As sociedades seguradoras autorizadas a operar exclusivamente no **ramo vida** poderão ser autorizadas a operar os planos de benefícios supramencionados.

Para constar, o **ramo vida** engloba os:

- Seguros de vida;
- Seguros de nupcialidade e de natalidade, e;
- Seguros ligados a fundos de investimento

Compete ao órgão regulador, entre outras atribuições que lhe forem conferidas por lei, **estabelecer**:

1. Os **critérios** para a investidura e posse em cargos e funções de órgãos estatutários de entidades abertas, observado que o pretendente não poderá ter sofrido condenação criminal transitada em julgado, penalidade administrativa por infração da legislação da seguridade social ou como servidor público;
2. As **normas gerais** de contabilidade, auditoria, atuária e estatística a serem observadas pelas entidades abertas (EAPC), inclusive quanto à padronização dos planos de contas, balanços gerais, balancetes e outras demonstrações financeiras, critérios sobre sua periodicidade, sobre a publicação desses documentos e sua remessa ao órgão fiscalizador;
3. Os índices de solvência e liquidez, bem como as relações patrimoniais a serem atendidas pelas entidades abertas, observado que seu **patrimônio líquido não poderá ser inferior ao respectivo passivo não operacional**, e;
4. As condições que assegurem acesso a informações e fornecimento de dados relativos a quaisquer aspectos das atividades das entidades abertas.

Dependerão de **prévia e expressa aprovação** do órgão fiscalizador:

1. A constituição e o funcionamento das entidades abertas (EAPC), bem como as disposições de seus estatutos e as respectivas alterações;
2. A comercialização dos planos de benefícios;
3. Os atos relativos à eleição e consequente posse de administradores e membros de conselhos estatutários, e;
4. As operações relativas à transferência do controle acionário, fusão, cisão, incorporação ou qualquer outra forma de reorganização societária.

O órgão regulador disciplinará o tratamento administrativo a ser emprestado ao exame dos assuntos supramencionados.

As entidades abertas (EAPC) deverão comunicar ao órgão fiscalizador, no prazo e na forma estabelecidos:

1. Os atos relativos às alterações estatutárias e à eleição de administradores e membros de conselhos estatutários, e;
2. O **responsável** pela **aplicação dos recursos** das reservas técnicas, provisões e fundos, escolhido dentre os membros da **diretoria executiva**.

Os demais membros da diretoria executiva **responderão solidariamente** com o dirigente indicado na forma do item 2 acima pelos danos e prejuízos causados à entidade para os quais tenham concorrido.

As entidades abertas deverão levantar no último dia útil de cada mês e semestre, respectivamente, balancetes mensais e balanços gerais, com observância das regras e dos critérios estabelecidos pelo órgão regulador.

As sociedades seguradoras autorizadas a operar planos de benefícios deverão apresentar nas demonstrações financeiras, de forma discriminada, as atividades **previdenciárias** e as de **seguros**, de acordo com critérios fixados pelo órgão regulador.

Do exposto, até o momento, tem-se que:

> EFPC → **NÃO apresentam finalidade lucrativa**, administram plano de previdência complementar de um grupo restrito, e;
>
> EAPC → **Apresentam finalidade lucrativa**, ofertam plano de previdência complementar para qualquer pessoa (produto bancário).

Diante desta constatação, o Superior Tribunal de Justiça (STJ) firmou o posicionamento que o Código de Defesa do Consumidor (Lei n.º 8.078/1990) **só é aplicável às EAPC**. Observe:

> Súmula STJ n.º 563/2016: O Código de Defesa do Consumidor (CDC) é aplicável às entidades abertas de previdência complementar (EAPC), **não** incidindo nos contratos previdenciários celebrados com entidades fechadas (EFPC).

3.5. A Fiscalização

No desempenho das **atividades de fiscalização** das entidades de previdência complementar, os servidores do órgão regulador e fiscalizador terão **livre acesso às respectivas entidades**, delas podendo requisitar e apreender **livros, notas técnicas** e **quaisquer documentos**, caracterizando-se **embaraço à fiscalização**, sujeito às penalidades previstas em lei, qualquer dificuldade oposta à consecução desse objetivo.

O órgão regulador e fiscalizador das entidades fechadas (EFPC) poderá solicitar dos **patrocinadores** e **instituidores** informações relativas aos aspectos específicos que digam respeito aos compromissos assumidos frente aos respectivos planos de benefícios.

A fiscalização a cargo do Estado **não exime** os patrocinadores e os instituidores da responsabilidade pela supervisão sistemática das atividades das suas respectivas entidades fechadas (EFPC).

As pessoas físicas ou jurídicas submetidas ao regime da Lei Complementar n.º 109/2001 ficam obrigadas a prestar quaisquer informações ou esclarecimentos solicitados pelo órgão regulador e fiscalizador.

O órgão regulador e fiscalizador **poderá**, em relação às entidades fechadas (EFPC), nomear **administrador especial**, a expensas da entidade, com poderes próprios de **intervenção** e de **liquidação extrajudicial**, com o objetivo de **sanear plano de benefícios específico**, caso seja constatada na sua administração tal necessidade.

O ato de nomeação estabelecerá as **condições**, os **limites** e as **atribuições** do administrador especial.

O órgão fiscalizador poderá, em relação às entidades abertas (EAPC), desde que se verifique uma das condições para **intervenção**, nomear, por prazo determinado, prorrogável a seu critério, e a expensas da respectiva entidade, um **diretor fiscal**.

O diretor fiscal, sem poderes de gestão, terá suas atribuições estabelecidas pelo órgão regulador, cabendo ao órgão fiscalizador fixar sua remuneração.

Se reconhecer a **inviabilidade de recuperação** da entidade aberta (EAPC) ou a ausência de qualquer condição para o seu funcionamento, o diretor fiscal **proporá** ao órgão fiscalizador a decretação da **intervenção** ou da **liquidação extrajudicial**.

O diretor fiscal **não está sujeito** à indisponibilidade de bens, nem aos demais efeitos decorrentes da decretação da intervenção ou da liquidação extrajudicial da entidade aberta.

3.6. A Intervenção e a Liquidação Extrajudicial

3.6.1. A Intervenção

Para **resguardar os direitos** dos participantes e assistidos poderá ser decretada a **intervenção** na entidade de previdência complementar, desde que se verifique, **isolada** ou **cumulativamente**:

1. **Irregularidade** ou **insuficiência** na constituição das reservas técnicas, provisões e fundos, ou na sua cobertura por ativos garantidores;
2. Aplicação dos recursos das reservas técnicas, provisões e fundos de **forma inadequada** ou em **desacordo** com as normas expedidas pelos órgãos competentes;

3. **Descumprimento** de disposições estatutárias ou de obrigações previstas nos regulamentos dos planos de benefícios, convênios de adesão ou contratos dos planos coletivos;
4. Situação econômico-financeira **insuficiente** à preservação da liquidez e solvência de cada um dos planos de benefícios e da entidade no conjunto de suas atividades;
5. Situação atuarial **desequilibrada**, e/ou;
6. Outras **anormalidades** definidas em regulamento.

A **intervenção** será decretada pelo prazo necessário ao exame da situação da entidade e encaminhamento de plano destinado à sua **recuperação.**

Dependerão de prévia e expressa autorização do órgão competente os atos do interventor que impliquem oneração ou disposição do patrimônio.

A intervenção **cessará** quando aprovado o **plano de recuperação da entidade** pelo órgão competente ou se **decretada a sua liquidação extrajudicial.**

Com isso, a intervenção só apresenta dois caminhos possíveis:

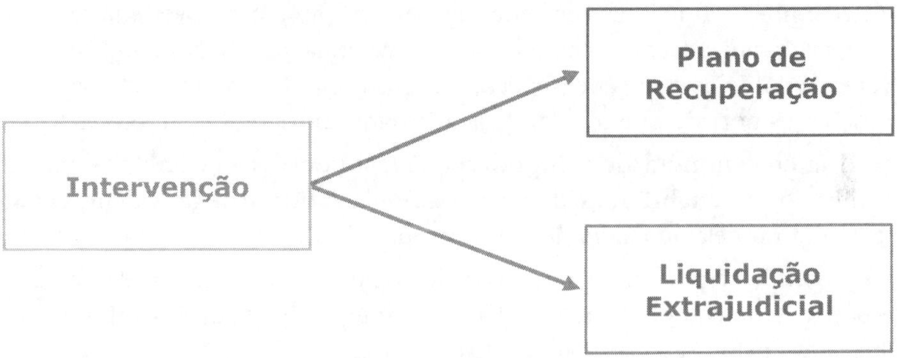

(Autoria: Ali Mohamad Jaha)

3.6.2. A Liquidação Extrajudicial

As entidades fechadas (EFPC) não poderão solicitar **recuperação judicial** e não estão sujeitas a **falência**, mas **somente a liquidação extrajudicial.**

Antes de continuar em nosso curso, vamos tratar de alguns conceitos e institutos oriundos do Direito Empresarial (ou Direito Comercial) e do Direito Financeiro. Ok?

O texto original da Lei Complementar cita "**concordata**" ao invés de "**recuperação judicial**" no trecho supra. A antiquíssima e revogada Lei de Falências (Decreto-Lei n.º 7.661/1945) previa a **concordata.**

A **concordata** era o instituto disponível **apenas** para as empresas insolventes que demonstrassem **REAL** possibilidade de recuperação. Era uma situação bem limitada.

Com o advento da Nova Lei de Falências (Lei n.º 11.101/2005) a concordata foi extinta, ficando em seu lugar a **recuperação judicial**.

A **recuperação judicial**, por sua vez, é um **instituto mais amplo**, que abarca toda e qualquer empresa em crise econômico-financeira, que tenha alguma possibilidade de se recuperar.

Ao se comparar, tem-se que na concordata, o magistrado possuía amplos poderes e detinha a decisão para o seu deferimento. Já na recuperação judicial, o poder de decisão migrou do magistrado para os credores.

A **falência**, por sua vez, é quando não existe possibilidade de recuperação por parte da empresa. Em outras palavras, **a falência é a declaração judicial de incapacidade de pagamento da empresa e o início da liquidação de seus ativos** (venda dos seus bens para pagar, mesmo que parcialmente, seus credores).

Por fim, a **liquidação extrajudicial** é o regime de resolução que se destina a interromper o funcionamento de uma instituição e promover sua retirada, de forma organizada, do sistema financeiro nacional (SFN). É adotada quando ocorrer situação de insolvência irrecuperável ou quando forem cometidas graves infrações às normas que regulam sua atividade, entre outras hipóteses legais.

Dando continuidade, a **liquidação extrajudicial** será decretada quando reconhecida a **inviabilidade** de recuperação da entidade de previdência complementar ou pela **ausência de condição** para seu funcionamento.

Entende-se por ausência de condição para funcionamento de entidade de previdência complementar, o não atendimento às condições mínimas estabelecidas pelo órgão regulador e fiscalizador.

A decretação da liquidação extrajudicial **produzirá**, de imediato, os **seguintes efeitos**:

1. Suspensão das ações e execuções iniciadas sobre direitos e interesses relativos ao acervo da entidade liquidanda (que está em liquidação);
2. Vencimento antecipado das obrigações da liquidanda;
3. **Não incidência de penalidades** contratuais contra a entidade por obrigações vencidas em decorrência da decretação da liquidação extrajudicial;
4. **Não fluência de juros** contra a liquidanda enquanto não integralmente pago o passivo;

5. Interrupção da prescrição em relação às obrigações da entidade em liquidação;
6. **Suspensão** de multa e juros em relação às dívidas da entidade;
7. Inexigibilidade de penas pecuniárias por infrações de natureza administrativa, e;
8. Interrupção do pagamento à liquidanda das contribuições dos participantes e dos patrocinadores, relativas aos planos de benefícios.

As faculdades previstas nos itens **acima se aplicam**, no caso das entidades abertas de previdência complementar (**EAPC**), exclusivamente, em relação às suas atividades de natureza previdenciária.

Para constar, os efeitos enumerados acima **não se aplicam** às ações e aos débitos de **natureza tributária**.

O liquidante organizará o quadro geral de credores, **realizará o ativo** e **liquidará o passivo**.

Realizar o ativo significa vender os bens, converter os mesmos em dinheiro. Por sua vez, **liquidar o passivo** significa pagar todas as obrigações da empresa com terceiros (credores, fornecedores, tributos, etc.).

Os participantes, inclusive os assistidos, dos planos de benefícios ficam **dispensados** de se habilitarem a seus respectivos créditos, estejam estes sendo recebidos ou não.

Os participantes, inclusive os assistidos, dos planos de benefícios terão **privilégio especial** sobre os ativos garantidores das reservas técnicas e, caso estes não sejam suficientes para a cobertura dos direitos respectivos, **privilégio geral** sobre as demais partes não vinculadas ao ativo.

Os participantes que já estiverem recebendo benefícios, ou que já tiverem adquirido este direito antes de decretada a liquidação extrajudicial, **terão preferência sobre os demais participantes**.

Os créditos referidos nos parágrafos anteriores **não têm preferência sobre os créditos de natureza trabalhista ou tributária**.

Do exposto, tem que os participantes, incluindo os assistidos, **se revestem da condição de credores no momento da liquidação extrajudicial**.

Entretanto, quando da realização dos ativos, existe uma certa ordem de quais credores terão **preferência** para receber os valores devidos.

Em conformidade com o apresentado (Lei Complementar n.º 109/2001) e com a Lei de Falências (Lei n.º 11.101/2005), os créditos, na liquidação extrajudicial, serão honrados na seguinte **ordem de preferência**:

1. Créditos **trabalhistas**, limitados à 150 salários mínimos por credor;

2. Créditos **Tributários**, independentemente da sua natureza;
3. Créditos devido aos participantes e assistidos em relação aos seus direitos (**privilégio especial**), e;
4. Crédito complementar devido aos participantes em relação aos seus direitos (**privilégio geral**).

Serão obrigatoriamente levantados, na data da decretação da liquidação extrajudicial de entidade de previdência complementar, o **balanço geral** de liquidação e as **demonstrações contábeis e atuariais** necessárias à determinação do valor das reservas individuais.

A liquidação extrajudicial poderá, a qualquer tempo, ser **levantada (suspensa)**, desde que constatados fatos supervenientes que viabilizem a recuperação da entidade de previdência complementar.

A liquidação extrajudicial das entidades fechadas (EFPC) encerrar-se-á com a **aprovação**, pelo órgão regulador e fiscalizador, das contas finais do liquidante e com a baixa nos devidos registros.

Por fim, comprovada pelo liquidante a inexistência de ativos para satisfazer a possíveis créditos reclamados contra a entidade, deverá tal situação ser comunicada ao juízo competente e efetivados os devidos registros, para o encerramento do processo de liquidação.

3.6.3. As Disposições Especiais

O **interventor** terá **amplos poderes** de administração e representação e o **liquidante plenos poderes** de administração, representação e liquidação.

Compete ao órgão fiscalizador decretar, aprovar e rever os atos de **intervenção** e de **liquidação** extrajudicial, bem como nomear, por intermédio do seu dirigente máximo, o interventor ou o liquidante.

A intervenção e a liquidação extrajudicial determinam a **perda do mandato** dos administradores e membros dos conselhos estatutários das entidades, sejam titulares ou suplentes.

Os créditos das entidades de previdência complementar, em caso de liquidação ou falência de patrocinadores, terão **privilégio especial** sobre a massa, respeitado o privilégio dos créditos trabalhistas e tributários.

Os **administradores** dos respectivos patrocinadores serão **responsabilizados** pelos danos ou prejuízos causados às entidades de previdência complementar, especialmente pela **falta de aporte das contribuições a que estavam obrigados**.

No caso de liquidação extrajudicial de entidade fechada (EFPC) motivada pela falta de aporte de contribuições de patrocinadores ou pelo não recolhimento de contribuições de participantes, os administradores daqueles também serão responsabilizados pelos danos ou prejuízos causados.

Os **administradores, controladores** e **membros de conselhos estatutários** das entidades de previdência complementar sob intervenção ou em liquidação extrajudicial ficarão com **todos os seus bens indisponíveis**, não podendo, por qualquer forma, direta ou indireta, aliená-los ou onerá-los, até a apuração e liquidação final de suas responsabilidades.

A indisponibilidade decorre do ato que decretar a intervenção ou liquidação extrajudicial e atinge todos aqueles que tenham estado no exercício das funções nos 12 meses anteriores.

A indisponibilidade poderá ser **estendida** aos bens de **pessoas** que, nos últimos 12 meses, os tenham adquirido, a qualquer título, das pessoas em questão (administradores, controladores e membros de conselhos estatutários), desde que haja seguros elementos de convicção de que se trata de simulada transferência com o fim de evitar os efeitos mencionados.

Não se incluem nas disposições anteriores os **bens** considerados **inalienáveis** ou **impenhoráveis** pela legislação em vigor.

Podemos assim conceituar:

- **Bens impenhoráveis**: São aqueles que não podem ser retirados do patrimônio do executado com a finalidade de quitar um débito, e;
- **Bens inalienáveis**: São aqueles que não podem ser alienados (vendidos, doados, cedidos, permutados) com terceiros.

Nessa esteira, devo informar que, conforme dispõe o Código de Processo Civil - CPC (Lei n.º 13.105/2015), não estão sujeitos à execução os bens **impenhoráveis** e **inalienáveis** (Art. 832).

Por sua vez, conforme dispõe o CPC, esses são os bens inalienáveis e impenhoráveis:

> Art. 833. São **impenhoráveis**:
>
> I – Os bens **inalienáveis** e os declarados, por ato voluntário, não sujeitos à execução;
>
> II – Os móveis, os pertences e as utilidades domésticas que guarnecem a residência do executado, salvo os de elevado valor ou os que ultrapassem as necessidades comuns correspondentes a um médio padrão de vida;
>
> III – Os vestuários, bem como os pertences de uso pessoal do executado, salvo se de elevado valor;

> IV – Os vencimentos, os subsídios, os soldos, os salários, as remunerações, os proventos de aposentadoria, as pensões, os pecúlios e os montepios, bem como as quantias recebidas por liberalidade de terceiro e destinadas ao sustento do devedor e de sua família, os ganhos de trabalhador autônomo e os honorários de profissional liberal;
>
> V – Os livros, as máquinas, as ferramentas, os utensílios, os instrumentos ou outros bens móveis necessários ou úteis ao exercício da profissão do executado;
>
> VI – O seguro de vida;
>
> VII – Os materiais necessários para obras em andamento, salvo se essas forem penhoradas;
>
> VIII – A pequena propriedade rural, assim definida em lei, desde que trabalhada pela família;
>
> IX – Os recursos públicos recebidos por instituições privadas para aplicação compulsória em educação, saúde ou assistência social;
>
> X – A quantia depositada em caderneta de poupança, até o limite de 40 salários mínimos;
>
> XI – Os recursos públicos do fundo partidário recebidos por partido político, nos termos da lei, e;
>
> XII – Os créditos oriundos de alienação de unidades imobiliárias, sob regime de incorporação imobiliária, vinculados à execução da obra.

Não são também atingidos pela indisponibilidade os bens objeto de contrato de alienação, de promessas de compra e venda e de cessão de direitos, desde que os respectivos instrumentos tenham sido levados ao competente registro público **até 12 meses** antes da data de decretação da intervenção ou liquidação extrajudicial.

Não se aplica a indisponibilidade de bens das pessoas em questão (administradores, controladores e membros de conselhos estatutários) no caso de liquidação extrajudicial de entidades fechadas (EFPC) que **deixarem de ter condições para funcionar por motivos totalmente desvinculados do exercício das suas atribuições**, situação esta que poderá ser revista a qualquer momento, pelo órgão regulador e fiscalizador, desde que constatada a existência de irregularidades ou indícios de crimes por elas praticados.

O **interventor** ou o **liquidante comunicará** a indisponibilidade de bens aos órgãos competentes para os devidos registros e publicará edital para conhecimento de terceiros.

A **autoridade que receber a comunicação ficará**, relativamente a esses bens, **impedida de**:

1. Fazer transcrições, inscrições ou averbações de documentos públicos ou particulares;
2. Arquivar atos ou contratos que importem em transferência de cotas sociais, ações ou partes beneficiárias;
3. Realizar ou registrar operações e títulos de qualquer natureza, e;
4. Processar a transferência de propriedade de veículos automotores, aeronaves e embarcações.

Retomando um trecho anterior do curso, tem-se:

> Os **administradores**, **controladores** e **membros de conselhos estatutários** das entidades de previdência complementar sob intervenção ou em liquidação extrajudicial ficarão com **todos os seus bens indisponíveis**, não podendo, por qualquer forma, direta ou indireta, aliená-los ou onerá-los, até a apuração e liquidação final de suas responsabilidades.

Esse trecho faz referência ao Art. 59 da Lei Complementar n.º 109/2001. A apuração de responsabilidades específicas deste artigo será feita mediante **inquérito** a ser instaurado pelo órgão regulador e fiscalizador, sem prejuízo da aplicação do regime disciplinar.

Se o inquérito concluir pela inexistência de prejuízo, será **arquivado** no órgão fiscalizador.

Concluindo o inquérito pela existência de prejuízo, será ele, com o respectivo relatório, **remetido** pelo órgão regulador e fiscalizador ao **Ministério Público**, observados os seguintes procedimentos:

1. O **interventor** ou o **liquidante**, de ofício ou a requerimento de qualquer interessado que não tenha sido indiciado no inquérito, após aprovação do respectivo relatório pelo órgão fiscalizador, determinará o levantamento da indisponibilidade de bens dos administradores, controladores e membros de conselhos estatutários, e;
2. Será mantida a indisponibilidade com relação às pessoas indiciadas no inquérito, após aprovação do respectivo relatório pelo órgão fiscalizador.

Por fim, aplicam-se à **intervenção** e à **liquidação** das entidades de previdência complementar, **no que couber**, os dispositivos da legislação sobre a intervenção e liquidação extrajudicial das instituições financeiras (Lei n.º 6.024/1974), cabendo ao órgão regulador e fiscalizador as funções atribuídas ao Banco Central do Brasil (BACEN).

3.7. O Regime Disciplinar

Os administradores de entidade, os procuradores com poderes de gestão, os membros de conselhos estatutários, o interventor e o liquidante **responderão civilmente** pelos danos ou prejuízos que causarem, por ação ou omissão, às entidades de previdência complementar.

São **também responsáveis**, os administradores dos patrocinadores ou instituidores, os atuários, os auditores independentes, os avaliadores de gestão e outros profissionais que prestem serviços técnicos à entidade, diretamente ou por intermédio de pessoa jurídica contratada.

Assim, de forma esquematizada, **respondem civilmente** pelas entidades de previdência complementar:

- Os administradores da entidade;
- Os procuradores da entidade, desde que tenham poderes de gestão;
- Os membros de conselhos estatutários;
- O interventor;
- O liquidante;
- Os administradores dos patrocinadores ou dos instituidores;
- Os atuários; → profissional qualificado para identificar, analisar, mensurar/quantificar, eliminar, prevenir, mitigar, transferir, monitorar eventos que possam ter alguma consequência financeira adversa para a entidade.
- Os auditores independentes; → profissional externo a entidade que atesta as transações cadastradas na contabilidade e no financeiro da entidade.
- Os avaliadores de gestão, e;
- Os demais profissionais que prestam serviços técnicos à entidade.

O **órgão fiscalizador competente** (**PREVIC** - EFPC, **SUSEP** - EAPC), o Banco Central do Brasil (**BACEN**), a Comissão de Valores Mobiliários (**CVM**) ou a Secretaria da Receita Federal (**RFB**), constatando a existência de práticas irregulares ou indícios de crimes em entidades de previdência complementar, noticiará ao **Ministério Público**, enviando-lhe os documentos comprobatórios.

O sigilo de operações **não** poderá ser invocado como óbice à troca de informações entre os órgãos mencionados, nem ao fornecimento de informações requisitadas pelo Ministério Público.

A infração de qualquer disposição da Lei Complementar n.º 109/2001, **para a qual não haja penalidade expressamente cominada**, sujeita a pessoa física ou jurídica responsável, conforme o caso e a gravidade da infração, às seguintes penalidades administrativas, observado o disposto em regulamento:

1. **Advertência**;
2. **Suspensão** do exercício de atividades em entidades de previdência complementar pelo prazo de **até 180 dias**;
3. **Inabilitação**, pelo prazo **de 2 a 10 anos**, para o exercício de cargo ou função em entidades de previdência complementar, sociedades seguradoras, instituições financeiras e no serviço público, e;
4. **Multa de R$ 2.000,00 a R$ 1.000.000,00**, devendo esses valores, a partir da publicação desta Lei Complementar, ser reajustados de forma a preservar, em caráter permanente, seus valores reais.

A penalidade de multa será imputada ao agente responsável, respondendo **solidariamente** a entidade de previdência complementar, assegurado o **direito de regresso**, e poderá ser aplicada cumulativamente com as demais penalidades (advertência, suspensão e inabilitação).

Em caso de **reincidência**, a multa será **aplicada em dobro** (de R$ 4.000,00 a R$ 2.000.000,00).

Das decisões do órgão fiscalizador caberá **recurso**, no **prazo de 15 dias, com efeito suspensivo**, ao órgão competente.

O recurso com efeito suspensivo tem o condão de **afastar** a decisão anterior até que ocorra o novo julgamento do recurso.

No passado, para se recursar, exigia-se o pagamento antecipado, em favor do órgão fiscalizador, de 30% do valor da multa aplicada. Entretanto, isso está **ultrapassado**.

Observe uma famosa súmula vinculante do Supremo Tribunal Federal (STF):

> Súmula Vinculante n.º 21/2009: É **inconstitucional** a exigência de depósito ou arrolamento prévios de dinheiro ou bens para admissibilidade de recurso administrativo.

Com isso, atualmente, **não** se exige nenhum valor pecuniário para ingressar com recurso na via administrativa.

As infrações serão apuradas mediante **processo administrativo**, na forma do regulamento (Decreto n.º 4.942/2003), aplicando-se, **no que couber**, o disposto na Lei n.º 9.784/1999 (Processo administrativo no âmbito da administração pública federal).

Por fim, o exercício de atividade de previdência complementar por qualquer pessoa, física ou jurídica, **sem a autorização devida do órgão competente**, inclusive a comercialização de planos de benefícios, bem como a captação ou a administração de recursos de terceiros com o objetivo de, direta ou indiretamente, adquirir ou conceder benefícios previdenciários sob qualquer forma, submete o responsável à **penalidade de inabilitação pelo prazo de 2 a 10 anos para o exercício de cargo ou função** em entidade de previdência complementar, sociedades seguradoras, instituições financeiras e no serviço público, além de **multa variável supramencionada**, bem como noticiar ao **Ministério Público**.

3.8. As Disposições Gerais

As **contribuições** do empregador, os **benefícios** e as **condições** contratuais previstos nos estatutos, regulamentos e planos de benefícios das entidades de previdência complementar **não integram o contrato de trabalho dos participantes**, assim como, à exceção dos benefícios concedidos, **não integram a remuneração dos participantes**.

Os benefícios serão considerados **direito adquirido** do participante quando implementadas todas as condições estabelecidas para elegibilidade consignadas no regulamento do respectivo plano.

A concessão de benefício pela previdência complementar **não depende** da concessão de benefício pelo regime geral de previdência social.

As contribuições vertidas para as entidades de previdência complementar, destinadas ao custeio dos planos de benefícios de natureza previdenciária, **são dedutíveis para fins de incidência de imposto sobre a renda**, nos limites e nas condições fixadas em lei.

Sobre as contribuições acima não incidem tributação e contribuições de qualquer natureza.

Sobre a portabilidade de recursos de reservas técnicas, fundos e provisões entre planos de benefícios de entidades de previdência complementar, titulados pelo mesmo participante, não incidem tributação e contribuições de qualquer natureza.

É **vedado (proibido)** às entidades de previdência complementar realizar quaisquer operações comerciais e financeiras:

1. Com seus administradores, membros dos conselhos estatutários e respectivos cônjuges ou companheiros, e com seus parentes até o 2.º grau;

2. Com empresa de que participem as pessoas a que se refere o inciso anterior, **exceto** no caso de participação de até 5% como acionista de empresa de capital aberto, e;
3. Tendo como contraparte, mesmo que indiretamente, pessoas físicas e jurídicas a elas ligadas, na forma definida pelo órgão regulador.

Essa vedação não se aplica ao patrocinador, aos participantes e aos assistidos, que, nessa condição, realizarem operações com a entidade de previdência complementar.

Compete privativamente ao órgão regulador (CNPC) e fiscalizador (PREVIC) das entidades fechadas (EFPC) zelar pelas sociedades civis (atuais **sociedade simples**) e **fundações, não se aplicando** a estas o disposto no Art. 66 do Código Civil de 2002 e Arts. 764 e 765 do Código de Processo Civil de 2015, a saber:

CC 2002:

Art. 66. Velará pelas fundações o Ministério Público do Estado onde situadas.

§ 1.º Se funcionarem no Distrito Federal ou em Território, caberá o encargo ao Ministério Público do Distrito Federal e Territórios.

§ 2.º Se estenderem a atividade por mais de um Estado, caberá o encargo, em cada um deles, ao respectivo Ministério Público.

CPC 2015:

Art. 764. O juiz decidirá sobre a aprovação do estatuto das fundações e de suas alterações sempre que o requeira o interessado, quando:

I – Ela for negada previamente pelo Ministério Público ou por este forem exigidas modificações com as quais o interessado não concorde, ou;

II – O interessado discordar do estatuto elaborado pelo Ministério Público.

§ 1.º O estatuto das fundações deve observar o disposto no CC 2002.

§ 2.º Antes de suprir a aprovação, o juiz poderá mandar fazer no estatuto modificações a fim de adaptá-lo ao objetivo do instituidor.

Art. 765. Qualquer interessado ou o Ministério Público promoverá em juízo a extinção da fundação quando:

I – Se tornar ilícito o seu objeto;

II – For impossível a sua manutenção, ou;

III – Vencer o prazo de sua existência.

As entidades abertas (EAPC) serão reguladas também, **no que couber**, pela **legislação aplicável às sociedades seguradoras**.

Sem prejuízo do benefício, **prescreve em 5 anos** o direito às prestações não pagas nem reclamadas na época própria, resguardados os direitos dos menores dependentes, dos incapazes ou dos ausentes, na forma do Código Civil.

4. A RELAÇÃO ENTRES OS ENTES POLÍTICOS E SUAS ENTIDADES FECHADAS DE PREVIDÊNCIA COMPLEMENTAR (LEI COMPLEMENTAR N.º 108/2001)

4.1. Introdução

A **relação** entre a União, os Estados, o Distrito Federal e os Municípios, inclusive suas autarquias, fundações, sociedades de economia mista e empresas controladas direta ou indiretamente, enquanto **patrocinadores** de entidades fechadas de previdência complementar e suas respectivas **entidades fechadas (EFPC)** será disciplinada pela Lei Complementar n.º 108/2001.

Deve-se ter em mente que existe:

- A **administração pública** (federal, estadual, distrital ou municipal) na condição de **patrocinadora**;
- A **entidade fechada de previdência complementar** (EFPC), e;
- Os **servidores públicos, na condição de participantes e/ou assistidos.**

(Autoria: Ali Mohamad Jaha)

As **regras** e os **princípios gerais** estabelecidos na Lei Complementar n.º 109/2001, que regula o regime de previdência complementar, aplicam-se às entidades reguladas pela Lei Complementar n.º 108/2001, ressalvadas as disposições específicas.

Em apertada síntese, a Lei n.º 108/2001 **trata das entidades fechadas (EFPC) dos servidores públicos.**

4.2. Os Planos de Benefícios

4.2.1. As Disposições Especiais

Os planos de benefícios das entidades fechadas (EFPC) dos servidores públicos atenderão às seguintes **regras**:

1. Carência mínima de 60 contribuições mensais a plano de benefícios e **cessação** do vínculo com o patrocinador (administração pública), para se tornar elegível a um benefício de prestação que seja programada e continuada, e;
2. Concessão de benefício pelo regime de previdência ao qual o participante esteja filiado (RPPS, em regra) por intermédio de seu patrocinador, quando se tratar de plano na modalidade benefício definido (**BD**).

Os reajustes dos benefícios em manutenção serão efetuados de acordo com critérios estabelecidos nos regulamentos dos planos de benefícios, vedado (proibido) o repasse de ganhos de produtividade, abono e vantagens de qualquer natureza para tais benefícios.

Nas **sociedades de economia mista** e **empresas controladas** direta ou indiretamente pela União, pelos Estados, pelo Distrito Federal e pelos Municípios, a proposta de instituição de plano de benefícios ou adesão a plano de benefícios em execução será submetida ao órgão fiscalizador, acompanhada de manifestação favorável do órgão responsável pela supervisão, pela coordenação e pelo controle do patrocinador.

As alterações no plano de benefícios que implique elevação da contribuição de patrocinadores serão objeto de prévia manifestação do órgão responsável pela supervisão, pela coordenação e pelo controle referido no parágrafo acima.

É vedado (proibido) à União, aos Estados, ao Distrito Federal e aos Municípios, suas autarquias, fundações, empresas públicas, sociedades de economia mista e outras entidades públicas o aporte de recursos a entidades de previdência privada de caráter complementar, **salvo na condição de patrocinador**.

4.2.2. O Custeio

O **custeio** dos planos de benefícios será **responsabilidade** do patrocinador (administração pública) e dos participantes, inclusive assistidos.

A **contribuição normal do patrocinador** para plano de benefícios, **em hipótese alguma, excederá** a do participante, observadas as regras específicas emanadas do órgão regulador e fiscalizador.

Com isso, a contribuição da administração pública será **no máximo igual** a contribuição do servidor público.

Em regra, a contribuição do patrocinador (da administração pública) é equivalente a contribuição do participante (servidor público), esse é o famigerado **Princípio da paridade contributiva**. Observe que tal regra vale **apenas para o setor público**.

Além das contribuições normais, os planos poderão prever o aporte de recursos pelos participantes, a título de **contribuição facultativa**, sem contrapartida do patrocinador.

É vedado (proibido) ao patrocinador assumir encargos adicionais para o financiamento dos planos de benefícios, além daqueles previstos nos respectivos planos de custeio.

A **despesa administrativa** da entidade de previdência complementar será custeada pelo patrocinador e pelos participantes e assistidos, atendendo a limites e critérios estabelecidos pelo órgão regulador e fiscalizador.

É facultada aos patrocinadores a cessão de pessoal às entidades de previdência complementar que patrocinam, desde que ressarcidos os custos correspondentes.

4.3. As Entidades de Previdência Complementar patrocinadas pelo Poder Público e suas Empresas

4.3.1. A Estrutura Organizacional

A administração e execução dos planos de benefícios compete às **entidades fechadas de previdência complementar** (EFPC) **dos servidores públicos**.

As entidades supra organizar-se-ão sob a forma de **fundação** ou sociedade civil (atual **sociedade simples**), **sem fins lucrativos**.

A estrutura organizacional das entidades de previdência complementar é constituída de:

- Conselho deliberativo (**CD**);
- Conselho fiscal (**CF**), e;
- Diretoria executiva (**DE**).

4.3.2. O Conselho Deliberativo (CD)

O **conselho deliberativo** (**CD**), **órgão máximo** da estrutura organizacional, é responsável pela **definição** da política geral de administração da entidade e de seus planos de benefícios.

A composição do conselho deliberativo (CD), integrado por no **máximo 6 membros**, será **paritária** entre representantes dos participantes e assistidos (servidores) e dos patrocinadores (administração pública), cabendo a estes a indicação do conselheiro presidente, que terá, além do seu, o voto de qualidade (de desempate). Assim:

Conselho Deliberativo contará no máximo com:

- 3 conselheiros do patrocinador (administração pública), sendo 1 conselheiro presidente com voto de desempate, e;
- 3 conselheiros dos servidores (participantes e assistidos).

A escolha dos representantes dos participantes e assistidos dar-se-á por meio de eleição direta entre seus pares.

Caso o estatuto da entidade fechada (EFPC), respeitado o número máximo de conselheiros e a participação paritária entre representantes dos participantes e assistidos e dos patrocinadores, preveja outra composição, que tenha sido aprovada na forma prevista no seu estatuto, esta **poderá ser aplicada**, mediante autorização do órgão regulador e fiscalizador.

O **mandato** dos membros do conselho deliberativo será de **4 anos**, com garantia de estabilidade, **permitida 1 recondução**.

O membro do conselho deliberativo somente **perderá o mandato** em virtude de renúncia, de condenação judicial transitada em julgado ou processo administrativo disciplinar.

A **instauração** de processo administrativo disciplinar, para apuração de irregularidades no âmbito de atuação do conselho deliberativo da entidade fechada (EFCP), poderá determinar o **afastamento** do conselheiro até sua conclusão.

O afastamento não implica prorrogação ou permanência no cargo além da data inicialmente prevista para o término do mandato.

Ao conselho deliberativo (**CD**) compete a **definição das seguintes matérias**:

1. Política geral de administração da entidade e de seus planos de benefícios;
2. Alteração de estatuto e regulamentos dos planos de benefícios, bem como a implantação e a extinção deles e a retirada de patrocinador;
3. Gestão de investimentos e plano de aplicação de recursos;
4. Autorizar investimentos que envolvam valores iguais ou superiores a 5% dos recursos garantidores;
5. Contratação de auditor independente atuário e avaliador de gestão, observadas as disposições regulamentares aplicáveis;
6. Nomeação e exoneração dos membros da diretoria executiva, e;
7. Exame, em grau de recurso, das decisões da diretoria executiva.

Para constar, a definição das matérias previstas no item 2 supra **deverá ser aprovada pelo patrocinador**.

A **renovação** dos mandatos dos conselheiros deve obedecer ao **critério de proporcionalidade**, de forma que se processe parcialmente a **cada 2 anos**.

Assim, Conselho Deliberativo (CD) deverá renovar 3 de seus membros a cada 2 anos.

Por fim, os membros do Conselho Deliberativo deverão atender aos seguintes **requisitos mínimos**:

1. Comprovada experiência no exercício de atividade na área financeira, administrativa, contábil, jurídica, de fiscalização, atuarial ou de auditoria;
2. Não ter sofrido condenação criminal transitada em julgado, e;
3. Não ter sofrido penalidade administrativa por infração da legislação da seguridade social, inclusive da previdência complementar ou como servidor público.

4.3.3. O Conselho Fiscal (CF)

O **conselho fiscal (CF)** é **órgão de controle interno** da entidade.

A composição do conselho fiscal (CF), integrado por no **máximo 4 membros**, será paritária entre representantes de patrocinadores (administração pública) e de participantes e assistidos (servidores), cabendo a estes a indicação do conselheiro presidente, que terá, além do seu, o voto de qualidade (de desempate). Assim:

Conselho Fiscal contará no máximo com:

- 2 conselheiros do patrocinador (administração pública), sendo 1 conselheiro presidente com voto de desempate, e;
- 2 conselheiros dos servidores (participantes e assistidos).

Caso o estatuto da entidade fechada (EFPC), respeitado o número máximo de conselheiros e a participação paritária entre representantes dos participantes e assistidos e dos patrocinadores, preveja outra composição, que tenha sido aprovada na forma prevista no seu estatuto, esta **poderá ser aplicada**, mediante autorização do órgão regulador e fiscalizador.

O **mandato** dos membros do conselho fiscal será de **4 anos**, **vedada (proibida) a recondução**.

A **renovação** dos mandatos dos conselheiros deve obedecer ao **critério de proporcionalidade**, de forma que se processe parcialmente a **cada 2 anos**.

Assim, Conselho Fiscal (CF) deverá renovar 2 de seus membros a cada 2 anos.

Por fim, os membros do Conselho Fiscal deverão atender aos seguintes **requisitos mínimos**:

1. Comprovada experiência no exercício de atividade na área financeira, administrativa, contábil, jurídica, de fiscalização, atuarial ou de auditoria;
2. Não ter sofrido condenação criminal transitada em julgado, e;
3. Não ter sofrido penalidade administrativa por infração da legislação da seguridade social, inclusive da previdência complementar ou como servidor público.

4.3.4. A Diretoria Executiva (DE)

A **diretoria executiva** (DE) é o órgão responsável pela **administração da entidade**, em conformidade com a política de administração traçada pelo conselho deliberativo (CD).

A diretoria executiva será composta, no **máximo, por 6 membros**, definidos em função do patrimônio da entidade e do seu número de participantes, inclusive assistidos.

O estatuto da entidade fechada (EFPC), respeitado o número máximo deverá prever a forma de **composição** e o **mandato** da diretoria executiva, aprovado na forma prevista no seu **estatuto**.

Os membros da Diretoria Executiva deverão atender aos seguintes requisitos mínimos:

1. Comprovada experiência no exercício de atividade na área financeira, administrativa, contábil, jurídica, de fiscalização, atuarial ou de auditoria;
2. Não ter sofrido condenação criminal transitada em julgado;
3. Não ter sofrido penalidade administrativa por infração da legislação da seguridade social, inclusive da previdência complementar ou como servidor público; e
4. **Ter formação de nível superior.**

Aos membros da diretoria executiva é **vedado (proibido)**:

1. Exercer simultaneamente atividade no patrocinador (administração pública);

2. Integrar concomitantemente o conselho deliberativo (CD) ou fiscal (CF) da entidade e, mesmo depois do término do seu mandato na diretoria executiva, enquanto não tiver suas contas aprovadas, e;
3. Ao longo do exercício do mandato prestar serviços a instituições integrantes do sistema financeiro.

A entidade de previdência complementar informará ao órgão regulador e fiscalizador o **responsável** pelas aplicações dos recursos da entidade, escolhido entre os membros da diretoria executiva (DE).

Os demais membros da diretoria executiva (DE) **responderão solidariamente** com o dirigente indicado na forma do parágrafo acima pelos danos e prejuízos causados à entidade para os quais tenham concorrido.

Nos **12 meses seguintes ao término do exercício do cargo**, o ex-diretor estará **impedido** de **prestar**, direta ou indiretamente, independentemente da forma ou natureza do contrato, qualquer tipo de serviço às empresas do sistema financeiro que impliquem a utilização das informações a que teve acesso em decorrência do cargo exercido, sob pena de responsabilidade civil e penal.

Durante o impedimento, ao ex-diretor que não tiver sido destituído ou que pedir afastamento será assegurada a possibilidade de prestar serviço à entidade, mediante remuneração equivalente à do cargo de direção que exerceu ou em qualquer outro órgão da Administração Pública.

Incorre na prática de advocacia administrativa, sujeitando-se às penas da lei, o ex-diretor que violar o impedimento previsto acima, exceto se retornar ao exercício de cargo ou emprego que ocupava junto ao patrocinador, anteriormente à indicação para a respectiva diretoria executiva, ou se for nomeado para exercício em qualquer órgão da Administração Pública.

Uma vez que apresentadas todas as nuances sobre o conselho deliberativo (CD), o conselho fiscal (CF) e a diretoria executiva (DE), vamos apresentar o seguinte resumo (guarde com carinho):

<table>
<tr><th></th><th>Composição:</th><th>Mandato:</th><th>Requisitos:</th></tr>
<tr><td rowspan="3">CD</td><td>Até 6 membros</td><td rowspan="3">4 anos com 1 recondução</td><td>Experiência</td></tr>
<tr><td>3 do patrocinador (voto de desempate)</td><td>Não ter cond. criminal</td></tr>
<tr><td>3 dos participantes e assistidos</td><td>Não ter pena. adm.</td></tr>
<tr><td rowspan="3">CF</td><td>Até 4 membros</td><td rowspan="3">4 anos sem recondução</td><td>Experiência</td></tr>
<tr><td>2 do patrocinador (voto de desempate)</td><td>Não ter cond. criminal</td></tr>
<tr><td>2 dos participantes e assistidos</td><td>Não ter pena. adm.</td></tr>
</table>

<table>
<tr><th></th><th>Composição:</th><th>Mandato:</th><th>Requisitos:</th></tr>
<tr><td rowspan="4">DE</td><td rowspan="2">Até 6 membros</td><td rowspan="4">Conforme Estatuto</td><td>Experiência</td></tr>
<tr><td>Não ter cond. criminal</td></tr>
<tr><td rowspan="2">Conforme Estatuto</td><td>Não ter pena. adm.</td></tr>
<tr><td>Nív. Superior</td></tr>
</table>

(Autoria: Ali Mohamad Jaha)

4.4. A Fiscalização

A fiscalização e controle dos planos de benefícios e das entidades fechadas de previdência complementar (EFPC) dos servidores públicos competem ao órgão regulador e fiscalizador das entidades fechadas de previdência complementar.

Para relembrar:

> **EFPC (Fundos de Pensão):**
>
> Órgão regulador: Conselho Nacional de Previdência Complementar (**CNPC**), ligado ao Ministério da Previdência Social.
>
> Órgão fiscalizador: Superintendência Nacional de Previdência Complementar (**PREVIC**), ligada ao Ministério da Previdência Social.

As ações exercidas pelo órgão referido supra **não eximem** os patrocinadores da **responsabilidade** pela supervisão e fiscalização sistemática das atividades das suas respectivas entidades de previdência complementar.

Os resultados da fiscalização e do controle exercidos pelos patrocinadores serão encaminhados ao órgão de fiscalização.

Capítulo

13

O REGIME DE PREVIDÊNCIA COMPLEMENTAR DOS SERVIDORES FEDERAIS

1. A PREVISÃO CONSTITUCIONAL

A Previdência Complementar dos servidores públicos tem previsão expressa na Constituição Federal de 1988, com redação dada pela Emenda Constitucional n.º 103/2019 (4.ª Reforma da Previdência Social), a saber:

> Art. 40.
>
> § 14. A União, os Estados, o Distrito Federal e os Municípios **instituirão**, por lei de iniciativa do respectivo Poder Executivo, **regime de previdência complementar para servidores públicos** ocupantes de cargo efetivo, observado o limite máximo dos benefícios do Regime Geral de Previdência Social para o valor das aposentadorias e das pensões em regime próprio de previdência social, ressalvado o disposto no § 16.
>
> § 15. O regime de previdência complementar de que trata o § 14 oferecerá **plano de benefícios somente na modalidade contribuição definida**, observará o disposto no Art. 202 e será efetivado por intermédio de **entidade fechada de previdência complementar ou de entidade aberta de previdência complementar**.
>
> § 16. **Somente mediante sua prévia e expressa opção**, o disposto nos §§ 14 e 15 poderá ser aplicado ao servidor que tiver ingressado no serviço público até a data da publicação do ato de instituição do correspondente regime de previdência complementar.

O regime de previdência complementar inaugura, na nomenclatura escolhida por este autor, **os novos RPPS dos servidores públicos**. Assim:

01. Nesse novo modelo, o servidor tem duas contribuições previdenciárias:

    a) Uma contribuição previdenciária, idêntica ao do RGPS, incide **OBRIGATORIAMENTE** sobre a parcela da remuneração do servidor, **ATÉ** atingir o Teto do RGPS, e;

    b) Uma outra contribuição previdenciária, definida em lei, incide **OPCIONALMENTE** sobre a parcela do servidor que **ULTRAPASSAR** o Teto do RGPS.

02. Os benefícios previdenciários futuros (aposentadoria ou pensão por morte) **ESTÃO LIMITADOS** ao Teto do RGPS (contribuição obrigatória), podendo ter um **VALOR COMPLEMENTAR** (contribuição opcional), e;

03. A contribuição opcional acima do Teto do RGPS e o valor complementar são decorrências do **regime de previdência complementar** implementado pelo ente político.

No serviço público federal, especificamente, esse divisor de águas – a criação de uma previdência complementar ao servidores – ocorreu por meio da publicação da Lei n.º 12.618/2012, que será tratada no decorrer desta parte do nosso curso.

2. O REGIME DE PREVIDÊNCIA COMPLEMENTAR DOS SERVIDORES FEDERAIS (LEI N.º 12.618/2012)

2.1. O Regime de Previdência Complementar

Por meio da Lei n.º 12.618/2012, com redação atualizada até a Lei n.º 14.463/2022, foi instituído o **regime de previdência complementar (RPC)** a que se referem os §§ 14, 15 e 16 do Art. 40 da Constituição Federal para os servidores públicos titulares de cargo efetivo da União, suas autarquias e fundações, inclusive para os membros do Poder Judiciário, do Ministério Público da União e do Tribunal de Contas da União.

Os servidores e os membros referidos acima que tenham ingressado no serviço público **até a data anterior ao início da vigência** do regime de previdência complementar **poderão**, mediante prévia e expressa opção, **aderir ao regime de previdência complementar**. No caso, até 03/02/2013.

Em outras palavras, os servidores federais que estavam no **RPPS federal antigo** tiveram a opção de migrar para o **RPPS federal novo**.

Os servidores e os membros com remuneração superior ao limite máximo estabelecido para os benefícios do Regime Geral de Previdência Social, que venham a ingressar no serviço público a partir do início da vigência do regime de previdência complementar, serão **automaticamente** inscritos no respectivo plano de previdência complementar desde a data de entrada em exercício. No caso, a partir de 04/02/2013.

Por sua vez, os que ingressaram após a instituição do **RPC**, necessariamente estarão inseridos neste novo **RPPS federal novo**.

Fica assegurado ao participante o direito de requerer, a qualquer tempo, o cancelamento de sua inscrição, nos termos do regulamento do plano de benefícios (lembre-se, a previdência complementar é facultativa).

Na hipótese do cancelamento ser requerido no prazo de até 90 dias da data da inscrição, fica assegurado o direito à **restituição integral das contribuições vertidas**, a ser paga em até 60 dias do pedido de cancelamento, corrigidas monetariamente.

Para constar, o **cancelamento** da inscrição previsto acima **não constitui resgate**.

A contribuição aportada pelo patrocinador será devolvida à respectiva fonte pagadora no mesmo prazo da devolução da contribuição aportada pelo participante.

Para os devidos efeitos legais, entende-se por:

1. Patrocinador: A **União**, suas autarquias e fundações;
2. Participante: O **servidor público** titular de cargo efetivo da União, inclusive o membro do Poder Judiciário, do Ministério Público e do Tribunal de Contas da União, que aderir aos planos de benefícios administrados pelas entidades de previdência complementar, e;
3. Assistido: O participante ou o seu beneficiário **em gozo de benefício** de prestação continuada.

Fazendo um breve paralelo:

RPC	RGPS
Patrocinador (União)	Empregador
Participante (servidor)	Segurado (trabalhador)
Assistido (servidor ou dependente)	Segurado ou dependente em gozo de benefício

(Autoria: Ali Mohamad Jaha)

Aplica-se o limite máximo estabelecido para os benefícios do regime geral de previdência social (**Teto do RGPS**) às aposentadorias e pensões a serem concedidas pelo regime de previdência da União aos servidores e membros tiverem **ingressado** no serviço público:

1. A partir do início da vigência do **regime de previdência complementar**, independentemente de sua adesão ao plano de benefícios (a partir de 04/02/2013), e;
2. Até a data anterior ao início da vigência do regime de previdência complementar (até 03/02/2013) e nele tenham permanecido sem perda do vínculo efetivo, e que **exerçam a opção pelo RPPS novo com RPC**.

Devo ressaltar, mais uma vez, que o RPC é **facultativo**. O servidor, nas situações acima, contribui apenas até o Teto do RGPS e, por consequência, os benefícios serão limitados ao Teto do RGPS.

Caso deseje um benefício melhor, deve optar por contribuir facultativamente para o RPC instituído sobre o valor da remuneração que superar o Teto do RGPS.

Em resumo:

1. Quem entrou **após** a instituição do **RPC**, estará no **RPPS novo com RPC**, e;
2. Quem entrou **antes** da instituição do **RPC**, poderá optar por:
   - 2.1. Permanecer no **RPPS antigo sem RPC**, ou;
   - 2.2. Migrar para o **RPPS novo com RPC**.

É assegurado aos servidores e membros que migraram do RPPS antigo para o RPPS novo com RPC o direito a um **Benefício Especial (BE)** calculado com base nas contribuições recolhidas ao RPPS antigo de qualquer esfera (União, Estados, Distrito Federal ou Municípios).

Assim, os que migrarem e optarem pelo RPC, receberão as seguintes parcelas quando da aposentadoria:

- Parcela 1: Referente aos recolhimentos até o Teto do RGPS;
- Parcela 2: Referente aos recolhimento para o RPC (recolhimentos acima do Teto do RGPS), e;
- Parcela 3: Benefício Especial em função dos recolhimentos anteriores à migração.

Atualmente, o **Benefício Especial (BE)** terá como referência as **remunerações** anteriores à data de mudança do regime, utilizadas como base para as contribuições do servidor ao RPPS antigo, de qualquer esfera, **atualizadas** pelo Índice Nacional de Preços ao Consumidor Amplo (**IPCA**), e será equivalente a:

- A diferença entre a média aritmética simples das remunerações anteriores aos RPPS antigo correspondentes a 100% de todo o período contributivo desde a competência de 07/1994 ou desde a do início da contribuição, se posterior àquela competência, e o limite máximo legal (Teto do RGPS), multiplicada pelo fator de conversão.

De forma esquematizada:

$$BE = (M - L) \times FC$$

Onde:

BE = Benefício Especial;

M = Média aritmética das remunerações anteriores ao RPPS antigo atualizadas pela IPCA;

L = Limite legal máximo (Teto do RGPS), e;

FC = Fator de conversão.

O fator de conversão (FC), cujo resultado **é limitado ao máximo de 1**, será calculado pela fórmula:

$$FC = \frac{Tc}{Tt}$$

Onde:

FC = Fator de conversão;

Tc = Quantidade de contribuições mensais efetuadas para o RPPS antigo, efetivamente pagas pelo servidor, e;

Tt = 520.

Brincando um pouco com a matemática, podemos agregar e simplificar as equações. Assim, essa será a **fórmula simplificada do Benefício Especial (BE)**:

$$BE = (M - L) \times \frac{Tc}{520}$$

O **Benefício Especial** será pago pelo órgão competente da União, por ocasião da concessão de aposentadoria, inclusive por incapacidade permanente, ou pensão por morte pelo RPPS da União, enquanto perdurar o benefício pago por esse regime, inclusive junto com a gratificação natalina.

Conforme determinação legal, o Benefício Especial:

1. É opção que importa ato jurídico perfeito;
2. Será calculado de acordo com as regras vigentes no momento do exercício da opção pela migração do RPPS antigo para o RPPS novo;
3. Será **atualizado** pelo mesmo índice aplicável ao benefício de aposentadoria ou pensão mantido pelo Regime Geral de Previdência Social;
4. **Não está sujeito** à incidência de contribuição previdenciária, e;
5. **Está sujeito** à incidência de imposto sobre a renda.

Por fim, a opção pela migração do RPPS antigo para o RPPS novo é **irrevogável** e **irretratável**, não sendo devida pela União e suas autarquias e fundações públicas qualquer contrapartida referente ao valor dos descontos já efetuados sobre a base de contribuição acima do limite legal máximo (Teto do RGPS).

2.2. As Entidades Fechadas de Previdência Complementar

2.2.1. A Criação das Entidades

Com o advento da Lei n.º 12.618/2012, a União foi autorizada a criar as seguintes entidades fechadas de previdência complementar, com a finalidade de administrar e executar planos de benefícios de caráter previdenciário:

1. A Fundação de Previdência Complementar do Servidor Público Federal do **Poder Executivo** (Funpresp-Exe), para os servidores públicos titulares de cargo efetivo do Poder Executivo, por meio de ato do Presidente da República;
2. A Fundação de Previdência Complementar do Servidor Público Federal do **Poder Legislativo** (Funpresp-Leg), para os servidores públicos titulares de cargo efetivo do Poder Legislativo e do Tribunal de Contas da União e para os membros deste Tribunal, por meio de ato conjunto dos Presidentes da Câmara dos Deputados e do Senado Federal, e;
3. A Fundação de Previdência Complementar do Servidor Público Federal do **Poder Judiciário** (Funpresp-Jud), para os servidores públicos titulares de cargo efetivo e para os membros do Poder Judiciário, por meio de ato do Presidente do Supremo Tribunal Federal.

Para constar, por ato conjunto das autoridades competentes, poderia ser criada fundação que contemplasse os servidores públicos de 2 ou dos 3

Poderes. E foi o que aconteceu de fato. Nos dias atuais, tem-se **apenas duas fundações**, a saber:

1. **Funpresp**: Que cuida da previdência complementar dos servidores públicos federais do Poder Executivo e do Poder Legislativo, e;
2. **Funpresp-Jud**: Que cuida da previdência complementar dos servidores públicos federais do Poder Judiciário.

Por sua vez, a Funpresp e a Funpresp-Jud:

1. Serão estruturadas na forma de **fundação**, com **personalidade jurídica de direito privado**;
2. Gozarão de **autonomia** administrativa, financeira e gerencial, e;
3. Terão sede e foro no Distrito Federal.

2.2.2. A Organização das Entidades

A estrutura organizacional das entidades (Funpresp e Funpresp-Jud) será constituída de **Conselho Deliberativo, Conselho Fiscal** e **Diretoria Executiva.**

Os **Conselhos Deliberativos (CD)** terão composição **paritária** e cada um será integrado por **6 membros.**

Os **Conselhos Fiscais (CF)** terão composição **paritária** e cada um deles será integrado por **4 membros.**

Os membros dos conselhos deliberativos e dos conselhos fiscais das entidades fechadas serão designados:

- Na Funpresp: Pelo Presidente da República, e;
- Na Funpresp-Jud: Pelo presidente do Supremo Tribunal Federal.

A **presidência dos conselhos deliberativos** será exercida pelos **membros indicados pelos patrocinadores**, na forma prevista no estatuto das entidades fechadas de previdência complementar.

A **presidência dos conselhos fiscais** será exercida pelos **membros indicados pelos participantes e assistidos**, na forma prevista no estatuto das entidades fechadas de previdência complementar.

Por seu turno, as **Diretorias Executivas (DE)** serão compostas, **no máximo, por 4 membros**, nomeados pelos conselhos deliberativos das entidades fechadas de previdência complementar.

A remuneração e as vantagens de qualquer natureza dos membros das **diretorias executivas** das entidades fechadas de previdência complementar serão estabelecidas pelos seus **conselhos deliberativos**, em valores compatíveis com os níveis prevalecentes no mercado de trabalho para profissionais de graus equivalentes de formação profissional e de especialização.

A remuneração dos membros dos conselhos deliberativo e fiscal é limitada a 10% do valor da remuneração dos membros da diretoria executiva.

De forma esquematizada:

	Membros		
	Patrocinador	Participantes Assistidos	Total
CD	**3**	**3**	**6**
CF	**2**	**2**	**4**
DE	**Conforme Estatuto**		**Até 4**

(Autoria: Ali Mohamad Jaha)

Aos membros dos conselhos deliberativos, dos conselhos fiscais e das diretorias executivas, aplicam-se os seguintes requisitos previstos no Art. 20 da Lei Complementar n.º 108/2001:

> I – **Comprovada experiência** no exercício de atividade na área financeira, administrativa, contábil, jurídica, de fiscalização, atuarial ou de auditoria;
>
> II – **Não ter sofrido condenação criminal transitada em julgado**;
>
> III – **Não ter sofrido penalidade administrativa** por infração da legislação da seguridade social, inclusive da previdência complementar ou como servidor público, e;
>
> IV – **Ter formação de nível superior**.

As entidades fechadas de previdência complementar poderão criar, observado o disposto no estatuto e regimento interno, **comitês de assessoramento técnico**, de caráter consultivo, para cada plano de benefícios por elas administrado, com **representação paritária** entre os patrocinadores e os participantes e assistidos, sendo estes eleitos pelos seus pares, com as atribuições de apresentar propostas e sugestões quanto à gestão da entidade e sua política de investimentos e à situação financeira e atuarial dos respectivos planos de benefícios e de formular recomendações prudenciais a elas relacionadas.

2.2.3. As Disposições Gerais

Por força de lei, foi instituído **código de ética e de conduta**, inclusive com regras para prevenir conflito de interesses e proibir operações dos dirigentes com partes relacionadas, com ampla divulgação, especialmente entre os participantes e assistidos e as partes relacionadas, cabendo aos conselhos fiscais das entidades fechadas de previdência complementar assegurar o seu cumprimento.

Compete ao órgão fiscalizador das entidades fechadas de previdência complementar definir o universo das partes relacionadas.

Recapitulando, o órgão fiscalizador das entidades fechadas é a Superintendência Nacional de Previdência Complementar (**PREVIC**), ligada ao Ministério da Previdência Social.

O regime jurídico de pessoal das entidades fechadas de previdência complementar será o previsto na legislação trabalhista. Em suma, o pessoal das Funpresp **seguirá o regime celetista (Consolidação das Leis do Trabalho - CLT)** e não o regime estatutário.

As entidades fechadas (Funpresp e Funpresp-Jud) se submetem às demais **normas de direito público exclusivamente** no que se refere à:

1. Submissão à legislação federal sobre **licitação** e contratos administrativos aplicável às empresas públicas e às sociedades de economia mista;

2. Realização de **concurso público** para a contratação de pessoal, no caso de empregos permanentes (empregados públicos celetistas) ou de processo seletivo, em se tratando de contrato temporário, e;

3. **Publicação anual**, na imprensa oficial ou em sítio oficial da administração pública certificado digitalmente por autoridade para esse fim credenciada no âmbito da Infraestrutura de Chaves Públicas Brasileira (ICP Brasil), de seus **demonstrativos** contábeis, atuariais, financeiros e de benefícios, sem prejuízo do fornecimento de informações aos participantes e assistidos dos planos de benefícios e ao órgão fiscalizador das entidades fechadas de previdência complementar.

A administração das entidades fechadas de previdência complementar (das Funpresp) observará os princípios que regem a administração pública, especialmente os da **eficiência** e da **economicidade**, devendo adotar mecanismos de gestão operacional que **maximizem a utilização de recursos**, de forma a otimizar o atendimento aos participantes e assistidos e diminuir as despesas administrativas.

As despesas administrativas serão custeadas na forma dos regulamentos dos planos de benefícios e ficarão limitadas aos valores estritamente necessários à sustentabilidade do funcionamento das entidades fechadas de previdência complementar.

O montante de recursos destinados à cobertura das despesas administrativas será revisto ao final de cada ano.

As entidades fechadas de previdência complementar serão mantidas integralmente por suas receitas, oriundas:

- Das **contribuições** de patrocinadores, participantes e assistidos;
- Dos resultados financeiros de suas aplicações, e;
- De doações e legados de qualquer natureza.

A União, suas autarquias e fundações são **responsáveis**, na qualidade de patrocinadores, pelo **aporte** de contribuições e pelas **transferências** às entidades fechadas de previdência complementar das **contribuições descontadas dos seus servidores**.

As contribuições devidas pelos patrocinadores deverão ser pagas de forma centralizada pelos respectivos Poderes da União, pelo Ministério Público da União e pelo Tribunal de Contas da União.

O pagamento ou a transferência das contribuições após o dia 10 do mês seguinte ao da competência:

1. Enseja a aplicação dos acréscimos de mora previstos para os tributos federais, e;
2. Sujeita o responsável às sanções penais e administrativas cabíveis.

Para constar, as transferências citadas anteriormente incluirão:

1. As contratadas pelo servidor para cobertura de riscos de incapacidade permanente ou morte, e;
2. As contribuições facultativas, sem contrapartida do patrocinador.

2.3. Os Planos de Benefícios

2.3.1. As Linhas Gerais dos Planos de Benefícios

Os planos de benefícios da **Funpresp** e da **Funpresp-Jud** serão estruturados na modalidade de **contribuição definida**, nos termos da regulamentação estabelecida pelo órgão regulador das entidades fechadas de previdência complementar e financiados de acordo com os planos de custeio definidos nos termos da legislação federal.

Recapitulando, o órgão regulador das entidades fechadas é o Conselho Nacional de Previdência Complementar (**CNPC**), ligado ao Ministério da Previdência Social.

A distribuição das contribuições nos planos de benefícios e nos planos de custeio será revista sempre que necessário, para **manter o equilíbrio permanente** dos planos de benefícios.

O valor do **benefício programado** será calculado de acordo com o **montante do saldo da conta acumulado pelo participante**, devendo o valor do benefício estar permanentemente ajustado ao referido saldo.

Os **benefícios não programados** serão definidos nos regulamentos dos planos, observado o seguinte:

1. Devem ser assegurados, pelo menos, os benefícios decorrentes dos eventos incapacidade permanente e morte e, se for o caso, a cobertura de outros riscos atuariais, e;
2. Terão custeio específico para sua cobertura.

Na gestão dos **benefícios não programados**, as entidades fechadas de previdência complementar – Funpresp e Funpresp-Jud – poderão contratá-los externamente ou administrá-los em seus próprios planos de benefícios.

A concessão dos **benefícios não programados** aos participantes ou assistidos pela entidade fechada de previdência social é **condicionada** à concessão do benefício pelo regime próprio de previdência social.

Os requisitos para aquisição, manutenção e perda da qualidade de participante, assim como os requisitos de elegibilidade e a forma de concessão, cálculo e pagamento dos benefícios, deverão constar dos **regulamentos** dos planos de benefícios, observadas as disposições da legislação federal e a regulamentação do órgão regulador das entidades fechadas de previdência complementar.

O servidor com **remuneração inferior ao limite máximo** estabelecido para os benefícios do regime geral de previdência social (**Teto do RGPS**) poderá **aderir** aos planos de benefícios administrados pelas entidades fechadas de previdência complementar, **sem contrapartida do patrocinador**, cuja base de cálculo será definida nos regulamentos.

Poderá **permanecer filiado** aos respectivos planos de benefícios o participante:

1. **Cedido** a outro órgão ou entidade da administração pública direta ou indireta da União, Estados, Distrito Federal e Municípios, inclusive suas empresas públicas e sociedades de economia mista;
2. **Afastado** ou **licenciado** do cargo efetivo temporariamente, com ou sem recebimento de remuneração, e;
3. Que optar pelo **benefício proporcional diferido** ou **autopatrocínio**, na forma do regulamento do plano de benefícios.

Os regulamentos dos planos de benefícios disciplinarão as regras para a manutenção do custeio do plano de benefícios, observada a legislação aplicável.

Os patrocinadores arcarão com as suas contribuições **somente** quando a cessão, o afastamento ou a licença do cargo efetivo **implicar ônus para a União**, suas autarquias e fundações.

Por seu turno, havendo **cessão com ônus para o cessionário**, este deverá recolher às entidades fechadas de previdência complementar a contribuição aos planos de benefícios, nos mesmos níveis e condições que seria devida pelos patrocinadores (União), na forma definida nos regulamentos dos planos.

Por fim, como fica claro, o ônus define quem irá recolher as contribuições devidas:

- Quando o ônus da cessão recai sobre a Uniao (cedente), essa recolhe normalmente sua contribuição na condição de patrocinadora, e;
- Quando o ônus da cessão recai sobre a cessionária, essa recolhe a contribuição que era devida pela União (cedente), na condição de patrocinadora.

2.3.2. Os Recursos Garantidores

A **aplicação dos recursos** garantidores correspondentes às **reservas**, às **provisões** e aos **fundos dos planos de benefícios** da Funpresp e da Funpresp-Jud obedecerá às diretrizes e aos limites prudenciais estabelecidos pelo **Conselho Monetário Nacional (CMN)**.

A gestão dos recursos garantidores dos planos de benefícios administrados pelas entidades acima poderá ser realizada por meio de **carteira própria, carteira administrada** ou **fundos de investimento**.

As entidades contratarão, para a gestão dos recursos garantidores, somente instituições, administradores de carteiras ou fundos de investimento que estejam autorizados e registrados na **Comissão de Valores Mobiliários (CVM)**.

A contratação das instituições acima será feita mediante **licitação**, cujos contratos terão prazo total máximo de execução de 5 anos.

O edital da licitação estabelecerá, entre outras, disposições relativas aos limites de taxa de administração e de custos que poderão ser imputados aos fundos, bem como, no que concerne aos administradores, a solidez, o porte e a experiência em gestão de recursos.

Cada instituição contratada poderá administrar, no máximo, 20% dos recursos garantidores correspondentes às reservas técnicas, aos fundos e às provisões.

As instituições referidas acima não poderão ter qualquer ligação societária com outra instituição que esteja concorrendo na mesma licitação ou que já administre reservas, provisões e fundos da mesma entidade fechada de previdência complementar.

2.3.3. As Contribuições

As contribuições do patrocinador e do participante incidirão sobre a parcela da base de contribuição que **EXCEDER** o Teto do RGPS, observado – como limite máximo – o subsídio dos ministros do STF.

Para os devidos efeitos legais, considera-se base de contribuição o vencimento do cargo efetivo, acrescido das vantagens pecuniárias permanentes estabelecidas em lei, os adicionais de caráter individual ou quaisquer outras vantagens (Lei n.º 10.887/2004, Art. 4.º, § 1.º)

O participante pode optar pela inclusão de parcelas remuneratórias percebidas em decorrência do local de trabalho e do exercício de cargo em comissão ou função de confiança.

A alíquota da contribuição do participante será por ele definida anualmente, observado o disposto no regulamento do plano de benefícios.

A **alíquota da contribuição do patrocinador será IGUAL à do participante**, observado o disposto no regulamento do plano de benefícios, **e não poderá exceder o percentual de 8,5%. → Princípio da paridade contributiva.**

Além da contribuição normal supra, o participante poderá **contribuir facultativamente, sem contrapartida do patrocinador**, na forma do regulamento do plano. **→ contribuição facultativa.**

A remuneração do servidor, quando devida durante afastamentos considerados por lei como de efetivo exercício, **será integralmente coberta pelo ente público**, continuando a incidir a contribuição para o regime de previdência complementar.

2.3.4. As Disposições Especiais

O **plano de custeio** discriminará o percentual da contribuição do participante e do patrocinador, conforme o caso, para cada um dos benefícios previstos no plano de benefícios.

O plano de custeio referido deverá prever parcela da contribuição do participante e do patrocinador com o objetivo de compor o **Fundo de Cobertura de Benefícios Extraordinários (FCBE)**, do qual serão vertidos montantes, a título de contribuições extraordinárias, à conta mantida em favor do participante.

As **contribuições extraordinárias** serão vertidas nas seguintes hipóteses:

1. Morte do participante;
2. Incapacidade permanente do participante;
3. Aposentadoria:

- Do servidor deficiente;
- Do servidor policial;
- Do servidor com efetiva exposição a agentes químicos, físicos e biológicos prejudiciais à saúde, e;
- Do servidor ocupante do cargo de professor da educação infantil e do ensino fundamental e médio.

4. Aposentadoria voluntária das servidoras mulheres, e;
5. Sobrevivência do assistido.

As entidades fechadas de previdência complementar (Funpresp e Funpresp-Jud) manterão **controles das reservas constituídas** em nome do participante, registrando contabilmente as contribuições deste e as dos patrocinadores.

2.4. O Controle e a Fiscalização

A constituição, o funcionamento e a extinção da **Funpresp** e da **Funpresp-Jud**, a aplicação de seus estatutos, regulamentos dos planos de benefícios, convênios de adesão e suas respectivas alterações, assim como as retiradas de patrocínios, dependerão de **prévia** e **expressa** autorização do órgão fiscalizador das entidades fechadas de previdência complementar.

Serão submetidas ao órgão fiscalizador das entidades fechadas de previdência complementar (**PREVIC**):

1. As propostas de aprovação do estatuto e de instituição de planos de benefícios da entidade fechada de previdência complementar, bem como suas alterações, e;
2. A proposta de adesão de novos patrocinadores a planos de benefícios em operação na entidade fechada de previdência complementar.

A supervisão e a fiscalização da Funpresp e da Funpresp-Jud e dos seus planos de benefícios competem ao órgão fiscalizador das entidades fechadas de previdência complementar.

A competência exercida pelo órgão supra **não exime** os patrocinadores da responsabilidade pela supervisão e fiscalização sistemática das atividades das entidades fechadas de previdência complementar.

Os resultados da supervisão e da fiscalização exercidas pelos patrocinadores serão encaminhados ao órgão fiscalizador.

Por fim, aplica-se, no âmbito da Funpresp e da Funpresp-Jud, o regime disciplinar previsto na Lei Complementar n.º 109/2001.

Capítulo

14

O PROCESSO ADMINISTRATIVO PREVIDENCIÁRIO E AS AÇÕES PREVIDENCIÁRIAS

1. O PROCESSO

1.1. O Conceito de Processo

O processo, conforme a concepção do Direito, pode ser conceituado como uma **relação jurídica** ou uma **situação jurídica**.

Dentro do Direito, também pode se afirmar que o processo é um procedimento em contraditório.

A teoria do processo como um procedimento em contraditório vem do autor Fazzallari, que informa que existem procedimentos que são meros procedimentos e procedimentos que se consubstanciam em um **processo**.

Por sua vez, é justamente o **contraditório** que transforma o procedimento em processo. O contraditório é o **diálogo** que deve permear todo o andamento do processo.

Nas relações jurídicas previdenciárias, observa-se – com transparência meridiana – a existência de um processo, uma vez que os atos executados são todos baseados em **diálogo** (petição inicial, decisão, recurso, provimento ou não de recurso, etc.).

O diálogo, no processo, sempre é aberto e franco. Por isso, o segurado é comunicado de todas as decisões ocorridas, das mais simples às mais complexas.

O processo é um binômio entre partes com interesses antagônicos na seara previdenciária:

- De um lado, o administrado, o cidadão comum, pleiteando alguns direitos previdenciários previstos em leis e demais atos normativos, e;
- De outro, a administração pública velando para que os seus deveres sejam observados, no estrito cumprimento da lei e da ordem.

Ambas as partes, em apertada síntese, buscam **justiça**. Cada parte apresentando os fatos ocorridos, bem como os embasamentos legais que consideram cabíveis ao caso concreto. Todos esses elementos devem ser trabalhados na busca pela justiça.

Quanto ao arcabouço, o processo tem seu fundamento de validade esculpido diretamente no texto de nossa Carta Magna, no Capítulo I – Dos Direitos e Deveres Individuais e Coletivos, especificamente nos seguintes incisos do Art. 5.º:

> XXXIV – São a todos assegurados, independentemente do pagamento de taxas:
>
> a) O **direito de petição** aos Poderes Públicos em defesa de direitos ou contra ilegalidade ou abuso de poder, e;
>
> b) A obtenção de certidões em repartições públicas, para defesa de direitos e esclarecimento de situações de interesse pessoal.
>
> LIV – Ninguém será privado da liberdade ou de seus bens sem o **devido processo legal**.
>
> LV – Aos litigantes, em processo judicial ou administrativo, e aos acusados em geral são assegurados **o contraditório e ampla defesa**, com os meios e recursos a ela inerentes.

O **direito de petição**, o **devido processo legal** e o **contraditório e ampla defesa** são garantias constitucionais que devem ser observadas em todos os processos.

Na esfera da União, tem-se a Lei n.º 9.784/1999, que regula o processo administrativo no âmbito da administração pública federal. Em regra, os processos administrativos federais seguem os preceitos desse diploma, exceto quando existe previsão legal específica conflitante.

A norma específica sempre prevalece sobre a norma genérica. Na seara processual, não seria diferente.

1.2. O Processo Administrativo Previdenciário

Os processos em matéria previdenciária, além da CF/1988 e da Lei n.º 9.784/1999, também devem obedecer ao disposto nas leis fundamentais da Seguridade Social (Lei n.º 8.212/1991 e Lei n.º 8.213/1991).

Não obstante, também devem observar as disposições regulamentares infralegais (Decreto n.º 3.048/1999 e os atos normativos expedidos pela Receita Federal do Brasil - RFB e pelo Instituto Nacional do Seguro Social - INSS).

No contencioso administrativo previdenciário, tem-se que o tribunal revisor não está inserido na estrutura do INSS, mas na esfera do Ministério da Previdência Social (MPS).

O segurado peticiona seu requerimento junto ao INSS, podendo o mesmo ser deferido ou indeferido. Insatisfeito com a resposta, o segurado tem o direito de recorrer ao **Conselho de Recursos da Previdência Social (CRPS)**, pertencente ao MPS.

Por seu turno, o Conselho apresenta a seguinte estrutura atualmente:

- **Juntas de Recursos (JR)**: Com competência de julgar os recursos interpostos contra as decisões proferidas pelo INSS. → 1.ª instância administrativa;
- **Câmaras de Julgamento (CJ)**: Com competência de julgar os recursos interpostos contra as decisões proferidas pelas JR. → 2.ª instancia administrativa, e;
- **Conselho Pleno (CP)**: Com a competência para **uniformizar** a jurisprudência previdenciária mediante a publicação de **enunciados**.

1.3. A Dinâmica Processual Previdenciária

No processo administrativo previdenciário, a relação jurídica previdenciária é composta, de um lado, pelo **segurado** e, de outro lado, pelo **Instituto Nacional do Seguro Social (INSS)**, autarquia vinculada ao Ministério da Previdência Social.

Na essência, existem 2 processos envolvendo o segurado e o INSS:

- Processo de **outorga**: Onde o segurado, com base no seu direito de peticionar, solicita determinado benefício ou serviço junto ao INSS, que pode ser concedido ou negado, e;
- Processo **punitivo**: Onde o INSS tem o poder-dever de rever seus atos de concessão de benefícios eivados de irregularidades.

Pouco importa a iniciativa do processo administrativo, segurado ou INSS, em todas as situações, o que se busca é uma **decisão da administração pública**.

Essa relação travada entre as partes é extremamente detalhada e, eventualmente, perde-se no emaranhado de atos que compõem a legislação previdenciária pátria.

2. OS SISTEMAS DE JURISDIÇÃO

Nos dias de hoje, existem dois sistemas de jurisdição, a saber:

- O sistema de **jurisdição única**, no qual cabe apenas ao poder judiciário o julgamento definitivo de qualquer matérias, e;
- O Sistema de **jurisdição dúplice**, no qual existem algumas matérias que devem ter suas decisões definitivas tomadas pela administração pública (contencioso administrativo) e outras matérias que continuam com as decisões definitivas sendo exaradas pelo poder judiciário.

O sistema de jurisdição única também recebe o nome de sistema inglês, ao passo que o sistema de jurisdição dúplice (ou dual) recebe o nome de sistema francês.

Na França, firmou-se, há muito tempo, a figura do administrador-juiz, que analisa e decide, de maneira definitiva, as matérias que dizem respeito à administração pública, sem dar conhecimento ao poder judiciário. Essas matérias são totalmente decididas dentro do contencioso administrativo.

Por óbvio, na França, os assuntos que não dizem respeito à administração pública são analisados e decididos pelo poder judiciário francês.

Por sua vez, no Reino Unido, também existe o contencioso administrativo para algumas matérias, entretanto, esses temas são decididos - de forma definitivo - somente pelo poder judiciário britânico.

Com isso, o cidadão, insatisfeito com a decisão administrativa, pode recorrer ao judiciário, que, ao final do devido processo legal, irá decidir de maneira definitiva e irrecorrível.

Em nosso país, adotou-se o sistema de jurisdição única (sistema inglês) desde a instauração da nossa primeira república, conforme dispõe a Constituição de 1891.

A Constituição atual, de 1988, assim corrobora em seu Art. 5.º:

> XXXV - A lei **não excluirá** da apreciação do Poder Judiciário lesão ou ameaça a direito.

Com isso, no Brasil, existe o contencioso administrativo. Inclusive o mesmo é amplamente utilizado pelo cidadão comum, como por exemplo, contra as decisões exaradas pela RFB e pelo INSS.

Entretanto, **a lei não excluirá a apreciação do poder judiciário**, ou seja, as decisões administrativas podem ser levadas ao judiciário que, após todo o devido processo legal, irá decidir em definitivo sobre determinada matéria ou caso concreto.

3. OS PRINCÍPIOS DO PROCESSO ADMINISTRATIVO

A priori, deve-se ter em mente que o **gênero** normas se divide nas espécies **princípios** e **regras**. Conforme Humberto Ávila, normas são os sentidos construídos a partir da interpretação sistemática de textos normativos.

Para Alexy, **princípios** são normas que ordenam que algo seja realizado na medida do possível, dentro das possibilidades jurídicas e reais existentes. Trata-se de um "mandado de otimização". Os princípios **apresentam um grau de generalidade mais alto que as regras**.

Por outro lado, as **regras** são normas que podem ou não ser cumpridas. Se uma regra é válida, logo deverá fazer exatamente o que ela diz, ou tudo, ou nada. Não existe um meio-termo.

Quanto aos princípios, tem-se no texto constitucional de 1988:

> Art. 37. A administração pública direta e indireta de qualquer dos Poderes da União, dos Estados, do Distrito Federal e dos Municípios obedecerá aos princípios de **legalidade**, **impessoalidade**, **moralidade**, **publicidade** e **eficiência** (...).

Não obstante, tem-se o seguinte na Lei n.º 9.784/1999, que regula o processo administrativo no âmbito da Administração Pública Federal:

> Art. 2.º A Administração Pública obedecerá, dentre outros, aos princípios da **legalidade**, **finalidade**, **motivação**, **razoabilidade**, **proporcionalidade**, **moralidade**, **ampla defesa**, **contraditório**, **segurança jurídica**, **interesse público** e **eficiência**.

De forma esquematizada, tem-se que o processo administrativo federal deverá observar os seguintes princípios (5 constitucionais e 11 legais, com 3 coincidentes):

CF/1988	Lei n.º 9.784/1999
Legalidade	Legalidade

CF/1988	Lei n.º 9.784/1999
Impessoalidade	Finalidade
Moralidade	Motivação
Publicidade	Razoabilidade
Eficiência	Proporcionalidade
	Moralidade
	Ampla Defesa
	Contraditório
	Segurança Jurídica
	Interesse Público
	Eficiência

(Autoria: Ali Mohamad Jaha)

Como pode ser observado, o processo administrativo federal deve observar 13 princípios bem delineados pelo nosso ordenamento jurídico:

01	Legalidade	CF e Lei
02	Impessoalidade	CF
03	Finalidade	Lei
04	Motivação	Lei
05	Razoabilidade	Lei
06	Proporcionalidade	Lei
07	Moralidade	CF e Lei
08	Publicidade	CF
09	Ampla Defesa	Lei
10	Contraditório	Lei
11	Segurança Jurídica	Lei
12	Interesse Público	Lei
13	Eficiência	CF

(Autoria: Ali Mohamad Jaha)

Sem detalhar muito, vamos abordar brevemente cada um desses princípios.

01. Legalidade.

O princípio da legalidade é um dos pilares do Estado Democrático brasileiro, que é a base do nosso sistema constitucional.

Em nosso país, "ninguém será obrigado a fazer ou deixar de fazer alguma coisa senão em virtude de lei", é o que expressa o inciso II do Art. 5.º da Carta Magna de 1988.

Ao particular a legalidade permite o mesmo realizar tudo que a lei não proíbe (legalidade ampla).

Já para a administração pública, essa só pode executar aquilo que a lei permite expressamente (legalidade restrita).

Em poucas palavras, a administração, no curso do processo administrativo, só pode aceitar ou denegar o pedido do cidadão com base no estrito texto legal.

02. Impessoalidade.

O princípio da impessoalidade estabelece a imparcialidade na defesa do interesse público, excluindo preferências ou aversões pessoais ou partidárias.

O princípio passa a ser aplicado com a plena decisão de manter os interesses públicos gerais garantidos em pé de igualdade e imparcialidade, estabelecendo que as administrações não vão agir com represálias, fins políticos e partidários e desrespeitar o ser humano por suas particularidades.

No curso do processo administrativo, os servidores e membros envolvidos devem ser impessoais (neutros), agir somente como agentes da administração pública e não como pessoas normais, com paixões e convicções.

03. Finalidade.

Todo ato administrativo tem uma finalidade específica. Em sentido amplo, a finalidade é praticamente sinônimo do **interesse público**, uma vez que os atos da administração são praticados sempre visando o interesse público.

No sentido estrito, entretanto, a finalidade significa satisfazer exatamente o que consta na legislação, a finalidade específica prevista em lei.

Assim, no curso do processo administrativo, o mesmo apresentar uma finalidade específica e deve satisfazer a finalidade específica prevista nos atos normativos.

04. Motivação.

O Princípio da motivação determina que a administração deverá justificar seus atos, apresentando as razões que a fizeram decidir sobre os fatos com a observância da legalidade governamental.

Os atos administrativos precisam ser motivados, levando as razões de direito que levaram a administração a proceder daquele modo.

O motivo é o fato de direito que determina o fundamento do ato administrativo, já motivação é um ato ou efeito de motivar, e dar uma justificativa ou exposição das razões originária daquele ato administrativo.

Conforme ensina Celso Antônio Bandeira de Mello (Curso de Direito Administrativo, Editora Fórum, 37.ª Edição, 2024):

> "O princípio da motivação **impõe** a administração Pública o dever de expor as razões de direito e de fato pelas quais tomou a providência adotada".

05. Razoabilidade.

Ser razoável é agir com razão, com bom senso, com senso de justiça. Razoabilidade está ligada a ideia de racionalidade, **proporcionalidade**, legitimidade e justiça.

Atua como princípio informador do devido processo legal, a fim de que seja este utilizado de forma racional e moderada, com vistas à concepção de justiça social.

Entende-se que o princípio da razoabilidade é um princípio com função negativa, que tem como objetivo verificar se certo ato ultrapassou os limites legais estabelecidos, ou seja, se o ato é razoável.

A razoabilidade se verifica no exame do meio e do fim perquirido, que devem ser compatíveis, "objetivando impedir que o poder estatal cometa excessos contra o direito fundamental".

06. Proporcionalidade.

Como visto, a proporcionalidade caminha "paripassu" (lado a lado, em latim) com a razoabilidade, inclusive, sendo tratados como princípios sinônimos em diversas ocasiões.

O princípio é originário do Direito Penal. Para Gomes Canotilho, o princípio da proporcionalidade representa a proibição do excesso, em sede de restrição de direitos.

Corroborando tal entendimento, Almiro do Couto e Silva adverte que "as providências adotadas pelos particulares ou pelo Estado com relação aos interesses das demais pessoas ou dos administrados, devem ser adequadas a esses mesmos interesses, proibindo-se medidas excessivas".

Com isso, todos os atos no curso do processo administrativo devem ser razoáveis e proporcionais.

07. Moralidade.

Este princípio está ligado, a priori, a conduta do agente público, sobretudo no dever de distinguir o honesto do desonesto, o legal do ilegal.

Para a administração, a moralidade corresponde à proibição de sua atuação se distanciar da moral, da legalidade, da boa-fé.

No curso do processo administrativo, deve existir o controle da moralidade pelos servidores responsáveis, afastando qualquer conduta que não seja ética ou moral.

08. Publicidade.

O princípio informa que a administração deve ter seus atos, em regra, publicados. Em suma, o trabalho da administração deve ser o mais transparente possível.

No processo administrativo, os atos são públicos, exceto aqueles que exijam sigilo em função das normas federais.

A publicidade inclusive é requisito de validade e de eficácia para muitos atos do processo, que só se tornam vigentes após sua publicação.

09. Ampla Defesa.

A ampla defesa, no curso do processo administrativo, é a oportunidade que o acusado tem de mostrar suas razoes, de se defender perante o alegado.

Em curta análise, é um instrumento de equilíbrio entre as partes envolvidas no processo.

10. Contraditório.

Esse princípio é quase indissociável do princípio da ampla defesa. O contraditório é o momento que o acusado, no curso do processo administrativo, enfrenta as acusações postas contra ele.

Num paralelo interessante com a ampla defesa, tem-se:

- Contraditório: O momento em que o acusado procura derrubar a verdade imposta pela acusação, e;
- Ampla defesa: O momento que o acusado apresenta e sustente a sua verdade.

11. Segurança Jurídica.

Este princípio está ligado a ideia de estabilidade e segurança. A administração deve garantir que o processo será conduzido de acordo com as normas vigentes, não aplicando, em regra, normas e interpretações já revogadas ou ultrapassadas.

Nesse mesmo sentido, os atos praticados de boa-fé do administrado também são resguardados pela segurança jurídica.

Não obstante, as decisões tomadas no curso do processo devem ser respeitadas por ambos os lados (administração e administrado).

12. Interesse Público.

Este autor gosta da nomenclatura "princípio da supremacia e da indisponibilidade do interesse público", que é mais condizente com o princípio em si.

Nas relações da administração pública, incluindo os processos administrativos, o interesse público deve ter prevalência sobre o interesse dos particulares.

E, por óbvio, a administração nunca afastará o interesse público de suas ações e decisões.

13. Eficiência.

O princípio da eficiência foi incluído no Art. 37 da CF/1988 pela Emenda Constitucional n.º 19/1998, ou seja, é um princípio ainda jovem em nosso ordenamento.

A eficiência é algo desejável na administração pública. É o fazer mais com menos. Não ter burocracias excessivas. Desejável, mas, nem sempre alcançável.

Nos processos administrativos, a tônica é a mesma. Nos últimos anos, praticamente todos os processos são digitais e tramitam com mais celeridade do que há algumas décadas. Isso é um exemplo claro do princípio.

4. O PROCESSO ADMINISTRATIVO X A AÇÃO JUDICIAL

A jurisdição administrativa não se confunde com a jurisdição judicial. São vias **independentes**. Entretanto, em algum momento, existem alguns conflitos que devem ser apresentados e analisados.

4.1. O Prévio Requerimento Administrativo

O Código de Processo Civil informa que o juiz não resolverá o mérito quando verificar ausência de legitimidade ou de interesse processual (Art. 485, inciso VI).

O poder judiciário não pode ser instado em qualquer situação.

Com isso, fica a dúvida: **o cidadão precisa primeiro buscar a via administrativa para depois buscar a via judicial?**

Como quase tudo no Direito, a resposta é: **depende!**

Em regra, **deve existir o prévio requerimento administrativo** junto ao INSS para:

- A obtenção original de benefício ou de serviço;

- A averbação de tempo de contribuição;
- Pedido de certidões, e;
- Solicitar revisão quando **existir nova prova fática** a ser apresentada.

O requerimento se faz necessário para que a autarquia inicie o processo de análise da solicitação do segurado.

Observe, entretanto, que o requerimento não quer dizer que o administrado escolheu a via administrativa, renunciando à via judicial. **Não confunda requerimento administrativo com exaurimento da via administrativa**.

Nas situações acima, caso o cidadão busque diretamente o poder judiciário, o juiz irá extinguir o processo judicial sem resolução de mérito por ausência de interesse de agir.

Em caso de resposta negativa por parte do INSS, a via judicial é o próximo passo para o contribuinte.

Por sua vez, as seguintes situações **dispensam o prévio requerimento administrativo** junto ao INSS e podem ser impetradas diretamente no poder judiciário:

- A melhoria no valor de benefício ou de serviço já concedido;
- Solicitar revisão quando **NÃO existir nova prova fática**, e;
- Casos em que o INSS contraria a pretensão do segurado.

Do exposto, de forma genérica, podemos dividir as demandas em dois grandes grupos:

- Demandas originais: Necessitam de prévio requerimento administrativo para, posteriormente, buscar a via judicial, e;
- Demandas revisionais: Serão impetradas diretamente no poder judiciário.

4.2. A Ação Judicial impetrada no curso do Processo Administrativo

Uma vez realizado o requerimento administrativo junto ao INSS, nasce o processo administrativo previdenciário com dois polos bem definidos: o cidadão e o INSS.

E, se durante o processo administrativo, o segurado decida ingressar com ação judicial contra o INSS? Nessa situação, deve-se observar o disposto na Lei n.º 8.213/1991, a saber:

> Art. 126, § 3.º A propositura de **ação** que tenha por **objeto idêntico** pedido sobre o qual versa o processo administrativo importa **renúncia ao direito de recorrer na esfera administrativa e desistência do recurso interposto**.

Ao adentrar a via judicial, o segurado renuncia à via administrativa. O INSS ao tomar conhecimento da ação, irá arquivar o processo administrativo.

4.3. A Coisa Julgada Administrativa

Ao final do processo administrativo, tem-se a coisa julgada, a decisão da autarquia sobre determinada demanda do contribuinte.

Entretanto, dentro do **prazo decadencial de 10 anos** (Decreto n.º 3.048/1999, Art. 347), o segurado pode requerer, na via administrativa, **nova revisão** de concessão, indeferimento, cancelamento ou cessação de seu benefício.

Entretanto, o INSS não pode alegar coisa julgada como impeditivo desta nova revisão requerida pelo contribuinte! Dentro do prazo decadencial, a coisa julgada não pode ser utilizada para determinar o encerramento da via administrativa.

E, não obstante, como já visto, no Brasil, adotou-se o sistema de jurisdição única (sistema inglês) desde a instauração da nossa primeira república, conforme dispõe a Constituição de 1891.

A Constituição atual, de 1988, assim corrobora em seu Art. 5.º:

> XXXV – A lei **não excluirá** da apreciação do Poder Judiciário lesão ou ameaça a direito.

Em suma, a coisa julgada administrativa nunca poderá afastar a possibilidade de o cidadão buscar seus direitos junto à via judicial.

Por fim, após longas discussões entre o INSS e a Justiça Federal, foi firmada a seguinte tese pela Turma Nacional de Uniformização:

> Tema TNU n.º 283/2021: A coisa julgada administrativa **não** exclui a apreciação da matéria controvertida pelo poder judiciário e **não** é oponível à revisão de ato administrativo para adequação aos requisitos previstos na lei previdenciária, enquanto não transcorrido o prazo decadencial.

5. A AÇÃO PREVIDENCIÁRIA

5.1. Introdução

Nas últimas décadas, a legislação previdenciária sofreu incontáveis alterações, inclusive quatro reformas constitucionais. Todas essas alterações provocam dúvidas em muitos casos concretos.

E, não obstante, existem situações que não estão completamente previstas nas novas normas. Em outras, a constitucionalidade desses atos são muito questionáveis.

Essa volatilidade e insegurança jurídica do Direito Previdenciário nacional ocasionam muitos prejuízos aos administrados, que necessitam procurar a via judicial para terem suas situações corrigidas e reestabelecidas.

Pelo exposto, atualmente uma boa parte das ações que tramitam na justiça federal tratam de temas previdenciários. E essas se dividem em dois grandes grupos:

1. **Ação de Concessão de Benefício, e;**
2. **Ação de Revisão de Benefício.**

Não obstante, o benefício pode ser **comum**, **assistencial** ou **acidentário**. Com isso, reorganizando:

<table>
<tr><th>Ação</th><th>Benefício</th></tr>
<tr><td rowspan="3">Concessão
Revisão</td><td>Comum</td></tr>
<tr><td>Assistencial</td></tr>
<tr><td>Acidentário</td></tr>
</table>

(Autoria: Ali Mohamad Jaha)

Quanto a necessidade do prévio requerimento administrativo, vamos recuperar algo já apresentado:

- Demandas originais: Necessitam de prévio requerimento administrativo para, posteriormente, buscar a via judicial, e;
- Demandas revisionais: Serão impetradas diretamente no poder judiciário.

Com isso, as ações de concessão necessitam de prévio requerimento administrativo, enquanto as ações de revisão dispensam o mesmo.

5.2. A Competência Jurisdicional

Por definição doutrinária, a **competência jurisdicional** é a capacidade de poder atribuída a determinado órgão do poder judiciário para conhecer e decidir causa, em conformidade com o disposto na Constituição Federal e nos demais atos normativos infraconstitucionais.

O poder judiciário é único, mas, existe uma distribuição de competência, definida no texto constitucional, entre a **justiça comum** e a **justiça especializada**, da seguinte forma:

<table>
<tr><th></th><th colspan="2">Justiça Comum</th><th colspan="3">Justiça Especializada</th></tr>
<tr><td>Temas da CF</td><td colspan="5">STF</td></tr>
<tr><td>Tribunal Superior</td><td colspan="2">STJ</td><td>TST</td><td>TSE</td><td>STM</td></tr>
<tr><td>2.ª Instância</td><td>TJ</td><td>TRF</td><td>TRT</td><td>TRE</td><td>TJM</td></tr>
<tr><td>1.ª Instância</td><td>Juiz Estadual</td><td>Juiz Federal</td><td>Juiz do Trabalho</td><td>Juiz Eleitoral</td><td>Juiz Militar</td></tr>
</table>

(Autoria: Ali Mohamad Jaha)

Para constar, a competência para conhecer e julgar determinada ação é definida pelos seguintes critérios:

- De Matéria: A distribuição de competência, por matéria, consta expressamente na CF/1988. O caso concreto pode ser objeto da justiça comum (estadual ou federal) ou da justiça especializada (trabalhista, eleitoral ou militar);
- De Território: O TJ-PR, por exemplo, não pode julgar uma quebra contratual ocorrida entre as partes em relação a uma compra e venda de terreno no Estado do Acre;
- De Valor da Causa: Os valores menores percorrem um rito judicial mais célere, dentro dos juizados especiais, que foram criados para processar e julgar, de forma simples, rápida, econômica e segura, as causas consideradas de menor complexidade, e;
- De Pessoa: A própria Carta Magna determina que algumas pessoas, geralmente ocupantes de posições públicas, sejam julgadas por determinados tribunais especificamente.

5.2.1. Os Benefícios Comuns e Assistenciais

Ao se consultar o texto constitucional, tem-se:

> Art. 109. Aos juízes federais compete processar e julgar:
>
> I – As causas em que a União, entidade autárquica (**INSS**) ou empresa pública federal forem interessadas na condição de **autoras**, **rés**, **assistentes** ou **oponentes**, exceto as de falência, as de acidentes de trabalho e as sujeitas à Justiça Eleitoral e à Justiça do Trabalho.

Com isso, as ações referentes ao benefícios comuns e assistenciais, ambos geridos pelo INSS, são julgados pela **justiça federal**.

Um pouco adiante, com a redação dada pela Emenda Constitucional n.º 103/2019 (4.ª Reforma da Previdência Social), tem-se:

> Art. 109, § 3.º **Lei poderá** autorizar que as causas de competência da Justiça Federal em que forem parte instituição de previdência social (**INSS**) e segurado **possam ser processadas e julgadas na justiça estadual quando a comarca do domicílio do segurado não for sede de vara federal.**

O dispositivo apresenta a possibilidade de incidente de **deslocamento de competência** da justiça comum federal para a justiça comum estadual.

Esse deslocamento ocorre por questões práticas. A justiça estadual é muito mais presente que a justiça federal. Em cidades de pequeno porte, quase sempre, existe um fórum estadual. Entretanto, as varas federais se encontram apenas em cidades de porte médio ou grande.

Ao se utilizar a excelente capilaridade da justiça estadual, a Constituição – de forma acertada – garante o acesso irrestrito do cidadão ao poder judiciário.

Atualmente, o ato normativo que autoriza esse deslocamento de competência é a Lei n.º 5.010/1966, com redação atualizada até a Lei n.º 13.876/2019, que assim autorizou:

> Art. 15. Quando a Comarca não for sede de Vara Federal, poderão ser processadas e julgadas na Justiça Estadual:
>
> (...)
>
> III – As causas em que forem parte instituição de previdência social (**INSS**) e segurado e que se referirem a benefícios de natureza pecuniária, **quando a Comarca de domicílio do segurado estiver localizada a mais de 70 km de Município sede de Vara Federal.**
>
> (...)
>
> § 2.º Caberá ao respectivo Tribunal Regional Federal indicar as Comarcas que se enquadram no critério de distância previsto no inciso III do caput deste artigo.

Voltando ao texto constitucional de 1988, observe:

> Art. 109, § 4.º Na hipótese do parágrafo anterior (deslocamento de competência da justiça federal para a justiça estadual), o **recurso cabível será SEMPRE para o Tribunal Regional Federal** na área de jurisdição do juiz de primeiro grau.

O deslocamento de competência ocorre somente na 1.ª instancia. Os recursos **SEMPRE** serão julgados na justiça federal, pelos Tribunais Regionais

Federais – TRF (2.ª instância), uma vez que todos os Estados contam com um tribunal federal.

Para constar, existe um TJ para cada Estado e existe um TRF para cada região judiciária, da seguinte maneira:

	Estados	Sede
1.ª Região	AC, AP, AM, BA, DF, GO, MA, MT, PA, PI, RO, RR e TO	Brasília-DF
2.ª Região	ES e RJ	Rio de Janeiro-RJ
3.ª Região	MS e SP	São Paulo-SP
4.ª Região	PR, SC e RS	Porto Alegre-RS
5.ª Região	AL, CE, PB, PE, RN e SE	Recife-PE
6.ª Região	MG	Belo Horizonte-MG

(Autoria: Ali Mohamad Jaha)

Dando continuidade, observe a nossa Constituição:

> Art. 109. Aos juízes federais compete processar e julgar:
>
> VIII – Os **mandados de segurança** e os **habeas data** contra ato de autoridade federal (**INSS**), excetuados os casos de competência dos tribunais federais.

Observa-se que, em regra, as ações contra o INSS são deslocadas para a justiça comum na 1.ª instancia (quando a vara federal mais próxima estiver localizada a mais de 70 km).

Entretanto, esse deslocamento não ocorre quando se tratar de **mandado de segurança** e de **habeas data**, que serão processados e julgados, em 1.ª instancia, pelo juiz federal.

Por fim, para constar:

- Mandado de Segurança (MS): É o instrumento jurídico, cuja finalidade é proteger direito líquido e certo, ou seja, provado por documentos, que tenha sido violado por ato ilegal ou abusivo de autoridade pública ou de agente de pessoa jurídica no exercício de atribuições do poder público, e;
- Habeas Data (HD): É o instrumento processual, constante do rol dos remédios constitucionais, que tem como finalidade garantir que a pessoa física ou jurídica tenha acesso ou promova a retificação de suas informações, que estejam registradas em banco de dados de órgão públicos ou instituições similares.

5.2.2. O Benefício Acidentário

A priori, devemos consultar o texto da Carta Magna:

> Art. 109. Aos juízes federais compete processar e julgar:
>
> I – As causas em que a União, entidade autárquica (**INSS**) ou empresa pública federal forem interessadas na condição de autoras, rés, assistentes ou oponentes, **EXCETO** as de falência, **as de acidentes de trabalho** e as sujeitas à Justiça Eleitoral e à Justiça do Trabalho.

Do exposto, tem-se que as ações de benefícios acidentários **não** são processadas e julgadas pela justiça federal.

Ao se adentrar na Lei n.º 8.213/1991, tem-se:

> Art. 129. Os litígios e medidas cautelares relativos a **acidentes do trabalho** serão apreciados:
>
> (...)
>
> II – Na via judicial, **pela Justiça dos Estados e do Distrito Federal**, segundo o **rito sumaríssimo**, inclusive durante as férias forenses, mediante petição instruída pela prova de efetiva notificação do evento à Previdência Social (**INSS**), através de Comunicação de Acidente do Trabalho (CAT).
>
> Parágrafo único. O procedimento judicial de que trata o inciso II deste artigo é **isento do pagamento** de quaisquer custas e de verbas relativas à sucumbência.

Com isso, tem-se que ações de benefícios acidentários são processados e julgados pela justiça estadual, por meio de rito sumaríssimo (célere) e de forma gratuita.

Muita atenção:

As ações de benefícios acidentários NÃO são processadas e julgadas pela justiça do trabalho.

Por fim, compilando tudo que foi apresentado, tem-se:

Ação	Benefício	1.ª Instância	2.ª Instância
Concessão Revisão	Comum	Juiz Estadual (VF > 70km) Juiz Federal (demais casos)	TRF
	Assistencial	Juiz Estadual (VF > 70 km) Juiz Federal (demais casos)	TRF
	Acidentário	Juiz Estadual	TJ

(Autoria: Ali Mohamad Jaha)

5.3. Os Juizados Especiais Federais

Com o objetivo de dar mais eficiência ao poder judiciário, foram criados os **juizados especiais**, por meio da Lei n.º 9.099/1995.

Nesses juizados, o processo será orientado pelos critérios de oralidade, simplicidade, informalidade, economia processual e, principalmente, **celeridade**.

Para as ações de benefícios comuns e assistenciais, como já visto, ocorre, em muitas cidades, o deslocamento de competência da justiça federal para a justiça estadual.

Entretanto, quando se tratar de ações a serem protocoladas em juizados especiais, a competência não é deslocada, ou seja, permanece na justiça federal. Em suma, **cabe aos Juizados Especiais Federais (JEF) julgar as ações previdenciárias.**

E quais ações são processadas e julgados pelos JEF? Observe o disposto na Lei n.º 10.259/2001:

> Art. 3.º Compete ao Juizado Especial Federal Cível **processar, conciliar e julgar causas de competência da Justiça Federal até o valor de 60 salários mínimos**, bem como executar as suas sentenças.

Do exposto, tem-se que as ações previdenciárias terão esse limite superior. Ações com valor superior, deverão ser interpostas no fórum estadual (1.ª instancia da justiça estadual) ou na vara federal (1.ª instância da justiça federal), com recurso ao respectivo Tribunal Regional Federal (2.ª instância da justiça federal).

A propósito, devido à crescente demanda, a própria justiça federal poderá instituir juizados com competência exclusiva para ações previdenciárias, conforme dispõe a Lei n.º 10.259/2001:

> Art. 19, Parágrafo único. Na capital dos Estados, no Distrito Federal e em outras cidades onde for necessário, neste último caso, por decisão do Tribunal Regional Federal, serão instalados Juizados com competência exclusiva para ações previdenciárias.

Para constar, caso o segurado (autor) assim deseje, ele pode renunciar os valores acima de 60 salários mínimos para ingressar com sua ação no juizado especial federal, onde a tramitação é mais célere. A renúncia sempre deve ser expressa.

Como exemplo, suponha que João Paulo tenha recebido, ano após ano, valores inferiores aos realmente devidos de aposentadoria do INSS. Ao se calcular o valor da causa, chegou-se no valor de 63 salários mínimos. Nesta situação, João e seu advogado poderão tomar dois caminhos:

1. Peticionar uma ação de 63 salários mínimos contra o INSS junto ao fórum estadual ou à vara federal e percorrer a trajetória processual comum (trajeto mais longo), ou;
2. Renunciar expressamente 3 salários mínimos e peticionar uma ação de 60 salários mínimos contra o INSS junto ao Juizado Especial Federal e percorrer a trajetória processual especial (trajeto mais curto).

Para constar, para ingressar no JEF não precisa contar com um advogado constituído, em tese. Obviamente, o INSS irá recorrer e neste momento você precisará constituir um advogado para assumir o seu caso.

5.3.1. A Lei dos Juizados Especiais Federais

Por ser salutar aos estudos, nesta parte do curso, serão apresentados os principais pontos da **Lei dos Juizados Especiais Federais** constante da Lei n.º 10.259/2001, com texto atualizado até a Lei n.º 12.665/2012.

Recapitulando, compete ao Juizado Especial Federal Cível processar, conciliar e julgar causas de competência da Justiça Federal **até o valor de 60 salários mínimos**, bem como executar as suas sentenças (Art. 3.º).

Não se incluem na competência do Juizado Especial Cível as causas para a anulação ou cancelamento de ato administrativo federal, **salvo o de natureza previdenciária** e o de lançamento fiscal (Art. 3.º, § 1.º, inciso III).

Quando a pretensão versar sobre obrigações vincendas (a vencer), para fins de competência do Juizado Especial, a soma de 12 parcelas não poderá exceder o valor de 60 salários mínimos (Art. 3.º, § 2.º).

O Juiz poderá, de ofício ou a requerimento das partes, deferir **medidas cautelares** no curso do processo, para evitar dano de difícil reparação (Art. 4.º).

Exceto na situação acima, somente será admitido recurso de sentença definitiva (Art. 5.º).

Podem ser partes no Juizado Especial Federal Cível, como **rés**, a União, autarquias (**INSS**), fundações e empresas públicas federais (Art. 6.º, inciso II).

Não haverá prazo diferenciado para a prática de qualquer ato processual pelas pessoas jurídicas de direito público, inclusive a interposição de recursos, devendo a citação para audiência de conciliação ser efetuada com **antecedência mínima de 30 dias** (Art. 9.º).

Os representantes judiciais da União, autarquias (**INSS**), fundações e empresas públicas federais, ficam autorizados a **conciliar**, **transigir** ou **desistir**, nos processos da competência dos Juizados Especiais Federais (Art. 10, parágrafo único).

A entidade pública ré deverá fornecer ao Juizado a documentação de que disponha para o esclarecimento da causa, apresentando-a até a instalação da audiência de conciliação (Art. 11).

Para efetuar o exame técnico necessário à conciliação ou ao julgamento da causa, o Juiz nomeará pessoa habilitada, que apresentará o laudo **até 5 dias antes da audiência**, independentemente de intimação das partes (Art. 12).

Nas ações **previdenciárias** e relativas à **assistência social**, havendo designação de exame, serão as partes intimadas para, **em 10 dias, apresentar quesitos e indicar assistentes** (Art. 12, § 2.º).

Nas causas de que trata esta Lei, inclusive as previdenciárias, **não haverá reexame necessário** (Art. 13). O reexame necessário é o recurso de ofício por parte do INSS, nos JEF ele não será interposto contra o segurado.

Caberá **pedido de uniformização de interpretação de lei federal** quando houver divergência entre decisões sobre questões de direito material proferidas por Turmas Recursais na interpretação da lei (Art. 14).

O pedido fundado em divergência entre Turmas da mesma Região será julgado em reunião conjunta das Turmas em conflito, sob a presidência do Juiz Coordenador (Art. 14, § 1.º).

O pedido fundado em divergência entre decisões de turmas de diferentes regiões ou da proferida em contrariedade a súmula ou jurisprudência dominante do STJ será julgado por Turma de Uniformização, integrada por juízes de Turmas Recursais, sob a presidência do Coordenador da Justiça Federal (Art. 14, § 2.º).

Quando a orientação acolhida pela Turma de Uniformização, **em questões de direito material**, contrariar súmula ou jurisprudência dominante no Superior Tribunal de Justiça (**STJ**), a parte interessada poderá provocar a manifestação deste, que dirimirá a divergência (Art. 14, § 4.º).

No caso acima, presente a plausibilidade do direito invocado e havendo fundado receio de dano de difícil reparação, poderá o relator conceder, de ofício ou a requerimento do interessado, **medida liminar** determinando a suspensão dos processos nos quais a controvérsia esteja estabelecida (Art. 14, § 5.º).

Eventuais pedidos de uniformização **idênticos**, recebidos subsequentemente em quaisquer Turmas Recursais, ficarão retidos nos autos, aguardando-se pronunciamento do Superior Tribunal de Justiça – STJ (Art. 14, § 6.º).

Se necessário, o relator pedirá informações ao Presidente da Turma Recursal ou Coordenador da Turma de Uniformização e ouvirá o Ministério Público, no prazo de 5 dias. Eventuais interessados, ainda que não sejam partes no processo, poderão se manifestar, **no prazo de 30 dias** (Art. 14, § 7.º).

Decorridos os prazos acima, o relator incluirá o pedido em pauta na Seção, com **preferência** sobre todos os demais feitos, ressalvados os processos com réus presos, os habeas corpus e os mandados de segurança (Art. 14, § 8.º).

Publicado o acórdão respectivo, os pedidos idênticos retidos serão apreciados pelas Turmas Recursais, que poderão exercer juízo de retratação ou declará-los prejudicados, se veicularem tese não acolhida pelo Superior Tribunal de Justiça (Art. 14, § 9.º).

O cumprimento do acordo ou da sentença, com trânsito em julgado, que imponham obrigação de fazer, não fazer ou entrega de coisa certa, será efetuado mediante ofício do Juiz à autoridade citada para a causa, com cópia da sentença ou do acordo (Art. 16).

Tratando-se de **obrigação de pagar quantia certa**, após o trânsito em julgado da decisão, o **pagamento será efetuado no prazo de 60 dias**, contados da entrega da requisição, por ordem do Juiz, à autoridade citada para a causa, na agência mais próxima da Caixa Econômica Federal ou do Banco do Brasil, **independentemente de precatório** (Art. 17).

As **obrigações** definidas como **de pequeno valor**, a serem pagas **independentemente de precatório**, terão como limite o **valor de 60 salários mínimos** (Art. 17, § 1.º).

Desatendida a requisição judicial, o Juiz determinará o sequestro do numerário suficiente ao cumprimento da decisão (Art. 17, § 2.º).

São **vedados (proibidos)** o **fracionamento**, **repartição** ou **quebra** do valor da execução, de modo que o pagamento se faça, em parte, mediante **requisição de pequeno valor (RPV)**, e, em parte, mediante **expedição do precatório**, e a expedição de precatório complementar ou suplementar do valor pago (Art. 17, § 3.º).

Se o valor da execução **ultrapassar o valor de 60 salários mínimos**, o pagamento far-se-á, sempre, **por meio do precatório**, sendo facultado à parte exequente a **renúncia** ao crédito do valor excedente, para que possa optar pelo pagamento do saldo sem o precatório, da forma lá prevista (Art. 17, § 4.º).

Na capital dos Estados, no Distrito Federal e em outras cidades onde for necessário, neste último caso, por decisão do Tribunal Regional Federal, serão instalados Juizados com **competência exclusiva para ações previdenciárias** (Art. 19, parágrafo único)

Por fim, os Juizados Especiais serão coordenados por Juiz do respectivo Tribunal Regional, escolhido por seus pares, com **mandato de 2 anos** (Art. 22).

5.4. A Tutela Antecipada

A **tutela antecipada** é o ato do juiz, por meio de decisão interlocutória (decide a questão, sem resolução mérito), que adianta ao postulante, total ou parcialmente, os efeitos do julgamento de mérito, seja na 1.ª instância ou em sede de recurso.

Na ações previdenciárias, cabe a tutela antecipada seja nas de concessão seja nas de revisão de benefícios previdenciários e assistenciais.

Como exemplo, pense que determinado segurado tenha sofrido um acidente de trabalho, com afastamento de suas atividades laborais e solicitou o benefício de auxílio por incapacidade temporária e o mesmo foi denegado pela perícia médica do INSS.

Nessa situação, com laudo de médico particular provando contrário, na petição inicial o advogado pode solicitar a tutela antecipada, com grande probabilidade de ser deferida.

5.5. O Recebimento de Valores em Ações Previdenciárias

Uma vez sentenciada a ação em favor do segurado, é chegado o momento de – finalmente – receber os valores que lhe são devidos.

Neste momento, tem-se dois meios de pagamentos previstos no nosso ordenamento:

- **Precatório**: É a requisição de pagamento de uma quantia certa feita à União (INSS), em virtude da decisão judicial definitiva e condenatória, e;
- **Requisição de Pequeno Valor (RPV)**: É a requisição de pagamento de uma quantia de até 60 salários mínimos feita à União, em virtude da decisão definitiva e condenatória.

Os precatórios são pagos exclusivamente na ordem cronológica de apresentação (CF/1988, Art. 100). As RPV não estão incluídas nessa "fila" de precatórios (CF/1988, Art. 100, § 3.º c/c Lei n.º 10.259/2001, Art. 17, § 1.º), ou seja, seu pagamento é muito mais célere.

Suponha que no caso concreto, o valor a ser recebido – devidamente corrigido – tenha alcançado o valor de 63 salários mínimos. Neste caso, o autor da ação poderá:

- Renunciar expressamente 3 salários mínimos e pedir a RPV de 60 salários mínimos, com um tempo de pagamento menor, ou;
- Solicitar o precatório de 63 salários mínimos, com um tempo de pagamento maior.

O exposto é apenas um exemplo! São escolhas e estratégias que devem ser discutidas entre o autor e seu advogado.

O autor pode fracionar a RPV para receber em duas parcelas de até 60 salários mínimos? **NÃO!** A RPV pode ser fracionada **somente** para o pagamento dos honorários do advogado.

Quanto aos prazos, o ordenamento é claro:

- **Precatório**: Apresentado até 02/04 do ano X1, o pagamento ocorrerá até o final do ano X2 (CF/1988, Art. 100, § 5.º), ou;
- **Requisição de Pequeno Valor (RPV)**: Apresentado, o pagamento ocorrerá em até 60 dias (Lei n.º 10.259/2001, Art. 17).

Vale uma ressalva matemática muito importante aqui. Caso o precatório seja apresentado na data de 03/04/X1 em diante, o pagamento poderá ocorrer até 31/12/X3, ou seja, 33 meses depois!

Para encerrar, segue um resumo:

Meio:	Valor:	Apresentado:	Pagamento:	Prazo Máximo:
Precatório	Acima de 60 SM	Até 02/04/X1	Até 31/12/X2	21 meses
		Após 02/04/X1	Até 31/12/X3	33 meses
RPV	Até 60 SM	Em D	Até D+60	2 meses

(Autoria: Ali Mohamad Jaha)

5.6. A Prioridade na Tramitação

Quanto a prioridade na tramitação das ações no poder judiciário pátrio, deve-se consultar os seguintes atos normativos sobre o tema:

> Lei n.º 8.842/1994 (Política Nacional da Pessoa Idosa):
>
> Art. 10. Na implementação da política nacional da pessoa idosa, são competências dos órgãos e entidades públicos:
>
> VI – Na área de justiça:

> b) Zelar pela aplicação das normas sobre a pessoa **idosa** determinando ações para evitar abusos e lesões a seus direitos.
>
> Lei n.º 10.741/2003 (Estatuto da Pessoa Idosa) :
>
> Art. 1.º É instituído o Estatuto da Pessoa Idosa, destinado a regular os direitos assegurados às pessoas com **idade igual ou superior a 60 anos.**
>
> (...)
>
> Art. 3.º, § 1.º A garantia de prioridade compreende:
>
> I – Atendimento preferencial imediato e individualizado junto aos órgãos públicos e privados prestadores de serviços à população.
>
> § 2.º Entre as pessoas idosas, é assegurada **prioridade especial aos maiores de 80 anos**, atendendo-se suas necessidades sempre preferencialmente em relação às demais pessoas idosas.
>
> Lei n.º 13.105/2015 (Código de Processo Civil):
>
> Art. 1.048. Terão prioridade de tramitação, em qualquer juízo ou tribunal, os procedimentos judiciais:
>
> I – Em que figure como parte ou interessado pessoa **com idade igual ou superior a 60 anos** (...).

Do exposto, tem-se que será concedida prioridade para a prática de todos os atos processuais relativos as partes ou aos interessados com 60 anos ou mais de idade.

Por fim, dentre aqueles que estão acima de 60 anos, terão prioridade especial os que tem 80 anos ou mais.

5.7. As disposições do Regulamento da Previdência Social

Ainda dentro do tema ação previdenciária, considero salutar apresentar alguns dispositivos constantes do Regulamento da Previdência Social – RPS (Decreto n.º 3.048/1999).

Conforme consta, será de responsabilidade da **Procuradoria Federal junto ao INSS** manter os **entendimentos com o Ministério Público Federal**, objetivando a agilização das causas judiciais necessárias à concessão e manutenção de benefícios (Art. 350).

O pagamento de benefícios decorrente de sentença judicial far-se-á com a observância da **prioridade garantida aos créditos alimentícios** (Art. 351).

Com isso, deduz-se que as aposentadorias e pensões concedidos na via judicial, benefícios com natureza de alimentos, serão **pagos com prioridade**.

Para fins de reconhecimento inicial de benefícios previdenciários, desde que este não acarrete revisão de ato administrativo anterior, o Presidente do INSS poderá editar **súmulas administrativas**, que terão **caráter vinculante perante o INSS** nas seguintes hipóteses (Art. 352, inciso I e II):

1. Sobre tema a respeito do qual **exista súmula** ou **parecer** emitido pelo Advogado-Geral da União (**AGU**), e;
2. Sobre tema decidido pelo **STF**, em matéria constitucional, ou pelo **STJ**, em matéria infraconstitucional, quando definido em sede de repercussão geral ou recurso repetitivo e não houve possibilidade de reversão da tese firmada em sentido desfavorável ao INSS, conforme disciplinado pela AGU.

As súmulas administrativas serão numeradas em ordem cronológica e terão validade até que lei, decreto ou outra súmula discipline a matéria de forma diversa, e competirá ao INSS mantê-las atualizadas em seus sítios eletrônicos.

A formalização de **desistência** ou **transigência (conciliação)** judiciais, por parte do procurador federal do INSS, será sempre **precedida de anuência, por escrito**, do Procurador Chefe da Procuradoria Federal Especializada junto ao INSS ou do Presidente da autarquia, quando os valores em litígio **ultrapassarem** os limites definidos pelo Conselho Nacional de Previdência Social - CNPS (Art. 353).

Sobre os limites, o CNPS, por meio da Resolução CNPS n.º 1.303/2008, assim definiu:

> Art. 1.º Nas causas judiciais em que seja parte o INSS, compete ao **Presidente da entidade**, ouvido o Procurador Chefe da Procuradoria Federal Especializada junto ao INSS, **autorizar a desistência ou transigência quando os valores em litígio ultrapassarem a quantia de R$ 50.000,00**, por segurado individualmente considerado.

O INSS, nas causas em que seja interessado na condição de autor, réu, assistente ou oponente, gozará das mesmas **prerrogativas** e **privilégios** assegurados à Fazenda Pública, inclusive quanto à **inalienabilidade** e **impenhorabilidade** de seus bens (Art. 354).

Por fim, a autarquia é **isenta do pagamento** de custas, traslados, preparos, certidões, registros, averbações e quaisquer outros emolumentos, nas causas em que seja interessado na condição de autor, réu, assistente ou oponente, inclusive nas ações de natureza trabalhista, acidentária e de benefício (Art. 354, § 1.º).

6. O DIREITO AO MELHOR BENEFÍCIO

O binômio "direito ao melhor benefício" x "direito adquirido" é deveras importante para o segurado, para o cidadão que passa boa parte de sua vida contribuindo em busca de um benefício previdenciário em sua velhice.

Considerando a ordem prática, suponha que Anderson **adquiriu o direito a se aposentar** pelo RGPS, mas não requereu o benefício. A ideia do segurado é contribuir por mais tempo para o INSS e garantir, num futuro não muito distante, uma aposentadoria com valor maior (o melhor benefício).

Passados 3 anos, Anderson se aposenta e recebe a sua primeira aposentadoria. Desconfiado do valor creditado em sua conta, imprime seu extrato de contribuições recolhidas e procura um advogado especializado na área previdenciária.

O advogado, em posse do extrato, analisa o caso concreto e conclui que os cálculos do INSS estão corretos e o valor da aposentadoria é justamente o que foi creditado em favor de Anderson.

Entretanto, o advogado aponta que se Anderson tivesse se aposentado 3 anos antes, os cálculos seriam outros e o valor da aposentadoria seria **MAIOR**, uma vez que na época vigorava uma **norma previdenciária mais benéfica**.

Do exposto, o advogado irá impetrar ação contra o INSS e pedir – acertadamente – o recálculo da aposentadoria de Anderson com base nas regras anteriores.

Desde a data em que Anderson conquistou o direito adquirido, não se pode aplicar uma norma posterior para piorar o benefício requerido por ele.

Em matéria previdenciária, deve ser aplicada a norma vigente no momento em que o segurado conquistou seu direito adquirido

A propósito, matematicamente falando, não faz sentido ele ter contribuído 36 meses a mais e ter obtido um benefício piorado.

Por curiosidade, a norma posterior pode retroagir? Pode, se for para beneficiar o segurado, o que, por óbvio, é algo raro de se ver na seara previdenciária.

O direito adquirido, uma vez conquistado, ele é incorporado ao patrimônio jurídico da pessoa, não podendo ser piorado por norma superveniente, apenas melhorado. É uma garantia constitucional.

De todo o exposto, tem-se que o direito adquirido:

- Garante o benefício calculado com as **normas vigentes na época**;
- Impede que o benefício seja calculado com base em normas **supervenientes que piorem o seu valor**, e;

- Autoriza que o benefício seja calculado com base em normas **supervenientes que melhorem o seu valor (fato raríssimo)**.

Por fim, o "direito adquirido" **não pode ser utilizado como barreira impeditiva** na busca do "direito ao melhor benefício".

Capítulo

15

A ASSISTÊNCIA SOCIAL

1. A ASSISTÊNCIA SOCIAL NA CONSTITUIÇÃO FEDERAL

Conforme dispõe a Carta Magna, a Seguridade Social é composta de três áreas: Previdência Social, **Assistência Social** e Saúde.

Inclusive, o tema é tratado em seção própria dentro do Capítulo da Seguridade Social. O que demonstra grande preocupação por parte do constituinte originário.

Por seu turno, ao contrário da Previdência que é contributiva, e da Saúde que é disponibilizada a todos, **a Assistência Social é o ramo da Seguridade na qual somente os necessitados podem utilizar**.

Para constar, a assistência Social **independe** de contribuições à Seguridade Social.

De maneira sintética, é uma forma de o governo tentar reduzir o sofrimento das camadas mais pobres da sociedade.

Observe o texto da Constituição Federal de 1988:

> Art. 203. A assistência social será prestada a **quem dela necessitar, independentemente de contribuição à seguridade social**, e tem por **objetivos**:
>
> I – A proteção à família, à maternidade, à infância, à adolescência e à velhice;
>
> II – O amparo às crianças e adolescentes carentes;
>
> III – A promoção da integração ao mercado de trabalho;
>
> IV – A **habilitação** e **reabilitação** das pessoas **portadoras de deficiência** e a promoção de sua integração à vida comunitária;

> V – A garantia de **1 salário mínimo de benefício mensal** à pessoa **portadora de deficiência** e à pessoa **idosa** que **comprovem não possuir meios de prover à própria manutenção ou de tê-la provida por sua família**, conforme dispuser a lei, e;
>
> VI – A redução da vulnerabilidade socioeconômica de famílias em situação de pobreza ou de extrema pobreza.

Os **objetivos** constitucionais são bem claros. Devo destacar o inciso IV, que traz que a habilitação e a reabilitação das pessoas com deficiência ocorre no âmbito da **assistência social** e não no âmbito da previdência social.

A assistência social é devida ao nacional somente? E os estrangeiros residentes?

O Recurso Extraordinário n.º 587.970-SP de 2018 serviu de "leading case" (paradigma) para a confecção dos seguinte Tema pelo STF:

> Tema STF n.º 173: Os **estrangeiros residentes** no País são beneficiários da assistência social prevista no Art. 203, inciso V da Constituição Federal, uma vez atendidos os requisitos constitucionais e legais.

O inciso V, por sua vez, trata do **Benefício de Prestação Continuada (BPC)**, que será tratado em detalhes adiante, quando adentrarmos na Lei n.º 8.742/1993 (Lei Orgânica da Assistência Social – LOAS) e, posteriormente, no Decreto regulamentador do BPC.

Desde já tenha a noção que o BPC é um benefício de natureza assistencial e não de natureza previdenciária.

Ainda no texto constitucional, tem-se:

> Art. 204. As **ações governamentais na área da assistência social** serão realizadas com recursos do orçamento da seguridade social, além de outras fontes, e organizadas com base nas seguintes **diretrizes**:
>
> I – **Descentralização político-administrativa**, cabendo a coordenação e as normas gerais à esfera federal e a coordenação e a execução dos respectivos programas às esferas estadual e municipal, bem como a entidades beneficentes e de assistência social (EBAS), e;
>
> II – **Participação da população**, por meio de organizações representativas, na formulação das políticas e no controle das ações em todos os níveis.

Do exposto, tem-se como **diretrizes**:

- A descentralização político-administrativa:

  a) Coordenação e normas gerais na esfera federal, e;

b) Coordenação e execução nas esferas estadual, distrital e municipal e EBAS.

– Participação da população na formulação de políticas e no controle das ações.

Ainda na Carta de 1988:

> Art. 204, Parágrafo único. É **facultado** aos Estados e ao Distrito Federal vincular a **programa de apoio à inclusão e promoção social** até 0,5% de sua receita tributária líquida, **vedada** a aplicação desses recursos no pagamento de:
>
> I – Despesas com pessoal e encargos sociais;
>
> II – Serviço da dívida, e;
>
> III – Qualquer outra despesa corrente não vinculada diretamente aos investimentos ou ações apoiados.

Por meio da Emenda Constitucional n.º 42/2003, o constituinte derivado – que altera o texto da constituição – criou essa possibilidade (faculdade) de os Estados e o DF vincularem 0,5% da sua receita tributária líquida (arrecadação) a programa de apoio à inclusão e promoção social.

Vale ressaltar que essa verba tem destinação específica, não podendo ser utilizada para outros fins, como veda os incisos acima.

2. A LEI ORGÂNICA DA ASSISTÊNCIA SOCIAL (LOAS)

A Lei n.º 8.742/1993, atualizada até a Lei n.º 14.809/2024, é a famigerada Lei Orgânica da Assistência Social, a **LOAS**.

E será tratada de maneira integral e com detalhamentos nesta parte do nosso curso.

2.1. As Definições e os Objetivos

A **assistência social**, direito do cidadão e dever do Estado, é Política de Seguridade Social **não contributiva**, que provê os **mínimos sociais**, realizada através de um **conjunto integrado de ações de iniciativa pública e da sociedade**, para garantir o **atendimento às necessidades básicas**.

O Art. 1.º já traz muita informação, a saber (de forma esquematizada):

– A assistência social é um direito do cidadão e um dever do Estado;

– A assistência constitui política não contributiva;

- Esse braço da seguridade social prove os mínimos sociais (o mínimo para se viver com dignidade);
- A assistência é executada por meio de um conjunto integrado de ações de iniciativa pública e da sociedade, e;
- A assistência, como objetivo-fim, deve atender as necessidades básicas dos hipossuficientes.

No Brasil, alguns autores definiram "mínimos sociais" como salário de subsistência necessário para suprir as necessidades fundamentais do ser humano. Esse autor acredita que esse valor não seja o salário mínimo, mas um superior.

Devo ressaltar, logo de pronto, que cabe ao **Ministério Público** zelar pelo direito do cidadão à assistência social.

A LOAS, por sua vez, define que a assistência social tem por **objetivos**:

1. A **proteção social**, que visa à garantia da vida, à redução de danos e à prevenção da incidência de riscos, especialmente:
   a) A proteção à família, à maternidade, à infância, à adolescência e à velhice;
   b) O amparo às crianças e aos adolescentes carentes;
   c) A promoção da integração ao mercado de trabalho;
   d) A habilitação e reabilitação das pessoas com deficiência e a promoção de sua integração à vida comunitária, e;
   e) A garantia de 1 salário mínimo de benefício mensal à pessoa com deficiência e à pessoa idosa que comprovem não possuir meios de prover a própria manutenção ou de tê-la provida por sua família. → **BPC**
2. A **vigilância socioassistencial**, que visa a analisar territorialmente a capacidade protetiva das famílias e nela a ocorrência de vulnerabilidades, de ameaças, de vitimizações e danos, e;
3. A **defesa de direitos**, que visa a garantir o pleno acesso aos direitos no conjunto das provisões socioassistenciais.

Para constar, a vigilância socioassistencial deve apoiar atividades de planejamento, organização e execução de ações desenvolvidas pela gestão e pelos serviços, produzindo, sistematizando e analisando informações territorializadas:

a) Sobre as situações de vulnerabilidade e risco que incidem sobre famílias e indivíduos, e;

b) Sobre os padrões de oferta dos serviços e benefícios socioassistenciais, considerando questões afetas ao padrão de financiamento, ao tipo, volume, localização e qualidade das ofertas e das respectivas condições de acesso.

A Vigilância Socioassistencial objetiva detectar e compreender as situações de precarização e de agravamento das vulnerabilidades que afetam os territórios e os cidadãos, prejudicando e pondo em risco sua sobrevivência, dignidade, autonomia e socialização.

Deve buscar conhecer a realidade específica das famílias e as condições concretas do lugar onde elas vivem e, para isso, é fundamental conjugar a utilização de dados e informações estatísticas e a criação de formas de apropriação dos conhecimentos produzidos pelos pelas equipes dos serviços socioassistenciais, que estabelecem a relação viva e cotidiana com os sujeitos nos territórios.

Dando continuidade, para o enfrentamento da pobreza, a assistência social realiza-se de forma integrada às políticas setoriais, garantindo **mínimos sociais** e provimento de condições para atender **contingências sociais** e promovendo a **universalização dos direitos sociais**.

Consideram-se entidades e organizações de assistência social (**EOAS**) aquelas **sem fins lucrativos** que, isolada ou cumulativamente, prestam **atendimento** e **assessoramento** aos beneficiários abrangidos pela LOAS, bem como as que atuam na **defesa e garantia de direitos**. Assim, existem 3 tipos de EOAS:

- **EOAS de atendimento**: Aquelas que, de forma continuada, permanente e planejada, prestam serviços, executam programas ou projetos e concedem benefícios de prestação social básica ou especial, dirigidos às famílias e indivíduos em situações de vulnerabilidade ou risco social e pessoal, respeitadas as deliberações do Conselho Nacional de Assistência Social (CNAS);
- **EOAS de assessoramento**: Aquelas que, de forma continuada, permanente e planejada, prestam serviços e executam programas ou projetos voltados prioritariamente para o fortalecimento dos movimentos sociais e das organizações de usuários, formação e capacitação de lideranças, dirigidos ao público da política de assistência social, respeitadas as deliberações do CNAS, e;
- **EOAS de defesa e garantia de direitos**: Aquelas que, de forma continuada, permanente e planejada, prestam serviços e executam programas e projetos voltados prioritariamente para a defesa e efetivação dos direitos socioassistenciais, construção de novos direitos, promoção da cidadania, enfrentamento das desigualdades sociais, articulação com órgãos públicos de defesa de direitos, dirigidos ao público da política de assistência social, respeitadas as deliberações do CNAS.

2.2. Os Princípios e as Diretrizes

2.2.1. Os Princípios

A assistência social rege-se pelos seguintes **princípios**:

1. **Supremacia** do atendimento às necessidades sociais sobre as exigências de rentabilidade econômica;
2. **Universalização dos direitos sociais**, a fim de tornar o destinatário da ação assistencial alcançável pelas demais políticas públicas;
3. **Respeito à dignidade do cidadão**, à sua autonomia e ao seu direito a benefícios e serviços de qualidade, bem como à convivência familiar e comunitária, vedando-se qualquer comprovação vexatória de necessidade;
4. **Igualdade de direitos** no acesso ao atendimento, sem discriminação de qualquer natureza, garantindo-se equivalência às populações **urbanas** e **rurais**, e;
5. **Divulgação** ampla dos benefícios, serviços, programas e projetos assistenciais, bem como dos recursos oferecidos pelo Poder Público e dos critérios para sua concessão.

2.2.2. As Diretrizes

A **organização** da assistência social tem como base as seguintes **diretrizes**:

1. **Descentralização político-administrativa** para os Estados, o Distrito Federal e os Municípios, e comando único das ações em cada esfera de governo;
2. **Participação da população**, por meio de organizações representativas, na formulação das políticas e no controle das ações em todos os níveis, e;
3. **Primazia da responsabilidade do Estado** na condução da política de assistência social em cada esfera de governo.

Por sua vez, o Plano Nacional de Assistência Social (**PNAS**) traz uma 4.ª diretriz muito significativa para nossos estudos, a saber:

4. **Centralidade na família** para concepção e implementação dos benefícios, serviços, programas e projetos.

Para constar, até o momento, na seara da assistência social, foram apresentados:

- Objetivos constitucionais;
- Diretrizes constitucionais;
- Objetivos LOAS;
- Princípios LOAS;
- Diretrizes LOAS, e;
- Diretriz PNAS.

Vamos aproveitar este momento do curso e compilar tudo de maneira organizada e esquematizada. =)

Objetivos (9):
1. A proteção à família, à maternidade, à infância, à adolescência e à velhice (CF/1988).
2. O amparo às crianças e adolescentes carentes (CF/1988).
3. A promoção da integração ao mercado de trabalho (CF/1988)
4. A habilitação e reabilitação das pessoas portadoras de deficiência e a promoção de sua integração à vida comunitária (CF/1988).
5. A garantia de 1 salário mínimo de benefício mensal à pessoa portadora de deficiência e à pessoa idosa que comprovem não possuir meios de prover à própria manutenção ou de tê-la provida por sua família, conforme dispuser a lei (CF/1988).
6. A redução da vulnerabilidade socioeconômica de famílias em situação de pobreza ou de extrema pobreza (CF/1988).
7. A proteção social, que visa à garantia da vida, à redução de danos e à prevenção da incidência de riscos (LOAS).
8. A vigilância socioassistencial, que visa a analisar territorialmente a capacidade protetiva das famílias e nela a ocorrência de vulnerabilidades, de ameaças, de vitimizações e dano (LOAS).
9. A defesa de direitos, que visa a garantir o pleno acesso aos direitos no conjunto das provisões socioassistenciais (LOAS).
Diretrizes (4):
1. Descentralização político-administrativa, cabendo a coordenação e as normas gerais à esfera federal e a coordenação e a execução dos respectivos programas às esferas estadual e municipal, bem como a entidades beneficentes e de assistência social – EBAS. Comando único das ações em cada esfera de governo (CF/1988 e LOAS).
2. Participação da população, por meio de organizações representativas, na formulação das políticas e no controle das ações em todos os níveis (CF/1988 e LOAS).
3. Primazia da responsabilidade do Estado na condução da política de assistência social em cada esfera de governo (LOAS).

4. Centralidade na família para concepção e implementação dos benefícios, serviços, programas e projetos (PNAS).
Princípios (5):
1. Supremacia do atendimento às necessidades sociais sobre as exigências de rentabilidade econômica (LOAS).
2. Universalização dos direitos sociais, a fim de tornar o destinatário da ação assistencial alcançável pelas demais políticas públicas (LOAS).
3. Respeito à dignidade do cidadão, à sua autonomia e ao seu direito a benefícios e serviços de qualidade, bem como à convivência familiar e comunitária, vedando-se qualquer comprovação vexatória de necessidade (LOAS).
4. Igualdade de direitos no acesso ao atendimento, sem discriminação de qualquer natureza, garantindo-se equivalência às populações urbanas e rurais (LOAS).
5. Divulgação ampla dos benefícios, serviços, programas e projetos assistenciais, bem como dos recursos oferecidos pelo Poder Público e dos critérios para sua concessão (LOAS).

(Autoria: Ali Mohamad Jaha)

Conhecer os **objetivos**, as **diretrizes** e os **princípios** da assistência social é essencial. Mas, considero mais essencial ainda não confundir um conceito com outro. Guarde com carinho esse quadro acima.

2.3. A Organização e a Gestão

A **gestão** das ações na área de assistência social fica organizada sob a forma de sistema descentralizado e participativo, denominado Sistema Único de Assistência Social (**SUAS**), com os seguintes **objetivos**:

1. Consolidar a gestão compartilhada, o cofinanciamento e a cooperação técnica entre os entes federativos que, de modo articulado, operam a proteção social não contributiva;
2. Integrar a rede pública e privada de serviços, programas, projetos e benefícios de assistência social por meio de Centro de Referência de Assistência Social (**CRAS**) e de Centro de Referência Especializado de Assistência Social (**CREAS**);
3. Estabelecer as responsabilidades dos entes federativos na organização, regulação, manutenção e expansão das ações de assistência social;
4. Definir os níveis de gestão, respeitadas as diversidades regionais e municipais;

5. Implementar a gestão do trabalho e a educação permanente na assistência social;
6. Estabelecer a gestão integrada de serviços e benefícios, e;
7. Afiançar a vigilância socioassistencial e a garantia de direitos.

Para constar, o **SUAS**, "primo-irmão" do SUS, foi criado por meio da Lei n.º 12.435/2011 que alterou **profundamente** o texto da LOAS na ocasião.

As ações ofertadas no âmbito do SUAS têm por objetivo a **proteção** à família, à maternidade, à infância, à adolescência e à velhice e, como base de organização, o território.

Conforme dispõe a Lei n.º 8.742/1993, O SUAS é integrado:

- Pelos **entes federativos** (União, Estados, DF e Municípios);
- Pelos **respectivos conselhos de assistência social**, e;
- Pelas **entidades e organizações de assistência social (EOAS)**.

A instância coordenadora da Política Nacional de Assistência Social (PNAS) é o **Ministério do Desenvolvimento e Assistência Social, Família e Combate à Fome (MDAS)**.

Cabe à instância coordenadora da PNAS normatizar e padronizar o emprego e a divulgação da identidade visual do SUAS.

A identidade visual do SUAS deverá prevalecer na identificação de unidades públicas estatais, entidades e organizações de assistência social, serviços, programas, projetos e benefícios vinculados ao SUAS.

Conforme disposição legal, a assistência social se organiza pelos seguintes **tipos de proteção**:

1. **Proteção social básica**: Conjunto de serviços, programas, projetos e benefícios da assistência social que visa a **prevenir** situações de vulnerabilidade e risco social por meio do desenvolvimento de potencialidades e aquisições e do fortalecimento de vínculos familiares e comunitários, e;
2. **Proteção social especial**: Conjunto de serviços, programas e projetos que tem por objetivo contribuir para a **reconstrução** de vínculos familiares e comunitários, a defesa de direito, o fortalecimento das potencialidades e aquisições e a proteção de famílias e indivíduos para o enfrentamento das situações de violação de direitos.

A vigilância socioassistencial é um dos instrumentos das proteções da assistência social que **identifica** e **previne** as situações de risco e vulnerabilidade social e seus agravos no território.

As **proteções sociais básica e especial** serão ofertadas pela rede socioassistencial, de forma integrada, diretamente pelos entes públicos e/ou pelas entidades e organizações de assistência social vinculadas ao **SUAS**, respeitadas as especificidades de cada ação.

A vinculação ao SUAS é o **reconhecimento** pelo Ministério do Desenvolvimento e Assistência Social, Família e Combate à Fome (MDAS) de que a entidade de assistência social integra a rede socioassistencial.

Para o reconhecimento ministerial supra, a entidade deverá cumprir os seguintes **requisitos**:

1. Constituir-se na forma de entidade e organização de assistência social (EOAS), sem fins lucrativos;
2. Inscrever-se em Conselho Municipal ou do Distrito Federal de Assistência Social, e;
3. Integrar o sistema de cadastro de EOAS (PNAS).

As entidades e organizações de assistência social (EOAS) vinculadas ao SUAS **celebrarão convênios**, **contratos**, **acordos** ou **ajustes** com o poder público para a **execução**, garantido financiamento integral, pelo Estado, de **serviços**, **programas**, **projetos** e **ações** de assistência social, nos limites da capacidade instalada, aos beneficiários abrangidos pela LOAS, observando-se as disponibilidades orçamentárias.

O cumprimento do disposto acima será informado ao Ministério do Desenvolvimento e Assistência Social, Família e Combate à Fome (MDAS) pelo órgão gestor local da assistência social.

As **proteções sociais, básica e especial**, serão ofertadas precipuamente no Centro de Referência de Assistência Social (**CRAS**) e no Centro de Referência Especializado de Assistência Social (CREAS), respectivamente, e pelas EOAS sem fins lucrativos de assistência social.

Para constar:

- O **CRAS** é a unidade pública municipal, de base territorial, localizada em áreas com maiores índices de vulnerabilidade e risco social, destinada à **articulação dos serviços socioassistenciais** no seu território de abrangência e à prestação de serviços, programas e projetos socioassistenciais de proteção social básica às famílias, e;
- O **CREAS** é a unidade pública de abrangência e gestão municipal, estadual ou regional, destinada à prestação de serviços a indivíduos e famílias que se encontram em situação de **risco pessoal ou social**, por **violação de direitos ou contingência**, que demandam intervenções especializadas da proteção social especial.

Os **CRAS** e os **CREAS** são unidades públicas estatais instituídas no âmbito do **SUAS**, que possuem interface com as demais políticas públicas e articulam, coordenam e ofertam os serviços, programas, projetos e benefícios da assistência social.

As instalações dos **CRAS** e dos **CREAS** devem ser compatíveis com os serviços neles ofertados, com espaços para trabalhos em grupo e ambientes específicos para recepção e atendimento reservado das famílias e indivíduos, assegurada a acessibilidade às pessoas idosas e com deficiência.

Os recursos do cofinanciamento do **SUAS**, destinados à execução das ações continuadas de assistência social, poderão ser aplicados no **pagamento dos profissionais que integrarem as equipes de referência**, responsáveis pela organização e oferta daquelas ações, conforme percentual apresentado pelo Ministério do Desenvolvimento e Assistência Social, Família e Combate à Fome (MDAS) e aprovado pelo CNAS.

A formação das equipes de referência deverá considerar o número de famílias e indivíduos referenciados, os tipos e modalidades de atendimento e as aquisições que devem ser garantidas aos usuários, conforme deliberações do CNAS.

Tem-se, há algum tempo, o Cadastro Único para Programas Sociais do Governo Federal (**CadÚnico**), **registro público eletrônico** com a finalidade de coletar, processar, sistematizar e disseminar informações para a identificação e a caracterização socioeconômica das famílias de baixa renda.

As famílias de baixa renda poderão inscrever-se no **CadÚnico** nas unidades públicas dos **CRAS** e dos **CREAS** ou por meio eletrônico.

A inscrição no **CadÚnico poderá ser obrigatória** para acesso a programas sociais do governo federal, na forma estabelecida em regulamento.

Para fins de cumprimento do disposto no Art. 12 da Emenda Constitucional n.º 103/2019 (Reforma de Previdência Social) e de ampliação da fidedignidade das informações cadastrais, será garantida a **interoperabilidade** de dados do **CadÚnico** com os dados constantes do Cadastro Nacional de Informações Sociais (**CNIS**).

Para constar, **interoperabilidade** é a capacidade de dois ou mais sistemas trabalharem em conjunto, com cruzamento e conferência de dados de maneira transparente e fidedigna, sem corrompimento de informações.

Não obstante, essa é a redação do Art. 12 da EC n.º 103/2019:

> Art. 12. A União instituirá **sistema integrado de dados** relativos às remunerações, proventos e pensões dos segurados dos regimes de previdência (RGPS e RPPS civis), aos benefícios dos programas de assistência social e às remunerações, proventos de inatividade e pensão por morte decorrentes

das atividades militares (RPPS militares), em interação com outras bases de dados, ferramentas e plataformas, para o fortalecimento de sua gestão, governança e transparência e o cumprimento do teto máximo quanto aos benefícios (subsídio dos ministros do STF) e das possibilidade de acumulação de cargos (e de benefícios de inatividade).

Os dados do **CNIS** incluídos no **CadÚnico** poderão ser acessados pelos órgãos gestores do **CadÚnico**, nas 3 esferas da Federação, conforme termo de adesão do ente federativo ao **CadÚnico**, do qual constará cláusula de compromisso com o sigilo de dados.

A sociedade civil poderá cooperar com a identificação de pessoas que precisem ser inscritas no **CadÚnico**, nos termos do regulamento.

O **CadÚnico** coletará informações que caracterizem a condição socioeconômica e territorial das famílias, de forma a reduzir sua invisibilidade social e com vistas a identificar suas demandas por políticas públicas, na forma do regulamento

As ações de assistência social, no âmbito das entidades e organizações de assistência social (EOAS), observarão as normas expedidas pelo Conselho Nacional de Assistência Social (CNAS).

A União, os Estados, o Distrito Federal e os Municípios, observados os **princípios** e **diretrizes** estabelecidos na LOAS, fixarão suas respectivas **Políticas de Assistência Social**.

O funcionamento das entidades e organizações de assistência social (EOAS) depende de **prévia inscrição** no respectivo Conselho Municipal de Assistência Social, ou no Conselho de Assistência Social do Distrito Federal, conforme o caso.

As entidades e organizações de assistência social (EOAS) podem, para defesa de seus direitos referentes à inscrição e ao funcionamento, recorrer aos Conselhos Nacional, Estaduais, Municipais e do Distrito Federal.

A União, os Estados, os Municípios e o Distrito Federal podem **celebrar convênios** com entidades e organizações de assistência social (EOAS), em conformidade com os Planos aprovados pelos respectivos Conselhos.

As ações das 3 esferas de governo na área de assistência social se realizam de **forma articulada**, cabendo a coordenação e as normas gerais à esfera federal e a coordenação e execução dos programas, em suas respectivas esferas, aos Estados, ao Distrito Federal e aos Municípios.

Conforme dispõe a LOAS, compete à **União**:

1. Responder pela concessão e manutenção dos benefícios de prestação continuada;

2. Cofinanciar, por meio de transferência automática, o aprimoramento da gestão, os serviços, os programas e os projetos de assistência social em âmbito nacional;
3. Atender, em conjunto com os Estados, o Distrito Federal e os Municípios, às ações assistenciais de caráter de emergência, e;
4. Realizar o monitoramento e a avaliação da política de assistência social e assessorar Estados, Distrito Federal e Municípios para seu desenvolvimento.

Para constar, desde 2011, a União apoia **financeiramente** o aprimoramento à gestão descentralizada dos serviços, programas, projetos e benefícios de assistência social, por meio do **Índice de Gestão Descentralizada (IGD)** do Sistema Único de Assistência Social (**SUAS**), para a utilização no âmbito dos Estados, dos Municípios e do Distrito Federal, destinado, sem prejuízo de outras ações a serem definidas em regulamento, a:

1. Medir os resultados da gestão descentralizada do **SUAS**, com base na atuação do gestor estadual, municipal e do Distrito Federal na implementação, execução e monitoramento dos serviços, programas, projetos e benefícios de assistência social, bem como na articulação intersetorial;
2. Incentivar a obtenção de resultados qualitativos na gestão estadual, municipal e do Distrito Federal do **SUAS**, e;
3. Calcular o montante de recursos a serem repassados aos entes federados a título de apoio financeiro à gestão do Suas.

Os resultados alcançados pelo ente federado na gestão do **SUAS**, aferidos na forma de regulamento, serão considerados como prestação de contas dos recursos a serem transferidos a título de apoio financeiro.

Para fins de fortalecimento dos Conselhos de Assistência Social dos Estados, Municípios e Distrito Federal, percentual dos recursos transferidos deverá ser gasto com atividades de apoio técnico e operacional àqueles colegiados, na forma fixada pelo Ministério do Desenvolvimento e Assistência Social, Família e Combate à Fome (MDAS), sendo **vedada** a utilização dos recursos para pagamento de pessoal efetivo e de gratificações de qualquer natureza a servidor público estadual, municipal ou do Distrito Federal.

Para complementar o tema, no site do governo federal – MDAS –, tem-se o seguinte trecho sobre o IGD:

> O Índice de Gestão Descentralizada (IGD) é um **indicador** que mede os resultados da gestão do Programa Bolsa Família e do Cadastro Único

obtidos em um mês. Ele representa uma estratégia inovadora para medir o desempenho de cada município, estimular resultados cada vez mais qualitativos e também compor a base de cálculo de recursos a serem transferidos aos municípios.

Assim, ele associa a gestão por resultados aos recursos financeiros a serem transferidos para estados e municípios, que devem ser utilizados para melhoria da gestão do Programa Bolsa Família e do Cadastro Único.

A finalidade dessa regra é **melhorar** a qualidade dos serviços prestados às famílias beneficiárias. Cada vez que se desenvolvem ações integradas do Programa e do Cadastro, os estados e municípios alcançam IGD mais elevado.

O cálculo do IGD é composto por 4 fatores:

1) taxa de atualização cadastral e taxas de acompanhamento das condicionalidades de saúde e educação;

2) adesão ao Sistema Único de Assistência Social (SUAS);

3) prestação de contas, e;

4) parecer das contas do uso dos recursos.

Dando continuidade no tema competências por esfera, compete aos **Estados**:

1. Destinar recursos financeiros aos Municípios, a título de participação no custeio do pagamento dos benefícios eventuais, mediante critérios estabelecidos pelos Conselhos Estaduais de Assistência Social;
2. Cofinanciar, por meio de transferência automática, o aprimoramento da gestão, os serviços, os programas e os projetos de assistência social em âmbito regional ou local;
3. Atender, em conjunto com os Municípios, às ações assistenciais de caráter de emergência;
4. Estimular e apoiar técnica e financeiramente as associações e consórcios municipais na prestação de serviços de assistência social;
5. Prestar os serviços assistenciais cujos custos ou ausência de demanda municipal justifiquem uma rede regional de serviços, desconcentrada, no âmbito do respectivo Estado, e;
6. Realizar o monitoramento e a avaliação da política de assistência social e assessorar os Municípios para seu desenvolvimento.

Não obstante, compete ao **Distrito Federal**:

1. Destinar recursos financeiros para custeio do pagamento dos benefícios eventuais, mediante critérios estabelecidos pelos Conselhos de Assistência Social do Distrito Federal;
2. Efetuar o pagamento dos auxílios natalidade e funeral;
3. Executar os projetos de enfrentamento da pobreza, incluindo a parceria com organizações da sociedade civil;
4. Atender às ações assistenciais de caráter de emergência;
5. Prestar os serviços assistenciais;
6. Cofinanciar o aprimoramento da gestão, os serviços, os programas e os projetos de assistência social em âmbito local, e;
7. Realizar o monitoramento e a avaliação da política de assistência social em seu âmbito.

Nessa esteira, compete aos **Municípios**:

1. Destinar recursos financeiros para custeio do pagamento dos benefícios eventuais, mediante critérios estabelecidos pelos Conselhos Municipais de Assistência Social;
2. Efetuar o pagamento dos auxílios natalidade e funeral;
3. Executar os projetos de enfrentamento da pobreza, incluindo a parceria com organizações da sociedade civil;
4. Atender às ações assistenciais de caráter de emergência;
5. Prestar os serviços assistenciais;
6. Cofinanciar o aprimoramento da gestão, os serviços, os programas e os projetos de assistência social em âmbito local, e;
7. Realizar o monitoramento e a avaliação da política de assistência social em seu âmbito.

Ao compilar e esquematizar todas as competências por ente político (União, Estados, DF e Municípios), tem-se:

União	Estados	DF	Municípios
1. Responder pela concessão e manutenção dos benefícios de prestação continuada.			

União	Estados	DF	Municípios
2. Cofinanciar, por meio de transferência automática, o aprimoramento da gestão, os serviços, os programas e os projetos de assistência social em âmbito nacional.	2. Cofinanciar, por meio de transferência automática, o aprimoramento da gestão, os serviços, os programas e os projetos de assistência social em âmbito regional ou local.		
3. Atender, em conjunto com os Estados, o Distrito Federal e os Municípios, às ações assistenciais de caráter de emergência.	3. Atender, em conjunto com os Municípios, às ações assistenciais de caráter de emergência.		
4. Realizar o monitoramento e a avaliação da política de assistência social e **assessorar Estados, Distrito Federal e Municípios para seu desenvolvimento**.	6. realizar o monitoramento e a avaliação da política de assistência social e **assessorar os Municípios para seu desenvolvimento**.	7. Realizar o monitoramento e a avaliação da política de assistência social **em seu âmbito**.	7. Realizar o monitoramento e a avaliação da política de assistência social **em seu âmbito**.
	1. Destinar recursos financeiros **aos Municípios**, a título de participação no custeio do pagamento dos benefícios eventuais, mediante critérios estabelecidos pelos Conselhos **Estaduais** de Assistência Social.	1. Destinar recursos financeiros para custeio do pagamento dos benefícios eventuais, mediante critérios estabelecidos pelos Conselhos de Assistência Social do **Distrito Federal**.	1. Destinar recursos financeiros para custeio do pagamento dos benefícios eventuais, mediante critérios estabelecidos pelos Conselhos **Municipais** de Assistência Social.

União	Estados	DF	Municípios
	4. Estimular e apoiar técnica e financeiramente as associações e consórcios municipais na prestação de serviços de assistência social.		
	5. Prestar os serviços assistenciais cujos custos ou ausência de demanda municipal justifiquem uma rede regional de serviços, desconcentrada, no âmbito do respectivo Estado.		
		2. Efetuar o pagamento dos auxílios natalidade e funeral.	2. Efetuar o pagamento dos auxílios natalidade e funeral.
		3. Executar os projetos de enfrentamento da pobreza, incluindo a parceria com organizações da sociedade civil.	3. Executar os projetos de enfrentamento da pobreza, incluindo a parceria com organizações da sociedade civil.
		4. Atender às ações assistenciais de caráter de emergência.	4. Atender às ações assistenciais de caráter de emergência.
		5. Prestar os serviços assistenciais.	5. Prestar os serviços assistenciais.
		6. Cofinanciar o aprimoramento da gestão, os serviços, os programas e os projetos de assistência social em âmbito local.	6. Cofinanciar o aprimoramento da gestão, os serviços, os programas e os projetos de assistência social em âmbito local.

(Autoria: Ali Mohamad Jaha)

Por gentileza, decorar o quadro acima. =)

Conforme dispõe a legislação federal, as **instâncias deliberativas** do **SUAS**, de caráter permanente e composição paritária entre governo e sociedade civil, são:

1. O Conselho Nacional de Assistência Social (**CNAS**);
2. Os Conselhos Estaduais de Assistência Social (CEAS);
3. O Conselho de Assistência Social do Distrito Federal (CAS-DF), e;
4. Os Conselhos Municipais de Assistência Social (CMAS).

Os Conselhos de Assistência Social estão vinculados ao **órgão gestor de assistência social**, que deve prover a infraestrutura necessária ao seu funcionamento, garantindo recursos materiais, humanos e financeiros, inclusive com despesas referentes a passagens e diárias de conselheiros representantes do governo ou da sociedade civil, quando estiverem no exercício de suas atribuições.

Atualmente, o órgão gestor de assistência social é a **Secretaria Nacional de Assistência Social (SNAS)**, ligada diretamente ao Ministério do Desenvolvimento e Assistência Social, Família e Combate à Fome (MDAS).

Em 1993, quando a LOAS foi publicada, foi instituído o Conselho Nacional de Assistência Social (**CNAS**), órgão superior de deliberação colegiada, vinculado à estrutura do órgão da Administração Pública Federal responsável pela coordenação da Política Nacional de Assistência Social (**OAPF-PNAS**), cujos membros, nomeados pelo Presidente da República, têm **mandato de 2 anos**, permitida **uma única recondução por igual período**.

Para constar, o **MDAS**, atualmente, é o **OAPF-PNAS**.

Conforme determinação legal, o Conselho Nacional de Assistência Social (**CNAS**) é composto por 18 membros e respectivos suplentes, cujos nomes são indicados ao órgão da Administração Pública Federal responsável pela coordenação da Política Nacional de Assistência Social (PNAS) - o **MDAS** -, de acordo com os critérios seguintes:

- 9 representantes **governamentais**, incluindo 1 representante dos Estados e 1 dos Municípios, e;
- 9 representantes da **sociedade civil**, dentre representantes dos usuários ou de organizações de usuários, das entidades e organizações de assistência social (EOAS) e dos trabalhadores do setor, escolhidos em foro próprio sob fiscalização do Ministério Público Federal.

O Conselho Nacional de Assistência Social (**CNAS**) é presidido por um de seus integrantes, eleito dentre seus membros, para **mandato de 1 ano**, permitida **uma única recondução por igual período**.

O Conselho Nacional de Assistência Social (CNAS) contará com uma Secretaria Executiva, a qual terá sua estrutura disciplinada em ato do Poder Executivo.

Os CEAS, o CAS-DF e os CMAS, com competência para acompanhar a execução da política de assistência social, apreciar e aprovar a proposta orçamentária, em consonância com as diretrizes das conferências nacionais, estaduais, distrital e municipais, de acordo com seu âmbito de atuação, deverão ser instituídos, respectivamente, pelos Estados, pelo Distrito Federal e pelos Municípios, mediante **lei específica**.

Conforme determina a LOAS, compete ao Conselho Nacional de Assistência Social (**CNAS**):

1. Aprovar a Política Nacional de Assistência Social (**PNAS**);
2. Normatizar as ações e regular a prestação de serviços de natureza pública e privada no campo da assistência social;
3. Acompanhar e fiscalizar o processo de certificação das entidades e organizações de assistência social no Ministério do Desenvolvimento e Assistência Social, Família e Combate à Fome (MDAS);
4. Apreciar relatório anual que conterá a relação de entidades e organizações de assistência social certificadas como beneficentes e encaminhá-lo para conhecimento dos Conselhos de Assistência Social dos Estados, Municípios e do Distrito Federal;
5. Zelar pela efetivação do sistema descentralizado e participativo de assistência social;
6. Convocar ordinariamente a **cada 4 anos** a Conferência Nacional de Assistência Social, que terá a atribuição de avaliar a situação da assistência social e propor diretrizes para o aperfeiçoamento do sistema;
7. Apreciar e aprovar a proposta orçamentária da Assistência Social a ser encaminhada pelo órgão da Administração Pública Federal responsável pela coordenação da Política Nacional de Assistência Social (**OAPF-PNAS – MDAS**);
8. Aprovar critérios de transferência de recursos para os Estados, Municípios e Distrito Federal, considerando, para tanto, indicadores que informem sua regionalização mais equitativa, tais como: po-

pulação, renda per capita, mortalidade infantil e concentração de renda, além de disciplinar os procedimentos de repasse de recursos para as entidades e organizações de assistência social, sem prejuízo das disposições da Lei de Diretrizes Orçamentárias;

9. Acompanhar e avaliar a gestão dos recursos, bem como os ganhos sociais e o desempenho dos programas e projetos aprovados;
10. Estabelecer diretrizes, apreciar e aprovar os programas anuais e plurianuais do Fundo Nacional de Assistência Social (FNAS);
11. Elaborar e aprovar seu regimento interno, e;
12. Divulgar, no Diário Oficial da União, todas as suas decisões, bem como as contas do Fundo Nacional de Assistência Social (FNAS) e os respectivos pareceres emitidos.

Compete ao órgão da Administração Pública Federal responsável pela coordenação da Política Nacional de Assistência Social (**OAPF-PNAS – MDAS**):

1. Coordenar e articular as ações no campo da assistência social;
2. Propor ao Conselho Nacional de Assistência Social (CNAS) a Política Nacional de Assistência Social, suas normas gerais, bem como os critérios de prioridade e de elegibilidade, além de padrões de qualidade na prestação de benefícios, serviços, programas e projetos;
3. Prover recursos para o pagamento dos benefícios de prestação continuada definidos na LOAS;
4. Elaborar e encaminhar a proposta orçamentária da assistência social, em conjunto com as demais da Seguridade Social;
5. Propor os critérios de transferência dos recursos de que trata a LOAS;
6. Proceder à transferência dos recursos destinados à assistência social;
7. Encaminhar à apreciação do Conselho Nacional de Assistência Social (**CNAS**) relatórios trimestrais e anuais de atividades e de realização financeira dos recursos;
8. Prestar assessoramento técnico aos Estados, ao Distrito Federal, aos Municípios e às entidades e organizações de assistência social;
9. Formular política para a qualificação sistemática e continuada de recursos humanos no campo da assistência social;

10. Desenvolver estudos e pesquisas para fundamentar as análises de necessidades e formulação de proposições para a área;
11. Coordenar e manter atualizado o sistema de cadastro de entidades e organizações de assistência social, em articulação com os Estados, os Municípios e o Distrito Federal;
12. Articular-se com os órgãos responsáveis pelas políticas de saúde e previdência social, bem como com os demais responsáveis pelas políticas socioeconômicas setoriais, visando à elevação do patamar mínimo de atendimento às necessidades básicas;
13. Expedir os atos normativos necessários à gestão do Fundo Nacional de Assistência Social (FNAS), de acordo com as diretrizes estabelecidas pelo Conselho Nacional de Assistência Social (CNAS), e;
14. Elaborar e submeter ao Conselho Nacional de Assistência Social (CNAS) os programas anuais e plurianuais de aplicação dos recursos do Fundo Nacional de Assistência Social (FNAS).

Novamente, de forma esquematizada:

Competências do CNAS:	**Competências do OAPF-PNAS (MDAS):**
1. Aprovar a Política Nacional de Assistência Social (PNAS).	1. Coordenar e articular as ações no campo da assistência social.
2. Normatizar as ações e regular a prestação de serviços de natureza pública e privada no campo da assistência social.	2. Propor ao Conselho Nacional de Assistência Social (CNAS) a Política Nacional de Assistência Social, suas normas gerais, bem como os critérios de prioridade e de elegibilidade, além de padrões de qualidade na prestação de benefícios, serviços, programas e projetos.
3. Acompanhar e fiscalizar o processo de certificação das entidades e organizações de assistência social no Ministério do Desenvolvimento e Assistência Social, Família e Combate à Fome (MDAS).	3. Prover recursos para o pagamento dos benefícios de prestação continuada definidos na LOAS.
4. Apreciar relatório anual que conterá a relação de entidades e organizações de assistência social certificadas como beneficentes e encaminhá-lo para conhecimento dos Conselhos de Assistência Social dos Estados, Municípios e do Distrito Federal.	4. Elaborar e encaminhar a proposta orçamentária da assistência social, em conjunto com as demais da Seguridade Social.

Competências do CNAS:	Competências do OAPF-PNAS (MDAS):
5. Zelar pela efetivação do sistema descentralizado e participativo de assistência social.	5. Propor os critérios de transferência dos recursos de que trata a LOAS.
6. Convocar ordinariamente a cada 4 anos a Conferência Nacional de Assistência Social, que terá a atribuição de avaliar a situação da assistência social e propor diretrizes para o aperfeiçoamento do sistema.	6. Proceder à transferência dos recursos destinados à assistência social.
7. Apreciar e aprovar a proposta orçamentária da Assistência Social a ser encaminhada pelo órgão da Administração Pública Federal responsável pela coordenação da Política Nacional de Assistência Social (OAPF-PNAS – MDAS).	7. Encaminhar à apreciação do Conselho Nacional de Assistência Social (CNAS) relatórios trimestrais e anuais de atividades e de realização financeira dos recursos.
8. Aprovar critérios de transferência de recursos para os Estados, Municípios e Distrito Federal, considerando, para tanto, indicadores que informem sua regionalização mais equitativa, tais como: população, renda per capita, mortalidade infantil e concentração de renda, além de disciplinar os procedimentos de repasse de recursos para as entidades e organizações de assistência social, sem prejuízo das disposições da Lei de Diretrizes Orçamentárias.	8. Prestar assessoramento técnico aos Estados, ao Distrito Federal, aos Municípios e às entidades e organizações de assistência social.
9. Acompanhar e avaliar a gestão dos recursos, bem como os ganhos sociais e o desempenho dos programas e projetos aprovados.	9. Formular política para a qualificação sistemática e continuada de recursos humanos no campo da assistência social.
10. Estabelecer diretrizes, apreciar e aprovar os programas anuais e plurianuais do Fundo Nacional de Assistência Social (FNAS).	10. Desenvolver estudos e pesquisas para fundamentar as análises de necessidades e formulação de proposições para a área.
11. Elaborar e aprovar seu regimento interno.	11. Coordenar e manter atualizado o sistema de cadastro de entidades e organizações de assistência social, em articulação com os Estados, os Municípios e o Distrito Federal.

Competências do CNAS:	Competências do OAPF-PNAS (MDAS):
12. Divulgar, no Diário Oficial da União, todas as suas decisões, bem como as contas do Fundo Nacional de Assistência Social (FNAS) e os respectivos pareceres emitidos.	12. Articular-se com os órgãos responsáveis pelas políticas de saúde e previdência social, bem como com os demais responsáveis pelas políticas socioeconômicas setoriais, visando à elevação do patamar mínimo de atendimento às necessidades básicas.
	13. Expedir os atos normativos necessários à gestão do Fundo Nacional de Assistência Social (FNAS), de acordo com as diretrizes estabelecidas pelo Conselho Nacional de Assistência Social (CNAS).
	14. Elaborar e submeter ao Conselho Nacional de Assistência Social (CNAS) os programas anuais e plurianuais de aplicação dos recursos do Fundo Nacional de Assistência Social (FNAS).

(Autoria: Ali Mohamad Jaha)

Para concluir esse tópico, tem-se que a atenção integral à saúde, inclusive a dispensação de medicamentos e produtos de interesse para a saúde, às famílias e indivíduos em situações de vulnerabilidade ou risco social e pessoal, dar-se-á **independentemente** da apresentação de documentos que comprovem domicílio ou inscrição no cadastro no Sistema Único de Saúde (SUS), em consonância com a diretriz de articulação das ações de assistência social e de saúde.

2.4. Os Benefícios, os Serviços, os Programas e os Projetos de Assistência Social

2.4.1. O Benefício de Prestação Continuada (BPC)

O benefício de prestação continuada (**BPC**) é a garantia de **1 salário mínimo mensal** à **pessoa com deficiência** e à pessoa **idosa com 65 anos ou mais** que comprovem **não possuir meios de prover a própria manutenção nem de tê-la provida por sua família**.

Sem dúvida, é o mais famoso **benefício de assistência social** existente, vamos detalhar o exposto no Art. 20 da LOAS supra:

- O BPC terá o **valor fixo** de 1 salário mínimo;
- Será devido somente ao **deficiente** e a pessoa **idosa** (65 anos ou mais), e;

- O benefício será pago se o deficiente ou a pessoa idosa **não conseguir pagar por sua manutenção** ou que **não possa ser provida por sua família**.

Outro ponto de destaque, **a LOAS considera pessoa idosa aquela com 65 anos ou mais de idade**. Já o Estatuto da Pessoa Idosa (Lei n.º 10.741/2003) considera **pessoa idosa aquela** com 60 anos ou mais de idade. Não confundir essas idades.

Para os efeitos da LOAS, a família é composta pelo requerente, o cônjuge ou companheiro, os pais e, na ausência de um deles, a madrasta ou o padrasto, os irmãos solteiros, os filhos e enteados solteiros e os menores tutelados, desde que vivam sob o mesmo teto.

Para efeito de concessão do **benefício de prestação continuada**, considera-se **pessoa com deficiência** aquela que tem **impedimento de longo prazo** de natureza física, mental, intelectual ou sensorial, o qual, em interação com uma ou mais barreiras, **pode obstruir sua participação plena e efetiva na sociedade** em igualdade de condições com as demais pessoas.

Considera-se impedimento de longo prazo aquele que produza efeitos pelo **prazo mínimo de 2 anos**.

Nessa esteira, considero importante apresentar a seguinte súmula da Turma Nacional de Uniformização dos Juizados Especiais:

> Súmula TNU-JEF n.º 48/2019: Para fins de concessão do benefício assistencial de prestação continuada (**BPC**), o conceito de pessoa com deficiência, que não se confunde necessariamente com situação de incapacidade laborativa, **exige a configuração de impedimento de longo prazo com duração mínima de 2 anos,** a ser aferido no caso concreto, desde o início do impedimento até a data prevista para a sua cessação.

Observados os demais critérios de elegibilidade, terão direito ao **BPC** a pessoa com deficiência ou a pessoa idosa com **renda familiar mensal per capita igual ou inferior a 1/4 (25%) do salário mínimo**.

Em suma, em uma família de 4 pessoas, a renda mensal deve ser de no máximo 1 salário mínimo para a obtenção, por algum membro, do BPC.

A renda familiar mensal **deverá ser declarada** pelo requerente ou seu representante legal, sujeitando-se aos demais procedimentos previstos para o deferimento do pedido.

Devo ressaltar que os valores recebidos a título de auxílio financeiro temporário ou de indenização por danos sofridos em decorrência de rompimento e colapso de barragens, bem como os rendimentos decorrentes de estágio supervisionado e de aprendizagem, **não serão computados** para fins de cálculo da renda familiar per capita.

O BPC ou o benefício previdenciário no valor de até 1 salário mínimo concedido à pessoa idosa acima de 65 anos de idade ou pessoa com deficiência **não será computado**, para fins de concessão do BPC a outra pessoa idosa ou pessoa com deficiência da mesma família.

O BPC **não pode ser acumulado** pelo beneficiário com qualquer outro no âmbito da seguridade social ou de outro regime (RPPS), **salvo** os da assistência médica e da pensão especial de natureza indenizatória, bem como as seguintes transferências de renda:

- Todo brasileiro em situação de vulnerabilidade social terá direito a uma renda básica familiar, garantida pelo poder público em programa permanente de transferência de renda (CF/1988, Art. 6.º, parágrafo único)
- A redução da vulnerabilidade socioeconômica de famílias em situação de pobreza ou de extrema pobreza (CF/1988, Art. 203, inciso VI)
- A renda básica de cidadania, que se consiste no direito de todos os brasileiros residentes no País e estrangeiros residentes há pelo menos 5 anos no Brasil, não importando sua condição socioeconômica, receberem, anualmente, um benefício monetário (Lei n.º 10.835/2004, Art. 1.º).

A condição de acolhimento em instituições de longa permanência (asilos, casas de repouso ou abrigos) **não prejudica** o direito da pessoa idosa ou da pessoa com deficiência ao benefício de prestação continuada.

A concessão do benefício ficará sujeita à **avaliação da deficiência** e do **grau de impedimento causado**, composta por avaliação médica e avaliação social realizadas por médicos peritos e por assistentes sociais do Instituto Nacional de Seguro Social (INSS).

Quanto a avaliação de deficiência, o governo federal segue os critérios e requisitos dispostos no Decreto n.º 11.063/2022.

O INSS poderá celebrar parcerias para a realização da avaliação social, sob a supervisão do serviço social da autarquia.

A avaliação médica poderá ser realizada com o uso de tecnologia de telemedicina ou por análise documental conforme situações e requisitos definidos em regulamento.

Na hipótese de não existirem serviços no município de residência do beneficiário, fica assegurado o seu encaminhamento ao município mais próximo que contar com tal estrutura.

Para concessão do **BPC**, poderão ser utilizados outros elementos probatórios da condição de miserabilidade do grupo familiar e da situação de vulnerabilidade, conforme **regulamento**.

O regulamento supramencionado **poderá ampliar** o limite de renda mensal familiar per capita **para até 1/2 (50%) do salário mínimo**, observadas as seguintes disposições previstas na LOAS.

Na avaliação de **outros elementos probatórios da condição de miserabilidade e da situação de vulnerabilidade**, serão considerados os seguintes aspectos para ampliação do critério de aferição da renda familiar mensal per capita de 1/4 (25%) para 1/2 (50%) do salário mínimo:

1. O grau da deficiência;
2. A dependência de terceiros para o desempenho de atividades básicas da vida diária, e;
3. O comprometimento do orçamento do núcleo familiar exclusivamente com **gastos médicos**, com **tratamentos de saúde**, com **fraldas**, com **alimentos especiais** e com medicamentos da pessoa idosa ou da pessoa com deficiência não disponibilizados gratuitamente pelo SUS, ou com serviços não prestados pelo **SUAS**, desde que comprovadamente necessários à preservação da saúde e da vida.

A ampliação da renda familiar mensal de 1/4 (25%) para 1/2 (50%) do salário mínimo ocorrerá na forma de **escalas graduais**, definidas em regulamento.

O grau da deficiência será aferido por meio de instrumento de **avaliação biopsicossocial**.

O valor referente ao comprometimento do orçamento do núcleo familiar com gastos será definido em ato conjunto do Ministério do Desenvolvimento e Assistência Social, Família e Combate à Fome (MDAS), do Ministério da Previdência Social (MPS) e do INSS, a partir de valores médios dos gastos realizados pelas famílias exclusivamente com essas finalidades, facultada ao interessado a possibilidade de comprovação, conforme critérios definidos em regulamento, de que os gastos efetivos ultrapassam os valores médios.

Essa **avaliação de outros elementos probatórios da condição de miserabilidade e da situação de vulnerabilidade** realizada pelo governo nada mais é do que um **alinhamento** do poder executivo ao entendimento consolidado do Supremo Tribunal Federal (STF).

Em inúmeras decisões nos últimos anos, o Supremo considerou **inconstitucional** o critério de miserabilidade originalmente previsto na LOAS (renda familiar per capita de 1/4 do salário mínimo).

Em suma, o cidadão pode estar no leito de uma família com renda per capita superior a 25% do salário mínimo e mesmo assim passar por muitas dificuldades.

Por muito tempo, o poder judiciário, com base nessas decisões do STF, vinha concedendo o BPC a várias pessoas que ultrapassavam o limite da LOAS, mas eram hipossuficientes. Em suma, o judiciário adotava **critérios mais elásticos**.

Atualmente, com a avaliação de outros elementos probatórios da condição de miserabilidade e da situação de vulnerabilidade, o poder executivo começou a adotar a mesma linha do STF, evitando inúmeras ações judiciais e, principalmente, atendendo a camada mais necessitada da sociedade.

Dando continuidade, são requisitos para a **concessão**, a manutenção e a revisão do benefício as inscrições no Cadastro de Pessoas Físicas (**CPF**) e no Cadastro Único para Programas Sociais do Governo Federal (**CadÚnico**).

O BPC será devido a mais de um membro da mesma família enquanto atendidos os requisitos exigidos na LOAS.

O benefício de prestação continuada (**BPC**) será devido após o **cumprimento**, pelo requerente, de **todos os requisitos legais e regulamentares** exigidos para a sua concessão, inclusive apresentação da documentação necessária, **devendo o seu pagamento ser efetuado em até 45 dias após cumpridas todas as exigências**.

No caso de o primeiro pagamento ser feito após o prazo de 45 dias, aplicar-se-á na sua atualização o mesmo critério adotado pelo INSS na atualização do primeiro pagamento de benefício previdenciário em atraso.

O benefício de prestação continuada (**BPC**) deve ser **revisto a cada 2 anos** para avaliação da continuidade das condições que lhe deram origem.

O pagamento do benefício **cessa** no momento em que forem **superadas** as condições referidas acima ou em caso de morte do beneficiário.

O benefício será **cancelado** quando se constatar **irregularidade** na sua concessão ou utilização.

O desenvolvimento das capacidades cognitivas, motoras ou educacionais e a realização de atividades não remuneradas de habilitação e reabilitação, entre outras, **não constituem motivo de suspensão ou cessação do benefício da pessoa com deficiência**.

A cessação do **BPC** concedido à pessoa com deficiência não impede nova concessão do benefício, desde que atendidos os requisitos definidos em regulamento.

O beneficiário em gozo de benefício de prestação continuada (**BPC**) concedido judicial ou administrativamente **poderá ser convocado** para avaliação das condições que ensejaram sua concessão ou manutenção, sendo-lhe exigida a presença dos requisitos previstos na LOAS.

O benefício de prestação continuada (BPC) será **suspenso** pelo órgão concedente (INSS que operacionaliza e paga) quando a **pessoa com deficiência exercer atividade remunerada**, inclusive na condição de microempreendedor individual.

Extinta a relação trabalhista ou a atividade empreendedora supramencionadas e, quando for o caso, encerrado o prazo de pagamento do seguro desemprego e não tendo o beneficiário adquirido direito a qualquer benefício previdenciário, poderá **ser requerida a continuidade do pagamento do benefício suspenso**, sem necessidade de realização de perícia médica ou reavaliação da deficiência e do grau de incapacidade para esse fim, respeitado o período de revisão de 2 anos.

A contratação de pessoa com deficiência como aprendiz não acarreta a suspensão do benefício de prestação continuada, limitado a 2 anos o recebimento concomitante da remuneração e do benefício.

Saindo um pouco da LOAS, tem-se a Lei n.º 13.985/2020 que instituiu a **pensão especial destinada a crianças com Síndrome Congênita do Zika Vírus**, nascidas entre 01/01/2015 e 31/12/2019, beneficiárias do **BPC**.

A pensão especial será **mensal**, **vitalícia** e **intransferível** e terá o valor de **1 salário mínimo**.

A pensão especial não poderá ser acumulada com indenizações pagas pela União em razão de decisão judicial sobre os mesmos fatos ou com o BPC.

O reconhecimento da pensão especial ficará condicionado à **desistência** de açao judicial que tenha por objeto pedido idêntico sobre o qual versa o processo administrativo.

A pensão especial será devida a partir do dia posterior à cessação do BPC ou dos benefícios, que não poderão ser acumulados com a pensão.

Por fim, a pensão especial **não gerará direito a abono ou a pensão por morte**.

2.4.2. Os Benefícios Eventuais

Entendem-se por **benefícios eventuais** as provisões suplementares e provisórias que integram organicamente as garantias do **SUAS** e são prestadas aos cidadãos e às famílias em virtude de **nascimento**, **morte**, **situações de vulnerabilidade temporária** e de **calamidade pública**.

A concessão e o valor desse benefícios serão definidos pelos Estados, Distrito Federal e Municípios e previstos nas respectivas leis orçamentárias anuais, com base em critérios e prazos definidos pelos respectivos Conselhos de Assistência Social.

O CNAS, ouvidas as respectivas representações de Estados e Municípios dele participantes, **poderá propor**, na medida das disponibilidades orçamentárias das 3 esferas de governo, a instituição de benefícios subsidiários no valor de até 25% do salário mínimo para cada criança de até 6 anos de idade.

Os benefícios eventuais subsidiários **não poderão ser cumulados** com aqueles instituídos pela Lei n.º 10.458/2002 (Programa Bolsa Renda) e pela Lei n.º 10.954/2004 (Programa de Resposta aos Desastres e Auxílio Emergencial Financeiro).

Por fim, com a implantação dos benefícios de prestação continuada (BPC) e dos benefícios eventuais, **foram extintos** os seguintes benefícios previdenciários previstos originalmente na Lei n.º 8.213/1991 (Planos de Benefícios da Previdência Social): renda mensal vitalícia, auxílio natalidade e o auxílio funeral.

2.4.3. Os Serviços Socioassistenciais

Entendem-se por **serviços socioassistenciais** as atividades continuadas que **visem à melhoria de vida da população** e cujas ações, voltadas para as necessidades básicas, observem os objetivos, princípios e diretrizes estabelecidos na LOAS.

O regulamento instituirá os serviços socioassistenciais.

Na organização dos serviços da assistência social serão criados **programas de amparo**, entre outros:

1. Às crianças e adolescentes em situação de risco pessoal e social, em cumprimento ao disposto no Art. 227 da Constituição Federal e na Lei n.º 8.069/1990 (Estatuto da Criança e do Adolescente – ECA), e;
2. Às pessoas que vivem em situação de rua.

Para constar, essa é a redação presente na CF/1988:

> Art. 227. É dever da família, da sociedade e do Estado assegurar à criança, ao adolescente e ao jovem, com absoluta prioridade, o direito à vida, à saúde, à alimentação, à educação, ao lazer, à profissionalização, à cultura, à dignidade, ao respeito, à liberdade e à convivência familiar e comunitária,

além de colocá-los a salvo de toda forma de negligência, discriminação, exploração, violência, crueldade e opressão.

2.4.4. Os Programas de Assistência Social

Os **programas de assistência social** compreendem **ações integradas e complementares** com objetivos, tempo e área de abrangência definidos para qualificar, incentivar e melhorar os benefícios e os serviços assistenciais.

Os programas serão definidos pelos respectivos Conselhos de Assistência Social, obedecidos os objetivos e princípios que regem a LOAS, com prioridade para a inserção profissional e social.

Os programas voltados para a pessoa idosa e a integração da pessoa com deficiência serão devidamente **articulados** com o benefício de prestação continuada (BPC).

2.4.4.1. A Proteção e Atendimento Integral à Família (PAIF)

Foi instituído o **Serviço de Proteção e Atendimento Integral à Família (PAIF)**, que integra a **proteção social básica** e consiste na oferta de ações e serviços socioassistenciais de prestação continuada, nos **CRAS**, por meio do trabalho social com famílias em situação de vulnerabilidade social, com o objetivo de prevenir o rompimento dos vínculos familiares e a violência no âmbito de suas relações, garantindo o direito à convivência familiar e comunitária.

Regulamento definirá as diretrizes e os procedimentos do **PAIF**.

2.4.4.2. A Proteção e Atendimento Especializado a Famílias e Indivíduos (PAEFI)

Foi instituído o **Serviço de Proteção e Atendimento Especializado a Famílias e Indivíduos** (PAEFI), que integra a **proteção social especial** e consiste no apoio, orientação e acompanhamento a famílias e indivíduos em situação de ameaça ou violação de direitos, articulando os serviços socioassistenciais com as diversas políticas públicas e com órgãos do sistema de garantia de direitos.

Regulamento definirá as diretrizes e os procedimentos do **PAEFI**.

2.4.4.3. O Programa de Erradicação do Trabalho Infantil (PETI)

Foi instituído o **Programa de Erradicação do Trabalho Infantil** (PETI), de caráter intersetorial, integrante da Política Nacional de Assistência Social (PNAS), que, no âmbito do **SUAS**, compreende **transferências de renda**, **tra-**

balho social com famílias e oferta de **serviços socioeducativos para crianças e adolescentes que se encontrem em situação de trabalho.**

O **PETI** tem abrangência nacional e será desenvolvido de forma articulada pelos entes federados, com a participação da sociedade civil, e tem como objetivo contribuir para a retirada de crianças e adolescentes com idade inferior a 16 anos em situação de trabalho, ressalvada a condição de aprendiz, a partir de 14 anos.

As crianças e os adolescentes em situação de trabalho deverão ser identificados e ter os seus dados inseridos no Cadastro Único para Programas Sociais do Governo Federal (**CadÚnico**), com a devida identificação das situações de trabalho infantil.

2.4.5. Os Projetos de Enfrentamento da Pobreza

Os **projetos de enfrentamento da pobreza** compreendem a instituição de investimento econômico-social nos **grupos populares**, buscando subsidiar, financeira e tecnicamente, iniciativas que lhes garantam meios, capacidade produtiva e de gestão para melhoria das condições gerais de subsistência, **elevação do padrão da qualidade de vida**, a preservação do meio-ambiente e sua organização social.

O incentivo a projetos de enfrentamento da pobreza assentar-se-á em mecanismos de articulação e de participação de diferentes áreas governamentais e em sistema de cooperação entre organismos governamentais, não governamentais e da sociedade civil.

2.4.6. O Auxílio Inclusão à Pessoa com Deficiência

Com o advento da Lei n.º 14.176/2021, terá direito à concessão do **auxílio inclusão à pessoa com deficiência moderada** ou **grave** que, **cumulativamente**:

1. Receba o benefício de prestação continuada (**BPC**) e passe a exercer atividade:
   a) Que tenha remuneração limitada a 2 salários mínimos, e;
   b) Que enquadre o beneficiário como **segurado obrigatório** do Regime Geral de Previdência Social (**RGPS**) ou como **filiado** a regime próprio de previdência social da União, dos Estados, do Distrito Federal ou dos Municípios (**RPPS**).
2. Tenha inscrição atualizada no **CadÚnico** no momento do requerimento do auxílio inclusão;
3. Tenha inscrição regular no CPF, e;

4. Atenda aos critérios de manutenção do **BPC**, incluídos os critérios relativos à renda familiar mensal per capita exigida para o acesso ao benefício.

O Auxílio Inclusão poderá ainda ser concedido, nos termos do item 1 supra, mediante requerimento e **sem retroatividade no pagamento**, ao beneficiário:

a) Que tenha recebido o **BPC** nos 5 anos imediatamente anteriores ao exercício da atividade remunerada, e;

b) Pessoa com deficiência que tenha tido seu benefício suspenso por exercer atividade remunerada, inclusive na condição de microempreendedor individual.

O valor do auxílio inclusão percebido por um membro da família **não será considerado no cálculo da renda familiar mensal per capita** de que trata o item 4 supra, para fins de concessão e de manutenção de outro auxílio inclusão no âmbito do mesmo grupo familiar.

O valor do auxílio inclusão e o da remuneração do beneficiário do auxílio inclusão de que trata a alínea "a" do item 1 supra percebidos por um membro da família **não serão considerados no cálculo da renda familiar mensal per capita** para fins de manutenção de **BPC** concedido anteriormente a outra pessoa do mesmo grupo familiar.

Para fins de cálculo da renda familiar per capita de que trata o item 4 supra, serão **desconsideradas**:

1. As remunerações obtidas pelo requerente em decorrência de exercício de atividade laboral, desde que o total recebido no mês seja igual ou **inferior** a 2 salários mínimos, e;

2. As rendas oriundas dos rendimentos decorrentes de estágio supervisionado e de aprendizagem.

O auxílio inclusão será devido a partir da data do requerimento, e o seu valor corresponderá a **50%** do valor do benefício de prestação continuada (**BPC**) em vigor.

Ao requerer o auxílio inclusão, o beneficiário **autorizará a suspensão** do benefício de prestação continuada.

O Auxílio Inclusão será concedido **automaticamente** pelo INSS, observado o preenchimento dos demais requisitos, mediante constatação, pela própria autarquia ou pelo Ministério do Desenvolvimento e Assistência Social, Família e Combate à Fome (MDAS), de acumulação do benefício de prestação continuada com o exercício de atividade remunerada.

Na hipótese acima, o auxílio inclusão será devido a partir do primeiro dia da competência em que se identificou a ocorrência de acumulação do benefício de prestação continuada com o exercício de atividade remunerada, e o titular deverá ser notificado quanto à alteração do benefício e suas consequências administrativas.

O pagamento do auxílio inclusão **não será acumulado** com o pagamento de:

1. Benefício de prestação continuada (BPC);
2. Prestações a título de aposentadoria, de pensões ou de benefícios por incapacidade pagos por qualquer regime de previdência social, ou;
3. Seguro desemprego.

Conforme disposto na LOAS, o pagamento do auxílio inclusão **cessará** na hipótese de o beneficiário:

1. Deixar de atender aos critérios de manutenção do benefício de prestação continuada (BPC), ou;
2. Deixar de atender aos critérios de concessão do auxílio inclusão.

Ato do poder executivo federal disporá sobre o procedimento de verificação dos critérios de manutenção e de revisão do auxílio inclusão.

Para constar, o auxílio inclusão **não** está sujeito a desconto de qualquer contribuição e **não** gera direito a pagamento de abono anual.

Compete ao Ministério do Desenvolvimento e Assistência Social, Família e Combate à Fome (**MDAS**) a gestão do auxílio inclusão, e ao **INSS** a sua operacionalização e pagamento.

As despesas decorrentes do pagamento do auxílio inclusão correrão à conta do orçamento do Ministério do Desenvolvimento e Assistência Social, Família e Combate à Fome (MDAS).

O regulamento indicará o órgão do poder executivo responsável por avaliar os impactos da concessão do auxílio inclusão na participação no mercado de trabalho, na redução de desigualdades e no exercício dos direitos e liberdades fundamentais das pessoas com deficiência.

Por fim, no prazo de 10 anos, contado da data de publicação da Lei n.º 14.176/2021 (23/06/2021), será promovida a revisão do auxílio inclusão, observado o disposto no parágrafo acima, com vistas a seu aprimoramento e ampliação.

2.4.7. A Preferência no Pagamento de Benefícios Assistenciais

Com o advento da Lei n.º 13.014/2014, os seguintes **benefícios monetários** serão **pagos preferencialmente à mulher responsável pela unidade familiar**, quando cabível:

- Os benefícios eventuais;
- O Programa de Erradicação do Trabalho Infantil (PETI), e;
- Os projetos de enfrentamento da pobreza.

2.5. O Financiamento da Assistência Social

O **financiamento** dos benefícios, serviços, programas e projetos estabelecidos na LOAS far-se-á com os **recursos** da União, dos Estados, do Distrito Federal e dos Municípios, das demais **contribuições sociais** previstas no Art. 195 da Constituição Federal, além daqueles que compõem o **Fundo Nacional de Assistência Social (FNAS)**.

Assim, o financiamento da assistência social terá por base:

1. Recursos orçamentários dos entes políticos (União, Estados, DF e Municípios);
2. Contribuições Sociais (Cota patronal sobre folha de salários, PIS, COFINS, CSLL, contribuição do trabalhador, contribuição sobre concursos de prognósticos, PIS importação e COFINS importação), e;

→ **PIS e COFINS serão extintas em 2027 (Reforma Tributária de 2023).**

3. Recursos do FNAS.

Cabe ao órgão da Administração Pública responsável pela coordenação da Política de Assistência Social (**MDAS**) nas 3 esferas de governo **gerir** o Fundo de Assistência Social, sob orientação e controle dos respectivos Conselhos de Assistência Social.

O financiamento da assistência social no **SUAS** deve ser efetuado mediante cofinanciamento dos 3 entes federados, devendo os recursos alocados nos fundos de assistência social ser voltados à operacionalização, prestação, aprimoramento e viabilização dos serviços, programas, projetos e benefícios desta política.

Os recursos de responsabilidade da União destinados à assistência social serão **automaticamente** repassados ao Fundo Nacional de Assistência Social (**FNAS**), à medida que se forem realizando as receitas.

Os recursos de responsabilidade da União destinados ao financiamento dos benefícios de prestação continuada (**BPC**) poderão ser repassados pelo Ministério do Desenvolvimento e Assistência Social, Família e Combate à Fome (MDAS) **diretamente** ao INSS, órgão responsável pela sua execução e manutenção.

É **condição** para os repasses, aos Municípios, aos Estados e ao Distrito Federal, dos recursos de que trata esta lei, **a efetiva instituição e funcionamento de**:

1. Conselho de Assistência Social, de composição paritária entre governo e sociedade civil;
2. Fundo de Assistência Social, com orientação e controle dos respectivos Conselhos de Assistência Social, e;
3. Plano de Assistência Social.

É, ainda, **condição** para transferência de recursos do FNAS aos Estados, ao Distrito Federal e aos Municípios a **comprovação** orçamentária dos recursos próprios destinados à Assistência Social, alocados em seus respectivos Fundos de Assistência Social.

O cofinanciamento dos serviços, programas, projetos e benefícios eventuais, no que couber, e o aprimoramento da gestão da política de assistência social no **SUAS** se efetuam por meio de **transferências automáticas** entre os fundos de assistência social e mediante alocação de recursos próprios nesses fundos nas 3 esferas de governo.

Caberá ao ente federado responsável pela utilização dos recursos do respectivo Fundo de Assistência Social o **controle** e o **acompanhamento** dos serviços, programas, projetos e benefícios, por meio dos respectivos órgãos de controle, independentemente de ações do órgão repassador dos recursos.

A utilização dos recursos federais descentralizados para os fundos de assistência social dos Estados, dos Municípios e do Distrito Federal será **declarada** pelos entes recebedores ao ente transferidor, **anualmente**, mediante relatório de gestão submetido à apreciação do respectivo Conselho de Assistência Social, que comprove a execução das ações na forma de regulamento.

Por fim, os entes transferidores poderão **requisitar** informações referentes à aplicação dos recursos oriundos do seu fundo de assistência social, para fins de análise e acompanhamento de sua boa e regular utilização.

2.6. As Disposições Gerais

Neste ponto, vou desconsiderar as disposições transitórias e apresentar somente as disposições gerais que são válidas para os nossos estudos.

Cabe ao Ministério Público zelar pelo efetivo respeito aos direitos estabelecidos na LOAS. O que não é nenhuma novidade, uma vez que o MP é o fiscal da lei em nosso país.

Cabe ao órgão da Administração Pública Federal responsável pela coordenação da Política Nacional de Assistência Social (**MDAS**) operar os benefícios de prestação continuada de que trata a LOAS, podendo, para tanto, contar com o **concurso** de outros órgãos do governo federal, na forma a ser estabelecida em regulamento.

O regulamento definirá as formas de comprovação do direito ao benefício, as condições de sua suspensão, os procedimentos em casos de curatela e tutela e o órgão de credenciamento, de pagamento e de fiscalização, dentre outros aspectos.

As entidades e organizações de assistência social (EOAS) que incorrerem em **irregularidades** na aplicação dos recursos que lhes foram repassados pelos poderes públicos terão a sua vinculação ao SUAS cancelada, sem prejuízo de responsabilidade civil e penal.

O Conselho Nacional de Assistência Social (CNAS), por decisão da **maioria absoluta** de seus membros, respeitados o orçamento da seguridade social e a disponibilidade do Fundo Nacional de Assistência Social (FNAS), poderá **propor** ao Poder Executivo a alteração dos limites de renda mensal per capita de até 1/4 (25%) do salário mínimo para o BPC e para os benefícios eventuais.

Por fim, os eventuais débitos do beneficiário decorrentes de recebimento irregular do benefício de prestação continuada (BPC) ou do auxílio inclusão poderão ser consignados no valor mensal desses benefícios, nos termos do regulamento.

3. O REGULAMENTO DO BPC (DECRETO N.º 6.214/2007)

Sem dúvidas, o benefício assistencial mais importante é o **BPC**, por isso existe regulamento próprio para o mesmo.

Assim, nesta parte do curso, iremos avançar sobre os pontos mais importantes do Decreto n.º 6.214/2007, atualizado até o Decreto n.º 10.554/2020.

Será uma revisão e um aprofundamento no tema BPC.

3.1. O Benefício de Prestação Continuada (BPC) e o Beneficiário

O Benefício de Prestação Continuada (**BPC**) previsto na LOAS, é a garantia de **1 salário mínimo mensal** à **pessoa com deficiência** e à pessoa **idosa**, com idade de **65 anos ou mais**, que comprovem não possuir meios para prover a própria manutenção e nem de tê-la provida por sua família.

O BPC integra a **proteção social básica** no âmbito do Sistema Único de Assistência Social (**SUAS**), instituído pelo Ministério do Desenvolvimento e

Assistência Social, Família e Combate à Fome (MDAS), em consonância com o estabelecido pela Política Nacional de Assistência Social (PNAS).

O BPC é constitutivo da PNAS e **integrado** às demais políticas setoriais, e visa ao enfrentamento da pobreza, à garantia da proteção social, ao provimento de condições para atender contingências sociais e à universalização dos direitos sociais.

A plena atenção à pessoa com deficiência e à pessoa idosa beneficiário do Benefício de Prestação Continuada (BPC) exige que os gestores da assistência social mantenham ação integrada às demais ações das políticas setoriais nacional, estaduais, municipais e do Distrito Federal, principalmente no campo da saúde, segurança alimentar, habitação e educação.

Compete ao Ministério do Desenvolvimento e Assistência Social, Família e Combate à Fome (MDAS) a implementação, a coordenação-geral, a regulação, o financiamento, o monitoramento e a avaliação da prestação do benefício, sem prejuízo das iniciativas compartilhadas com Estados, Distrito Federal e Municípios, em consonância com as diretrizes do **SUAS** e da descentralização político-administrativa.

O Instituto Nacional do Seguro Social (**INSS**) é o responsável pela **operacionalização** do Benefício de Prestação Continuada (BPC), nos termos deste Regulamento.

Para os fins do reconhecimento do direito ao benefício, considera-se:

1. Pessoa Idosa: Aquela com idade de **65 anos ou mais**;
2. Pessoa com Deficiência: Aquela que tem **impedimentos de longo prazo** de natureza física, mental, intelectual ou sensorial, os quais, em interação com diversas barreiras, podem **obstruir** sua participação plena e efetiva na sociedade em igualdade de condições com as demais pessoas;
3. Incapacidade: Fenômeno multidimensional que abrange limitação do desempenho de atividade e restrição da participação, com redução efetiva e acentuada da capacidade de inclusão social, em correspondência à interação entre a pessoa com deficiência e seu ambiente físico e social;
4. Família incapaz de prover a Manutenção da Pessoa com Deficiência ou da Pessoa Idosa: Aquela cuja renda mensal bruta familiar dividida pelo número de seus integrantes **seja inferior a 1/4 (25%) do salário mínimo**;
5. Família para Cálculo da Renda per Capita: Conjunto de pessoas composto pelo requerente, o cônjuge, o companheiro, a compa-

nheira, os pais e, na ausência de um deles, a madrasta ou o padrasto, os irmãos solteiros, os filhos e enteados solteiros e os menores tutelados, desde que vivam sob o mesmo teto, e;

6. Renda Mensal Bruta Familiar: A soma dos rendimentos brutos auferidos mensalmente pelos membros da família composta por salários, proventos, pensões, pensões alimentícias, benefícios de previdência pública ou privada, seguro desemprego, comissões, pró-labore, outros rendimentos do trabalho não assalariado, rendimentos do mercado informal ou autônomo, rendimentos auferidos do patrimônio, Renda Mensal Vitalícia e Benefício de Prestação Continuada (BPC), exceto o Benefício de Prestação Continuada (BPC) concedido a pessoa idosa, que não será computado no cálculo para fins de concessão do Benefício de Prestação Continuada a outra pessoa idosa da mesma família.

Para fins de reconhecimento do direito ao Benefício de Prestação Continuada (BPC) às crianças e adolescentes menores de 16 anos de idade, deve ser avaliada a existência da deficiência e o seu impacto na limitação do desempenho de atividade e restrição da participação social, compatível com a idade.

Para fins do disposto no item 6 acima, **não serão computados como renda mensal bruta familiar**:

1. Benefícios e auxílios assistenciais de natureza eventual e temporária;
2. Valores oriundos de programas sociais de transferência de renda;
3. Bolsas de estágio supervisionado;
4. Pensão especial de natureza indenizatória e benefícios de assistência médica;
5. Rendas de natureza eventual ou sazonal, a serem regulamentadas em ato conjunto do Ministério do Desenvolvimento e Assistência Social, Família e Combate à Fome (MDAS) e do INSS, e;
6. Rendimentos decorrentes de contrato de aprendizagem.

Considera-se impedimento de longo prazo aquele que produza efeitos pelo **prazo mínimo de 2 anos**.

O beneficiário **não pode acumular** o Benefício de Prestação Continuada com outro benefício no âmbito da Seguridade Social ou de outro regime, inclusive o Seguro Desemprego, ressalvados o de assistência médica e a pensão especial de natureza indenizatória.

A acumulação do benefício com a remuneração advinda do contrato de aprendizagem pela pessoa com deficiência é **limitada ao prazo máximo de 2 anos**.

A condição de acolhimento em instituições de longa permanência, como abrigo, hospital ou instituição congênere **não prejudica** o direito da pessoa idosa ou da pessoa com deficiência ao Benefício de Prestação Continuada (BPC).

O Benefício de Prestação Continuada (BPC) é devido ao brasileiro, nato ou naturalizado, e às pessoas de nacionalidade portuguesa, em qualquer dos casos, residência no Brasil e atendam a todos os demais critérios estabelecidos neste Regulamento. → **Estrangeiros residentes também (Tema STF n.º 173).**

3.2. A Habilitação, a Concessão, a Manutenção, a Representação e o Indeferimento

3.2.1. A Habilitação e a Concessão

Para fazer jus ao Benefício de Prestação Continuada (BPC), **a pessoa idosa** deverá comprovar:

1. Contar com **65 anos de idade ou mais**;
2. Renda mensal bruta familiar, dividida pelo número de seus integrantes, **inferior a 1/4 (25%) do salário mínimo**, e;
3. Não possuir outro benefício no âmbito da Seguridade Social ou de outro regime, inclusive o seguro desemprego, salvo o de assistência médica e a pensão especial de natureza indenizatória.

A comprovação da condição prevista no item 3 poderá ser feita mediante declaração da pessoa idosa ou, no caso de sua incapacidade para os atos da vida civil, do seu curador.

Para fazer jus ao Benefício de Prestação Continuada (BPC), a **pessoa com deficiência** deverá comprovar:

1. A existência de **impedimentos de longo prazo** de natureza física, mental, intelectual ou sensorial, os quais, em interação com diversas barreiras, **obstruam** sua participação plena e efetiva na sociedade em igualdade de condições com as demais pessoas, na forma prevista neste Regulamento;
2. Renda mensal bruta familiar do requerente, dividida pelo número de seus integrantes, inferior a 1/4 (25%) do salário mínimo, e;
3. Não possuir outro benefício no âmbito da Seguridade Social ou de outro regime, inclusive o Seguro Desemprego, salvo o de assistência

médica e a pensão especial de natureza indenizatória, bem como a remuneração advinda de contrato de aprendizagem.

A comprovação da condição prevista no item 3 poderá ser feita mediante declaração da pessoa com deficiência ou, no caso de sua incapacidade para os atos da vida civil, do seu curador ou tutor.

A pessoa com deficiência e a pessoa idosa deverão informar o número de inscrição no Cadastro de Pessoas Físicas (CPF) e apresentar documento com foto reconhecido por lei como prova de identidade do requerente.

As crianças e os adolescentes menores de 16 anos poderão apresentar apenas a certidão de nascimento para fins da identificação.

Para fins de identificação da pessoa com deficiência e da pessoa idosa e de comprovação da idade da pessoa idosa, no caso de brasileiro naturalizado, deverão ser apresentados os seguintes documentos:

1. Título declaratório de nacionalidade brasileira, e;
2. Carteira de identidade ou Carteira de Trabalho e Previdência Social (CTPS).

São requisitos para a concessão, a manutenção e a revisão do benefício as inscrições no Cadastro de Pessoas Físicas (CPF) e no Cadastro Único para Programas Sociais do Governo Federal (cadÚnico).

O beneficiário que não realizar a inscrição ou atualização no cadÚnico terá seu benefício **suspenso** após encerrado o prazo estabelecido na legislação.

O benefício será concedido ou mantido apenas quando o cadÚnico estiver atualizado e válido.

As informações para o cálculo da renda familiar mensal per capita serão **declaradas** no momento da inscrição da família do requerente no cadÚnico, ficando o declarante sujeito às penas previstas em lei no caso de omissão de informação ou de declaração falsa.

Por ocasião do requerimento do benefício, o requerente **ratificará** as informações declaradas no cadÚnico, ficando sujeito às penas previstas em lei no caso de omissão de informação ou de declaração falsa.

Na análise do requerimento do benefício, o INSS confrontará as informações do cadÚnico, referentes à renda, com outros cadastros ou bases de dados de órgãos da administração pública disponíveis, prevalecendo as informações que indiquem maior renda se comparadas àquelas declaradas no cadÚnico.

Compete ao INSS e aos órgãos autorizados pelo Ministério do Desenvolvimento e Assistência Social, Família e Combate à Fome (MDAS), quando necessário, **verificar** junto a outras instituições, inclusive de previdência, a existência de benefício ou de renda em nome do requerente ou beneficiário e dos integrantes da família.

Na hipótese de as informações do cadÚnico serem **insuficientes** para a análise conclusiva do benefício, o INSS:

1. Comunicará o interessado, o qual deverá atualizar seu cadastro junto ao órgão local responsável pelo cadÚnico no prazo de 30 dias;
2. Concluirá a análise após decorrido o prazo de 30 dias, e;
3. No caso de o cadastro não ser atualizado no prazo de 30 dias, indeferirá a solicitação para receber o benefício.

Quando o requerente for pessoa em situação de rua deve ser adotado, como referência, o endereço do serviço da rede socioassistencial pelo qual esteja sendo acompanhado, ou, na falta deste, de pessoas com as quais mantém **relação de proximidade**.

Será considerado família do requerente em situação de rua: o cônjuge, o companheiro, a companheira, os pais e, na ausência de um deles, a madrasta ou o padrasto, os irmãos solteiros, os filhos e enteados solteiros e os menores tutelados, desde que convivam com o requerente na mesma situação, devendo, neste caso, ser relacionadas na Declaração da Composição e Renda Familiar.

Entende-se por **relação de proximidade**, aquela que se estabelece entre o requerente em situação de rua e as pessoas indicadas pelo próprio requerente como pertencentes ao seu ciclo de convívio que podem facilmente localizá-lo.

O Benefício de Prestação Continuada (BPC) poderá ser requerido por meio dos canais de atendimento do INSS ou nos órgãos autorizados para este fim.

Os formulários utilizados para o requerimento do benefício serão disponibilizados, por meio dos sítios eletrônicos:

1. Do Ministério do Desenvolvimento e Assistência Social, Família e Combate à Fome (MDAS);
2. Do INSS, ou;
3. Dos órgãos autorizados pelo MDAS ou pelo INSS.

A concessão do benefício dependerá da prévia inscrição do interessado no CPF e no cadÚnico, este último atualizado e válido.

O requerimento do benefício deverá ser realizado por meio dos canais de atendimento da Previdência Social ou de outros canais definidos em ato do Ministério do Desenvolvimento e Assistência Social, Família e Combate à Fome (MDAS).

Na hipótese de não ser o requerente alfabetizado ou de estar impossibilitado para assinar o pedido, será admitida a aposição da impressão digital na presença de funcionário do órgão recebedor do requerimento.

A existência de formulário próprio não impedirá que seja aceito qualquer requerimento pleiteando o benefício, desde que nele constem os dados imprescindíveis ao seu processamento.

A apresentação de documentação **incompleta** não **constitui motivo de recusa liminar** do requerimento do benefício.

Na hipótese de ser verificado que a renda familiar mensal per capita não atende aos requisitos de concessão do benefício, o pedido deverá ser **indeferido** pelo INSS, sendo desnecessária a avaliação da deficiência.

A concessão do benefício à pessoa com deficiência ficará sujeita à **avaliação da deficiência e do grau de impedimento**, com base nos princípios da Classificação Internacional de Funcionalidades, Incapacidade e Saúde (CIF).

A avaliação da deficiência e do grau de impedimento será realizada por meio de avaliação social e avaliação médica.

A avaliação social considerará os fatores ambientais, sociais e pessoais, a avaliação médica considerará as deficiências nas funções e nas estruturas do corpo, e ambas considerarão a limitação do desempenho de atividades e a restrição da participação social, segundo suas especificidades.

As avaliações serão realizadas, respectivamente, pelo serviço social e pela perícia médica do INSS, por meio de instrumentos desenvolvidos especificamente para este fim, instituídos por ato conjunto do Ministro de Estado do Desenvolvimento e Assistência Social, Família e Combate à Fome e do Presidente do INSS.

O Ministério do Desenvolvimento e Assistência Social, Família e Combate à Fome (MDAS) e o INSS garantirão as condições necessárias para a realização da avaliação social e da avaliação médica necessárias ao Benefício de Prestação Continuada.

A avaliação da deficiência e do grau de impedimento tem por **objetivo**:

1. Comprovar a existência de impedimentos de longo prazo de natureza física, mental, intelectual ou sensorial, e;
2. Aferir o grau de restrição para a participação plena e efetiva da pessoa com deficiência na sociedade, decorrente da interação dos impedimentos a que se refere o inciso I com barreiras diversas.

Na hipótese de não ser possível prever a duração dos impedimentos a que se refere o item 1, mas existir a possibilidade de que se estendam por longo prazo, o **benefício poderá ser concedido**, conforme o disposto em ato do Ministro de Estado do Desenvolvimento e Assistência Social, Família e Combate à Fome.

Na hipótese do benefício concedido nos termos do parágrafo anterior, os beneficiários deverão ser **prioritariamente** submetidos a novas avaliações da deficiência, observado o intervalo máximo de 2 anos.

A avaliação da deficiência e do grau de impedimento observará os instrumentos para avaliação da deficiência, a partir de sua criação, permitindo inclusive que outras políticas para pessoas com deficiência se beneficiem das informações.

Sem prejuízo do compartilhamento das informações de que trata o parágrafo supra, o acesso à avaliação da deficiência e do grau de impedimento, com a finalidade de permitir que outras políticas para pessoas com deficiência dela se beneficiem, dependerá de **prévio consentimento** do titular da informação.

O consentimento de acesso à avaliação poderá ser manifestado no momento da prestação das referidas informações ou quando do requerimento de acesso à política pública.

Ato do Ministro de Estado do Desenvolvimento e Assistência Social, Família e Combate à Fome estabelecerá diretrizes para o escalonamento, a priorização e os casos que serão dispensados das reavaliações em razão da deficiência constatada.

Na hipótese de não existirem serviços pertinentes para avaliação da deficiência e do grau de impedimento no município de residência do requerente ou beneficiário, fica assegurado o seu encaminhamento ao **município mais próximo** que contar com tal estrutura, devendo o INSS realizar o pagamento das despesas de transporte e diárias com recursos oriundos do Fundo Nacional de Assistência Social (FNAS).

Caso o requerente ou beneficiário necessite de acompanhante, a viagem deste deverá ser autorizada pelo INSS, aplicando-se o disposto acima.

O valor da diária paga ao requerente ou beneficiário e seu acompanhante será igual ao valor da diária concedida aos beneficiários do Regime Geral de Previdência Social (RGPS).

Caso o requerente ou beneficiário esteja impossibilitado de se apresentar no local de realização da avaliação da deficiência e do grau de impedimento a que se refere o caput, os profissionais deverão deslocar-se até o interessado.

A concessão do Benefício de Prestação Continuada (BPC) **independe** da interdição judicial da pessoa idosa ou da pessoa com deficiência.

O Benefício de Prestação Continuada (BPC) **será devido a mais de um membro da mesma família** enquanto atendidos os requisitos exigidos neste Regulamento.

O valor do Benefício de Prestação Continuada (BPC) concedido a pessoa idosa **não será computado no cálculo da renda mensal bruta familiar**, para fins de concessão do Benefício de Prestação Continuada (BPC) a outra pessoa idosa da mesma família.

O Benefício de Prestação Continuada (BPC) será devido com o cumprimento de todos os requisitos legais e regulamentares exigidos para a sua concessão, **devendo o seu pagamento ser efetuado em até 45 dias após cumpridas as exigências**.

Para fins de atualização dos valores pagos em atraso, serão aplicados os mesmos critérios adotados pela legislação previdenciária.

Fica o INSS obrigado a emitir e enviar ao requerente o aviso de concessão ou de indeferimento do benefício, e, neste caso, com indicação do motivo.

3.2.2. A Manutenção e a Representação

O Benefício de Prestação Continuada (BPC) não está sujeito a desconto de qualquer contribuição e **não gera direito ao pagamento de abono anual**.

O Benefício de Prestação Continuada (BPC) é **intransferível, não gerando direito à pensão por morte aos herdeiros ou sucessores**.

O valor do resíduo não recebido em vida pelo beneficiário será pago aos seus herdeiros ou sucessores, na forma da lei civil.

O desenvolvimento das capacidades cognitivas, motoras ou educacionais e a realização de atividades não remuneradas de habilitação e reabilitação, dentre outras, **não constituem motivo de suspensão ou cessação do benefício da pessoa com deficiência**.

A **cessação** do Benefício de Prestação Continuada (BPC) concedido à pessoa com deficiência, inclusive em razão do seu ingresso no mercado de trabalho, não impede nova concessão do benefício desde que atendidos os requisitos exigidos neste Regulamento.

O benefício será pago pela rede bancária autorizada e, nas localidades onde não houver estabelecimento bancário, o pagamento será efetuado por órgãos autorizados pelo INSS.

O pagamento do Benefício de Prestação Continuada (BPC) poderá ser antecipado excepcionalmente, na hipótese de estado de calamidade pública, reconhecido pelo governo federal.

O benefício será pago diretamente ao beneficiário ou ao procurador, tutor ou curador.

O instrumento de procuração poderá ser outorgado em formulário próprio do INSS, mediante comprovação do motivo da ausência do beneficiário, e sua validade deverá ser renovada a cada 12 meses.

O procurador, o tutor ou o curador do beneficiário deverá firmar, perante o INSS ou outros órgãos autorizados pelo Ministério do Desenvolvimento e Assistência Social, Família e Combate à Fome (MDAS), termo de responsabilidade mediante o qual se comprometa a comunicar qualquer evento que possa anular a procuração, a tutela ou a curatela, principalmente o óbito do outorgante, sob pena de incorrer nas sanções criminais e civis cabíveis.

Na hipótese de haver **indícios de inidoneidade** acerca do instrumento de procuração apresentado para o recebimento do Benefício de Prestação Continuada (BPC) ou do procurador, tanto o INSS quanto qualquer um dos órgãos autorizados pelo Ministério do Desenvolvimento e Assistência Social, Família e Combate à Fome (MDAS) poderá **recusá-los**, sem prejuízo das providências que se fizerem necessárias para a apuração da responsabilidade e para a aplicação das sanções criminais e civis cabíveis.

Para fins de recebimento do Benefício de Prestação Continuada (BPC), é aceita a constituição de procurador com mais de um instrumento de procuração, nos casos de beneficiários representados por parentes de 1.º grau e nos casos de beneficiários representados por dirigentes de instituições nas quais se encontrem acolhidos, sendo admitido também, neste último caso, o instrumento de procuração coletiva.

Para constar, **não poderão ser procuradores**:

1. O servidor público civil e o militar em atividade, salvo se parentes do beneficiário até o 2.º grau, e;
2. O incapaz para os atos da vida civil.

No caso de transferência do beneficiário de uma localidade para outra, o procurador fica obrigado a apresentar novo instrumento de mandato na localidade de destino.

A procuração **perderá a validade ou eficácia** nos seguintes casos:

1. Quando o outorgante passar a receber pessoalmente o benefício, declarando, por escrito que cancela a procuração existente;
2. Quando for constituído novo procurador;
3. Pela expiração do prazo fixado ou pelo cumprimento ou extinção da finalidade outorgada;
4. Por morte do outorgante ou do procurador;
5. Por interdição de uma das partes, ou;
6. Por renúncia do procurador, desde que por escrito.

Não podem outorgar procuração o menor de 18 anos, exceto se assistido ou emancipado após os 16 anos, e o incapaz para os atos da vida civil que deverá ser representado por seu representante legal, tutor ou curador.

O benefício devido ao beneficiário incapaz será pago ao cônjuge, pai, mãe, tutor ou curador, admitindo-se, na sua falta, e por **período não superior a 6 meses**, o pagamento a herdeiro necessário, mediante termo de compromisso firmado no ato do recebimento.

O período supra poderá ser prorrogado por iguais períodos, desde que comprovado o andamento do processo legal de tutela ou curatela.

O tutor ou curador poderá outorgar procuração a terceiro com poderes para receber o benefício e, nesta hipótese, obrigatoriamente, a procuração será outorgada mediante instrumento público.

A procuração não isenta o tutor ou curador da condição original de mandatário titular da tutela ou curatela.

O beneficiário, ou seu representante legal, deve informar ao INSS alterações dos dados cadastrais correspondentes à mudança de nome, endereço e estado civil, a fruição de qualquer benefício no âmbito da Seguridade Social ou de outro regime, a sua admissão em emprego ou a percepção de renda de qualquer natureza que impacte na renda mensal familiar para efeitos de concessão do BPC.

O INSS deverá ser informado pelo representante legal ou pelo procurador sobre a propositura de ação judicial relativa à ausência ou à morte presumida do beneficiário.

3.2.3. O Indeferimento

O não atendimento das exigências contidas neste Regulamento pelo requerente ensejará o **indeferimento do benefício**.

Do indeferimento do benefício caberá recurso à Junta de Recursos do Conselho de Recursos da Previdência Social (CRPS), **no prazo de 30 dias**, a contar do recebimento da comunicação.

Revisando, o desenvolvimento das capacidades cognitivas, motoras ou educacionais e a realização de atividades não remuneradas de habilitação e reabilitação, dentre outras, **não constituem motivo de suspensão ou cessação do benefício da pessoa com deficiência**.

3.3. A Suspensão e a Cessação

O Benefício de Prestação Continuada (**BPC**) será **suspenso nas seguintes hipóteses**:

1. Superação das condições que deram origem ao benefício;
2. Identificação de irregularidade na concessão ou manutenção do benefício;
3. Não inscrição no cadÚnico após o fim do prazo estabelecido em ato do Ministro de Estado da Cidadania;
4. Não agendamento da reavaliação da deficiência até a data limite estabelecida em convocação;
5. Identificação de inconsistências ou insuficiências cadastrais que afetem a avaliação da elegibilidade do beneficiário para fins de manutenção do benefício, conforme o disposto em ato do Ministro de Estado da Cidadania, ou;
6. Identificação de outras irregularidades.

A suspensão do benefício deve ser **precedida de notificação** do beneficiário, de seu representante legal ou de seu procurador, preferencialmente pela rede bancária, sobre a irregularidade identificada e da **concessão do prazo de 10 dias para a apresentação de defesa**.

Se não for possível realizar a notificação pela rede bancária ou pelo correio, o valor do benefício será **bloqueado**.

O bloqueio do valor do benefício consiste no comando bancário que impossibilita temporariamente a movimentação do valor referente ao benefício, observadas as seguintes regras:

1. O bloqueio terá duração máxima de 1 mês;
2. O valor do benefício será desbloqueado após contato do beneficiário, do seu representante legal ou do seu procurador, por meio dos canais de atendimento do INSS, presenciais ou remotos, ou de outros canais definidos para esse fim, e;
3. No momento da solicitação do desbloqueio, o INSS ou outros canais definidos para esse fim deverão notificar o beneficiário, o seu representante legal ou o seu procurador sobre a situação de irregularidade e sobre a concessão do prazo para apresentação de defesa, devendo o interessado confirmar ciência.

Após a notificação e o desbloqueio, o beneficiário, o seu representante legal ou o seu procurador terá o **prazo de 10 dias** para apresentar a defesa junto aos canais de atendimento do INSS ou a outros canais autorizados para esse fim.

O INSS terá o **prazo de 30 dias**, prorrogável por igual período, para analisar a defesa interposta.

O benefício será mantido caso a defesa apresentada seja acatada.

A suspensão do pagamento do benefício consiste na **interrupção** do envio do pagamento à rede bancária e observará as seguintes regras:

1. O benefício será suspenso:
    a) Quando o beneficiário, o seu representante legal ou o procurador for notificado e não apresentar defesa no prazo de 10 dias;
    b) Quando os elementos apresentados na defesa forem insuficientes;
    c) Quando o beneficiário não entrar em contato com os canais de atendimento do INSS ou outros canais autorizados para esse fim no prazo de 30 dias, contado do bloqueio, ou;
    d) Quando informada a ausência do beneficiário pelo representante legal ou pelo procurador, na forma da lei.
2. O beneficiário, o seu representante legal ou o seu procurador deverá ser comunicado sobre os motivos da suspensão do benefício e sobre o prazo de 30 dias para a interposição de recurso junto aos canais de atendimento do INSS ou a outros canais autorizados para esse fim, e;
3. O recurso interposto será analisado pelo Conselho de Recursos da Previdência Social (CRPS).

A interposição de recurso **não gera efeito suspensivo**.

O benefício será restabelecido caso o recurso interposto ao CRPS seja provido, sendo devidos os valores desde a suspensão do benefício, respeitado o teor da decisão.

O Benefício de Prestação Continuada (BPC) será **suspenso em caráter especial** quando a pessoa com deficiência exercer **atividade remunerada**, inclusive na condição de **microempreendedor individual**, mediante comprovação da relação trabalhista ou da atividade empreendedora.

O pagamento do benefício suspenso na forma do parágrafo acima será restabelecido mediante requerimento do interessado que comprove a extinção da relação trabalhista ou da atividade empreendedora, e, quando for o caso, o encerramento do prazo de pagamento do seguro desemprego, sem que tenha o beneficiário adquirido direito a qualquer benefício no âmbito da Previdência Social.

O benefício será **restabelecido**:

1. A partir do dia imediatamente posterior, conforme o caso, da cessação do contrato de trabalho, do encerramento da atividade empre-

sarial, da última competência de contribuição previdenciária recolhida como contribuinte individual ou do encerramento do prazo de pagamento do seguro desemprego, ou;

2. A partir da data do protocolo do requerimento, quando requerido após 90 dias, conforme o caso, da cessação do contrato de trabalho, da última competência de contribuição previdenciária recolhida como contribuinte individual ou do encerramento do prazo de pagamento do seguro desemprego.

O restabelecimento do pagamento do benefício prescinde de nova avaliação da deficiência e do grau de impedimento, respeitado o prazo para a reavaliação bienal.

A pessoa com deficiência contratada na condição de aprendiz terá seu **benefício suspenso** somente após o período de 2 anos de recebimento concomitante da remuneração e do benefício.

O benefício será **cessado**:

1. Nas hipóteses de óbito, de morte presumida ou de ausência do beneficiário, na forma da lei;
2. Quando o beneficiário, o seu representante legal ou o seu procurador não interpuser recurso ao CRPS no prazo de 30 dias, contado da suspensão do benefício, ou;
3. Quando o recurso ao CRPS não for provido.

O representante legal ou o procurador são obrigados a informar ao INSS a ocorrência das situações a que se refere o item 1.

O INSS **comunicará** o beneficiário, seu representante legal ou o seu procurador, por meio dos canais de atendimento do INSS ou de outros canais autorizados para esse fim, sobre os motivos que levaram à cessação do benefício.

Ato conjunto do Ministério do Desenvolvimento e Assistência Social, Família e Combate à Fome (MDAS) e do INSS disporá sobre a operacionalização da suspensão e cessação do Benefício de Prestação Continuada (BPC).

Fica vedada a reativação de benefício cessado quando esgotadas todas as instâncias administrativas de recurso.

Cabe ao INSS, sem prejuízo da aplicação de outras medidas legais, adotar as providências necessárias à **restituição do valor do benefício pago indevidamente**, ressalvados os casos de recebimento de boa-fé.

O montante indevidamente pago será corrigido pelo mesmo índice utilizado para a atualização mensal dos salários de contribuição utilizados para apuração dos benefícios do Regime Geral de Previdência Social (RGPS), e deverá ser restituído, sob pena de inscrição em Dívida Ativa e cobrança judicial.

Na hipótese de o beneficiário permanecer com direito ao recebimento do Benefício de Prestação Continuada (BPC) ou estar em usufruto de outro benefício previdenciário regularmente concedido pelo INSS, poderá devolver o valor indevido de forma parcelada, atualizado nos moldes do parágrafo supra, em tantas parcelas quantas forem necessárias à liquidação do débito de valor equivalente a 30% do valor do benefício em manutenção.

A restituição do valor devido deverá ser feita em **única parcela**, no prazo de 60 dias contados da data da notificação, ou mediante acordo de parcelamento, em até 60 meses, ressalvado o pagamento em consignação previsto no parágrafo acima.

O valor ressarcido será repassado pelo INSS ao Fundo Nacional de Assistência Social (FNAS).

Em nenhuma hipótese serão consignados débitos originários de benefícios previdenciários em Benefícios de Prestação Continuada (BPC).

REFERÊNCIAS BIBLIOGRÁFICAS

AMADO, Frederico. Curso de Direito e Processo Previdenciário. 18.ª ed., JusPodivm, Bahia: 2024.

COUTO; Berenice Rojas; RAICHELIS, Raquel; SILVA E SILVA, Maria Ozanira da; YAZBEK, Maria Carmelita. O Sistema Único de Assistência Social no Brasil. 1.ª ed., Cortez, São Paulo: 2019.

FERREIRA, Ruy Barbosa Marinho. Nova Reforma da Previdência. 1.ª ed., Edijur, São Paulo: 2019.

GARCIA, Gustavo Filipe Barbosa. Curso de Direito Previdenciário: Seguridade Social. 8.ª ed., Saraiva, São Paulo: 2024.

IBRAHIM, Fábio Zambitte. Curso de Direito Previdenciário. 27.ª ed., Impetus, Rio de Janeiro: 2022.

MARTINS, Sergio Pinto. Direito da Seguridade Social, 42.ª ed., Saraiva, São Paulo: 2024.

MELLO, Celso Antônio Bandeira de. Curso de Direito Administrativo. 37.ª ed., Fórum, Minas Gerais: 2024.

SANTOS, Marisa Ferreira dos. Direito Previdenciário – Coleção Esquematizado. 13.ª ed., Saraiva, São Paulo: 2023.

VIANNA, Cláudia Salles Vilela. Previdência Social: Custeio e Benefícios, 3.ª ed., LTr, São Paulo: 2014.

INTERNET:

Sítio do Planalto (legislação).

Sítio do STF, STJ e TST (súmulas, informativos e decisões).

Sítio da RFB (entendimentos do CARF).

EDITORA
*Jus*PODIVM
www.editorajuspodivm.com.br

Impresso por:

Docuprint
CNPJ 01.036.332/0001-99

JUS3468